부동산정책론

[제5판]

이태교 · 이용만 · 백성준 공저

法文社

본서는 한성대학교 연구장려금 지원에 의해 저술됨.

제5판 머리말

　　본서가 2009년에 첫판을 발간한 지로부터 어언 13년이 흘렀다. 그 동안 5 번의 개정판을 냈는데, 제4판이 나오기까지 4년 6개월이 걸렸고, 이번 개정판이 나오는데도 4년 6개월이 걸렸다. 저자들의 게으름을 질타할 수밖에 없다. 이번에도 변명 아닌 변명을 하자면, 지난 정부에서 부동산 정책의 큰 틀이 바뀐 데다가 워낙 많은 부동산 대책들이 2~3개월에 한 번씩 쏟아지다 보니 개정판을 내기가 어려웠다. 2022년 5월에 새 정부가 들어서면서 다시 한 번 정책의 방향이 바뀌었고, 약 8개월 사이에 대략적이나마 정책 수단들이 구체화되었다. 여기서 개정판의 발간을 더 늦추면 지난 정부의 정책조차도 정리되지 않은 상태가 되기 때문에 제5판 개정을 서두르게 되었다.

　　앞서 나온 개정판과 마찬가지로 본서의 구성이나 서술 형태는 이전 판과 다르지 않다. 이번에도 제1편의 내용은 이론적인 것이라서 거의 손을 대지 않았다. 다만, 제1장에서는 정부의 시장개입 수단과 관련한 기술을 일부 수정하였고 이를 정리한 간단한 표도 삽입하였다. 그리고 제2장에서는 개발비용의 변화에 따른 부동산시장의 변화를 추가로 설명하였다.

　　그러나 제2편과 제3편에서는 비교적 큰 폭의 수정들이 있었다. 제2편의 경우, 모든 장에서 전면적인 수정이 있었다. 제4장에서는 변화된 용도지구와 용도구역의 내용을 반영하고 입지규제최소구역은 전면 수정하여 상술하였으며, 용도지구와 용도구역에서의 행위제한 부분을 보강하였다. 제5장에서는 이전 정부에서 도입된 임대료 규제 정책(이른바 임대차3법)의 내용을 반영하느라고 이와 관련된 논의들을 추가하고 수정하였다. 또 분양가상한제와 청약제도, 전매금지제도 등에서도 큰 폭의 변화가 있어서 이와 관련된 부분에서도 대폭적인 수정이 있었다. 제6장에서도 다소 큰 폭의 내용 수정이 있었다. 그 동안 농지제도에 변화가 있어서 이에 대한 일부 내용 수정이 있었으며, 투기지역, 투기과열지구, 조정대상지역 등 각종 규제지역의 내용이 크게 바뀌어 이에 대한 내용도 큰 폭으로 수정되었다. 각종 규제지역에서의 규제 내용은 조세와 금융, 청약 등과 관련 있다 보니, 불가피하게 내용상에서 다른 장과 중복이 될 수밖에 없었다.

제7장에서는 공공주택특별법 개정으로 도입된 도심공공주택복합사업과 추가 논의되고 있는 도심복합개발사업을 상세히 소개하였으며, 정비사업에서는 공공재개발·공공재건축사업과 공공 직접시행 정비사업을 추가하였다. 그리고 문재인 정부 5년간 실시했던 도시재생사업의 연도별 사업방식과 사업유형 등의 추이와 진행 상황을 기술하였다. 그밖에 재건축부담금 합리화 및 PFV 일몰제 예고 등의 최근 이슈도 가미하였다. 제8장에서도 부동산 관련 세제의 변화가 많아 큰 폭의 수정이 있었다. 그 동안 취득세, 양도소득세, 종합부동산세 등에서 많은 변화가 있어서 이런 내용을 개정판에 담았다. 제9장에서는 주로 LTV와 DTI 규제와 관련된 부분에서 수정이 있었다.

제3편에서는 역대 정부가 처한 상황과 부동산정책, 주요 부동산정책일람, 각 정부의 부동산정책 평가로 형식적인 통일성을 꾀하였다. 최근 5~6년의 부동산 정책의 변화과정을 비교하는 차원에서 문재인 정부를 11장으로 옮기지 않고 12장에서 윤석열 정부와 함께 다루었으며, 마지막으로 향후 부동산정책의 과제부분에서는 프롭테크와 부동산의 디지털자산화에 대해 추가하였다.

개정판을 준비할 때마다 전면적인 개보수를 생각하지만, 항상 시간에 쫓겨 부분적인 개보수가 되곤 하였는데, 이번에도 부분적인 개보수만 하게 되었다. 부동산정책론이라는 책자는 책이 나오는 순간부터 구서가 되는 것 같다. 각 정부마다 부동산 정책의 방향이 다르고, 구체적인 정책 수단이 순간순간 바뀌다 보니, 개정판에 담긴 새로운 정책 내용이 출간하면서부터 바뀌는 경우도 있다. 이런 문제 때문에 정책 내용을 설명할 때 기준 시점을 일부러 명시하면서 설명을 하고 있지만, 그럼에도 불구하고 아쉬움이 클 수밖에 없다. 또한 부동산정책론은 부동산 정책에 대한 큰 방향을 정리하는 책자이다 보니 각 분야별 정책을 깊이 있게 다루지 못하는 한계도 있다. 각 분야별 정책의 구체적인 내용을 보기 위해서는 별도의 해당 분야 정책 자료를 참조해야 함을 독자들이 이해해 주길 바란다.

제5판이 나오기까지 많은 분들의 도움이 있었다. 본서를 참고하여 강의를 하는 학계의 여러 동학과 후학들의 의견이 본서를 개정하는 데 큰 도움이 되었다. 이 자리를 빌려 학계의 동학과 후학들에게 감사의 말씀을 드린다. 그리고 제5판을 내도록 지원을 아끼지 않고 많은 시간을 기다려 주신 법문사의 배효선 사장님과 김제원 이사님, 권혁기 차장님, 그리고 편집부의 배은영 선생님께도 깊은 감사의 말씀을 드린다.

　개정판을 내면서 항상 느끼는 것이지만, 여러 가지 부족함에도 불구하고 개정판을 내야 한다는 점에 아쉬움이 가득하면서, 다른 한편으로는 좀 더 노력을 해야겠다는 반성을 하게 된다. 부족하더라도 계속 채워 나가고, 다음 개정판은 전면 대보수로 가야겠다는 다짐을 다시 한 번 하면서 제5판의 서문을 마무리하고자 한다.

2023년 2월

저자 이태교·이용만·백성준

제4판 머리말

본서가 출간된 날로부터 9년이 흘렀고, 제3판을 낸 날로부터 4년 6개월이 흘렀다. 2-3년 간격으로 개정판을 내 왔는데, 이번 개정판은 상당히 긴 시간을 보내고 나서야 세상에 나오게 된 것이다. 저자들의 게으름 탓이라 변명의 여지가 없다. 다만, 변명 아닌 변명을 하자면 2017년 5월에 새 정부가 들어서면서 정책의 기조가 급격한 변화를 맞이하게 되었고, 이런 정책의 변화 모습이 어느 정도 확정되고 난 뒤에나 개정판을 낼 수밖에 없어 제4판 개정이 늦어지게 되었다.

앞선 개정판과 마찬가지로 본서의 구성이나 서술 형태는 이전판과 다르지 않다. 이번에도 부동산정책과 관련한 이론들을 정리해 놓은 1편은 거의 손을 대지 않았다. 다만, 일부 통계표 정도는 새로운 자료로 바꾸어 서술해 놓았다.

그러나 제2편과 제3편은 비교적 큰 폭의 수정들이 있었다. 제2편의 경우, 모든 장에서 수정이 있었다. 먼저 제4장에서는 용도지구의 개편, 입지규제최소구역 등을 반영하여 개정하였으며, 제5장에서는 청약제도의 개편 등이 있었기 때문에 이에 대한 수정이 있었고, 2015년 10월부터 임대료 보조제도인 주거급여 제도가 시행되었기 때문에 이에 대한 논의가 추가되었다. 제6장에서는 부동산거래제한 제도인 투기지역과 투기과열지구의 내용이 바뀌었고, 새롭게 조정지역 제도가 도입되었기 때문에 대표적인 수정이 있었다.

제7장에서는 「빈집 및 소규모주택 정비에 관한 특례법」에 의한 재생사업과 뉴스테이(공공지원민간임대주택) 등을 대폭 보강하였다. 제8장의 경우, 국세기본법과 지방세법에 따라 조세체계 그림을 바꾸었고, 양도소득세제의 변화에 따라 이를 반영하여 전반적인 수정을 가하였다. 제9장의 경우 LTV와 DTI 규제 변화에 따라 일부 내용을 수정하였다.

제3편에서는 제11장으로 박근혜 정부의 내용을 이관하고 제12장에 새로운 정부의 정책기조를 반영하여 주거복지 로드맵, 도시재생 뉴딜사업 등을 설명하는 내용이 추가되었다.

　　개정판을 낼 때에는 항상 전면적인 개보수를 생각하지만, 결과는 항상 부분적인 개보수가 되어 저자들 스스로 아쉬움을 갖게 된다. 이번 개정판도 시간에 쫓기면서 준비하다 보니 부분적인 개보수가 되고 말았다. 또 부동산정책론이라는 학문 분야의 한계 때문에 각 분야별 정책을 깊이 있게 분석하지 못하고, 전반적인 정책의 흐름만 보여주고 있어 저자들에게는 이런 점이 불만족스럽다. 각 분야별 정책을 좀 더 깊이 있게 보기 위해서는 해당 분야의 정책서를 찾아보아야 한다는 점을 독자들이 이해해 주길 바랄 뿐이다.

　　제4판이 나오기까지 많은 분들의 도움이 있었다. 본서를 참고하여 강의를 하고 있는 학계의 여러 동학들과 후학들이 의견을 제시해 왔고, 이런 의견이 개정판을 내는 데 많은 도움을 주었다. 이 자리를 빌려 이들에게 깊은 감사의 뜻을 전한다. 그리고 제4판을 내도록 지원을 아끼지 않고 많은 시간을 기다려 주신 법문사의 배효선 사장님과 김제원 이사님, 장지훈 부장님, 권혁기 과장님, 그리고 편집부의 배은영 선생님의 도움에도 깊은 감사의 말씀을 드린다.

　　개정판을 낼 때마다 느끼는 것이지만, 여러 가지 부족한 점에 대해 좀 더 노력을 했어야 했다는 반성과 함께 부끄러움을 감추기 어렵다. 처음부터 완벽한 책이란 없으며, 계속 부족한 것을 채워나가겠다는 다짐을 하면서 제4판의 서문을 마무리하고자 한다.

2018년 5월

저자 이태교·이용만·백성준

제3판 머리말

본서가 첫 출간된 날로부터 4년 6개월, 개정판을 낸 날로부터 2년이 흘렀다. 책이 동나서 새로 찍어야 한다는 출판사의 연락을 받고, 이왕 책을 인쇄할 바에는 그동안의 법률이나 제도 변화를 간단하게라도 수정하여 내보내자는 생각에서 재개정 작업을 시작하였는데, 예상보다 큰 작업이 되었다. 2013년에 새 정부가 들어서면서, 여러 가지 정책변화가 있었기 때문에 법률과 제도 등에서 비교적 큰 폭의 수정이 필요하였다.

본서의 구성이나 서술 형태는 개정판과 다르지 않다. 부동산정책과 관련한 이론들을 정리해 놓은 1편은 거의 손대지 않았다. 주로 수정한 것은 부동산정책의 내용과 실제를 정리한 제2편과 부동산정책의 역사적 흐름을 다룬 제3편 부분이다.

제2편의 경우, 부동산개발, 가격규제와 보조금, 금융, 조세 등에서 많은 부분이 수정되었다. 먼저 제4장에서는 지구단위계획의 변화내용을 반영하였으며 토지적성평가제도는 생략하였다. 제5장에서는 가격규제와 보조금을 다루면서 임대료 규제나 주거급여(임대료 보조금)에 대한 최근의 논의와 진행사항을 추가하였다. 제6장은 토지비축제도의 최근 진행 상황과 드러난 문제점 위주로 소폭 수정하였다. 그러나 제7장은 관련법의 개정 및 제정 내용이 많아 대폭 수정하였다. 첫째, 정비사업의 사업시행방법을 크게 보완하였고 2013년 말에 시행된 도시재생사업을 신규로 추가하였으며, 둘째, 주택공급 정책은 분양주택과 임대주택 공급정책으로 구분하여 체계화시키고 세대구분형 공동주택, 수직증축형 리모델링 등 새로운 주택공급정책을 반영하였으며, 셋째, 개발이익환수제도는 현재 시행하고 있는 정책위주로 간단히 정리하였다. 제8장 부동산 조세 부분에서는 개정판에서 미처 수정하지 못하였던 취득세의 변화를 반영하였고, 2013년 말에 이루어졌던 양도소득세의 개편 등을 반영하였다. 제9장 금융정책 부분에서는 최근에 나온 공유형 모기지를 반영하면서 Box를 통해 공유형 모기지의 역사와 장단점 등을 소개하였다. 그리고 2014년부터 시행될 내집마련 디딤돌 대출에 대해서도 소개하였다.

제3편의 경우, 제11장에서는 노무현 정부가 시작한 행정복합도시, 혁신도

시, 기업도시 등의 최근 건설현황을 상술하였으며, 원래 제12장이었던 이명박 정부의 부동산정책 소개와 평가는 제11장으로 옮겨 실었다. 그리고 제12장에서는 박근혜 정부의 부동산정책 기조와 새로 추진하고 있는 정책들을 개관하였다.

부동산정책론을 출간하고 이를 개정 및 재개정하면서 항상 느끼는 것이지만, 정책론이 담당하는 범위가 너무 넓다 보니 각 부문별 정책을 깊이 있게 다룰 수 없다는 아쉬움이 있다. 아무래도 깊이 있는 분석은 각 분야별 전공에서 다루어야 하지 않나 하는 생각이다. 그런 점에서 이 책은 부동산정책을 개관하는 책이라고 봐주면 좋겠다. 혹시 독자들 중에 책의 깊이가 없다고 느끼는 독자가 있다면, 이 책이 갖고 있는 한계를 너그러이 이해해 주시기를 바란다.

제3판이 나오기까지 많은 분들의 도움이 있었다. 개정판에서도 도움을 주었다시피 한성대학교 부동산학과에서 부동산정책론을 담당하고 있는 임병준 교수를 비롯한 여러 동학 및 후학의 도움이 있었다. 그리고 한성대학교 대학원 박사과정에 있는 김현영 양은 법률이나 제도상의 바뀐 부분을 찾아주고 오탈자도 교정해 주는 등의 실질적인 도움을 주었다. 이 자리를 빌려 이들에게 깊은 감사의 뜻을 전한다. 그리고 제3판을 내도록 지원을 아끼지 않은 법문사의 배효선 사장님과 이재필 상무님, 장지훈 차장님, 그리고 권혁기 대리님의 도움에도 깊은 감사의 말씀을 드린다.

제3판을 내면서도 여러 가지 부족한 점에 대해 아쉬우면서도 부끄러움을 감추기 어렵다. 부족하더라도 계속 완벽함 쪽으로 나아가야겠다는 다짐으로 제3판의 서문을 마무리하고자 한다.

2014년 2월

저자 이태교·이용만·백성준

개정판 머리말

본서가 첫 출간된 지 벌써 2년 6개월이라는 시간이 흘렀다. 이미 첫판의 서문에서 밝혔듯이, 부동산정책론이라는 책자는 출판하는 그날로부터 낡은 서적이 되기 십상인데 2년 6개월이라는 시간이 흘렀다. 더 이상 무슨 말을 하겠는가? 그 사이에 여러 정책적인 변화들이 있었는데, 이를 반영하지 못하고 있으니 매우 낡은 책이 되고 만 것이다.

몇 번 개정판을 내고자 저자들 간에 모의(?)가 있었으나 매번 바쁘다는 핑계로 성사되지 않다가 이번에 비로소 개정판을 내놓게 되었다. 개정판을 준비할 초기에는 재건축에 비견할만한 대폭적인 변화를 추구하였는데, 리모델링 수준으로 줄어들더니 마지막에는 유지보수 수준으로 끝나고 말았다. 저자들은 시간이 없다는 말로 핑계를 대지만, 학자로서의 소임을 다하였는가를 자문해 보면 부끄러울 따름이다.

유지보수 수준의 개정판을 내놓다보니, 본서의 구성이나 서술형식 등은 첫판과 동일하다. 즉, 1편에서는 부동산정책과 관련한 이론을 설명하였고, 2편에서는 부동산정책의 실제를 서술하였다. 그리고 3편에서는 우리나라 부동산정책의 역사적 흐름을 정리하였다.

원래 이론 부분은 쉽게 바뀌지 않는 내용으로 되어 있기 때문에 1편은 내용 변화가 거의 없고 일부 내용 추가만 있었다. 추가된 부분은 주로 이론 설명이 충분하지 않은 내용에 대한 보충설명이나 Box를 통한 새로운 이론의 소개 정도이다.

2편의 경우, 부동산정책에 대한 실제를 다루다 보니 아무래도 수정할 부분들이 많았다. 부동산개발, 주택공급, 조세, 금융 등에서 2년 6개월 사이에 변한 내용들을 담아서 수정할 것은 수정하고, 삭제하거나 추가할 것은 삭제 또는 추가하는 형식을 갖추었다. 그럼에도 불구하고 이 부분은 항상 미진한 부분이다. 수정하는 순간에도 정책이 바뀌고 있기 때문에 어쩔 수 없는 일이기는 하다. 사실 이 개정판은 2011년 6월부터 준비하여 9월경 원고가 완료되었다. 나머지 기간 동안에는 편집본을 보면서 교정을 보아 왔는데, 그 사이에 정책적 변화가 또 생긴 것이다. 그래서 편집본을 보는 과정에 또 원고를 수정하곤 하였지만, 그럼에도 불구하고 변화된 부동산정책 내용을 다 반영하지 못한 점은 계속 마음에 남는다.

3편의 경우, 2009년 이후의 부동산정책 변화 과정을 추가하였다. 1970년대 이전의 부동산정책을 좀더 자세하게 정리하고 싶었지만, 이 부분 역시 완성하지 못하여 이전 수준으로 남겨두게 되었다.

개정판이 나오기까지 여러 분들의 도움이 있었다. 한성대학교 부동산학과에서 부동산정책론을 담당하고 있는 임병준 교수를 비롯한 학계의 여러 동학 및 후학들의 도움이 컸다. 그러나 무엇보다도 독자들의 지적과 성원이 개정판을 내게 된 원동력이 되었다. 특히 감정평가사 시험 준비를 하고 있는 신일용 씨는 본서를 3회나 읽고서 오탈자를 알려주었고, 이해되지 않는 부분이나 추가되었으면 좋겠다고 생각한 부분들을 알려주었다. 이들의 도움에 깊은 감사의 뜻을 전하고자 한다. 그리고 개정판을 내도록 지원을 아끼지 않은 법문사의 배효선 사장님과 이재필 상무님, 그리고 장지훈 과장, 권혁기 대리의 도움에 깊은 감사를 드리지 않을 수 없다.

개정판이 나왔음에도 불구하고 여러 가지 부족한 점이 많다. 제2개정판에서는 보다 완벽한 책을 만들겠다는 약속으로 개정판의 서문을 마무리하고자 한다.

2012년 1월

저자 이태교·이용만·백성준

머 리 말

부동산은 인간에게 소비와 생산의 근원인 공간(space)을 제공해주는 동시에 자산(asset)으로서의 역할을 수행한다. 주거용 부동산은 인간의 삶에 없어서는 안 될 소비재이며, 비주거용 부동산은 노동이나 자본과 마찬가지로 재화의 생산에 반드시 필요한 생산재이다. 뿐만 아니라 부동산은 금융자산과 더불어 부(富)의 중요한 축적수단이면서 투자수단으로도 사용되고 있다.

이와 같이 부동산은 인간의 경제적 활동에 없어서는 안 될 재화이지만, 부동산이 갖고 있는 고유의 특성 때문에 부동산 시장은 시장의 실패(market failure)를 자주 겪는다. 뿐만 아니라 부동산은 한 나라가 갖고 있는 부(富)의 대부분을 차지하고 있고, 중요한 소득원천 중의 하나이다 보니 사회적 갈등의 대상이기도 하다.

바로 이런 이유에서, 정부는 시장의 실패나 사회적 불평등을 치유하기 위해 부동산 시장에 개입하게 된다. 정부의 시장개입은 정부가 의도하였든 의도하지 않았든 간에 부동산 시장에 많은 영향을 미친다. 그 영향의 정도나 방향은 정부가 어떤 정책수단을, 어느 정도의 강도로 사용하느냐에 따라 다르다.

본서는 바로 이 점에 초점을 맞추고 있다. 즉, 정부의 부동산정책이 부동산시장에 어떤 영향을 미치는가를 이론적으로 검토하고, 실제 우리나라에서는 어떻게 적용되고 있는가를 주로 살펴보고 있는 것이다.

본서는 크게 3편, 12장으로 구성되어 있다. 제1편은 부동산정책의 개념과 이론을 설명하는 부문으로, 모두 3장으로 구성되어 있다. 제2편은 부동산정책의 실제와 내용을 설명하는 부문으로, 모두 6장으로 구성되어 있다. 그리고 제3편은 우리나라 부동산정책의 흐름을 시기적으로 분석한 부문으로, 모두 3장으로 구성되어 있다.

제1편에서는 부동산정책이 필요한 이유와 수단들을 다루고 있다. 그리고 부동산정책이 부동산시장에 미치는 영향을 이해하기 위해 부동산시장이 어떻게 균형을 이루고, 또 그 균형이 어떻게 변하는지를 이론적으로 설명하고 있다.

제2편에서는 부동산정책을 수단별로 나누어 살펴보고 있다. 토지이용규제나 소유규제, 부동산가격 규제와 보조금, 부동산개발과 공급, 부동산세제나 금

융 등을 이론적으로 살펴보고, 우리나라 현실에서 이런 수단들이 어떻게 적용되고 있는가를 살펴보고 있다.

제3편에서는 우리나라의 토지정책을 비롯하여 주택정책, 도시정책 등이 프로그램별로 어떻게 흘러왔는가를 시기적으로 살펴보고 있다. 부동산정책의 시기를 외환위기 이전과 이후로 나누어 살펴보고 있으며, 최근의 부동산정책 특성들과 향후 나아가야 할 방향도 기술하고 있다.

결국 본서는 씨줄과 날줄이 서로 엮이듯이, 제1편에서는 기초적인 이론을, 제2편에서는 정책수단별 정책효과와 제도를, 제3편에서는 정책프로그램별 흐름을 다루고 있다고 할 수 있다. 이처럼 각 장은 씨줄과 날줄처럼 엮여 있지만, 그럼에도 불구하고 각 장은 독립성을 갖고 있다. 특히 제2편의 경우, 정책수단별로 이론적 분석과 제도를 병행하여 설명하고 있기 때문에 독자들은 자신이 필요로 하는 부문만 읽더라도 각 장을 이해하는 데 지장이 없으리라고 본다.

본서는 사회과학 계열의 고학년 학부생 및 대학원생을 대상으로 하고 있다. 본서를 이해하기 위해서는 경제학과 도시계획학, 재정학, 법학 등에 관한 기초적인 지식을 갖고 있어야 한다. 그러나 다소 어려운 개념들은 가급적 사례를 들거나, 각주를 통해 보충설명을 하고 있으므로 책의 내용을 이해하는 데 큰 어려움은 없으리라 생각한다.

본서는 독자의 이해를 돕기 위해 문장 중간 중간에 표제어를 두고 있다. 독자들은 표제어를 통해 책의 내용을 사전에 알 수 있기 때문에 책의 내용을 좀 더 용이하게 이해할 수 있으리라 생각한다. 그리고 사례의 내용이 너무 길거나, 본문의 내용과 직접적으로 관계없는 사례들이 있을 경우, 박스(box)에 별도로 정리해 놓음으로써 글의 흐름이 매끄럽게 이어지도록 하였다. 이러한 시도는 책의 내용을 이해하는 데 도움을 주리라고 생각한다.

본서의 모태(母胎)는 공저자이신 이태교 교수님이 2001년에 펴냈고 2006년에 개정판을 낸 「토지정책론」(법문사 출판)이다. 이태교 교수님은 오래 전부터 필자에게 토지정책론을 공저로 개정하자고 제안해 오셨다. 그러나 필자는 그럴만한 능력이 안 되고, 또 선배 교수님의 노작(勞作)에 무임승차할 수는 없다는 생각에서 이태교 교수님의 호의를 받아들이지 못하고 있었다. 그러던 중,

백성준 교수가 가세하면서 필자도 힘을 얻게 되었고, 아예 부동산정책론을 공저로 발간하자는 쪽으로 저자들 간에 의견이 모아지게 되었다.

이런 연유로, 본서의 구성은 이태교 교수님의 「토지정책론」과 유사하다. 또 일부 내용은 「토지정책론」에 나오는 내용을 전제한 경우도 있다. 본서는 이태교 교수님의 「토지정책론」을 부동산으로 확장한 것이라고 보면 된다. 내용상으로는 토지정책 외에 주택정책과 도시정책이 대거 보강되었다. 분야별로는 이론부문에서 부동산시장의 균형을 분석하는 부분이 추가되었고, 정책수단별로는 가격규제나 보조금제도, 그리고 부동산금융제도 등이 추가되었다.

본서가 세상에 나오기까지 많은 분들의 도움을 받았다. 한성대학교 부동산학과에서 부동산정책론을 담당하고 있는 임병준 교수는 본서의 구성과 내용에 대해 많은 조언을 해주었다. 한성대학교 부동산학과 박사과정에 있는 방송희 양은 글을 읽어주고 문장을 다듬는 데 도움을 주었고, 학부의 이종훈 군은 자료수집과 도표 작성 등에 도움을 주었다. 이들의 도움에 깊은 감사의 뜻을 전하고자 한다. 그리고 무엇보다도 본서를 저술할 수 있도록 지원을 아끼지 않은 법문사의 배효선 사장님과 최복현 전무님, 이재필 이사님 그리고 장지훈 과장님의 도움에 깊은 감사를 드리지 않을 수 없다.

2009년 8월

공동저자 이태교・이용만・백성준
저자들을 대표하여 이용만이 머리말을 쓰다

차　례

제 3 장   지대와 지대이론

제 2 편   부동산정책의 내용과 실제

제 4 장   부동산 이용규제

제 5 장　부동산 가격규제와 보조금

제 6 장　부동산 소유와 거래 규제

제 8 장　부동산세제

제 9 장   부동산금융정책

제 3 편   부동산정책의 흐름

제 10 장   외환위기 이전의 부동산정책

제 11 장　외환위기 이후의 부동산정책

제 12 장 최근의 부동산정책 방향과 과제

제1편

부동산정책의 이론적 기초

제 1 장

부동산과 부동산정책

제1절 부동산의 개념

■ 1. 부동산의 개념

부동산이란? │ 부동산(real estate)이란 '토지(land)와 그 정착물(attachment)'을 의미한다. 여기서 정착물이란 '해당 토지에 부착되어 있는 모든 것(everything attached to it)'을 의미한다. 토지와 정착물의 해석을 둘러싸고 학자들 간에 의견 차이가 있기는 하지만, 부동산을 '토지'와 '그 정착물'로 정의하는 것에 대해서는 이견이 없다. 실제로 우리나라 민법에서도 부동산을 '토지와 그 정착물'로 정의하고 있다(민법 제99조).

부동산은 소유의 대상이 되는 자산(asset)의 일종이기 때문에 부동산의 개념은 필연적으로 소유권의 범위와 떼려야 뗄 수 없는 관계에 있다. 부동산이라는 자산의 소유권이 어디까지 영향을 미치는 것으로 보느냐에 따라 부동산의 개념이 달라질 수 있으며, 부동산의 개념을 어떻게 정의하느냐에 따라 소유권의 범위가 달라질 수 있다. 예를 들어 토지는 흔히 '지표면과 지하 및 지상 공간'을 의미하는데, 이는 토지의 소유권이 미치는 범위를 의미한다. 따라서 '토지와 그 정착물'은 어디까지를 소유권의 범위로 보느냐에 따라 나라별로 그 개념이 달라진다. 우리나라의 경우 민법 제212조에서 "토지의 소유권은 정당한 이익 있는 범위 내에서 토지의 상하에 미친다"고 규정하고 있다.

소유권의 범위와 관련된 부동산의 개념은 법률학자들에게 매우 중요한 문제이다. 부동산의 개념을 어떻게 보느냐에 따라 소유권의 범위가 달라질 수 있고, 이에 따라 부동산의 가치가 달라질 수 있기 때문이다.

그러나 본서에서는 소유권의 범위와 관련된 부동산의 개념은 중요한 이슈가 아니다. 본서에서 중요하게 생각하는 것은 부동산의 경제적 개념이다. 부동산의 경제적 개념으로부터 부동산의 특수성이 도출되고, 부동산의 특수성으로부터 부동산시장의 특성과 문제가 도출된다. 그리고 부동산시장의 경제적 문제로부터 부동산정책의 필요성이 도출된다.

경제적 개념으로 볼 때, 부동산은 생산재이자 소비재이다. 그리고 부동산은 공간서비스를 제공하는 재화이자 자산으로서의 역할을 하는 재화이다.

생산재이자 소비재인 부동산 | 부동산은 경제적으로 생산재(production goods)이자 소비재(consumption goods)이다. 생산재(생산요소라고 부르기도 한다)로 사용되는 부동산의 대표적인 예로 농지를 들 수 있다. 농지는 농산물 생산에서 없어서는 안 될 생산요소(factors of production) 중의 하나이다. 공장건물도 생산재로서의 부동산을 보여주는 대표적인 예이다. 공산품들은 공장건물이 없다면, 생산을 할 수가 없다. 이 밖에 오피스 건물이나 상가 등도 부동산이 생산재로 이용되는 대표적인 예이다.

한편, 부동산은 소비재로 이용되기도 한다. 대표적인 예가 주택이다. 주택은 인간이 생존하기 위해 소비해야 하는 가장 기초적인 소비재 중의 하나이다. 자연 상태로 존재하면서 인간에게 효용을 가져다주는 부동산도 있다. 국립공원과 같이 자연 상태에서 훌륭한 경관을 보여주는 토지가 여기에 해당하는데, 이 역시 소비재로서의 부동산을 대표하는 하나의 사례라고 할 수 있다.

이처럼 부동산은 어떤 역할을 하느냐에 따라 생산재로 사용되기도 하고 소비재로 사용되기도 하는 재화라고 할 수 있다.

공간으로서의 부동산과 자산으로서의 부동산 | 위에서 부동산은 생산재이자 소비재라고 말하였다. 그러나 엄밀하게 말해서, 우리가 실제 생산재나 소비재로 사용하는 것은 부동산 그 자체가 아니라 부동산이 제공하는 공간(space)이라는 서비스이다.

예를 들어 위에서 농지가 농산물을 생산하는 생산재로서 역할을 한다고 하였는데, 실제 농산물 생산에 투입된 것은 농지가 아니라 '농지가 제공하는 공간'이다. 공장건물이나 상가 등도 마찬가지이다. 생산재로 사용하는 것은 해당 부동산이 제공하는 공간이지 부동산 그 자체는 아니다. 소비재로 사용하는 부동산도 동일하다. 우리가 주택에 거주하면서 소비하는 것은 주택 그 자체가 아니라 주택이 제공하는 주거공간이다.

토지가 제공하는 공간은 영원불멸하다. 토지가 제공하는 공간의 질이 달라질 수는 있겠지만, 공간 그 자체는 없어지지 않는 것이다. 반면 토지의 정착물, 예를 들어 건물이 제공하는 공간은 영원불멸하지는 않는다. 건물은 장기간 공간을 제공하기는 하지만 점차 공간의 질이 하락하다가 결국에는 공간을 제공하지 못하게 된다. 건물이 붕괴하게 되면 건물은 더 이상 공간을 제공하지 못하고, 남아 있는 토지만이 공간을 제공할 뿐이다.

부동산은 생산자나 소비자에게 장기간 생산재나 소비재로서의 공간을 제공하기 때문에 가치를 가진다. 부동산을 소유하고 있으면 공간이라는 서비스를 이용하거나, 공간 서비스를 남에게 제공하고 임대료 수입을 얻을 수 있기 때문에 부동산은 가치를 가지는 것이다. 바로 이런 이유 때문에 부동산은 자산(asset)으로서의 역할을 하게 된다. 투자대상이 되기도 하고, 부(富, wealth)의 축적수단이 되기도 하며, 자본(capital)으로서의 역할을 하기도 한다.[1] 그런데 부동산은 토지 위의 정착물이 사라지더라도 토지 그 자체는 남는다. 따라서 부동산은 일반적인 자산이나 부(富) 또는 자본과는 달리 그 가치가 완전히 사라지지는 않는다.

이처럼 부동산은 공간을 제공하는 역할을 하면서 동시에 자산으로서의 역할을 한다고 볼 수 있다.

▨ **2.** 토지의 개념[2]

만물의 근원으로서 토지 | 앞에서 부동산을 '토지와 그 정착물'로 정의하였다. 여기서 정착물은 토지를 떠나서는 존재할 수가 없다. 이런 점에서 토지는 부동산의 근원이라고 할 수 있다. 토지가 존재하지 않으면 부동산도 존재하지 않는 것이다.

---

1) 자산(asset)과 부(富, wealth), 그리고 자본(capital) 간의 차이는 명확하지 않다. 자산이란 '가치(value)를 가지는 어떤 것'을 의미한다. 부(富) 또는 재산이란 여러 자산의 묶음이라고 말할 수 있다. 자본은 여러 자산 중에서 생산에 투입되는 자산을 의미한다.
2) 여기에 나오는 내용은 이태교, 「토지정책론」, 법문사, 2006, pp. 3~10에 나오는 내용을 수정한 것이다.

농업이 모든 산업의 기반이 되었던 근대 이전의 시기에는 토지가 인간 삶의 근원이나 다름없었다. 사실 인간은 오래 전부터 토지를 기반으로 하여 삶을 영위하여 왔었다. 기나긴 역사를 생각해 볼 때, 인류는 땅에서 나는 자연의 부산물을 가지고 생명력을 유지해 왔으며, 땅에 집을 짓고 길을 내면서 도시를 건설하였다. 이렇듯 토지는 인간의 삶의 조건이자 생활의 현장 그 자체이었다. 그러다 보니 근대 이전에 토지는 생산재나 소비재라는 개념을 뛰어넘는, 그 어떤 것이었다. 그래서 고대 그리스의 자연철학에서는 토지를 만물의 근원을 이루는 원소 중의 하나로 보기도 하였다.

**토지는 자연이
무상으로 준 선물** │ 근대 경제학의 창시자인 알프레드 마샬(Alfred Marshall)은 토지를 "자연이 무상으로 인간에게 공여한 선물로서 인간에게 도움이 되는 물질이나 힘(the materials and the force)"으로 정의하였다.3) 이러한 의미로 토지를 보면 토지에는 수자원이나 산림자원, 풍력, 수력, 태양에너지 등의 개념까지 포함되어, 개념상 자연자원과 동일한 의미를 가지게 된다.

마샬이 토지의 개념을 이렇게 광범위하게 정의한 것은, 자연자원들은 경제적으로 볼 때 공급량이 한정되어 있어서 인간에 의해 공급량이 결정되는 다른 재화와는 뚜렷이 구별되는 특징을 가지고 있기 때문이다. 결국 마샬이 정의한 토지는 이러한 특성을 가장 잘 반영하는 대표적인 자연자원인 셈이다. 마샬이 생각한 토지개념은 오늘날의 경제학에서도 받아들여져 토지는 흔히 3대 생산요소 중의 하나로 인식되고 있는데, 이 때 토지는 땅과 하천, 지하자원 등 대자연의 무상 공여물 일체를 가리킨다.

토지는 식량생산을 위한 자연적 생산력을 가지며, 인간의 의식주를 해결하기 위한 다양한 자연적 원자재를 공급한다. 인간은 이 자연적 생산력을 이용하고 자연물을 가공하여 인간의 욕망을 보다 더 만족시켜 줄 수 있도록 개조하거나 변형한다. 이처럼 토지는 노동과 자본을 결합하여 인간에게 유용한 재화를 생산해 내는 생산요소의 하나인 것이다.

---

3) Marshall, Alfred, *Principles of Economics,* 8th ed., Macmillan, 1959, p. 66.

바로우(R. Barlowe)의 토지개념 | 토지경제학자인 바로우(Raleigh Barlowe)는 토지의 개념을 좀 더 확장하여, 토지를 공간(space), 자연(nature), 생산요소(factor of production), 소비재(consumption goods), 위치(situation), 자산(property), 자본(capital)으로 보았다.[4] 이는 토지가 하는 역할을 기준으로 토지를 정의한 것이라고 할 수 있다. 이런 정의의 의미를 좀 더 자세하게 살펴보면 다음과 같다.

첫째, 공간으로서의 토지는 국가성립의 기초이며, 인간에게 생활의 터전을 제공한다. 이 때문에 예나 지금이나 한 국가가 국제사회에서 주권 국가로 인정받기 위해서는 무엇보다 먼저 일정한 공간으로서의 국토를 가져야 하고 동시에 국민과 주권을 구비해야만 한다. 만약 이 중에서 한 요소만이라도 결여되면 국가는 성립되지 못한다.

또한 공간으로서의 토지는 인간의 생활터전이다. 인간은 토지 위에서 생존에 필요한 식량을 구하고, 휴식과 종족보존에 필요한 거주공간을 만든다. 공간으로서의 토지는 흙, 바다, 산, 계곡, 들판과 같은 지표뿐만 아니라 지하와 공중을 포함한 입체적 공간까지도 포함한다. 따라서 국가나 개인이 토지에 대해 소유권을 가진다는 것은 지표뿐만 아니라 경제적 실익이 있을 경우 지하와 공중에까지도 소유권이 미친다는 것을 의미한다.

국가 성립의 기초로서 토지[5]

고대 중국인들은 나라를 규모에 따라 읍(邑), 방(邦), 국(國)으로 분류했다. 비옥한 땅에 사람들이 고을을 이루고 사는 작은 규모의 나라를 읍(邑)이라 했으며, 읍이 30개 정도 되는 규모의 나라를 방(邦)이라고 하였다. 방(邦)은 비옥한 땅을 나타내는 '풀무성할 봉(丰)'과 여러 사람이 모여 사는 장소를 의미하는 '고을 읍(阝)'을 짝지은 형성문자이다. 그리고 방(邦)을 30개 정도 보유하면 국(國)이라 불렀다. 한문의 '나라 국(國)'자의 구성을 분석해 보면, 一(국토)와 口(국민), 그리고 戈(창과=주권)로 이루어져 있다. 바로 국(國)의 구성에서 첫 번째로 등장하는 것이 토지(一)이다.

이처럼 국가형성에 가장 중요한 국토, 즉 토지를 갖지 못해서 독립국가로서 인정을 받지 못한 대표적인 민족으로 과거 이스라엘 민족과 현재 중동의 쿠르드 민

---

4) Barlowe, R., *Land Resource Economics*, fourth edition, Prentice-Hall, 1986, pp. 8~10.
5) 이태교, 전게서, pp. 5~7.

족을 들 수 있다.

이스라엘 민족은 A.D. 60년 로마의 네로 황제의 박해로 인해 고국을 떠나 세계 각지로 흩어졌다. 그들은 조국을 잃고 거의 2,000여 년간 세계 각지를 방랑하였다. 19세기 말 폴란드에서 유태인 박해가 극에 달했을 때, 많은 유태인들이 그곳을 탈출하였지만 대다수의 유태인들은 탈출 이후 갈 곳이 없어 방황하였는데, 이 때 프랑스에 있는 '시온주의 기구'가 재정적으로 그들을 지원하여 오늘날의 토지(국토)를 터키로부터 구입하고 이주하게 되었다.

한편 중동의 쿠르드족은 16세기 오스만 터키 제국에 강점된 이후, 400여 년간 주변 강국에 의해 수난과 고통을 당하고 있다. 강대국들은 필요에 따라 쿠르드의 독립 열망을 이용하기도 하고 탄압의 대상으로 삼기도 했다. 한 실례로 미국은 1950~1970년대 중동전 때는 이스라엘을 지원하기 위해 반 아랍 독립항쟁을 벌인 쿠르드 민족세력을 이용하였다. 터키, 이라크, 이란 등 주변 국가들은 국가적인 어려움이 닥칠 때마다 쿠르드족을 제물로 삼아왔다. 특히 터키의 경우, 쿠르드족의 절대다수인 1천 2백만명이 터키에 거주하고 있어 항상 견제의 필요성을 느껴왔다. 쿠르드족은 인구 2천만명으로 세계 최대의 유랑민족이면서도 팔레스타인 민족과는 달리 아직도 세계의 주목을 받지 못하고 있다.

또한 현재는 국력이 약해 주권은 잃었으나 국토만이라도 사수하려고 하는 나라로 인도 북부 히말라야의 서쪽 산악지대에 위치한 과거의 캐슈미르 왕국이 있다. 인도와 파키스탄이 영유권을 둘러싸고 몇 차례 무력충돌을 한 바 있기도 한 캐슈미르는 현재 주권을 잃고 인도의 지배를 받고 있지만 국토를 사수하려는 캐슈미르인들의 결의는 매우 단호하다. 14세기부터 이슬람의 지배를 받은 탓으로 이슬람 식의 분위기가 인상적인 수도 스리나가르는 히말라야에서 발원해 인더스강과 합류하는 젤룸강이 형성한 해발 1700m 분지 중앙에 자리하고 있다. 호수로 둘러싸인 인구 80만명의 스리나가르는 세계적인 피서지로 보트 하우스, 수상호텔이 명물이다. 스리나가르의 호수에 보트 하우스가 처음 생긴 것은 1888년이었다고 한다. 당시 인도를 통치하던 영국인들이 그곳에 주택을 지으려고 했으나, 주민들이 땅을 팔지 않아 할 수 없이 물에다 보트 하우스를 세우면서 수상주택이 생겨났다고 한다. 캐슈미르인들은 캐슈미르인을 제외하고는 그 어떤 외국인에게도 땅을 팔지 않기로 유명하다. 캐슈미르는 캐슈미르 사람들만의 땅이라는 뿌리 깊은 생각 때문이다.

둘째, 토지는 자연이며, 환경이다. 자연물로서의 토지는 자연환경이라 해도 과언이 아니다. 햇빛의 정도, 강수량, 바람, 기후 등과 같은 자연환경은 지구상의 위치에 따라 다르다. 또한 과거부터 현재까지 있어온 자연현상 때문에 지구상에는 토양이나 산림, 기타 자연자원들이 풍부한 곳도 있고 그렇지 않은 곳도 있다. 토지는 그 위치가 고정되어 있기 때문에 인간은 해당 토지 위에서 일어나는 자연환경의 변화나 충격으로부터 도피할 수 없다. 이처럼 토지는 자연이면서 환경이기도 한 것이다.

셋째, 토지는 생산요소이자 소비재의 일종이다. 경제학자들은 토지를 자본, 노동과 더불어 생산의 기본요소로 보고 있다. 생산요소로서 토지는 자연이 준 시혜물이다. 토지는 인간이 재화를 생산할 때 직접 생산활동에 투입되기도 하지만 소비재로서의 가치도 지니고 있다. 공장부지, 농지 등은 생산요소로서 기능하지만, 공원, 놀이터, 택지 등은 소비재 역할을 한다.

넷째, 토지는 자산으로서, 개인이나 기업, 국가를 막론하고 가장 중요한 부(富)의 원천이다. 과거 농경사회에서는 토지는 단순히 생산량을 좌우하는 요소였지만, 사회가 산업화되고 금융산업이 발달하면서 토지는 가치보존의 수단으로 등장하고, 나아가 담보를 통해 신용을 창출하는 역할을 하였다. 가치가 높은 땅을 소유한 개인이나 기업은 이를 통해 자금을 동원할 수 있게 되었고, 이로 인해 토지는 개인이나 기업의 경제적 지위를 결정하는 척도가 되었다.

토지와 국력[6]

과거에는 한 나라의 국력이 땅의 크기로 평가되었기 때문에 역사에 기록된 숱한 전쟁들은 대게 작은 영토권 분쟁으로부터 발단되곤 하였다. 세계사를 보면, 한 나라의 문화예술을 부흥시킨 통치자보다는 영토를 크게 확장한 통치자가 대제(大帝) 또는 대왕(大王)이란 칭호로 기록된 경우가 많은데, 이 역시 땅의 크기가 국력의 크기로 평가되어 왔기 때문이다. 그리스의 알렉산더 대왕, 러시아의 피터 대제, 고구려의 광개토 대왕, 몽골의 칭기즈칸 등이 그 대표적인 예이다. 대영제국의 영예도 영국이 차지한 세계 각처의 식민지로 인해 가능했으며, 오늘날 세계에서 강대국으로 평가되고 있는 미국이나 러시아, 중국 등의 공통점도 넓은 국토를 가지고 있다는 것에서 국토가 국력의 원천임을 알 수 있다.

두 차례의 세계대전도 그 근저를 살펴보면 열강들의 영토싸움에서 비롯된 것이다. 전장에서 나는 총소리가 "땅, 땅"으로 들리는 것도 전쟁이란 토지쟁탈사라는 것을 상징하는 것은 아닐까?

---

6) 이태교, 전게서, pp. 8~9.

역사적으로 영토 확장을 논할 때, 공전절후의 대제국을 건설했던 몽골제국을 빼어놓을 수 없다. 세계사에 있어서 중세의 큰 특징은 기마민족이 역사의 주도권을 장악했다는 점이다. 중세에는 강력한 기마민족이 차례로 나타났는데 몽골제국은 그 중에서도 가장 성공한 예에 속한다. 몽골인들은 몽골 고원을 중심으로 유목생활을 하고 있었는데, 13세기 초에 테무진이 몽골족을 통일한 후 칭기즈칸이라는 칭호를 받았다. 칭기즈칸은 몽골을 통일한 후, 강력한 기마군단을 편성하여 외정에 나서게 됐다. 당시 이란을 중심으로 한 중앙아시아에는 투르크인이 세운 이슬람교국인 호라즘 제국이 세력을 자랑하고 있었는데, 칭기즈칸은 1218년부터 7년간에 걸친 대원정에서 호라즘 제국을 정복했다. 이 서정(西征)으로 몽골제국은 중국의 동북부(만주)로부터 페르시아만(서아시아)에 걸친 광대한 영토를 가지게 되었다. 당시 몽골군이 단기간에 유라시아 대륙을 석권할 수 있었던 첫 번째 이유는 몽골군이 기마병으로만 편성되어, 기동력이 매우 뛰어났기 때문이었다. 당시 다른 나라 군대는 보병과 기병이 함께 행동하고 있었으므로 진군속도가 하루 평균 20km 정도였던 것에 반해 몽골군은 기마병으로 하루 60km도 진격할 수 있었다. 또한 몽골병은 원정시에 혼자서 한 필의 말을 끌고 가는 것이 아니라 한 병사가 다섯 마리의 말을 몰고 갔는데 이것은 도중에 말이 지치면 이를 도살하여 식량으로 쓰기 위해서였다. 보통 대군이 원정할 때는 방대한 식량을 차에 싣고 운반하는데 몽골군은 진군할 때에 식량도 함께 달리는 셈이 되었던 것이다. 이 뿐만 아니라 몽골군은 말가죽으로는 의복을, 뼈로는 화살을 만들고, 말똥은 연료로 사용하였다.

이처럼 토지는 한 나라의 국력이며, 부의 상징이다 보니 정권이 바뀌거나 전쟁으로 남의 나라를 점령하게 되면 제일 먼저 손대는 것이 토지개혁사업이나 토지조사사업이다. 예를 들어 고려나 조선조 건국 초에는 개국공신을 예우하고 민심을 가라앉히기 위해서, 일본이 우리 땅을 점령했을 때는 경제권을 장악하기 위해서 이러한 사업을 시작하였다. 일제는 1904년 2월 노일전쟁(露日戰爭)의 개전(開戰)과 더불어 한국에 군대를 주둔시킨 뒤, 그 해 5월 대(對) 조선경영방침을 확정하여 한국의 식민지화에 착수하였다. 그리고 식민 재정의 기초를 확립하기 위해서는 토지소유권과 지가를 조사하는 지적정리(地籍整理)가 급선무임을 인식하고, 이 사업의 일환으로 토지조사사업에 들어갔다. 일제는 그들의 본토와 오키나와, 대만 등에서 실시하였던 토지조사사업과 영국이 인도와 이집트에서 실시했던 토지조사의 사례와 시행방법 등을 비교, 연구하여 우리나라의 토지조사사업에 이를 적용하였다. 일제는 1910년 3월 토지조사국을 설립하고, 8월에 토지조사법을 공포하여 10월 1일부터 본격적인 토지조사사업을 실시하였다. 이 사업으로 일제는 국유지나 경성부(京城府) 및 총독부(總督府) 소유지에 대한 토지 소유권 및 재산권을 사실상 장악했다. 1910

년대에 서울 토지의 약 65%는 일본인 개인 및 일본계 회사의 소유지였다.

토지의 힘이 얼마나 위대한가를 가장 잘 나타난 사례로는 1970년대 일본의 전 수상 다나카(田中角榮)의 금권정치(金權政治)를 들 수 있다. 다나카는 일본의 다른 어떤 정치인도 따를 수 없는 재력과 넓은 도량의 인간성을 겸비하고 있었다고 한다. 당시 다나카의 총 재산은 2천억에서 3천억엔쯤 되었는데, 이 총 재산에서 연간 2백억엔의 이자를 거둬들인 다나카는 평균적으로 3년에 한번 있는 선거에서 6백억엔에 이르는 정치자금을 공급하였음에도 불구하고 원금은 전혀 줄지 않았다고 한다. 즉 국회의원 한 사람 몫으로 2억엔씩 주어도 3백명의 자기계파를 유지할 수 있었다는 계산이다. 다나카의 이 재산은 주로 부동산투기 등 땅을 이용하여 모은 것으로 알려져 있다. 결국 다나카의 경우, 토지는 정권을 유지할 수 있는 힘의 원천이었던 것이다.

국가적으로도 토지는 국부(國富)의 반 이상을 차지한다. 2016년 말 기준으로 우리나라 국부는 총 1경 2,741.4조원에 달한다. 이 중 토지자산이 차지하는 비중이 54.8%나 된다. 지하자원이나 입목도 토지의 일부로 본다면, 그 비중은 55.2%로 올라간다.

다섯째, 토지는 그 위치에 따라 가치와 이용 상태가 달라진다. 대부분 토지의 가치와 이용은 그 위치와 접근성에 따라 결정된다. 한 나라에서 위치의 개념에는 국제시장에의 접근성, 지리적 특성, 자원, 다른 나라와 얼마나 어떻게 인접해 있느냐 하는 것까지 포함된다. 세계경제와 국제정치에 있어서 위치의 전략적인 중요성 때문에 국가적으로도 토지의 위치는 매우 중요하다. 심지어 한 나라의 지정학적 위치는 그 국가의 운명을 결정짓기도 한다. 만약 일본이 현재보다 두 배(倍) 정도 멀리 태평양쪽에 떨어져 있었다면, 우리나라가 임진왜란과 같은 굴욕적인 역사를 체험하지 않았을지도 모른다. 당시 일본의 항해기술로는 장거리 항해가 불가능했기 때문이다.

여섯째, 토지와 자본 간의 밀접한 연관성 때문에 토지는 생산요소의 하나로 간주될 뿐만 아니라 자본(capital)으로 인식되기도 한다. 토지가 부(富)의 축적수단이 되고, 토지를 이용하여 신용을 창출할 수 있다 보니 경제학적인 관점에서 토지와 자본을 명확하게 구분하기가 어렵다. 초기 고전학파 경제학자들은 토지와 자본의 차이에 대하여 '토지는 자연이 인간에게 무상으로 제공한 선물인 반면 자본은 인간이 스스로 만들어 과거로부터 축적해 온 산출물이며,

토지는 영속성이 있는 반면 자본은 소모성이 있는 것'이라고 주장하였다.

표 1-1 우리나라 국부 통계(2016년 말 기준)

자산 형태별 구분	금액(10억원)	비중
생산자산	5,712,707.6	44.8%
고정자산	5,378,831.5	42.2%
주거용건물	1,313,566.2	10.3%
비주거용건물	1,382,443.5	10.8%
토목건설	1,627,788.1	12.8%
운수장비	234,959.9	1.8%
기계류	478,196.3	3.8%
육성생물자원	14,635.3	0.1%
지적재산생산물	327,242.3	2.6%
재고자산	333,876.1	2.6%
비생산자산	7,028,715.3	55.2%
토지자산	6,981,200.7	54.8%
지하자산	23,528.0	0.2%
입목자산	23,986.5	0.2%
자산총액	12,741.422.9	100.0%

자료: 통계청, 국가자산통계, 2016.

3. 토지관(土地觀)[7]

앞에서 언급하였다시피 부동산의 근원은 토지이다. 토지가 전제되지 않으면 부동산을 정의내릴 수 없다. 오랜 세월동안 인류는 토지에 의존하여 삶을 영위하여 왔기 때문에 토지를 바라보는 시각은 민족별로 국가별로 차이가 있다. 토지를 바라보는 시각에는 각 민족이나 국가의 자연적·인문적 특성이 반영되어 있는 것이다.

아래에는 우리가 참고해 볼 만한 토지관으로 북미 인디언들의 토지관, 성서의 토지관, 헨리 조지의 토지관 등에 대해 정리해 놓았다.

---

7) 여기에 나오는 내용은 이태교, 전게서, pp. 11~23에 나오는 내용을 부분적으로 수정한 내용이다.

1) 인디언의 토지관[8]

1854년 지금의 미국 워싱턴주에 살고 있던 북미 인디언 수와미족(Suquamish Tribe)의 추장 시엘스(Chief Sealth)는 자기 부족의 땅을 정부에 팔라는 요청에 대하여, '땅이란 신성한 것이며, 인간과 자연은 땅의 일부이다'는 뜻을 프랭클린 피어스 대통령에게 밝혔다. 시엘스 추장의 연설은 인간과 토지의 관계에 대해 인디언족이 가지고 있던 토지관을 단적으로 보여주는 예이다. 인간과 토지는 별개의 존재가 아닌 상호 합치되어 있는 자연의 일부라는 것이다.

시엘스 추장(Chief Sealth)의 연설문[9]

위대한 지도자께서 우리의 땅을 사고 싶다는 요청을 해왔습니다. 그 위대한 지도자는 또한 우정 어린 친선의 말들을 우리에게 보내왔습니다. 이것은 매우 고마운 일이긴 하지만 우리는 당신이 그 답례로 우리의 우정을 바라지 않는다는 것을 잘 알고 있습니다. 그러나 우리는 당신의 제의에 대해 고려해 보도록 하겠습니다. 만일 우리가 그렇게 하지 않으면 당신(백인)들은 총을 가지고 와서 우리 땅을 빼앗아 갈 것이 아니겠습니까? 어떻게 당신들은 하늘을, 땅의 온기를 사고 팔 수가 있다고 생각하십니까? 그러한 생각은 우리에게는 너무나 생소합니다. 더구나 신선한 공기나 반짝이는 물은 우리의 소유가 아닙니다. 그런데 어떻게 우리가 그것을 당신들에게 팔 수가 있겠습니까? 이 땅의 구석구석은 우리 백성들에게는 너무나 신성합니다. 저 빛나는 솔잎들, 해변의 모래톱, 어둠침침한 숲 속의 안개, 노래하는 온갖 벌레들. 이로 인한 우리의 추억과 경험들은 너무나 성스러운 것입니다.

당신네들(백인)은 죽어서 별들 사이를 거닐 때면 태어난 곳을 망각해 버리지만, 우리는 그렇지 않습니다. 우리는 죽어서도 우리 홍인(紅人)의 어머니 품속으로 돌아가기 때문입니다. 우리는 대지의 한 부분이며, 대지는 우리의 한 부분입니다. 향기로운 꽃은 우리의 자매이며, 사슴, 말, 큰 독수리 이 모든 것들은 우리의 형제들입니다. 바위산 꼭대기, 풀의 수액, 조랑말은 우리와 한 가족입니다.

---

8) 이하의 내용은 우동기, "인디언족의 토지관", 「도시문제」, 대한지방행정공제회, 1985년 3월호에 나오는 이야기를 정리한 것이다.

9) 시엘스 추장은 1796년경에 태어나 1866년 6월 7일 세상을 등졌다. 여기에 소개된 글은 1854년 정부와의 협상에서 시엘스 추장이 연설한 것으로, 1887년 10월 29일자 시애틀 선데이 스타(the Seattle Sunday Star)에 소개되었다고 한다. 시엘스 추장의 이 유명한 연설은 5개 정도의 버전(version)이 존재하는 것으로 알려져 있다. 인디언 언어로 된 연설을 영어로 옮기는 과정에서 여러 버전이 나오게 되었는데, 이 과정에서 시적인 표현들이 가미된 것으로 보인다.

지도자께서 우리 땅을 사고 싶다는 전갈을 보내 온 것은 곧 우리에게 우리의 모든 것을 달라는 것과 같습니다. 지도자께서는 우리만 따로 편히 살 수 있도록 한 장소를 마련해 주겠다고 하셨습니다. 그러면 지도자께서는 우리의 아버지가 되고 우리는 그의 자식이 되는 것입니다. 우리 땅을 사겠다는 당신들의 제안을 신중히 고려해 보기는 하겠지만 그것은 우리에게 쉬운 일이 아닙니다. 우리에게 이 땅은 정말로 신성한 것이기 때문입니다. 개울과 강으로 흘러가는 이 반짝이는 물은 그저 물이 아니라 우리 조상들의 피입니다.

만일 우리가 당신들에게 이 땅을 팔게 되더라도 이 땅이 신성한 것임을 항상 잊지 말아 주십시오. 또한 호수의 맑은 물속에 비친 신령스러운 모습 하나 하나가 우리 삶의 일들과 기억들을 항상 이야기하고 있음을 아이들에게 가르쳐 주십시오. 물결의 속삭임은 우리 아버지의 아버지가 내는 목소리입니다. 강은 우리의 형제입니다. 우리의 카누를 날라주고, 자식들을 길러주며, 우리의 갈증을 풀어주는 존재인 것입니다.

당신들이 우리의 삶의 방식을 이해하지 못한다는 것을 잘 알고 있습니다. 그렇지만 당신들이 이 땅을 사게 되면 저 강들이 우리와 당신들의 형제임을 잊지 말고 또 그것을 아이들에게도 가르쳐 주십시오. 그리고 그 때부터 당신들은 형제에게 하듯이 강에게도 친절을 베풀어 주십시오. 아침 햇살 앞에서 산안개가 달아나듯이, 홍인은 백인 앞에서 언제나 뒤로 물러나곤 했지만 우리 조상들의 유골은 신성한 것이고 그들의 무덤은 거룩한 땅임을 기억해 주십시오. 이 언덕, 이 나무, 이 땅덩어리는 우리에게 너무나도 소중한 것입니다.

우리에게 있어서 백인들은 한밤중에 와서 필요한 것을 빼앗아 가버리는 이방인이었습니다. 백인들에게 대지는 형제가 아니라 적입니다. 그들은 적을 모조리 정복해 버리고 나서도 또 다른 곳으로 나아갑니다. 백인들은 거리낌 없이 아버지의 무덤을 내팽개치는가 하면 아이들에게서 땅을 빼앗아 버립니다. 이렇게 아버지의 무덤과 태어날 때부터 가지고 있던 아이들의 권리는 잊혀지고 맙니다. 백인들은 어머니인 대지와 형제인 저 하늘을 마치 양이나 목걸이처럼 사고팔고 빼앗을 수 있는 것으로 생각합니다. 그들의 식욕은 대지를 삼켜 버리고 마침내 사막만을 남겨 놓을 것입니다.

우리의 삶의 방식은 당신들과는 다릅니다. 당신네, 도시의 모습은 홍인의 눈에 고통을 줍니다. 백인들의 도시에는 조용한 곳이 한 군데도 없어서, 봄 잎새 날리는 소리나 벌레들의 날개 부딪치는 소리를 들을 수가 없습니다. 우리 홍인이 미개하고 무지하기 때문인지는 모르겠지만, 도시의 소음은 우리의 귀를 모욕하는 것만 같습니다. 쏙독새의 외로운 울음소리나 한밤중 연못가에서 들리는 개구리 소리를 들을 수 없다면 삶에는 무엇이 남겠습니까? 나는 이해할 수가 없습니다.

우리 인디언은 연못 위를 쏜살같이 달려가는 부드러운 바람 소리와 한낮에 비에 씻긴 바람이 머금은 소나무 내음을 사랑합니다. 만물이 숨결을 나누고 더불어 살고 있습니다. 백인들은 죽어 가는 사람처럼 감각이 없어져버려, 숨 쉬고 있는 대지를 전혀 느끼지 못하는 것 같습니다.

　다시 한번 말하지만 우리가 당신들에게 땅을 팔게 되더라도 공기가 소중하다는 사실, 또한 공기는 온갖 생명과 영혼을 나누어 갖는다는 사실을 기억해 주십시오. 우리의 할아버지에게 첫 숨결을 넣어준 바람은 그의 마지막 한숨까지도 받아 줄 것입니다. 바람은 우리의 아이들에게 생기를 불어넣어 줍니다. 우리가 땅을 팔게 되면 당신들은 그것을 잘 간수하여 들꽃으로 향기로워진 바람을 맛볼 수 있는 신성한 곳으로 만들어 주십시오.

　우리는 우리의 땅을 사겠다는 당신의 제안을 받아들이는 대신 하나의 조건을 내놓겠습니다. 부디 이 땅에 사는 짐승들을 당신의 형제처럼 생각해 주십시오. 짐승들이 없다면 인간은 무엇입니까?

　저는 초원에서 썩어가고 있는 수많은 물소를 본 적이 있습니다. 그 물소들은 달리는 기차 안에서 백인들이 총으로 쏘아버린 것들입니다. 미개인인 나는 도무지 모르겠습니다. 어째서 연기를 뿜어내는 철마가 물소보다 더 중요한 것인지를 말입니다. 만일 이 땅의 모든 짐승들이 사라져 버린다면 인간도 커다란 영혼의 고독으로 인해 죽어버리고 말 것입니다. 짐승들에게 일어나는 일은 그대로 인간에게도 일어난다는 것을, 만물은 모두가 서로 연결되어 있음을 절대로 잊지 마십시오.

　아이들이 땅을 존경할 수 있도록 아이들에게 그들이 믿고 선 땅이 우리 조상의 뼈라는 것과 그 땅은 우리 종족의 삶으로 가득 차 있다는 것을 가르쳐야 합니다. 우리가 우리 아이들에게 가르친 것을 당신들의 아이들에게도 가르치십시오. 땅은 우리의 어머니인 것을 꼭 가르쳐 주십시오. 땅 위에 닥친 일은 그 땅의 아들에게도 닥칠 것입니다. 인간이 땅에 침을 뱉으면 그것은 곧 자신에게 침을 뱉는 것과 같습니다. 땅이 인간에게 속하는 것이 아니라 인간이 땅에 속하는 것임을 알아야 합니다. 인간은 생명의 거미줄을 짜는 존재가 아니라 다만 그 거미줄의 한 가닥에 불과한 존재입니다.

　우리는 우리 종족을 위해 당신들이 마련해 준 곳으로 가라는 제의를 고려해 보겠습니다. 우리는 그 곳에서 따로 평화를 누리며 살 것입니다. 이미 우리의 아이들은 그들의 아버지가 패배 속에 주저앉아 있는 모습을 보았습니다. 우리의 전사들은 수치심에 사로잡혔으며, 전쟁에 패배한 이후에는 헛되이 나날을 보내면서 단 음식과 독한 술로 그들의 육신을 더럽히고 있습니다. 우리가 어디에서 우리의 여생을 보낼 것인가는 중요하지 않습니다. 그리 많지 않은 시간, 몇 번의 겨울이 지나가고 나면 아마도 이 땅에 살았거나 숲속에서 조그맣게 무리를 지어 살고 있는 위대한 부족의 자식들 중 그 누구도 살아 있지 못할 것입니다. 그리하여 한때 당신네들만큼이나 힘세고 희망에 넘쳤던 우리들 역시 종족의 무덤을 슬퍼해 줄 수 없을 것입니다. 나는 우리 부족의 멸망을 슬퍼하지 않습니다. 부족이란 인간들로 이루어져 있는 것일 뿐 그 이상도 그 이하도 아닙니다. 인간은 바다의 파도처럼 왔다가 가는 존재입니다. 하느님과 친구처럼 함께 걷고 이야기하는 백인들조차도 이 공통된 운명에서 벗어날 수 없는 것입니다. 결국 당신들은 우리가 서로 한 형제임을 깨닫게 될 것입니다.

우리가 알고 있는 것처럼 백인들 또한 언젠가는 알게 될 것입니다. 하느님은 우리 모두의 하느님인 것을. 당신들은 땅을 소유하고 싶어 하듯 하느님도 소유하고 있다고 생각할는지 모르지만 그것은 어리석은 생각입니다. 하느님은 인간의 하느님이며, 그의 사랑은 홍인에게나 백인이게나 꼭 같은 것입니다. 이 땅은 하느님에게 소중한 것이므로 땅을 헤치는 것은 창조주에 대한 모욕인 것입니다. 백인들이 계속 이렇게 한다면 백인들도 마침내 이 땅에서 사라져 버릴 것입니다. 어쩌면 다른 종족보다 더 빨리 사라질지도 모릅니다. 당신들이 계속해서 우리의 잠자리인 이 땅을 더럽힌다면 어느 날 밤 당신들은 황무지에서 숨이 막혀 죽게 될 것입니다. 당신들이 죽었을 때 당신들은 당신들을 이 땅에 보내주고, 어떤 특별한 목적으로 당신들에게 이 땅과 홍인을 다스릴 권한을 허락해 준 하느님으로부터 심판을 받게 될 것입니다. 우리는 언제 물소들이 모두 살육되고, 언제 야생마가 인간에게 길들여지며, 언제 숲이 수많은 인간의 냄새로 가득차고, 언제 곡식으로 무르익은 언덕이 전화선으로 더럽혀질지 모릅니다.

우리 땅을 사겠다는 당신들의 제의를 고려해 보겠습니다. 우리가 그 제의를 받아들인다면, 우리는 당신들이 우리에게 약속한 보호구역으로 가게 될 것입니다. 아마도 거기에서 우리는 우리가 원하는 짧은 여생을 그럭저럭 이어갈 것입니다. 마지막 홍인이 이 땅에서 사라지고, 단지 그에 대한 기억만이 초원을 가로질러 흐르는 구름의 그림자가 될지라도 이 산 기슭과 숲은 여전히 내 종족의 영혼을 간직하고 있을 것입니다.

다시 한번 부탁드립니다. 우리가 땅을 팔더라도 우리가 사랑했듯이 이 땅을 사랑해 주십시오. 새로 태어난 아이가 어머니 심장의 고동을 사랑하듯이 이 땅을 사랑해 주십시오. 우리가 돌본 것처럼 이 땅을 돌보아 주십시오. 당신들이 이 땅을 차지하게 될 때 이 땅에 대한 기억을 마음속에서만이라도 간직해 주십시오. 당신들의 자손들을 위해서라도 온 힘과 온 마음을 다하여 이 땅을 지키고 사랑해 주십시오. 하느님이 우리 모두를 사랑하듯이.

2) 성서의 토지법

성서10)에 나오는 희년(禧年, The Year of Jubilee, The Year of Grace)이란 "은혜의 해"란 뜻으로 히브리어 요벨(yobel)이란 말에서 유래했다. 원래 요벨은 숫양 혹은 숫양의 뿔을 뜻한다. 이스라엘 백성들이 B.C. 1300년 선지자 모세의 인도로 이집트를 떠나 여호수아 장군의 지휘로 가나안 땅으로 진입한 것을 기점으로 하여 50년째 되는 해를 알릴 때 숫양의 뿔로 만들어진 나팔을 불었다고 하여 그 해를 요벨, 혹은 요벨의 해라고 부른다. 성경의 레위기 25장은 바로 이 요벨의 해, 곧 희년에 관한 법에 대해 말하고 있다. 이 법은 제 50년째 되는 그 해를 다른 해와 달리 거룩하게 하라고 규정하고 있으며, 그 땅에 사는 모든 거주자들에게 '드로르'(자유 혹은 해방)를 선포하라고 규정하고 있다. 드로르가 선포되면 빚 때문에 토지나 가옥을 팔았던 농민들이 그 기본재산을 다시 돌려받게 되며, 가난하여 몸을 팔아 노예가 되었던 사람들도 노예의 신분에서 벗어나 자유롭게 된다. 드로르는 경제적 평등과 정치적으로는 인권회복을 그 기본이념으로 하고 있다. 토지는 땅이 없던 이스라엘 민족이 약속의 땅인 가나안에 들어가서 분배받은 재산으로서 대대로 물려주어야 할 가족 혹은 가문의 재산이다. 그들은 당시 가나안 땅을 점령하자 땅을 우선 12개 지파별로 분배를 하고, 각 지파는 그 땅을 균등하게 가문 혹은 가족단위로 나누어주었다. 이때 분배받은 땅을 기업(基業, lot)이라 했다. 희년법에 의해 토지를 이해하자면 땅은 하나님의 것이고 사람은 하나님에게 의지하는 식객에 불과한 존재인 것이다.

희년(禧年)의 중심원리는 레위기 25장 23절에 잘 나타나 있다. 여기에는 "토지를 영원히 팔지 말지어다. 토지는 다 내 것임이라. 너희는 나그네요 우거하는 자로서 나와 함께 있느니라. 너희 기업의 온 땅에서 그 토지 무르기를 허락할지니"라고 천명함으로써, 땅의 소유자는 하나님임을 명백히 천거하고 있다. 즉 토지는 사유재산이 될 수 없고 단지 토지에서 생산된 곡물만이 사유재산이 될 수 있다는 것이다. 따라서 분배받은 땅을 영원히 팔아넘기는 것은 불가능했고, 원할 때면 언제든지 되돌려 살 수 있어야 했다. 토지거래가 희년을 중심으로 이루어졌기 때문에 가난하여 토지를 판 사람이 다시 그 토지를

---

10) 여기에 나오는 내용은 대한성서공회 발행, 공동번역성서(1977)에 나오는 내용을 참고하여 작성하였다.

무를(a right of redemption, 되돌려 받는 것) 경우, 그는 땅을 팔 때의 전체 금액 중 구매자가 그 땅을 사용하여 추수를 거둔 햇수에 해당하는 금액은 공제하고 나머지 금액만을 지불하고 무를 수 있었다. 따라서 땅을 매매할 때에는 희년을 기준으로 하여 값을 정해야 했다(레위기 25:13~17). 왜냐하면 희년에 이르면 그 땅은 자연히 본래의 주인에게 돌아가기 때문이다. 희년은 안식년이 7회 반복되는 해, 곧 49년째가 되는 해인데 동양식 계산법으로는 50년째가 되는 해이다. 이러한 법의 신앙적 근거는 출애굽기에 있다. 하나님께서 애굽 땅에서 종살이하던 이스라엘을 해방시켜 주신 것을 생각하며 자기 종들에게도 그러한 자유를 주라는 것이다. 이로 인해 일정한 기간마다 드로르가 선포되었고, 소유권은 본래의 주인들에게로 돌아갔으며, 노예는 자유인이 되어 모든 사람들은 동일한 조건에서 삶을 시작할 수 있도록 평등과 자유가 주어진다.

성경적으로 볼 때, 신은 하늘과 땅을 창조한 후, 인간에게 땅을 다스리고 관리하도록 하였다. 즉 성경에서는 인간이 인간 생명의 근원인 토지를 합리적으로 다스려야 한다고 말하고 있다.

3) 헨리 조지의 토지관[11]

미국의 사상가 헨리 조지(Henry George, 1839~1897)는 지금으로부터 약 130여년 전, 토지세를 제외한 다른 모든 조세를 폐지하고 토지에 대한 세율을 100% 인상하여 이의 세수만으로 정부 재정을 충당하자고 역설하였다.[12] 그는 1879년 「진보와 빈곤(Progress and Poverty)」이라는 명저로 학계에 큰 파문을 일으킨 사람이다. 미국의 철학자이며, 교육자인 존 듀이(John Dewey)는 인류 역사상 가장 위대한 사상가의 한 사람으로 헨리 조지를 꼽았다. 그는 경제학자로서 물질적 진보에 따라 빈곤이 증대되어 가는 것은 진보의 이익이 모두 지대의 증대로 나타나 지주에게만 돌아가 버리기 때문이라고 주장하였다. 그는 국민들에게 오직 토지에 대한 세금 한 가지만을 부과하자면서 토지단일세론을 주장하였다. 그는 토지의 가치가 상승하는 것은 토지에 가한 개인적인 노동력 때문이 아니라 사회의 진보와 발전에 의한 것이기 때문에 이를 전액

---

11) 헨리 조지의 토지관에 대해서는 이정전, 「토지경제학」, 박영사, 1988에 나오는 헨리 조지의 사상에 관한 내용을 정리한 것이다.
12) 헨리 조지의 토지관은 George, Henry, *Progress and Poverty*, the Modern Library, 1879에서 찾아볼 수 있다.

세금으로 흡수해야 한다는 것이다.

　사실 토지단일세론의 발상은 헨리 조지의 이론에 있어서는 매우 지엽적인 것에 불과한 것으로, 그의 학문적인 업적은 진보와 빈곤에 있어서 토지라는 자원의 특성과 역할을 예리하게 파헤친 데 있다. 그는 진보의 결과 빈곤이 퇴치될 수도 있다고 인정하였지만 반대로 진보의 결과 빈부격차가 확대되고 결국 빈곤이 고질화될 수도 있다고도 보았다. 그렇다면 우리 사회에 빈곤이 없어지지 않고 있는 근본적인 이유는 무엇인가? 헨리 조지는 그 답을 인간과 모든 물질적 관계 중에서 가장 근본적인 관계인 토지와 인간과의 관계에서 찾았다. 부(富)란 인간이 만든 모든 생산물의 총체로서 이 생산물은 결국 토지에 노동을 가하여 만들어낸 것이다. 따라서 토지는 모든 부의 원천이다. 이 세상에는 두 가지 사물이 있을 수 있는데 하나는 노동의 산물로서의 사물이요, 또 다른 하나는 대자연의 자비로운 공여로서의 사물이다. 토지는 바로 이 후자에 속한다. 헨리 조지에 의하면, 전자에 대한 배타적인 개인 재산권은 사회정의에 위배되지 않으나, 후자에 대해서 대자연은 인간에게 어떠한 사유권도 인정하지 않는다고 보았다.

　그는 토지에 대한 개인의 소유권은 토지의 자유로운 이용을 저해함에 따라 다수의 생계 및 삶 그 자체를 위협하는 것이므로 이는 부당하다고 주장하였다. 왜냐하면 대자연이 무상으로 공여한 토지에 대해서 토지소유자는 토지를 이용하려는 사람에게 금전적 대가를 요구할 것이기 때문이다. 또한 지주는 자연에게서 무상으로 제공받은 토지로부터 나온 생산물, 즉 진보의 과실을 개인적으로 착복하게 된다. 헨리 조지는 바로 이 점이 사유재산권제도의 유일한, 그러나 치명적인 약점이라고 지적한다.

　모든 재산의 사유권을 인정하면서도 토지사유로 인한 여러 가지 문제를 해결할 수 있는 방법은 무엇인가? 이에 대한 헨리 조지의 답이 바로 토지단일세론이다. 즉 지주가 차지하는 지대를 100% 세율로 완전히 흡수해 버리고 다른 모든 조세는 폐지해야 한다는 것이다.

　그렇다면 왜 토지세 이외의 다른 모든 조세들은 폐지되어야 하는가? 그의 주장에 의하면 토지세 이외의 기타 다른 조세들은 진보를 불필요하게 저해한다고 보았다. 토지세 이외의 다른 조세들은 궁극적으로 생산물에 대한 세금이며, 이것은 결국 생산물생산의 채산성을 저하시켜 전반적인 생산활동을 위축시킨다고 보았다. 그에 의하면 이러한 세금들은 자기모순으로, 토지세 이외의 세금은 모두 보다 잘 살려는 노력과 활동, 그리고 절약에 대한 일종의 벌금에 불과하다는 것이다.

4) 풍수사상에 나타난 토지관[13]

동양에서 나타난 토지사상 중에는 풍수사상이 있다. 풍수설은 음양론(陰陽論)과 오행설을 기반으로 하여 주역의 체계를 주요한 논리구조로 삼는 중국과 우리나라의 전통적인 지리과학이다. 이는 추길피흉(追吉避凶)을 목적으로 삼는 상지기술학(相地技術學)으로, 기본적으로는 우리 민족의 전통적인 토지관을 표출한 것이라 할 수 있다. 풍수란 명칭은 장풍득수(藏風得水)에서 유래한 것이다. 여기서 바람(風)은 기후와 풍토를, 물(水)은 물에 관한 모든 것을 가리킨다. 풍수사상은 현대적인 개념으로 보면 기권(氣圈), 수권(水圈), 육권(陸圈) 등 인간을 둘러싸고 있는 자연환경에 관한 이론이라 하겠다. 풍수의 기본원리는 다음과 같다. 땅 속에는 살아 꿈틀대는 정기가 있는데 이것은 우리 몸 속의 피처럼 일정한 길을 따라 움직이게 된다. 이를 타고난 사람은 복을 받아 부귀영화를 누릴 수 있으며, 이것이 뭉친 곳(穴)에 집을 지으면 기운이 뻗쳐서 대대로 번창하게 되고, 여기에 도읍을 정하게 되면 나라가 튼튼히 오래가고, 조상의 무덤을 쓰면 그 집안에 위대한 인물이 태어난다고 한다. 기원전 4~5세기경 중국의 전국시대(B.C. 403~221)의 말기에 풍수적 관념이 발생하여 한(漢)대에 이르러 음양설이 도입되면서 풍수의 최고경전이라고 할 수 있는 청오경(靑烏經)이 편찬되었다(최창조, 1992). 청오경 이후 중국 동진(東晋, A.D. 317~420)의 곽박(郭璞)이라는 사람이 풍수 초기의 최대 경전인 장서(葬書, 일명 錦囊經)에서 풍수라는 말을 사용했다고 한다. 장서가 금낭경(錦囊經)이라고 불려진 이유는 당나라 현종이 이 책을 비단주머니에 넣어 두고 아꼈다하여 붙여진 이름이다. 그는 장서(葬書)에서 "죽은 이는 정기를 타야한다. 이것은 바람을 만나면 흩어지고 물을 만나면 머문다. 따라서 바람과 물을 이용해서 정기를 얻는 방법이 풍수이다. 이를 위해서는 첫째 물을 얻어야 하고 둘째 바람을 가두어야 한다"고 적고 있다.

우리나라의 풍수사상은 나말여초(羅末麗初) 풍수의 원조인 도선(道詵)에 의

---

13) 풍수사상과 토지관에 대해서는 최창조, 「땅의 논리 인간의 논리」, 민음사, 1992 및 최창조, "풍수지리사상과 한국인의 토지관", 「토지연구」, 제1권 제4호, 1990에 나오는 내용을 정리한 것이다.

하여 본격적으로 도입되었다. 풍수설에 있어 토지관은 흔히 알고 있는 묏자리와 집터의 명당을 찾는 단순한 주술적(呪術的) 사고만은 아니다. 기본적으로는 토지를 대하는 인간의 자세에 대한 방향의 제시로 자연과 인간을 합일된 상태로 간주하는 천지인 일심동체설(天地人 一心同體說: 하늘, 땅, 사람이 한 마음 또는 한 몸이라는 뜻)과 토지를 의인화하여 정복의 객체가 아닌 인간과 합일할 대상으로 보고 일체의 소유관념을 배제하는 토지유기체설(土地有機體說) 등을 축으로 이루어져 있다. 토지유기체설에는 "땅은 인간의 생명을 잉태, 양육하고 의식주를 제공하는 본질"이라고 믿었다. 이러한 토지관에는 어떠한 형태로든 소유의 개념이 들어갈 여지가 없다. 이러한 풍수설은 이후 고려의 성립과 조선의 개국에까지도 영향을 주었고 동시에 일반평민의 토지관은 물론 오늘날의 토지관에 이르기까지 적지 않은 영향을 끼치고 있다.

5) 법률상의 토지관

토지소유권에는 로마법형(法型)과 게르만법형의 두 가지 원형이 있다. 로마법형은 기원전 2세기부터 5세기까지 로마에서 볼 수 있었던 유형으로 하늘은 토지소유권 위에 토지소유권을 만들지도 않았고 토지소유권 아래에도 토지소유권을 만들지도 않았다고 보는 것이다. 즉 로마법형은 천상천하 유아독존이라고 할 수 있는 권리로 절대적이고도 배타적인 토지소유권의 원형이다. 이에 비해 게르만법형은 고대로부터 중세에 걸쳐 게르만 민족에서 볼 수 있었던 유형이다. 하늘은 토지소유권의 위에도 토지소유권을 만들었고 토지소유권의 밑에도 토지소유권을 만들었다고 보는 것이 게르만법형이다. 즉 소유권의 상하에 중첩적으로 복수의 권리가 존재한다는 것이다. 소유권은 절대적이거나 배타적인 것이 아니라 상하의 관계를 배려한 상대적인 권리라는 것이다. 다른 말로 표현하면 로마법형은 도시형, 게르만법형은 농촌형이라 할 수 있을 것이다.

토지문제를 생각할 경우, 로마법형은 다루기가 어렵고 도시인처럼 이기적이다. 여기에 반해 게르만법형은 다루기가 쉽고 인간미가 있는 농민처럼 순박한 면이 있다. 로마법형은 토지를 금전과 동일시하여 자산으로 생각하는 경향이 있다. 토지거래의 자유를 기본으로 하고 있으므로 토지는 당연히 상품으로서 취급되기 때문에 이 법의 체제하에서는 투기가 일어날 가능성이 매우 높다. 경제적으로 보면 교환가치를 중요시하기 때문에 토지의 거래에 관한 법기술이 고도로 발달되어 있다.

여기에 반해 게르만법형에 있어서는 토지를 생활의 장으로 생각하고 있다. 토지를 거래의 대상으로보다는 이용의 대상으로만 생각한다. 토지를 상품으로는 보지 않기 때문에 당연히 투기는 일어나지 않으며, 경제적으로 본다면 사용가치를 더 중요시한다. 따라서 토지의 이용에 관한 법 기술이 발달되어 있고 지금도 공동이용에 관한 기술이 계속 발전하고 있다.

유럽에서는 18세기부터 19세기 말까지는 로마법형이었으나 19세기 말부터 20세기에 걸쳐서는 게르만법형으로 바뀌었다. 일본의 경우에는 시민사회의 형성이 늦었기 때문에 오늘날까지 로마법형이 그 중심이다. 우리나라의 경우 민법이 일본을 거쳐 수입되었는데, 이러한 일본의 민법전은 로마법을 집약한 독일 민법 제1초안(第一草案)을 번역한 것이기 때문에 로마법 그 자체라고도 볼 수 있다.

우리나라 민법이 로마법형에 따르고 있기는 하지만, 헌법이나 국토기본법 등에서는 토지에 대해 사적 소유권을 제한하고 공적인 이익을 위해 토지를 사용해야 한다는 선언적인 문구들이 있다. 우리나라의 토지기본법적 성격을 지닌 국토기본법에는 "국토는 모든 국민의 삶의 터전이며 후세에 물려줄 민족의 자산이므로, 국토에 관한 계획 및 정책은 개발과 환경의 조화를 바탕으로, 국토를 균형있게 발전시키고 국가의 경쟁력을 높이며, 국민의 삶의 질을 개선함으로써 국토의 지속가능한 발전을 도모할 수 있도록 이를 수립·집행하여야 한다(제2조)"고 규정하고 있다. 이 규정은 국토의 이용과 관리에 관한 헌장적인 선언으로 헌법에서 재산권은 공공복리에 적합하게 행사해야 한다는 조문의 정신을 구체적으로 선언한 것이며, 우리 국민이 국토를 이용하고 관리하여야 할 철학과 이념을 규정한 것이라 할 수 있다.

제 2 절   부동산의 특성과 부동산 문제

부동산은 일반적인 재화나 서비스와는 다른 특수한 성질을 갖고 있다. 이러한 특수한 성질은 주로 토지의 특성으로부터 나타난다. 건물과 같은 정착물은 대체로 토지의 특성에 의해 그 특성이 결정된다. 이런 부동산 특성들은 부동산시장만의 독특한 특성을 유발한다. 예를 들어 부동성(不動性)은 부동산시장을 지역별로 세분화시키고, 부동산을 외부효과(externalities)의 영향으로부터 벗어나지 못하도록 한다. 부증성(不增性)은 부동산이 제공하는 공간(space)의 공급곡선을 비탄력적으로 만든다.

■ 1. 부동산의 특성

흔히 부동산의 특성으로 많이 언급되는 것으로, 부동성(不動性), 부증성(不增性), 불변성(不變性), 이질성(異質性), 용도의 다양성, 분할거래의 어려움 등이 있다. 이 중 부증성과 불변성은 토지에만 적용되는 특성이다. 건물의 경우 부증성 대신 생산의 장기성(長期性)이, 불변성 대신 내구성(耐久性)이 적용된다. 그리고 용도의 다양성은 주로 토지에 적용되고, 건물은 용도의 다양성 대신 용도의 비가역성(非可逆性)이 주로 적용된다.14) 이질성과 분할거래의 어려움 등은 토지와 건물 모두에 적용되는 특성이다. 이 밖에 높은 거래비용도 토지와 건물 모두에 적용되는 특성 중의 하나인데, 이 특성은 부동성이라든가 이질성, 분할거래의 어려움 등에 의해 파생되는 특성이다.

부동성(不動性) | 부동산의 특성 중에서 가장 먼저 들 수 있는 특성이 부동성(immobility)이다. 부동산은 다른 재화와 달리 이동이 불가능하다는 것이다. 부동성은 위치의 고정성(fixed location), 이동불가능성, 비유동성 등으로 불리어지기도 한다. 부동산의 부동성은 토지의 위치가 고정되어 있다는 특성으로부터 나온다. 토지의 정착물, 예를 들어 건물은 토지에 고착되어 있기 때문에 토지가 갖고 있는 부동성이라는 특징을 그대로 이어받게 된다.

---

14) 개정판 이전에는 "용도의 다양성은 토지에만 적용되고, 건물에는 용도의 비가역성이 적용된다"는 표현을 사용하였다. 이때 용도의 비가역성이란 공장용 건물을 주거용 건물로 사용하기 어렵다거나, 그 반대로 주거용 건물을 공장용 건물로 사용하기 어렵다는 의미이다. 그러나 하나의 용도로 건축된 건물이라 하더라도 다른 용도로 사용되는 경우도 있어 용도의 다양성이 존재할 수 있다. 이런 이유에서 개정판에서는 "건물은 용도의 다양성 대신 용도의 비가역성이 주로 적용된다"는 표현을 사용하였다. 이에 대해 자세한 것은 뒤에서 다룰 것이다.

부증성(不增性)과 생산의 장기성	부동산 중에서 토지는 공간적으로 생산이 불가능하다. 생산을 통해 토지의 공급량을 늘릴 수 없다는 것이다.

이를 부증성(不增性, unproductivity)이라고 하는데, 공급의 한정성이라고 하기도 하고, 비생산성, 면적의 유한성 등으로 표현하기도 한다. 바다나 호수를 간척 또는 매립하여 토지면적을 넓힐 수도 있지만, 이는 수면으로 이용되는 토지를 농지 등으로 바꾸는 것에 불과하다. 토지가 제공하는 공간의 용도가 바뀐 것이지, 공간 자체가 증가한 것은 아니다. 물론 토지를 용도별로 본다면, 부증성(不增性)은 성립하지 않는다. 특정 용도의 토지 공급량은 용도변경을 통해 늘릴 수도 있고 줄일 수도 있는 것이다. 그럼에도 불구하고 전체 토지를 놓고 본다면, 토지는 공간적으로 생산을 통해 늘리는 것이 불가능하다.

하지만 토지의 정착물은 부증성(不增性)이 성립하지 않는다. 건물을 예로 들자면, 신규 건설을 통해 건물 공간을 늘릴 수 있다. 물론 토지의 제약으로 건물 공간을 늘리는데 한계가 있겠지만, 건축기술의 발달로 건물을 고층화하게 되면 이런 한계도 사라지게 된다. 반면 토지의 정착물, 특히 건물은 부증성(不增性) 대신 생산의 장기성이 적용된다. 신규 건설을 통해 공간을 만들어내는데 시간이 걸린다는 것이다.

불변성(不變性)과 내구성	사용을 하면 단기에 소멸되는 재화를 비내구재(非耐久財)라고 한다. 반면 사용을 하더라도 단기에 소멸

하지 않지만 시간이 지나감에 따라 서서히 편익(효용)이 줄어들고 소모되는 재화를 내구재(耐久財)라고 한다. 내구재는 사용을 함에 따라 점차 편익이 줄어들고 소모되어 재화의 가치도 점차 하락하게 되지만, 대부분의 경우 사용을 하지 않더라도 시간이 지나면 편익이 줄어들고 자연적으로 소모되어 재화의 가치가 하락하게 된다.

그런데 토지의 경우, 토지가 제공하는 공간량은 시간이 지나더라도 줄어들지 않고 소모되지도 않는다. 토지가 제공하는 공간은 영속적인 것이다. 이러한 성질을 불변성(indestructibility)이라고 부른다. 다른 말로는 이용의 영구성, 영속성, 불괴성 등으로도 불린다.

그러나 토지의 정착물은 불변성이 적용되지 않고, 그 대신 내구성(durability)이 적용된다. 예를 들어 건물은 시간이 지남에 따라 노후화되기 때문에 건물이 제공하는 공간의 효용은 점차 감소하게 되는 것이다.

이질성(異質性) | 부동산이 제공하는 공간은 매우 이질적이다. 유사한 위치에 있는 유사한 용도의 토지라 하더라도 공간의 이질성(heterogeneity)은 유지된다. 위치가 아무리 유사하더라도 동일한 위치에는 오직 하나의 토지만 존재하기 때문이다. 그래서 이런 이질성을 다른 말로 유일성(uniqueness) 또는 독특성이라고도 부른다.

이런 이질성은 정착물에도 그대로 적용된다. 정착물의 경우, 토지가 갖고 있는 이질성에다가 정착물의 이질성까지 더해져 이질성의 정도가 더 심해질 수도 있다. 예를 들어, 건물의 경우 층수, 건축재료, 건축디자인, 내부시설 등에 따라 해당 건물이 제공하는 공간의 질이 건물마다 다를 수밖에 없는 것이다.

용도의 다양성과 비가역성(非可逆性) | 토지가 제공하는 공간은 다른 일반재화와는 달리 그 용도가 매우 다양하다. 농경지, 목초지, 임산지 등으로 사용될 수도 있으며, 공업용지나 업무용지와 같은 2차, 3차 산업용지로 사용될 수도 있다. 그리고 주거용지나 공원용지, 관광휴양지 등과 같은 소비용으로 쓰일 수도 있다. 즉, 토지는 필요에 따라 여러 가지로 용도로 이용될 수 있는 이용의 융통성을 갖고 있다. 이와 같이 토지는 이용방법이 다양하기 때문에 두 개 이상의 용도가 동시에 경합(競合)하는 경우가 많고 한 용도에서 다른 용도로의 전환도 가능하다. 이러한 특성을 토지이용의 다양성(modification)이라 하며, 다용도성 또는 변용성이라고도 한다.

그러나 일단 토지가 어떤 특정 용도로 이용되기 시작하면 다른 용도로 변경하는 것이 어려울 수 있다. 특히 토지 위에 구조물이 들어설 경우, 이런 경향은 더욱 커진다. 토지 위에 세워진 건물의 경우에도 일단 건물이 설치되고 나면, 해당 건물을 다른 용도로 사용하는 것이 어려워진다. 물론 용도를 변경하는 것이 완전히 불가능한 것은 아니지만, 용도변경에 따른 비용이 크기 때문에 사실상 용도를 변경하는 것이 어렵게 된다. 이런 특성을 용도의 비가역성(irreversibility)이라고 부른다. 용도의 비가역성은 토지의 정착물이 무엇이냐에 따라 비가역의 정도가 달라진다. 정착물을 제거하기 어려울수록, 정착물의 용도가 제한적이고 용도변경에 따른 비용이 클수록 비가역성은 커지게 된다.[15]

분할 가능성과 분할 거래의 어려움 │ 법률적으로 부동산은 작은 단위로 분할하여 거래할 수 있으며, 작은 단위로 분할되어 있는 부동산을 합병하여 거래할 수도 있다. 특히 소유권은 사용권과 처분권, 수익권이 결합된 권리인데, 이를 분할하여 거래할 수도 있다. 이를 흔히 분할 가능성(divisibility)이라고 부른다.

그러나 부동산을 분할하여 거래할 수 있다고 하더라도, 현실적으로는 부동산을 분할하여 거래하는 것은 쉽지가 않다. 분할하여 거래할 경우, 해당 부동산의 공간을 경제적으로 이용하는 것이 어렵기 때문이다. 이를 분할거래의 어려움(large economic unit)이라고 부른다. 부동산을 경제적으로 이용하기 위해서는 일정한 크기 이상의 규모로 거래하여야 하는 것이다. 예를 들어 주택 거래를 생각해 보자. 법률적으로 주택 소유권을 분할하여 거래할 수가 있다. 그러나 실제 주택의 공간을 사용하기 위해서는 주택을 통째로 구입하여야 한다. 즉, 주택을 분할하여 거래할 경우, 해당 주택의 공간을 이용할 수 없는 것이다.

2. 부동산의 특성에 따른 부동산 문제

부동산시장은 국지화(局地化), 비탄력적 공급곡선, 높은 거래비용 등과 같은, 여타 재화시장과 다른 특수성을 갖고 있다. 이런 부동산시장의 특수성은 부동산이 갖고 있는 특성으로부터 발현된 것이다. 그리고 이런 부동산시장의 특수성은 부동산시장에 여러 가지 사회, 경제적 문제를 야기한다.

1) 부동산의 특성에 따른 부동산시장의 특수성

부동산시장의 지역화 │ 먼저 부동산 시장은 부동성(不動性) 때문에 지역화되고 국지화(局地化)된다. 예를 들어 한 도시에서 주택공간이 부족하더라도 다른 지역의 주택을 그 도시로 옮길 수가 없다. 그 결과 한 쪽에서는 주택공간이 남아도는데 반해 다른 한 쪽에서는 주택공간이 부족하여

---

15) 건물의 경우, 용도가 정해져 있다고 하더라도 해당 용도가 아닌 다른 용도로 사용할 수도 있다. 예를 들어 단독주택의 경우 주거용으로 사용되는 것이 일반적이지만, 가내수공업용 공장이나 오피스, 식당 등으로 사용할 수도 있다. 또 일부 건물은 다용도용으로 건축되는 경우도 있다. 대표적인 예가 오피스텔이나 아파트형 공장이다. 이런 점에서 건물 또한 용도의 다양성을 갖고 있다고 말할 수도 있으나, 토지만큼의 범용성을 갖고 있지는 못하다. 즉, 건물은 원래 자신에게 주어진 용도에서 크게 벗어나 다른 용도로 사용되기가 어렵다는 것이다.

주택문제가 사회문제로까지 번지게 된다. 즉, 부동산 시장에서 수급 불균형 문제는 전국적으로 나타나기 보다는 지역적으로, 국지적으로 나타나는 것이다.

외부효과의 영향 | 또한 부동산은 부동성(不動性) 때문에 외부환경의 영향으로부터 벗어날 수가 없다. 이른바 외부효과(externalities)의 영향을 쉽게 받는 것이다. 예를 들어 인근 지역에 도로가 신설되거나 지하철역이 신설되는 경우, 해당 부동산은 긍정적인 외부효과(positive externalities)를 얻게 된다. 물론 그 반대인 경우도 있다. 인근 지역에 공해시설이나 혐오시설이 들어설 경우, 해당 부동산은 부정적인 외부효과(negative externalities)를 입게 된다. 부동산이 갖고 있는 부동성(不動性) 때문에 이런 외부효과로부터 벗어나고 싶어도 벗어나지 못하게 된다.

비탄력적인 단기공급곡선 | 부증성(不增性)과 생산의 장기성은 부동산이 제공하는 공간의 단기 공급곡선(short-run supply curve)을 비탄력적으로 만든다. 임대료가 상승하더라도 단기적으로는 쉽게 공간의 공급량을 늘릴 수 없기 때문이다. 그러나 장기적으로는 부동산의 공간을 생산해 낼 수 있기 때문에 공간의 장기공급곡선(long-run supply curve)은 탄력적으로 바뀐다.

부동산의 불변성 내지는 내구성, 그리고 용도의 다양성과 비가역성도 부동산공간의 단기공급곡선을 비탄력적으로 만드는 요인 중의 하나이다. 부동산은 내구성을 갖고 있을 뿐만 아니라 비가역성도 갖고 있기 때문에 임대료가 하락하더라도 단기적으로는 공급량을 감소시키기가 어렵다. 그러나 장기적으로는 부동산의 내구성과 비가역성이 완화되기 때문에 부동산공간의 장기공급곡선은 상대적으로 탄력적으로 변하게 된다.

독점적 경쟁시장 | 이질성은 부동산시장을 독점적 경쟁시장으로 만든다. 부동산이 제공하는 공간들은 유사하기는 하지만 동일하지는 않다. 동일하지 않기 때문에 부동산시장은 독점적 성격을 갖고 있다. 그러나 유사한 공간들이 주위에 널려 있기 때문에 부동산 시장은 경쟁적 성격을 갖고 있다. 이런 점에서 부동산시장은 독점적 경쟁시장이라고 할 수 있다.

낮은 거래빈도, | 분할이 가능하기는 하지만, 분할거래가 어렵다는 특성은
높은 거래비용 | 부동산의 거래빈도를 낮추는 역할을 한다. 거래빈도가 적
다 보니 가격 포착 및 가치산정에 어려움이 생기게 된다. 가격 포착 및 가치
산정에 어려움이 있다는 이야기는 거래비용이 높다는 것을 의미한다. 가격을
알아내는데 시간이나 비용이 많이 든다는 이야기이다.

부동산의 이질성도 거래비용을 높이는 원인이 된다. 예를 들어 인근 지역
에 부동산이 한 건 거래되었다 하더라도, 해당 부동산의 거래가격이 내가 소
유하고 있는 부동산의 가격이 되지 않는다. 두 부동산은 서로 이질적이기 때
문에 동일한 가격을 적용할 수가 없는 것이다. 바로 이런 이질성 때문에 부동
산의 가치를 산정하기가 어렵고, 산정된 가치의 정확성에 대해 신뢰하기가 어
렵다.

한편, 분할거래의 어려움은 부동산 거래에서 부채 사용을 불가피하게 만든
다. 부채 사용은 거래비용(부채 조달에 따른 시간과 비용이 증가)을 높이고, 부동

❷ 표 1-2 부동산의 특성에 따른 부동산시장의 특수성

부동산의 특성	부동산시장의 특수성
부동성(不動性)	- 부동산시장을 지역화, 국지화시킴. - 외부효과의 영향을 많이 받음.
부증성(不增性)/ 생산의 장기성	- 공간의 단기공급곡선을 비탄력적으로 만듦. - 공간의 장기공급곡선은 탄력적임.
불변성/내구성	- 공간의 단기공급곡선을 비탄력적으로 만듦.
이질성	- 독점적 경쟁시장을 형성 - 가격 포착이 어렵고, 정보 획득이 어려움. 그 결과 가치산정이 어렵고, 산정된 가치의 정확성에 대해 신뢰하기 어려움(높은 거래비용).
용도의 다양성/ 비가역성(非可逆性)	- 공간의 단기공급곡선을 비탄력적으로 만듦. - 공간의 장기공급곡선은 탄력적임.
분할 가능성/ 분할거래의 어려움.	- 거래빈도가 많지 않아 가격포착 및 가치산정이 어려움(높은 거래비용). - 부채사용이 불가피하여 거래비용이 증가하고, 자본시장의 영 향을 많이 받음. - 시장상황 변화에 따른 가격의 반응이 늦음.

산시장이 자본시장으로부터 영향을 많이 받도록 만든다.

높은 거래비용은 다시금 거래빈도를 낮추는 역할을 한다. 거래비용이 높다 보니 잦은 거래를 할 수가 없는 것이다. 또 높은 거래비용은 부동산가격이 시장변화에 빨리 반응하지 못하도록 한다. 거래비용이 비싸다 보니(부동산 거래나 가격에 대한 정보를 알아내는데 많은 시간과 비용이 들다 보니), 시장변화가 있더라도 부동산가격이 이런 변화에 뒤늦게 반응하게 되는 것이다.

2) 부동산시장의 특수성에 기인한 부동산 문제

부동산의 특성으로부터 초래되는 부동산시장의 특수성은 시장실패, 소득분배의 불평등성, 시장가격의 불안정성 등의 문제를 야기한다.

세 가지 부동산 문제 | 부동산시장은 외부효과, 독점적 경쟁시장, 정보획득의 어려움 등으로 인해 시장실패가 자주 발생한다. 이런 시장실패 요인 때문에 자원배분의 효율성이 보장되지 않는다.

그리고 부동산시장에서는 외부효과 등으로 인해 사회발전의 편익이 부동산 소유주에게 집중되는 경향이 있다. 사회가 발전하면, 각종 사회간접자본이 설치되고 부동산에 대한 수요가 증가하면서 부동산 소유주들은 상당한 편익을 얻게 된다. 이로 인해 소득분배의 불평등성이 확대될 수 있다.

비탄력적인 단기공급곡선이나 높은 거래비용, 부동산시장의 지역화 등은 시장가격의 불안정성을 심화시킨다. 조그마한 수요 변화나 공급 변화에 의해 지역적으로 부동산시장이 과열될 수도 있고 지나치게 침체될 수도 있다.

정부의 시장개입 | 정부는 이러한 시장실패나 소득불균형 등을 이유로 부동산시장에 개입하게 되는데, 이런 개입이 바로 부동산정책이다. 즉, 부동산의 특성으로부터 파생된 부동산시장의 특수성이 여러 사회, 경제적 문제를 유발하고, 정부는 이런 사회, 경제적 문제를 해결하기 위해 부동산시장에 개입하게 되는데, 이를 부동산정책이라고 부르는 것이다.

제3절 부동산정책의 필요성과 수단들

1. 부동산정책의 필요성

1) 정부의 시장개입 필요성

정부가 시장에 개입하는 것은 크게 세 가지 이유 때문이다. 첫째는 시장실패 (market failure)를 보완하기 위해 시장에 개입한다. 둘째는 소득의 재분배 또는 형평성 증진을 위해 시장에 개입한다. 셋째는 시장안정이나 경제성장을 위해 시장에 개입한다.

시장실패의 보완 | 시장의 가격기구에 의한 자원배분은 지금까지 알려져 있는 경제제도 중에서 상대적으로 가장 효율적인 방법이다. 그러나 만약 시장의 실패가 존재할 경우에는 자원이 효율적으로 배분되지 않는다. 이때 정부가 시장에 개입하여 자원의 효율적 배분을 추구하는 것이다.

시장의 실패를 가져오는 요인은 다양하다. 먼저 불완전경쟁시장이 존재할 경우 자원배분은 효율적으로 이루어지지 않는다. 불완전경쟁시장에서는 공급자가 가격결정력을 갖고 있기 때문에 시장가격기구에 의한 자원배분은 효율적인 배분이 되지 않는다.

외부효과가 존재할 때에도 자원배분은 효율적으로 이루어지지 않는다. 외부효과가 존재할 때에는 공급자가 사회적으로 바람직한 수준까지 공급량을 늘리지 않거나, 사회적으로 바람직한 수준 이상으로 공급량을 늘리기 때문에 자원배분이 비효율적으로 이루어지게 된다.

외부효과와 비슷하게 공공재도 자원의 효율적 배분을 방해한다. 공공재를 공급하는 공급자는 비용을 충분히 보상받지 못하기 때문에 사회적으로 바람직한 수준까지 공공재의 공급량이 늘어나지 않는다.

이 밖에 정보의 비대칭성(asymmetric information)도 시장실패를 가져오는 요인 중의 하나이다. 정보가 비용 없이 신속하게 유통되지 않으면, 역선택(adverse selection)이나 도덕적 해이(moral hazard) 등의 문제로 자원배분이 비효율적으로 이루어지게 된다.

이런 시장의 실패가 존재할 때, 정부가 시장에 개입하면 자원배분의 효율성을 높일 수 있다. 이것이 바로 정부가 시장에 개입하는 첫 번째 이유이다.

형평성 증진 │ 시장의 가격기구는 자원을 효율적으로 배분하더라도, 소득이나 부(富)의 형평한 분배를 보장하는 것은 아니다. 오히려 시장의 가격기구는 소득이나 부(富)의 편중을 가중시키는 경향이 있다. 시장의 가격기구는 경쟁력이 있는 곳으로 자원을 배분하기 때문에 경쟁력이 떨어지는 곳은 자연히 자원을 배분받지 못해 소득이 감소하고, 부(富)도 감소하게 된다.

소득이나 부(富)의 지나친 편중은 사회의 불안정을 가져올 수 있으며, 이런 사회적 불안정은 궁극적으로 사회 시스템 자체를 붕괴시킬 수 있다. 이 때문에 정부는 시장에 개입하여 소득이나 부(富)의 편중을 시정하려고 한다. 이것이 바로, 정부가 시장에 개입하는 두 번째 이유이다.

시장안정과 경제성장 │ 정부는 종종 시장안정을 위해 시장에 개입을 하기도 하고, 경제성장을 위해 시장에 개입하기도 한다. 시장안정을 위해 정부가 시장에 개입하는 일반적인 상황은 일시적인 수요 공급의 불균형이나 인플레이션 등에 의해 시장가격이 불안할 때이다. 또한 대부분의 국가에서는 지속적인 경제성장을 위해 산업보호대책을 내세우거나 산업진흥대책을 내세우는 것이 일반적이다.

정부가 시장에 개입하는 세 가지 이유 중에서 시장실패의 보완과 형평성 증진 목적의 시장개입은 대부분의 경제학자들이 정부의 당연한 역할이라고 보고 있다. 그러나 세 번째 이유인 시장안정 내지는 경제성장을 위한 정부의 시장개입에 대해서는 경제학자에 따라 입장이 다르다.

케인즈주의적인 성향의 경제학자들은 시장이란 원래부터 불안정한 성격을 갖고 있으므로 정부가 시장에 개입하는 것이 타당하다고 본다. 또한 경제성장을 위한 정부의 시장개입도 대체로 불가피한 것으로 본다. 그러나 통화주의자들은 이러한 시각에 동의하지 않는다. 경제주체들의 기대가 합리적이기 때문에 시장안정을 위한 정부의 시장개입은 실제로 효과가 없다고 본다. 이런 논란 때문에 신자유주의 사조가 세계를 휩쓸기 시작하던 1990년대 중반 이후부터 2000년대 중반까지는 세 번째 이유에 의한 정부의 시장개입은 점차 축소되는 경향을 보였다. 그러나 2007년의 세계금융 위기 이후에는 다시금 시장안정을 위한 정부의 개입이 정당화되는 분위기를 보이고 있다.

2) 부동산시장에 대한 정부의 시장개입 필요성

부동산시장에 정부가 개입하는 것도 크게 세 가지 이유 때문이다. 즉, 정부는 시장실패를 보완하고 형평성을 증진시키기 위해, 그리고 시장안정을 위해 시장에 개입하는 것이다.

부동산시장에서의 시장실패 ┃ 부동산시장에서는 외부효과와 공공재 공급, 정보의 비대칭 등으로 인해 시장의 실패가 존재한다.

먼저 외부효과로 인해 시장이 실패한 사례를 살펴보자. 우리는 주위에서 부동산개발로 인해 주변지역의 부동산가격이 상승하는 현상을 쉽게 볼 수 있다. 이를 긍정적 외부효과(positive externalities)라고 부르는데, 부동산개발 사업자 입장에서 보면, 자신이 자본을 투입하였는데, 주변 지역의 부동산 소유주가 그 혜택을 누리는 것이다. 도로개설, 지하철역 설치, 대형유통업체의 입점 등이 이런 사례에 해당한다. 부정적 외부효과(negative externalities)의 사례도 많다. 주택단지 내에 공해시설이 입점하거나 인구집중으로 인해 혼잡이 가중되는 것이 이런 사례에 해당한다. 이렇게 외부효과가 존재하게 되면, 자원배분이 효율적으로 이루어지지 않는다.

외부효과와 비슷하게 부동산시장은 지방공공재 때문에 자원배분의 효율성이 떨어질 수 있다. 일반적으로 지방공공재는 주변 지역에 긍정적 외부효과를 유발하기 때문에 정부의 시장개입을 필요로 한다.

또한 부동산시장의 경우, 정보 유통이 원활하지 않고 투명하지도 않다. 이런 정보의 불완전성 내지는 정보의 비대칭성 때문에 부동산시장은 시장실패를 경험할 수 있다. 이 밖에 부동산시장은 독점적 경쟁시장이기 때문에 시장실패 가능성이 있다. 다만, 독점적 경쟁시장의 경우 자원배분의 효율성을 높이는 측면도 존재하기 때문에 이를 근거로 하여 정부가 시장에 개입하는 경우는 매우 드물다.

부동산시장에서의 형평성 증진 | 부동산시장은 형평성 증진이라는 측면에서도 정부의 시장개입을 필요로 한다. 경제가 성장하고 사회가 발전하면 자연스럽게 토지공간에 대한 수요가 증가한다. 이런 토지 공간에 대한 수요 증가는 토지 소유주에게 상당한 부(富)를 안겨준다. 이 밖에 긍정적 외부효과는 부동산소유주에게 무상으로 이익을 가져다준다. 이른바 사회발전의 과실이 부동산 소유주에게 무상으로 상당한 이익을 제공하기 때문에 사회적으로 형평성 문제가 제기되는 것이다. 바로 이런 형평성 문제를 해결하기 위해 정부가 부동산시장에 개입하는 것이다.

한편, 주택이 제공하는 주거공간은 가치재(價値財: merit goods)의 성격을 갖고 있다.[16] 주거공간은 인간이라면 누구라도 필요로 하는 소비재로서, 인간다운 삶을 위해 정부가 최소한의 소비를 보장해 주어야 하는 서비스이다. 바로 이 때문에 정부가 주택시장에 개입해야 하는 것이다.

부동산시장의 안정 | 종종 정부는 부동산시장이나 거시경제의 안정을 위해 부동산시장에 개입하기도 한다. 부동산시장은 공간의 단기 공급곡선이 비탄력적일 뿐만 아니라 지역적으로 분리되어 있어서, 조그마한 수요 변화에도 가격변동이 심하다. 여기에다가 높은 거래비용과 불안전한 정보유통 등으로 인해 가격변동성이 크다. 이런 가격변동은 단기적이기는 하지만 경우에 따라서는 파괴적인 형태로 나타날 수도 있다. 이런 상황에서는 정부로서도 단기적인 과열이나 극심한 가격침체를 치유하기 위해 시장에 개입할 수가 있는 것이다.

또 경기침체가 심하거나 경기가 과열될 경우, 경기조절의 수단으로 정부가 부동산시장에 개입하기도 한다. 부동산시장 중에서 부동산개발 분야를 조절하면, 비교적 단기간 내에 경기조절 효과를 낼 수 있기 때문에 정부로서는 경기조절 수단으로 부동산시장에 개입하고자 하는 욕구를 억누르기 어려울 수 있다.

---

16) 가치재란 인간다운 삶을 위해 최소한의 소비가 필요한 재화를 말하는데, 재정학자인 머스그레이브(Richard Musgrave)에 의해 도입된 개념이다. 가치재의 소비량을 개인의 선택에 맡길 경우, 낮은 소득이나 낮은 선호도 때문에 인간다운 삶에 필요한 최소한의 양을 소비하지 못할 수 있는데, 이때 정부가 시장에 개입하여 최소한의 소비를 보장해야 한다는 것이 머스그레이브의 주장이다. 가치재의 대표적인 예로 주거서비스, 교육서비스, 의료서비스 등이 있다.

표 1-3 정부의 시장개입 필요성

시장개입 필요성	내 용
시장실패의 보완	– 외부효과에 대한 보완 – 정보 유통의 불완전에 대한 보완
형평성 증진	– 사회발전의 과실이 부동산 소유자에 편중되는 것에 대한 보완 – 주거공간과 같은 가치재에 대한 최소한의 소비 보장
시장안정	– 수요나 공급 변화에 따른 단기적인 시장 불안정에 대한 교정 – 거시경제의 조절

2. 부동산정책의 수단들

두 가지 방식의 정책수단 | 정부가 부동산 시장에 개입하는 수단으로 직접개입방식과 간접개입방식이 있다. 직접개입방식은 정부가 가격이나 거래량을 직접 통제하거나, 정부가 직접 수요자나 공급자로 나서는 방식을 말한다. 정부가 토지의 이용 용도를 정하는 용도지역 제도도 일종의 직접개입방식이라고 할 수 있다.

직접개입방식은 주로 명령(command)이나 통제(control)를 통해 부동산시장을 변화시키는 방법이다. 이 때문에 직접개입방식을 흔히 명령-통제형 정책(command-and-control policies)이라고 부르기도 한다.

간접개입방식은 수요나 공급에 영향을 미치는 요인들을 변화시킴으로써 간접적으로 부동산시장에 개입하는 방식이다. 이 방식은 시장가격기구를 이용한다는 점에서 흔히 시장 기반형 정책(market-based policies)이라고 부르기도 한다. 간접개입방식은 두 가지 유형으로 나누어 볼 수 있다. 하나는 경제적 동기(economic incentives)를 이용하여 수요나 공급을 변화시키는 방법이며, 다른 하나는 부동산시장이 원활하게 작동되도록 관련 제도를 정비하는 방법이다.

직접개입방식 | 정부가 부동산시장에 개입하는 수단들 중 직접적으로 시장에 개입하는 방식으로는 수용(收用)제도, 선매권(先買權)제도, 최고(最高)가격제, 토지비축제, 부동산거래허가제, 부동산소유제한제, 용도지역·

지구제 등이 있다. 수용제도란 정부나 공공기관이 공익적인 목적을 위해 개인이 소유한 토지와 기타 권리를 강제로 취득하는 행위를 말한다. 선매권제도란 정부나 공공기관이 공익적인 목적을 위해 개인이 소유한 토지와 기타 권리를 우선적으로 매수할 수 있는 권리를 말한다. 이때 토지소유자는 토지와 기타 권리를 매각할 의사가 있어야 한다. 최고가격제는 정부가 부동산의 최고거래 가격을 정한 뒤 해당 가격 이하의 가격에서만 부동산이 거래되도록 하는 방법이다. 우리나라의 분양가상한제라든가 세계 각국에서 시행되고 있는 임대료 통제(rent control)제도가 최고가격제의 대표적인 예이다.

토지비축제는 정부나 공공기관이 사전에 토지를 매입하여 보유하고 있다가, 토지수요가 증가할 때 해당 토지를 매각하여 시장가격을 안정시키는 방법이다. 흔히 토지은행제도(land banking)라고도 부른다. 부동산거래허가제나 부동산소유제한제는 부동산거래를 제한하거나 부동산소유를 제한하는 제도이다. 토지 용도 지역·지구제는 지역이나 지구별로 토지의 용도를 제한하는 제도로 토지가 사회적으로 바람직한 방향으로 이용되도록 토지의 이용을 제한하는 제도이다.

간접개입방식 | 정부의 부동산정책 수단 중 간접개입수단으로는 조세 및 부담금제도, 보조금제도, 금융규제나 지원 등의 방법이 있다. 이러한 방법은 주로 경제적 동기를 통해 수요나 공급을 변화시키는 방법이다. 시장기능을 활성화시키는 방법으로 시장에 간접적으로 개입하는 방법으로는 부동산거래에 관한 각종 정보를 시장에 제공하거나, 부동산 관련 소유권제도를 명확하게 설정하는 방법 등이 있다.

조세 및 부담금제도나 보조금제도는 시장참가자들의 수요와 공급을 변화시킴으로써 시장가격과 거래량을 변화시킨다. 조세 및 부담금제도는 수요자나 공급자에게 비용을 부담시킴으로써 시장가격과 거래량을 변화시키는 것인데 반해, 보조금제도는 수요자나 공급자에게 편익을 제공함으로써 시장가격과 거래량을 변화시킨다. 금융규제나 지원 역시 시장참가자들의 수요와 공급을 변화시킴으로써 시장가격과 거래량을 변화시킨다. 금융규제는 수요자나 공급자에게 비용을 부담시키는 방법이고, 금융지원은 수요자나 공급자에게 편익을 제공하는 방법이다.

시장기능 활성화를 목적으로 하는 부동산정책으로는 실거래가격 공개, 지적 및 등기제도, 주택성능표시 등이 있다. 이런 정책 수단들은 직접 수요나 공급에 영향을 미치지는 않지만, 시장이 효율적으로 작동되도록 지원하는 역할을 한다.

☑ 표 1-4 **정부의 시장개입 수단들**

개입방식	정책 수단들
직접개입방식	수용(강제 매입) 제도, 선매권 제도, 가격통제, 토지비축제, 거래허가제, 소유제한제, 용도지역·지구제 등
간접개입방식	조세 중과 및 경감, 부담금 및 보조금, 금융 규제 및 완화, 거래투명화 조치 등

두 가지 방식의 장단점 | 일반적으로 간접개입방식은 전국 혹은 넓은 지역에 걸쳐 획일적으로 적용되는 방법이다. 이 방식은 시장기구를 이용하여 정부가 원하는 바를 실현하는 방식이기 때문에 상대적으로 부작용이 작다. 그러나 그 효과가 발휘되는 시기나 크기, 그리고 효과가 발휘되는 지역을 예측하기 어렵다는 단점을 가지고 있다.

이에 반해 직접개입방식은 특정 지역에 제한적으로 영향을 미치는 방식이 일반적이다. 이 방식은 간접개입방식에 비해 실시효과가 비교적 확실하고, 실시결과를 통제하기 쉽다. 그러나 시장기구를 이용하지 못하기 때문에 예상치 못한 부작용으로 인해 정책효과가 반감될 수도 있다. 예를 들어 어떤 도시 내의 특정 지역을 상업지구로 지정해 놓았는데, 시장의 수요변화로 상업지에 대한 수요는 없고 주택지에 대한 수요만 있을 경우, 한쪽에서는 주택가격이 폭등하는데 다른 한쪽에서는 빈 땅이 널려 있는 상황이 연출될 수 있는 것이다.

물론 간접개입방식이라고 하여 모든 정책수단이 전국 혹은 넓은 지역에 획일적으로 적용되는 것은 아니다. 또한 직접개입방식이라고 하여 모든 정책수단이 특정 지역에 제한적으로 적용되는 것은 아니다. 간접개입방식 중에도 특정 지역에 제한적으로 적용되는 정책수단들이 있을 수 있다. 예를 들어, 특정 지역에 대출 제한을 할 수도 있고, 보조금을 제공할 수도 있다. 반대로 직접개입방식이지만 전국 혹은 넓은 지역에 획일적으로 적용할 수도 있다. 예를 들면, 임대료 통제를 전국의 모든 임대주택에 적용할 수가 있는 것이다.

　　정부개입의 방법을 직접개입방식과 간접개입방식으로 분류하였지만, 실제 정책에서는 두 가지 방법이 혼용되는 경우가 많다. 예를 들어 우리나라 농지법에서는 농민만이 농지를 소유할 수 있도록 소유자격을 제한하고 있는데, 만약 소유자격이 없는 사람이 농지를 소유하고 있을 때 이를 어떻게 처리하느냐에 따라 정부 개입방식이 달라질 수 있다. 소유자격이 없는 사람이 보유하고 있는 농지에 대하여 중과세를 한다면 이는 간접개입방식에 해당한다. 하지만, 해당 농지를 강제로 매각하도록 하거나 몰수를 한다면 이는 직접개입방식이 된다.

■ 3. 정부의 실패와 시장개입의 한계

정부의 실패 ┃ 정부는 시장의 실패를 보완하기 위해, 그리고 사회의 형평성을 증진시키기 위해 부동산 시장에 개입을 한다. 경우에 따라서는 부동산시장과 거시경제를 안정시키기 위해 부동산 시장에 개입하기도 한다. 그러나 정부의 시장개입에는 비용이 수반된다.

　　정부의 시장개입에 따른 비용은 크게 정책수단을 계획하고 집행하며 관리하는데 들어가는 행정비용과 정부의 시장개입에 따른 사회적 후생의 손실, 두 가지로 나누어 볼 수 있다. 전자는 눈에 띄는 비용이지만 후자는 대개 눈에 잘 띄지 않는 사회적 비용이다. 예를 들어 정부가 주택가격 안정이나 형평성 증진을 목적으로 신규주택의 분양가를 규제할 경우, 신규주택 공급량이 감소하면서 사회적 후생의 손실이 발생한다.

　　정부의 시장개입은 여러 가지 사회적 비용을 메우고도 남을 만큼 충분히 큰 사회적 이익이 전제될 때에만 비로소 그 타당성을 인정받을 수 있다. 그러나 만약 그 반대라면 정부의 시장개입은 오히려 자원배분의 비효율성을 더욱 악화시킬 수 있다. 이런 것을 정부의 실패(government failure)라고 부른다.

정부개입의 한계 ┃ 시장기구를 이용한 자원배분은 다른 어떤 자원배분수단보다도 효율적인 것으로 알려져 있다. 시장기구가 불완전하기 때문에 정부의 시장개입이 불가피하기는 하지만, 그렇다고 하여 정부에 의한 자원배분이 시장기구에 의한 자원배분보다 완전하다는 의미는 아니다.

정부는 수요자나 공급자에 대한 완전한 정보를 갖고 있지 않다. 특히 정부가 시장에 개입하면, 수요자나 공급자의 행동이 바뀌게 되는데 정부는 수요자나 공급자의 행동이 어떻게 바뀌는가에 대한 완전한 정보를 갖고 있지 않다. 이러한 상태에서 정부가 시장에 개입하면, 예상치 못한 부작용이 발생하여 정부가 의도하는 방향으로 시장이 움직이지 않을 수 있다. 이러한 면에서 볼 때, 정부의 시장개입은 시장기구의 결점을 보완하고 그 기능을 활성화하는 범위에서 벗어나서는 안 된다.

제 2 장

부동산시장의 균형과 변화

제1절 부동산시장의 구조

1. 공간시장과 자산시장

부동산의 두 가지 기능 | 부동산은 두 가지 기능 내지는 역할을 한다. 하나는 공간(space)이라는 서비스를 제공하는 역할이며, 다른 하나는 자산(asset)으로서의 역할이다.

앞 장에서 언급하였다시피, 우리가 부동산을 생산재나 소비재로 사용할 때 실제로 사용하는 것은 부동산 그 자체가 아니라 부동산이 제공하는 공간(space)이다. 부동산이 제공하는 공간을 이용하여 생산 활동을 하기도 하고, 소비 활동을 하기도 하는 것이다.

다른 한편, 부동산은 가치(value)를 갖고 있는 자산의 일종으로, 부(富: wealth)의 축적 수단이기도 하고 투자의 대상이기도 하다.

부동산이 가치를 가지는 것은 부동산이 제공하는 공간 때문이다. 공간은 생산재나 소비재로 사용되기 때문에, 부동산 소유자는 공간을 사용하는 사람으로부터 일정한 보수(소득)를 받을 수 있다.[1] 부동산이 갖고 있는 영속성 내지는 내구성 때문에, 부동산은 지속적으로 공간을 제공하고, 이에 따라 부동산 소유자는 부동산으로부터 지속적으로 소득을 얻을 수 있다. 바로 이런 소득이 부동산으로 하여금 가치를 가지도록 만드는 것이다.

---

1) 부동산소유자는 해당 부동산의 공간을 임대하지 않고 자신이 직접 사용할 수도 있다. 이 경우 부동산소유자는 공간 사용에 따른 편익을 얻게 되는데, 이런 편익의 가치를 흔히 귀속 임대료라고 부른다.

자산으로서의 부동산은 저량(貯量: stock) 개념인 반면, 부동산이 제공하는 공간은 유량(流量: flow) 개념이다.[2] 댐(stock)에서 물(flow)이 흘러나오듯이 부동산이라는 자산(stock)으로부터 공간이라는 서비스(flow)가 흘러나오는 것이다.

부동산이 갖고 있는 이 두 가지 기능에 따라 부동산 시장은 크게 공간시장과 자산시장으로 구성되어 있다.

공간시장 | 공간시장(space market, property market)이란 공간 서비스에 대한 수요와 공급에 의해 공간 서비스의 보수인 임대료가 결정되는 시장을 말한다. 공간시장에서 공간 서비스의 수요는 공간 서비스를 생산재나 소비재로 사용하고자 하는 경제주체들의 욕구에 의해 결정된다. 반면, 공간 서비스의 공급은 부동산의 재고량에 의해 결정된다.

공간시장에서 수요자는 임차인일 수도 있고 해당 부동산의 소유주일 수도 있다. 공간을 필요로 하는 사람은 임차를 통해 공간을 확보하기도 하지만, 소유를 통해 공간을 확보하기도 한다. 임차를 통해 공간을 확보하는 경우, 임대인이 부동산 공간의 공급자가 되고 임차인이 부동산 공간의 수요자가 된다. 이런 시장을 흔히 임대차시장(tenant-occupied property market, rental market)이라고 부른다. 소유를 통해 공간을 확보하는 경우, 부동산 소유주가 해당 부동산의 공간을 사용하기 때문에 부동산 소유주는 공간의 공급자이자 공간의 수요자가 된다. 이런 시장을 흔히 소유주 점유시장(owner-occupied property market)이라고 부른다.

공간시장은 임대차시장 뿐만 아니라 소유주 점유시장을 포함하는 개념이다. 소유주 점유시장에서는 실제 임대료가 관찰되지는 않지만, 소유주는 자신에게 시장 임대료에 해당하는 귀속 임대료를 지불하고 있다고 보아야 한다. 소유주가 직접 자신의 부동산 공간을 사용하는 경우, 그는 시장 임대료에 해당하는 기회비용(opportunity cost)을 지불하고 있는 셈이다.

> 공간시장 = 임대차 시장 + 소유주 점유 시장

---

2) 저량(stock)이란 일정한 시점에서만 그 양을 측정할 수 있는 것을 말하며, 유량(flow)이란 일정한 기간에서만 그 양을 측정할 수 있는 것을 말한다.

자산시장 | 자산시장(asset market)이란 부동산 자체에 대한 수요와 공급에 의해 부동산의 가격이 결정되는 시장을 말한다.

부동산은 금융자산이나 실물자산과 마찬가지로 투자의 대상이 되는 자산의 일종이다. 여기에다가 부동산을 보유하고 있으면 부동산이 제공하는 공간을 이용할 수 있다. 즉, 자산시장에서 수요자는 자본이득(capital gain)이나 임대료 수입을 위해 부동산을 매입하고자 한다. 또 경우에 따라서는 부동산 공간이 필요하기 때문에 부동산을 매입하고자 한다.

반면 자산시장에서 공급자는 대체적으로 다른 자산을 매입하거나 다른 투자대상에 투자하기 위해 부동산을 매각하고자 한다. 경우에 따라서는 소비자금으로 사용하기 위해 부동산을 매각하기도 한다. 부동산 매각자는 매각대금을 수취하는 대신 임대료 수입을 포기해야 한다.

이렇게 보았을 때, 부동산에 대한 수요와 공급은 대체로 해당 부동산으로부터 얻을 수 있는 현재와 미래의 임대료, 그리고 다른 대체자산으로부터 얻을 수 있는 수익의 정도(즉, 수익률) 등에 의해 영향을 받게 된다.

2. 부동산시장의 구조

공간시장과 자산시장의 관계 | 공간시장과 자산시장은 직간접적으로 영향을 주고받는다. 공간시장에서 공간에 대한 수요와 공급에 의해 임대료가 결정되면, 자산시장에서 가격이 결정된다. 자산시장에서 가격이 결정되면, 부동산개발시장(real estate development market, construction market)에서 신규 부동산개발규모가 결정된다. 개발이 완료되면, 공간시장에서 공간의 공급량이 바뀌게 되고, 이것은 다시금 임대료를 변화시킨다. 결국 공간시장은 직접적으로 자산시장에 영향을 미치고, 자산시장은 부동산개발시장을 통해 간접적으로 공간시장에 영향을 미친다.

공간시장과 자산시장은 상호 영향을 주고받으면서 동시적 균형에 도달하게 된다. 부동산개발시장에서 신규로 개발된 공간 규모와 재고 부동산 중에서 멸실되어 사라진 공간 규모가 일치하게 되면, 공간시장에서 임대료는 더 이상 변하지 않게 되고, 이에 따라 자산시장에서도 부동산 가격이 더 이상 변하지 않게 된다. 이런 상황을 부동산시장의 동시적 균형(general equilibrium, simultaneous equilibrium)이라고 부른다.

부동산시장의 구조 | 부동산시장은 공간시장과 자산시장, 그리고 이 두 시장을 연결해 주는 부동산개발시장으로 구성되어 있다. 공간시장과 자산시장, 그리고 부동산개발시장은 상호 영향을 주고받는다. 인구나 거시경제, 자본시장 등도 부동산시장에 영향을 미치는데, 이들은 부동산시장 바깥에서 부동산 시장에 영향을 미치기 때문에 흔히 외생변수(exogenous variables)라고 부른다.

인구의 변화, 국민경제 및 지역경제의 변화, 산업구조의 변화 등의 변화가 생기면, 공간시장의 수요가 변하게 된다. 공간시장에서 수요의 변화는 임대료를 변화시키고, 이것은 자산시장에서 부동산가격을 변화시킨다. 부동산가격의 변화는 부동산개발시장에 영향을 미치어 다시금 공간시장에 영향을 미친다.

⊙ 그림 2-1) 부동산 시장의 구조[3]

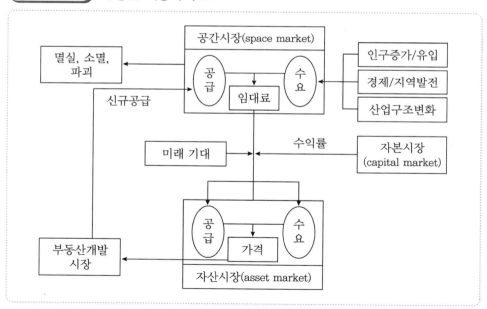

---

3) 이 그림은 Geltner and Miller, *Commercial Real Estate Analysis and Investment*, South-Western, 2001, p. 25에 나오는 그림을 부분적으로 변형한 그림이다.

자본시장(capital market)4)의 변화는 수익률 변화를 통해 자산시장에 영향을 미친다. 수익률의 변화는 부동산 가격을 변화시키고, 부동산 가격 변화는 부동산개발시장에서 부동산의 개발규모를 변화시켜 장기적으로 공간시장에 영향을 미친다.

미래의 임대료에 대한 기대(expectation)도 자산시장에 영향을 미친다. 미래의 임대료에 대한 기대가 바뀌게 되면, 자산시장에서 수요와 공급의 변화를 통해 부동산가격이 바뀌게 된다. 부동산가격의 변화는 부동산개발시장에서 부동산 개발규모를 변경시켜, 장기적으로 공간시장을 변화시킨다.

제 2 절 부동산 공간시장의 균형

1. 부동산 공간의 수요

수요(demand)란 구매자(buyer)가 재화나 서비스를 구매하고자 하는 욕구를 말한다. 그리고 수요량(quantity demanded)이란 일정 기간 동안 구매자가 구매할 의사가 있고 구매할 수 있는 재화나 서비스의 양을 말한다. 수요량의 크기를 좌우하는 요인들은 다양한데, 일반적으로 소비재(consumption goods)의 경우, 해당 재화의 가격이나 구매자의 소득, 대체재나 보완재의 가격 등이 수요량의 크기를 좌우한다. 이런 수요량의 크기를 좌우하는 요인들을 흔히 수요의 결정요인(determinants of demand)이라고 부른다.

부동산 공간은 생산재로 사용되는 경우도 있고 소비재로 사용되기도 한다. 일반적으로 생산재와 소비재의 수요 결정 요인은 서로 다르다. 따라서 부동산 공간의 수요 결정요인 역시 부동산 공간이 생산재로 사용되느냐 소비재로 사용되느냐에 따라 다르다.

---

4) 자본시장이란 채권이나 주식이 거래되는 시장을 말한다. 과거에는 금융기관으로부터 차입하여 자금을 조달하는 것이 일반적이었는데, 현대에 와서는 채권이나 주식을 통해 자금을 조달하는 경우가 많아졌다. 그래서 흔히 자본시장은 금융시장을 포괄하는 의미로 사용되기도 하고, 금융시장과 동일한 의미로 사용되기도 한다. 본서에서는 자본시장을 금융시장과 동일한 의미로 사용하였다.

소비재로서 부동산 공간에 대한 수요 | 부동산 공간이 소비재로 사용되는 대표적인 예로 주거 공간이 있다. 주거 공간은 주택이 제공하는 공간 서비스이다. 주거 공간의 수요 결정요인은 일반적인 소비재의 수요 결정요인과 큰 차이가 없다.

소비재로서 부동산 공간에 대한 수요량은 해당 공간 서비스의 가격인 임대료, 구매자의 소득, 대체 공간의 임대료, 보완재의 가격, 선호도 등에 의해 영향을 받는다. 그리고 주거 공간과 같은 소비 공간의 경우, 주변 환경에 의해 수요량이 크게 영향을 받는다. 교육환경이라든가 교통환경, 생활환경 등이 주거공간의 수요량에 크게 영향을 미치는 것이다.

이들 수요 결정요인들이 영향을 미치는 방향은 다음과 같다. 단, 여기에서 언급되고 있는 수요 결정요인들은 대표적인 몇몇 요인들만 나열한 것이다. 현실 세계에서는 여기에서 나열된 요인들 외에 많은 결정요인들이 있다.

임대료 : 다른 요인들이 불변인 상태에서 임대료가 상승하면, 일반적으로 공간의 수요량은 감소

소득 : 다른 요인들이 불변인 상태에서 소득이 증가하면, 일반적으로 공간의 수요량은 증가

대체공간의 임대료 : 다른 요인들이 불변인 상태에서 대체공간의 임대료가 상승하면, 일반적으로 공간의 수요량은 증가

보완재의 가격 : 다른 요인들인 불변인 상태에서 보완재의 가격이 상승하면, 일반적으로 공간의 수요량은 감소

선호도 : 다른 요인들이 불변인 상태에서 선호도가 올라가면, 공간의 수요량은 증가

환경 : 다른 요인들이 불변인 상태에서 긍정적인 환경 요인이 많아지면, 공간의 수요량은 증가. 부정적인 환경 요인이 많아지면, 공간의 수요량은 감소

생산재로서 부동산 공간에 대한 수요 | 부동산 공간이 생산재로 사용되는 대표적인 예로 공장건물이나 창고, 상업용 매장 건물 등이 있다. 생산재의 용도가 다양하기 때문에 생산재로서 부동산 공간의 수요를 결정하는 요인 역시 다양하다. 그럼에도 불구하고 생산재로서 부동산 공간의 수요 결정요인은 노

동이나 자본과 같은 생산요소의 수요 결정요인과 크게 다르지 않다. 노동이나 자본과 마찬가지로 부동산 공간 역시 생산요소의 일종이기 때문이다.

생산재로서 부동산 공간에 대한 수요량은 해당 공간 서비스의 임대료, 생산물의 가격, 생산기술, 대체 생산요소의 가격 등에 의해 영향을 받는다. 이 중에서도 특히 생산물의 가격이 부동산 공간에 대한 수요에 영향을 많이 미친다. 예를 들어 생산물의 가격이 올라가면 생산자는 생산을 늘리기 위해 부동산 공간을 더 많이 필요로 한다. 이에 따라 부동산 공간에 대한 수요량이 증가하게 되는데, 흔히 이를 파생적 수요(derived demand)라고 부른다.

이들 수요 결정요인들이 영향을 미치는 방향은 다음과 같다. 앞에서와 마찬가지로 현실 세계에서는 여기에 나열되어 있는 결정요인 외에 많은 수요 결정요인들이 있다.

임대료 : 다른 요인이 불변인 상태에서 임대료가 상승하면, 일반적으로 공간의 수요량은 감소

생산물의 가격 : 다른 요인이 불변인 상태에서 생산물의 가격이 상승하면, 일반적으로 공간의 수요량은 증가

대체 생산요소의 가격 : 다른 요인이 불변인 상태에서 대체 생산요소의 가격이 상승하면, 일반적으로 공간의 수요량은 증가

기술진보 : 다른 요인이 불변인 상태에서 공간을 많이 사용하는 기술의 진보가 이루어질 경우, 공간의 수요량은 증가. 반대로 자본이나 노동을 많이 사용하는 기술의 진보가 이루어질 경우, 공간의 수요량은 감소

수요곡선과 수요의 변화 | 부동산 공간의 수요량은 임대료의 수준에 따라 달라진다. 다른 수요 결정요인들이 불변인 상태에서 임대료가 상승하면, 일반적으로 공간의 수요량은 감소하게 되는데, 이를 수요법칙(law of demand)이라고 부른다. 이런 수요법칙을 곡선으로 표현한 것이 수요곡선(demand curve)이다. 일반적으로 임대료와 공간의 수요량은 수요법칙에 따라 역(逆)의 관계에 있기 때문에 수요곡선은 우하향하는 모습을 보인다.

임대료는 불변인데도 불구하고 다른 수요 결정요인들이 변하여 수요량이 변할 수도 있다. 임대료가 불변인 상태에서 다른 수요 결정요인들의 변화에

🔵 그림 2-2 부동산 공간의 수요곡선과 수요곡선의 이동

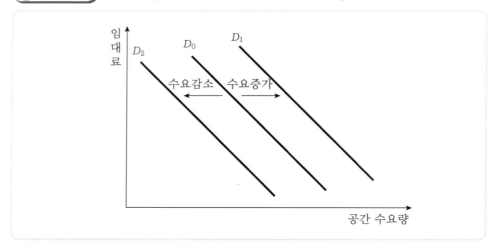

의해 수요량이 변하는 것을 수요의 변화(change in demand)라고 부른다. 임대
료가 불변인 상태에서 다른 수요 결정요인의 변화에 의해 수요량이 증가하는
것을 보고 수요의 증가(increase in demand)라고 부르고, 수요량이 감소하는 것
을 보고 수요의 감소(decrease in demand)라고 부른다.

수요가 증가하면, 임대료가 불변인 상태에서 다른 수요 결정요인들의 변화
에 의해 수요량이 증가하는 것이기 때문에 수요곡선이 우측으로 이동한다. 반
면, 수요가 감소하면, 임대료가 불변인 상태에서 다른 수요 결정요인들의 변
화에 의해 수요량이 감소하는 것이기 때문에 수요곡선이 좌측으로 이동한다.

2. 부동산 공간의 공급

공급(supply)이란 판매자(seller)가 재화나 서비스를 판매하고자 하는 욕구를
말한다. 그리고 공급량(quantity supplied)이란 일정 기간 동안 판매자가 판매할
의사가 있고 판매할 수 있는 재화나 서비스의 양을 말한다. 판매량의 크기를
좌우하는 요인들은 다양한데, 일반적으로 해당 재화의 가격, 생산요소의 가격,
결합생산물의 가격, 대체생산물의 가격, 생산기술 등이 공급량의 크기를 좌우한
다. 이런 공급량의 크기를 좌우하는 요인들을 흔히 공급의 결정요인(determinants

of supply)이라고 부른다.

부동산 공간은 생산재로 사용되는 경우도 있고 소비재로 사용되기도 하지만, 수요 결정요인과는 달리 부동산 공간의 공급 결정요인은 이로 인해 크게 달라지지는 않는다. 그보다 부동산 공간의 공급은 분석기간이 단기냐 장기냐에 따라 그 결정요인이 달라지는 특징을 갖고 있다.

단기와 장기에 있어서 부동산 공간의 공급 | 특정 용도로 사용되는 부동산의 경우, 단기에는 임대료의 변화에 따라 공급량을 조절할 수가 없다. 단기에는 임대료가 낮더라도 부동산의 용도를 바꿀 수 없기 때문에 공간의 공급량을 줄일 수 없다. 또한 단기에는 임대료가 높더라도 신규개발에 따른 시간 때문에 부동산 공간의 공급량을 늘릴 수 없다.

그러나 장기에는 임대료의 변화에 따라 공급량의 조절이 가능하다. 임대료가 낮을 경우, 부동산의 용도를 바꾸어 다른 용도로 임대하면 된다. 또 임대료가 높을 경우, 신규 생산을 통해 부동산 공간의 공급량을 늘릴 수 있으며, 다른 용도로 사용되던 공간의 용도를 바꾸어 이쪽 용도로 사용할 수도 있다. 따라서 장기에 부동산 공간의 공급량은 임대료에 의해 영향을 받고, 신규 생산이나 용도 전환과 관련된 요인들에 의해서도 영향을 받는다. 예를 들어 노동이나 자본과 같은 생산요소 가격이라든가, 공급에 있어서 대체관계에 있는 공간의 임대료, 공급에 있어서 결합관계에 있는 재화의 가격, 기술수준, 정부정책 등이 부동산 공간의 공급에 영향을 미친다.

부동산 공간의 공급 결정요인들이 공간의 공급량에 미치는 영향의 방향은 다음과 같다. 앞에서와 마찬가지로 현실 세계에서는 여기에 나열되어 있는 결정요인 외에 많은 공급 결정요인들이 존재한다는 점을 기억할 필요가 있다.

임대료: 다른 공급 결정요인이 불변인 상태에서 임대료가 상승하면, 일반적으로 공간의 공급량은 증가

생산요소의 가격: 다른 공급 결정요인이 불변인 상태에서 공간을 생산하는 데 들어가는 생산요소의 가격이 상승하면, 공간의 공급량은 감소

대체공간의 임대료: 다른 공급 결정요인이 불변인 상태에서 '공급에 있어서 대체관계에 있는 공간의 임대료'가 상승하면, 일반적으로 공간의 공급량은 감소

결합재화의 가격 : 다른 공급 결정요인이 불변인 상태에서 '공급에 있어서 결합관계에 있는 재화의 가격'이 상승하면, 공간의 공급량은 증가

기술수준 : 다른 공급 결정요인이 불변인 상태에서 부동산 개발 기술수준이 향상되면, 공간의 공급량은 증가

정부정책 : 다른 공급 결정요인이 불변인 상태에서 신규개발이나 용도전환에 긍정적인 정부정책이 도입되면, 공간의 공급량은 증가. 반대로 신규개발이나 용도전환에 부정적인 정부정책이 도입되면, 공간의 공급량은 감소

단기공급곡선과   공급곡선(supply curve)은 다른 공급 결정요인들이 불변인
장기공급곡선   상태에서 임대료와 공간 공급량 간의 관계를 보여주는 곡선이다. 이 공급곡선은 단기냐 장기냐에 따라 그 모습이 다르다.

단기공급곡선은 임대료의 수준에 관계없이 공간의 공급량이 일정하기 때문에 공간 공급량은 임대료에 완전 비탄력적인 모습을 보인다. 즉, 임대료가 아무리 바뀌어도 공간의 공급량은 변하지 않는 것이다.

반면 장기공급곡선은 임대료의 변화에 반응하여 공간의 공급량이 변하는 모습을 보여준다. 다른 공급 결정요인들이 불변인 상태에서 임대료가 상승하면, 일반적으로 공간의 공급량은 증가하게 된다. 이를 공급법칙(law of demand)이라고 부른다. 이런 공급법칙에 따라 장기공급곡선은 우상향하는 모습을 보인다.

장기공급곡선이 우상향하는 이유는 장기적으로 부동산의 용도변경과 신규생산이 가능하기 때문이다. 즉, 임대료가 하락할 때에는 기존의 부동산이 용도를 변경하면서 공급량이 감소하고, 임대료가 상승할 때에는 신규개발과 다른 용도의 부동산이 용도를 변경하면서 공급량이 증가하기 때문이다.

그러나 만약 부동산의 용도변경이 장기적으로도 어려울 경우, 장기공급곡선은 굴절된 형태를 보이게 된다. 이 경우 임대료가 상승하게 되면 장기적으로 공간이 신규로 생산되면서 공급곡선이 우상향 하게 된다. 그러나 임대료가 하락하게 되면 기존의 공간을 다른 용도로 변경하지 못하기 때문에 공간의 공급량이 변하지 않게 된다. 그 결과 장기공급곡선은 균형점을 중심으로 굴절된 모습을 하게 되는 것이다.[5]

---

5) Geltner and Miller(2001)는 부동산 공간의 장기공급곡선은 굴절된 형태를 보인다고 보았으며, 이

　장기적으로 용도변경이 가능하다면, 장기공급곡선은 [그림 2-4]에서 DC 가 된다. 장기적으로도 용도변경이 불가능하다면, 장기공급곡선은 [그림 2-4]에서 BAC 가 된다. 그러나 실제로 용도변경이 완전히 불가능한 경우나 완전히 가

◑ 그림 2-3) 부동산 공간의 단기공급곡선과 장기공급곡선(용도변경이 가능한 경우)

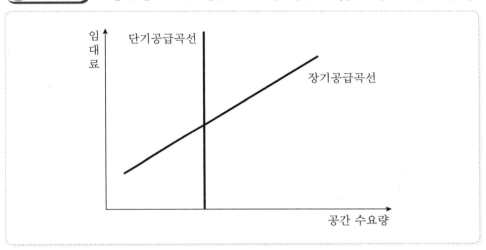

◑ 그림 2-4) 부동산 공간의 단기공급곡선과 장기공급곡선(용도변경이 불가능한 경우)

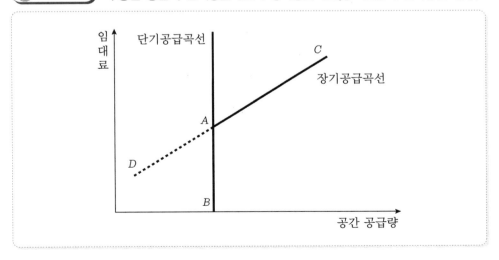

───────────────

런 공급곡선을 굴절공급곡선(kicked supply curve)이라고 불렀다.

능한 경우는 없기 때문에, 장기공급곡선은 AD와 AB 사이에서 굴절된 모습을
보일 것이다.

공급의 변화와
공급곡선의 이동 │ 임대료는 불변인데도 불구하고 다른 공급 결정요인들의
변화에 의해 공급량이 변할 수도 있다. 임대료가 불변인
상태에서 다른 공급 결정요인들의 변화에 의해 공급량이 변하는 것을 공급의
변화(change in supply)라고 부른다.

임대료가 불변인 상태에서 다른 공급 결정요인의 변화에 의해 공급량이
증가하는 것을 보고 공급의 증가(increase in supply)라고 부르는데, 공급이 증
가하면 공급곡선이 우측으로 이동한다. 그리고 임대료가 불변인 상태에서 다
른 공급 결정요인의 변화에 의해 공급량이 감소하는 것을 보고 공급의 감소
(decrease in supply)라고 부르며, 이 경우 공급곡선은 좌측으로 이동한다.

단기적으로 공급량은 임대료의 변화에도 불구하고 일정하지만, 시간이 지
나면 공급량이 변할 수 있다(장기공급곡선은 우상향 하기 때문). 이는 단기공급곡
선도 시간이 흐름에 따라 좌우로 이동할 수 있다는 것을 의미한다. 이런 점에
서 장기공급곡선은 임대료의 변화에 따른 단기공급곡선의 이동경로를 연결한

◎그림 2-5) 부동산 공간의 단기공급곡선 이동(용도변경이 가능한 경우)

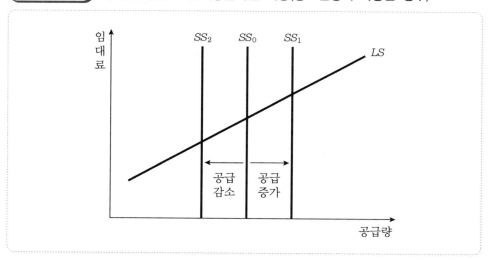

SS : 단기공급곡선, LS : 장기공급곡선

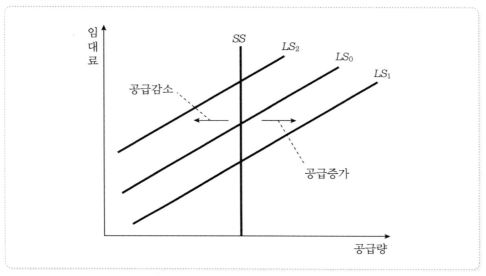

그림 2-6 부동산 공간의 장기공급곡선 이동(용도변경이 가능한 경우)

SS : 단기공급곡선, *LS* : 장기공급곡선

것이라고 볼 수 있다.

　단기공급곡선과는 다르게 장기공급곡선은 임대료가 불변인 상태에서 다른 공급 결정요인들의 변화에 의해 좌우로 이동할 수 있다. 예를 들어 생산요소 가격이 하락하면, 임대료가 불변이라도 신규 생산이 늘어나 장기적으로 공간 의 공급량이 증가하게 된다. 생산요소가격의 변화 외에 생산에 있어서 대체공 간의 임대료, 생산에 있어서 결합재화의 가격, 기술수준, 정부정책 등에서 변 화가 생기면 장기공급곡선은 좌우로 이동하게 된다.

3. 부동산 공간시장의 균형과 변화

부동산 공간시장의 균형 　부동산 공간시장에서 균형(equilibrium)은 공간 수요 곡선과 공간 공급곡선이 마주치는 점에서 이루어진 다. 공간 공급곡선에는 단기공급곡선과 장기공급곡선이 있으므로, 단기균형과 장기균형이 동시에 이루어져야 부동산 공간시장은 균형에 도달하게 된다.

　[그림 2-7]은 부동산 공간시장이 단기와 장기에 걸쳐서 모두 균형 상태에

있음을 보여준다. 즉, E 지점에서 단기공급곡선과 수요곡선이 마주쳐서 단기
균형을 이루고 있으며, 동시에 장기공급곡선과 수요곡선이 마주쳐서 장기균형
을 이루고 있다. 부동산 공간 시장이 이 상태에 있게 되면, 단기나 장기 모두
시장의 임대료는 변화할 여지가 없게 된다.

✪ 그림 2-7) **부동산 공간시장의 균형(용도변경이 가능한 경우)**

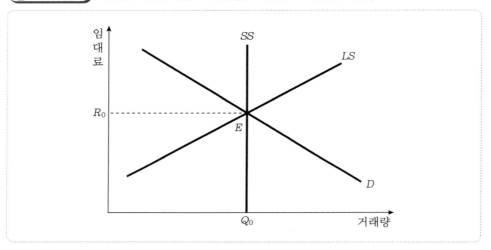

SS : 단기공급곡선, LS : 장기공급곡선, D : 수요곡선

수요변화와 균형의 변화 | 수요가 변화하게 되면 단기균형과 장기균형에 변화
가 오게 된다. 수요가 변화하게 되면, 단기적으로
단기균형은 새로운 균형을 찾아가지만, 장기균형은 아직 새로운 균형을 찾아
가지 못한 상태가 된다. 그러다가 시간이 지나면, 단기공급곡선의 이동에 의
해 단기균형과 장기균형은 동시적으로 새로운 균형에 도달하게 된다.

예를 들어 [그림 2-8]에서 공간에 대한 수요가 D_0에서 D_1으로 증가한 경
우, 단기균형은 E_0에서 E_1으로 바뀌면서 임대료는 R_0에서 R_1으로 상승하게
된다. 임대료가 상승하면, 신규개발이 이루어지면서 장기적으로는 부동산의
재고량이 증가하게 된다. 부동산의 재고량이 증가하면서 임대료는 하락하여,
최종적으로 장기공급곡선과 수요곡선이 마주치는 E_2에서 장기균형이 이루어
지게 된다. 그리고 부동산의 재고량은 Q_0에서 Q_1으로 늘어났기 때문에 단기

공급곡선도 SS_0에서 SS_1으로 이동하게 된다. 이에 따라 E_2에서 단기균형과 장기균형이 동시적 균형을 이루게 된다.

📌 **그림 2-8** 공간시장에서 수요증가와 균형의 변화(용도변경이 가능한 경우)

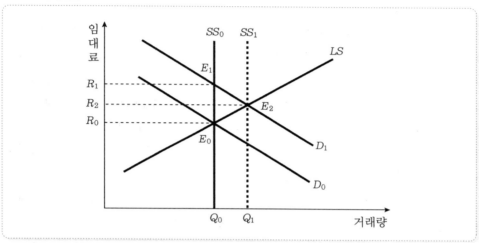

SS: 단기공급곡선, LS: 장기공급곡선, D: 수요곡선

📌 **그림 2-9** 공간시장에서 수요 감소와 균형의 변화(용도변경이 가능한 경우)

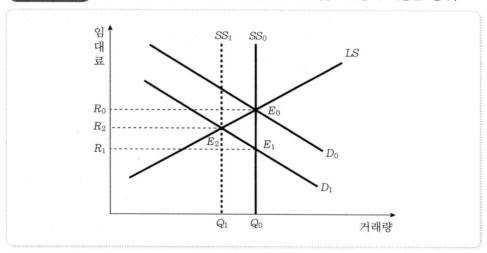

SS: 단기공급곡선, LS: 장기공급곡선, D: 수요곡선

결국 수요가 증가하게 되면, 단기에는 부동산의 재고량이 변하지 않기 때문에 임대료만 R_0에서 R_1으로 상승하게 되고, 거래량은 Q_0로 변화가 없게 된다. 그러나 시간이 지남에 따라 신규개발에 의해 부동산의 재고량이 늘어나면서 임대료는 R_1에서 R_2로 하락하는 반면(그러나 R_2는 최초의 임대료 R_0보다는 높은 수준), 거래량은 Q_0에서 Q_1으로 증가하게 되는 것이다.

부동산 공간시장에서 수요가 감소할 경우에도 상황은 비슷하다. [그림 2-9]와 같이 수요가 D_0에서 D_1으로 감소하면, 단기적으로는 재고량을 조정할 수 없기 때문에 임대료는 R_0에서 R_1으로 하락하는 반면, 거래량은 Q_0로 변화가 없다. 그러나 장기적으로는 부동산의 공간이 용도전환하면서 재고량은 장기공급곡선을 따라 감소한다. 재고량이 감소함에 따라 임대료는 R_1에서 R_2로 상승하게 되고(그러나 최초의 임대료 R_0보다는 낮은 수준), 거래량은 Q_0에서 Q_1으로 감소하게 된다.

결국, 장기적으로는 단기공급곡선이 SS_0에서 SS_1으로 이동하면서 E_2에서 단기와 장기의 동시적 균형이 새롭게 이루어지게 된다. 그러나 만약 부동산 공간의 용도전환이 불가능할 경우, 장기공급곡선은 기존의 단기공급곡선인 SS_0와 장기공급곡선 LS가 마주치는 E_0지점에서 꺾인(kicked) 형태가 된다. 즉, 해당 공간을 다른 용도로 바꿀 수 없기 때문에 공간의 공급량은 장기적으로도 Q_0 미만으로 줄어들지 않는 것이다. 이 경우, E_1이 새로운 장기균형점이 된다. 즉, E_1이 새로운 장단기 균형점이 되어, 임대료는 R_1으로 하락한 채 변하지 않게 되고 거래량도 Q_0로 불변이게 된다.

공급변화와 균형의 변화 | 부동산 공간시장에 공급이 변하게 되면, 장기공급곡선이 이동하면서 새로운 균형이 이루어지게 된다. 예를 들어 [그림 2-10]과 같이 공급증가로 인해 장기공급곡선이 LS_0에서 LS_1으로 이동한 경우를 생각해 보자. 공급 변화가 있기 전에는 E_0에서 균형이 이루어져, 균형 임대료는 R_0이고 거래량은 Q_0가 된다. 장기공급곡선이 우측으로 이동하게 되면, 신규개발이 이루어지면서 부동산 재고량이 서서히 증가하게 된다. 공급증가로 인한 새로운 시장균형은 변경된 장기공급곡선 LS_1과 수요곡선 D가 마주치는 E_1에서 이루어지게 되는데, 이때 단기공급곡선은 재

고량의 증가로 인해 SS_0에서 SS_1으로 이동하게 된다. 이러한 새로운 균형 하에서 균형임대료는 R_1으로 하락하게 되고, 거래량은 Q_1으로 증가하게 된다.

🔰 그림 2-10 공간시장에서 공급증가와 균형의 변화(용도변경이 가능한 경우)

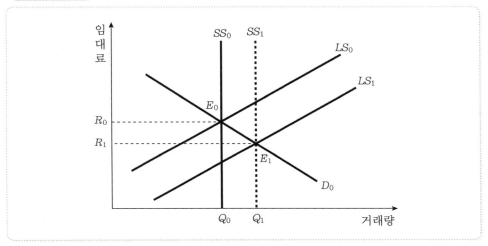

SS : 단기공급곡선, LS : 장기공급곡선, D : 수요곡선

🔰 그림 2-11 공간시장에서 공급감소와 균형의 변화(용도변경이 가능한 경우)

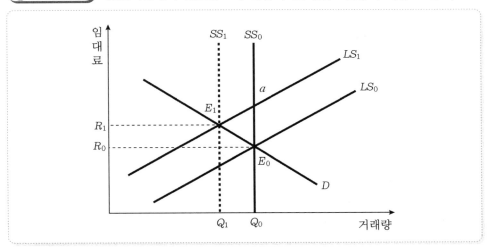

SS : 단기공급곡선, LS : 장기공급곡선, D : 수요곡선

한편, 공급이 감소하면 시장균형은 [그림 2-11]과 같이 새로운 장기공급곡선 LS_1과 수요곡선 D가 마주치는 E_1에서 이루어지게 된다. 공급 감소가 있기 이전에는 E_0가 시장균형점이며, 이 시장균형점에서 균형임대료는 R_0이고 거래량은 Q_0이다. 이 상태에서 공급이 감소하게 되면, 장기적으로 부동산의 용도전환이나 소멸 등이 이루어지면서 재고량이 감소하기 시작한다. 재고량 감소는 새로운 장기공급곡선 LS_1과 수요곡선 D가 마주칠 때까지 계속된다. 결국 E_1지점까지 새로운 시장균형이 이루어지게 되는데, 이때 단기공급곡선은 SS_0에서 SS_1으로 이동하게 된다. 그리고 균형임대료는 R_1으로 상승하고, 거래량은 Q_1으로 감소하게 된다.

그러나 만약 용도전환이 불가능하고 공간이 소멸되지도 않는다면, 재고량이 Q_0 미만으로 줄어들지 않기 때문에 장기공급곡선이 좌측으로 이동하였음에도 불구하고 시장균형은 변하지 않고 그대로 있게 된다. 즉, 부동산의 용도전환이 불가능할 경우 장기공급곡선은 LS_1과 SS_0가 마주치는 a 지점에서 꺾인(kicked) 형태이기 때문에 균형점은 E_0에서 변하지 않게 되는 것이다.

제3절 부동산 자산시장의 균형

1. 부동산의 시장근본가치

부동산 가격은 부동산 자산시장에서 부동산에 대한 수요와 공급에 의해 결정된다. 그런데 부동산에 대한 수요와 공급은 부동산의 시장근본가치(market fundamental value)와 시장가격 간의 관계에 의해 결정된다. 따라서 부동산 자산시장의 균형을 이해하기 위해서는 먼저 부동산의 시장근본가치를 살펴보아야 한다.

부동산의 시장근본가치 | 모든 자산에는 시장근본가치(market fundamental value) 또는 내재가치(intrinsic value)라는 것이 존재한다. 간단하게 자산 가치라고도 부르는 자산의 시장근본가치는 해당 자산을 계속 보

유하고 있을 때 얻을 수 있는 현금흐름(cash flow)의 현재가치를 의미한다.

　부동산도 자산의 일종이므로, 부동산의 시장근본가치는 해당 부동산을 계속 보유하고 있을 때 얻을 수 있는 현금흐름, 즉 임대료를 현재가치로 환산한 것이라고 할 수 있다. 부동산은 내구성을 갖고 있고, 토지는 소멸되지 않기 때문에 부동산으로부터 나오는 임대료는 영속적이라고 볼 수 있다. 따라서 부동산으로부터 나오는 영속적인 임대료를 모두 현재가치로 환산하여 더한 것이 부동산의 시장근본가치라고 할 수 있다. 이를 식으로 표현하면 다음과 같다.

$$V_t = \frac{R_t}{(1+r)} + \frac{R_{t+1}}{(1+r)^2} + \frac{R_{t+2}}{(1+r)^3} + \cdots$$

　여기서 V_t는 t 시점의 시장근본가치이며, $R_t, R_{t+1}, R_{t+2}, \cdots$ 는 매기 말에 해당 부동산으로부터 나오는 현금흐름(임대수입)을 의미한다. 그리고 r은 할인율(discount rate)이다.

　매기 말 해당 부동산으로부터 나오는 현금흐름 중 $R_{t+1}, R_{t+2}, \cdots$ 는 미래에 들어오는 현금흐름이기 때문에 현재 시점에서는 알려져 있지 않다. 만약, 미래에 들어오는 현금흐름이 현재의 현금흐름과 같다면, 위의 식은 다음과 같이 바뀌게 된다.

$$V_t = \frac{R_t}{(1+r)} + \frac{R_t}{(1+r)^2} + \frac{R_t}{(1+r)^3} + \cdots$$

$$= \frac{R_t}{r}$$

　만약 미래에 들어오는 현금흐름이 매기 s의 비율로 증가한다면, 위의 식은 다음과 같이 바뀌게 된다.

$$V_t = \frac{R_t}{(1+r)} + \frac{R_t(1+s)}{(1+r)^2} + \frac{R_t(1+s)^2}{(1+r)^3} + \cdots$$

$$= \frac{R_t}{r-s}$$

시장근본가치의 결정요인 | 위의 식으로부터 우리는 부동산의 시장근본가치를 결정하는 요인으로 세 가지 요인이 있음을 알 수 있다. 첫째는 현재의 임대료이다. 현재의 임대료 수입이 높으면 높을수록 부동산의 시장근본가치는 높아진다.

둘째는 임대료의 증가 속도이다. 임대료의 증가 속도인 s 가 클수록 부동산의 시장근본가치는 높아진다. 문제는 임대료의 증가 속도인 s 가 사전적으로 알려져 있지 않다는 점이다. 즉, s 는 시장참가자들의 기대(expectation)에 의해 결정된다.

셋째는 할인율이다. 할인율이 낮을수록 부동산의 시장근본가치는 높아진다. 일반적으로 할인율은 시장 이자율과 해당 부동산의 위험 정도에 따라 달라진다. 시장 이자율이 높아지면 할인율도 높아지고, 시장 이자율이 낮아지면 할인율도 낮아진다. 당연한 것이지만, 해당 부동산의 위험이 높아지면 할인율이 높아지고, 위험이 낮아지면 할인율도 낮아진다.

2. 부동산의 시장근본가치와 시장가격의 관계

부동산의 시장근본가치는 임대료와 임대료 상승률에 대한 기대, 그리고 할인율에 의해 결정되는데 반해, 부동산의 시장가격은 부동산에 대한 수요와 공급에 의해 결정된다. 그렇다면, 부동산의 시장근본가치와 부동산의 시장가격은 어떤 관계에 있는가? 이런 질문에 대한 해답을 구하기 위해서는 먼저 재정거래(裁定去來: arbitrage trade)라는 개념을 이해할 필요가 있다.

재정거래란? | 자산의 시장근본가치와 시장가격 간에 괴리가 존재할 경우, 자산 거래를 통해 자본이득(capital gain)을 얻을 기회가 존재한다. 이런 자본이득을 획득하기 위해 이루어지는 거래를 재정거래라고 부른다. 재정거래에는 위험이 따르지 않기 때문에 흔히 '무위험 차익거래'라고도 부른다.

간단한 예를 들어 보자. 1년 뒤 110만원을 받을 수 있는 자산이 존재한다고 하자. 시장참가자들은 연 10%의 이자율로 자금을 빌릴 수도 있고 자금을 대여할 수도 있다고 하자. 그리고 자산의 할인율은 시장이자율과 동일하게 연 10%라고 하자. 자산거래에 따른 비용은 없다고 하자. 이런 상황에서 자산의 시장근본가치는 100만원이 된다(110/(1+0.1)=100).

만약 이 자산의 시장가격이 95만원이라면, 자산의 시장가격은 시장근본가치보다 5만원 낮은 상태이다. 이 경우, 은행으로부터 95만원을 차입하여 자산을 매입하면 1년 뒤 상환해야 할 원리금은 104.5만원인 반면, 매입한 자산으로부터 110만원의 현금흐름이 발생한다. 결국 이 투자자는 1년 뒤 5.5만원의 자본이득을 얻게 되는데, 이 5.5만원의 현재가치는 5만원(5.5/(1+0.1)=5)이다. 즉, 이 투자자는 시장근본가치와 시장가격간의 차액인 5만원을 자본이득으로 획득할 수 있는 것이다.

만약 이 자산의 시장가격이 105만원이라면, 자산의 시장가격은 시장근본가치보다 5만원이 높은 상태이다. 이 경우 자산 보유자는 자신의 자산을 매각한 뒤 매각대금을 대출해주면, 1년 뒤 115.5만원의 현금흐름을 얻을 수 있다. 이 금액은 자산을 계속 보유하였을 때 얻을 수 있는 1년 뒤 현금흐름 110만원보다 5.5만원이 많은 금액이다. 자산매각을 통해 1년 뒤 얻게 되는 차액 5.5만원은 현재가치로 5만원이다. 즉, 시장가격과 시장근본가치간의 차액인 5만원을 자본이득으로 획득할 수 있는 것이다.

재정거래를 통한 자본이득 획득

시장근본가치 > 시장가격 → 부동산 매입 시 (시장근본가치-시장가격)의 자본이득 발생

시장근본가치 < 시장가격 → 부동산 매각 시 (시장가격-시장근본가치)의 자본이득 발생

시장근본가치와 시장가격　시장근본가치와 시장가격 간에 괴리가 존재할 경우, 자본이득을 얻기 위한 재정거래가 일어나게 된다. 즉, '시장근본가치>시장가격'인 경우, 무위험 자본이득을 획득하기 위해 모두들 자산을 매입하고자 할 것이기 때문에(수요 증가), 시장가격은 상승할 것이다. 반대로 '시장근본가치<시장가격'일 경우, 무위험 자본이득을 획득하기 위해 모두들 자산을 매각하고자 할 것이기 때문에(공급증가), 시장가격은 하락할 것이다.

결국 시장근본가치와 시장가격이 일치할 때, 더 이상 자본이득을 위한 재정거래가 일어나지 않기 때문에 시장가격은 균형에 이르게 된다.

그렇다면, 시장근본가치와 시장가격이 일치하면 더 이상 시장에서 거래가 이루어지지 않는 것인가? 그렇지는 않다. 시장참가자들이 생각하는 시장근본 가치는 다양하게 분포되어 있다. 미래를 긍정적으로 보는 시장참가자들은 시 장근본가치를 상대적으로 높게 보고, 미래를 부정적으로 보는 시장참가자들은 시장근본가치를 상대적으로 낮게 본다. 그래서 시장가격이 균형에 도달하더라 도 시장에는 자산을 매각하고자 하는 사람(미래를 부정적으로 보는 사람)과 자산 을 매입하고자 하는 사람(미래를 긍정적으로 보는 사람)이 존재하기 때문에 자산 거래는 계속 이루어진다.

효율적 시장 | 시장가격이 시장근본가치로 수렴하기 위해서는 일정한 조건이 필요하다. 먼저 자산의 시장근본가치에 영향을 미치는 모든 정보가 시장참가자들에게 아무 비용 없이 신속하게 전달되어야 한다. 그리고 자산 가격이 이런 정보에 신속하게 반응함으로써 자산가격이 시장의 모든 정 보를 반영하고 있어야 한다.

이런 두 가지 조건을 갖춘 시장을 효율적 시장(efficient market)이라고 부 른다. 자산시장이 효율적이라면, 자산의 시장가격은 재정거래를 통해 시장근 본가치로 수렴하게 된다. 즉, 시장가격과 시장근본가치 간에 괴리가 존재하게 되면, 무위험 차익거래에 의해 자산에 대한 수요와 공급이 변하고, 이를 통해 시장가격이 시장근본가치로 수렴하게 되는 것이다.

어떤 자산시장이 효율적 시장인지 여부는 시간과의 싸움인 경우가 많다. 단기적으로는 시장이 비효율적이더라도 장기적으로는 시장이 효율적으로 작 동함으로써 시장가격과 시장근본가치 간에 괴리가 사라지는 경우가 많다. 예 를 들어 자산의 시장근본가치에 영향을 미치는 새로운 정보가 시장에 들어올 경우, 단기에는 이런 정보가 제대로 유통되지 않아 시장가격과 시장근본가치 간에 괴리가 존재할 수 있다. 그러나 시간이 흐름에 따라 시장참가자들 모두 에게 해당 정보가 알려지면서 시장가격과 시장근본가치 간에 괴리가 사라지 게 되는 것이다.

자산시장이 효율적이라 하더라도 자산 가격과 시장근본가치 간 괴리가 장 기간 유지되는 경우도 있기는 하다. 그 대표적인 예가 가격거품(price bubbles) 현상이다. 가격거품이 존재할 때에는 자산시장이 효율적이더라도 자산 가격은 시장근본가치를 넘어서서 지속적으로 상승하게 된다. 그러나 '거품'이라는 용어가 암시하듯이 가격거품은 언젠가는 터지게 되어 있다. 가격거품이 터질 때에는 자산 가격이 급격히 하락하는 모습을 보이게 되는데, 가격거품이 터지고 나면 결국 자산 가격은 시장근본가치로 회귀하게 된다.

가격거품(price bubbles)

가격거품이란 자산 가격이 시장근본가치를 초과하여 지속적으로 상승하는 현상을 말한다. 가격거품은 인간의 비이성적 행동에 의해 발생하기도 하지만, 인간이 합리적으로 행동하더라도 존재할 수가 있는데 이를 합리적 가격거품이라고 부른다.

가격거품현상을 설명하기 위해 우선 자산 보유자의 투자수익률을 식으로 표현해 보면, 다음과 같다.

$$r = \frac{R_t + (P_{t+1} - P_t)}{P_t}$$

여기에서 r은 투자수익률이고, R_t는 t기 말의 자산 소득, P_t와 P_{t+1}은 t기 초와 t+1기 초의 자산 가격을 의미한다. 다만, t+1기 이후의 자산 가격은 알려져 있지 않기 때문에 기대값을 사용하여야 한다.

위의 식이 의미하는 것은, 자산 소득에다가 자본이득을 더한 값을 현재의 자산 가격으로 나눈 값이 투자수익률이라는 것이다. 만약에 시장이 효율적이라면, 위의 투자수익률은 해당 자산의 요구수익률, 즉 할인율과 같아야 한다. 시장이 효율적이라는 가정 하에 위의 식을 P_t로 정리하면, 다음과 같다.

$$P_t = \frac{R_t}{(1+r)} + \frac{P_{t+1}}{(1+r)}$$

위의 식은 흔히 재정거래식(arbitrage trade equation)이라고 불리는데, 자산 가격이란 현재의 자산 소득과 다음 기의 자산 가격을 할인한 것과 같다는 것을 보여주는 식이다. 위의 식은 다음과 같이 변형할 수 있다.

$$P_t = \frac{R_t}{(1+r)} + \frac{R_{t+1}}{(1+r)^2} + \frac{P_{t+2}}{(1+r)^2}$$

여기서 R_{t+1}은 t+1기 말의 자산 소득으로, t기 초에는 알려져 있지 않아 기대 값을 사용하여야 한다. 위의 식의 일반해(general solution)는 다음과 같다.

$$P_t = \frac{R_t}{(1+r)} + \frac{R_{t+1}}{(1+r)^2} + \frac{P_{t+3}}{(1+r)^3} + \cdots + A_t$$

여기서는 $A_t = (1+r)A_{t-1} = (1+r)^t A_0$인데, A_t을 가격거품(price bubbles)이라고 부른다. 위의 식에 따르면 자산 가격이란 시장근본가치에다가 가격거품을 더한 것이라고 할 수 있다. 만약 $A_t = 0$라면, 가격거품이 없기 때문에 자산 가격은 시장근본가치와 일치하게 된다.

가격거품은 언제 발생하였던 간에 매기 r의 비율로 상승해야만 한다. 만약 가격거품이 r의 비율로 상승하지 못할 경우, 해당 자산을 보유하고 있는 투자자는 r의 투자수익률을 올리지 못하게 된다. 따라서 이 경우, 투자자는 해당 자산을 매각하고자 하기 때문에 자산 가격은 하락하게 되고, 일단 자산 가격이 하락하기 시작하면 $A_t = 0$가 될 때까지 가격이 급격하게 하락하게 된다. 이를 거품의 붕괴라고 부른다.

결국 가격거품이 존재할 때에는 가격거품이 지속적으로 팽창하면서 시장가격과 시장근본가치와의 괴리는 점차 확대된다. 그러다가 일단 가격이 하락하게 되면, 거품이 붕괴되면서 자산 가격은 급격하게 하락하게 된다.

가격거품이론에서 가장 문제가 되는 것은 왜 최초에 거품이 생기는가 하는 점이다. 위에서 소개한 가격거품이론은 (일단 거품이 생기고 나면) 거품이 자기실현적으로 커지는 과정을 이론적으로 보여준다. 그러나 왜 처음에 거품이 생기는지에 대해서는 아무런 대답을 해주지 못한다. 이 문제에 대하여 많은 학자들이 가설을 제시하고 있지만, 아직까지는 이에 대한 지배적인 이론이 없는 상태이다.

역사적으로 가격거품의 사례는 많이 존재한다. 대표적인 가격거품 사례로 네덜란드의 튜립 열풍, 프랑스의 미시시피 거품, 영국의 남해 거품, 미국의 폰지 게임 등이 있다.6)

네덜란드의 튤립 열풍(tulipmania)은 1630년대 네덜란드에서 발생하였다. 희귀한 튤립에 대한 투기 열기로 희귀종 튤립의 가격이 4~5배, 심한 경우 50배 가까이 오르기도 하였다. 그러다가 1637년 어느 날 튤립 가격이 하락하기 시작하더니, 종국에는 최고가 대비 80% 가까이 폭락하는 거품붕괴 현상이 일어났다.

프랑스의 미시시피 거품은 1716년 프랑스 파리에서 일어났다. 존 로(John Law)라는 금융업자는 프랑스 정부로부터 은행 설립허가를 받아 로얄은행을 설립하였다. 로얄은행은 정부의 부채를 인수하는 대신, 증서(일종의 금융채권)를 발행

---

6) 이에 대해서는 양봉진·최홍식, 「자본시장의 투기적 환상」, 한국경제신문사, 1993과 Galbraith, J. K., *A Short History of Financial Euphoria*, Penguin Books, 1990 및 Garber, Peter M., *Famous First Bubbles*, the MIT Press, 2001을 참조하였다.

할 수 있는 특혜를 받았다. 로얄은행은 이 증서의 소유주가 원할 경우 증서를 금화로 바꾸어주는 것을 약속하였다. 그리고 이런 약속을 뒷받침하기 위해 미시시피 주식회사를 설립하였는데, 미국의 루이지애나에서 금광을 개발하는 것을 목적으로 하는 주식회사였다. 존 로는 미국에서 금광이 개발되고 있는 것처럼 선전하였고, 사람들은 이 말을 믿고 미시시피 주식회사의 주식을 사기 위해 광분을 하였다. 그러나 실제 존 로는 미시시피 주식회사의 주식발행대금으로 금광 개발에 나선 것이 아니라 정부 부채를 갚는데 사용하였다. 1720년 어느 날, 한 투자가가 증서를 금화로 바꾸어 달라고 요구한 일이 있었는데, 이를 계기로 일시에 많은 사람들이 금태환을 요구하면서 투기의 광풍이 막을 내렸다. 미시시피 주식회사가 금광을 개발하지 않았다는 것이 알려지면서 미시시피 주식회사의 주식은 휴지조각이 되었고, 로얄은행이 발행한 증서도 금태환이 이루어지지 않으면서 휴지조각으로 변하였다.

영국의 남해 거품은 1710년대 말 영국 런던에서 일어났다. 존 블런트(John Blunt)라는 사업가는 정부의 부채를 떠안는 대신 중남미 교역권을 갖는 조건으로 남해주식회사(South Sea Company)를 세웠다. 그러나 당시 스페인이 중남미 무역을 독점하고 있었기 때문에 남해주식회사의 중남미 교역권은 큰 의미가 없었다. 하지만 사람들은 남해주식회사가 스페인과의 협상을 통해 중남미와 무역이 가능하리라는 환상을 갖고, 남해주식회사의 주식을 사기 시작하였다. 남해주식회사에 대한 투기열풍이 일어나면서 주가는 10배 가까이 뛰었다. 남해주식회사에 대한 투기열풍은 유사한 성격의 다른 기업에 대한 투기열풍으로까지 번졌다. 그러나 1720년 어느 날, 거품이 붕괴되면서 남해주식회사의 주가는 최고가격 대비 80% 넘는 폭락세를 보였다.

미국의 폰지 게임은 세계대공황 직전인 1920년대 중반 미국에서 일어난 부동산 사기 사건이다. 1920년대 미국에서는 기후가 좋은 플로리다에 대한 부동산 투자 열풍이 일었다. 플로리다 지역의 부동산 가격이 뛰자 10%의 자기자금과 은행 차입으로 플로리다 지역의 부동산을 샀다가 이를 되파는 투기가 성행하였다. 이때 찰스 폰지(Charles Ponzi)라는 보스톤의 사기꾼이 플로리다 지역의 부동산에 투자하는 투자자들을 모집하였다. 폰지는 이들 투자자들에게 상당한 배당을 약속하였는데, 뒤늦게 뛰어든 투자자의 투자자금으로 앞선 투자자에게 배당을 주는 방식으로 투자자들에게 환상을 심어 주었다. 폰지의 이 사기행각은 1926년에 종말을 고했다. 플로리다 지역에 대형 허리케인이 상륙하고 난 뒤, 투자자들이 사기꾼의 실태를 인지하게 되면서 폰지의 사기행각이 막을 내렸다.

이 밖에 1987년 10월에 발생한 Black Monday 사건(1987년 10월 19일 금요일 미국 다우존스 주가지수가 22.61% 폭락한 사건), 1990년대 일본의 지가폭락 사건 등이 가격거품의 사례로 회자되고 있는데, 이런 에피소드가 과연 가격거품의 존재를 보여주는 것이냐에 대해서는 아직 학자들 간에 이견이 존재한다. 예를 들어 미국의 경제학자 가버(Peter Garber)는 네덜란드 튤립열풍이 당시 네덜란드 상인들의 높은 소득과 돌연변이 튤립구근의 희귀성 때문에 나타난 정상적인 사건이라고 보고 있다. 튤립가격이 폭등하다가 갑자기 폭락한 것도 돌연변이 튤립구근의 희귀성이 사라지면서 나타난 현상이라는 것이다.

▪ 3. 부동산 자산시장의 균형과 변화

부동산 자산시장의 균형 | 부동산 시장이 효율적인 시장인가 여부는 논란의 여지가 있다. 부동산시장은 단기적으로는 정보의 유통이 원활하지 않고 가격이 경직적이어서 비효율적인 경우가 일반적이지만, 장기적으로는 효율적 시장에 가깝다고 할 수 있다.

부동산 시장이 효율적이라면, 부동산에 대한 수요와 공급은 부동산 가격과 시장근본가치에 의해 영향을 받을 것이다. 시장가격과 시장근본가치 간에 괴리가 존재할 경우, 재정거래 때문에 수요나 공급이 변하면서 시장가격이 변하게 되는 것이다.

효율적 시장과 경매시장

경매를 통하면, 시세보다 싸게 부동산을 구입할 수 있다고들 한다. 심지어 시세보다 30% 정도 싼 가격으로 부동산을 매입할 수 있다고 이야기하는 사람들도 있다. 거래가 드물어 가치산정이 어려운 비주거용 부동산은 그렇다 치더라도, 아파트처럼 거래도 많고 특성도 유사한 부동산조차도 경매를 통하면 시세보다 싸게 살 수 있다는 것은 좀처럼 이해가 되지 않는 일이다. 세상에 이런 '공짜점심'이 있을 수 있을까? 그런 '공짜점심'이 가능하다면, 모두들 경매시장에서 아파트를 구입하지 왜 바보같이 일반시장에서 아파트를 구입할까?

부동산학자들은 오래 전부터 이 문제에 관심을 가져왔었다. 외국의 연구사례를 보면, 경매가격이 시세보다 싸다는 실증결과도 있지만, 그 반대로 시세보다 비싸다는 실증결과도 드물지 않게 존재한다. 그 이유를 두고 이런저런 주장들이 있기는 하지만, 아직도 학자들은 정답을 내놓지 못하고 있다.

우리나라에서 경매를 통해 시세보다 낮은 가격으로 부동산을 살 수 있다는 인식은 주로 경매부동산에 내재되어 있는 권리상의 하자 때문인 것으로 보인다. 권리상의 하자로 인해 부동산의 가치 자체가 낮다 보니 경매가격도 낮은 것인데, 이를 정상적인 부동산과 비교하면서 경매를 통해 부동산을 싸게 매입할 수 있다고 이야기하는 것이다.

그렇다면 과연 권리상의 하자가 없는 정상적인 부동산이라도 경매를 통해 싸게 사는 것이 가능할까? 최근의 연구결과에 따르면, 권리상의 하자가 없는 정상적인 부동산도 경매를 통하면 시세보다 싸게 살 수 있다고 한다. 그런데 문제는 할인의 정도가 5% 내외에 불과하다는 것이다. 경매시장에서는 거래비용이 많이 들어가기 때문에 경매가격이 시세보다 5% 정도 싸다고 하더라도, 거래비용을 고려하면 싸다고 이야기할 수가 없는데도 불구하고 사람들은 경매를 통해 싸게 부동산을 살 수 있다고 믿고 있는 것이다.

주택을 예로 들자면, 경매시장에서는 명도 책임이 매수인에게 있기 때문에 매수인은 명도비용과 명도가 완료될 때까지 해당 주택을 이용하지 못하는 시간비용 등을 고려하여 입찰을 하게 된다. 바로 이런 거래비용 때문에 경매가격이 시세보다 싼 것처럼 보이지만, 거래비용까지 포함하면 경매로 부동산을 매입하는 것이 일반시장에서 매입하는 것보다 싸다고 볼 수 없는 것이다.

사정이 이와 같음에도 불구하고 왜 사람들은 경매시장에서 부동산을 잘 사면 일반시장보다 훨씬 저렴하게 사서 초과수익을 낼 수 있다고 생각할까? 그것은 아마도 권리분석 능력에 대한 믿음 때문인 것 같다. 권리 상에 하자가 있는 부동산이라도 권리분석을 잘 하면, 차익을 얻을 수 있다는 믿음이 사람들을 경매시장으로 이끄는 것 같다.

과거에는 이런 믿음이 어느 정도 사실이었던 것 같다. 그러나 지금처럼 권리분석에 대한 지식이 일반화된 상태에서는 경매시장에서 초과수익을 내는 것이 가능하지 않다. 많은 사람들이 동일한 지식을 갖고 있기 때문에 권리분석을 잘 해서 차익을 낸다는 것이 쉽지 않은 것이다. 설령 초과수익을 낸다 하더라도 그것은 권리상의 하자위험을 감수하고 이루어낸 결과이다. 이른바 '고위험, 고수익'인 것이지, '저위험, 고수익'일 수가 없다는 것이다.

결국 경매시장에서 정상적인 부동산을 싸게 매입한다는 것은 가능하지 않고, 권리분석을 잘 해서 하자있는 부동산을 싸게 매입한다는 것도 위험을 감수하지 않는 한 가능하지 않다. 그만큼 경매시장이 효율적인 시장으로 바뀌어가고 있는 것이다.

– 매일경제신문 2010.11.10 이용만 칼럼 "경매로 부동산을 싸게 사는 것" –

부동산 공급의 경우, 부동산 가격과 시장근본가치 이외에 재고량의 수준과 개발비용에 의해서도 영향을 받는다. 단기적으로는 부동산을 공급할 수 있는 총량은 현재의 재고량 수준을 넘을 수 없다. 현재의 재고량 수준 이내에서 가격 변화에 따라 매각하고자 하는 부동산의 수량이 달라지는 것이다. 그러나 장기적으로는 신규개발이 가능하기 때문에 부동산 공급량이 현재의 재고량 이내로 제한받지 않는다. 다만, 신규개발의 경우 부동산 가격과 개발비용에 따라 개발량이 달라지기 때문에 개발비용이 부동산 공급에 영향을 미친다.

[그림 2-12]는 수요 공급에 의한 부동산 자산시장의 균형 상태를 보여준다. 시장이 효율적이라면, 수요 공급에 의한 부동산 가격(P_0)은 시장근본가치(V_0)와 일치하게 되는 것이다. 여기서 부동산 공급곡선이 우상향 한다는 점에 대해 유의할 필요가 있다. 공간시장에서는 임대료가 변하더라도 공급량이 단기적으로 변하지 않기 때문에 단기공급곡선이 수직인 형태를 취하지만, 자산시장에서는 공급곡선이 우상향의 형태를 취한다. 자산시장에서는 부동산 소유주들이 부동산 가격에 따라 부동산을 매각하거나 계속 보유하거나 할 수 있기 때문이다.

부동산 자산시장의 변화 | 부동산의 시장근본가치에 변화가 있을 경우, 시장가격과 시장근본가치 간에 괴리가 생기게 되고, 수요와 공급이

🔾 **그림 2-12** 시장근본가치 상승에 따른 부동산 가격의 변화

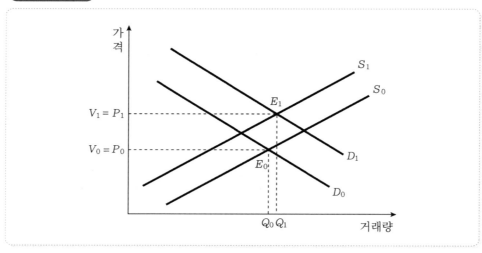

변하면서 시장가격이 변하게 된다. 예를 들어 어떤 이유에선가 임대료가 상승할 경우, 시장근본가치가 상승하기 때문에 시장가격과 시장근본가치 간에 괴리가 생기게 된다. 이 경우, 부동산 미보유자는 해당 부동산을 매입하고자 하고, 부동산 보유자는 해당 부동산을 매각하지 않으려고 한다. 결국 수요가 증가하고, 공급이 감소하면서 시장가격이 시장근본가치 수준으로 상승하는 것이다. 이때 수요 증가와 공급 감소의 정도는 시장상황에 따라 다르다.

신규개발비용의 하락은 장기적으로 공급 측면에 주로 영향을 미친다. 신규개발비용의 하락은 신규개발을 늘려 장기적으로 부동산의 공급을 증가시킨다. 그리고 신규개발 붐은 임대료를 하락시켜 부동산의 시장근본가치를 하락시켜, 수요감소와 공급증가를 유발한다. 결국 수요가 일부 감소하고, 공급이 큰 폭으로 증가하면서 시장가격이 시장근본가치 수준으로 하락하는 것이다.

예를 들어 [그림 2-12]에서처럼 시장근본가치가 V_0에서 V_1으로 상승할 경우, 시장근본가치가 시장가격(P_0)보다 높은 상태가 된다. 이 경우, 사람들은 해당 부동산을 매입하고자 하는 한편, 부동산 소유주는 해당 부동산을 매각하지 않으려고 하기 때문에 수요가 증가하고 공급이 감소하면서 시장가격이 상승하여, 종국에는 V_1과 같은 수준인 P_1까지 올라가는 것이다.

제 4 절 부동산시장의 동시적 균형과 변화

▇▇ **1.** 부동산시장의 동시적 균형

부동산시장은 공간시장과 자산시장으로 구성되어 있고, 개발시장이 두 시장을 연결하는 역할을 하고 있다. 이 세 시장은 상호 연관되어 있기 때문에 세 시장이 동시적으로 균형 상태에 있어야 부동산시장 전체가 균형 상태에 있게 된다. 예를 들어 공간시장이 불균형 상태라면, 자산시장과 개발시장이 균형 상태에 있다 하더라도 공간시장에서 임대료가 변하기 때문에 결국은 자산시장과 개발시장도 균형을 유지하지 못하게 된다.

DiPasquale–Wheaton의
4분면 모형

부동산시장에서 공간시장과 자산시장, 그리고 개발
시장이 어떻게 동시에 균형을 이루는가를 잘 설명

해 주는 분석 틀로, DiPasquale과 Wheaton이 개발한 4분면 모형(four-quadrant
diagram model, 이하 'D–W 4분면 모형'으로 약칭)이 있다.[7]

D–W 4분면 모형에서 1/4분면은 공간시장의 균형을 나타내고, 2/4분면은
자산시장의 균형을 나타낸다. 그리고 3/4분면은 개발시장의 균형을 나타내고,
4/4분면은 재고량의 조정식을 보여준다.

[그림 2-13]은 이런 부동산시장의 동시적 균형 상태를 보여준다. 그림에서
1/4분면은 공간시장의 균형을 보여주는데, 단기공급곡선과 수요곡선에 의해
균형임대료가 R_0에서 결정되는 과정을 보여준다.

◎ 그림 2-13) 부동산시장의 동시적 균형

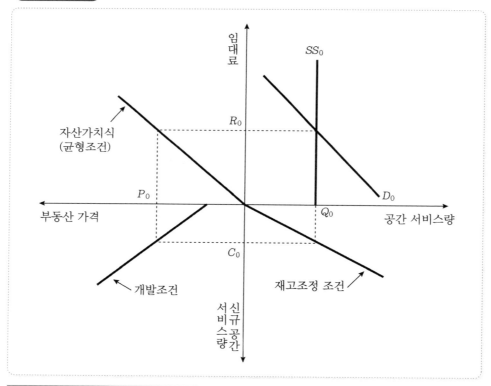

---

7) DiPasquale, D. and William C. Wheaton, *Urban Economics and Real Estate Markets*, 1996,
Prentice-Hall, pp. 7~20.

2/4분면에서는 자산시장의 균형을 보여주는데, 자산시장이 효율적이라면 자산시장의 균형은 시장근본가치와 시장가격이 일치할 때 성립한다. 임대료가 매년 s의 비율로 증가한다면 부동산의 시장근본가치는 $V = kR$이 되는데(여기서 k는 $1/(r-s)$), 시장이 효율적이라면 시장균형은 $P = kR$ 일 때 성립한다. 2/4분면에 있는 직선은 바로 이런 관계를 보여주는데, 균형임대료가 R_0이므로, 균형가격은 $P_0 = kR_0$가 된다. 여기서 k는 직선의 기울기를 나타낸다.

3/4분면은 개발시장의 균형을 나타내는데, 개발시장에서 개발량이 결정되는 과정을 보여준다. 신규 부동산의 개발량은 부동산 가격과 부동산개발비용의 함수이다. 부동산 가격이 상승하면 개발량이 증가하고, 개발비용이 증가하면 개발량은 감소한다. 3/4분면에 있는 직선은 $C = f(P, D)$인데, 여기서 C는 개발량을, 그리고 D는 개발비용을 나타낸다. 개발비용은 고정비용과 가변비용으로 구성되어 있는데, 부동산가격이 최소한 고정비용을 넘어서야 신규개발이 이루어지게 된다. 개발시장의 균형을 나타내는 직선이 원점에서 출발하지 않는 이유는 바로 여기에 있다. 이때 부동산가격이 P_0로 결정되면 개발량은 $C_0 = f(P_0, D)$로 결정된다.

4/4분면은 재고조정을 통해 공간시장과 자산시장, 그리고 개발시장이 동시에 균형에 이르는 과정을 보여준다. 현재의 재고량은 전기의 재고량에서 감가상각 등에 의한 소멸량을 빼주고, 금기의 신규개발량을 더한 것이다. 감가상각률을 γ라고 하면, $Q_t = Q_{t-1} - \gamma Q_{t-1} + C_t$이다. 시장이 동시적 균형에 도달하기 위해서는 재고량에 변화가 없어야 한다. 만약 재고량이 변화하게 되면 (즉, 공간의 공급량이 증가하거나 감소하게 되면) 공간시장의 균형이 파괴되고, 연속적으로 자산시장과 개발시장의 균형이 파괴되기 때문에 부동산시장은 동시적 균형에 도달하지 못한 상태가 된다. 따라서 공간시장과 자산시장, 개발시장이 동시적 균형에 도달하기 위해서는 재고량에 변화가 없어야 하는데, 그러기 위해서는 $Q_t = Q_{t-1} = Q_0$이어야 한다. 따라서 재고조정을 통한 공간시장과 자산시장, 그리고 개발시장이 동시에 균형에 이르기 위한 조건은 $C_0 = \gamma Q_0$이다. 즉, 신규개발에 의한 재고량 증가분과 기존 재고량의 소멸에 의한 재고량 감소분이 일치할 때, 공간시장과 자산시장, 그리고 개발시장은 동시에 균형 상태에 도달하게 되는 것이다. 4/4분면에 있는 직선은 바로 이 재고조정에 의

한 동시적 균형 조건을 그림으로 표현한 것이다.

2. 부동산시장의 변화

공간시장이나 자산시장, 또는 개발시장에 변화가 있게 되면, 부동산 시장은 상호 영향을 주고받으면서 전체적으로 변화를 겪게 된다.

공간시장에 규제가 가해질 경우 | 예를 들어 정부가 부동산시장의 과열을 방지하기 위해 공간시장에서 수요를 억제하는 정책을 사용하였다고 가정하자. 이 경우, 수요곡선이 D_0에서 D_1으로 이동하면서 단기적으로는 임대료가 크게 하락하고 이에 따라 부동산 가격도 하락하게 된다. 부동산 가격이

🔗 **그림 2-14** 공간시장에서 수요 감소에 따른 부동산시장의 변화

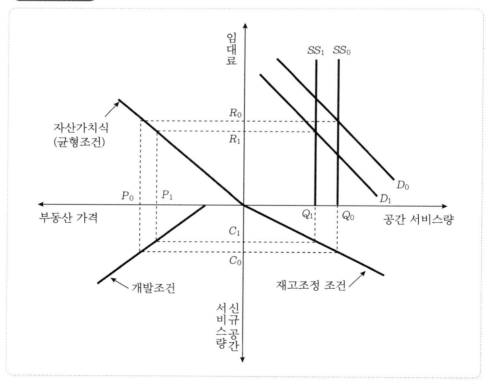

하락하면 신규개발량이 줄어들면서 장기적으로 부동산 재고량이 줄어들게 된다. 부동산 재고량이 줄어들면 공간의 단기공급곡선이 SS_0에서 SS_1으로 이동하면서 임대료가 단기 때보다 올라가게 된다. 만약 공간의 단기공급곡선이 현재의 SS_1 위치보다 더 왼쪽으로 이동할 경우 임대료와 부동산 가격은 정부규제 이전보다 더 높아질 수 있다. 즉, 정부규제로 인한 재고량 감소효과가 어느 정도 되느냐에 따라 정책효과가 달라질 수 있는 것이다.

이자율을 인상할 경우 │ 정부는 부동산 가격의 과열을 방지하기 위해 시장이자율을 올리는 정책을 사용할 수도 있다. 직접 시장이자율을 올리지 않더라도, 부동산 부문에 대한 대출을 제한할 경우 부동산 부문에서 대출이자율이 올라갈 수 있다.

◑ 그림 2-15 이자율 변동에 따른 부동산 시장의 변화

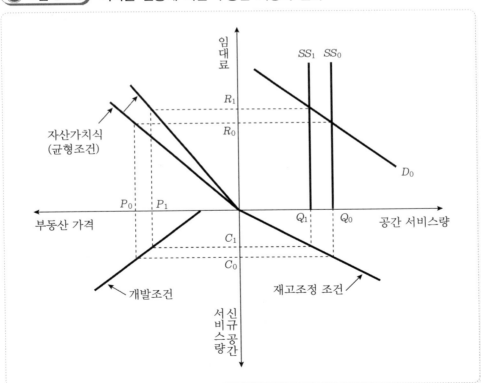

이 경우, 2/4분면에서 자산시장의 균형을 나타내는 선이 원점을 중심으로 하여 우측으로 이동하게 된다. 왜냐하면 이 직선의 기울기는 k인데, $k = 1/(r-s)$이므로 r이 상승하면, k는 하락하기 때문이다(원점을 기준으로 직선이 우측으로 회전). 이자율이 상승하게 되면 단기적으로는 공간시장에 아무런 변화가 없기 때문에 임대료는 R_0로 그대로 있지만, 자산시장에서 이자율의 상승으로 자산 가격은 하락하게 된다. 자산 가격이 하락하면, 신규 개발량이 줄어들면서 장기적으로는 부동산 재고량이 줄어들게 된다. 이렇게 되면 공간시장의 단기공급곡선이 SS_0에서 SS_1으로 이동하면서 임대료가 상승하게 되고, 자산 가격은 새로운 임대료 수준에 맞추어 P_0에서 P_1으로 이동하게 된다. 이때 P_1은 규제가 있기 전의 자산 가격보다 낮은 수준이다.

개발비용 하락의 경우 | 개발규제에 대한 완화, 원자재 가격의 하락, 노동비용의 하락 등은 개발에 따른 고정비용이나 가변비용의 하락을 가져온다. 예를 들어 정부가 이런저런 이유를 대면서 개발허가를 제때 내주지 않다가 정책방향을 바꾸어 개발허가를 빨리 내주게 되면, 부동산을 신규로 개발하는 사업자 입장에서 볼 때 고정비용이 감소하게 된다. 고정비용의 감소는 3/4분면에 있는 개발조건 곡선을 우측으로 이동시키는 결과를 가져온다.

이렇게 개발조건 곡선이 우측으로 이동하면, 공간의 신규 생산량이 증가하게 된다(C_0에서 C_1으로 증가). 이것은 시간을 두고 공간의 재고량을 증가시킨다(Q_0에서 Q_1으로 증가). 공간의 재고량이 증가하면, 임대료가 하락하고(R_0에서 R_1으로 하락), 임대료의 하락에 따라 부동산가격도 하락하게 된다(P_0에서 P_1으로 하락).

원자재 가격이나 노동비용의 하락은 주로 가변비용의 하락을 가져오는데, 가변비용의 하락은 개발조건 곡선을 이동시키는 것이 아니라 개발조건 곡선의 기울기를 좀 더 가파르게 만들어 준다(공간생산 비용의 하락으로 인해 주어진 부동산가격 하에서 신규 생산할 수 있는 공간 생산량이 증가하기 때문). 이런 가변비용의 하락이 공간서비스의 재고량과 임대료, 그리고 부동산가격에 미치는 영향은 고정비용의 하락에 따른 영향과 동일하다.

반대로 정부의 개발규제 강화나 원자재 가격의 상승, 노동비용의 상승 등이 있을 때에는 위에서 본 것과 정 반대의 결과가 나타난다. 예를 들어 정부의 개발규제가 강화되면, 공간의 신규 개발량이 줄어들어, 공간의 재고량이 줄어들고, 이것은 임대료의 상승과 부동산가격의 상승을 유발한다.

🔁 그림 2-16) 개발규제의 완화에 따른 부동산 시장의 변화

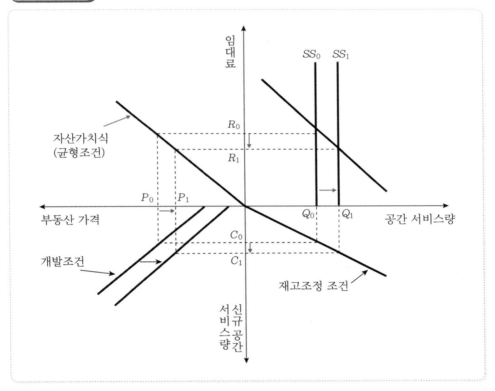

제 3 장

지대와 지대이론

제1절 지대의 개념과 의의

1. 지대와 지대이론

지대(land rent)란 토지를 이용하는 대가로 토지소유자에게 지불되는 대가를 의미한다. 달리 이야기하자면, 토지가 제공하는 공간에 대한 임대료가 지대라고 할 수 있다.

지대와 임대료┃지대(land rent)와 임대료(rent)는 사실상 같은 개념이기는 하지만, 지대는 토지를 이용하는 데 대한 대가만을 의미하고, 임대료는 토지를 이용하는 대가뿐만 아니라 그 토지 위의 정착물을 이용하는 대가까지 포함한 개념이다. 즉, 임대료에는 지대와 정착물의 자본비용까지 포함되어 있는 것이다. 이런 점에서는 임대료는 지대를 포함하는 좀 더 넓은 개념이라고 말할 수 있다.

지대와 임대료의 구분이 명확하지 않다 보니, 일부에서는 지대를 토지지대나 대지지대(ground rent), 또는 부지지대(site rent) 등으로 부르기도 한다.

지대의 결정논리는 제2장에서 살펴본 임대료의 결정논리와 크게 다르지 않다. 즉, 공간에 대한 수요와 공급에 의해 지대가 결정되는 것이다. 다만 차이가 있다면, 제2장에서는 공간의 질이 동일하다고 가정하지만, 지대이론에서는 토지가 제공하는 공간의 질이 서로 다르다고 전제한다는 점이다.

지대이론의 의의 지대의 결정논리가 단순함에도 불구하고 오래 전부터 많은 학자들이 지대의 결정논리에 대해 논쟁을 해왔었다. 이들 학자들이 관심을 가졌던 것은 왜 지대가 토지의 비옥도나 위치에 따라 다른가 하는 점이다. 왜 비옥도가 높은 토지는 지대가 비싸고, 그렇지 않은 토지는 지대가 싼가? 왜 도심에 있는 토지의 지대는 비싸고, 도시에서 멀어질수록 지대가 싼가? 이런 의문에 대해 경제학자들은 지대이론이라는 것으로 해답을 찾고자 하였다.

결국 본 장에서 살펴보고자 하는 지대이론은 토지의 질적 차이에 따른 지대의 차이를 살펴보는 것이라고 할 수 있다.

우리가 제2장에서 살펴본 임대료의 결정논리에서는 이런 부동산의 질적 차이에 따른 임대료의 차이에 대해서는 논의하지 않았다. 부동산이 제공하는 공간은 동질적이라는 가정 하에 임대료가 어떻게 결정되는가를 살펴보았던 것이다. 그런데 부동산의 공간을 이질적으로 만드는 가장 근본적인 원인은 토지의 위치에서의 차이이다. 즉, 토지의 위치가 상이하면, 그 토지 위에 건축된 건물도 위치에서 차이가 나게 된다.

따라서 우리가 지대이론을 통해 토지의 질적 차이에 따른 지대의 차이를 이해하면, 자연스럽게 부동산의 질적 차이에 따른 임대료의 차이도 이해할 수 있게 되는 것이다. 지대이론이 갖는 의의는 바로 여기에 있다.

지대이론의 선구자들 지대이론은 고전학파 때부터 경제이론의 핵심으로 자리 잡고 있었다. 리카르도(David Ricardo)의 차액지대론(differential rent theory)은 고전학파 지대이론의 완결판이라고 할 수 있다. 리카르도는 농업부문에서 비옥도에 따라 지대가 달라지는 것을 이론적으로 해명하였다.

같은 시기에 활동하였던 중농학파의 튀넨은 농업에서 위치에 따라 지대가 달라지는 것을 이론적으로 해명하였다. 더 나아가 튀넨은 도심을 중심으로 농지의 용도가 달라지는 현상을 지대이론으로 설명하였다. 튀넨의 지대이론은 오늘날 현대적 지대이론과 입지론의 근간이 되었다.

신고전학파에 들어와서는 마샬(Alfred Marshall)의 준지대이론(準地代理論: quasi-rent theory)이 지대이론의 지평을 확대하였다. 마샬은 지대이론을 토지뿐만 아니라 생산요소의 대가를 설명하는 이론으로 확장하였다. 마샬의 준지대이론은 현대 경제학의 경제지대 이론으로 연결되었다.

지대이론의 선구자들에 대한 보다 자세한 이야기는 다음 절에서 다루도록 한다.

2. 지대이론을 둘러싼 논쟁들

역사적으로 지대이론을 둘러싸고 많은 논쟁들이 있어 왔다. 지대와 곡물가격 간의 관계에 관한 논쟁이나 차액지대와 절대지대 간의 논쟁이 그 대표적인 예이다.[1] 그리고 논쟁의 주체가 모호하기는 하지만, 지대와 지가 간의 관계에 관한 논쟁도 있다.

1) 지대와 곡물가격 간의 관계

고전학파 당시 지대이론과 관련한 가장 유명한 논쟁은 지대와 곡물가격 간의 관계에 관한 논쟁이었다. 당시 산업혁명 과정에 있었던 영국은 비싼 곡물가격 때문에 노동자의 생존 임금이 올라가는 문제를 안고 있었다. 곡물가격이 비싼 이유와 그 처방을 둘러싸고 학자들 간에 논쟁이 붙었다. 당시 경제학자들과 일반인들 사이에는 '지대란 토지독점으로부터 발생하는 불로소득'이라는 생각이 널리 퍼져 있었다. 그리고 '지대가 비싸기 때문에 곡물가격이 비싸다'는 생각이 일반적이었다.

곡물가격이 지대를 결정 │ 이러한 일반적인 견해에 대해 리카르도는 '지대가 높기 때문에 곡물가격이 비싼 것이 아니라, 곡물가격이 비싸기 때문에 지대가 높다'고 보았다. 곡물가격이 비싸지면 비옥도가 낮은 토지까지 곡물을 생산하게 되는데, 그 결과 우등지와 열등지 간의 생산비 격차가 커지면서 지대가 상승한다는 것이다. 그리고 곡물가격이 비싼 이유는 도시의 노동자가 늘어나고 있기 때문이라고 보았다. 노동자 수가 많아지면서 곡물수요가 증가하고, 이로 인해 곡물가격이 비싸진다는 것이다. 리카르도는 이러한 논리에 따라 곡물가격을 낮추기 위해서는 해외로부터 곡물을 수입

---

1) 각 지대이론에 대한 자세한 설명은 뒷 절에 설명되어 있다.

해야 한다는 입장을 보였다. 지대에 대한 그의 생각은 차액지대론이라는 지대이론으로 발전하였고, 해외 곡물을 수입해야 한다는 그의 입장은 무역의 비교우위론으로 발전하였다.

지대와 곡물가격 논쟁은 리카르도의 승리로 끝났다. '지대가 비싸기 때문에 곡물가격이 비싸다'는 생각은 왜 지대가 점차 비싸지는가에 대한 설명을 해주지 못하였다. 더 나아가 왜 비옥도가 높거나 도심에 가까이 있는 토지의 지대가 상대적으로 높은가도 설명해 주지 못하였다. 그러나 리카르도의 차액지대론은 비옥도가 좋은 토지의 지대가 상대적으로 높은 이유를 설명해줄 뿐만 아니라 지대가 점차 상승하는 현상까지도 설명해 주었다.

반대 주장의 허구성 | '지대가 비싸기 때문에 곡물가격이 비싸다'는 주장은 리카르도의 차액지대론에 의해 완전히 그 기반을 상실하였지만, 이러한 주장은 쉽게 사라지지 않고 오늘날에까지 남아 있다. 지대가 비싸기 때문에 생산물의 가격이 올라간다는 주장이 그것이다. 토지는 생산요소의 일종이기 때문에 지대가 비싸면 생산물가격도 비쌀 수밖에 없다는 것이다. 그러나 이런 주장은 '지대가 싼 외딴 산골에 가서 공장을 세우면 생산물가격이 낮아지겠느냐'는 질문에 대해서는 아무런 답변을 하지 못한다. 그 대답은 당연히 '아니다'이다. 지대가 싼 지역은 수송비가 많이 드는 반면, 지대가 높은 지역은 수송비가 적게 들기 때문에 지대의 높고 낮음이 생산물 가격에 차이를 가져오는 것은 아닌 것이다.

2) 차액지대와 절대지대

지대와 곡물가격 논쟁은 리카르도의 승리로 막을 내렸지만, 토지소유자의 토지독점이 지대를 발생시킨다는 주장은 마르크스의 절대지대론으로 연결되었다. 마르크스는 리카르도의 차액지대론을 인정하면서도 토지독점에 의한 지대도 존재한다고 주장하였다.

한계지에 존재하는 지대가 절대지대 | 리카르도의 차액지대론에 따르면, 지대는 한계지(곡물생산이 이루어지고 있는 토지 중에서 가장 열등한 토지)에서의 생산비와 우등지에서의 생산비 차이에 의해 발생한다. 따라서 한계지에서는

지대가 존재하지 않는다. 그런데 마르크스는 한계지에서도 지대가 존재한다고 주장하면서, 그 이유는 토지소유자가 토지를 독점하고 있기 때문이라고 보았다. 토지소유자는 아무리 한계지라 하더라도 일정한 대가를 지불하지 않는 한 토지사용을 허가하지 않기 때문에 한계지에서도 지대가 존재한다는 것이다. 마르크스는 이를 절대지대라고 불렀다.

　마르크스의 주장대로 한계지에서도 토지독점에 의해 지대가 존재할 경우, 곡물가격이 비싸서 지대가 비싼 측면도 있지만, 지대가 비싸기 때문에 곡물가격이 비싼 측면도 존재하게 된다. 앞에서 본 지대와 곡물가격 간의 관계에 대한 논쟁이 재현되는 것이다.

절대지대의 존재는 불명확 ｜ 마르크스 주장의 사실 여부는 실제 한계지에서 지대가 존재하는가 여부에 달려있다. 현대 지대이론에 따르면, 곡물생산의 한계지에서도 지대는 존재할 수 있다. 그러나 이는 토지의 용도 간 경쟁 때문에 생기는 것이지 토지독점 때문에 생기는 것은 아니다. 곡물생산의 한계지라 하더라도 다른 용도로 토지를 사용하였을 때 지대를 얻을 수 있다면, 최소한 이 지대는 보상해 주어야 토지사용이 가능하기 때문에 곡물생산의 한계지에서도 지대는 존재하는 것이다. 더군다나 경제학에서 한계(限界: marginal)란 개념은 수학적으로 미분 가능한 연속적인 변화를 전제로 한다. 그러나 현실 세계에서는 토지 간의 생산비 차이가 연속적으로 나타나지 않기 때문에 한계지란 관찰되지 않는 것일 수도 있다. 우리가 한계지라고 생각한 토지가 사실은 한계지보다는 우등한 토지일 수가 있는 것이다.

　마르크스 주장의 또 다른 맹점은 한계지에서 절대지대의 크기가 어떻게 결정되는가에 대한 논리가 명확하지 않다는 점이다. 마르크스는 토지독점의 힘에 따라 그 크기가 좌우된다고 하였는데, 토지독점의 힘이 어떻게 결정되는지에 대한 논리가 없는 것이다. 이 때문에 마르크스 이후 마르크스주의자들은 절대지대의 크기가 어떻게 결정되는가를 둘러싸고 많은 논쟁을 하게 된다.

3) 지대와 지가의 관계

　제2장에서 보았다시피 부동산 시장은 공간시장과 자산시장으로 구별되고, 공간시장에서 임대료가 결정되면 자산시장에서 가격이 결정되는 구조로 되어

있다. 토지시장도 마찬가지로 공간시장에서 지대가 결정되면, 자산시장에서 지가가 결정된다. 물론 지가는 토지개발시장을 통해 다시금 공간시장에 영향을 미친다. 단, 일반적인 부동산 시장과는 달리 토지시장에서는 토지의 용도전환이 가능하다는 전제가 필요하다. 토지의 용도전환이 불가능하다면 지가는 토지개발시장을 통하더라도 공간시장에 영향을 미치지 못한다.

지대가 높기 때문에 지가가 높아 │ 지대와 지가의 관계에 대한 이런 일반화된 이론에도 불구하고, '지가가 비싸기 때문에 지대가 비싸'고 생각하는 사람들이 많다. 이런 주장은 '지대가 비싸 생산물 가격이 비싸'는 주장과 연결되는 경우가 많다. 즉, 지가가 비싸기 때문에 지대가 비싸고, 지대가 비싸기 때문에 생산물가격이 비싸다는 생각을 갖고 있는 것이다.

제2장에서 보았다시피, 시장이 효율적이라면 부동산 가격은 부동산의 시장근본가치로 수렴한다. 시장이 효율적이라면, 토지가격 또한 토지의 시장근본가치로 수렴한다. 토지의 시장근본가치는 토지로부터 발생하는 매기의 현금흐름(지대)을 현재가치로 환산한 값이다. 할인율이 r이고, 현재의 지대가 R_t이며, 지대가 매기 s의 비율로 상승한다고 가정할 경우, 효율적 시장 하에서 지가는 다음과 같이 된다.

$$P_t = \frac{R_t}{(1+r)} + \frac{R_t(1+s)}{(1+r)^2} + \frac{R_t(1+s)^2}{(1+r)^3} + \frac{R_t(1+s)^3}{(1+r)^4} + \cdots$$

$$= \frac{R_t}{(r-s)}$$

위 식에서 알 수 있다시피 지가가 높다고 하여 반드시 지대가 높은 것은 아니다. 할인율이 낮거나 지대 상승률이 높아서 지가가 높을 수도 있다. 그러나 그 반대로 지대가 높아지면 지가도 높아진다. 결국 지가가 비싸기 때문에 지대가 높은 것이 아니라, 지대가 높기 때문에 지가가 높은 것이다.

제2절 고전학파의 지대이론[2]

1. 아담 스미스의 지대이론

아담 스미스(Adam Smith)는 지대론을 가치결정, 소득분배, 경제성장 등 경제 전반과 유기적으로 연결함으로써 지대론을 경제학의 핵심부분으로 삼았던 최초의 경제학자이다.

「국부론」에서 아담 스미스는 "지주는 심지는 않고 거두기를 좋아한다"고 하면서, 당시 지대를 지주들에 대한 기능적 대가로 보는 중농주의자[3]들의 견해를 부정하였다. 그에 의하면 지대는 토지이용에 대하여 토지 이용자가 최대로 지불할 수 있는 대가이다. 여기서 최대로 지불할 수 있는 대가란 토지생산물로부터 얻은 수익 중에서 노동과 자본에 대한 정상적 대가를 지불하고 남은 부분을 말한다.

아담 스미스는 "지대는 결국 이자"라는 중상주의자들의 견해에 대해서도 부정적이었다. 물론 토지를 개량(improvement)하기 위해 투입한 자본에 대한 대가로 지대가 지불될 수도 있다. 그러나 지주는 개량을 하지 않는 토지에 대해서도 지대를 요구하기 때문에 개량한 토지의 지대는 개량을 하지 않은 토지의 지대에 이자를 덧붙인 것에 불과하다.

지대는 가격에 의해 결정 | 스미스에 의하면 지대는 결국 잉여이다. 지대는 가격에 의해서 결정되어진 결과이지 가격에 영향을 주는 생산비가 아니다. 스미스에 의하면 항상 지대를 발생시키는 토지가 있는가 하면 경우에 따라서는 지대를 발생시키기도 하고 그렇지 않기도 하는 토지도 있다.

식량을 생산하는 토지는 전자에 속한다. 곡물가격이 소고기 가격에 비해 상대적으로 현저히 비싸다면 자연 상태로 방치된 목초지와 개간된 목초지는

점차 곡물을 생산하는데 투입될 것이며, 이 결과 곡물의 상대적 가격은 하락하고 목초지는 점차 곡물생산에 투입될 것이다. 이에 따라 곡물의 상대적 가격은 하락하고 목초지의 지대는 상승할 것이다. 그러나 곡물가격이 지나치게 하락하게 되면 곡물생산토지의 일부는 다시 목초지로 바뀔 것이다. 이 때 지대의 크기는 토지의 비옥도뿐만 아니라 토지의 위치에 따라서도 달라진다. 즉 토지의 비옥도가 같더라도 시장으로부터 멀리 떨어진 지역의 토지 이용자는 많은 운송비를 부담해야 한다. 따라서 운송비만큼 높아진 생산비를 제외하고 남은 잉여는 적을 수밖에 없다.

반면 지대를 발생시킬 수도 있고 그렇지 않을 수도 있는 토지는 주로 의(衣)나 주(住)를 위한 토지이다. 건축자재를 채취하는 토지나 임야 등의 경우에는 토지로부터 생산물에 대한 충분한 수요가 있어야 이용된다. 경우에 따라서는 지대를 지불하지 못하더라도 굳이 이런 토지를 이용하겠다고 요청하면 토지소유자들은 이를 허락하는 것이 일반적이다. 또 어떤 경우에는 토지개간을 위해서 벌목을 토지소유주 쪽에서 요구할 수도 있다. 즉 무지대(無地代) 토지를 이용하게 된 것이다. 그러나 스미스는 사회가 발전함에 따라 종전의 무지대 토지는 점차 지대를 발생시키는 토지로 변해갈 것이라고 생각했다. 왜냐하면 식량에 대한 각 개인의 욕망에는 한계가 있지만, 의(衣)와 주(住)에 관계되는 재화에 대한 인간의 욕망은 무한하기 때문에 경제가 성장함에 따라 언젠가는 충분한 수요가 발생할 것이기 때문이다.

경제성장이 지대를 증대시켜 │ 스미스는 경제성장 및 고용증대는 토지의 실질지대(real rent)를 증대시키는 경향이 있다고 주장하였다. 그의 주장은 다음과 같다. 사회발전 초기단계에는 대부분의 인구가 식량생산에 매달려야만 했다. 그러나 사회가 발전하고 토지경작이 확대되면서 식량생산의 생산성이 높아지게 되고, 점차 많은 노동력이 비농업 부문으로 투입된다.

비농업 부문에서는 노동의 분업으로 인하여 생산성이 크게 높아졌을 뿐만 아니라 기술의 진보까지 가세하여 비농업 제품의 공급량은 크게 늘어나게 된다. 반면에 농업부문은 그 특성상 노동의 분업화가 쉽지 않기 때문에 생산의 진보가 매우 느리다. 그러므로 비농업 제품에 대한 농업제품의 상대가격은 높아지게 되며, 이에 따라 지대의 실질가치도 증대된다는 것이다. 이러한 논리에 따라 스미스는 결국 식량이 모든 지대의 원천이 된다고 주장하였다.

2. 리카르도의 지대이론

리카르도(David Ricardo)의 지대론은 "지대가 지불되기 때문에 곡물가격이 비싼 것이 아니라 곡물가격이 비싸기 때문에 지대가 지불되는 것이다[4]"라는 말로 집약될 수 있다. 리카르도는 '토지의 본원적이며 파괴할 수 없는 힘'에 의해 발생하는 생산비의 차이가 지대의 원천이라고 보았다. 이 때문에 리카르도의 지대론은 차액지대론(差額地代論: differential rent theory), 또는 차액생산비설(差額生産費說: differential cost theory)로 불린다.

지대발생의 두 가지 원인 │ 리카르도는 지대의 발생 원인으로 크게 두 가지를 꼽았다. 하나는 비옥한 토지의 희소성이고 다른 하나는 수확체감현상이다. 인구가 증가하게 되면, 식량 수요가 증가하기 때문에 경작면적을 넓혀야 한다. 이때 비옥한 토지가 한정되어 있고, 수확체감의 법칙이 적용되기 때문에 어쩔 수 없이 덜 비옥한 토지도 경작해야 하고, 노동투입량도 증가시켜야 한다. 이로 인해 비옥한 토지와 덜 비옥한 토지 사이에 생산비의 차이가 생기는데, 바로 이 생산비의 차이가 바로 지대인 것이다.

만약 비옥한 토지가 무한히 존재한다면, 덜 비옥한 토지는 경작되지 않기 때문에 토지 간 생산비 차이는 발생하지 않는다. 비옥한 토지의 양이 한정되어 있다고 하더라도 수확체감현상이 발생하지 않는다면, 한정되어 있는 비옥한 토지 위에서 동일한 비용으로 식량을 얼마든지 생산할 수 있다. 이런 경우에도 덜 비옥한 토지가 경작에 이용되지 않기 때문에 토지 간 생산비 차이가 발생하지 않는다.

---

4) Ricardo, D., *Principles of Political Economy and Taxation*, in The Works and Correspondence of David Ricardo, Vol. 1, Sraffa ed., London: The Cambridge University Press, 1951, p. 74.

차액지대의 예

비옥도가 A급, B급, C급으로 분류되는 세 종류의 토지에 노동력과 자본을 투입하여 쌀을 생산할 때, 한계생산량이 <표 3-1>과 같다고 하자. <표 3-1>에서 보다시피 A급 토지의 한계생산량은 일정비율로 결합된 노동력과 자본의 투입량을 한 단위씩 증가시킴에 따라 100가마로부터 시작하여 90가마, 80가마, 70가마로 감소하고 있다. 바로 수확체감의 법칙이 적용되고 있는 것이다. B급 토지와 C급 토지에서도 수확체감의 법칙이 적용되고 있는데, 한계생산량이 A, B, C로 갈수록 낮아지고 있어 A등급은 B등급보다 우등하고, B등급은 C등급보다 우등한 토지라는 것을 알 수 있다.

일정비율로 결합된 노동력과 자본의 한 단위 가격이 100만원이며, 이 100만원에는 경작자의 정상적인 이윤까지 포함되어 있다고 가정하자. 그리고 쌀의 수요량은 쌀의 가격이 얼마이든 간에 인구수에 따라 일정하다고 가정하자.

만약 쌀의 수요량이 100가마라면, A급 토지에서 1단위의 생산요소만 투입하여 쌀을 생산하면 된다. 이때 쌀의 가마당 생산비는 1만원(100만원/100가마)이기 때문에 쌀의 가마당 가격은 1만원이어야 한다. 만약 쌀의 가격이 가마당 1만원 미만이 되면, 생산비를 회수할 수 없어 쌀 생산이 중단될 것이다. 그렇게 되면, 쌀이 공급되지 않아 쌀 가격은 올라갈 수밖에 없다. 만약 쌀의 가격이 가마당 1만원을 초과하게 되면, B급 토지에서도 쌀을 생산하게 되기 때문에 쌀이 남아돌게 된다. 그렇게 되면, 쌀 가격은 하락하게 된다. 결국 쌀의 균형가격은 가마당 1만원이 된다.

📌 표 3-1 **생산요소의 투입에 따른 한계생산량의 변화**

생산요소(노동력 + 자본)의 투입량	한계생산량		
	A급 토지	B급 토지	C급 토지
1	100	90	80
2	90	80	70
3	80	70	60
4	70	60	50

이제 인구증가로 인해 쌀의 수요량이 280가마로 증가하였다고 가정해 보자. 이 경우, B급 토지에서 생산요소를 1단위 투입하여 쌀을 90가마 생산하고, A급 토지에서는 생산요소를 1단위 더 투입하여 추가로 쌀을 90가마 더 생산하면(A급 토지에서는 생산요소를 총 2단위 투입하여 총 190가마 생산), 쌀의 사회적 수요량 280가마를 충족시킬 수 있다. 이때 쌀의 가마당 가격은 B급 토지에서 생산비를 회수

할 수 있는 1.11만원(100만원/90가마)이어야 한다. 만약 쌀의 가마당 가격이 1.11만원 미만으로 하락하게 되면, B급 토지에서 쌀 생산이 이루어지지 않고 A급 토지에서도 추가 생산이 이루어지지 않기 때문에 쌀의 공급량이 부족하게 된다. 만약 쌀의 가마당 가격이 1.11만원을 초과하게 되면, C급 토지에서도 쌀 생산이 시작되기 때문에 쌀의 공급량이 수요량을 초과하게 되어 쌀 가격이 하락하게 된다. 결국, 쌀의 균형가격은 B급 토지에서의 생산비 수준에서 결정된다.

쌀의 가마당 가격이 1.11만원이면, A급 토지는 200만원을 투입하여 총 211만원 (190가마×1.11만원)의 수입을 올릴 수 있다. 따라서 11만원의 초과이윤(쌀 10가마에 해당)을 얻게 되는데, 이 초과이윤은 A급 토지와 B급 토지의 한계생산량 차이와 일치한다. 또한 이 초과이윤은 A급 토지에서 생산요소를 1단위 추가 투입하는데 따른 한계생산량의 차이이기도 하다. 이 초과이윤은 해당 토지를 경작하는 사람의 능력에 의해 발생한 것이 아니고, '토지의 본원적이고 파괴할 수 없는 힘'인 비옥도의 차이에서 발생한 것이기 때문에 토지소유자에게 귀속된다. 즉, 지대가 되는 것이다. 만약 A급 토지에서 경작하는 사람이 지대를 지불하지 않으려고 할 경우, 그는 A급 토지에서 경작을 하지 못하게 되고, 그러면 어차피 그 초과이윤은 자신의 것이 되지 못한다.

B급 토지에서는 경작자가 초과이윤을 얻지 못하기 때문에 지대가 발생하지 않는다. B급 토지 경작자는 100만원을 투입하여 100만원의 수입을 얻기 때문에 지대를 지불할 능력이 없는 것이다. 이때 지대가 발생하지 않는 B급 토지를 한계지 (限界地)라고 부른다.

인구증가로 인해 쌀의 사회적 수요량이 520가마로 증가하였다고 해보자. 이 경우, A급 토지에서는 생산요소를 1단위 더 추가하여 80가마를 더 생산하고(생산요소를 총 3단위 투입하여 총 270가마 생산), B급 토지도 생산요소를 1단위 추가하여 80가마를 더 생산하게 된다(생산요소를 총 2단위 투입하여 총 170가마 생산). 그리고 C급 토지에서도 생산요소를 1단위 투입하여 쌀을 80가마 생산한다.

이때 쌀의 가마당 가격은 C급 토지에서의 가마당 생산비와 같은 수준인 1.25만원 (100만원/80가마)이 된다. 그리고 A급 토지는 총비용 300만원에 총수입 337.5만원 (270가마×1.25만원)으로 37.5만원의 초과이윤(30가마에 해당)이 발생한다. 이 초과이윤은 생산요소를 각 1단위씩 추가로 투입할 때의 한계생산량과 한계지에서의 한계생산량과의 차이와 같다. 즉, (A등급에서 생산요소를 1단위 투입할 때의 한계생산량 100가마 - C등급에서 생산요소를 1단위 투입할 때의 한계생산량 80가마)와 (A등급에서 생산요소를 추가로 1단위 더 투입할 때의 한계생산량 90가마 - C등급에서 생산요소를 1단위 투입할 때의 한계생산량 80가마)를 합친 것과 같은 것이다. 이 초과이윤은 A의 지대가 된다.

B급 토지의 경우 총비용 200만원에 총수입 212.5만원(170가마×1.25만원)으로, 12.5만원의 초과이윤이 발생한다. 이 초과이윤은 10가마에 해당하는 것으로, 생산요소를 각 1단위씩 추가로 투입할 때의 한계생산량과 한계지에서의 한계생산량과의 차이와 같다. 즉, (B등급에서 생산요소를 1단위 투입할 때의 한계생산량 90가마－C등급에서 생산요소를 1단위 투입할 때의 한계생산량 80가마)와 같은 것이다. 이 초과이윤은 B의 지대가 된다.

C급 토지의 경우, 총비용과 총수입이 같기 때문에 초과이윤이 없고, 따라서 지대도 존재하지 않는다. 따라서 이 경우, C급 토지가 한계지(限界地)이다.

곡물가격 상승이 지대 상승의 원인 | 인구가 증가하게 되면 곡물에 대한 수요가 증가하게 된다. 이렇게 되면 열등지에서도 곡물을 생산하게 되고, 우등지에서는 생산요소를 추가로 투입하여 생산량을 늘리게 된다. 이때 곡물가격은 열등지에서의 한계비용을 보상할 수 있는 수준이어야 할뿐만 아니라, 우등지에서 생산요소를 추가 투입하는 데 따른 한계비용을 보상할 수 있는 수준이어야 한다. 그런데 비옥도의 차이에 의해 열등지로 갈수록 한계비용은 높아지고, 수확체감의 법칙에 의해 우등지에서의 한계비용도 생산요소를 추가 투입할수록 점차 높아진다.

결국 곡물수요가 증가할수록 한계생산비가 높아지면서 곡물가격이 상승하게 되고, 한계생산비가 높아지면 지대의 크기도 점차 커지게 된다. 이와 관련하여 리카르도는 생산물의 가격은 한계적 생산비용에 의해 결정되며, 지대는 단순히 그 결과에 불과하다는 것을 강조하였다. 즉 곡물가격이 상승하는 주된 이유는 비옥도의 차이와 수확체감현상으로 인해 한계생산비가 상승하기 때문이지 결코 지대가 비싸기 때문이 아니라는 것이다. 설사 어떤 조치에 의해서 지주로 하여금 일체 지대를 받지 못하게 하더라도 한계생산비의 상승으로 인해 곡물가격은 떨어지지 않게 된다. 결국 리카르도에게 있어서 지대는 잉여에 불과한 것이다.

■ 3. 튀넨의 농업입지론과 거리지대

독일의 농업학자였던 튀넨(Johann Heinrich von Thünen)은 도시로부터의 거리에 따라 농작물의 재배형태가 다르다는 사실에 주목하였다. 즉 부피가 크고 무거우며 부패하기 쉬운 농작물은 시장이 가까운 곳에서 재배되고, 부피가 적고 가벼우며 보관성이 있는 농작물은 시장에서 멀리 떨어진 곳에서 재배되었던 것이다.

수송비의 차이가 지대의 원인 | 도시로부터의 거리에 따라 농작물의 재배형태가 달라지는 것은 수송비의 차이에 기인한다. 즉 단위당 수송비가 비싼 농작물일수록 도시 근처에서 재배되었던 것이다. 튀넨은 이런 수송비의 차이가 지대의 차이를 가져오고, 지대의 차이는 곧 농업입지의 차이를 가져온다는 사실을 알게 되었다.

예를 들어 장미꽃을 생산하는 농가가 있으며, 어느 지역이든 토지 단위 면적당 장미꽃이 10다발씩 생산되며 생산비는 100원으로 동일하다고 가정하자. 장미꽃 1다발을 도시로 수송하는데 들어가는 수송비는 km당 10원이라고 하자. 도시에서 장미꽃 1다발의 가격이 50원이라면 도시로부터 4km 떨어진 지역 이내에서만 장미꽃을 생산할 것이다.[5] 이 상황에서, 도시에서 장미꽃을 생산하는 농가는 수송비가 들지 않기 때문에 400원의 초과이윤을 얻게 된다. 또 도시로부터 2km 떨어진 곳에서 장미꽃을 재배하는 농가는 수송비가 200원밖에 들지 않기 때문에 200원의 초과이윤을 얻게 된다. 이 초과이윤은 농가의 노력에 의한 것이 아니고 토지의 위치가 좋기 때문에 발생한 것이기 때문에 토지소유자는 초과이윤(즉, 수송비의 차이)을 지대로 지불할 것을 요구한다. 만약 수송비의 차이에 따른 초과이윤을 지대로 지불하지 않는다면 그 농가는 도시로부터 4km 떨어진 지역 밖으로 나가서 장미꽃을 재배해야 하므로 수송비의 차이만큼을 지대로 지불하지 않을 수 없다.

이와 같이 거리의 차이에 따른 지대를 위치지대(位置地代) 또는 거리지대

---

5) 만약 도시로부터 5km 떨어진 지역에서 장미꽃을 재배하는 농가가 있다면 그는 장미꽃 생산비 100원에다가 수송비 500원이 들어가기 때문에 도저히 채산성을 맞출 수 없어 생산을 포기할 것이다.

(距離地代)라고 부른다. 위치지대나 거리지대는 비용의 차이에서 발생한다는 점에서 리카르도의 차액지대와 동일하다. 다만 리카르도의 차액지대는 비옥도의 차이와 수확체감의 법칙에서 발생하지만, 위치지대나 거리지대는 거리상의 차이에서 지대가 발생한다는 점에서 차이가 있을 뿐이다. 이런 이유에서 위치지대나 거리지대를 흔히 제3의 차액지대라고 부르는 사람도 있다.[6]

토지의 용도별 지대차이와 입지 | 그렇다면 지대의 차이가 입지를 어떻게 결정하는지 살펴보자. 이번에는 쌀 재배 농가가 있다고 하자. 토지단위당 쌀 생산량은 어느 지역이든 1kg으로 동일하고 생산비도 700원으로 모두 같다고 하자. 쌀 1kg을 도시로 이동하는데 들어가는 비용은 km당 50원이며, 쌀 1kg의 가격은 1000원이라고 가정하자. 이 경우 도시로부터 6km 떨어진 지역까지만 쌀을 재배할 것이며, 도시 내에서 쌀을 재배하는 농가는 300원의 초과이윤을, 도시로부터 2km 떨어진 지역에서 쌀을 재배하는 농가는 200원의 초과이윤을, 도시로부터 4km 떨어진 지역에서 쌀을 재배하는 농가는 100원의 초과이윤을 얻을 것이다. 그리고 이 초과이윤은 토지소유자에게 지대로 지불될 것이다.

이런 상황을 보여주는 것이 [그림 3-1]이다. [그림 3-1]에서 직선 A는 토지를 꽃 재배에 사용할 때의 거리별 지대를 나타내며, 직선 B는 토지를 쌀 재배에 사용할 때의 거리별 지대를 나타낸다. 여기서 도시로부터 2km 이내에 있는 토지는 꽃 재배하는 농가에게 빌려주는 것이 유리하다. 왜냐하면 꽃 재배 농가가 쌀 재배 농가보다 더 많은 지대를 지불할 수 있기 때문이다. 그러나 도시로부터 2~6km 떨어진 지역에 있는 토지는 쌀 재배하는 농가에게 빌려주는 것이 유리하다. 쌀 재배 농가가 꽃 재배 농가보다 더 많은 지대를 지불할 수 있기 때문이다.

결국 도시로부터 0~2km 사이에 있는 토지는 꽃 재배로, 도시로부터 2~6km 사이에 있는 토지는 쌀 재배로 사용되는데, 이를 보고 '튀넨의 환(環)'이라고 부른다(그림 3-2 참조). 튀넨은 이런 토지 용도별 지대의 차이 때문에 농업입지가 결정된다고 보았다.

---

6) 비옥도의 차이에서 발생하는 차액지대를 제1 차액지대라고 부르고, 수확체감의 법칙에 의해 발생하는 차액지대를 제2 차액지대라고 부른다.

🔸 **그림 3-1** 토지 용도별 지대곡선과 토지용도의 결정

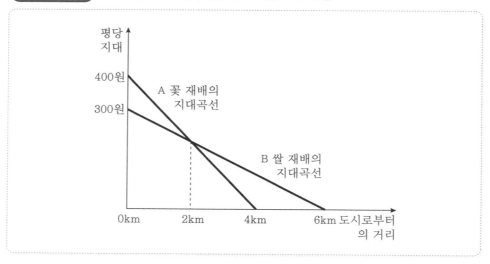

🔸 **그림 3-2** 튀넨의 환(環)

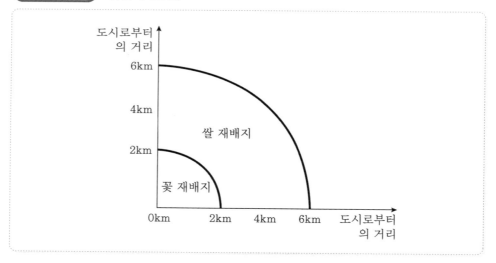

    튀넨의 농업입지론은 농업뿐만 아니라 도시에서의 토지 용도별 입지 차이를 설명하는 데에도 그대로 적용되는 등 현대 도시경제학의 지대이론과 입지론에 기초를 제공해 주었다.

제 3 절　신고전학파와 현대 경제학의 지대이론

1. 마샬의 지대이론

마샬(Alfred Marshall)은 리카르도의 지대이론을 기본골격으로 삼아 지대이론을 체계적으로 정립하였다.

대자연의 무상
공여물로부터 얻는 소득 ┃ 그는 지대를 대자연의 무상 공여물로부터 얻는 소득이라고 정의하였다. 그리고 토지를 대자연의 무상 공여물의 한 종류로 보았다. 토지는 본질적으로 공급이 한정되어 있을 뿐만 아니라 그 공급이 자연적으로 정해져 있기 때문에 인위적인 조작이 거의 불가능하다. 대자연의 무상 공여물은 이런 토지와 동일한 특성을 갖고 있다. 그래서 그는 지대를 토지에만 한정하지 않고 대자연의 무상 공여물로부터 얻는 소득이라고 정의하였던 것이다.

그런데 대자연의 무상 공여물이라 하더라도 소유주의 투자에 의해 소득이 바뀔 수도 있다. 예를 들어 토지개량공사를 통해 경작지의 비옥도가 달라질 수 있다. 마샬은 토지개량과 같은 투자의 결과로 얻게 되는 소득은 지대가 아니라고 보았다. 마샬이 의미하는 순수한 의미의 지대는 대자연의 무상공여물로부터 얻은 소득 중에서 자본지출에 의해 발생하는 소득을 제외한 부분을 말한다.

대자연의 무상공여물의 공급량은 이미 자연적으로 주어졌기 때문에 지대의 많고 적음은 이 공급량에 아무런 영향을 미치지 못한다. 그렇기 때문에 지대는 어떠한 경제적 동기도 형성하지 않는다. 바로 이점이 지대와 다른 소득을 구별하는 중요한 기준이 된다.

마샬의 준지대 ┃ 마샬은 지대 외에 준지대(quasi-rent)라는 개념을 도입하였다. 마샬이 의미하는 준지대란 일시적으로 토지와 유사한 성격을 가지는 생산요소에 귀속되는 소득을 말한다. 다시 말해 공급량이 단기적으로 일정한 생산요소에 지급되는 소득을 말한다. 기계나 기구 또는 어떤 특별한 재능 등과 같이 단기적으로 공급량이 고정되어 있는 생산요소(이를 흔히 고정생산요소라고 부른다)에 귀속되는 소득은, 이들을 이용하여 생산한 상품의 총 판매수익에서 가변비용을 뺀 잉여분이다. 그런데 이 소득의 많고 적음은 단기에는 그 생산요소의 공급량을 변화시키지 못하며, 또한 생산된 상품의 가격에 영향을 미치지 못한다.

토지와 고정생산요소의 차이는, 토지는 그 총 공급량이 고정되어 있는 반면 고정생산요소는 그 공급량이 장기적으로 얼마든지 변화할 수 있다는 점이다. 고정생산요소에서는 경제적 대가가 장기적으로 해당 생산요소의 공급량을 결정하는 요인으로 작용한다. 즉 충분한 대가가 보장되지 않으면 장기적으로는 해당 생산요소의 공급량이 감소할 것이며, 충분한 대가가 기대되면 해당 생산요소의 장기공급량은 증가할 것이다. 이와 같이 고정생산요소에 귀속되는 소득은 단기적으로는 지대의 성격을 가지지만 장기적으로는 비용의 성격을 가진다. 이런 이유로 마샬은 고정생산요소에 귀속되는 소득을 준지대라고 불렀다.

2. 신고전학파의 지대개념

마샬 이후의 현대 경제학을 흔히 신고전학파라고 부른다. 신고전학파에서는 지대라는 용어 대신 경제지대(經濟地代: economic rent)라는 용어를 사용하고 있다. 신고전학파에서는 지대를 토지의 사용에 대한 대가에 한정된 것으로 보지 않고, 모든 생산요소에 적용되는 것으로 보고 있다.

전용수입과 경제지대 ┃ 신고전학파에서는 생산요소에 지급되는 소득 중에서 현재의 용도에 머물도록 하기 위하여 필요한 지급액(이를 전용수입이라고 한다)을 초과하는 지급액을 지대라고 부르고 있다.[7] 현대 경제학에서 지대를 굳이 경제지대(經濟地代)라고 부르는 이유도 여기에 있다. 즉, 지대란 토지에서만 발생하는 것이 아니기 때문에 토지에서 발생하는 지대와 구별하기 위해 경제지대라는 용어를 사용한 것이다. 여기서 전용수입(轉用收入)은 어떤 생산요소가 다른 용도로 전용되지 않도록 하기 위하여 현재의

---

7) 조순·정운찬, 「경제학개론」, 법문사, 1990, p. 303 이하 참조.

용도에서 지급되어야 하는 최소한의 지급액을 말한다.

예를 들어 월 평균 10일 일하고 수입이 100만원(즉, 일당 수입이 10만원)인 어떤 배우가 있다고 하자. 이 배우는 월수입이 50만원 이하로 내려가면 배우라는 직업을 버리고 다른 직업으로 바꾼다고 가정해 하자. 이때 50만원은 이 배우로 하여금 배우의 직업을 버리지 않게 하기 위하여 필요한 최소한의 보수로서, 이 배우의 전용수입(轉用收入)이 된다. 그리고 이 배우의 실수입과 전용수입의 차이인 나머지 50만원은 경제지대가 된다.

이를 그림으로 설명하자면 다음의 [그림 3-3]과 같다. 그림에서 이 배우의 월 평균 수입은 10일×10만원=100만원이다. 이중 공급곡선 아래 부분은 이 배우가 배우라는 직업을 유지하기 위해 필요한 최소한의 보수인 전용수입을 나타낸다. 그 나머지인 공급곡선 위쪽 부분이 바로 경제지대가 된다.

공급의 가격탄력성이 경제지대의 크기를 좌우 | 이와 같이 어떤 생산요소의 사용 대가는 전용수입과 경제지대의 두 가지 부분으로 구성되어 있다. 전용수입과 경제지대의 상대적인 크기는 생산요소 공급의 가격탄력성에 좌우된다. 즉 공급의 가격탄력성이 클수록 경제지대는 줄어들고, 전용수입은 커지게 된다. 반대로 공급의 가격탄력성이 작을수록 전용수입은 줄어들고, 경제지

🔎 그림 3-3) 전용수입과 경제지대의 개념

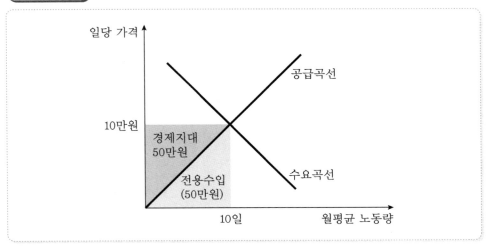

그림 3-4 토지의 경제지대

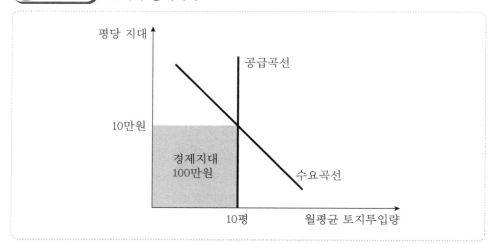

대는 커지게 된다. 토지의 공간 공급량이 지대의 크기에 관계없이 일정하다면 공급의 가격탄력성은 완전 비탄력적이다. 이 경우 [그림 3-4]에서 보듯이 모든 수입은 경제지대로 들어가고 전용수입은 0이 된다.

경제지대는 생산요소의 공급이 제한될 때 발생한다. 현실적으로 생산요소의 공급이 제한되는 경우는 토지뿐만 아니라 고정생산요소에서 흔히 발견된다. 또한 제도적인 규제로 인해 생산요소의 공급이 제한될 때도 있다. 대표적인 경우가 변호사나 회계사, 의사, 약사 등의 공급이 국가시험이라는 제도를 통해 통제되는 것이다. 이런 제도적 장치를 통해 공급이 제한되기 때문에 자격증 소지자들은 경제지대를 통해 높은 소득을 얻을 수 있는 것이다. 이들은 경제지대를 지속적으로 얻기 위해 공급을 제한하는 제도적 장치가 계속 유지되기를 원하는데, 이런 인위적인 규제를 통해 경제지대를 얻고자 하는 행위를 지대추구행위(rent seeking behavior)라고 부른다.

▪ **3.** 정치경제학적 지대이론의 발전

정치경제학적 지대이론은 마르크스의 지대이론과 이를 현대적으로 계승하려고 노력한 이론가들의 논의를 기반으로 하고 있다. 마르크스의 정치경제학은 잉여가치를 둘러싼 사회계급 간의 갈등과 역학관계를 분석하는데 중점을 두고 있는데, 정치경제학의 지대이론 역시 사회계급 간의 역학관계를 통하여 지대의 발생 원인을 파악해야 한다는 입장을 보이고 있다.

마르크스의 절대지대론 | 마르크스는 리카르도의 차액지대론을 인정하면서도 한 가지 의문을 제기하였다. 리카르도의 차액지대론에 따르면 한계지에서는 지대가 존재하지 않아야 한다. 그러나 아무리 한계지라 하더라도 지주에게 일정한 대가를 지불하지 않고서는 토지를 이용할 수 없다고 마르크스는 주장하였다. 마르크스는 한계지에서도 지대가 지불되는 원인을 토지의 사적(私的) 소유에서 찾았다.[8] 사적 소유로 토지가 독점되어 있기 때문에 한계지에서도 지대가 존재한다는 것이다. 이런 이유에서 마르크스의 지대론을 절대지대론(absolute rent theory)이라고 부른다. 사적 소유가 인정되는 사회에서는 모든 토지에 지대가 항상 존재한다는 것이다.

그런데 문제는 절대지대의 크기가 어떻게 결정되느냐 하는 점이다. 이에 대해 마르크스는 사회계급 간 역학관계에 의해 결정된다고 보았다. 즉, 노동자들이 생산한 잉여가치를 자본가와 지주가 나누어 가지는데, 누가 더 많이 가져가느냐는 사회적 역학관계에 의해 결정된다는 것이다. 지주의 힘이 강하면 지대의 형태로 지주가 더 많은 잉여가치를 가져가고, 반대로 자본가의 힘이 강하면 이윤의 형태로 자본가가 더 많은 잉여가치를 가져간다는 것이다.

이 점은 후대의 정치경제학자들을 괴롭힌 난제 중의 하나였다. 지대의 크기가 어떻게 결정되는지에 대한 경제적 메커니즘 없이 단지 지주와 자본가간의 힘의 우열에 따라 지대의 크기가 결정된다는 것은 너무 무책임한 설명일수가 있다. 예를 들어 지대의 크기가 커졌다면 이는 지주의 힘이 커졌기 때문이며, 반대로 지대의 크기가 작아졌다면 이는 자본가의 힘이 커졌기 때문이라는 설명 외에 달리 할 말이 없는 것이다. 이런 문제 때문에 후대의 정치경제학자들은 토지의 사적 소유로 인해 토지에 대한 투자가 제약을 받아 상품가격이 상승하고 이로 인해 절대지대가 발생한다는 식으로 설명하고 있다.[9]

---

8) 사회주의 국가에서 토지 국유화를 예외없이 추진하는 이유는 바로 토지의 사적 소유가 지대를 발생시킨다고 보았기 때문이다.
9) Edel, M., "Marx's Theory of Rent: Urban Applications", *Kapitalstate*, Vol. 4-5, 1976, pp. 100~124와 김용창, "토지지대에 대한 정치경제학적 접근", 「감정평가연구」, 제8집, 한국감정평가업협

**장기계약에서는
한계지에서도 지대 존재** | 한계지에서도 지대가 존재한다는 사실도 재검토해 보아야 할 사안이다. 한계지에서 지대를 지불하는 경우도 많지만, 지대를 지불하지 않는 경우도 우리는 주위에서 흔히 목격할 수 있다. 예를 들어 우리는 주위에서 채산성이 맞지 않아 놀려두는 농지를 쉽게 볼 수 있는데, 아무도 경작을 하려고 하지 않는 이런 땅에 지대가 존재할 리가 없다. 그러나 이런 쓸모없는 땅이라 하더라도 10년 정도 빌리겠다고 한다면 지대를 지불해야 한다. 왜냐하면 몇 년 뒤에는 이 농지가 한계지에서 벗어날 수도 있기 때문이다. 마르크스가 발견한 사실(즉 한계지에도 지대가 존재한다는 사실)도 이런 장기 임대에 따른 현상일 가능성이 있다. 마르크스가 자본론을 서술할 당시 영국에서는 토지의 장기임대가 일반적이었다. 시간이 흘러 인구증가로 곡물수요가 늘고 이에 따라 한계지가 외연적으로 확대되면, 지금 당장은 한계지로 차액지대가 존재하지 않는 토지라 하더라도 나중에는 차액지대가 존재하는 토지로 바뀔 수 있는 것이다. 그렇다면 토지소유자는 당연히 미래에 발생할 차액지대를 감안하여 장기임대 계약시 지대를 받으려고 할 것이다.

더군다나 우리가 한계지라고 생각했던 토지들이 사실은 한계지가 아닐 수도 있다. 경제학에서 한계(marginal)라는 개념은 미분 가능한 연속적인 변화를 의미하는데, 실제 토지에서는 지대의 변화가 연속적이지 않기 때문에 한계지란 개념은 관념적으로만 존재할 뿐 현실에서는 존재하지 않을 수도 있다. 즉, 한계지가 아니기 때문에 지대가 지불되고 있는데도 불구하고, 해당 토지가 한계지라고 착각하는 것일 수도 있는 것이다.

일부 정치경제학자들은 절대지대론을 옹호하기 위해 흔히 모든 토지에는 가격이 존재한다는 사실을 들기도 한다. 지대가 없다면 가격이 존재하지 않을 터인데 가격이 존재한다는 것은 지대가 존재한다는 뜻이라는 것이다. 그러나 토지가격이란 현재와 미래의 지대를 현재가치화(capitalization)한 것이므로, 현재 지대가 존재하지 않더라도 미래에 지대가 발생한다면 토지에는 가격이 존재한다. 이들은 사회 발전에 따라 지대 역시 변동될 수 있다는 사실을 무시하고 있는 것이다.

이런 문제 때문에 최근에는 마르크스의 절대지대론은 농업에서나 적용되

─────────────

회, 1998, pp. 115~140 참조.

고, 도시에서는 다른 지대결정 메커니즘이 있다는 주장이 나오기도 하였다. 이로 인해 농업지대를 도시에 적용할 수 있는가를 둘러싼 논쟁도 있었다.10)

독점지대론 ┃ 한편 후대의 정치경제학자들은 절대지대라는 개념 외에 독점지대(獨占地代: monopoly rent)라는 새로운 개념을 제시하였다. 독점지대란 토지의 사적 소유에 따른 토지공급의 독점으로 생산물 시장에서 독점이윤이 형성되고, 이 독점이윤이 지대로 전환된 것을 말한다. 예를 들어 프랑스 남부의 포도주는 그 독특한 기후와 풍토에서 생산된 포도로 만들기 때문에, 해당 포도를 재배하는 농가는 독점이윤을 획득할 수 있다. 그러나 이 독점이윤은 지대 형태로 토지소유자에게 돌아간다. 독점이윤을 지대로 지불하지 않는다면 해당 토지 소유자는 다른 농가에게 토지를 임대해 줄 것이고, 이 경우 이전 농가는 독점이윤을 누릴 수 없기 때문이다.11)

그러나 이 독점지대라는 개념은 리카르도의 차액지대론과 큰 차이가 없다. 리카르도의 차액지대론은 우량한 농지의 공급이 한정되어 있다는 사실에서 출발하였기 때문에 독점지대론에서 말하는 '토지공급의 독점'과 사실상 차이가 없는 것이다.

▨ 4. 현대 도시경제학의 지대이론

현대 도시경제학에서는 수송비의 차이로 지대가 발생하는 과정과 용도별 지대의 경쟁으로 토지의 용도가 결정되는 과정을 주로 연구해 왔다. 현대 도시경제학에서 지대이론을 개척한 알론소(W. Alonso)는 지대 경쟁을 통해 토지의 용도가 결정되는 과정이 마치 입찰과정과 유사하다고 하여 입찰지대(入札地代: bid rent)라는 용어를 사용하기도 하였다.12)

교통비와 개발밀도, 그리고 지대 ┃ 현대 도시경제학의 지대이론이 튀넨의 위치지대론과 다른 것은 토지의 개발 밀도를 고려하였다는 것이다. 튀넨

---

10) Ball, M., "The Urban Rent Question", *Environment and Planning A*, 17(4), 1985, pp. 503-525.
11) Harvy, D., *The Limits to Capital*, Basil Blackwell, 1982 참조.
12) Alonso, W., *Location and Land Use*, East-West Center Press, 1966 참조.

의 위치지대론은 농업용 토지를 대상으로 한 것이기 때문에 토지이용의 밀도를 고려할 필요가 없었다. 그러나 현대 도시사회에서 토지이용의 밀도는 토지이용자가 결정해야 할 중요한 의사결정 요소 중의 하나였기 때문에 도시경제학자들로서는 왜 도심에 가까울수록 토지 개발 밀도가 높아지는가를 해명해야만 했다.

현대 도시경제학에서 지대란 토지가 갖고 있는 위치상의 이점 등에 의해 발생하는 초과이윤이 토지소유자에게 전환된 것이다. 이 초과이윤은 토지가 갖고 있는 위치상의 이점 등에 의해 발생하는 것이고, 이러한 이점들은 장기적으로 소멸되는 것이 아니기 때문에 지대 역시 소멸되는 것은 아니다.

제조업에서 지대가 결정되는 과정을 수식으로 살펴보자. 먼저 생산자는 토지 L과 자본 C를 투입하여 생산물을 Q만큼 생산한다고 가정해 보자. 토지의 단위당 비용(지대)은 R이고, 자본 비용은 i라고 하자. 생산자는 도심으로부터 d 만큼 떨어진 지역에 있으며, 생산물은 도시중심에서만 판매되기 때문에 도심으로 생산물을 이동시켜야 한다고 가정하자. 생산물 한 단위를 한 단위 거리만큼 이동시키는데 따른 비용은 k이고, 생산자는 생산물을 P에 판매한다고 하자.

생산자의 이윤 π는 총 수입에서 총 비용을 뺀 것이다. 총 수입은 PQ이고, 총 비용은 $iC+RL+kQd$이다. 따라서 생산자 이윤은 다음과 같이 표현된다.

$$\pi = PQ - iC - kQd - RL$$

시장이 경쟁적이라면, 장기적으로 생산자간 경쟁에 의해 생산자의 이윤은 0이 되어야 한다. 이 경우 지대 R은 다음과 같이 된다.

$$R = P\frac{Q}{L} - \frac{iC}{L} - k\frac{Q}{L}d$$

여기에서 알 수 있다시피, 지대는 생산물의 가격(P)과 토지 단위당 생산량(Q/L), 그리고 생산물 단위당 수송비(k), 토지 단위당 자본비용(iC/L) 등에 의존하게 된다. 만약 $Q/L = q$라고 하고, $PQ/L - iC/L = A$ 라고 하면, 위의

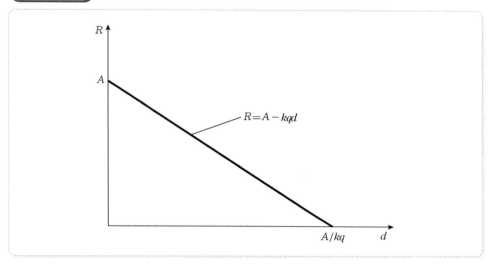

🐾 그림 3-5   단순한 형태의 지대곡선

식은 다음과 같이 간략하게 표현할 수 있고, 이를 그림으로 그린 것이 [그림 3-5]이다.

$$R = A - kqd$$

　주택용 토지의 지대는 조금 다른 접근이 필요하다. 주택 호당 토지면적은 L, 주택 호당 임대료는 H, 토지 단위당 지대는 R, 주택생산에 따른 투하자본은 C라고 가정하자. 주택의 질은 위치상의 차이를 제외하고 모두 동일하며, 호당 토지면적과 주택생산에 따른 투하자본도 동일하다고 가정하자. 주택 호당 1명이 거주하고, 이 사람은 도심으로 출퇴근한다고 가정하자. 도심으로부터의 거리가 d인 지점에 주택이 있으며, 한 사람이 거리 단위당 이동하는데 따른 교통비용을 k라고 하자.

　가계는 주어진 소득 Y로 임대료와 출퇴근 비용, 그리고 기타 재화를 구입한다고 하자. 기타 재화는 x재이며, 이 재화의 가격은 1이라고 가정하자. 그리고 가계는 동질적이어서 소득이 모두 동일하고, 재화에 대한 선호도도 동일하다고 가정하자.

이러한 가정 하에 가계의 총 수입과 총 지출은 같아야 한다(예산제약조건). 가계의 총 수입은 Y이며, 가계의 총 지출은 $H + kd + x$이다. 따라서 임대료는 다음과 같다.

$$H = Y - kd - x$$

주택의 임대료 H는 토지에 대한 지대(LR)와 주택건설에 따른 투하자본의 비용(iC)을 더한 것이다. 즉, $H = LR + iC$이다. 따라서 지대는 다음과 같이 계산된다.

$$LR + iC = Y - kd - x$$
$$R = \frac{Y}{L} - \frac{k}{L}d - \frac{x}{L} - \frac{iC}{L}$$

이 식이 의미하는 것은 주택 용지로 사용하는 토지의 지대는 가계소득(Y)과 주택 단위당 토지 사용량(L), 사람의 이동비용(k), 다른 재화의 소비량(x), 주택 건물의 자본비용(iC) 등에 의해 영향을 받는다는 것이다. 위의 식을 간략하게 정리하면, 다음의 식과 같아지는데, 이는 위에서 본 지대곡선 그림과 동일해진다는 점을 알 필요가 있다.

$$R = A - \frac{k}{L}d$$

토지와 자본의 대체와 지대곡선 | 재화를 생산할 때, 토지와 자본은 대체하여 생산에 투입할 수 있다. 예를 들어 생산자는 도심에 가까울수록 지대를 많이 내야 하기 때문에, 상대적으로 비용이 비싼 토지를 적게 투입하고 대신 자본을 많이 투입하는 방식으로 생산을 할 수 있다.

부동산 개발도 이와 유사한 예라고 할 수 있다. 도심에서 건물을 고밀도로 개발하는 것은 비용이 비싼 토지를 적게 투입하고 상대적으로 비용이 싼 자본을 많이 투입하여 건물이라는 재화를 생산하는 것이라고 볼 수 있다. 반대

🎯 **그림 3-6** 토지와 자본의 대체가 가능할 때의 지대곡선

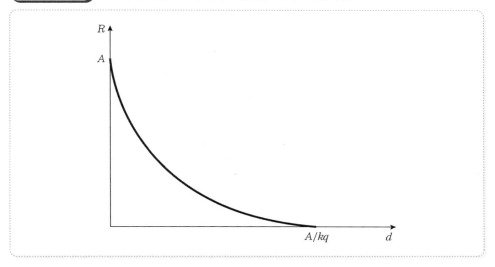

로 도심에서 멀어질수록 지대가 싸기 때문에 생산자는 상대적으로 비용이 싼 토지를 많이 투입하고 상대적으로 비싼 자본을 적게 투입하고자 할 것이다. 즉, 건물을 저밀도로 개발하는 것이다.

　이러한 토지와 자본의 대체 관계 때문에 지대곡선의 기울기는 위치에 따라 달라진다. 즉, 도심에 가까울수록 토지 투입량 L이 적어지므로 지대곡선의 기울기는 커지게 된다. 반대로 도심에서 멀어질수록 토지 투입량 L이 많아지므로 지대곡선의 기울기는 작아지게 된다. 이에 따라 지대곡선은 [그림 3-6] 처럼 원점에 대하여 볼록한 형태를 취하게 된다.

지대경쟁으로 토지용도 결정 ┃ 도시는 토지의 용도별 지대 경쟁에 의해 토지의 용도가 결정된다. 예를 들어 도시 토지가 상업용지와 주택용지, 공업용지 중 하나로 사용된다면, 세 가지 토지용도별 지대곡선이 마주치는 점에서 토지의 용도가 결정된다. [그림 3-7]에서 보다시피, 도심으로부터 d_1까지는 상업용지로 사용하는 것이 가장 높은 지대를 받을 수 있는 길이기 때문에 상업용지로 사용된다. 그리고 d_1부터 d_2까지는 주택용지로 사용하는 것이 가장 높은 지대를 받는 길이기 때문에 주택용지로 사용된다. d_2부터 d_3까지는 공업용

그림 3-7 용도별 지대의 경쟁에 의한 용도 결정

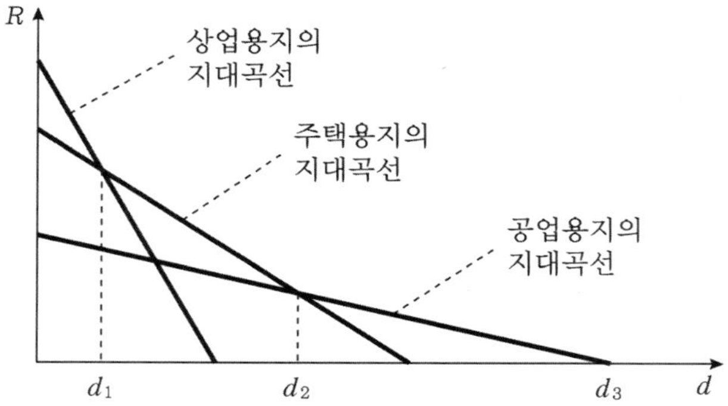

지로 사용하는 것이 가장 높은 지대를 받을 수 있는 길이기 때문에 공업용지로 사용된다. 그 결과, 도심에서는 상업시설이 고밀도로 개발되고, 그 다음에는 주택이 중밀도로 개발되고, 마지막으로 도시 외곽에 공업시설이 저밀도로 개발되는 것이다.

제2편

부동산정책의 내용과 실제

제 4 장

부동산 이용규제

제1절 토지이용규제

1. 토지이용규제의 수단

토지이용계획과
용도지역제

부동산 이용활동은 현실적으로 주어진 조건 하에서 토지를 그 용도 및 이용 목적에 따라 활용함으로써 토지의 유용성을 추구하는 행위로 정의된다. 그리고 부동산 이용규제는 토지이용규제로 귀결되므로 본장에서는 토지이용규제를 중심으로 기술하고 있다.

토지이용규제는 계획 당국이 일정한 목적 하에 토지의 이용을 합리적인 방향으로 유도하기 위하여 특정 토지의 이용을 제한하는 행위라고 할 수 있다. 토지이용규제의 수단은 일반적으로 용도지역제(用途地域制, zoning system)를 사용한다. 여기서 용도지역제란 특정 토지를 주거지역, 상업지역, 공업지역 등의 지역이나 지구로 지정한 후 해당 토지의 이용이 그 지역의 설정 목적에 맞도록 제한하는 제도를 말한다.[1]

그리고 토지이용규제의 설정 기준은 바로 토지이용계획이 된다. 즉, 용도지역제란 토지이용계획에서 토지의 기능을 계획에 부합되는 방향으로 유도하

---

[1] 이것을 협의의 용도지역제 또는 경직적 용도지역제, 유클리드 용도지역제(euclidean zoning) 등으로 부르기도 한다. 광의의 용도지역제는 개발권 양도제, 유연 용도지역제(flexible zoning) 등을 의미한다(국토개발연구원, 1981a). 여기서는 용도지역제를 협의의 개념으로 사용한다.
　　미국에 있어서 주요 토지이용규제제도로서 용도지역제(zoning)는 가장 전통적이고 핵심되는 제도라고 할 수 있으며, 그 기본적인 유형을 유클리드식이라고 부른다. 이것은 용도지역제를 선택한 유클리드 마을(Village of Euclid)의 조례를 1926년 연방대법원이 합헌으로 판결함에 따라 이러 유형의 용도지역제가 전국적으로 확대된 것에서 유래되었다. 유클리드 마을은 오하이오주 클리블랜드의 인근에 위치하며 클리블랜드 공업지역이 마을까지 확대되자, 이를 저지하기 위해 종합적인 규제를 제정하였다.

기 위하여 마련한 법적·행정적 장치라고 할 수 있다.

　토지이용계획은 장래의 경제·사회적 변화를 예측하고, 예측에 기초하여 계획대상 지역에서의 적절한 경제 및 사회 활동을 선택한 후, 이러한 선택이 구현될 수 있도록 토지의 용도를 배분하는 계획이다. 토지이용계획은 궁극적으로는 토지이용의 효율화 및 합리화를 도모하고자 하는 것으로서 구체적으로 그 목적을 살펴보면 다음과 같다. 첫째, 토지이용의 균형적·체계적 이용체계 확립, 둘째, 토지이용의 여건 조성, 셋째, 토지이용을 통한 생활환경 수준의 개선 등이라 할 수 있다.[2]

　결국 토지이용규제와 토지이용계획은 상호 보완적이다. 토지이용계획은 용도지역제의 설정 기준을 제공하고, 용도지역제는 토지이용계획의 내용을 실현시켜 준다.[3] 그러나 용도지역제와 토지이용계획은 각각 계획 수립과 법적 구속력 등에서 상이한 특성을 가진다(표 4-1 참조). 먼저 토지이용계획은 토지이용규제의 근간을 이루지만 법적 구속력을 갖고 있지는 않다. 즉, 토지이용계획은 도시기본계획의 일부를 구성하면서 현행 법규와 무관하게 계획의 의도

❍ 표 4-1　토지이용계획과 용도지역제의 비교

구 분	토지이용계획	용도지역제
수립단계	• 도시기본계획의 일부 • 지속적이며 장기적인 계획	• 도시관리계획의 내용 • 단기적인 방안
표현방법	• 개념적·계획적 표현 사용	• 법적 표현 사용 • 정확하고 구체적인 표현
제 한	• 용도지역 지정을 위한 기준이 됨 • 개인의 토지이용제한이 불가능	• 용도 지정 후, 국토의계획및이용에 관한법률에 의해 개인의 토지이용 제한

2) Foley, D. L., "British Town Planning: One Ideology or Three," British Journal of Sociology, Vol.11, 1960(허재영, 1993, p. 165에서 재인용).

3) 토지이용계획을 실현하기 위해 사용되는 방법은 대략 세 가지가 있다(대한국토·도시계획학회, 1998). 첫째, 규제적 수단을 채택하는 것이다. 지역·지구제나 토지분할조정(subdivision control) 등이 그것이다. 둘째, 개발사업을 추진하는 것이다. 즉 토지이용계획의 실현을 위하여 지방자치단체가 토지소유자가 되거나 대리인을 통하여 사업을 시행하는 것으로, 토지구획정리사업, 택지조성사업, 산업단지개발사업, 시가지정비사업 등이 있을 수 있다. 마지막으로, 세제감면이나 금융지원 등의 경제적 유인 장치를 사용하는 것이다. 즉 토지이용계획의 수단들은 앞의 제3장에서 본 정부의 토지시장 개입 수단과 동일하다. 토지이용계획은 정부개입의 한 형태이기 때문에 정부개입의 수단이나 토지이용계획의 수단은 동일할 수밖에 없다.

를 잘 나타낼 수 있도록 개념적 표현 방식을 사용한다. 토지이용계획은 법적 구속력을 갖고 있지 않기 때문에 개인의 토지이용을 구속할 수는 없다. 이에 비하여 용도지역제는 토지이용계획의 내용을 실현하는 수단으로서, 도시관리계획의 내용을 구성하며 강력한 법적 구속력을 갖기 때문에 개인의 토지이용을 제한할 수 있다. 그러므로 계획가들은 용도지역제를 도입할 경우, 개인의 재산권을 침해하지 않으면서 공공이익을 보장할 수 있도록 노력해야 한다.

　토지이용규제의 수단으로 최근에는 개발권양도제(開發權讓渡制, transfer of development rights)와 개발허가제(planning permission)가 많이 거론되고 있다. 두 제도는 토지소유권으로부터 개발권을 분리하는 제도라는 점에서 유사한 제도이나, 개발권양도제는 개발권의 사적 소유를 인정하는 반면 개발허가제는 개발권을 국가가 소유한다는 점에서 두 제도는 근본적인 차이를 보이고 있다. 이하에서는 토지이용규제의 주요 수단인 용도지역제와 최근 거론되고 있는 개발권양도제 등에 대해서 보다 자세하게 살펴보도록 한다.

2. 용도지역제

(1) 용도지역제의 목적

토지이용합리화와 외부불경제 억제 ｜ 토지이용규제의 목적은 일반적으로 토지이용을 합리적인 방향으로 유도하여 전체적으로 토지의 이용가치를 극대화시키는 데 있다. 여기서 토지이용의 합리화란 토지를 적극적으로 이용하는 행위뿐만 아니라 토지의 오용과 남용을 억제하고, 토지를 이용하지 않음으로써 토지가 유휴화되는 것을 방지하며, 토지를 좀 더 생산적인 목적으로 이용할 수 있도록 하는 행위이다. 이러한 토지이용규제는 토지시장에 의한 자율적인 자원배분에 대해 계획당국이 인위적으로 개입하는 것을 의미하는데, 이는 시장경제 원리 하에서는 자연스러운 것이 아니다. 왜냐하면 자본주의 사회에서는 시장에 의한 자원배분이 '보이지 않는 손'에 의해서 효율적으로 이루어진다고 보기 때문이다. 그렇다면 자본주의 사회에서 왜 정부가 시장에 개입하는가?

　일반적으로 시장경제하에서 정부의 시장개입이 정당화되는 것은 대체로 다음과 같은 두 가지 상황 아래에서이다. 첫째, 시장이 불완전한 경우이다. 예를 들어, 토지의 소유 및 이용이 독·과점된 상황에서는 시장이 자유롭게 제 기능을 다하지 못하기 때문에 효율성이 달성될 수 없다. 이 경우에는 독·과점 상황을 극복하기 위해서 정부의 개입이 요구된다. 둘째, 토지이용자간의 상호의존성에 의한 외부불경제효과(外部不經濟效果)를 제거하기 위하여 개입하는 경우이다. 예를 들어, 여러 용도가 혼재되어 있을 경우 인접지역 간 토지이용의 상충으로 인하여 토지시장의 효율적인 작동을 저해하는 부(負)의 외부효과(negative externality)가 발생할 수 있다.

토지이용규제의 수단 중 하나인 용도지역제의 도입 목적은 외부효과에 따른 시장실패와 밀접한 관련이 있다. 용도지역제의 도입 목적에 대한 이론은 재산가치이론과 계획이론이라는 두 가지 방향으로 발전되어 왔다.

먼저 재산가치이론(property value theory)은 개인재산의 보호를 용도지역제의 일차적인 목적으로 보는 시각으로, 다소 소극적인 견해이다. 즉, 특정 토지가 의도되지 않은 용도나 밀도로 개발됨으로써 인접한 타 지역에 발생할 수 있는 외부불경제효과를 제거하기 위해 용도지역제가 필요하다는 입장이다.[4] 재산가치이론은 용도가 다른 두 지역 간에 나타날 수 있는 외부효과 가운데 한쪽에서는 외부경제효과, 다른 한쪽에서는 외부불경제효과가 나타나는 경우에 용도지역제가 필요하다고 본다.

다음으로 계획이론(planning theory)은 당해 지역의 성격을 적극적으로 개편하려는 목적 하에서 용도지역제가 도입된다고 보는 견해로, 재산가치이론에 비해 다소 적극적인 입장이다. 다시 말해서 용도지역제는 재산가치이론과 같이 부(負)의 외부효과를 제거하기 위한 소극적인 목적만이 아니라, 민간부문에서 자발적으로 제공되지 않는 공원이나 녹지 등 공공재의 제공이나 도시미관의 제고 등 정(正)의 외부효과를 창출하기 위해 도입된다고 보는 이론이다.

이러한 대표적인 두 가지 이론 이외에 재정적 용도지역제(fiscal zoning)이론과 공공비용 용도지역제(public cost zoning)이론이 있다(이종화, 1991). 재정적

---

4) 용도가 다른 두 지역 간에 나타날 수 있는 외부효과에는 네 가지 경우가 있을 수 있다. 첫째는 두 지역 간에 상호 외부경제효과가 나타나는 경우이다. 이 경우 상호 인력(引力: 끌어당기는 힘)이 작용하여 두 가지 용도는 서로 인접하고자 할 것이다. 둘째는 상호간에 외부불경제효과를 초래하는 경우로, 상호 척력(斥力: 밀어내는 힘)이 작용하여 두 가지 용도는 상호 인접하지 않으려고 할 것이다. 셋째는 상호 중립적인 경우로, 상호 인력(引力)이나 척력(斥力) 모두가 작용하지 않는다. 넷째는 한쪽에서는 외부경제효과가, 다른 한쪽에서는 외부불경제효과가 나타나는 경우이다.

용도지역제는 지방재정을 확충하고 지역경제 활성화를 목적으로 용도지역제가 도입된다고 보는 이론이다. 이 이론은 과세표준이 높은 상·공업 용도의 허용기준을 완화하거나, 교육서비스 비용이 많이 소요되는 경우, 취학연령 부모를 가진 계층이 주로 거주하는 주택유형의 입지를 제한한다든가, 대지면적 최소한도의 상한을 높이거나 개발허용밀도를 낮춤으로써 저소득층의 유입을 제한하는 등 조세수입을 더 많이 가져올 수 있는 용도만을 끌어들이기 위해 용도지역제가 도입된다고 본다. 한편 공공비용 용도지역제는 이와 유사한 것으로, 일정한 지리적 영역에 대하여 제공되는 지방공공서비스의 평균비용을 최소화하는 것을 목적으로 용도지역제가 도입된다고 본다. 용도지역 지정을 통해 당해지역의 개발형태를 사전에 규정하고 이에 맞춰 도로, 상·하수도 등 공공서비스 공급을 행한다면 가구당 공공비용은 최소화될 수 있을 것이다. 그렇지 않고 특정 지역이 시장메커니즘에 따라 개발되도록 방임할 경우는, 공공서비스 공급이 상황에 따라 임기응변적으로 이루어질 수밖에 없으며 따라서 서비스 공급비용은 증대되며 또한 시간소비적이게 된다. 재정적 용도지역제이론과 공공비용 용도지역제이론은 계획당국의 이해가 용도지역제에 반영된다고 본다는 점에서는 서로 유사하다.

위와 같은 용도지역제의 목적에 대한 이론은 대체적으로 용도지역제의 실행 목적을 외부불경제의 억제와 토지이용의 합리화 등으로 보고 있다. 즉, 용도지역제는 개인의 재산권 행사가 다른 사람의 재산권에 미치는 불이익을 방지한다는 사유재산권 보호라는 근본이념으로부터 비롯된 것이지만, 외부불경제의 제거, 집적이익의 추구, 재해예방, 도시의 미관증진, 건전하고 안락한 환경조성 등을 위해 개별적 토지이용행위를 조정·규제하기 때문에 사유재산권의 통제라는 측면도 가지고 있다(국토개발연구원, 1981a).

(2) 용도지역제의 규제 특성에 따른 분류

현행 용도지역제는 제한행위 열거방식 용도지역제는 용도를 규제하는 방식, 상위 용도지역과의 관계, 그리고 규제 대상이 수평적인가 수직적인가 등에 따라 분류할 수도 있다(이종화, 1991).

우선 용도지역제는 용도를 규제하는 방식에 따라 성과기준(performance standard)방식과 열거기준(use list)방식으로 구분된다. 특정 용도지역 내에서 어떤 용도를 허용하고 불허할 것인지를 판단하는 기준은 용도간의 양립 가능성에 있다. 양립 가능성이란 서로 다른 용도나 활동들이 근접해서 입지(立地)하더라도 용도간 서로 마찰 없이 조화를 이룰 수 있는 것을 말한다. 성과기준방식과 열거기준방식의 구별은 이러한 용도간의 양립 가능성을 어떻게 정의하느냐에 따른 구별이다. 먼저 성과기준은 양립 가능한 용도나 시설을 직접적으로 열거하는 대신에 양립 가능성에 영향을 미칠 수 있는 각 요인별로 요구되는 수준을 명시하는 방식이다. 따라서 성과기준을 채택하는 경우, 항상 규제되어야 할 부(負)의 외부성 혹은 양립불가능성의 정도가 수치로 정의된다. 예컨대, 분뇨에 대한 대기오염규제에서 대기 입방(m^3) 입자량이 0.10까지의 방출만을 허용하는 것과 같은 방식이다. 반면에 열거기준은 양립 가능하다고 판단되는 구체적인 용도나 시설을 직접적으로 열거하는 방식이다. 일반적으로는 열거기준을 채택하여 각 지역별로 토지용도를 허용, 불허, 제한적 허용, 제한적 불허 등으로 규제하고 있다. 현행 용도지역제는 열거기준을 채택하고 있다.

이러한 열거기준을 채택하는 용도지역제는 다시 허용행위 열거방식(positive system)과 제한행위 열거방식(negative system)으로 나누어진다. 허용행위 열거방식은 허용되는 용도만을 열거하는 것으로, 열거되지 않은 나머지 용도는 자동적으로 불허된다. 제한행위 열거방식은 금지되는 용도만을 열거하는 것으로, 열거되지 않은 나머지 용도는 자동적으로 허용된다. 두 가지 열거방식 중에서 허용행위 열거방식이 제한행위 열거방식에 비해 토지이용에 대한 규제가 더 심하다. 왜냐하면 제한행위 열거방식의 경우 제정 당시에는 예상하지 못했던 용도가 생겨나도 규제대상이 되지 않는 반면, 허용행위 열거방식에서는 규제대상이 되기 때문이다.

또한 용도지역제는 누적적 체제와 배타적 체제로 구분된다. 누적적 체제란 보호의 정도가 가장 큰 용도(일반적으로는 단독주택)를 정점으로 한 피라미드 형태의 용도상 위계(位階)를 설정한 후, 위계상 상위용도(higher uses)로 상정된 용도지역에는 이보다 하위용도(lower uses)의 입지가 금지되나 하위용도 지역에서는 상위용도의 입지가 허용되는 체제를 말한다. 이에 반해, 배타적 체제란 각 용도지역별로 한 가지나 혹은 극히 제한된 범위의 용도만을 허용하는 체제로서, 상위 용도지역인 주거지역에 하위용도인 공장의 입지를 금지시키는 것은 물론이고, 하위 용도지역인 공업지역에 상위용도인 주택의 입지를 배제시키는 체제이다. 대체적으로 용도지역제에서 용도지역간의 위계는 '주거지역(전용주거지역＞일반주거지역＞준주거지역)＞상업지역＞공업지역' 순으로 이루어지는데, 뒤로 갈수록 하위 용도지역이 된다. 대부분의 용도지역제는 누적적 체제 위주로 되어 있다. 그러나 공업지역에 대해서는 부분적으로 배타적 체제를 도입하기도 한다.

　마지막으로 용도지역제는 규제 대상의 범위에 따라 수직적 용도지역제와 수평적 용도지역제로 구분할 수 있다. 수직적 용도지역제란 동일 건물의 층에 따라 차별적인 용도 규제를 실행하는 방식을 말한다. 좋은 예로 도심의 상업지역 등에서 1층은 상업용도로 제한되며 2층 이상은 사무실이나 주거용도를 허용하는 것을 들 수 있다. 이와 같은 방식으로 용도를 규제하려는 이유는 상업지역의 연속성을 유지함과 동시에 당해지역에서 수요로 하는 사무실 용도나 주거용도 등을 수용하려는 데에 있다. 이에 비해 수평적 용도지역제는 동일 건물에 대해서는 단일한 용도 규제를 실행하는 방식이다. 수평적 용도지역제는 교외 지역이나 읍, 면의 도시계획과 같이 개발 밀도가 낮은 지역에서는 어느 정도 규제효과를 가질 수 있다. 그러나 대도시의 도심과 같이 개발밀도가 높아서 고밀·고층 개발이 이루어진 지역에서는 수평적 용도지역제만으로는 동일 건물 내에 있는 상이한 용도간에 발생하는 부(負)의 외부효과를 제어하기 힘들다. 현재 활발히 시행되고 있는 부심재개발구역 내의 개발패턴을 보더라도 대부분 지상 10층 이상의 고층건물로 개발되고 있을 뿐만 아니라 복합용도건물이 증가하는 추세에 있어 수직적 용도지역제 혹은 혼합용도지역제(mixed use zoning)의 도입·실시는 시급한 과제임을 알 수 있다.

◎ 표 4-2 　용도지역제의 종류

구 분	용도규제방식	상위 용도와의 관계	규제대상의 범위
종류	열거기준 ① 허용행위 열거방식 ② 제한행위 열거방식	누적적 체제	수평적 용도분리
	성과기준	배타적 체제	수직적 용도분리

3. 개발권양도제와 개발허가제

규제로 인한 손실을 | 개발권양도제란 일정하게 주어진 개발허용한도(개발권)
시장기구 통해 보상 | 중에서 해당 지역의 토지이용규제로 인해 사용하지 못
하는 부분을 다른 지역에 판매할 수 있도록 하는 제도를 말한다. 예를 들어
모든 토지는 용적률 500%까지 개발할 수 있는 권리를 갖고 있다고 하자. 개발
제한구역에 있는 토지는 개발억제 정책에 따라 용적률이 100%까지만 허용되
는 반면 상업지역에 있는 토지는 용적률이 900%까지 허용된다고 가정하자. 이
경우 개발제한구역 내에 있는 토지는 해당 지역의 개발허용한도(용적률 100%
까지만 개발 허용) 때문에 자신에게 주어진 개발권(용적률 500%까지 개발할 수 있
는 권리) 중 일부를 사용하지 못하는 반면, 상업지역에 있는 토지는 자신에게
주어진 개발권의 한도 때문에 해당 지역이 허용하는 개발한도까지 개발하지
못하는 문제에 봉착하게 된다. 이때 상업지역에 있는 토지소유자가 개발제한
구역에 있는 토지소유자로부터 미사용 개발권을 매입하여 개발한도를 높일
수 있도록 하는 제도가 바로 개발권 양도제이다. 즉, 개발제한구역 내의 토지
소유자는 자신에게 주어진 개발권 중 사용하지 못한 부분(500%−100%=400%)
을 상업지역 내의 토지소유자에게 양도하고, 상업지역 내의 토지소유자는 개
발허용한도까지 개발하기에 부족한 개발권(900%−500%=400%)을 개발제한구
역 내의 토지소유자로부터 매입하는 제도이다.

개발권양도제는 토지이용규제로 인해 개발행위가 제약을 받음으로써 재산
적 손실을 입는 토지소유자에게 보상해 줄 수 있다는 점에서 최근 학자들이
나 정책당국자들로부터 많은 관심을 받고 있는 제도이다. 더군다나 이 제도는
토지이용규제로 인해 재산적 이익을 얻는 사람의 비용으로 재산적 손실을 입
는 사람에게 보상을 해준다는 점에서 사회적으로 바람직할 뿐만 아니라 규제
에 따른 손실보상액이 시장기구를 통해 평가된다는 점에서도 매력적인 제도
로 평가되고 있다. 즉, 정부개입에 따른 부작용 없이 토지이용을 규제할 수
있다는 것이다. 현재 미국 뉴욕(New York)시는 역사적 건축물을 보전하기 위
해 이 제도를 활용하고 있다.

그림 4-1 개발권양도제의 개념

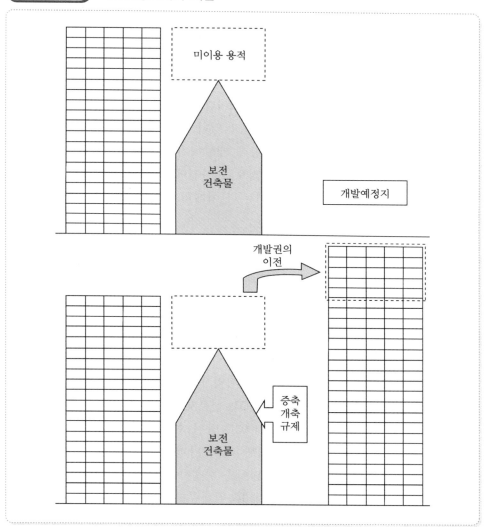

모든 개발행위는 정부 허가를 받는다 | 개발허가제는 개발권 공유제라고도 부르는데, 이 제도는 토지의 개발권이 국가에 귀속되어 있으며 모든 개발행위에 국가의 허가를 필요로 하는 제도이다. 기존의 용도지역제가 해당 지역의 지정목적에 맞는 개발행위를 자동적으로 허용하는 데 반해, 개발허가제는 모든 개발행위에 대해 행정부처의 허가를 받아야 한다는 점에서 매우

엄격한 토지이용규제 제도이다. 용도지역제는 지역·지구 지정의 경직성으로 인해 용도별 토지의 수급에 적절히 대응하지 못한다는 단점이 있지만 개발허가제는 행정부처의 개발허가 과정에서 토지시장의 수급 변화에 적절히 대응할 수 있다는 장점이 있다. 하지만 토지시장의 수급 변화에 대한 인식이나 판단, 개발허가 여부 등이 전적으로 정부관료의 손에 달려 있기 때문에 정부실패가 가장 크게 나타날 소지가 있는 제도이다.

개발허가제는 현재 영국에서 실시하고 있다. 영국에서는 1947년「도시농촌계획법」에 의해 개발권의 국유화와 함께 개발허가제가 도입되었다. 그러나 최근에는 경제활성화와 기업유치를 목적으로 사전에 수립된 개발계획에 적합할 경우, 자동적으로 개발허가가 주어지는 간이계획지구, 기업유치지구 등을 운영하고 있다.5)

제 2 절 토지이용규제제도의 실제

▐▬▬ 1. 토지이용규제제도의 개요

「국토의계획및이용에 관한법률」로 통폐합 | 우리나라의 용도지역제는 조선시대에 풍수지리설에 따라 궁궐을 세우고, 신분제도에 따라 주택지를 구분했던 것을 그 효시로 들 수 있다(허재영, 1993). 당시 한양의 토지이용규제는 궁궐, 종묘와 사직, 도로 등의 부지를 선정한 뒤에 나머지 토지를 왕족부터 서민에 이르기까지 그 신분에 따라 위치와 넓이를 한정하여 택지로 사용하였다. 그 이후 한일합방이 되면서 일제는「시가지건축취체규칙(市街地建築取締規則)」을 정하여 악취나 매연, 분진을 발생시키는 공장은 지정된 지역에만 입지하도록 하였다. 이 규칙은 1913년에 제정되어 1934년 폐지될 때까지 한번도 개정되지 않았으며 경성(京城, 현재 서울특별시의 일부 지역에 해당)에 한해서만 실시되었다.

그러나 우리나라에서 근대적 의미의 용도지역제에 관한 최초의 법적 근거는 1934년의 「조선시가지계획령(朝鮮市街地計劃令)」이다. 이 계획령은 조선을 병참기지화하기 위한 수단의 하나로 함경북도 나진을 계획적으로 건설하기

---

5) 국토연구원,「21세기 국토이용체계 개편방안」, 2000 참조.

위하여 제정된 것이다. 이 계획령에서는 시가지를 주거·상업·공업·녹지 및 혼합 지역의 5개 용도지역으로 구분하고, 풍치·미관·방화(防火) 및 풍기(風紀)의 4개 지구로 설정하였다. 이어 1936년에 서울시에 대한 도시계획구역이 고시되었고, 1939년에는 도시계획구역 내에 상업·공업·주거지역이 지정되었다.

해방 이후 최초로 용도지역을 지정한 것은 1952년이었으며, 현재와 같은 용도지역제는 1962년 제정된 「도시계획법」과 「건축법」에 의한 것이었다. 1962년 법 제정 시, 「조선시가지계획령」에 포함되었던 혼합지역이 폐지되었다. 1972년 「국토이용관리법」이 제정되면서 토지이용체계는 이원화되어, 「국토이용관리법」은 비도시지역을, 「도시계획법」은 도시지역을 대상으로 토지이용을 규제하였다. 이후 「국토이용관리법」과 「도시계획법」은 수차례의 개정을 거쳤으며, 현행 「국토의 계획 및 이용에 관한 법률」로 통폐합되었다.

국토교통부는 2000년 5월 30일 발표한 「국토의 난개발 방지 종합대책」의 후속조치 일환으로, 통합 법안을 만들기 위해 '국토정비기획단'과 '국토개선팀'을 설치하여 운영하였다. 2000년 8~9월에 걸쳐 나온 법률안에 대해 관계부처와의 협의 및 공청회 등의 수순을 거친 뒤 2001년 10월에 법제처 심사를 통과하였다. 명칭이 바뀌기도 하였지만 이 법률은 2001년 12월 국회를 통과하여 법률 제6655호로 공포되었고 2003년 1월 1일부터 시행되었다. 「국토의 계획 및 이용에 관한 법률」은 우리나라 전 국토를 도시지역, 관리지역, 농림지역, 자연환경보전지역으로 나누고 각 지역별로 토지이용을 달리 규제하고 있다.

「국토의 계획 및 이용에 관한 법률」이외에 토지이용을 규제할 수 있는 법적 근거로는 개별법에 의한 세부적인 토지이용규제가 있다. 예를 들어, 「농지법」에 의한 농업진흥지역, 「산지관리법」에 의한 보전산지 등, 「수도(水道)법」에 의한 상수원 보호구역, 「자연환경보전법」에 의한 생태계보전지역, 「자연공원법」에 의한 자연공원, 「산업입지 및 개발에 관한 법률」에 의한 국가산업단지, 일반산업단지, 도시첨단산업단지, 스마트그린산업단지, 농공단지, 재생사업지구, 「택지개발촉진법」에 의한 택지개발지구, 「도시개발법」에 의한 도시개발구역, 「도시 및 주거환경정비법」에 의한 정비구역, 공공재개발사업구역, 「도시재정비 촉진을 위한 특별법」에 의한 재정비촉진지구, 「도시재생 활성화 및 지원에 관한 특별법」에 의한 도시재생선도지역, 특별재생지역, 혁신지구, 「공공주택특별법」에 의한 공공주택지구, 도심공공주택복합지구 등이 있다. 여기서는 「국토의 계획 및 이용에 관한 법률」만 상세히 살펴보도록 한다.

2. 「국토의 계획 및 이용에 관한 법률」의 용도지역제

(1) 용도지역·용도지구·용도구역의 정의

"용도지역"이라 함은 토지의 이용 및 건축물의 용도·건폐율·용적률·높이 등을 제한함으로써 토지를 경제적·효율적으로 이용하고 공공복리의 증진을 도모하기 위하여 서로 중복되지 아니하게 도시관리계획으로 결정하는 지역을 말한다.

"용도지구"라 함은 토지의 이용 및 건축물의 용도·건폐율·용적률·높이 등에 대한 용도지역의 제한을 강화 또는 완화하여 적용함으로써 용도지역의 기능을 증진시키고 미관·경관·안전 등을 도모하기 위하여 도시관리계획으로 결정하는 지역을 말한다.

"용도구역"이라 함은 토지의 이용 및 건축물의 용도·건폐율·용적률·높이 등에 대한 용도지역 및 용도지구의 제한을 강화 또는 완화하여 따로 정함으로써 시가지의 무질서한 확산방지, 계획적이고 단계적인 토지이용의 도모, 토지이용의 종합적 조정·관리 등을 위하여 도시관리계획으로 결정하는 지역을 말한다.

(2) 법률의 주요 개정내용

2000년 개정된 법률의 주요 개정내용은 여섯 가지로 살펴 볼 수 있다.[6] 첫째, 전 국토를 종전의 5개 용도지역(도시·준도시·농림·준농림·자연환경보전지역)에서 4개 용도지역(도시·관리·농림·자연환경보전지역)으로 축소하고, 종전에 난개발 문제가 제기되었던 준농림지역을 관리지역으로 편입한 뒤 생산관리·보전관리·계획관리지역으로 세분하여 관리함으로써 난개발 문제를 해소하고자 하였다.

---

6) 류해웅, 토지법제론, 2008.

🔵 그림 4-2 **토지관련법의 체계개편**

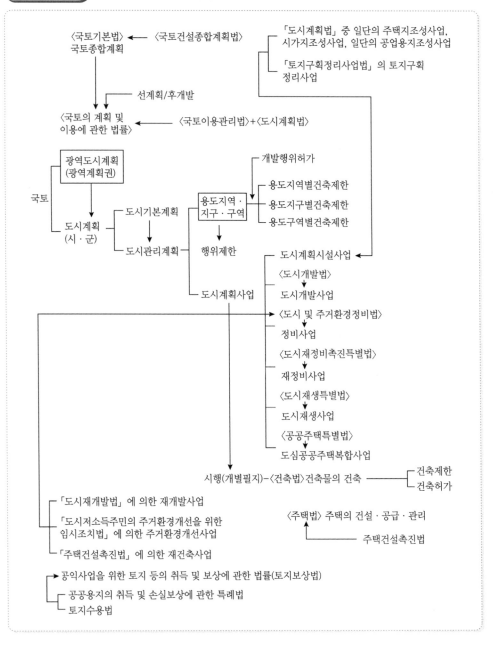

🔄 그림 4-3 토지이용계획의 법체계

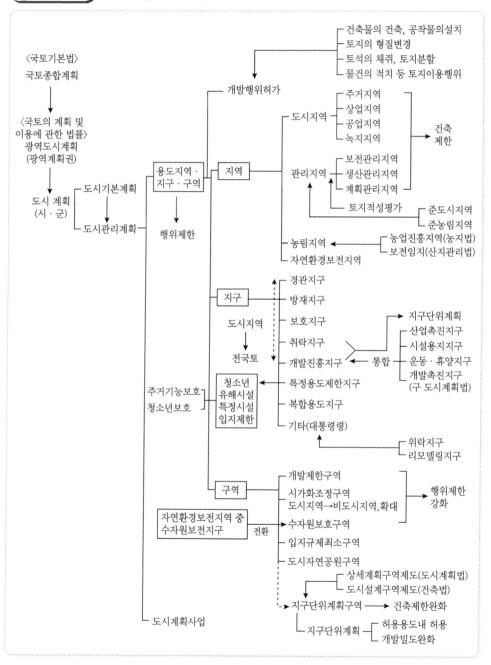

둘째, 종전의 「국토이용관리법」의 적용대상이었던 비도시지역에 대하여도 종합적인 계획인 도시기본계획 및 도시관리계획을 수립하도록 함으로써 계획에 따라 개발이 이루어지는 '선계획·후개발'의 국토이용체계를 구축하고자 하였다.

셋째, 계획관리지역 또는 개발진흥지구로서 개발수요가 많은 지역에 대하여는 건폐율·용적률 등을 다른 지역보다 완화하여 적용할 수 있도록 하되, 토지의 효율적 이용을 도모하고 고밀도개발에 따른 기반시설부족, 환경훼손 등을 방지하기 위하여 미리 계획을 수립하도록 하는 지구단위계획구역제도를 도입하였다.

넷째, 건축물의 건축, 토지의 형질변경 등의 경우에 허가를 받도록 하는 개발행위허가제도가 종전에는 도시지역에 한정되어 실시되었으나, 앞으로는 전 국토에 대하여 개발행위허가제도를 확대하고, 일정규모 이상의 개발행위는 허가권자가 허가하기 전에 도시계획위원회의 심의를 거치도록 하였다.

다섯째, 기반시설을 더 이상 설치할 수 없을 정도로 개발이 완료된 지역에서는 추가적인 개발행위로 인하여 기반시설의 용량이 부족하지 아니하도록 건폐율·용적률을 강화하는 개발밀도관리구역제도를 도입하였다.

여섯째, 용도지역의 변경 등으로 개발행위가 집중되어 도로·하수도 등 기반시설의 설치가 새로이 필요한 지역에서 개발행위를 하는 자는 기반시설을 직접 설치하거나 설치에 필요한 비용을 시장·군수 등에게 납부하도록 하는 기반시설부담구역제도를 도입하고, 설치하여야 할 기반시설의 종류, 비용의 부담기준, 기반시설부담계획의 수립에 관한 사항 등을 정하도록 하였다.

(3) 지역·지구·구역(地域·地區·區域)의 종류

1) 용도지역의 종류

과거 「국토이용관리법」은 용도지역을 도시지역, 준도시지역, 준농림지역, 농림지역, 자연환경보전지역의 5개로 규정하였으나 「국토의 계획 및 이용에 관한 법률」은 도시지역, 관리지역, 농림지역, 자연환경보전지역의 4개 용도로 개편하고, 다시 9개 지역으로 세분하고 있다.[7] 「도시계획법상」의 도시지역에

---

7) 1993년 8월 5일 국토이용체계 개편시 10개 용도지역을 5개 용도지역으로 바꾸면서 준도시지역과 준농림지역이란 용도지역이 등장하였다. 여기서 준농림지역은 농림업의 진흥과 산림보전을 위하

해당하였던 주거지역, 상업지역, 공업지역, 녹지지역, 그리고 「국토이용관리법」상의 비도시지역에 해당하였던 농림지역, 자연환경보전지역은 그대로 같다.

주거지역은 일차적으로는 주거의 안녕과 건전한 생활환경의 보호를 위하여 필요한 때에 지정되는 지역으로 전용주거지역, 일반주거지역, 준주거지역 등의 3지역으로 분류된다. 전용주거지역은 저층 중심의 양호한 주거환경을 보호하기 위하여, 일반주거지역은 일상의 주거기능을 보호하기 위하여, 준주거지역은 주거기능을 주로 하되 상업적 기능의 보완이 필요한 경우에 지정된다.

전용주거지역은 다시 단독주택 중심인 제1종 전용주거지역과 공동주택 중심인 제2종 전용주거지역으로 세분되며, 일반주거지역은 저층주택을 중심으로 하는 제1종 일반주거지역과 중층주택을 중심으로 하는 제2종 일반주거지역, 중·고층주택을 중심으로 하는 제3종 일반주거지역으로 세분된다.

상업지역은 상업과 기타 업무 시설의 편익을 증진시키기 위하여 지정되는 지역이다. 이는 다시 중심상업지역, 일반상업지역, 근린상업지역, 유통상업지역 등의 4개 지역으로 나뉜다. 중심상업지역은 도심, 부도심의 업무 및 상업기능의 확충을 위하여 필요한 경우에 지정되며, 일반상업지역은 일반적인 상업 및 업무기능을 담당하기 위하여 필요한 경우에 지정된다. 근린상업지역은 근린지역에서의 일용품 및 서비스의 공급을 위하여 지정되며, 유통상업지역은 도시 내 및 지역 간 유통기능의 증진을 위하여 대규모 유통시설의 입지가 필요한 지역에 지정된다.

공업지역은 전용공업지역, 일반공업지역, 준공업지역으로 분류된다. 전용공업지역은 중화학공업, 공해성 공업들을 수용하기 위하여 필요한 경우에 지정되며, 일반공업지역은 환경을 저해하지 아니하는 공업의 배치를 위하여, 준공업지역은 경공업과 그 외의 공업을 수용하면서 주거기능의 보완이 필요한 경우에 지정된다. 여기에서 준공업지역은 공업기능을 주로 담당하되 주거기능이 가능한 곳이므로, 주거기능과 공업기능이 혼재하는 혼합지역이 되기도 한다.

녹지지역은 보건위생, 공해방지, 보안과 도시의 무질서한 확산을 방지하기 위하여 녹지의 보전이 필요하다고 여겨질 경우에 지정되는데, 보전녹지지역,

---

여 이용하되 개발용도로도 이용할 수 있는 지역으로서 보전과 개발의 완충역할을 할 수 있도록 토지이용의 신축성이 부여되었고, 토지이용에 대한 행위제한도 제한행위 열거방식으로 전환되었다. 준농림지역은 전 국토의 26%를 차지하고 있었는데, 수도권에서는 주로 주거, 공업, 상업지역 같은 도시적 토지이용으로 활용되었다.

생산녹지지역, 자연녹지지역으로 세분된다. 보전녹지지역은 도시의 자연환경, 경관, 수림 및 녹지를 보전해야 할 필요가 있을 경우에 지정되며, 생산녹지지역은 농업적 생산을 위하여 개발이 유보되어야 한다고 여겨질 경우에 지정되며, 자연녹지지역은 녹지공간의 보전을 해치지 않는 범위 내에서 제한적인 개발을 필요로 할 때 지정된다.

농림지역은 도시지역에 속하지 아니하는 「농지법」에 의한 농업진흥지역 또는 「산지관리법」에 의한 보전산지 등으로서 농림업의 진흥과 산림의 보전을 위하여 필요한 지역에 대해 지정된다. 또한 자연환경보전지역은 자연환경·수자원·해안·생태계·상수원 및 문화재의 보전과 수산자원의 보호·육성 등을 위하여 지정된다.

「국토의 계획 및 이용에 관한 법률」에 새로이 등장한 관리지역은 준도시지역과 준농림지역에서 도시지역으로 편입·관리되는 기존 고밀도 개발지역을 제외한 것인데, 이는 보전관리지역, 생산관리지역, 계획관리지역으로 나뉜다. 보전관리지역은 자연환경 보호, 수질오염 방지, 녹지공간 확보 및 생태계 보전 등을 위하여 관리하나 주변 용도지역과의 관계 등을 고려할 때 자연환경보전지역으로 지정하여 관리하기가 곤란한 지역을 대상으로 지정하는 것이고, 생산관리지역은 농업·임업·어업 생산 등을 위하여 관리가 필요하나 주변 용도지역과의 관계 등을 고려할 때 농림지역으로 지정하여 관리하기 어려운 지역을 대상으로 한다. 그리고 계획관리지역은 도시지역으로의 편입이 예상되는 지역 또는 자연환경을 고려하여 제한적인 이용·개발을 하려는 지역으로서 계획적·체계적인 관리가 필요한 지역을 대상으로 지정한다.[8]

이와 같은 관리지역을 세분·지정하기 위해 필지 단위로 토지적성평가를 실시하도록 하고 있다. 토지적성평가 결과 개별필지를 이용가능성에 따라 5등

---

[8] 준농림지역은 도시적 토지이용에 대한 공급의 역할을 하고, 주택보급률을 향상시키는 바탕이 되기도 했었다. 하지만 준농림지역에서의 개발이 아파트, 농공단지, 골프장, 휴양시설 등 소규모이면서도 산발적으로 개발되어 많은 난개발의 문제점을 낳았다. 특히 기반시설의 과부하, 환경훼손, 비계획적이고 무질서한 개발, 농지 잠식, 수변 인근지역에 음식점과 숙박업소의 무계획적인 난립 등 비도시계획적인 상황이 되었다. 비시가화지역에 대한 개발압력에 대해 계획적 관리가 절대적으로 부족했기 때문이었다. 이처럼 비시가화지역에 대한 종합적인 시각과 제도 없이 단순히 준도시지역과 준농림지역을 나눈 것은 아무 소용이 없다는 것이 드러났다. 그래서 「국토의 계획 및 이용에 관한 법률」에서는 비시가화지역에 대한 방치상태나 다름없었던 종전의 체계를 수정하여 준농림지역과 준도시지역을 관리지역으로 묶었고, 도시지역 외의 지역에 대한 지구단위계획제도를 마련하였다.

표 4-3 우리나라의 용도지역 · 지구 · 구역 · 권역

관련법		지역 · 지구 · 구역·권역
계획법	국토의 계획 및 이용에 관한 법률	- 도시지역, 관리지역, 농림지역, 자연환경보전지역 - 경관지구, 방재지구, 보호지구, 취락지구, 개발진흥지구, 특정용도제한지구, 복합용도지구, 그 밖에 대통령령이 정하는 지구 - 개발제한구역, 도시자연공원구역, 시가화조정구역, 수산자원보호구역, 입지규제최소구역
	수도권정비계획법	과밀억제권역, 성장관리권역, 자연보전권역
개별법	농지법	농업진흥지역, 농업진흥구역, 농업보호구역
	농어촌정비법	마을정비구역, 한계농지정비지구
	산지관리법	보전산지, 준보전산지, 산지전용제한지역, 토석채취제한지역 채석단지
	낙농진흥법	낙농지구
	자연환경보전법	생태 · 경관보전지역, 자연유보지역, 시 · 도 생태 · 경관보전지역
	습지보전법	습지보호지역, 습지주변관리지역, 습지개선지역
	군사기지 및 군사시설보호법	보호구역, 민간인통제선, 비행안전구역, 대공방어협조구역
	자연공원법	공원구역, 공원자연보존지구, 공원자연환경지구, 공원자연마을지구, 공원밀집마을지구, 공원집단시설지구
	수도법	상수원보호구역
	하천법	하천구역, 홍수관리구역
	산업입지 및 개발에 관한 법률	산업단지(국가산업단지, 일반산업단지, 도시첨단산업단지, 스마트그린산업단지, 농공단지), 준산업단지, 재생사업지구
	택지개발촉진법	택지개발지구
	도시개발법	도시개발구역
	도시 및 주거환경정비법	정비구역, 공공재개발사업구역
	도시재정비촉진을 위한 특별법	재정비촉진지구
	도시재생활성화 및 지원에관한특별법	도시재생선도지역, 특별재생지역, 혁신지구
	공공주택특별법	공공주택지구, 도심공공주택복합지구

주: 이밖에 다양한 지역 · 지구 · 구역 · 권역 · 단지 등이 개별법에 의해 지정되고 있으며, 수시로 내용이 바뀌고 있음.

급으로 나누어 보전성이 높은 1·2등급은 생산관리지역 또는 보전관리지역으로, 이용가능성이 높은 지역인 4·5등급은 계획관리지역으로 지정한다. 또한 3등급은 원칙적으로 생산관리지역 또는 보전관리지역을 지정하되, 개발수요와 계획성을 감안하여 계획관리지역으로 지정할 수 있다.

2) 용도지구의 종류

용도지구는 경관지구, 미관지구, 고도지구, 방화지구, 방재지구, 보존지구, 시설보호지구, 취락지구를 도시지역에 한하여 적용하던 것에서 확대하여 전 국토를 대상으로 적용하고 있으며, 산업촉진지구, 시설용지지구, 운동·휴양지구와 구「도시계획법」상의 개발촉진지구를 개발진흥지구로 통합하여 지정하도록 하였다. 이 개발진흥지구는 지구단위계획을 수립하여 각종 행위제한위에 인센티브를 부여하여 계획적 개발을 하도록 하고 있다. 또한 취락지구를 지구단위계획구역으로 지정할 수 있도록 하고, 자연환경보전지역 중 수산자원의 보호·육성을 위하여 필요한 지구인 수산자원보전지구를 수산자원보호구역으로 전환하였다. 그 밖에 특정용도제한지구가 있는데 이것은 주거기능 보호 또는 청소년 보호 등의 목적으로 청소년 유해시설 등 특정시설의 입지를 제한할 필요가 있는 곳에 지정하여 사회문제가 되던 것을 해결하고자 하였다.

2017년 4월 법 및 시행령 개정을 통해 간소화하였으며 2018년 4월부터 시행하고 있다. 경관지구와 미관지구를 합하여 경관지구로, 보존지구와 시설보호지구를 보호지구로, 고도지구는 삭제하고 복합용도지구를 신설하였다.

3) 용도구역의 종류

용도구역은 용도지역과 용도지구의 제한을 강화하거나 완화하도록 하여 용도지역·지구의 기능을 보완하기 위함이다. 용도구역에는 개발제한구역, 시가화조정구역, 수산자원보호구역, 도시자연공원구역, 입지규제최소구역 등이 있다. 개발제한구역과 시가화조정구역은 (구)「도시계획법」의 것이고, 수산자원보호구역은 (구)「국토이용관리법」의 자연환경보전지역 중 수산자원보전지구를 「국토의 계획 및 이용에 관한 법률」에서 구역으로 바꾼 것이다.

개발제한구역에 대해서는 「개발제한구역의 지정 및 관리에 관한 특별조치법」에서 개발제한구역에 대한 세부적인 사항을 다루고 있으므로, 「국토의 계획 및 이용에 관한 법률」에서는 기본적인 사항만 언급하고 있다. 개발제한구역은 국토교통부장관이 도시의 무질서한 확산을 방지하고 도시주변의 자연환경을 보전하여 도시민의 건전한 생활환경을 확보하기 위하여 도시의 개발을 제한할 필요가 있거나 국방부장관의 요청이 있어 보안상 도시의 개발을 제한할 필요가 있다고 인정할 때 개발제한구역의 지정 또는 변경을 도시관리계획으로 결정할 수 있도록 하는 것과 개발제한구역의 지정 또는 변경에 관한 법률을 따로 정하도록 하는 것만을 정해놓고 있다.

시가화조정구역은 도시지역과 그 주변지역의 무질서한 시가화를 방지하고 계획적·단계적인 개발을 도모하기 위하여 대통령령이 정하는 일정기간 동안 시가화를 유보할 필요가 있다고 인정되는 경우 지정하도록 하고 있는데, 구 법률에서는 시가화조정구역을 「도시계획법」에서 정하도록 하고 있었기 때문에 지정대상이 도시지역에 한정되어 있었으나 「국토의 계획 및 이용에 관한 법률」에서는 비도시지역까지 지정대상이 확대되었다. 따라서 도시 또는 비도시의 구분이 아닌 시가화가 예상되는 모든 지역에 대해 지정할 수 있도록 되어있다.

수산자원보호구역은 구 「국토이용관리법」에서의 지구에서 구역으로 전환된 것인데, 수산자원의 보호·육성을 위하여 필요한 공유수면이나 그에 인접된 토지에 대하여 지정하도록 하였다. 수산자원보전지구에서 수산자원보호구역으로 전환한 이유는 용도지역과 용도지구 그리고 용도구역의 행위제한 중 용도지구의 제한이 용도지역의 제한을 넘을 수 있기 때문인 것으로 여겨진다.

도시자연공원구역은 도시의 자연경관을 보호하고 도시민의 건전한 여가·휴식공간을 제공하기 위하여 도시지역 안의 식생이 양호한 산지의 개발을 제한할 필요가 있다고 인정하는 경우에 지정한다. 도시자연공원구역 안에서의 행위제한 등 도시자연공원구역의 관리에 관하여 필요한 사항은 「도시공원 및 녹지 등에 관한 법률」이 정하는 바에 의한다.

입지규제최소구역은 2015년 1월 6일 「국토계획법」 개정으로 신설된 구역으로 도시지역에서 복합적인 토지이용을 증진시켜 도시정비를 촉진하고 지역거점을 육성할 필요가 있다고 인정하는 경우, '입지규제최소구역 지정 등에 관한 지침'의 지정요건에 해당하는 지역과 그 주변지역의 전부 또는 일부를 지정할 수 있다.

표 4-4 「국토의 계획 및 이용에 관한 법률」상 용도지역의 지정목적

용 도 지 역				지 정 목 적
도시지역	주거지역	전용주거지역		양호한 주거환경을 보호하기 위하여 필요한 지역
			1종	단독주택 중심의 양호한 주거환경을 보호하기 위하여 필요한 지역
			2종	공동주택 중심의 양호한 주거환경을 보호하기 위하여 필요한 지역
		일반주거지역		편리한 주거환경을 조성하기 위하여 필요한 지역
			1종	저층주택을 중심으로 편리한 주거환경을 조성하기 위하여 필요한 지역
			2종	중층주택을 중심으로 편리한 주거환경을 조성하기 위하여 필요한 지역
			3종	중고층주택을 중심으로 편리한 주거환경을 조성하기 위하여 필요한 지역
		준주거지역		주거기능을 위주로 이를 지원하는 일부 상업기능 및 업무기능을 보완하기 위하여 필요한 지역
	상업지역	중심상업지역		도심·부도심의 상업기능 및 업무기능의 확충을 위하여 필요한 지역
		일반상업지역		일반적인 상업기능 및 업무기능을 담당하게 하기 위하여 필요한 지역
		근린상업지역		근린지역에서의 일용품 및 서비스의 공급을 위하여 필요한 지역
		유통산업지역		도시 내 및 지역 간 유통기능의 증진을 위하여 필요한 지역
	공업지역	전용공업지역		주로 중화학공업, 공해성 공업 등을 수용하기 위하여 필요한 지역
		일반공업지역		환경을 저해하지 아니하는 공업의 배치를 위하여 필요한 지역
		준공업지역		경공업 그 밖의 공업을 수용하되, 주거기능·상업기능 및 업무기능의 보완이 필요한 지역
	녹지지역	보전녹지지역		도시의 자연환경·경관·산림 및 녹지공간을 보전할 필요가 있는 지역
		생산녹지지역		주로 농업적 생산을 위하여 개발을 유보할 필요가 있는 지역
		자연녹지지역		도시의 녹지공간의 확보, 도시확산의 방지, 장래 도시용지의 공급 등을 위하여 보전할 필요가 있는 지역으로서 불가피한 경우에 한하여 제한적인 개발이 허용되는 지역
관리지역		보전관리지역		자연환경보호, 산림보호, 수질오염방지, 녹지공간 확보 및 생태계 보전 등을 위하여 보전이 필요하나, 주변의 용도지역과의 관계 등을 고려할 때 자연환경보전지역으로 지정하여 관리하기가 곤란한 지역
		생산관리지역		농업·임업·어업생산 등을 위하여 관리가 필요하나, 주변의 용도지역과의 관계 등을 고려할 때 농림지역으로 지정하여 관리하기가 곤란한 지역
		계획관리지역		도시지역으로의 편입이 예상되는 지역 또는 자연환경을 고려하여 제한적인 이용·개발을 하려는 지역으로서 계획적·체계적인 관리가 필요한 지역
농림지역				도시지역에 속하지 아니하는 「농지법」에 의한 농업진흥지역 또는 「산지관리법」에 의한 보전산지 등으로서 농림업의 진흥과 산림의 보전을 위하여 필요한 지역
자연환경보전지역				자연환경·수자원·해안·생태계·상수원 및 문화재의 보전과 수산자원의 보호·육성 등을 위하여 필요한 지역

자료: 「국토의 계획 및 이용에 관한 법률」 제6조, 제36조, 동법 시행령 제30조.

📀 표 4-5 「국토의 계획 및 이용에 관한 법률」상 용도지구의 지정목적

용도 지구		지정 목적
경 관 지 구		경관의 보전·관리 및 형성을 위하여 필요한 지구
	자연경관지구	산지·구릉지 등 자연경관을 보호하거나 유지
	시가지경관지구	지역 내 주거지, 중심지 등 시가지의 경관을 보호 또는 유지거나 형성
	특화경관지구	지역 내 주요 수계의 수변 또는 문화적 보존가치가 큰 건축물 주변의 경관 등 특별한 경관을 보호 또는 유지하거나 형성
방 재 지 구		풍수해, 산사태, 지반의 붕괴, 그 밖의 재해를 예방하기 위하여 필요한 지구
	시가지방재지구	건축물·인구가 밀집되어 있는 지역으로서 시설 개선 등을 통하여 재해 예방
	자연방재지구	토지의 이용도가 낮은 해안변, 하천변, 급경사지 주변 등의 지역으로서 건축 제한 등을 통하여 재해 예방
보 호 지 구		문화재, 중요 시설물(항만, 공항 등) 및 문화적·생태적으로 보존가치가 큰 지역의 보호와 보존을 위하여 필요한 지구
	역사문화환경 보호지구	문화재·전통사찰 등 역사·문화적으로 보존가치가 큰 시설 및 지역의 보호와 보존
	중요시설물 보호지구	중요시설물의 보호와 기능의 유지 및 증진 등
	생태계보호지구	야생동식물서식처 등 생태적으로 보존가치가 큰 지역의 보호와 보존
취 락 지 구		녹지지역·관리지역·농림지역·자연환경보전지역·개발제한구역 또는 도시자연공원구역의 취락을 정비하기 위한 지구
	자연취락지구	녹지지역·관리지역·농림지역 또는 자연환경보전지역 안의 취락 정비
	집단취락지구	개발제한구역안의 취락 정비
개 발 진 흥 지 구		주거기능·상업기능·공업기능·유통물류기능·관광기능·휴양기능 등을 집중적으로 개발·정비할 필요가 있는 지구
	주거개발진흥지구	주거기능을 중심으로 개발·정비
	산업·유통 개발진흥지구	공업기능 및 유통·물류기능을 중심으로 개발·정비
	관광·휴양 개발진흥지구	관광·휴양기능을 중심으로 개발·정비
	복합개발진흥지구	주거기능, 공업기능, 유통·물류기능 및 관광·휴양기능 외의 기능을 중심으로 특정한 목적을 위하여 개발·정비
	특정개발진흥지구	특정한 목적을 위하여 개발·정비
특정용도제한지구		주거 및 교육 환경 보호나 청소년 보호 등의 목적으로 오염물질 배출시설, 청소년 유해시설 등 특정시설의 입지를 제한할 필요가 있는 지구
복합용도지구		지역의 토지이용 상황, 개발 수요 및 주변 여건 등을 고려하여 효율적이고 복합적인 토지이용을 도모하기 위하여 특정시설의 입지를 완화할 필요가 있는 지구

자료: 「국토의 계획 및 이용에 관한 법률」 제37조, 동법 시행령 제31조.(2018.4.19. 시행)
주: 고도지구와 방화지구는 법률(제37조)에 존재하나, 시행령(제31조)에서는 삭제됨(2017.12.29. 개정). 고도지구는 쾌적한 환경 조성 및 토지의 효율적 이용을 위하여 건축물 높이의 최고한 도를 규제할 필요가 있는 지구, 방화지구는 화재의 위험을 예방하기 위하여 필요한 지구

| 🔍 표 4-6 | 「국토의 계획 및 이용에 관한 법률」상 용도구역의 지정목적 |

구역 명	지정 목적
개발제한구역	도시의 무질서한 확산 방지와 도시주변 자연환경 보전, 국방상의 안전 도모
시가화조정구역	도시의 무질서한 시가화 방지 및 도시의 계획적·단계적개발도모
수산자원보호구역	수산자원의 보호·육성
도시자연공원구역	도시 자연환경 및 경관을 보호하고 도시민에게 건전한 여가·휴식공간 제공, 도시지역 안에서 식생이 양호한 산지의 개발을 제한
지구단위계획구역	도시의 정비·관리·보전·개발 등의 목적, 주거·산업·유통·관광휴양·복합 등 중심기능 부여
입지규제최소구역	도시지역에서 복합적인 토지이용을 증진시켜 도시정비를 촉진하고 지역거점을 육성

자료: 「국토의 계획 및 이용에 관한 법률」 제38~40, 49조.

(4) 용도지역·지구·구역 내에서의 행위제한

1) 용도지역

「국토의 계획 및 이용에 관한 법률」은 용도지역 안에서의 행위제한인 건축물 기타 시설의 용도·종류·규모 등의 제한에 관한 사항을 시행령에서 정하도록 하고 있다. 특히 관리지역에 대한 행위제한은 이전의 용도지역보다 강화되었으며, 행위를 제한하는 방식도 종전의 제한행위 열거방식에서 허용행위 열거방식으로 전환하여 구 법령보다 제한의 강도가 더욱 강력해졌다.

기존의 법률에서 용도지역이 지정되지 않았거나 세분되지 않은 경우 제한행위 열거방식에 의해 제한할 수 없었기 때문에 난개발의 모습을 나타내었다. 그러나 앞으로는 허용행위 열거방식을 적용할 뿐만 아니라 용도가 지정되지 않은 곳 또는 세분화되지 않은 곳에 행위제한이 가장 강한 용도지역의 규정을 적용하도록 함으로써 '선계획-후개발'의 기조를 살릴 수 있도록 하였다. 예컨대, 용도지역이 지정되지 않았을 경우 모든 토지에 대해 자연환경보전지역의 행위제한을, 세부 용도지역이 지정되지 않았을 경우 도시지역과 관리지역 모두 보전녹지지역에서의 행위제한을 받게 되는 것이다.

용도지역별 밀도규제의 수준을 보면 도시지역은 대체로 (구)「도시계획법」에서의 내용과 비슷한 수준이지만 준주거지역은 다소 하향 조정되었다. 그에 반해 비도시 지역은 건폐율 및 용적률의 상한이 현행보다 크게 하향 조정되었다. 특히 종전의 준농림지역 및 준도시지역이 편입된 관리지역을 살펴보면 과거에 비해 밀도규제가 구체적으로 강화되었으며, 농림지역에 대해서도 단지 「건축법」에 의해 밀도의 규제를 받지 않던 것에서 바뀌어 밀도에 관한 제한을 두고 있다.

◎ 표 4-7 「국토의 계획 및 이용에 관한 법률」상 용도지역별 건폐율 및 용적률 제한

용도 지역			건폐율(%)	용적률(%)
도시 지역	주거지역	제1종전용주거지역	50 이하	50~100
		제2종전용주거지역	50 이하	100~150
		제1종일반주거지역	60 이하	100~200
		제2종일반주거지역	60 이하	150~250
		제3종일반주거지역	50 이하	200~300
		준주거지역	70 이하	200~500
	상업지역	중심상업지역	90 이하	200~1500
		일반상업지역	80 이하	200~1300
		근린상업지역	70 이하	200~900
		유통상업지역	80 이하	200~1100
	공업지역	전용공업지역	70 이하	150~300
		일반공업지역	70 이하	150~350
		준공업지역	70 이하	150~400
	녹지지역	보전녹지지역	20 이하	50~80
		생산녹지지역	20 이하	50~100
		자연녹지지역	20 이하	50~100
관리 지역	보전관리지역		20 이하	50~80
	생산관리지역		20 이하	50~80
	계획관리지역		40 이하	50~100
농림지역			20 이하	50~80
자연환경보전지역			20 이하	50~80

자료: 「국토의 계획 및 이용에 관한 법률」 시행령 제84조, 제85조.

2) 용도지구

용도지구 안에서의 행위제한, 즉 건축물이나 기타 시설의 용도·종류·규모 등의 제한에 관한 사항은 법률에 특별한 규정이 없는 한, 시행령이 정하는 기준에 따라 지방자치단체의 조례를 정하도록 하고 있다. 그러나 경관지구, 방재지구, 보호지구, 취락지구, 개발진흥지구, 특정용도제한지구, 복합용도지구의 건축물의 용도, 종류 및 규모 등의 제한(건축제한)에 대해서 「국토계획법시행령」9)으로 정하고 있다. 한편 건축제한의 예외도 허용되는데, 경관지구 안에서의 리모델링이 필요한 건축물에 대해서는 「국토계획법시행령」 제72조의 규정에도 불구하고 「건축법 시행령」 제6조 제1항 제6호에 따라 건축물의 높이·규모 등의 제한을 완화한다.

또한 취락지구와 개발진흥지구(도시지역 외의 지역 또는 시행령으로 정하는 용도지역만 해당)의 경우, 건폐율·용적률을 해당 용도지역에 적용되는 비율과는 달리 별도의 비율을 정하여 행위제한하고 있다. 건폐율의 경우, 각 지자체의 도시·군계획조례로 정하는 비율 이하로 제한하는데, 취락지구는 60% 이하(집단취락지구에 대해서는 「개발제한구역의 지정 및 관리에 관한 특별조치법」이 정한 바에 의함), 개발진흥지구는 도시지역 외의 지역에 지정된 경우에는 40% 이하, 자연녹지지역에 지정된 경우에는 30% 이하로 제한한다. 용적률의 경우에도, 각 지자체의 도시·군계획조례로 정하는 비율 이하로 적용하는데, 도시지역 외의 지역에 지정된 개발진흥지구에는 100% 이하를 적용한다.

3) 용도구역

용도구역에서의 행위제한은 각 구역별로 해당 구역에서의 행위제한이나 기타 구역의 관리에 필요한 사항은 별도의 법률이나 시행령 또는 지침으로 정하고 있다. 개발제한구역은 「개발제한구역의 지정 및 관리에 관한 특별조치법」, 도시자연공원구역은 「도시공원 및 녹지 등에 관한 법률」, 수산자원보호구역은 「수산자원관리법」, 시가화조정구역은 「국토계획법 시행령」, 입지규제최소구역은 '입지규제최소구역 지정 등에 관한 지침'에 의해 수립되는 '입지규

---

9) 「국토계획법 시행령」 제72조(경관지구안에서의 건축제한), 제75조(방재지구안에서의 건축제한), 제76조(보호지구 안에서의 건축제한), 제78조(취락지구안에서의 건축제한), 제79조(개발진흥지구에서의 건축제한), 제80조(특정용도제한지구안에서의 건축제한), 제81조(복합용도지구에서의 건축제한)를 따른다.

제최소구역계획'으로 정하고 있다. 이하 절에서 용도구역 중 개발제한구역, 지구단위계획구역, 입지규제최소구역에 대해 상세히 다루었다.

3. 개발제한구역

(1) 개발제한구역제도의 연원[10]

영국에서 실현된 그린벨트 | 그린벨트로 불리는 개발제한구역의 개념은 매우 오랜 역사를 가지고 있다. 기원전 13세기 경 구약성서의 레위기의 '도시주변의 목초지', 에스겔서(B.C. 6세기)와 느헤미아서(B.C. 5세기)에 나오는 '예루살렘 재건을 위한 도시계획', 그리고 1516년에 발표된 토마스 모어의 「유토피아」 속에서 그린벨트의 효시라고 할 수 있는 개념을 발견할 수 있다.

특히 영국에서는 이미 1580년 엘리자베스 1세의 칙령으로 런던시의 각 성문으로부터 3마일 이내의 구역에서는 건물의 신축을 일체 금지한 기록이 전해지고 있다. 영국의 선구적인 도시계획가인 에벤저 하워드는 1837년 남부 오스트레일리아에 건설된 아델라이데(Adelaide)시 주위에 설치한 공원용지를 현대적인 그린벨트의 대표적인 선례로 보았다. 그가 1898년에 전원도시 모델 속에 그린벨트 개념을 도입한 이후, 그린벨트의 개념은 1927년 체임벌린 내각의 지지를 받음으로써 구체적으로 제도화되기 시작하였고, 또한 1929~1933년에 걸쳐 이루어진 레이먼드 언원의 대(大)런던계획보고서에서도 이는 강력하게 추천되었다. 이 안을 토대로 하여 런던 카운티 의회는 1935년 그린벨트 시안의 수립에 착수하였고, 이것이 1938년에 제정된 「그린벨트법」으로 발전한 것이다. 이 법에 의해 런던 카운티 의회는 인접 카운티와 협력하여 100만 파운드가 넘는 비용으로 26,000에이커(약 10,500ha)에 달하는 띠 모양의 공원 녹지공간을 확보하였다. 그 후 1944년에 아버크롬비 교수의 '대런던 계획'이 발표되었는데, 이 안에서는 런던을 중심도시로 하여 중심 시가지, 교외지역, 그린벨트, 외곽 농촌지역 등 4개의 환상지대를 설정하였다. 이때의 그린벨트는 폭 7~10마일의 환상형 녹지대로서 이를 설정한 주목적은 중심도시인 런던시의 성장을 억제하는 것에 두었다. 영국에서 그린벨트 원리가 국가계획 정책의 한

10) 나대식, "흔들리는 개발제한구역 정책과 국토 위기", 「도시정보」, 통권 206호, 1999년 5월호.

부분으로 채택된 것은 1955년 당시 주택부 장관이었던 던칸 샌디스(Duncan Sandys)가 그린벨트 제도의 일반화를 공포한 이후였다. 그는 잉글랜드와 웨일즈의 모든 계획당국에 대해 ① 시가지의 무질서한 확산 억제, ② 인접한 도시 간의 합병 방지, ③ 개별 도시의 특성보전 등을 위해 그린벨트의 설치를 요청하였다. 영국의 그린벨트 지정목적에는 위의 세 가지 이외에도 도시주변의 농촌지역 보호, 도시 내의 황폐한 토지의 재활용 촉진 등의 목적이 포함되어 있다.

　영국에서 발전된 그린벨트의 개념은 우리나라를 포함하여 산업화와 도시화가 진행되는 세계의 여러 나라로 확산되었다. 다만 영국의 그린벨트제도는 우리나라 개발제한구역제도와 그 목적이나 지정형태가 유사한 편이나, 환경이나 생태계보호는 그린벨트의 목적은 아니며, 이러한 목적을 달성하기 위하여는 경관보호지역·환경 민감지역 등 별도의 제도를 두고 있다. 그리고 영국의 그린벨트는 국민의 지지를 받는 편이다. 그 이유는 첫째, 영국은 제2차 세계대전 후 개인의 토지소유권은 인정하면서 개발권은 국유화하여, 모든 토지의 개발행위에 대해 국가의 사전허가를 받도록 하는 개발허가제(허가여부는 국가의 재량)를 도입한 결과, 그린벨트 안팎의 토지이용규제 정도가 크게 다르지 않으며 지가도 거의 유사한 수준이기 때문이다. 둘째, 지역주민들도 그린벨트 안의 전원적인 생활을 선호하기 때문에 주변이 개발되는 것을 별로 원하지 않는 것도 주요한 원인이다.

(2) 개발제한구역의 지정 목적

1971년 특별법으로 수도권에 처음 지정 │ 개발제한구역은 구 「도시계획법」(제34조)과 신설된 「개발제한구역의 지정 및 관리에 관한 특별조치법」(이하 개발제한구역특별법)에 근거하여 지정되는 구역으로서, 1971년에 수도권에 처음으로 지정된 이래 1977년까지 여덟 차례에 걸쳐 전국에 14개 권역이 지정되었으며, 2000년대에 들어서는 7개 지역의 해제작업이 진행되었다.[11]

　법에 나타나는 개발제한구역의 지정 목적으로는 ① 도시의 무질서한 확산 방지, ② 도시주변의 자연환경을 보전하여 도시민의 건전한 생활환경 확보,

---

11) 1999년까지 수도권, 부산, 대구, 대전, 광주, 울산, 마산·창원·진해, 춘천, 청주, 전주, 여수, 진주, 통영, 제주 등 14개 지역이 개발제한구역을 가지고 있었으나 2000년부터 수도권, 부산, 대구, 대전, 광주, 울산, 마산·창원·진해 등 7개 지역만 남기고 나머지 7개 지역은 해제하였다.

③ 보안상 도시의 개발을 제한할 필요가 있다고 인정되는 경우 등에 있다. 즉 도시는 수직적인 고밀화와 함께 수평적인 팽창을 통해 확장되기 마련인데 이를 녹지공간을 통해서 억제해 보겠다는 것이며, 또한 녹지공간의 보전을 통해서 쾌적한 환경을 제공하려는 것이다. 끝으로 국가안보상 필요한 경우에 활용하기 위해서이다.

그러나 개발제한구역은 행위제한이 강력해서 재산권의 행사가 자유롭지 못하게 되어 행위규제조치의 완화를 둘러싸고 해당 주민들의 민원과 불만이 표출되고 있는 실정이며, 과거에는 개발허가가 거부된 그린벨트 지역의 토지 소유자와 개발업자에 대해 아무런 보상도 하지 않았다. 그러나 1998년 12월 24일에 헌법재판소가 토지의 본래 목적의 사용을 금지하는 경우에 보상이 주어져야 한다고 판결함에 따라 상황이 바뀌었다. 특히 수도권 지역에서 택지 부족으로 인하여 개발제한구역에 대한 개발압력이 높아지고 있는 실정이며, 다른 한편에서는 현장자원으로서의 토지에 대한 요구도 높아지고 있다.[12] 그러나 현장자원으로서의 토지가 제공하는 공익은 화폐로 환산되지 않기 때문에 과소평가되거나 무시되기 쉽다. 이에 따라 개발제한구역에 대한 규제조치들에 대한 이해 당사자간 갈등이 커지고 있다. 한쪽에서는 토지개발욕구가 있는 반면, 다른 편에서는 현장자원으로서 토지 보전욕구가 충돌하고 있다.

(3) 개발제한구역에서의 행위제한

강력한 개발행위 제한 적용 │ 개발제한구역에서의 행위제한은 「개발제한구역 특별법」과 시행령에 의거하여 이루어진다. 개발제한구역에서는 지정 목적에 위배되는 건축물의 건축 및 용도변경, 공작물의 설치, 토지의 형질변경, 죽목의 벌채, 토지의 분할, 물건을 쌓아놓는 행위 또는 「국토의 계획 및 이용에 관한 법률」 제2조 제11호의 규정에 의한 도시계획시설사업, 도시개발사업 및 「도시 및 주거환경정비법」에 의한 정비사업을 시행할 수 없다. 새로 제정된 「개발제한구역 특별법」에서는 존속 중인 건축물이나 취락지구에 대해서는 특례를 적용하여 시장·군수 또는 구청장의 허가를 받아 개발행위를 할 수

---

12) 현장자원으로서의 토지란 자연상태로 존재하면서 직접적으로 사회적 이익을 발생시키는 토지를 말한다. 대비되는 개념으로 상품으로서의 토지가 있으며 이는 농경지나 상업용지, 공업용지, 택지 등과 같이 상품을 생산하기 위한 토지를 가리킨다(이정전, 1994).

있으며, 개발제한구역 제정 목적에 위배되지 않는 일정한 행위에 대해서도 특례를 인정받을 수 있다(「개발제한구역 특별법」 제11조~14조).[13]

(4) 우리나라 개발제한구역 지정의 역사와 현황

7개 대도시권 존치 │ 우리나라의 개발제한구역은 2000년까지 전국 14개 권역(수도권, 부산권, 대구권, 광주권, 대전권, 울산권, 창원권, 제주권, 춘천권, 청주권, 전주권, 진주권, 통영권, 여수권)에 약 5,397km^2(16억평)이 지정되었다. 이 면적은 전체 국토 면적의 5.4%에 해당한다. 토지 이용은 임야 61.6%, 농지 25.0%, 대지 1.6% 기타 지역 11.8%이며, 인구는 24만 5천 가구에 약 74만 2천명이 거주하고 있었다. 1971년 수도권을 시작으로 1977년 여천공단 주변지역까지 차례로 지정되었으며, 김대중 정부 이전까지는 일체의 해제나 조정 없이 유지되어 왔다. 개발제한구역이 가장 많이 지정된 지역은 수도권으로 당초 1,567km^{2}에 걸쳐 설정되어 전체 개발제한구역 면적의 29%를 차지하였고 그 다음으로는 부산권, 광주권의 순이었다.

김대중 정부는 개발제한구역의 지정에 따른 문제점을 해소하기 위하여 1998년초 제도개선에 착수하여 1998년 11월에 제도 시안을 마련하였으며, 전국적인 공청회를 개최하였다. 이후 영국의 도시농촌계획학회(TCPA)와 국내

---

13) 여기서 일정한 행위란 다음과 같다.
　　첫째, 다음에 해당하는 건축물 또는 공작물로서 대통령령이 정하는 건축물의 건축 또는 공작물의 설치와 이에 따르는 토지의 형질변경
　① 도로·철도 및 상·하수도 등 공공시설
　② 축사 및 창고 등 농림수산업을 영위하기 위한 건축물 및 공작물
　③ 주택 및 근린생활시설
　④ 농로·제방·마을회관 등 개발제한구역 주민의 공동이용 시설
　⑤ 실외 체육시설
　⑥ 휴양림·수목원 등 도시민의 여가활용을 위한 시설
　⑦ 국방·군사에 관한 시설
　⑧ 학교·폐기물처리시설 및 전기공급시설 등 공익시설
　　둘째, 개발제한구역 안의 건축물로서 취락지구로 지정된 취락지구 안으로의 이축(移築)
　　셋째, 공익사업을 위한 토지 등의 취득 및 보상에 관한 법률 제4조의 규정에 의한 공익사업의 시행으로 인하여 철거된 건축물의 이축(移築)을 위한 이주단지의 조성
　　넷째, 건축물의 건축을 수반하지 아니하는 토지의 형질변경으로서 영농을 위한 경우 등 대통령령이 정하는 토지의 형질변경
　　다섯째, 시행령이 정하는 일정 규모 이상의 죽목(竹木) 벌채
　　여섯째, 시행령이 정하는 범위의 토지 분할
　　일곱째, 모래·자갈·토석 등 시행령이 정하는 물건을 시행령이 정하는 기간 동안 쌓아놓는 행위 등이다.

⦿ 표 4-8 ｜ 개발제한구역 지정현황

권역별	지정 일자	행정구역	지정면적(km²)			
			당초지정	해제지역	현재면적	%
계			5,397	1,543	3,854	100
대도시			4,295	440	3,853	100
수도권	71.7.30 ~76.12.	서울시, 인천시, 경기도 21개 시군	1,567	156	1,411	36.6
부산권	71.12.29	부산시, 양산시, 김해시 일부, 울산시 일부	597	179	418	10.8
대구권	72.8.25	대구시, 경산시, 칠곡군, 고령군	537	20	516	13.4
광주권	73.1.17	광주시, 나주시, 담양군, 화순군, 장성군	555	39	516	13.4
대전권	73.6.27	대전시, 공주시, 계룡시, 금산군, 연기군, 옥천군, 청원군 일부	441	16	425	11.0
울산권	73.6.27	울산시	284	14	269	7.0
창원권	73.6.27	마산시, 진해시, 창원시, 함안군, 김해시 일부	314	16	298	7.7
중소도시			1,103	1,103	-	0
춘천권	73.6.27	춘천시, 홍천군	294	294	-	0
청주권	73.6.27	청주시, 청원군 일부	180	180	-	0
전주권	73.6.27	전주시, 김제시, 완주군	225	225	-	0
여수권	77.4.18	여수시	88	88	-	0
진주권	73.6.27	진주시, 사천시	203	203	-	0
통영권	73.6.27	통영시	30	30	-	0
제주권	73.3.5	제주시, 북제주군	83	83	-	0

자료: 국토교통부, 2016. 12.

전문기관의 연구결과를 바탕으로 1999년 제도개선 방안을 마련하였다.[14]

---

14) 영국 Town and Country Planning Association(TCPA)의 연구결과(연구제목은 "Commentary on Restricted Development Zone Policy Reform in Korea")는 1999년 6월에 발표되었는데, 연구결과 의 요점은 다음과 같았다. 첫째, 개발제한구역이 도시확산방지라는 긍정적 효과를 가져왔으나 여

이를 통해 7개 지방 중소도시권의 개발제한구역(춘천권, 청주권, 전주권, 여수권, 진주권, 통영권, 제주권)은 해제하고 7개 대도시권(수도권, 부산권, 대구권, 광주권, 대전권, 울산권, 창원권)은 존치하기로 하였다.

한편 해제 대상지역을 제외한 7개 대도시권의 경우, 환경평가 결과 보존가치가 낮은 지역을 대상으로 조정가능지역 설정을 위한 광역도시계획을 수립 완료하였다. 고리원전 주변지역, 산업단지 등 지정당시 목적을 달성한 곳과 300호, 1,000명 이상 거주하는 대규모 취락 지역 등 34개 지역을 주민불편완화를 위해 2004년까지 해제를 완료하였고, 20호 이상 집단취락지 1,752개소를 해제하였다. 이후에도 주민생활불편 완화, 국민임대주택건설 등을 위해 해제한 결과, 2012년 12월 현재 전국 7개 권역에 약 3,873.6km^2(11.7억평)이 지정되어 있으며 이는 전체 국토 면적의 3.9%에 해당한다.

2023년 국토교통부 업무보고에서 지역균형발전을 위한 규제완화 및 성장 인프라 확충 방안의 하나로 규제혁신과 정부−지방간 협업을 통해 지방의 자율성 확대를 제시하였다. 그 가운데 「그린벨트 해제 권한 확대」 등 지역 자율성을 높이기 위한 규제개선이 포함되었다. 비수도권의 개발제한구역을 지역여건에 맞춰 유연하게 해제할 수 있도록 지자체의 권한을 대폭 확대(30만→100만m^2)하고, 반도체, 방위산업, 원자력 등 국가전략산업을 위한 해제는 해제 총량에서 제외한다. 개발제한구역 내 환경우수지역은 철저히 관리하고[15] 해제 시 공영개발 요건을 강화하는 등 질서 있는 개발을 유도한다. 주거·업무 등 다양한 기능이 융복합 될 수 있도록 용도제한 등 기존 도시계획을 유연하게 개편할 예정이다.

(5) 개발제한구역의 효과

긍정적 효과 │ 개발제한구역의 지정은 긍정적인 효과와 부정적인 효과 모두를 갖고 있다. 첫째, 긍정적인 효과로는 도시의 무질서한 팽창을 억제했다는 점을 들 수 있다. 만약 개발제한구역을 지정하지 않았다면

러 가지 문제점을 안고 있어 개선이 필요하다. 둘째, 개발제한구역의 해제·조정은 환경평가결과에만 의존해서는 안 되며, 도시계획적 관점 위주로 이루어져야 한다. 셋째, 대도시 지역에서는 광역도시계획을 수립하여 구역을 조정하고 지정 실효성이 적은 중소도시는 해제하는 방안에 동의한다. 넷째, 녹색통로를 설치하여 개발제한구역 내 토지이용을 다양화하는 것이 바람직하다(국토해양부, 1999).

15) 드론·항공영상 활용 불법행위 모니터링, 훼손지역 우선 복원지역 지정 등을 통해 관리한다.

서울 등 대도시는 수평적으로 더욱 확대되었을 것이다. 둘째, 도시의 수평적 확장을 억제하여 대도시 주변의 경작지나 녹지가 훼손되는 것을 방지하고, 도시 주변의 환경을 보전하는 효과를 낳았다. 셋째, 대도시와 중소도시 사이에 개발제한구역이 가로막고 있어서 도시의 연담화(도시와 도시가 연결되는 현상)를 방지하였다. 이 결과 중소도시가 대도시에 편입되어 경제적으로나 문화적으로 대도시에 종속되는 것을 방지하여 중소도시는 중소도시 나름대로의 특성을 가질 수 있게 되었다. 넷째, 도시의 인구 증가가 완화되었다. 개발제한구역을 지정하게 되면 도시가 수평적 확장을 할 수 없게 되어 대도시 내 개발가능토지가 감소하게 된다. 이에 따라 지가가 상승하는 등 거주비용이 증가하게 되어 인구의 증가 속도가 둔화된다. 다섯째, 개발가능 토지의 감소에 따라 도시 내의 토지를 고밀도로 이용함으로써 토지이용이 효율적으로 이루어졌다.

부정적 효과 | 그러나 이러한 긍정적인 효과는 동전의 양면처럼 부정적인 효과와 결부되어 나타나게 마련이다. 즉, 개발가능토지의 감소는 지가와 주택가격을 상승시켜 부동산 투기를 부채질하고 임대료를 인상시키는 등 국민경제에 부정적인 영향을 끼쳤다. 또한 개발 가능한 토지를 감소시킴으로써 기존 시가지를 고밀화로 만드는 것은 토지이용의 효율화라는 측면에서 바람직할 수도 있지만, 지나친 고밀화로 인해 도시기반시설이 부족하게 되어 막대한 혼잡비용을 치르게 되었다. 또 다른 문제점으로는 위성도시 인구의 급격한 팽창을 들 수 있다. 중심도시에 개발제한구역이 지정되면서 도시의 팽창이 더 이상 불가능해지다보니 위성도시의 인구가 급격하게 팽창하게 되었다. 이에 따라 통근자의 통근시간이나 통근비용이 증가하게 되며, 위성도시와 모(母)도시를 연결하기 위한 사회간접자본투자가 증가하는 등 사회적 비용도 늘어나게 되는 문제를 초래하였다.

4. 지구단위계획제도 및 지구단위계획구역

(1) 제도의 배경 및 개요

지역실정에 맞는 도시의 정비 · 관리 · 보전 · 개발 | 지구단위계획이란 도시(군)계획 수립 대상지역의 일부에 대하여 토지 이용을 합리화하고 그 기능을

증진시키며 미관을 개선하고 양호한 환경을 확보하며, 그 지역을 체계적 · 계획적으로 관리하기 위하여 수립하는 도시 · 군관리계획을 말한다.

지구단위계획을 도입하게 된 배경을 살펴보면, 용도지역제를 보완하는 상세계획은 1991년 「건축법」의 전면개정을 통한 도시설계와 1991년 「도시계획법」의 개정을 통한 상세계획구역을 도입함으로써 제도화되었다. 도시설계란 도시계획에 의한 도시계획시설 및 토지이용 등에 관한 계획, 건축물 및 공공시설의 위치 · 규모 · 용도 · 형태 등에 관한 장기적인 종합계획으로서 도시의 기능 및 미관의 증진을 그 목적으로 하였다(구 건축법 제60조). 한편 상세계획구역은 도시계획구역 안에서 토지이용을 합리화하고 도시의 기능 · 미관 및 환경을 효율적으로 유지 · 관리하기 위하여 필요한 때에 도시계획으로 결정하는 것으로 제도화하고 있었다(구 도시계획법 제20조의3 제1항). 따라서 양자는 모두 상세계획의 변형이라 할 수 있고, 그 실질에 있어서는 크게 차이가 나지 않았다.

표 4-9 지구단위계획의 도입 및 변천사

<table>
<tr><th>도입시기</th><th colspan="3">도시계획법</th><th colspan="2">건축법</th></tr>
<tr><td>1980년 이전</td><td colspan="3">도시계획</td><td colspan="2">건축계획</td></tr>
<tr><td>1980년</td><td colspan="3">도시계획</td><td>도시설계</td><td>건축계획</td></tr>
<tr><td>1992년</td><td>도시계획</td><td colspan="2">상세계획</td><td>도시설계</td><td>건축계획</td></tr>
<tr><td>2000년</td><td>도시계획</td><td colspan="3">지구단위계획</td><td>건축계획</td></tr>
<tr><td>2003년</td><td>도시관리계획</td><td>제1종 지구단위 계획</td><td colspan="2">제2종 지구단위 계획</td><td>건축계획</td></tr>
<tr><td>2012년</td><td>도시관리계획</td><td colspan="3">지구단위계획</td><td>건축계획</td></tr>
</table>

상세계획구역과 도시설계는 수립대상지역이 한정되어 있고, 계획내용이 획일적이어서 지역특성에 따라 탄력적 대처가 곤란하였다. 그리고 유사하지만 이원화되어 있는 제도를 통합하여 행정혼선을 제거하고 발전적으로 개편할필요가 있었다. 이에 따라 2000년 「도시계획법」의 전문개정을 통해 두 제도를 하나로 통합하고 명칭도 지구단위계획으로 전환하였다. 그리고 기존 제도는 통합법인 2003년 「국토의 계획 및 이용에 관한 법률」에 계승되어 제1종 지구단위계획으로 하고, 비도시지역의 일정지역에서 집중개발을 유도하여 난개발

을 방지하기 위한 수단의 하나로 제2종 지구단위계획을 새로이 도입하여, 제1종과 제2종 지구단위계획으로 구분하게 되었다.

2011년에 법 개정을 통해서는 제1종과 제2종의 형식적 구분을 없애고 법을 간소화하였다. 효율적인 국토공간구조의 창출을 위하여 복잡하고 경직적인 국토이용체계를 유연하게 개편하여 수요자의 요구와 지역실정에 맞는 토지이용이 가능하도록 하려는 취지에서 지구단위계획의 형식적 구분을 폐지하고 지구단위계획구역의 지정 대상을 확대한 것이다.

📌 표 4-10 지구단위계획구역 지정할 수 있는 지역

1. 「국토의 계획 및 이용에 관한 법률」 제37조에 따라 지정된 용도지구
2. 「도시개발법」 제3조에 따라 지정된 도시개발구역
3. 「도시 및 주거환경정비법」 제4조에 따라 지정된 정비구역
4. 「택지개발촉진법」 제3조에 따라 지정된 택지개발지구
5. 「주택법」 제16조에 따른 대지조성사업지구
6. 「산업입지 및 개발에 관한 법률」 제2조 제8호의 산업단지와 같은 조 제12호의 준산업단지
7. 「관광진흥법」 제52조에 따라 지정된 관광단지와 같은 법 제70조에 따라 지정된 관광특구
8. 개발제한구역·도시자연공원구역·시가화조정구역 또는 공원에서 해제되는 구역, 녹지지역에서 주거·상업·공업지역으로 변경되는 구역과 새로 도시지역으로 편입되는 구역 중 계획적인 개발 또는 관리가 필요한 지역
8의2. 도시지역 내 주거·상업·업무 등의 기능을 결합하는 등 복합적인 토지 이용을 증진시킬 필요가 있는 지역으로서 대통령령으로 정하는 요건에 해당하는 지역
8의3. 도시지역 내 유휴토지를 효율적으로 개발하거나 교정시설, 군사시설, 그 밖에 대통령령으로 정하는 시설을 이전 또는 재배치하여 토지 이용을 합리화하고, 그 기능을 증진시키기 위하여 집중적으로 정비가 필요한 지역으로서 대통령령으로 정하는 요건에 해당하는 지역
9. 도시지역의 체계적·계획적인 관리 또는 개발이 필요한 지역
10. 그 밖에 양호한 환경의 확보나 기능 및 미관의 증진 등을 위하여 필요한 지역으로서 대통령령으로 정하는 지역

지구단위계획 수립은 도시의 정비·관리·보전·개발 등 지구단위계획구역의 지정 목적을 정하고 주거·산업·유통·관광휴양·복합 등 지구단위계획구역의 중심기능을 부여하며, 그밖에 해당 용도지역의 특성이나 대통령령으

로 정하는 사항에 따라 수립하도록 하고 있다(제49조).

(2) 주요 내용 및 효과

적정 인센티브 부여 통한
합리적 개발 및 관리 유도 ｜ 지구단위계획구역 및 지구단위계획의 결정에 관해서는 「국토의 계획 및 이용에 관한 법률」 제50조에 의거하여 도시(군)관리계획으로 결정하도록 하고 있다(개정 2011.4.14; 시행 2012.4.15.). 그리고 지구단위계획구역지정과 관련해서는 <표 4-10>의 어느 하나에 해당하는 지역의 전부 또는 일부에 대하여 국토교통부장관, 시·도지사, 시장 또는 군수가 지구단위계획구역을 지정할 수 있다.

또한 정비구역 및 택지개발지구에서 시행되는 사업이 끝난 후 10년이 지난 지역이나, <표 4-10>의 지구단위계획구역으로 지정할 수 있는 각 지역 중 체계적·계획적 개발 또는 관리가 필요한 지역으로서 대통령령으로 정하는 지역은 지구단위계획구역으로 지정하여야 한다. 다만, 관계 법률에 따라 그 지역에 토지이용과 건축에 관한 계획이 수립되어 있는 경우에는 적용하지 않는다.

표 4-11 도시지역 외의 지구단위계획구역 지정 요건

1. 지정하려는 구역 면적의 100분의 50 이상이 「국토의 계획 및 이용에 관한 법률」 제36조에 따라 지정된 계획관리지역으로서 대통령령으로 정하는 요건에 해당하는 지역
2. 동법 제37조에 따라 지정된 개발진흥지구로서 대통령령으로 정하는 요건에 해당하는 지역
3. 동법 제37조에 따라 지정된 용도지구를 폐지하고 그 용도지구에서의 행위 제한 등을 지구단위계획으로 대체하려는 지역

한편 도시지역 외의 지역을 지구단위계획구역으로 지정하려는 경우 <표 4-11>의 어느 하나에 해당하여야 가능하다(개정 2011.4.14; 시행 2012.4.15.). 구체적인 내용을 살펴보면 지구단위계획구역에서는 구역지정의 목적을 달성하기 위해 기반시설의 배치와 규모, 건축물의 용도제한·건축물의 건폐율 또는 용적률·건축물 높이의 최고한도 또는 최저한도를 포함한 다음의 내용을 담고 있어야 한다. 용도지역이나 용도지구의 세분화 및 변경, 도로로 둘러싸인

지역 또는 계획 개발·정비를 위해 구획된 토지의 규모와 조성계획, 건축물의 배치·형태·색채 또는 건축선에 관한 계획, 환경관리계획 또는 경관계획, 교통처리계획, 그밖에 토지 이용의 합리화, 도시나 농·산·어촌의 기능 증진 등에 필요한 사항으로서 대통령령으로 정하는 사항 등을 포함한다.

또한 지구단위계획은 도로, 상하수도 등 대통령령으로 정하는 도시(군)계획 시설의 처리·공급 및 수용능력이 지구단위계획구역에 있는 건축물의 연면적, 수용인구 등 개발밀도와 적절한 조화를 이룰 수 있어야 한다. 그리고 지구단위계획구역에서는 「국토의 계획 및 이용에 관한 법률」 제76조부터 제78조까지의 행위제한 규정과 「건축법」 제42조·제43조·제44조·제60조 및 제61조, 「주차장법」 제19조 및 제19조의2를 대통령령으로 정하는 범위에서 지구단위계획으로 정하는 바에 따라 완화하여 적용할 수 있다.

이에 따라 지구단위계획구역에서의 집중적인 개발을 유도하기 위해 건폐율과 용적률의 인센티브를 부여하고 있다. 주택단지, 산업단지, 상업단지, 휴양단지 등에 대해 합리적 개발을 유도함으로써 무계획적으로 산재하는 소규모 개발을 사전에 예방하고 경관이 우수한 지역을 보존하는 역할을 기대할 수 있다.

5. 입지규제최소구역

(1) 제도의 배경 및 구역지정 원칙

도시지역에서 복합적인 토지이용 증진 도모 │ 입지규제최소구역은 광역도시계획, 도시기본계획 등 상위계획에서 제시한 도시개발 및 관리 방향을 달성하기 위하여 특정 공간을 별도로 관리할 필요가 있는 지역에 대해 도시·군관리계획으로 지정하는 용도구역이다. 용도지역 및 용도지구에 따른 행위제한 등에 관한 사항을 강화 또는 완화하여 따로 지정할 수 있다. 도시 외곽 위주의 개발로 인하여 기성 시가지의 공동화와 노후·쇠퇴 현상이 심해지고, 인구 감소 및 경제 저성장이 지속되면서 도시의 경제기반이 악화되고 도시 경쟁력도 저하되고 있다. 이러한 현실 상황에서 도시 정비를 촉진하고 기성 시가지를 활성화시키려는 노력의 일환으로 도입한 제도이다.

국토교통부장관이 ① 도시지역에서 복합적인 공간이용을 증진시켜 도시정비를 촉진하고 지역 거점을 육성할 필요가 있는 지역, 지역의 특수한 수요와 여건에 대응하고, ② 다양하고 창의적인 도시공간을 조성하기 위해서 용도지역·지구에 따른 기준의 예외 적용이 필요한 지역, ③ 기반시설 등이 어느 정도 갖추어져 다양한 기능의 복합화로 토지의 효율적 이용이 가능하거나, 낙후된 도심의 기능 회복, 지역 경제 활성화 및 도시 활력을 되살리기 위한 거점 조성이 가능한 잠재력이 있는 지역에 지정한다. 그리고 ④ 도시기본계획의 비전과 목표, 도시 발전전략, 공간구조 및 입지규제최소구역 지정 목적의 실현가능성 등을 종합적으로 고려하여 지정하며, ⑤ 다른 법률에 따라 지정된 개발구역(도시개발구역, 정비사업구역 등)의 전부 또는 일부에 대해 중첩하여 지정하거나, 여러 사업구역을 통합하여 지정할 수 있다. 또 ⑥ 거점시설 부지 등의 단일 부지에 대해 지정하거나, 특화된 기능을 집중시킬 필요가 있는 일단의 지역(관광특구, 경관사업지역 등)을 대상으로 지정할 수 있고, ⑦ 지역산업 발전을 견인하면서 지역경제 경쟁력을 강화하기 위하여 「국가균형발전 특별법」 제22조에 따른 지역발전위원회의 심의를 거쳐 선정된 지역전략산업을 육성할 수 있도록 규제특례 적용 등을 적용하여 창의적인 개발 등이 필요한 경우에 지정할 수 있다.

입지규제최소구역에서의 토지의 이용 및 건축물의 용도·건폐율·용적률 등의 제한에 관한 사항을 '입지규제최소구역계획'으로 정하도록 하며, 도시·군관리계획의 유형에 입지규제최소구역 및 입지규제최소구역계획을 추가한다. 도시(군)계획 수립 대상지역의 일부에 대하여 토지 이용을 합리화하고 그 기능을 증진시키며 미관을 개선하고 양호한 환경을 확보하며, 그 지역을 체계적·계획적으로 관리한다.

(2) 주요 내용 및 효과

입지규제최소구역계획 | 2016년 1월 18일 시행된 '입지규제최소구역 지정 등에 관한 지침'에 의해 수립되는 계획인데, 동 지침은 「국토계획법」 제40조의2,[16] 제80조의3,[17] 제83조의2[18]에 법적 근거를 둔다. 기

---

16) 제40조의2(입지규제최소구역의 지정 등) [본조신설 2015. 1. 6.]
　① 제29조에 따른 도시·군관리계획의 결정권자(이하 "도시·군관리계획 결정권자"라 한다)는 도

시지역에서 복합적인 토지이용을 증진시켜 도시 정비를 촉진하고 지역 거점을 육성할 필요가 있다고 인정되면 다음 각 호의 어느 하나에 해당하는 지역과 그 주변지역의 전부 또는 일부를 입지규제최소구역으로 지정할 수 있다. <개정 2019. 8. 20., 2021. 1. 12.>

    1. 도시·군기본계획에 따른 도심·부도심 또는 생활권의 중심지역
    2. 철도역사, 터미널, 항만, 공공청사, 문화시설 등의 기반시설 중 지역의 거점 역할을 수행하는 시설을 중심으로 주변지역을 집중적으로 정비할 필요가 있는 지역
    3. 세 개 이상의 노선이 교차하는 대중교통 결절지로부터 1킬로미터 이내에 위치한 지역
    4. 「도시 및 주거환경정비법」 제2조제3호에 따른 노후·불량건축물이 밀집한 주거지역 또는 공업지역으로 정비가 시급한 지역
    5. 「도시재생 활성화 및 지원에 관한 특별법」 제2조제1항제5호에 따른 도시재생활성화지역 중 같은 법 제2조제1항제6호에 따른 도시경제기반형 활성화계획을 수립하는 지역
    6. 그 밖에 창의적인 지역개발이 필요한 지역으로 대통령령으로 정하는 지역

② 입지규제최소구역계획에는 입지규제최소구역의 지정 목적을 이루기 위하여 다음 각 호에 관한 사항이 포함되어야 한다. (1.~6. 각호 생략)

③ 제1항에 따른 입지규제최소구역의 지정 및 변경과 제2항에 따른 입지규제최소구역계획은 다음 각 호의 사항을 종합적으로 고려하여 도시·군관리계획으로 결정한다.

    1. 입지규제최소구역의 지정 목적
    2. 해당 지역의 용도지역·기반시설 등 토지이용 현황
    3. 도시·군기본계획과의 부합성
    4. 주변 지역의 기반시설, 경관, 환경 등에 미치는 영향 및 도시환경 개선·정비 효과
    5. 도시의 개발 수요 및 지역에 미치는 사회적·경제적 파급효과

④ 입지규제최소구역계획 수립 시 용도, 건폐율, 용적률 등의 건축제한 완화는 기반시설의 확보 현황 등을 고려하여 적용할 수 있도록 계획하고, 시·도지사, 시장, 군수 또는 구청장은 입지규제최소구역에서의 개발사업 또는 개발행위에 대하여 입지규제최소구역계획에 따른 기반시설 확보를 위하여 필요한 부지 또는 설치비용의 전부 또는 일부를 부담시킬 수 있다. 이 경우 기반시설의 부지 또는 설치비용의 부담은 건축제한의 완화에 따른 토지가치상승분(「감정평가 및 감정평가사에 관한 법률」에 따른 감정평가법인등이 건축제한 완화 전·후에 대하여 각각 감정평가한 토지가액의 차이를 말한다)을 초과하지 아니하도록 한다. <개정 2016. 1. 19., 2020. 4. 7.>

⑤ 도시·군관리계획 결정권자가 제3항에 따른 도시·군관리계획을 결정하기 위하여 제30조제1항에 따라 관계 행정기관의 장과 협의하는 경우 협의 요청을 받은 기관의 장은 그 요청을 받은 날부터 10일(근무일 기준) 이내에 의견을 회신하여야 한다. <개정 2019. 8. 20.>

⑥ 삭제 <2019. 8. 20.>

⑦ 다른 법률에서 제30조에 따른 도시·군관리계획의 결정을 의제하고 있는 경우에도 이 법에 따르지 아니하고 입지규제최소구역의 지정과 입지규제최소구역계획을 결정할 수 없다.

⑧ 입지규제최소구역계획의 수립기준 등 입지규제최소구역의 지정 및 변경과 입지규제최소구역계획의 수립 및 변경에 관한 세부적인 사항은 국토교통부장관이 정하여 고시한다.

17) 제80조의3(입지규제최소구역에서의 행위 제한) 입지규제최소구역에서의 행위 제한은 용도지역 및 용도지구에서의 토지의 이용 및 건축물의 용도·건폐율·용적률·높이 등에 대한 제한을 강화하거나 완화하여 따로 입지규제최소구역계획으로 정한다. [본조신설 2015. 1. 6.]

18) 제83조의2(입지규제최소구역에서의 다른 법률의 적용 특례)

① 입지규제최소구역에 대하여는 다음 각 호의 법률 규정을 적용하지 아니할 수 있다. <개정 2016. 1. 19., 2021. 1. 12.>[본조신설 2015. 1. 6.]

    1. 「주택법」 제35조에 따른 주택의 배치, 부대시설·복리시설의 설치기준 및 대지조성기준
    2. 「주차장법」 제19조에 따른 부설주차장의 설치
    3. 「문화예술진흥법」 제9조에 따른 건축물에 대한 미술작품의 설치
    4. 「건축법」 제43조에 따른 공개 공지 등의 확보

② 입지규제최소구역계획에 대한 도시계획위원회 심의 시 「학교보건법」 제6조제1항에 따른 학교환경위생정화위원회 또는 「문화재보호법」 제8조에 따른 문화재위원회(같은 법 제70조에 따른 시·도지정문화재에 관한 사항의 경우 같은 법 제71조에 따른 시·도문화재위원회를 말한다)와 공동으로 심의를 개최하고, 그 결과에 따라 다음 각 호의 법률 규정을 완화하여 적용할 수 있다. 이 경

존의 도시 기능을 전환하여 토지를 보다 압축적·효율적으로 이용하고 지역 특성을 살린 다양하고 창의적인 도시공간을 조성할 수 있도록 토지이용 규제를 보다 유연하게 적용할 수 있게 된다. 이를 실현하기 위해 입지규제최소구역계획을 수립하는데, 이는 입지규제최소구역에서의 토지의 이용 및 건축물의 용도·건폐율·용적률·높이 등의 제한에 관한 사항, 주요 기반시설의 확보 등에 관한 사항 등 입지규제최소구역의 관리에 필요한 사항을 정하기 위하여 수립하는 계획이다.

한편 입지규제최소구역 지정 및 입지규제최소구역계획 수립을 위한 도시·군관리계획을 결정하는 경우 관계기관 협의 기간을 단축할 수 있다. 입지규제최소구역에서는 「주택법」, 「주차장법」 등 다른 법률 규정의 일부를 완화 또는 배제할 수 있고, 입지규제최소구역으로 지정된 지역은 특별건축구역으로 지정된 것으로 간주하며 입지규제최소구역에 건축하는 건축물에 대하여 「건축법」에 따라 건축기준 등의 특례를 적용할 수 있다. 제도의 활성화를 위해 2021년 법개정을 거쳐 입지규제최소구역의 지정 대상을 창의적인 지역개발이 필요한 지역으로 확대하였다(「국토계획법」 제40조의2 제1항 제6호).

입지규제최소구역을 도입함으로써 토지를 주거·상업·공업 등으로 기능을 구분하여 용도지역을 지정하고, 용도지역에 따라 허용용도와 개발밀도 등을 일률적으로 규정하고 있는 현행의 용도지역제를 보완하여 용도지역에 따른 행위제한 등을 적용하지 아니하고 해당 지역의 특성과 수요를 반영하여 토지의 이용 등에 관한 사항을 따로 정할 수 있다. 이를 통해 도시지역 내 주거·상업·업무·문화 등 다양한 기능의 복합적인 토지이용을 증진시켜 다양하고 창의적인 도시정비를 촉진하고 지역경제 활성화를 기대할 수 있게 되었다.

역세권 등 도심에서 공공이 주택 등을 고밀개발하는 도심복합사업을 개편하여 민간이 사업주체가 될 수 있는 민간도심복합사업을 신설하였다. 「도심복

우 다음 각 호의 완화 여부는 각각 학교환경위생정화위원회와 문화재위원회의 의결에 따른다.
  1. 「학교보건법」 제6조에 따른 학교환경위생 정화구역에서의 행위제한
  2. 「문화재보호법」 제13조에 따른 역사문화환경 보존지역에서의 행위제한
③ 입지규제최소구역으로 지정된 지역은 「건축법」 제69조에 따른 특별건축구역으로 지정된 것으로 본다.
④ 시·도지사 또는 시장·군수·구청장은 「건축법」 제70조에도 불구하고 입지규제최소구역에서 건축하는 건축물을 「건축법」 제73조에 따라 건축기준 등의 특례사항을 적용하여 건축할 수 있는 건축물에 포함시킬 수 있다.

합개발법」을 2022년 12월 제정하였으며, 입지에 따라 '성장거점형'과 '주거중심형'으로 구분하였다. 성장거점형은 첨단산업중심의 고밀복합개발을 추진하는데 용적률 상향 인센티브가 있고 필요시 "도시혁신계획구역[19]"으로 지정할 수 있다.

6. 기반시설연동제

(1) 제도의 배경 및 개요

일반적으로 난개발이라 하면 기반시설이 제대로 갖추어지지 않은 상태임에도 불구하고 개발이 이루어져 무질서해지는 것을 말한다. 개발이 이루어지는 일단의 지역과 그 주변의 지역이 갖추고 있는 기반시설의 용량은 정해져 있기 마련인데, 새로이 개발이 이루어지면서 그 용량을 고려하지 않았기 때문이다.

이와 같은 무질서한 난개발이 이루어지는 이유는 법과 제도 사이의 틈이 있기 때문이다. 기반시설은 근본적으로 국가 또는 지자체의 재정 부담으로 만들어지는 것이 일반적이다. 그러나 개발압력이 높은 지역의 경우 개발속도가 너무 빨라 정부의 재정 부담으로 만들어지는 기반시설의 설치가 개발의 속도를 따라가지 못하는 한계가 있었다. 용도지역제를 채택하고 있는 우리나라의 제도상 당해 용도지역의 지정목적에 위배되지 않는 개발에 대한 인·허가 신청을 허용하지 않을 수 없는데 위와 같은 한계가 겹쳐지면서 기반시설이 갖춰지지 않은 채 개발이 일어나는 상황이다. 과거 (구) 「주택건설촉진법」(현, 「주택법」) 등의 개발에 관한 법률에서 개발 사업을 시행하는 자로 하여금 기반시설을 설치하는 데 대한 부담을 지우고 있으나, 이를 회피할 수 있는 여지를 주어 사업을 일정규모 아래로 분할하여 시행하거나 다소의 소규모 개발 사업으로 분할하여 개발하는 사례가 많아 난개발의 주범이 되어 왔다.

이러한 재정적·법률적 한계를 극복하기 위해서 「국토의 계획 및 이용에 관한 법률」에서는 기반시설연동제를 도입하였다. 신규개발지뿐 아니라 기존 시가지 내에서 일어나는 개발에 대해서도 기반시설 부족의 문제는 나타나고

---

19) '도시계획체계 개편방안'(2023년 9월)을 통해 입지규제최소구역을 도시혁신계획구역으로 개편할 예정이다.

있다. 용도제한사항 및 건축제한사항에 위배되지 않는 이상 개발행위에 대해 허가하지 않을 수 없기 때문에 이미 설치되어있는 기반시설의 용량을 넘어설 수밖에 없고, 신규개발지에 대한 법규에서도 기반시설의 의무를 벗어나는 사례가 많기 때문에 동법은 기존 시가지에 대해서는 개발밀도관리구역을, 신규개발지에 대해서는 기반시설부담구역을 연관시키도록 하였다.

(2) 주요내용

1) 개발밀도관리구역

개발밀도관리구역이라 함은 개발로 인하여 기반시설이 부족할 것이 예상되나 기반시설의 설치가 곤란한 지역을 대상으로 건폐율 또는 용적률을 강화하여 적용하기 위하여 「국토의 계획 및 이용에 관한 법률」 제66조의 규정에 의하여 지정하는 구역을 말한다. 특별시장·광역시장·특별자치시장·특별자치도지사·시장 또는 군수는 주거·상업 또는 공업지역에서의 개발행위로 인하여 기반시설(도시·군계획시설 포함)의 처리·공급 또는 수용능력이 부족할 것으로 예상되는 지역 중 기반시설의 설치가 곤란한 지역에 대해 개발밀도관리구역으로 지정할 수 있다. 특별시장·광역시장·특별자치시장·특별자치도지사·시장 또는 군수는 개발밀도관리구역에 대하여 대통령령이 정하는 범위 안에서 동법 제77조 또는 제78조의 규정에 의한 건폐율 또는 용적률을 강화하여 적용할 수 있다.

2) 기반시설부담구역

기반시설부담구역이라 함은 개발밀도관리구역 외의 지역으로서 개발로 인하여 도로, 공원, 녹지 등 대통령령으로 정하는 기반시설의 설치가 필요한 지역을 대상으로 기반시설을 설치하거나 그에 필요한 용지를 확보하게 하기 위하여 제67조에 따라 지정·고시하는 구역을 말한다.

특별시장·광역시장·특별자치시장·특별자치도지사·시장 또는 군수는 개발밀도관리구역 외의 지역으로서 건축물의 건축과 토지형질변경이 이루어지는 개발행위가 있을 경우, 구체적으로는 전년도 개발행위허가 건수가 전전년도 개발행위허가 건수보다 20% 이상 증가한 지역이나 전년도 인구증가율이 그 지역이 속하는 특별시·광역시·특별자치시·특별자치도·시 또는 군의 전

년도 평균 인구증가율보다 20% 이상 높은 지역에 대하여 기반시설의 용량이
부족할 것으로 예상될 때에 기반시설부담구역으로 지정할 수 있다.

그리고 특별시장·광역시장·특별자치시장·특별자치도지사·시장 또는 군
수는 기반시설부담구역이 지정되면 대통령령으로 정하는 바에 따라 기반시설
설치계획을 수립하여야 하며 이를 도시·군기본계획에 반영하여야 한다. 그런
데 기반시설부담구역의 지정고시일로부터 1년 내에 기반시설설치계획을 수립
하지 아니하면, 그 기반시설부담구역의 지정은 해제된 것으로 본다.

기반시설부담구역은 기반시설이 적절하게 배치될 수 있는 규모로서 최소
10만m^2 이상의 규모가 되도록 지정하며, 소규모 개발행위가 연접하여 시행될
것으로 예상되는 지역의 경우에는 하나의 단위구역으로 묶어서 기반시설부담
구역을 지정하고, 기반시설부담구역의 경계는 도로, 하천, 그 밖의 특색 있는
지형지물을 이용하는 등 경계선이 분명하게 구분되도록 지정한다.

한편 기반시설부담구역으로서 도시·군기본계획상 특히 필요하다고 인정
되는 지역에 대하여는 대통령령이 정하는 범위 안에서 중앙도시계획위원회나
지방도시계획위원회의 심의를 거쳐 1회에 한하여 3년 이내의 기간 동안 개발
행위허가를 제한할 수 있으며, 1회에 한하여 2년 이내의 기간 동안 개발행위
허가의 제한을 연장할 수 있다.

(3) 기반시설설치비용 부과대상 및 산정기준

「국토의 계획 및 이용에 관한 법률」에 의한 기반시설부담제는 2006년 1월
「기반시설부담금에 관한 법률」의 제정을 통해 기반시설부담금으로 개편되었
다.[20] 이에 따라 종래 기반시설부담제는 폐지되고, 기반시설의 설치나 용지확
보의 방법은 기반시설부담금으로 일원화되었다. 그리고 기반시설부담금은 종
래 기반시설부담구역에서의 토지형질변경을 부과대상으로 하였던 것과는 달
리 건축물의 건축행위를 부과대상으로 하고 있다. 즉, 연면적 200m^{2}를 초과하
는 건축물을 지을 경우에 도로, 공원, 녹지, 수도, 하수도 등 기반시설의 설치
비용을 내도록 하였다.

---

20) 노무현 정부의 8·31 부동산 대책에 따라 2006년 7월 시행됐다. 그러나 부담금이 상가·주택 분
   양가로 전가되면서 분양가가 상승하는가 하면, 국민에게 조세 이외에 개발부담금, 도시계획세 등
   의 부담을 주어 이중부과 여부에 대한 논란에 휩싸였다. 결국 이 법은 시행 1년 9개월 만인 2008
   년 3월 28일 「기반시설부담금에 관한 법률」 폐지안'이 국회를 통과하면서 사문화됐다.

이후 「국토의 계획 및 이용에 관한 법률」에 의한 기반시설설치비용[21]으로 환원되었다. 기반시설부담구역에서 기반시설설치비용의 부과대상인 건축행위는 단독주택 및 숙박시설 등 대통령령으로 정하는 시설로서 $200m^2$(기존 건축물의 연면적 포함)를 초과하는 건축물의 신축·증축 행위로 한다. 다만, 기존 건축물을 철거하고 신축하는 경우에는 기존 건축물의 건축연면적을 초과하는 건축행위만을 부과대상으로 한다.

기반시설설치비용은 기반시설을 설치하는 데 필요한 기반시설 표준시설비용과 용지비용을 합산한 금액에 부과대상 건축연면적과 기반시설 설치를 위하여 사용되는 총 비용 중 국가·지방자치단체의 부담분을 제외하고 민간 개발사업자가 부담하는 부담률을 곱한 금액으로 한다.

여기서 기반시설 표준시설비용은 기반시설 조성을 위하여 사용되는 단위당 시설비로서 해당 연도의 생산자물가상승률 등을 고려하여 국토교통부장관이 고시한다. 용지비용은 부과대상이 되는 건축행위가 이루어지는 토지를 대상으로 ① 지역별 기반시설의 설치 정도를 고려하여 0.4 범위에서 지방자치단체의 조례로 정하는 용지환산계수나 ② 기반시설부담구역의 개별공시지가 평균 및 대통령령으로 정하는 건축물별 기반시설유발계수를 곱하여 산정한 가액으로 한다. 그리고 민간 개발사업자가 부담하는 부담률은 100분의 20으로 하며, 특별시장·광역시장·특별자치시장·특별자치도지사·시장 또는 군수가 건물의 규모, 지역 특성 등을 고려하여 100분의 25의 범위에서 부담률을 가감할 수 있다.

(4) 제도개선의 효과

기반시설연동제로 인해 기대되는 개선의 효과는 우선적으로 삶의 질 향상이다. 주거환경을 조성하기 위해 반드시 필요한 도시서비스를 공급가능한 용량 안에서 개발을 허용하거나 개발로 인해 늘어나는 수요에 맞추어 도시서비스를 제공할 수 있게 되기 때문이다. 과거에 여러 개발지역에서 학교와 도로가 제대로 갖추어지지 않아 행정적으로 난감한 상황에 이르고, 거주하는 주민들도 불편을 겪어야 하는 상황을 예방할 수 있다. 그리하여 난개발을 막아 개

---

21) 신·증축 행위로 인하여 유발되는 기반시설을 설치하거나 그에 필요한 용지를 확보하기 위하여 부과·징수하는 금액을 말한다[전문개정 2009.2.6.].

발이익이 사회로 환원되지 않았던 사례를 방지할 수 있게 된다.

기반시설연동제는 개발대상 부지의 수요뿐 아니라 인접지역, 나아가서는 도시전체 차원에서의 기반시설 수급계획과 관련하여 시행할 필요가 있기 때문에 개발대상 부지만이 아닌 기반시설의 용량과 효율을 전반적으로 고려하여 수립해야 한다. 따라서 도시의 계획적 관리가 가능하며 이로 인한 도시계획 및 관리의 효율성과 합리성을 확보할 수 있다.

7. 개발행위허가제

(1) 개발행위허가제의 도입

1) 개발행위의 개념

영국의 1971년 「도시농촌계획법」(Town and Country Planning Act)에서는 개발에 대해 "지표 혹은 지하에서의 건축공사·토목공사·채광행위 기타 공사의 실시 및 건축물 기타 토지용도의 중대한 변경"이라고 규정하고 있으며 1990년 개정된 법에 승계되어 있다. 또한 일본에서는 「도시계획법」에 개발행위는 "건축물의 건축 또는 특정 공작물의 건설용에 제공할 목적으로 행해지는 토지의 구획·형질의 변경"이라고 명시해 놓았다. 개발행위의 개념은 물리적 개발과 토지분할 및 형질변경의 바탕 위에서 행해지며 용도변경이 부가되어 건축물의 건축 또는 공작물의 설치가 이루어지는 행위라고 표현할 수 있겠다.

2) 개발행위의 허가

개발행위의 허가는 토지를 개발하고자 할 때 허가를 받도록 하는 것, 즉 개발을 허가사항으로 하는 것을 말한다. 이러한 뜻의 개발허가는 법령에서 개발을 상대적으로 금지하고 있을 때에, 일정한 요건을 갖추어 행위를 하고자 신청하는 때 행정청이 개발금지를 해제하여 개발할 수 있도록 하는 절차를 의미한다. 그러나 이것은 어디까지나 도시계획구역 안에서 개발행위를 하고자 하는 자가 권한을 가진 행정청으로부터 인·허가를 받는 것에 불과한 것이고, 허가권자는 도시계획구역 안에서 금지하고 있던 행위를 해제하는 것일 뿐이다. 이와 같이 도시계획구역 안에서 소규모 난개발을 방지하기 위해 일정한

행위를 시장·군수의 허가를 받도록 하고 있었지만, 허가대상이 포괄적이고, 기준이 모호하여 민원이 발생하는 등의 혼란이 있었다.

(2) 개발행위허가제의 확대

1) 확대도입의 배경

2000년 1월 28일 「도시계획법」의 전문개정을 통해 단순히 인·허가에 불과하였던 것을 개발행위허가제로 도입하였다. 이는 허가대상을 명확히 한정하고, 허가기준을 구체적으로 정하는 것을 위함이었다. 이 제도는 토지형질변경 등의 행위허가제도를 긍정적으로 개편하는 데 기여하여, 보다 계획적인 개발이 이루어지도록 하였다. 그러나 비도시지역은 이러한 제도장치가 없어서 당해 용도지역의 지정목적에 위반하는 경우가 아니라면 개발행위를 할 수 있었다. 「농지법」에 의한 농지전용, 「산림법」에 의한 산림의 형질변경을 통해 법에 저촉되지 않는 범위 하에서 개발이 이루어져 왔다. 결국 비도시지역에서 기반시설이 고려되지 않은 산발적인 개발행위가 자행되었고, 이로 말미암아 난개발이 준농림지역을 중심으로 나타나게 되었다.

2) 확대도입의 내용

「국토의 계획 및 이용에 관한 법률」에서는 구 「도시계획법」에서 규정하고 있던 개발행위허가제를 계승하는 것뿐만 아니라 확대 적용하고 있다. 도시지역만이 아니라 비도시지역에서도 개발행위를 하고자하면 허가를 받도록 확대 적용하였다. 허가를 받아야 하는 개발행위는 구 도시계획구역 안에서의 개발행위허가와 마찬가지로 ① 건축물의 건축 또는 공작물의 설치, ② 토지의 형질변경(경작 제외), ③ 토석의 채취, ④ 토지분할, ⑤ 물건을 적재하는 행위이다(동법 제56조 제1항).

개발행위에 대한 허가의 기준은 ① 일정한 규모 이하여야 하고, ② 도시관리계획의 내용에 배치되지 않으며, ③ 도시계획사업의 시행에 지장이 없고, ④ 주변지역의 토지이용실태와 계획, 건축물의 높이 등 주변환경 또는 경관과 조화를 이루어야 한다. 이때 일정한 규모라 함은 ① 주거지역, 상업지역, 자연녹지지역 및 생산녹지지역의 경우 10,000m² 미만, ② 공업지역, 관리지역 및 농림지역의 경우 30,000m² ③ 보전녹지지역과 자연환경보전지역의 경우 5,000m²

미만을 의미한다(동법 시행령 제55조 제1항). 그러나 지구단위계획으로 정한 가구 및 획지의 범위 안에서 이루어지는 토지의 형질변경이거나 농어촌정비사업인 경우 등에는 면적의 제한이 없다(동법 시행령 제55조 제3항). "녹지지역, 관리지역, 농림지역 또는 자연환경보전지역 안에서 연접하여 개발하거나 수차에 걸쳐 부분적으로 개발하는 경우에는 이를 하나의 개발행위로 보아 그 면적을 산정한다."는 규정에 의해 그 동안 난개발, '포도송이 개발'이 이루어진 것을 막을 수 있게 되었다(동법 시행령 제55조 제4항).

(3) 제도개선의 효과

개발행위허가제의 확대적용은 종래 도시계획구역 안에서 토지형질변경을 중심으로 행해진 일반적인 행위제한의 내용을 개발행위허가제로 명칭을 바꾼 것일 뿐이라는 시각이 있을 수 있다. 그러나 비도시지역에서 이제까지 개발행위허가가 기속행위였던 것에서 개발허가 신청시 불허가처분을 하도록 한 것뿐만이 아니라 도시지역에서도 개발행위허가에 있어 기반시설에 대한 규정을 연계시킴으로 인해 불허가처분에 대한 판단을 분명히 할 수 있도록 한 것은 「도시계획법」보다 진일보한 것이다.

비록 영국 또는 일본과 같이 토지이용제도의 근본적 틀에서 개발행위허가제도가 근거를 갖는 것은 아닐지라도 현 용도지역제를 보완하면서 비도시지역에서의 개발에 대해 기반시설의 확보에 대한 필요를 분명히 한 것은 개발행위허가제의 효과라고 할 수 있다.

제 3 절   외국의 토지이용계획[22)

1. 미 국

미국의 도시계획은 지방자치단체의 중요한 기능이자 지방자치단체 고유의 권한이기 때문에 국가차원(연방정부)의 통일적인 도시계획이나 전 국토를 대상

---

22) 외국의 토지이용규제에 대해서는 국토해양부(2000), 「국토이용 계획체계의 개선방안에 관한 연구」와 국토연구원(2000), 「21세기 국토이용 체계 개편방안」 등을 참조하였다.

으로 하는 종합개발 및 토지이용에 관한 계획은 존재하지 않는다. 일반적으로 지방자치단체가 주(州)의 수권법(授權法)에 따라 도시계획권한을 가지고 있으며, 또한 지방자치단체가 의회에서 조례를 제정·시행하고 이에 따라 규제가 행해진다.

미국의 도시계획의 기본은 기본계획(general plan)이다. 이것은 도시개발에 관한 지방자치단체의 기본 방침을 나타내는 마스터플랜(master plan)이다. 미국의 토지이용계획은 비구속적인 마스터플랜과 구속적인 용도지역제의 이중 시스템으로 구성되어 있다.23) 그러나 미국은 이중 시스템을 채택하고 있는 영국이나 독일과는 달리 국가 수준의 통일적인 도시계획법이나 전 국토를 대상으로 하는 종합개발 및 토지이용에 관한 계획은 존재하지 않는다. 용도지역제 역시 지방자치단체가 설정하며, 또한 용도지역제를 채택할 것인지 여부도 지방자치단체가 정한다.

미국의 용도지역제의 특징으로 대략 네 가지를 들 수 있다.

첫째, 각 지방정부는 각각의 독자적인 용도지역제도를 가지고 있다.

둘째, 용도의 분류가 매우 세분화되어 있다. 예를 들어 뉴욕은 용도지역을 주거지역 31개, 상업지역 41개, 공업지역 12개 등 모두 84개의 지역으로 세분화하고 있다.

셋째, 행정당국으로부터 독립되어 민간인으로 구성된 도시계획위원회와 용도지역(zoning) 조정위원회가 존재한다.

넷째, 최근에는 용도지역제의 개념이 변하고 있기 때문에 보다 유연한 규제를 행하고 있다. 용도지역제의 유연화와 관련된 대표적인 수단으로는 인센티브 조닝(Incentive zoning), 개발권 양도제(TDR: Transfer of Development Rights), 계획단위 개발(PUD: Planned Unit Development), 혼합용도개발(Mixed Use Development) 등이 있다.

인센티브 조닝은 토지개발을 정책 목표 방향으로 유도하기 위한 계획이다. 즉, 비수익적인 시설을 정비하는 민간개발업자(쾌적성의 향상을 위하여 도심에서는 광장이나 아케이드 등의 개발을, 교외에서는 저소득자의 주택건설 등을 실시함)에게 용적률의 증대, 규제의 완화, 허용 건물 용도의 확대 등 인센티브를 제공하는

---

23) 마스터플랜을 실현하기 위한 수단으로는 용도지역제 이외에도 토지구획규제(subdivision control), 그리고 공도제(公圖制, official mapping) 등이 있다.

것이다. 이와 같은 인센티브 조닝 중에 가장 일반적인 것은 용적률의 할증이다.

개발권양도제는 역사적인 건축물의 보전을 위해서 지방정부의 도시계획, 개발제한, 건축 조례 등에 의해 시행되는 제도로서, 어떤 토지에 대하여 정해진 개발 허용 한도 내에서 이용되지 않은 부분(법정 용적률과 현재 용적률간의 차이)을 다른 지역의 토지로 이전하는 방식이다. 이는 행정적인 통제를 통해 도시의 보전과 개발의 균형을 유지하는 매우 효과적인 방법이다.

계획단위개발은 주로 민간개발업자가 주도하는데, 이 경우에 민간개발업자는 개발 계획안을 만들어 행정부처가 승인하는 절차를 거쳐야 한다. 개발의 승인은 개발계획의 일관성, 개발의 공공성, 공공시설의 타당성 등을 검토하여 이루어지는데 이때 개발업자는 비교적 엄격한 제약을 받는 대신, 각종 규제완화 등 혜택을 받아 개발이익을 누리게 된다(野村總合硏究所, 1988). 계획단위개발은 계획목적의 달성을 위한 지구개발에 대해서 해당 지구를 하나로 보고 조닝이나 토지구획규제에 의한 제한 규정을 종합한다. 이로 인하여 건물 형태 및 토지이용의 혼합화를 인정하고 일체적인 대규모 개발을 추진하게 된다.

혼합용도개발은 다음과 같은 것을 의미한다. ① 각각 상당한 수익성이 있는 세 종류 이상의 건물용도(점포, 사무소, 주택, 호텔 등)로 구성되어 있을 것, ② 각각의 건물이 물리적·기능적으로 일체화되어 있을 것, ③ 통일적인 상위 계획에 따라 개발될 것 등이다.

최근 혼합용도개발에 의한 도시재개발사업이 대도시 중심업무지구(CBD: Central Business District)를 중심으로 활발히 전개되고 있는데, 주로 도심의 사무실이나 상업시설을 복합적으로 재개발할 때에 이 방법을 채택한다. 혼합용도개발은 개발규모가 크기 때문에 공공 혹은 민간공동개발방식으로 행해지는 경우가 많다. 이 경우에 행정은 개발 마스터플랜의 작성, 공유지(公有地)의 제공, 자금의 공급 등 지원 역할을 담당하게 되고, 민간개발업자는 실시계획의 작성, 시설건설, 관리, 운영, 자금조달 등을 책임진다. 이때 민간개발업자는 시설복합에 따른 부동산 투자위험을 분산시키고 복합시설의 상승효과에 따라 사업수익성을 향상시킬 수 있으며, 행정부처는 민간사업자의 노하우를 활용함으로써 도시재개발을 효과적으로 추진할 수 있는 장점이 있다.

2. 영 국

영국의 토지이용계획은 원칙적으로 「도시·농촌계획법」에 따라 지방공공단체가 책정하는 개발계획(development plan)으로, 카운티(county: 영국에서는 주(州), 미국에서는 군(郡)을 의미)를 대상 범위로 하는 광역적인 구조계획(structure plan)과 지구(district: county를 세분한 행정구)를 대상 범위로 하는 상세한 지방계획(local plan)의 이중 시스템으로 구성되어 있다. 여기서 구조계획은 카운티에 의해 수립되는 카운티 전체의 광역적·전략적 개발계획, 장래의 토지이용, 시설, 환경개선 등에 대한 방침을 정하는 것으로서 우리나라의 도시기본계획과 성격이 비슷하나 내용의 범위가 매우 넓다. 이에 비해, 지방계획은 지구(district)에 의해 수립되는 구체적인 토지이용계획으로서 토지이용개발 규제가

🔼 그림 4-4 **영국과 독일의 토지이용계획체계**

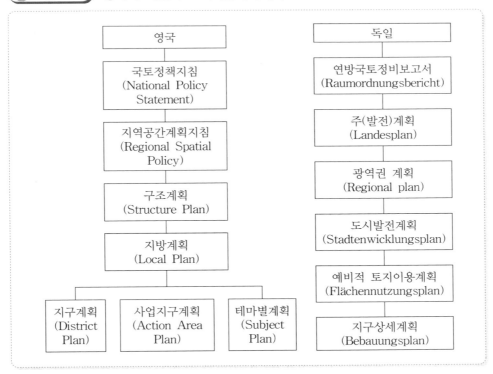

목적이다. 지방계획은 다시 지구계획, 사업지구계획, 테마별 계획 등으로 나누어진다.

그러나 1986년 4월 지방행정제도개혁과 더불어 대도시권 지역에는 계획책정주체로서의 카운티가 폐지됨에 따라 대도시권 지역에서는 종래의 구조계획과 지방계획의 이중 시스템이 단일개발계획(unitary development plan)으로 묶여지는 개선방안이 진행되고 있다.

영국의 토지이용계획의 특징은 계획허가제에 의한 개발규제라는 점에 있다. 즉 "모든 개발행위는 계획허가를 필요로 한다."는 규제원칙인데, 이는 어떤 개발행위도 사전에 지방계획청(Local Planning Authority)에 의해 계획허가를 받지 않으면 행할 수 없다는 것이다. 이를 허가하는 기준은 본 개발행위가 그 지역에 적합한지의 여부와 그 지역의 쾌적성(amenity)에 피해를 주는지의 여부를 판단하여 결정하게 된다. 그러나 이것은 개발허가를 받기까지 시간이 너무 많이 걸린다는 단점이 있다.

3. 독 일

독일은 1950년에 도시계획에 관한 일반적인 규정을 다룬 「연방건설법(Bundesbaugesetz)」의 제정을 시작으로 도시개발과 재개발을 추진하기 위한 「도시건설촉진법(Städtenbauförderungsgesetz)」을 1971년에 제정하였다. 그 이후 1970년대 말에 이 두 법을 통일하여 1986년 「건설법전(Baugesetzbuch)」을 제정하였는데 이 법전은 1987년 7월부터 시행되고 있다.

독일은 "계획 없는 곳에는 개발도 없다"라는 원칙을 철저히 실행하고 있다. 독일의 토지이용계획은 과거에 도시계획의 기본법이었던 「건설법전」에 의해 확립되었는데 미국이나 영국과 마찬가지로 이중 시스템으로 구성되어 있다. 독일의 이중 시스템은 도시의 토지이용 방향을 제시하는 마스터플랜으로서 예비적 토지이용계획(F-Plan; Flächennutzungsplan)과 예비적 토지이용계획을 기초로 머지않아 개발이 일어날 것으로 예상되는 지구에 대하여 토지이용과 건축활동을 상세히 규정하는 구속적 지구상세계획(B-Plan; Bebauungsplan)으로 구성되어 있다. 예비적 토지이용계획은 주 지청(州 支廳)으로부터 허가를 받은 토지이용계획으로, 지방정부가 전 지역을 대상으로 지정하여 의회의 의

결을 거쳐 조례로 결정된다. 지구상세계획은 예비적 토지이용계획을 기초로 하여 책정되며, 이것이 책정된 지구에서는 토지이용에 여러 가지 법적 구속력이 뒤따른다.

예비적 토지이용계획은 지방정부가 관할하는 전 지역을 대상으로 수립하는 계획으로서 용도지역제를 그 내용으로 하고 있다. 이것은 시민들에 대해서는 법률적인 효력이 없으나 지방자치단체 내부와 계획 관련 부서에는 구속력을 가지고 있다. 이에 비해 구속적 지구상세계획은 특정 도시에 대하여 도시환경질서 측면에서 구체화한 계획으로 시민들에 대해서도 구속력을 가지고 있다.

4. 우리나라의 토지이용계획과의 비교

우리나라의 토지이용계획 체계는 「국토의 계획 및 이용에 관한 법률」이 근간이 된다. 「국토의 계획 및 이용에 관한 법률」은 특별시・광역시・시 또는 군의 관할구역에 대하여 수립하는 계획으로서 두 가지의 계획으로 구분된다.

즉, 특별시・광역시・시 또는 군의 관할구역에 대하여 단계적 기본방향을 설정할 뿐 구속적 사항이 포함되지 않는 도시기본계획과 실제적으로 제한의 의미가 들어가는 도시관리계획이다. 도시기본계획은 기본적인 공간구조와 장기발전방향을 제시하는 종합계획인 반면, 도시관리계획은 용도지역제의 내용을 담고 있어 구체적인 개발계획이나 규제의 역할을 담당하는 계획이다.

그러나 도시기본계획과 도시관리계획 이외에도 도시의 기능이나 미관을 증진시키고 토지를 합리적으로 이용하기 위하여 도시지역 내의 특정 범위에 한하여 별도의 계획을 수립하는 경우가 있는데, 그 예로는 지구단위계획이 있다(표 4-12 참조).

표 4-12 각국의 토지이용계획체계

구분	미 국	영 국	독 일	한 국
규제의 일반적 근거	• 표준 州도시계획 수권법 • 표준 州죠닝수권법	• 도시·농촌 계획법(1971)	• 연방건축법 • 주건축법	• 국토의 계획 및 이용에 관한 법률
계획의 체계	도시에 따라 다름 <단일시스템> <이중시스템>	• 구조계획 • 지방계획 <이중시스템>	• 비 구속적 마스터플랜 (F-Plan) • 구속적 계획 (B-Plan)	• 비 구속적 도시 기본계획 • 구속적 도시관리 계획 <이중시스템>
토지이용 규제수단	도시에 따라 용도 구분세분 <세분형 용도제>	<계획허가제>	<지구상세계획>	용도지역구분 <개괄형 용도제> ※ 지구단위계획으 로 보충
건물용도 규제수단	건축해도 좋은 건물 용도를 열거 <적극적 열거방식>	<계획허가제>	건축해도 좋은 용도를 토지별로 작성 <특정주의>	용도지역에 따라 적극적 열거방식과 소극적 열거방식 채택

제 4 절 토지이용규제의 문제점

토지이용규제는 '계획'이라는 큰 틀 아래 이루어지긴 하였지만 실제로 이를 실시한 결과 의도하지 않았던 문제점이 나타나기도 하였다. 그 동안 우리나라의 토지이용계획은 기본적으로 도시와 비도시로 구분하여 관리하는 이원화 체계였다. 일차적으로는 용도지역제와 용도전환의 제한 등을 통하여 토지이용을 규제하고 있으며, 지구단위계획 등의 보완 수단을 통하여 규제하고 있다. 이 가운데 용도지역제는 토지이용에 따른 외부불경제를 예방하고 토지이용의 효율화를 향상시키기 위해서 도입된 제도이지만 지역·지구의 종류와 용도지역제의 운용상에 있어서 다음과 같은 여러 가지 문제점이 나타나고 있다(대한국토·도시계획학회 편, 1998).

첫째, 지역과 지구를 구분하여 토지의 용도를 분리하였는데, 이는 상이한

기능간의 상호 보완성의 존재를 무시한 것이다. 이러한 용도 분리의 원칙으로 인하여 주거지와 근무지 간의 거리가 멀어졌으며 이에 따라 교통 체증이 유발되었다.

둘째, 용도지역제는 경직적이기 때문에 시간에 따른 토지이용 패턴의 변화에 대해 유연하게 대처할 수가 없다. 물론 용도지역제가 실행되었을 때에는 토지가 어떻게 이용되어야 하는지를 알 수 있기 때문에 토지소유자가 당해 토지의 이용을 예정할 수 있다는 장점이 있지만 계획 수립 시기와 집행 사이의 시간 차이로 인하여 환경이나 여건에 변동이 온다거나 토지 수급에 맞게 적정하게 이용할 수 없을 때가 많다.

셋째, 용도지역제는 현상유지적인 성격을 가지고 있기 때문에 개발을 유도할 수 있는 적극성이 부족하다. 즉, 용도지역을 지정할 경우, 현황을 분석하여 이를 토대로 예측하여 용도지역 등을 선택하기 때문에 현상유지적인 성격을 지닐 수밖에 없다.

넷째, 용도지역에 따라 전국의 토지에 획일적인 행위 제한의 기준을 적용하기 때문에 지역의 실정이나 특성을 반영한 토지이용을 기대할 수가 없다. 물론 최근에는 기존의 「건축법」의 도시설계와 「도시계획법」의 상세계획구역을 일종의 도시계획인 지구단위계획으로 통합하여 지구단위의 특성을 반영하려는 노력이 있긴 하지만 전국에 동일한 기준으로 용도지역제를 적용함으로 인해 생기는 문제는 여전히 있을 것이다.

다섯째, 지역과 지구의 지정은 개인의 재산가치에 직접적인 영향을 미치기 때문에 부당한 외부압력과 같은 특수상황을 처리하는 기준의 미비로 부정과 부패의 위험이 수반된다.

1999년 7월 22일 헌법재판소 전원재판부에 의해 결정된 구 「도시계획법」의 헌법 불합치 판정은 경직적인 토지이용규제가 낳는 부작용을 잘 보여주고 있다. 이날 헌법재판소는 경기도 성남시에 거주하는 박모씨 등 18명이 청구한 헌법소원심판 사건에서 "정부에 의해 학교시설 부지 지정 뒤에 장기간에 걸쳐 사업 시행이 지연되어 토지를 종래의 용도대로 사용하지 못하는 경우에도 보상규정을 두지 않는 것은 위헌"이라는 결정을 내렸다. 이에 따라 헌법재판소는 도시계획시설 예정지로 지정해 놓고도 10년 이상 장기간 계획을 집행하지 못한 토지 중 나대지 소유자에 대해서는 보상을 해주도록 결정을 내렸다.

즉, 장기간 도시계획시설로 지정된 토지에 대해 보상규정을 두지 않은 구「도시계획법」제4조가 헌법에 합치되지 않는다고 결정한 것이다. 재판부는 결정문에서 "도시계획사업 시행에 따른 재산권 제한은 반드시 필요한 만큼만 이뤄져야 하며 도시계획시설 지정 뒤 토지소유자에게 10년 이상 아무런 보상 없이 인내를 강요할 수는 없다"고 밝혔다.

위의 사례는 토지이용규제와 관련된 제도나 법률은 한 번 결정되면 이전의 상태로 돌아가기가 매우 어렵다는 사실을 보여준다. 장기미집행 도시계획시설에 대한 보상결정은 지방자치단체에 상당한 재정적 부담을 안겨 주었다. 토지이용과 관련된 정부의 규제는 국민생활에 엄청난 영향을 미칠 뿐만 아니라 이러한 제도의 시행이나 번복에 따른 결과는 정부나 국민 모두에게 큰 부담으로 되돌아오게 된다. 결국 규제를 위한 규제는 헌법에서 보장한 기본권을 해치고, 비합리적인 규제는 국민생활에는 불편을 정부에게는 재정적 부담을 주게 된다.

여섯째, 제도운영 상의 문제로 토지이용규제가 지나치게 복잡하여 국토계획법상 용도지역 지정·변경이나 각종 공공개발사업 인허가 절차에 장기간이 소요되고 있다. 각종 규제내용과 지정절차 등을 일원화하고 토지이용규제 평가[24]를 내실있게 하여 중복규제를 해제하는 등 토지이용규제를 단순화·합리화할 필요가 있다.

일곱째, 기후변화로 인한 대규모 재해발생이 빈발함에 따라 재해에 대처한 토지이용 및 관리가 보다 강화될 필요가 있다. 연안침식이 진행 중이거나 우려되는 지역 등에 대해 방재지구를 의무 지정하고, 도시·군관리계획에 재해저감대책을 포함하도록 하고 우선 지원한다. 또 지방자치단체가 관할구역에 대하여 사전에 재해(災害) 위험을 분석하고 위험지역에 대해서는 재해저감대책을 수립하는 등 재해예방적인 국토관리체계를 구축하고 있다. 도시·군기본계획 및 도시·군관리계획 수립 시 기초조사의 하나로 재해취약성 분석을 실시하도록 하고 있다. 종전에는 도시·군관리계획 수립 시에만 기초조사의 하나로 토지의 적성에 관한 평가를 실시하던 것을 이제는 도시·군기본계획 수

---

24) 토지이용규제 평가는 토지이용규제기본법에 따라 중앙부처 합동으로 매년 11개 중앙행정기관과 16개 광역지자체에서 운영 중인 321개 지역·지구를 평가해 토지이용규제를 단순화·합리화하는 제도다.

립단계에서도 기초조사의 하나로 토지의 적성에 관한 평가를 실시하도록 하였는데, 도시의 기본적인 공간구조를 설정하는 단계에서부터 '환경'을 고려한 보다 체계적인 계획을 수립하는 것을 강조할 필요가 있다.

여덟째, 용도지역의 제한을 강화하거나 완화하여 용도지역의 기능을 증진시킬 수 있도록 경관지구 등을 비롯하여 크게 10개의 용도지구를 지정하고 있으나, 용도지구 제도가 도입된 이후 유사한 목적의 용도지구가 세분화되거나 경직적으로 운영되면서 여건변화를 반영한 통·폐합 등의 필요성이 증가하고 있다.[25] 일부 용도지구는 상호간에 중첩 지정되어 토지이용에 불편을 초래하는 측면도 있어 용도지구 제도를 보다 합리적으로 정비하는 것이 필요하다. 이에 유사한 목적의 용도지구를 통·폐합하고 정비하는 동시에 복잡하게 중첩되어 있는 용도지구는 지구단위계획으로 대체를 확대하여, 토지이용체계를 간소화·합리화하는 한편, 복합용도지구를 도입하여 최근의 다양한 토지이용 수요에 대응하여 유연하고 복합적인 토지이용을 유도할 수 있어야 할 것이다.

---

25) 2017년 4월 18일 법 개정을 통해, 미관지구와 경관지구, 보존지구와 시설보호지구를 각각 통합하여 경관지구, 보호지구로 간소화하고 복합용도지구를 신설하는 등 용도지구 체계를 정비하였다(제37조제1항). 신설되는 복합용도지구 지정 기준에 관한 사항을 정하고, 복합용도지구를 지정하는 경우에 지정목적에 따라 건축제한을 완화할 수 있도록 근거를 마련하였다(제37조 제5항 및 제76조 제5항 제1호의3 신설).

제 **5** 장

부동산 가격규제와 보조금

제1절 부동산 가격규제

1. 부동산 가격규제의 효과

정부가 가격을 통제하는 방법에는 두 가지가 있다. 하나는 최고가격제(price ceiling)이고, 다른 하나는 최저가격제(price floor)이다. 최고가격제란 재화나 서비스의 판매가격에 최고한도를 두는 제도인데, 균형가격보다 낮은 수준에 최고가격을 설정하는 것이 일반적이다. 최저가격제는 재화나 서비스의 판매가격에 최저한도를 두는 제도로, 균형가격보다 높은 수준에 최저가격을 설정한다.

부동산 시장에서 정부가 주로 사용하는 가격규제는 최고가격제이다. 정부는 대개 저소득층의 주거비 부담을 덜어 주겠다거나 또는 부동산 가격을 안정시키겠다는 생각에서 최고가격제를 도입한다. 최고가격제는 임대차시장에서 임대료를 대상으로 사용할 수도 있고, 자산시장에서 부동산 가격을 대상으로 사용할 수도 있다.

(1) 임대료 규제

임대료 규제(rent control)는 주로 주택시장에서 저소득 임차인의 주거비 부담을 덜어주기 위해 사용한다. 주거공간 서비스는 인간다운 삶을 위해 정부가 일정한 수준의 소비를 보장해야 하는 가치재(merit goods) 중의 하나이다. 만약 임대료가 지나치게 높을 경우, 저소득층에게 일정한 수준의 주거공간 서비스 소비를 보장할 수 없게 된다. 이때 정부가 임대료를 통제함으로써 저소득층에게 일정한 주거공간 서비스의 소비를 보장하는 것이다.

임대료 규제의 효과는 단기와 장기에 따라 달라진다. 단기에는 임대주택의 공간 공급량이 변하지 않기 때문에 임대료 규제의 효과가 충분히 발휘되지만, 장기에는 공간의 공급량이 변하기 때문에 여러 가지 부작용이 나타난다. 이를 좀더 자세하게 살펴보면, 다음과 같다.

임대료 규제의 단기효과 | 먼저 [그림 5-1]에서, 임대료 상한이 시장균형 임대료인 R_0보다 낮은 R_c에서 이루어져 있다고 해보자. 이 경우, 단기에는 임대주택을 다른 용도로 바꾸기가 어렵기 때문에 임대주택의 공급량이 감소하는 문제가 발생하지 않는다. 그 대신 정부가 정한 낮은 임대료 때문에 수요량이 Q_0에서 Q_1으로 증가하게 된다. 그 결과, 임대차 시장에는 $Q_1 - Q_0$만큼의 초과수요량이 존재하기 때문에 임차인을 선별해야 하는 문제가 생긴다.

임대료 규제로 인해 초과수요가 존재하기 때문에 임대차 시장에는 임대료 상승 압력이 존재하게 된다. 그래서 임대인은 임차인에게 각종 공과금이나 조세부담을 전가할 수도 있고, 뒷돈을 요구할 수도 있다. 운 좋게 임대주택을 얻은 임차인은 임대인 모르게 비싼 임대료를 받고 전대(轉貸)하는 경우도 생

◎ 그림 5-1) 임대료 규제의 단기 효과

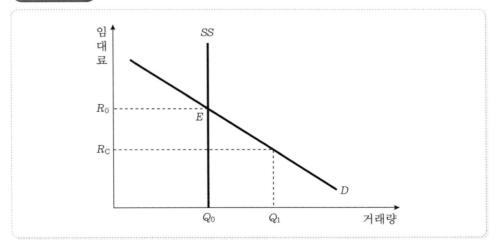

긴다. 그래서 정부의 임대료 규제에도 불구하고, 실제 임대료는 시장균형 임대료 수준인 R_0에서 이루어지게 된다.

임대료 규제의 장기효과 | 장기에는 임대료 규제의 효과가 달라진다. 임대료를 규제하게 되면, 기존의 임대주택이 다른 용도(자가나 상업용)로 바뀌면서 장기적으로 임대주택의 공급량이 감소하게 된다.

[그림 5-2]는 이러한 상황을 보여준다. [그림 5-2]에서 장기공급곡선은 단기공급곡선과는 다르게 우상향(右上向)하는 모습을 보인다. 이 상태에서 임대료 규제가 균형 임대료 R_0보다 낮은 수준인 R_c에서 이루어질 경우, 임대주택의 공급량이 임대료 규제 이전보다 적은 Q_2 수준으로 감소하게 된다. 그 결과 초과수요량은 $Q_1 - Q_2$으로, 단기 때보다 늘어나서 임차인 선별에 더 큰 어려움을 겪게 된다.

그리고 공급자는 정부가 정해준 임대료 R_c 이상을 받을 수가 없기 때문에 임대주택의 공급량이 Q_2 이상으로 늘어나지 않는다. 그래서 임대료 규제가 있을 경우, 실질적인 임대주택의 공급곡선은 abcd가 된다. 시장의 실질적인 임대료는 실질적인 공급곡선 abcd와 수요곡선 D가 마주치는 R_m이 된다. 실질적인 임대료는 규제 이전의 시장 임대료 R_0보다 높은 수준에 있다. 정부가 임대료를 R_c 이상으로 받지 못하도록 규제하고 있기 때문에 임대인은 뒷돈을 받거나 다른 공과금을 전가하는 방식으로 $R_m - R_c$ 부분을 보상받으려고 한다.

정부의 강력한 행정 제재로 $R_m - R_c$ 부분을 보상받지 못할 경우, 임대인은 임대주택을 유지·관리하지 않는다. 이렇게 될 경우, 임대주택의 질이 떨어져서 임차인은 결국 R_c 수준에 맞는 질 낮은 임대주택에 거주할 수밖에 없게 된다. 실제로 임대료 규제가 실시되면, 대부분의 임대주택들은 슬럼화 되어 임차인이 거주할 수 없는 수준으로까지 질이 떨어지게 되고, 더 나아가 주변지역까지 슬럼화 된다. 그래서 임대료 규제는 "도시를 파괴하는데 가장 좋은 방법(the best way to destroy a city)"이라는 비아냥 소리까지 들어야만 했다.[1]

---

1) Mankiw, N. Gregory, *Principles of Economics,* Dryden, 1997, p. 115.

그림 5-2 임대료 규제의 장기 효과

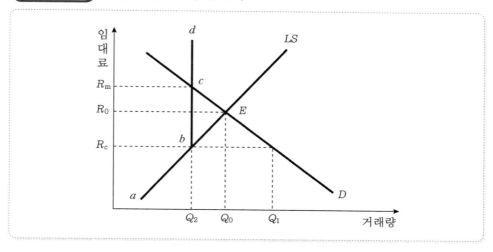

임대료 규제의 진화 | 임대료를 규제하는 목적은 임차인의 임대료 부담을 경
감시켜 주는데 있다. 그러나 이런 목적은 단기에만 부
분적으로 달성할 수 있고, 장기적으로는 이런 목적을 달성하지 못한다. 장기
에는 임대주택의 공급량이 감소하여 임대주택의 부족을 더욱 심화시킨다. 그
결과 기존 임차인은 임대료 규제의 혜택을 누리겠지만, 신규로 시장에 진입하
는 임차인은 임대주택을 찾지 못해 자가로 가는 수밖에 없다. 기존 임차인 또
한 임대료 외에 여러 명목으로 추가적인 비용을 부과받기 때문에 실질적인
거주 비용은 규제 이전보다 클 수도 있다. 또한 임대주택의 질이 하락하여,
결과적으로 임차인은 자신의 의지와 상관없이 질 낮은 임대주택에 거주하게
된다.

 이처럼 임대료 규제는 결과적으로 정책 목적을 달성하지 못하면서 임대주
택의 감소와 임대주택의 슬럼화라는 치명적인 부작용을 갖고 있어, 가장 나쁜
정부 규제 중의 하나로 인식되고 있다. 그럼에도 불구하고 여전히 많은 나라
에서 임대료 규제를 시행하고 있다. 이는 임대료 규제가 저소득층들로부터 표
를 얻을 수 있는 상당히 매력적인 정치구호가 될 수 있기 때문이다. 임대료
규제의 부작용은 장기에 나타나는 반면, 단기에는 규제의 효과가 부분적으로
나타난다는 점도 이 제도가 사라지지 않고 끈질기게 여러 나라에서 목격되는

이유 중의 하나이다. 그리고 일단 규제가 한번 도입되고 나면 규제로부터 수혜를 받는 사람들의 반발 때문에 쉽게 폐지되기 어려운 것도 임대료 규제가 오랫동안 여러 나라에서 남아 있는 이유 중의 하나이다.

임대료 규제는, 일단 한번 도입되면 폐지가 어려운 반면에 그에 따른 부작용은 심각하다 보니, 최근에는 여러 가지 완화된 형태로 진화하고 있다. 예를 들자면, 임대주택의 공급을 늘리기 위해 신규로 건설되는 임대주택에 대해서는 임대료 규제를 하지 않는 것이다. 임대료 수준이 아니라 임대료 상승률을 규제하는 경우도 있다. 임대차 계약시점의 임대료는 시장임대료 수준으로 하되, 매년의 임대료 상승률을 일정 수준 이하로 제한하는 것이다. 그리고 대개는 임대료를 규제하는 대신 정부에서 임대인에게 여러 가지 세제상의 혜택이나 저리자금 융자와 같은 지원을 제공하고 있다.

임대료 규제의 형태가 다양해지면서 최근에는 임대료 규제를 1세대, 2세대, 3세대로 나누기도 한다.[2] 1세대 임대료 규제는 임대료의 수준 자체를 동결하는 방식을 말한다. 위에서 본 임대료 규제의 장단기 효과는 1세대 임대료 규제를 전제로 한 것이다. 이를 흔히 임대료 동결(rent freezing)이라고 부르기도 한다. 2세대 임대료 규제는 임대료 상승률을 제한하는데 기존 임차인과의 재계약시뿐만 아니라 새로운 임차인과 신규 계약할 때에도 임대료 상승률을 제한하는 방식이다. 3세대 임대료 규제는 기존 임차인과 재계약할 때에만 임대료 상승률을 제한하고, 새로운 임차인과 신규 계약할 때에는 시장임대료로 계약하는 방식이다.

최근의 OECD 보고서에 따르면, 임대료 규제에 관한 설문조사에 응답한 35개의 OECD국가 중에서 24개 국가가 임대료 규제를 하고 있는데, 이들 국가들은 대부분 3세대 임대료 규제 내지 2세대 임대료 규제를 하고 있는 것으로 나타났다.[3]

---

2) 김경환, "전월세 상한제 도입에 대한 정책제언", 「부동산시장 동향분석」, KDI, 2011, pp. 159-182; Arnott, Richard, "Tenancy Rent Control", Swedish Economic Policy Review, Vol. 10, 2003, pp. 89-127; 이용만, "주택임대차보호법 개정에 따른 임대차시장의 변화: 정보비대칭 문제와 교체비용, 그리고 임대료의 변화", KDI, Working Paper, 2020. 9.
3) OECD, "PH6.1 Rental Regulation", OECD, "Affordable Housing Database", 2019 (http://oe.cd/ahd); 이용만, "주택임대차보호법 개정에 따른 임대차시장의 변화: 정보비대칭 문제와 교체비용, 그리고 임대료의 변화", KDI, Working Paper, 2020. 9.

(2) 분양가 규제

자산시장에서 부동산 가격을 통제하는 대표적인 사례가 분양가 규제이다. 분양가 규제는 신규분양주택의 분양가격을 정부가 정한 가격 이상으로 받지 못하도록 통제하는 제도이다. 분양가 규제를 실시하는 이유는 주택가격을 안정시키고, 무주택자들의 신규주택구입 부담을 덜어주기 위해서이다. 우리나라의 분양가 상한제는 분양가 규제의 대표적인 사례라고 할 수 있다.

분양가 규제의 효과 │ 분양가 규제는 보통 자산시장에서 신규분양주택에 적용된다. 신규분양시장에서는 공급곡선이 장·단기에 관계없이 우상향(右上向)하는 형태를 취한다. 규제가 없을 때에는 공급곡선과 수요곡선이 마주치는 E지점에서 균형을 이루고, 이때의 균형 분양가는 P_0이다. 이 상태에서 정부가 분양가를 P_c로 제한할 경우, 신규주택 개발량은 Q_1으로 제한된다. 따라서 신규분양주택의 공급량은 규제가 없을 때에 비해 $Q_0 - Q_1$ 만큼 줄어들어 신규분양주택의 품귀현상을 가져올 수 있다.

한편, 낮은 분양가 때문에 수요량은 Q_2로 증가하게 된다. 이에 따라 $Q_2 - Q_1$만큼의 초과수요가 존재하게 된다. 이 경우, '누구에게 분양주택을 배분할 것인가' 하는 문제가 발생하게 된다.

◑ 그림 5-3 분양가 규제의 효과

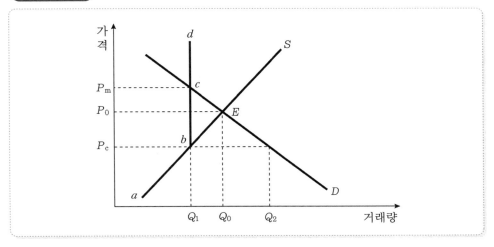

분양가 규제 하에서는 공급자가 신규분양주택을 Q_1 이상 공급하지 않으려고 하기 때문에 실제적인 공급곡선은 $abcd$가 된다. 이 경우 신규분양주택의 실질적인 시장 가격은 $abcd$와 수요곡선 D가 만나는 c점에서의 가격인 P_m이 된다. 실질적인 시장가격 P_m과 분양가격 P_c와 차액을 분양 프리미엄이라고 부른다. 공급자가 Q_1만큼 공급하였을 때, 총 분양 프리미엄은 bcP_mP_c이 된다. 이 분양 프리미엄은 일반적인 수분양자(신규주택 분양을 받은 사람)에게 돌아간다. 수분양자는 분양 프리미엄을 조기에 실현하기 위해 분양권을 매각하기도 한다.

분양가 규제가 실시되면, 분양가격이 시장가격보다 낮기 때문에 수분양자는 신규분양주택의 질이 다소 떨어지더라도 이를 감내할 의사가 있다. 더군다나 시장에는 신규분양주택을 분양받겠다고 사람들이 기다랗게 줄을 서고 있는 상황이라, 공급자는 주택의 질을 떨어뜨리더라도 주택을 분양하는데 별다른 어려움이 없다. 이런 이유에서 분양가 규제가 실시되면, 신규분양주택의 질은 하락하게 된다.

분양가 규제는 여러 가지 부작용을 잉태하기 때문에, 정부는 분양가 규제를 유지하기 위해 추가적인 규제나 지원책을 도입해야 한다. 예를 들어 우리나라에서는 분양가 상한제로 신규분양주택의 공급량이 감소하는 것에 대응하여 공기업을 통해 신규주택의 공급을 확대하고 시행사에 조세 및 금융상의 지원을 함으로써 공급량 감소가 최소화되도록 노력하고 있다. 초과수요에 대해서는 보통 무주택 기간, 주택청약예금이나 청약저축 가입기간 등을 고려하

🔎 **표 5-1** 분양가 상한제의 문제점과 보완책

문제점	보완책
신규주택 공급량 감소	공기업(주택토지공사)의 주택공급 확대 신규주택건설에 대한 조세 및 금융지원
초과수요	주택청약제도에 의한 분양주택 배분
분양 프리미엄	분양주택의 전매 제한
신규주택의 질 하락	분양가격 산정 시 우수 건설사에 대한 분양가 상향 조정
분양프리미엄이 높은 주택만 청약	대책 없음.

여 청약 대상자를 선정하고, 최종적으로는 추첨을 통해 수분양자를 선정한다. 그리고 분양 프리미엄이 발생하여 실질적으로 분양주택의 가격이 상승하는 문제에 대해서는 일정 기간 동안 전매를 제한함으로써 프리미엄의 실현 시기를 늦추기도 한다. 신규분양주택의 질이 하락하는 문제의 경우, 주택의 질을 분양가격 산정에 반영하는 방식을 취하고 있다. 즉, 분양주택의 질이 일정 수준 이상인 사업장에 대해서는 분양가격을 높여줌으로써 주택의 질을 높이고자 하는 인센티브를 제공해 주는 것이다.

이런 보완책에도 불구하고 분양가 규제는 그 본래의 정책 목적을 충분히 달성하지 못한다. 분양가 규제를 실시하더라도 신규주택 공급량이 감소함으로써 시장가격은 규제 이전보다 올라갈 수 있다. 또한 신규주택의 질이 하락함으로써 시장의 다양한 수요를 충족시켜주지 못한다. 다만, 분양가 상한제로 인해 무주택자들의 신규분양주택 구입부담이 줄어드는 효과는 있다. 그러나 이는 운 좋게 수분양자로 당첨된 사람에게만 해당하는 효과이다.

더 나아가, 무주택자들은 자신의 능력이나 선호와는 관계없이 분양 프리미엄이 높은 신규주택만 분양받고자 한다. 그 결과 일부 신규분양주택들은 미분양 되는 가운데, 분양 프리미엄이 높은 신규분양주택들은 천문학적인 청약 경쟁률을 보이기도 한다.

공공주택의 분양과 불하 | 분양가 규제는, 이 규제가 갖고 있는 부작용 때문에 대개 공공부문에서 공급하는 분양주택에 한정하거나 정부로부터 저렴하게 토지를 제공받아 공급되는 주택에 한정하는 것이 일반적이다. 그리고 이런 주택을 분양받을 수 있는 사람이 무주택자 등으로 제한되며, 이런 기회를 생애 한번만 주기도 한다.

우리나라의 분양가 상한제와 비슷하게 싱가포르에서도 주택을 저렴하게 분양하는 정책을 쓰고 있다. 영국을 비롯한 유럽 여러 나라에서는 공공임대주택을 임차인에게 불하하는 정책을 사용해 왔는데, 이때 불하 가격을 시장가격보다 저렴하게 하여 저소득 임차가구의 자가 소유를 촉진하고 있다.

2. 우리나라의 분양가 상한제

(1) 분양가 상한제의 역사

우리나라에서 신규분양주택에 대해 분양가격을 규제하기 시작한 것은 1977년부터이다. 이때에는 각 지자체에서 행정지도가격으로 분양가를 통제하였다. 처음에 이 행정지도가격은 규모에 관계없이 모든 분양주택에 일률적으로 적용되었다. 그러다 1982년 들어 국민주택규모(전용면적 85m^2 이하)를 초과하는 주택에 대해서는 행정지도가격을 다소 높여주었다.

원가연동제 ┃ 분양가 행정지도가격은 1989년 11월에 원가연동제로 바뀌었다. 원가연동제는 택지비와 건축비에 연동하여 분양가의 상한가격을 정하는 제도이다. 택지비는 택지분양가격(공공택지의 경우)이나 감정가격 및 장부가격(민간택지의 경우) 등을 고려하여 결정하도록 하였다. 그리고 건축비는 매년 물가상승률 등을 고려하여 담당 부서의 장(당시는 건설교통부 장관)이 결정하도록 하였다. 이때 건축비는 주택규모나 층에 따라 차이가 나도록 하였다.

원가연동제에 의한 분양가 규제는 1995년부터 조금씩 완화되기 시작하였다. 1995년 11월에는 강원도, 충북, 전북, 제주도의 85m^2 초과 주택에 대해 원가연동제를 적용하지 않기로 하였으며, 수도권 이외의 지역에서 공공택지 및 자금의 지원 없이 공정이 80% 이상인 주택에 대해서도 원가연동제를 제외하였다. 그리고 1996년 7월에는 단독 및 연립주택의 분양가와 전용면적 85m^2 초과 철골조 아파트의 분양가에 대해서도 원가연동제를 폐지하였다.

1997년 들어서는 분양가에 대한 규제 완화가 더욱 진전되었다. 1997년 1월에는 강원도, 충북, 전북, 제주도의 85m^2 이하 신규분양주택에 대해서도 원가연동제를 폐지하였다. 그리고 대전시, 충남, 경북, 경남의 85m^2 초과 신규분양주택에 대해서 원가연동제를 폐지하였다. 1997년 6월에는 수도권 이외 지역의 경우, 모든 신규분양주택에 대해 분양가 규제를 폐지하였다. 그리고 수도권 지역의 경우, 철골조 및 후분양 아파트에 대해서 분양가 자율화를 실시하였다.

1998년에 들어서는 수도권에 대한 분양가 규제도 폐지되기 시작하였다. 1998년 2월에는 수도권 지역의 민간택지에서 건설되는 아파트에 대해 원가연동제가 폐지되었다. 그리고 1998년 10월에는 수도권 지역의 공공택지에서 건설되는 아파트 중 전용면적 85m² 초과 아파트에 대해서도 원가연동제를 폐지하였다. 1998년 12월에는 수도권 지역의 공공택지에서 건설되는 아파트 중 전용면적 85m² 이하의 아파트에 대해서도 원가연동제를 폐지함으로써, 마침내 분양가 규제는 완전히 폐지되었다.

분양가 상한제 ┃ 분양가 규제는 분양가 상한제라는 이름으로 2005년에 다시 부활하였다. 신규주택 분양가격이 지속적으로 상승하여 무주택자들의 내집마련이 어려워지고, 건설업체들의 과다한 이익이 사회문제로 제기되면서 분양가에 대한 규제가 재도입되었던 것이다. 2005년 3월에 부활한 분양가 상한제는 처음에는 공공택지에서 건설되는 전용면적 85m² 이하의 주택에 대해서만 적용되었다. 2006년 2월에는 공공택지에서 건설되는 전용면적 85m² 초과 주택에 대해서도 분양가 상한제가 적용되기 시작하였다. 그리고 마침내 2007년 9월에는 공공택지에서 건설되는 주택이든 민간택지에서 건설되는 주택이든, 모든 주택에 대해 분양가 상한제가 적용되기 시작하였다.

그러다가 2009년 5월에 도시형생활주택의 분양가 상한제가 폐지되었고, 2010년 4월에 경제자유구역내 외자유치 촉진과 관련 있는 주택, 그리고 관광특구내 초고층건축물의 분양가 상한제가 폐지되었다.

그리고 2015년 4월에는 민간택지의 분양가 상한제는 폐지하되, 분양가 상한제 적용 지역으로 지정된 지역에서는 민간택지에 대해서도 분양가 상한제를 적용하는 것으로 바뀌었다. 분양가 상한제 적용 지역으로 지정하기 위해서는 주거정책심의위원회의 심의를 거쳐야 한다. 2021년 10월에는 공공주택 특별법에 따른 도심 공공주택 복합지구와 도시재생 활성화 및 지원에 관한 특별법에 따른 주거재생혁신지구도 분양가 상한제를 적용받는 지역으로 포함되었다(2022년 12월 말 현재 주택법 제57조).

분양가를 규제하는 제도가 처음 도입되었다가 점차 폐지되고, 또 다시 재도입되고 하는 과정은 주택가격의 변동과 상당히 밀접한 관계를 갖고 있다. 1989년 11월 이전까지만 하더라도 분양가 규제는 법적 근거 없이 행정지도에 의해 이루어졌다. 1980년대 중반부터 주택가격이 급격히 상승하자, 정부는 주택 200만호 건설에 착수하는 한편, 분양가 규제에 대한 법적 근거(원가연동제)를 만들어 보다 적극적으로 분양가를 규제하기 시작하였다.

1992년 들어 주택 200만호 건설 효과에 의해 주택가격이 일부 하락하기도 하자, 분양가 규제에 대한 회의가 확산되기 시작하였다. 이에 따라 원가연동제의 폐지가 논의되면서 1995년 11월부터 부분적으로 원가연동제가 폐지되기 시작하였다. 1997년 10월부터 시작된 외환위기는 원가연동제를 완전히 폐지하게 된 결정적 계기였다. 외환위기로 인해 건설업체의 부도가 이어지고, 주택가격이 큰 폭으로 하락하자, 더 이상 원가연동제를 지속할 명분이 없었던 것이다. 외환위기로 인한 주택시장의 급격한 침체에 따라 원가연동제는 1998년 12월에 완전히 폐지되었다.

분양가 상한제라는 이름으로 분양가 규제가 다시 부활하게 된 것은 1999년 말부터 시작된 주택가격의 급격한 상승 때문이다. 외환위기를 극복하는 과정 중에 저금리 체계가 지속되면서 주택가격이 급등하게 되었다. 각종 부동산 대책을 내놓았지만 별반 효과가 없자 2005년 3월부터 공공택지에서 분양되는 주택에 대해 분양가를 규제하기 시작하였다. 공공택지에 대한 분양가 규제를 포함하여 각종 규제에도 불구하고 주택가격이 계속 상승하자, 2007년 9월에는 신규 분양되는 모든 주택에 대해 분양가 상한제를 실시하였다.

🌀 그림 5-4 **아파트 가격 상승률과 분양가 규제 정책**

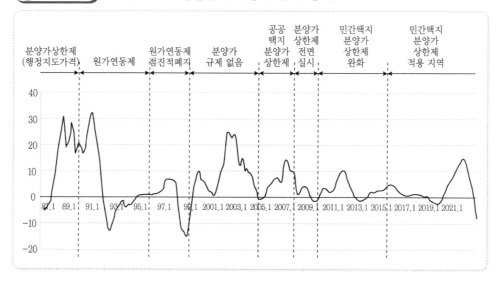

그러나 2008년부터 세계적인 금융위기로 인해 수도권의 주택가격이 장기간 침체 상태에 있자, 이번에는 분양가 상한제를 폐지하자는 움직임이 일었다. 이런 움직임에 따라 2009년에는 도시형생활주택의 분양가가 자율화되었고, 2010년에는 경제자유구역 내 주택과 관광특구 내 초고층 주택의 분양가가 자율화되었다.

그러다가 2015년 4월에 민간택지에 대해 분양가를 자율화하되, 주택가격 상승의 우려가 있어 국토교통부장관이 주거정책심의위원회 심의를 거쳐 지정하는 지역에서는 분양가 상한제를 적용하는 것으로 제도가 바뀌었다. 공공택지에서는 여전히 분양가 상한제가 적용된다.

2017년부터 서울과 수도권을 중심으로 아파트 가격이 빠르게 상승하자, 정부는 민간택지에 대한 분양가 규제를 강화하기 위해 분양가 상한제 적용 지역의 지정요건을 완화하였다. 이전에는 '3개월간 매매가격상승률이 10% 이상인 지역'에서 분양가 상한제 적용 지역을 지정할 수 있었는데, 2017년 11월부터는 '3개월간 주택가격상승률이 소비자물가상승률의 2배를 초과하는 지역'에서 분양가 상한제 적용 지역을 지정하도록 바뀌었다. 그리고 2019년 10월부터는 투기과열지구 중에서 주택가격이 급등하거나 급등할 우려가 있는 지역을 선별하여 분양가 상한제 적용 지역을 지정하도록 바뀌었다(2022년 12월 말 현재 주택법 시행령 제61조).

(2) 분양가 상한제 관련 제도들

우리나라의 분양가 상한제는 주택법 제57조에 근거하고 있다. 30호 이상의 공동주택을 공공택지나 분양가 상한제 적용 민간택지에서 공급하고자 하는 주택건설사업자는 주택법 제57조에서 정하는 분양가격 이하로 분양을 하여야 한다(2017년 12월 말 현재 기준. 이하 동일). 민간택지 중 분양가 상한제가 적용되는 지역은 주택법 시행령 제61조에서 정하는 지정기준에 충족되는 지역4) 중에서 국토교통부장관이 주거정책심의위원회 심의를 거쳐 지정된다.

분양가 상한제 대상이 아닌 공동주택이라 하더라도 주택건설사업자들은

---

4) 2018년 2월 기준으로 1) 직전월부터 12개월간 아파트 분양가격상승률이 물가상승률의 2배를 초과한 지역, 2) 직전월부터 3개월간 주택매매거래량이 전년 동기 대비 20% 이상 증가, 3) 직전월부터 2개월 동안 주택의 청약경쟁률이 모두 5대 1을 초과하였거나 국민주택규모 주택의 월평균 청약경쟁률이 모두 10대 1을 초과한 지역을 말한다.

분양가격에 대해 암묵적인 제한을 받는다. 공동주택을 분양하고자 하는 주택건설사업자는 지방자치단체로부터 입주자모집승인을 받아야 하는데, 이때 지방자치단체는 분양가격에 대해 이른바 행정지도를 통해 가격을 낮추도록 유도하기도 한다. 또 분양보증을 해주는 주택도시보증공사에서도 보증서를 발급할 때 너무 높은 분양가격에 대해서는 가격을 낮추도록 요구하기도 한다.

분양가격 산정방식 │ 분양가격은 택지비와 건축비로 구성되며, 건축비는 기본형건축비와 건축비 가산비용으로 구성된다. 그리고 기본형건축비는 지상층 건축비와 지하층 건축비로 구분된다.

택지비의 경우, 공공택지(공공기관이 개발한 택지)는 해당 택지의 공급가격에다가 기타 관련 비용을 더한 금액을 택지비로 계산하도록 되어 있다. 그리고 공공택지 이외의 택지는 감정평가 가격에다가 관련 비용을 더한 금액을 택지비로 계산하나, 실제 매매가격을 확인할 수 있는 경우에는 감정평가가격의 120% 한도 내에서 해당 매매가격에다가 관련 비용을 더한 금액을 택지비로 계산하도록 되어 있다.

택지비와 건축비에 대한 보다 자세한 규정은 국토교통부령인 "공동주택 분양가격의 산정 등에 관한 규칙"에서 찾아볼 수 있다. 이 규칙에 따르면, 택지비의 관련비용으로 인정되는 항목으로는 연약지반 공사비, 암석지반 공사비, 흙막이 및 차수벽 공사비 등이 있으며, 방음시설 설치비, 택지대금에 대한 기간이자, 제세공과금, 감정평가수수료, 저장물 철거비용 등도 관련비용으로 인정된다.

건축비의 경우, 국토교통부 장관은 건설공사비지수와 기본형건축비를 매년 3월 1일과 9월 1일 두 차례 고시하도록 되어 있다. 기본형 건축비 외에 가산되는 비용으로는 테라스 설치비용이라든가 인텔리전트설비 설치비용 등이 있으며, 초고층 아파트, 철골조 주택, 주택성능등급이나 소비자만족도 우수업체가 건설하는 주택 등에 대해서도 가산비용이 인정되고 있다.

주택청약제도 │ 분양가상한제를 실시하게 되면, 초과수요 때문에 분양주택을 배분하는 문제가 발생한다. 분양주택의 배분방식은 국토교통부령인 "주택공급에 관한 규칙"에서 규정하고 있다.

분양주택의 배분방식을 보면, 먼저 주택건설사업자로부터 주택을 분양받고자 하는 사람은 주택청약신청을 해야 한다. 정부는 일정한 절차를 통해 주택청약자로부터 수분양자(주택을 분양받은 사람)를 선택하는데, 주택청약자수를 제한하기 위해 일정한 자격요건을 갖춘 사람만이 청약을 하도록 하고 있다. 청약을 위한 자격요건은 순위별로 다르게 정하고 있으며, 순위 내에서 경쟁이 있을 경우에는 가점제와 추첨제 등을 사용하여 수분양자를 선택하고 있다.

이와 같은 청약요건이나 순위, 순위 내 경쟁에서 수분양자 선정 방식은 주택규모나 주택건설사업자의 성격에 따라 다르고, 특별분양 방식도 있는 등 그 절차가 매우 복잡다기하다. 뿐만 아니라 이런 청약요건이나 절차 등이 수시로 바뀌고 있어 주택배분절차를 정확하게 알고 있기가 쉽지 않다.

먼저 청약요건이나 순위, 순위 내 경쟁에서 수분양자 선정 방식은 주택규모가 $85m^2$ 이하냐 아니면 $85m^2$ 초과냐에 따라 다르고, 주택이 국민주택이냐 민영주택이냐에 따라 다르다. 여기서 국민주택이라 함은 주택도시기금 등으로부터 재정지원이나 융자지원을 받는 주택 또는 공공기관이 공급하는 주택 중 전용면적이 $85m^2$ 이하인 주택을 말한다. 민영주택은 국민주택을 제외한 주택을 말한다.

분양주택의 청약 및 배분요건은 매우 복잡다기할 뿐만 아니라 시기에 따라 수시로 바뀌고 있기 때문에 전문가라 하더라도 정확하게 알고 있기가 어렵다. 2023년 1월 1일 기준으로 분양주택의 청약 및 배분 요건을 보면, 분양주택의 공급방법에는 일반공급과 우선공급, 그리고 특별공급이 있다. 이 중에서 국민주택의 일반공급 방법을 보면, 국민주택은 해당 주택건설지역(주택을 건설하는 특별시·광역시·특별자치시·특별자치도 또는 시·군을 말한다)에 거주하는 무주택세대구성원(세대원 전원이 무주택인 가구의 구성원)만이 청약자격을 갖는다. 단, 수도권 등 일부 권역에서는 해당 주택건설지역에 거주하지 않는 사람이라도 권역이 같을 경우에는 부분적으로 청약자격이 주어진다. 다만, 투기과열지구나 청약과열지구의 경우5) 청약자는 세대주로서, 과거 5년 이내 세대원 전체가 다른 주택에 당첨되지 않았어야 한다.

---

5) 투기과열지구란 주택법 제63조에 의해 지정되는 지역으로, 주택에 대한 투기가 성행하고 있거나 성행할 우려가 있는 지역 중에서 지정된다. 청약과열지구란 주택법 제63조의2에 의해 지정되는 조정대상지역 중 주택분양 등이 과열되어 있거나 과열될 우려가 있는 지역을 말한다.

이들 청약자격자 중에서는 청약저축 가입기간에 따라 1순위와 2순위가 결정된다. 투기과열지구 또는 청약과열지구는 청약저축에 2년 이상 가입하고 24회 이상 납입해야 1순위가 된다. 수도권 일반지역에서는 청약저축에 1년 이상 가입하고 12회 이상 납입해야 1순위가 된다. 비수도권 일반지역에서는 청약저축에 6개월 이상 가입하고 6회 이상 납입해야 1순위가 된다. 순위 내에서 경쟁이 있을 경우, 40m^2 초과 주택에서는 3년 이상 무주택이고 청약저축 총액이 많은 사람에게 우선권이 있고, 그 다음에는 청약저축 총액이 많은 사람에게 우선권이 있다. 40m^2 이하 주택에서는 3년 이상 무주택이고 청약저축 납입횟수가 많은 사람에게 우선권이 있고, 그 다음에는 청약저축 납입횟수가 많은 사람에게 우선권이 있다. 이런 우선순위에도 불구하고 여전히 경쟁이 있을 경우에는 최종적으로 추첨에 의해 당첨자를 결정한다.

민영주택 일반분양의 경우, 해당 주택건설지역에 거주하는 성년이라면 청약 자격이 주어진다. 수도권 등 일부 권역에서는 해당 주택건설지역에 거주하지 않더라도 해당 권역에 거주하면 청약 자격이 일부 주어지기도 한다. 다만, 투기과열지구나 청약과열지구의 경우, 청약자는 세대주로서, 과거 5년 이내 다른 주택에 당첨된 자의 세대에 속하지 않아야 하고, 2주택 이상 소유한 세대에 속하지 않아야 한다.

민영주택 일반분양의 청약은 청약저축 가입기간과 저축액에 따라 1순위와 2순위가 결정된다. 투기과열지구 또는 청약과열지구는 청약저축에 2년 이상 가입하고 저축액이 일정 수준 이상이어야 1순위가 된다. 수도권 일반지역은 청약저축 가입기간이 1년 이상이고 저축액이 일정 수준 이상이어야 1순위가 된다. 비수도권 일반지역은 청약저축 가입기간이 6개월 이상이고 저축액이 일정 수준 이상이어야 1순위가 된다. 저축액은 지역에 따라, 그리고 주택면적에 따라 다르다. 특별시 및 부산광역시는 최소 300만원에서 최대 1,500만원이어야 하고, 그 밖의 광역시는 최소 250만원에서 최대 1,000만원이어야 한다. 나머지 지역은 최소 200만원에서 최대 500만원이어야 한다. 순위 내에서 경쟁이 있을 경우, 가점제와 추첨제에 의해 분양 대상자가 결정되며, 여기서도 경쟁이 있을 경우에는 최종적으로 추첨에 의해 결정된다.

한편 시·도지사는 청약 과열이 우려될 경우, 청약저축 가입기간과 납입횟수를 2배까지 늘릴 수 있다. 또 거주 지역 조건에서 일정 기간 해당 지역에서 거주한 사람에게 청약 자격을 부여할 수도 있다. 특히 투기과열지구에서는 2년 이상의 거주기간 조건을 붙이도록 되어 있다.

🎯 표 5-2 | **분양주택 청약 및 배분요건(2023년 1월 1일 현재)**

구분	국민주택 일반공급	민영주택 일반공급
투기과열지구, 청약과열지구	<1순위> - 청약저축가입 2년 이상, 24회 이상 납입 - 세대주로서, 과거 5년 이내 세대원 전체가 다른 주택에 당첨되지 않았을 것 <순위 내 경쟁 시 배분방법> - 40m² 초과: ① 3년 이상 무주택자 및 저축총액 많은 자, ② 저축총액 많은 자 - 40m² 이하: ① 3년 이상 무주택자 및 납입횟수 많은 자, ② 납입횟수 많은 자	<1순위> - 청약저축가입 2년 이상, 24회 이상 납입 - 세대주로서, 과거 5년 이내 세대원 전체가 다른 주택에 당첨되지 않았을 것 - 2주택 이상 소유한 세대에 속하지 않을 것 <순위 내 경쟁 시 배분방법> - 가점제와 추첨제에 의해 선정
수도권 일반지역	<1순위> - 청약저축가입 1년 이상, 12회 이상 납입 <순위 내 경쟁 시 배분방법> - 위의 방식과 동일	<1순위> - 청약저축가입 1년 이상, 12회 이상 납입 <순위 내 경쟁 시 배분방법> - 가점제와 추첨제에 의해 선정
비수도권 일반지역	<1순위> - 청약저축가입 6개월 이상, 6회 이상 납입 <순위 내 경쟁 시 배분방법> - 위의 방식과 동일	<1순위> - 청약저축가입 1년 이상, 12회 이상 납입 <순위 내 경쟁 시 배분방법> - 가점제와 추첨제에 의해 선정

〈민영주택 가점제 비율〉

구분	85m² 이하	85m² 초과
수도권 공공택지	100%	50% 이하
투기과열지구	100%	50%
청약과열지구	75%	30%
기타 지역	40% 이하	0%

가점제란 무주택기간, 부양가족수, 입주자저축기간에 따라 점수를 달리 하여 높은 점수를 받은 청약자를 수분양자로 선정하는 제도이다. 각 조건별 만점은 무주택기간이 32점, 부양가족수가 35점, 입주자저축기간이 17점으로 총 84점 만점 기준이다. 무주택기간은 15년 이상일 때 만점을 받으며, 부양가족수는 6명 이상일 때 만점을 받는다. 그리고 입주자저축기간은 15년 이상일 때 만점을 받게 된다.

가점제는 지역에 따라 적용비율이 다르다. $85m^2$ 이하 주택의 경우, 수도권 공공택지는 100% 가점제로 순위를 정하고, 투기과열지구도 100% 가점제로 순위를 정한다. 청약과열지구는 75%를 가점제로 하고, 기타 지역은 40% 이하의 비율로 지자체장이 결정한다. $85m^2$ 초과 주택의 경우, 수도권 공공택지는 50% 이하에서 지자체장이 결정한다. 그리고 투기과열지구는 50%를 가점제로, 청약과열지구는 30%를 가점제로 순위를 정한다.

그리고 이런 일반적인 청약절차(일반공급) 외에 정책적 배려가 필요한 계층에게 주택을 특별히 분양하는 절차가 있다. 이를 특별공급이라고 부르는데, 대표적인 예가 다자녀특별공급이다. 이 밖에 노부모부양특별공급, 신혼부부특별공급, 생애최초특별공급 등이 있다. 이밖에 일반공급과 특별공급 외에 우선공급 제도도 있다. 보통은 해당 주택건설지역에 일정 기간 이상 거주하고 있는 자에게 우선적으로 공급하는 방식으로 우선공급 제도를 운영하고 있다.

분양주택의 전매제한 | 한편 분양가 상한제는 수분양자에게 분양프리미엄을 제공해 주기 때문에 분양프리미엄의 실현시기를 늦추고, 실수요자가 아닌 사람의 분양신청을 억제하기 위해 정부는 분양주택의 전매제한 규정을 두고 있다.

분양가 상한제 주택의 전매제한은 주택법 제64조와 주택법 시행령 제73조에 규정되어 있는데, 수도권이냐 비수도권이냐에 따라, 그리고 공공택지이냐 민간택지이냐에 따라 전매제한기간이 다르다. 또한 분양가격의 수준에 따라, 그리고 투기과열지구 여부와 조정대상지역 여부에 따라서도 전매제한기간이 다르다. 이밖에 주택규모에 따라, 개발제한구역 해제지역 여부에 따라 전매제한기간이 다르기도 하였다. 이처럼 전매제한기간은 상당히 복잡하게 규정되어 있는데, 그마저도 시장상황에 따라 규정이 달라지고 있어서 전문가라 하더라도 정확한 규정을 숙지하기 어려울 정도로 복잡하다.

🎯 표 5-3 │ **분양주택의 전매제한기간(2022년 12월 말 기준)**

구 분				투기과열지구	투기과열지구 외의 지역
분양가 상한제 적용	수도권	공공 택지	분양가격≥인근매매가격 100%	5년	3년
			분양가격≥인근매매가격 80%	8년	6년
			분양가격<인근매매가격 80%	10년	8년
		민간 택지	분양가격≥인근매매가격 100%	5년	–
			분양가격≥인근매매가격 80%	8년	–
			분양가격<인근매매가격 80%	10년	–
	비수도권 (광역시)	공공택지		4년	3년
		민간택지		3년	–
		투기과열지구의 특별공급 주택		5년	–
		행복도시 특별공급 주택		8년	5년
분양가 상한제 적용 제외 민간택지	투기과열지구의 특별공급 주택			5년	
	수도권	과밀억제권역 및 성장관리권역		소유권등기이전일까지(3년까지)	
		자연보전권역		6개월	
	비수도권 (광역시)	도시지역		소유권등기이전일까지(3년까지)	
		도시지역 외		6개월	

* 위에 해당하지 않는 투기과열지구에서 공급되는 주택: 소유권등기이전일까지(5년까지)
** 위에 해당하지 않는 조정대상지역(과열지역)에서 공급되는 주택: 소유권등기이전일까지(3년까지)
*** 적용 대상이 중복될 경우, 가장 긴 전매제한기간을 적용

　그럼에도 불구하고 대략적인 전매제한기간의 짧고 긴 유형이 존재하는데, 민간택지보다는 공공택지의 전매제한기간이 길고, 비수도권보다는 수도권의 전매제한기간이 길다. 그리고 분양가격이 인근 시세에 비해 낮을수록 전매제한기간이 길며, 투기과열지구에서 전매제한기간이 투기과열지구 이외의 지역보다 길다. 이런 전매제한기간 규제는 시기에 따라 달라지기도 하는데, 미분양 주택이 많고 주택가격이 안정되거나 하락하는 시기에는 전매제한기간이 짧아지는 경향을 보이며, 반대로 미분양 주택이 적고 주택가격이 상승하는 시기에는 전매제한기간이 길어지는 추세를 보인다.

　2022년 12월 말 기준으로, 분양주택은 주택법에 의해 전매제한 기간이 10

년 이내에서 정해지도록 되어 있다. 분양주택 중에서 분양가 상한제 적용 주택의 경우에는 수도권 여부와 투기과열지구 여부, 그리고 공공택지 여부와 분양가격의 수준에 따라 전매제한기간이 달라진다. 수도권의 경우, 투기과열지구에서는 공공택지이든 민간택지이든 간에 분양가격이 인근지역의 주택매매가격의 100% 이상일 경우 전매제한기간이 5년이다. 분양가격이 인근지역 주택매매가격의 80% 이상 100% 미만일 경우에는 전매제한기간이 8년이고, 분양가격이 인근지역 주택매매가격의 80% 미만일 경우에는 전매제한기간이 10년이다. 그러나 투기과열지구 외의 경우에는 공공택지에서만 분양가격 수준에 따라 전매제한기간이 달라진다. 투기과열지구 외의 지역에서 공공택지의 분양주택은 분양가격이 인근지역의 주택매매가격의 100% 이상일 경우 전매제한기간이 3년이다. 분양가격이 인근지역 주택매매가격의 80% 이상 100% 미만일 경우에는 전매제한기간이 6년이고, 분양가격이 인근지역 주택매매가격의 80% 미만일 경우에는 전매제한기간이 8년이다.

비수도권 지역(광역시만 해당)에서 분양가 상한제가 적용되는 경우, 공공택지는 전매제한기간이 투기과열지구에서는 4년이고, 투기과열지구 외에서는 3년이다. 민간택지는 투기과열지구에서는 전매제한기간이 3년이다. 비수도권 지역(광역시만 해당) 중 투기과열지구에서 장애인, 신혼부부 등에게 특별 공급되는 분양주택은 공공택지이든 민간택지이든 간에 전매제한기간이 5년이다. 행정중심복합도시(세종시)에서의 특별공급 분양주택은 전매제한기간이 투기과열지구일 경우 8년, 투기과열지구 외의 지역일 경우 5년이다.

분양주택의 전매제한은 분양가 상한제가 적용되는 주택에만 있는 것이 아니다. 분양가 상한제가 적용되지 않는 민간택지의 경우, 투기과열지구의 특별공급 분양주택은 전매제한기간이 5년이다. 수도권의 과밀억제권역과 성장관리권역, 그리고 비수도권(광역시만 해당)의 도시지역은 소유권등기이전일까지 전매가 제한되는데, 소유권등기이전일이 3년을 넘을 경우 3년까지만 적용된다. 수도권의 자연보전권역과 비수도권(광역시만 해당)의 비도시지역은 전매제한기간이 6개월이다.

이상의 내용에 해당하지 않는 투기과열지구에서의 분양주택은 전매제한기간이 소유권이전등기일까지인데 소유권이전등기일이 5년을 넘을 경우, 최대 5년까지 전매제한이 된다. 그리고 이상의 내용에 해당하지 않는 조정대상지역에서의 분양주택은 전매제한기간이 소유권이전등기일까지이되, 최대 3년을 넘지 않는다.

이렇게 전매제한기간의 적용 조건이 다양하다 보니, 적용 대상이 중복될 수 있다. 이 경우에는 가장 긴 전매제한기간을 적용받는다.

거주의무기간 | 분양가 상한제 적용 주택을 분양받은 사람들 중 일부는 일정 기간 동안 실거주해야 하는 의무까지 부여받는데, 이를 거주의무기간이라고 부른다. 거주의무 기간 규제는 2021년 1월에 처음 도입되었다. 이 당시에는 수도권에서 분양가 규제로 인해 분양가와 시세와의 차이가 많이 나자, 전매제한기간을 10년 가까이 부여하더라도 분양주택에 대한 청약 과열이 극심하였다. 그래서 전매제한기간 규제 외에 거주의무기간 규제가 도입되었던 것이다.

주택법 제57조의 2에 따르면, 분양주택에 입주하는 사람은 입주가능일로부터 5년 이내의 범위에서 거주의무기간이 부여될 수 있다. 구체적인 거주의무기간은 주택법 시행령 제60조의 2에 규정되어 있는데, 시기에 따라 거주의무기간 규제가 적용되는 주택이 다르고, 거주의무기간도 다르다.

2022년 12월 말 기준으로 보면, 거주의무기간은 분양가 상한제가 적용되는 주택 중에서 수도권에 있는 주택에만 부여된다. 수도권에서 공공택지의 경우, 분양가가 인근지역 주택매매가격의 80% 이상 100% 미만이면 3년간, 분양가가 인근지역 주택매매가격의 80% 미만이면 5년간 거주의무기간이 주어진다. 수도권에서 민간택지의 경우, 분양가가 인근지역 주택매매가격의 80% 이상 100% 미만이면 2년간, 분양가가 인근지역 주택매매가격의 80% 미만이면 3년간 거주의무기간이 주어진다.

분양가 상한제가 적용되지 않는 분양주택이라 하더라도 분양가 상한제와 유사하게 분양가격이 시세보다 낮게 책정되는 주택에도 일부 거주의무기간이 부여된다. 행정중심복합도시(세종시) 중 투기과열지구에서 특별 공급된 분양주택의 경우, 3년간의 거주의무기간이 부여된다. 또 도시 및 주거환경정비법에 따른 공공재개발사업의 분양주택에 대해서도 분양가가 인근지역 주택매매가격의 100% 미만일 경우, 2년간의 거주의무기간이 부여된다.

3. 우리나라의 임대료 규제

주택 임대료 규제 | 우리나라에서 임대료 규제는 주택과 상가 부문에서 부분적으로 실시되고 있다. 먼저 주택의 경우, 주택임대차보호법에 의해 임대료 규제가 이루어지고 있는데, 2020년 7월 이전과 이후의 임대료 규제가 다르다. 2020년 7월 이전에는 주택임대차보호법에 임대료 규제에 대한 규정이 있기는 하지만, 상징적 의미만 갖고 있었다.

2020년 7월 이전의 주택임대차보호법에 따르면, 주택의 임대차 기간은 기본적으로 2년이다. 재계약 시 임대료(보증금과 월세)는 5% 이내에서 증액할 수 있다. 이때 보증금을 월세로 바꿀 때에는 보증금에다가 시행령에서 정한 비율을 곱하여 월세로 전환해야 하는데, 이 비율은 '기준금리+3.5%'와 대출금리, 그리고 연 10% 중에서 작은 쪽을 기준으로 해야 한다.

임대료 인상률이 5%로 제한되어 있기는 하지만, 이를 어겼을 때의 처벌조항이 없고, 임대차 계약기간이 2년이기 때문에 5% 인상률 제한은 별 의미를 갖지 못했다. 예를 들어 2년의 임대차 계약기간이 끝난 후, 임차인이 재계약을 원할 때 시장 임대료가 5% 이상으로 올라 임대인이 임대료를 5% 이상 인상하고자 하면 임차인은 이를 수용할 수밖에 없다. 이를 수용하지 않으면 임대인은 다른 임차인과 계약을 하려고 할 것이고, 임차인은 재계약을 하지 않고 다른 주택으로 이사하더라도 어차피 임대료를 5% 이상 올려줄 수밖에 없기 때문이다.

그러나 2020년 7월에 주택임대차보호법이 개정되면서 주택의 임대료 규제는 실질적 의미를 갖게 되었다. 2020년 7월에 개정된 주택임대차보호법은 임차인의 '계약갱신권'과 '강제적인 임대료 규제'를 특징으로 한다. 그래서 이를 임대차2법이라고 부르기도 한다.

여기서 임차인의 계약갱신권이란 임차인이 1회에 한해 임대차 계약을 갱신할 수 있는 권리를 말한다. 일반적으로 임대차 계약기간은 2년이기 때문에 임차인은 2년간의 임대차 계약기간이 끝나면 다시 2년간 임대차 기간을 연장할 수 있다. 이때 임대인은 본인이 직접 거주하거나 임차인이 임대료를 체납할 때에만 계약 갱신을 거부할 수 있다. 계약 갱신 시 임대인은 임대료를 5%

이내에서만 인상할 수 있다. 각 시·도는 조례에 의해 임대료 상승률을 5% 이내에서 별도로 정할 수도 있다. 만약 임대인이 임대료를 5% 초과하여 인상하면, 임차인은 그 차액을 환불받을 수 있고, 주택임대차분쟁조정위원회에 조정 신청을 할 수가 있다. 그리고 보증금을 월세로 바꿀 때 적용되는 전환 비율도 '기준금리+3.5%'에서 '기준금리+2%'로 바뀌었다.

다만, 임차인의 계약갱신권은 1회만 인정되기 때문에 계약 갱신이 한번 일어나고 나면, 임대인은 더 이상의 계약 갱신을 하지 않고 새롭게 임차인을 구할 수 있다. 이때에는 시장임대료로 계약을 할 수가 있다. 따라서 임차인은 임대주택에 총 4년간 거주할 수 있고, 2년차에 임대료를 5% 이내에서 인상해 주면 된다.

이런 점에서 2020년 7월 이후의 주택임대차보호법 개정에 의한 임대료 규제는 3세대 임대료 규제라고 할 수 있다. 임차인이 거주하는 동안(최소 4년)에는 계약 갱신 시 5% 이내에서만 임대료를 인상할 수 있으며, 다른 임차인과 신규 계약이 이루어지면 시장임대료로 계약을 할 수 있다.

3세대 임대료 규제에서는 기존 임차인이 거주하는 동안에만 임대료 규제를 받기 때문에 최초 임대차 계약 시 미래의 임대료 상황을 고려하여 임대료를 설정하게 된다. 예를 들어, 현재 시장의 월 임대료가 m^2당 월 1만원이고, 2년 뒤 시장 임대료가 10% 상승할 것으로 예상된다고 가정해 보자. 그런데 2년 뒤 계약 갱신이 일어나면, 주택임대차보호법 때문에 임대료를 5%까지밖에 인상할 수 없다. 이런 사실을 알고 있는 임대인은 처음 임대차계약을 할 때 미래의 임대료 상승을 고려하여 미리 임대료를 높이 받으려고 할 것이다.

실제로 주택임대차보호법 개정 이전에는 전국의 아파트전세가격은 전년 동기로 1% 내외로 상승하였으나(한국부동산원의 전국주택가격동향조사 아파트전세가격지수 기준), 주택임대차보호법 개정 이후에는 10% 넘게 상승을 한 바가 있다. 한국부동산원의 전국주택가격동향조사가 실제 거래가격의 변화를 저평가하고 있음을 고려한다면, 주택임대차보호법 개정 이후 아파트 전세가격은 지수 상의 상승률보다 훨씬 더 많이 올랐을 것으로 보인다.

상가 임대료 규제 | 상가 임대료에 대한 규제는 주택임대료에 대한 규제와 유사하다. 상가 임대료에 대한 규제는 상가건물임대차보

호법에 규정되어 있다. 상가건물임대차보호법에 의해 보호대상이 되는 상가는 보증금액이 일정액 이하인 상가에 한정된다. 이 보증금 규모는 지역별로 다르다. 2022년 12월 말 현재 기준으로 상가건물임대차보호법의 보호대상이 되는 상가는 서울시의 경우 보증금이 9억원 이하이어야 하고, 수도권 과밀억제권역 및 부산광역시는 6억 9천만원 이하, 광역시와 세종시, 파주시, 화성시, 안산시, 용인시, 김포시, 광주시는 5억 4천만원 이하, 기타 지역은 3억 7천만원 이하이어야 한다. 이때 보증금에는 매월 받는 임대료를 보증금으로 환산한 금액까지 포함이 된다. 월 임대료를 보증금으로 환산할 때에는 월 1%의 전환율을 사용한다.

상가건물임대차보호법에 의하면, 상가 임대기간은 1년까지 보장되지만 임차인은 10년간 계약을 갱신할 수 있는 계약갱신요구권을 갖고 있다(2018년 10월 이전에는 5년간 계약갱신 가능하였다). 즉, 임차인이 요구할 경우 임대인은 10년간 임대차계약을 유지해야 하는 것이다. 임대차계약을 연장할 때 임대인은 임대료를 인상할 수는 있다. 이전에는 연 9% 이내에서만 인상할 수 있었는데, 2018년 1월부터는 연 5% 이내에서 인상할 수 있다(상가임대차보호법 시행령 제4조). 따라서 임대인은 10년간 임대료의 인상을 연 5%로 제한을 받는다. 보증금을 월 임대료로 전환할 때에는 기준금리의 4.5배, 대출금리, 연 12% 중에서 작은 쪽을 사용하여 전환하여야 한다.

🔍 표 5-4 **상가건물임대차보호법의 보호대상 상가(2022년 12월 말 기준)**

지역	보호대상 상가
서울시	보증금 9억원 이하 상가
수도권 과밀억제권역 및 부산광역시	보증금 6억 9천만원 이하 상가
광역시(군지역 제외), 세종시, 파주시, 화성시, 안산시, 용인시, 김포시, 광주시	보증금 5억 4천만원 이하 상가
기타 지역	보증금 3억 7천만원 이하 상가

임대인은 10년간 계약을 지속할 수밖에 없기 때문에 10년간의 연 임대료 상승률이 5%를 넘을 것이라고 생각한다면, 최초 계약시점에 미리 임대료를 높여 받을 것이다. 이런 상태에서 예상치 않은 인플레이션(inflation)이 발생할

경우, 임대인은 손실을 입게 된다(임차인은 이익을 얻게 된다). 예상치 않은 디플레이션이 발생하면, 임차인이 손실을 입게 된다(임대인은 이익을 얻게 된다). 그러나 이 경우에는 임차인이 계약을 연장하지 않으려고 할 것이기 때문에 임대인은 예상치 않은 디플레이션으로부터 이익을 얻기가 어렵다.

한편 상가건물임대차보호법은 보증금이 일정 금액 이하인 상가(보호대상 상가)뿐만 아니라 이를 초과하는 상가에 대해서도 임차인에게 계약갱신요구권을 부여한다. 즉, 보증금이 일정 금액 초과하는 상가라도 임차인은 10년간 계약을 갱신할 권리를 갖는 것이다. 그러나 보증금이 일정 금액 초과하는 상가는 계약을 갱신할 때 임대료 상승률에 제한을 받지는 않는다.

제 2 절 부동산 보조금 제도

1. 임대료 보조금

보조금 제도는 정부가 특정한 목적을 위해 가계나 기업에 무상으로 자금을 지급해 주는 제도이다. 부동산 시장에서는 임차인에 대해 주거보조금을 지원해주는 제도가 가장 일반적으로 사용되는 보조금 제도이다. 임차인에게 주어지는 주거보조금을 흔히 임대료 보조금이라고 부른다.

일반적으로 임대료 보조금은 저소득 임차인의 주거비 부담을 덜어줌으로써 이들이 인간다운 삶을 살기 위해 필요한 최소한의 주거서비스를 소비할 수 있도록 하기 위해 도입된다. 서구에서 임대료 보조금 제도는 임대료 규제의 대안으로 많이 사용되고 있다.

임대료 보조금의 효과 | 임대료 보조금을 지급하면, 주거서비스에 대한 수요곡선이 해당 보조금만큼 상향으로 이동하게 된다. 예를 들어 임차인에게 s원의 보조금이 지급될 경우, 임차인이 지불하고자 하는 최대 임대료 수준은 s원만큼 증가하게 된다. 이 때문에 임대료 보조금을 지급하면, 수요곡선이 해당 보조금만큼 상향 이동하게 된다.[6]

---

6) 단, 임대료 보조금의 일부를 다른 용도로 사용하지 않는다는 전제가 필요하다. 만약 임대료 보조

임대료 보조금 제도에 의해 주거서비스에 대한 수요곡선이 상향으로 이동하였을 때, 이 제도가 주거서비스 시장에 미치는 영향은 단기와 장기에 따라 다르다. 먼저 [그림 5-4]와 같이 단기에는 임대주택의 공급량이 변하지 않기 때문에 수요의 상향 이동은 임대료를 s만큼 인상시킨다. 즉, 임대료 보조금 지급 이후 시장임대료 R_1은 이전의 임대료에서 보조금을 더한 수준($R_0 + s$)과 같다. 따라서 임대료 보조금이 주어지면 단기에는 시장 임대료가 상승하게 된다. 그러나 임차인의 주거비 부담이 늘어나는 것은 아니다. 임차인은 임대료 보조금 제도가 도입되기 이전과 마찬가지로 R_0를 임대료로 지불한다. 정부의 보조금 s는 임대주택 공급자에게 귀속된다.

그러나 장기적으로 임대료 보조금 제도는 임대주택의 공급량을 증가시키고, 시장임대료를 낮추게 된다. 그 결과 임차인의 임대료 부담은 줄어들게 된다. [그림 5-5]에서 임대료 보조금 제도에 의해 단기적으로 임대료가 R_1까지 올라가면, 임대주택 개발이 일어나 신규 임대주택 공급량이 장기적으로 증가하게 된다. 임대주택 공급량의 증가에 따라 시장 임대료는 장기적으로 R_2에서 결정된다. 시장 임대료가 R_2에서 결정되었다면, 임차인이 실제로 지불하는 임대료는 $R_2 - s$인 R_3가 된다.

🔺 그림 5-5 **임대료 보조금의 단기 효과**

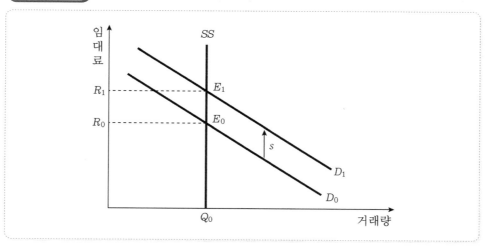

금의 일부를 다른 용도로 사용할 경우, 수요곡선의 상향 이동폭은 줄어들게 된다.

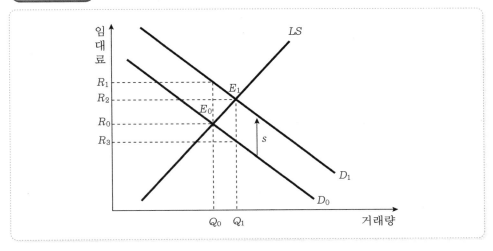

그림 5-6 임대료 보조금의 장기 효과

결국 임대료 보조금 제도는 단기적으로는 임대주택 공급량도 늘어나지 않고 임차인의 임대료 부담도 줄어들지 않지만, 장기적으로는 임대주택의 공급량이 늘어나면서 임차인의 임대료 부담이 줄어들게 된다.

이때 임대주택의 공급량이 장기적으로 얼마나 늘어날 것인지, 그리고 임차인의 임대료 부담이 어느 정도 줄어들 것인지 여부는 임대주택 공급의 임대료 탄력성에 달려 있다. 공급의 임대료 탄력성이 탄력적이라면, 임대주택의 공급량이 많이 증가하고 임대료의 하락 폭도 커질 것이다. 만약 공급의 임대료 탄력성이 비탄력적이라면, 임대주택의 공급량 증가가 그리 크지 않기 때문에 임대료의 하락 폭도 그다지 크지 않게 된다.

임대료 보조금 제도는 임차인이 주거 서비스의 소비에 대해 스스로 의사결정을 하도록 해주기 때문에 임대료 규제라든가 공공임대주택 공급보다도 효율적인 제도인 것으로 알려져 있다. 예를 들어 보조금을 받은 임차인은 자신의 선호에 따라 주거공간이 넓고 좀 더 쾌적한 임대주택으로 이동할 수도 있고, 기존 임대주택에 그대로 거주하면서 임대료 부담을 덜 수도 있다. 이 때문에 임대료 보조금 제도는 다른 주거지원 제도에 비해 저소득층의 주거상향이동을 촉진하는 것으로 알려져 있다. 또한 자발적인 주거이동을 통해 사회적 혼합(social mix)도 비교적 쉽게 달성하는 것으로 알려져 있다.

　　다만, 임대료 보조금 제도는 일부 저소득층들의 부정적인 소비를 권장하는 방향으로 이용될 수도 있다. 예를 들어 서구에서는 임대료 보조금을 받는 저소득층이 해당 보조금으로 마약을 구입하거나 알코올을 구입하는 경우가 있다. 이 때문에 임대료 보조금 제도가 저소득층의 마약중독이나 알코올 중독을 부추긴다는 비판도 있다.

　　이런 문제 때문에 일부 나라에서는 임대료 보조금을 현금이 아닌 상품권으로 지급하기도 한다. 이런 상품권을 바우처(voucher)라고 부른다. 해당 바우처는 임대료 지급에만 사용할 수 있다. 임대료 보조금을 바우처로 지급하는 제도를 흔히 주택바우처(housing voucher) 제도라고 부른다. 주택바우처 제도는, 정부가 임차인에게 바우처를 지급하면, 임차인이 임대인에게 해당 바우처로 임대료를 지급하는 방식이다. 바우처로 임대료를 받은 임대인은 해당 바우처를 정부에 제시하여 현금을 받게 된다.

　　그러나 주거 바우처 제도에 아무런 문제가 없는 것은 아니다. 바우처를 사고파는 암시장이 형성되기도 하고, 임대인과 임차인이 상호 담합을 하여 바우처를 거래하는 경우도 있다.

공공임대주택 공급정책의 한계 | 임대료 보조금 제도는 서구에서 일반화된 제도이다. 서구 각국에서 임대료 보조금 제도를 도입하게 된 것은 정부의 공공임대주택 공급정책이 여러 가지 문제점을 드러냈기 때문이다.

　　서구에서는 저소득층의 주거부담을 덜어주기 위해 오래 전부터 정부가 직접 공공임대주택을 공급하는 정책을 시행해 왔었다. 공공임대주택 공급정책은 저소득층의 주거안정에 상당한 도움을 주었지만, 시간이 지날수록 이 제도의 비효율적인 성격이 드러나기 시작하였다.

　　공공임대주택 공급정책의 문제점으로 우선 들 수 있는 것은 정부의 재정부담이 점차 가중된다는 점이다. 일반적으로 임차인과 임대인 사이에는 대리인 문제(agency problem)가 존재한다. 임차인은 임대주택을 훼손하지 않고 잘 관리할 의무가 있지만, 임대인이 임차인의 행동을 관찰할 수 없기 때문에 임대주택의 물리적 훼손은 자가주택보다 훨씬 빠르게 진행된다. 그런데 이런 임차인과 임대인 간의 대리인 문제는 공공임대주택에서 훨씬 더 심하다. 공공임

대주택에서 임대인은 정부(공공기관 포함)인데, 정부의 공공임대주택 관리담당
자 스스로가 대리인 문제를 안고 있기 때문이다. 즉, 공공임대주택의 관리담
당자는 공공임대주택이 자신의 소유가 아니기 때문에 임대인으로서의 역할을
충실히 수행하지 않는 것이다. 이러다 보니 공공임대주택은 물리적 훼손이 빨
라 관리비가 기하급수적으로 늘어나고, 더 나아가 관리비의 증가에도 불구하
고 대부분의 공공임대주택들이 슬럼(slum)화되는 경향을 보인다.

공공임대주택은 임차인의 주거선택을 제약하는 문제도 갖고 있다. 저소득
층은 공공임대주택이 있는 지역에서만 살 수 있기 때문에 자신이 거주하기를
원하는 지역에 공공임대주택이 없을 경우 주거이동에 제약을 받게 된다. 주거
선택의 제약은 저소득층을 다른 집단과 격리시키는 사회적 배제 문제를 야기
하기도 한다. 즉, 공공임대주택에 저소득층들만 거주하게 되고, 일반 임대주택
에서는 상위 소득계층들이 거주하게 되면서 거주공간이 계층 간 분리되는 것
이다. 이로 인해 공공임대주택에 거주하는 사람들은 '저소득층'이라는 사회적
낙인이 찍히는 결과를 가져온다.

공공임대주택 중에는 주변환경과 시설이 양호한 임대주택도 있다. 대체로
최근에 개발된 공공임대주택들이 이런 특성을 갖고 있다. 그러다가 시간이 지
나면서 점차 슬럼(slum)화되는 것이다. 주변환경과 시설이 양호한 공공임대주
택에 거주하는 사람은 자신의 소득이 올라가서 공공임대주택에 거주할 필요
가 없더라도 이주하지 않으려고 한다. 반면 많은 저소득층들은 이곳으로 이주
해 오려고 하지만, 기존 임차인이 이주하지 않기 때문에 이주하지 못하게 된
다. 결국 공공임대주택에 거주해야 마땅한 사람은 거주하지 못하고, 반대로
민간임대주택에 이주해도 될 만한 사람은 계속 공공임대주택에 거주하는 현
상이 나타날 수 있는 것이다.

임대료 보조금 제도의 의의 | 임대료 보조금 제도는 이런 공공임대주택 공급
정책의 문제점 때문에 도입되었다. 임대료 보조
금 제도는 임차인이 스스로 자신이 거주할 임대주택을 선택하고, 정부가 임대
료의 일부를 보조해 주는 방식이기 때문에 임차인의 주거선택권을 보장한다.
그리고 이로 인해 사회계층들 간의 사회적 혼합(social mix)이 이루어지기도
한다. 또한 공공임대주택에 비해 대리인 문제가 상대적으로 약하기 때문에 임

대주택단지가 슬럼(slum)화되는 경향이 잘 나타나지 않는다.

그러나 임대료 보조금은 단기적으로 임대료를 상승시켜 임차인의 주거안정에 도움을 주지 못할 수 있다. 특히 임대주택의 재고량이 충분하지 않을 경우, 이런 부작용이 클 수 있다. 그래서 서구에서 임대료 보조금 제도를 본격적으로 도입하기 시작한 것은 공공임대주택의 재고량이 충분히 갖추어지고 난 뒤인 1970년대 이후부터이다.

임대료 보조금 지급방식 │ 임대료 보조금의 또 다른 단점은 가계가 보조금을 주거수준 개선에 사용하지 않고 다른 용도로 사용할 수 있다는 점이다. 서구의 경우, 대표적인 예가 보조금으로 술이나 마약을 구입하는 것이다. 서구에서는 이런 문제를 해결하기 위해 임대료 보조금을 바우처(voucher)로 지급하기도 한다. 바우처(voucher)란 특정 재화(또는 서비스)의 구입에만 사용할 수 있는 현금교환증서라고 할 수 있다. 예를 들어 주택바우처(housing voucher)의 가장 일반적인 형태는 정부가 임대료 보조금 수급자에게 현금 대신 주택바우처(housing voucher)를 지급하는 형식이다. 이 경우, 수급자는 해당 바우처로 임대료를 지불하고, 임대인은 임대료 대신 받은 바우처를 정부에 제시하여 현금을 받는 것이다. 이 방법은 임대료 보조금 수급자가

◎ 그림 5-7 주택바우처의 일반적인 구조

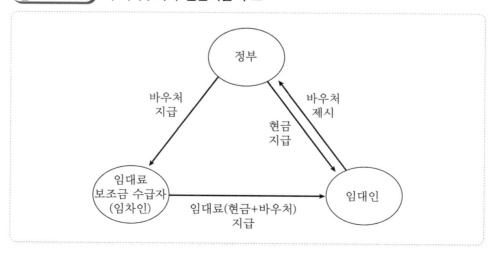

바우처를 암시장에서 할인 매각하여 현금을 확보한 후, 이를 다른 용도로 사용하는 문제가 있다. 그래서 이에 대한 대안으로 정부가 임대인에게 직접 보조금을 지급하는 방식도 사용된다. 즉, 임대료 보조금 수급자가 임대차계약서를 정부에 신고하면, 정부가 임대료의 일부를 매월 임대인에게 임차인 대신 내주는 것이다. 이 방법 역시 임차인과 임대인의 담합 행위나 허위 신고 등으로 임대료 보조금을 과다하게 청구하는 문제가 있으며, 임대료 보조금 수급자뿐만 아니라 임대인까지 정부가 관리해야 하기 때문에 관리 비용이 커지는 문제가 있다.

보조금의 산정 | 임대료 보조금 제도는 일반적으로 임대료 보조금 수급자가 자신의 소득 중 일정 비율만을 임대료로 지불하고, 정부가 그 나머지 부분을 지급해주는 방식을 택한다. 이때 정부가 지급해 주는 보조금에는 일반적으로 최고 한도액이 정해져 있다. 그리고 이러한 한도액은 수급자의 가족 수나 거주지역 등에 따라 다른 것이 일반적이다. 이를 식으로 표현하면 다음과 같다.

$$S = Min(R_{\max},\ R_m) - \alpha Y$$

여기서 S는 정부가 지급하는 임대료 보조금이며, $R_{\max}$는 정부가 보조금을 주는 임대료의 최고 한도액이다. 이 한도액은 임대료 보조금 수급자의 가족 수나 거주지역에 따라 다르게 운영되고 있다. R_m은 임대료 보조금 수급자가 지급하고 있는 실제 임대료이며, Y는 수급자의 소득이다. α는 임대료 보조금 수급자가 지불해야 하는 임대료 부분으로, 자기 소득의 α 비율을 지불해야 한다. 이 α는 국가별로 상이한데, 대체로 0.2에서 0.4 수준이다. 즉, 자기 소득의 20% 내지는 40%까지만 임대료로 내고, 나머지는 정부가 내는 것이다. 임대료 보조금 산정 방식은 이외에 다양한 변형이 존재한다.

2. 우리나라의 임대료 보조금 제도

우리나라는 2015년 이전까지 국민기초생활보장법의 주거급여제도에 의해 부분적으로 임대료 보조금 제도가 시행되어 왔었다. 2015년 이전의 국민기초 생활보장법에 따르면, 국민기초생활보장 수급자에게 주거안정에 필요한 임대료나 유지수선비 등을 정부가 지급하도록 되어 있었는데, 이를 주거급여라고 불렀다.

그러나 2015년 이전 국민기초생활보장법상의 주거급여는 임대료 보조금 제도라고 말하기 어려웠다. 정부가 최저생계비를 보장하되, 그 중 일부를 주거급여라는 이름으로 보조금을 지급하는 것에 불과하였기 때문이다. 예를 들어 최저생계비로 100만원을 지급한다면, 이 중 80만원은 생계급여라는 명목으로 지급하고 나머지 20만원은 주거급여라는 명목으로 지급해 왔던 것이다. 즉, 임대료의 수준과 소득수준에 따라 주거급여액이 달라지는 것이 아니라 최저생계비에 따라 주거급여액이 달라지므로 엄밀한 의미에서 임대료 보조금 제도라고 말할 수 없었던 것이다.

이런 이유에서 일각에서는 국민기초생활보장법상의 주거급여와는 별도로 주택바우처를 지급하는 방안을 검토해 왔었고, 또 다른 일각에서는 국민기초생활보장법상의 4대 급여(생계급여, 주거급여, 의료급여, 교육급여)를 분리하여 별도의 기준으로 급여대상과 급여액을 계산하여 지급하는 방법을 검토해 왔다. 이런 검토 끝에 국민기초생활보증법상의 4대 급여를 분리하여 별도의 기준으로 지급하는 것으로 결정이 났고, 이런 결정에 따라 주거급여법이 2014년 1월 제정되었다. 이 법에 따라 우리나라에서도 수급자의 임대료 지급액과 소득액에 따라 주거급여 지급액을 달리하는 임대료 보조금 제도가 비로소 도입되었다. 실제 시행은 2015년 7월부터 시작되었다.

주거급여법에 의한 주거급여(임대료 보조금)의 수급 대상자는 2015년 당시에는 중위소득의 43% 이하 소득을 가진 가구였다. 2019년부터 이 기준이 확대되어 2022년 기준으로는 중위소득의 46% 이하 소득을 가진 가구가 주거급여의 수급 대상가구이다. 이 기준은 점차 확대될 예정이다. 여기서 중위소득은 가구원수에 따라 다른데, 이를 기준 중위소득이라고 부른다. 기준 중위소득은 국민기초생활보장법에 의해 설치된 중앙생활보장위원회에서 매년 결정하도록 되어 있다.

주거급여액은 수급 대상가구의 소득 수준에 따라, 그리고 지역별 기준임대료와 실제 임대료 수준에 따라 달라진다. 먼저 주거급여액은 지역별 기준임대료와 실제 임대료 중 작은 쪽을 기준으로 하여 지급된다. 수급 대상가구의 인정소득액이 생계급여 소득 수준 이하일 경우, 기준임대료(또는 실제 임대료)를 전액 지급해 준다. 수급 대상가구의 인정소득이 생계급여 수준을 넘어설 경우, 자기부담금을 제외한 나머지를 지급해 준다.

여기서 인정소득액이란 실제 가구소득액에다가 가구의 자산을 소득으로 환산한 금액을 더하여 산출된다. 생계급여 소득 수준이란 생계급여 대상자로 선정되는 소득 수준으로 중위소득의 30% 소득 수준을 말한다. 그리고 기준임대료란 지역별로 최저주거기준을 충족하는 임대주택의 임대료를 말하는데, 매년 중앙생활보장위원회에서 결정한다. 자기부담금은 소득인정액에서 생계급여 선정 기준액을 뺀 금액의 30%를 말한다. 이는 최저생계에 필요한 금액을 제외한 금액의 30%를 수급자가 부담하고, 그 나머지는 국가가 부담하겠다는 의미이다.

주거급여액 산정 산식

① 소득인정액 ≤ 생계급여 선정 기준액
  주거급여액 = Min(기준임대료, 실제 임대료)

② 소득인정액 > 생계급여 선정 기준액
  주거급여액 = Min(기준임대료, 실제 임대료) − 자기부담액
  자기부담액 = (소득인정액 − 생계급여 선정 기준액) × 0.3

기준임대료는 지역에 따라 다른데, 현재는 지역을 모두 4개의 급지로 나누고 있다. 1급지는 서울을 말하며, 2급지는 경기도와 인천광역시(군지역은 제외)를, 그리고 3급지는 기타 광역시와 세종시, 그리고 수도권 외 특례시(군지역은 제외)를 말한다. 그 나머지는 4급지이다. 또한 기준임대료는 가구원수에 따라서도 달라진다. 가구원수에 따라 최저주거기준이 다르기 때문에 기준임대료도 다르게 된다.

주거급여 수급 대상가구 중에는 임차가구가 아닌 자가가구도 있다. 자가가구에게는 임대료 보조금을 지급할 수가 없기 때문에 이들에게는 수선유지비용을 지원한다. 자가가구에게 지원되는 수선유지비용을 수선유지급여라고 부른다.

📀 표 5-5 주거급여 기준임대료(2022년 기준, 만원/월)

구분	서울시	경기도, 인천시	광역시, 세종시, 수도권 외 특례시	그 외 지역
1인 가구	32.7	25.3	20.1	16.3
2인 가구	36.7	28.3	22.4	18.3
3인 가구	43.7	33.8	26.8	21.8
4인 가구	50.6	39.1	31.0	25.4
5인 가구	52.4	40.4	32.0	26.2
6인 가구	62.1	47.8	37.9	31.0

미국의 주택바우처 제도[7]

미국은 1970년대 이전까지만 해도 저소득층의 주거안정을 위해 공공임대주택을 대규모로 공급하여 왔었다. 그런데 공공임대주택 공급정책은 여러 문제를 야기하였다. 대표적인 문제가 공공임대주택 단지의 슬럼(slum)화이다. 이에 따라 미국 연방의회는 1970년에 연방정부의 주택도시개발부(Department of Housing and Urban Development: HUD)에 임대료 보조금제도의 도입을 검토하도록 지시하였다.

HUD는 1973년 주거비보조실험프로그램(Experimental Housing Allowance Program: EHAP)을 실시하였다. 이 실험프로그램은 총 12개 지역 3만 가구를 대상으로 11년간 실시되었는데, 대체로 긍정적인 평가를 받았다.

이 실험프로그램과는 별도로 1974년 미국 연방의회는 "주택 및 커뮤니티 개발법(Housing and Community Development Act)"에 의한 임차인 주거지원 프로그램(tenant-based housing assistance program)을 도입하였다. 이 제도는 흔히 증서프로그램(rental certificate program)이라고 부르는데, 전국적으로 실시된 최초의 주택바우처 제도이다. 이 제도에 의해 임대료를 보조받기 위해서는 정부에서 정하는 공정시장임대료(fair market rent: FMR)에 의해 정해지는 지불기준액(payment standard) 이하의 주택을 임차해야 하며, 정부는 지불기준과 가구소득의 25%(추후 30%로 바뀜)의 차액을 보조하였다.

1983년에는 증서프로그램과는 별도로 주택바우처 시범사업이 도입되었고, 1987년에는 영구적인 사업으로 바뀌었는데, 이를 흔히 주택바우처 프로그램(housing

---

7) 진미윤 외, 「주택바우처 제도 도입방안 연구 Ⅰ」, 건설교통부, 2007에 나오는 미국의 주택바우처 제도 소개를 요약한 것이다.

voucher program)이라고 부른다. 이 제도는 공공주택청(Public Housing Authorities: PHAs) 등과 같은 지방자치단체의 주택당국이 지불기준액을 정할 수 있고, 임차할 수 있는 주택도 증서프로그램보다 융통성이 있는 프로그램이다.

연방정부는 1998년 "양질의 주거와 일의 책임성에 관한 법률(Quality Housing and Work Responsibility Act: QHWRA)"을 제정하여, 기존의 증서프로그램과 주택바우처 프로그램을 통합한 주거선택 바우처 프로그램(Housing Choice Voucher Program)을 도입하였다. 주거선택 바우처 프로그램에 따르면, 이 제도에 의해 지원을 받고자 하는 가구는 '조정된 월소득'의 30% 내지 40%에 해당하는 임대료를 지불할 수 있는 주택을 임차해야 한다. 정부는 임대료에서 '조정된 소득'의 30%에 해당하는 금액을 공제한 금액을 지원하는데, 그 지원액은 지불기준액을 초과할 수 없다. 지불기준액은 각 지방의 공공주택청과 같은 주택당국이 공정시장임대료의 90~110% 범위 내에서 정하도록 되어 있다.

예를 들어 어떤 지역의 지불기준액이 450달러이고, 어떤 가구의 조정된 월소득이 700달러라면, 보조금의 최대지불액은 240달러가 된다(450−700×0.3). 이때 임차인이 바우처 지원을 받기 위해 선택해야 할 주택은 임대료가 최소한 450달러(700×0.3+240) 이상이어야 하고, 최대 520달러(700×0.4+240) 이하이어야 한다. 지원을 받을 수 있는 주택의 임대료에 하한을 정한 이유는 임차인들이 최저주거시설기준 이상의 주택에 거주하도록 유도하기 위한 것이다.

제 6 장

부동산 소유와 거래 규제

제 1 절 부동산소유규제

1. 토지소유규제의 목적과 종류

토지의 유한성에서 소유규제 출발

앞서 제1장에서 우리는 정부의 부동산시장 개입수단으로 간접개입과 직접개입이 있는데, 부동산 이용 및 소유규제는 이를 강제하는 방법에 따라 간접개입이 될 수도 있고, 직접개입이 될 수도 있다는 것을 언급하였다. 부동산소유 및 거래규제는 부동산이용규제와 함께 정부가 행정적인 규제를 통해 부동산시장에 개입하는 중요한 수단 중의 하나이다. 대표적인 부동산소유규제로 농지소유규제와 택지소유상한제 등이 있다.

부동산소유규제는 토지소유를 제한하는 데서 출발하며, 토지의 독점적 소유를 억제함으로써 부의 불평등한 분배와 토지시장의 불완전경쟁을 개선하는 것을 주된 목적으로 한다. 이러한 목적의 이면에는 토지란 자연적으로 주어진 유한한 자원으로 만인의 소유물이라는 토지관(土地觀)이 내재하고 있다.

토지소유를 규제하는 방식에는 크게 자격제한과 한도제한이 있다. 자격제한은 토지소유의 자격을 제한하는 것이다. 즉, 특정한 자격을 가진 사람만이 토지를 소유하도록 하는 것이다. 대표적인 것이 「농지법」에 의한 경자유전(耕者有田)의 원칙이다. 즉, 농민만이 농지를 소유할 수 있다는 것이다. 한도제한은 토지소유의 한도를 제한하는 것이다. 즉, 토지소유 자격에는 제한이 없지만 소유할 수 있는 규모는 일정 한도로 제한하는 방법이다. 대표적인 것이 지금은 폐지된 택지소유상한제이다. 「농지법」에서는 농지소유의 자격을 제한할

뿐만 아니라 농지소유의 한도도 일부 제한하고 있다.

2. 농지소유규제

(1) 농지에 대한 소유규제의 배경

농지에 대한 소유 규제 엄격한 편 | 우리나라의 경우 농지에 대한 소유규제가 비교적 엄격한 편이다. 이는 일제하의 소작제도(小作制度: 높은 임대료를 수취하는 임대차제도)에 대한 혐오에 기인하는 바가 크다. 일제하에서 소작지는 전체 농지의 60% 이상이었으며, 소작료(임대료)는 최대 60%에 이르는 등 소작제도의 폐해가 극심하였다. 해방 이후 일본인 소유 농지는 미군정의 소유로 바뀌었고, 미군정은 이를 농민들에게 분배하였지만 조선인 소유 농지는 사적소유권이 보장되었기 때문에 여전히 일제하의 소작제도가 유지되고 있었다.

이런 와중에 북한에서는 지주소유 농지를 무상으로 몰수한 후 이를 농민들에게 무상으로 분배해주는 농지개혁이 실시되었다. 이에 남한 내 농민들도 농지개혁을 요구하게 되었고, 농민들의 동요를 막기 위해 1950년 남한에서도 지주소유 농지를 유상으로 매입한 후 유상으로 농민들에게 분배하는 농지개혁이 실시되었다. 이때 소작제도가 다시 발생하는 것을 막기 위해 경자유전(耕者有田)의 원칙이 확립되었다. 즉, 직접 경작하는 사람만이 농지를 소유할 수 있도록 한 것이다. 그리고 농지가 소수에게 집중되는 것을 막기 위해 농민 1인당 농지소유한도를 3정보[1]로 제한하였다. 이것이 오늘날까지 이어져 농지소유규제의 근간이 되고 있다.

(2) 경자유전(耕者有田)의 원칙

헌법에서 경자유전 원칙 고수 | 우리나라 헌법은 농지에 관한 한 경자유전의 원칙을 고수하고 있다. 헌법 제121조는 "국가는 농지에 관하여 경자유전의 원칙이 달성될 수 있도록 노력하여야 하며, 농지의 소작제도는 금지된다."라고 규정하고 있다. 이런 경자유전의 원칙에 의해 농지개혁이 이루어졌고, 이후 「농지개혁법」은 농민만이 농지를 소유할 수 있는 농지소유제한의

---

1) 1정보 = 3,000평 = 9917.4m² 이다.

법적 근거가 되었다.

그러나 경제성장에 따른 이농과 상속 등으로 경자유전의 원칙을 유지하기란 쉬운 일이 아니었다. 농민들은 이농을 하더라도 가까운 시일 내에 다시 귀농(歸農)할 것에 대비하여 농지를 보유하고자 하는 경우가 많았고, 농지를 상속받은 도시민 역시 나중에 고향에 되돌아올 것을 염두에 두고 상속 농지를 계속 보유하고자 하는 경우가 많았다.

한편 「농지개혁법」에 따라 1980년 전까지만 하더라도 소작(小作)을 비롯한 임대차나 위탁경영이 금지되어 있었다. 그러나 스스로 농사를 짓는 농민이라도 노령화에 따라 농사일이 힘에 부치면서 일부 농사일을 다른 농민들에게 위탁하는 일이 많아졌다. 더구나 농업기계화로 생산성이 높아지면서 아예 기계를 갖고 있는 농민에게 농사일을 전부 위탁하는 경우까지 생겨나게 되었다. 법과 현실 사이에 괴리가 생겨나고 있었던 것이다.

이에 따라 1980년 제5공화국 헌법 때부터 "농업생산성의 제고와 농지의 합리적 이용을 위한 것일 때에는 법률이 정하는 바에 따라 농지의 임대차나 위탁경영을 인정"하기로 하였고, 1986년에는 「농지임대차관리법」이 제정되어 농지의 임대차와 위탁경영을 관리하기 시작하였다. 그리고 농업회사의 출현에 따라 농지소유자격에 농민 외에 농업회사도 포함하지 않을 수 없게 되었다.

이러한 현실 변화에 따라 1994년에 「농지법」이 제정되면서 그 동안 「농지개혁법」에 의해 운영되어 오던 경직된 농지소유자격에 큰 변화를 가져오게 되었다. 농지는 자기의 농업경영에 이용하거나 이용할 자가 아니면 이를 소유하지 못한다는 경자유전의 원칙을 지키면서 아래와 같은 폭넓은 소유제한의 예외를 두었다. 2022년 12월 말 기준으로 다음에 해당하는 경우 자기의 농업경영에 이용하지 않는 농지라도 이를 소유할 수 있다(농지법 제6조 2항).

① 국가 또는 지방자치단체가 농지를 소유하는 경우(제1호)
② 학교·공공단체·농업연구기관·농업생산자단체 또는 종묘 기타 농업기자재를 생산하는 자가 그 사업목적을 수행하기 위하여 필요로 하는 시험·연구·실습지 또는 종묘생산용지로 농지를 취득하여 소유하는 경우(제2호)
③ 주말·체험영농을 하고자 농지진흥지역 외의 농지를 소유하는 경우(제3

호)

④ 상속(상속인에게 한 유증을 포함)에 의하여 농지를 취득하여 소유하는 경우(제4호)

⑤ 8년 이상 농업을 경영하던 자가 이농하는 경우 당시 소유하고 있던 농지를 계속 소유하는 경우(제5호)

⑥ 농지의 저당권자로서 농협·수협·입협, 한국농어촌공사, 은행 기타 일정한 금융기관, 유동화전문회사 등이 담보농지를 취득(제12조 제2항)하여 소유하는 경우(제6호)

⑦ 농지전용허가를 받거나 농지전용신고를 한 자가 당해 농지를 소유하는 경우(제7호)

⑧ 농지전용협의를 완료한 농지를 소유하는 경우(제8호)

⑨ 한국농어촌공사가 개발하는 농지 개발사업지구 안에 소재하는 농지로서 1,500m² 미만의 농지를 취득하여 소유하는 경우나 한계농지 정비 등으로 1,500m² 미만의 농지를 취득하여 소유하는 경우(제9호)

⑩ 농업진흥지역 밖의 농지 중 평균 경사율이 15% 이상인 영농여건불리농지를 소유하는 경우(제9의 2호)

⑪ 다음에 해당하는 사유로 농지를 취득하여 소유하는 경우(제10호)
  · 한국농어촌공사가 농지를 취득하여 소유하는 경우
  · 농어촌정비법에 의하여 농지를 취득하여 소유하는 경우
  · 공유수면매립법에 의한 매립농지를 취득하여 소유하는 경우
  · 토지수용에 의하여 농지를 취득하여 소유하는 경우
  · 공익사업을위한토지등의취득및보상에관한법률에 의하여 농지를 취득하여 소유하는 경우
  · 공공토지의비축에관한법률에 해당하는 토지 중 공공토지비축심의위원회가 비축이 필요하다고 인정하는 토지로서, 계획관리지역과 자연녹지지역 안의 농지를 한국토지주택공사가 취득하여 소유하는 경우

이와 같이 자경하지 않는 사람도 농지를 소유할 수 있는 예외조항이 생김에 따라 필연적으로 농지의 임대를 허용하지 않을 수 없다. 이에 따라 농지법에서는 자경하지 않는 사람이 소유하고 있는 농지를 임대할 수 있는 예외조

항을 두고 있다(법 제23조). 뿐만 아니라 농업인이 고령 등의 이유로 경작을 계속하기 어려울 때에는 자경 농지라도 임대를 허용하고 있다.

(3) 농지소유상한제

대부분 폐지되고 예외적으로만 소유상한 제한 | 농지개혁 당시 농가당 3정보까지 농지를 분배한 것이 이후 제도화되면서 농지소유상한제도로 자리 잡게 되었다. 3정보 소유상한제도는 농지개혁 당시 농가의 생산능력에 비추어 볼 때 나름대로 의의가 있었다. 즉, 당시의 생산능력으로는 한 농가가 3정보 이상의 농지를 경영할 수 없었기 때문에 농지를 3정보 이상 소유하는 것은 필연적으로 일부 농지의 소작(小作)을 불러올 수밖에 없었다. 따라서 농지개혁 당시에는 농지소유의 3정보 상한제는 농민들로부터 공감을 얻을 수 있었다.

농지소유 3정보 상한제는 농지개혁법에 의해 1980년대까지 유지되어 왔었다. 그러나 경제성장과 더불어 농업경영에도 기계화가 진행되면서 농지소유 3정보 상한제도는 현실과 괴리를 빚기 시작하였다. 농업생산성의 확대로 3정보 이상 경작하기를 원하는 농민들이 생겨나기 시작했던 것이다. 이에 따라 1993년 「농어촌발전특별조치법」의 개정을 통해 농업진흥지역 안에서는 20정보까지 소유할 수 있도록 하였다. 그러나 농업진흥지역 밖에서는 여전히 농가당 3정보까지만 농지를 소유할 수 있도록 제한하였다.

이후 1994년 농지법이 제정되면서 농지소유상한제도에도 커다란 변화가 생겼다. 농업진흥지역 안에서는 농지소유상한제도가 폐지된 것이다. 그러나 농업진흥지역 밖에서는 농지소유 3정보 상한제가 여전히 유지되었다. 농업진흥지역 밖의 농지들은 농업생산보다는 지가상승을 노린 투기적 소유가 많아 농지소유상한제를 유지한 것이다. 1999년에는 또 한 차례의 「농지법」 개정으로 농업진흥지역 밖의 농지는 5만m^2를 초과하여(농업인의 경우에는 그 세대원 전부가 소유하는 총면적이 5만m^2를 초과하는 것을 말한다) 소유하지 못한다고 규정하였으나, 최근에 이러한 농지소유상한제는 폐지되었다. 농지를 소유할 자격이 있으면 소유상한이 없는 것이다. 다만 2022년 12월 말 기준으로 다음에 해당하는 자의 경우에는 예외적으로 농지의 소유상한을 제한하고 있다(농지법 제7조).

① 상속에 의하여 농지를 취득한 자로서 농업경영을 하지 아니하는 자는 그 상

속농지 중에서 $1만m^2$ 이내의 것에 한하여 이를 소유할 수 있다(제7조 제1항).

② 8년 이상 농업경영을 한 후 이농한 자는 이농 당시의 소유농지 중에서 $1만m^2$ 이내의 것에 한하여 이를 소유할 수 있다(제7조 제2항).

③ 주말·체험영농을 하고자 하는 자는 $1천m^2$ 미만의 농지에 한하여 이를 소유할 수 있다. 이 경우 면적의 계산은 그 세대원 전부가 소유하는 총 면적으로 하도록 규정하고 있다(제7조 제3항).

단, 상속이나 이농으로 인해 농지소유 자격이 없는 자가 $1만m^2$을 초과하여 농지를 소유하고 있더라도 그 초과분을 한국농어촌공사 등에 위탁하여 임대할 경우에는 그 초과분을 소유하고 있을 수 있다(제7조 제4항).

(4) 농지취득자격증명제도와 농지처분명령

농지취득자격증명서 있어야 농지취득 | 「농지법」에서는 농지소유에 대한 규제, 즉 농지소유자격에 대한 제한과 농지소유규모에 대한 제한을 강제하기 위한 수단으로 농지취득자격증명제도(農地取得資格證明制度)와 농지처분명령제도를 두고 있다.

농지취득자격증명제도는 농지를 취득하고자 하는 사람이 농지소유자격을 갖고 있는지 여부를 시장, 구청장, 읍면장이 확인한 후 발급해 주는 증명서이다. 현행 제도 하에서 농지를 취득하기 위해서는 농지취득자격증명서가 있어야 한다.

농지취득자격증명서를 발급받으려고 하는 사람은 농업경영계획서를 작성하여 농지 소재지의 시·구·읍·면의 장에게 제출하여야 한다. 농업경영계획서에는 취득 대상 농지에서 농업경영을 하는데 필요한 노동력 등을 어떻게 확보하고 경영할 것인가를 적어야 한다. 농지취득자격증명서가 없으면 농지를 매입하더라도 소유권 이전 등기를 할 수가 없다.

농지취득자격증명제도는 「농지개혁법(1949. 6. 21)」과 「농지임대차관리법(1986. 12. 31)」에 의한 농지매매증명제도에서부터 시작되었다. 「농지개혁법」에서는 농지를 매매하기 위해서는 농지 소재지 관서의 증명을 얻도록 되어 있었다. 그리고 「농지임대차관리법」에서는 농지관리위원회의 확인을 받아 농지 소재지의 시·구·읍·면장이 농지매매증명서를 발급하도록 하였다. 이후 1994년 농지관련 법들을 통합하여 「농지법」을 제정하면서 농지매매증명제도를 농지취득자격증명제도로 바꾸었다.

위법할 경우
농지 처분명령 │ 한편, 적법하게 농지를 소유하고 있었더라도 나중에 농지소유자격을 상실하거나 또는 농지소유한도를 초과할 수도 있다. 또는 농지소유 예외규정으로 농지를 소유하였는데, 예외규정에 어긋나게 농지를 이용하고 있을 수도 있다. 이 경우 해당 농지 소유자는 일정한 처분의무기간(1년 이내) 동안 해당 농지를 처분하여야 하는데, 만약 이 기간 동안 농지를 처분하지 않을 경우 시장·군수·구청장은 해당 농지를 6개월 이내에 처분할 것을 명령할 수 있다(농지법 제11조).

처분명령을 받은 농지 소유자는 해당 농지를 6개월 이내에 처분해야 한다. 처분이 어려울 경우 농지 소유자는 한국농어촌공사에 해당 농지의 매수를 청구할 수 있으며, 매수청구를 받은 한국농어촌공사는 공시지가나 인근지역의 실제 거래가격을 기준으로 해당 농지를 매수해야한다. 2022년 12월 말 기준으로 처분명령 받은 농지 소유자가 정당한 사유 없이 6개월 이상 농지를 처분하지 않을 경우, 시장·군수·구청장은 농지가격의 25%에 해당하는 이행강제금(履行强制金)을 부과할 수 있다(농지법 제62조).

3. 택지소유상한제

위헌시비로 1998년
폐지 │ 택지소유상한제는 택지의 과다보유를 억제함으로써 국민들의 주거생활을 안정시키기 위해 1989년 12월 토지공개념의 일환으로 도입된 제도로, 「택지소유상한에 관한 법률」에 근거하고 있다. 택지소유상한제는 1998년에 폐지됨으로써 현재 실시되지 않고 있지만, 여기서는 토지소유에 대한 규제의 한 사례로서 택지소유상한제를 살펴보도록 한다.

택지소유상한제는 도시계획구역 내의 택지만을 대상으로 한다. 이 제도는 1가구당 6대 도시의 경우 200평, 시급 도시의 경우 300평, 기타 도시의 경우 400평까지만 택지를 소유할 수 있도록 제한하였다. 그리고 법인은 원칙적으로 택지를 소유하지 못하도록 하였다.

가구당 택지소유상한을 초과하여 택지를 소유하고자 하거나 법인이 택지를 소유하고자 할 경우 시장·군수의 허가를 받아야 하며, 택지취득허가를 받아 택지를 소유하더라도 이의 처분·이용·개발은 5년 이내로 한정하였다. 택지를 초과하여 소유할 경우에는 취득일로부터 5년의 범위 안에서 처분의무기간 내에 소유상한 초과분을 처분하여야 한다. 처분의무기간 내에 처분하지 않으면 초과소유부담금이 부과되었다. 부담률의 경우 부과대상택지에 해당하게 된 날로부터 2년 이내인 택지는 택지가격의 6%이며, 2년이 넘은 택지는 택지가격의 11%였다.

부담금의 납부 의무자는 건설교통부 장관에게 해당 택지의 매수를 청구할 수 있는데, 건설교통부 장관은 해당 택지가 일반 공고를 통해서도 매각되지 않을 경우 한국토지공사 등에 이를 매수할 것을 요청할 수 있도록 하였다.[2]

택지소유상한제도는 국민의 주거생활을 안정시킨다는 취지하에 도입되었지만 토지의 사적 소유권을 지나치게 제약한다는 비판에 직면하였고, 일부 택지 소유자들은 「택지소유상한에 관한 법률」이 위헌소지가 있다며 위헌소송을 내기에 이르렀다. 이런 와중에 1997년 말에 찾아온 외환위기로 인해 부동산가격이 폭락하고, 자산디플레이션에 의한 불황의 장기화가 우려되기 시작하였다. 이에 정부는 택지거래를 활성화한다는 명분 아래 위헌시비에 시달리고 있던 「택지소유상한에 관한 법률」을 1998년 9월 19일 폐지하기에 이르렀다. 그리고 1999년 4월 29일 헌법재판소는 서울과 6대 도시에서 200평 이상 택지소유자에게 일률적으로 부담금을 부과하도록 규정한 「택지소유상한에 관한 법률」이 국민의 재산권을 침해한 위헌이라는 결정을 내렸다.

사적 소유권과 합리적 토지 이용의 지나친 침해는 문제 ┃ 토지소유규제의 가장 큰 문제점은 사적 소유권이 지나치게 침해당함으로써 헌법상의 재산권 보장이나 평등의 원칙이 침해될 수 있다는 점이다. 택지소유상한제의 위헌판결은 지나친 토지소유규제가 가져올 수 있는 문제점을 잘 보여주고 있다.

헌법재판소 전원재판부는 청구인인 정모씨 등 67명이 낸 헌법소원 사건에 대해 "우리의 협소한 국토현실과 공익 목적상 택지의 소유상한을 정하는 것

---

2) 폐지된 법률의 소개이므로 당시 기관명대로 건설교통부, 한국토지공사로 표기한다.

자체는 바람직하지만, 소유상한으로 정한 200평은 너무 적은 면적일 뿐만 아니라 일률적으로 이를 초과해 소유할 수 없도록 제한한 것은 헌법상 국민의 재산권을 지나치게 침해하는 것"이라며 위헌 결정을 내렸던 것이다.

또한 "법률시행 이전의 택지소유자들에게까지 소유경위나 목적과는 무관하게 예외 없이 부담금을 납부하도록 한 것은 평등의 원칙에 어긋난다."며, "매년 공시지가에 최고 11%라는 높은 부과율을 적용하여 무제한적으로 부담금을 부과하도록 한 것 또한 부당하다."고 판시하였다. 이에 더하여 "부담금의 부과를 피하기 위하여 불필요한 사무실을 건축하거나 용도를 변경하는 등의 기현상이 초래되어 택지공급의 촉진이라는 당초 입법목적에도 벗어났다."고 함으로써 1989년 토지초과이득세, 개발이익환수제도와 함께 토지공개념의 일환으로 도입된 택지소유상한제는 10년 만에 법적 효력을 완전히 상실하게 되었다. 또한 이러한 결정으로 정부는 이미 징수한 부담금을 돌려주어야 하는 상황에 처하게 되었다.

토지소유규제의 또 다른 문제점으로 토지소유에 대한 제한이 토지의 합리적 이용을 방해할 수 있다는 점을 들 수 있다. 이의 대표적인 예가 농지소유상한제이다. 농업기계화로 한 농가가 스스로 경작할 수 있는 한도가 계속 늘어나고 있는데도 불구하고 제도에 의해 소유할 수 있는 농지의 규모가 제약됨으로써 생산성 향상이 억제되는 결과를 낳았던 것이다. 토지소유에 대한 제한이 토지의 합리적 이용을 방해한 또 다른 예로 택지소유상한제를 들 수 있다. 「택지소유상한에 관한 법률」에 의해 소유상한을 넘는 택지에 초과소유부담금이 부과되자, 택지소유자들은 부담금 부과를 회피하기 위해 택지를 다른 용도로 사용하곤 하였다. 결국 택지소유상한제의 목적이 택지공급을 원활하게 하자는 데 있었으나 결과는 정반대로 택지공급을 축소시키게 되었던 것이다.

▪ 4. 주택소유관련 규제

직접적인 주택소유 제한제도 없음 │ 우리나라의 경우, 직접적으로 주택소유를 제한하는 제도는 없다. 개인이 수십, 수백 채의 주택을 보유하는 것이 원칙적으로는 제한 없이 허용된다. 주택을 다수 소유한 사람들 중에는 법적으로나 사회적인 통념으로나 전혀 문제 삼지 않는 소유자도 있지만, 일부는 주택

투기를 목적으로 주택을 사재기 해두는 보유자도 있다. 통상 전자의 경우, 임대사업자로 등록하여 주택임대사업을 위해 다수의 주택을 보유한 사람 또는 주택개발사업을 통해 준공된 주택을 분양 처분하지 못한 채 일시적으로 다량 보유하고 있는 사람 등을 예로 들 수 있다. 그리고 후자의 경우에는 재테크 목적으로 수익성이 높고 비교적 거래가 잘 되는 주택을 다수 확보하여 과도한 이익을 얻으려는 투기성향이 매우 강한 투자자 집단을 예로 들 수 있다. 주택투기자 중에는 연쇄적으로 주택담보대출을 일으켜 수십 채의 주택을 소유한 사람이 있으며, 이 경우 주택가격이 하락하여 주택의 담보력이 낮아지게 되면 개인 및 금융권의 부실을 초래할 수도 있다.

한편 정부는 주택투기로 인한 사회적 문제를 줄이기 위해 과도한 주택투기를 억제할 장치를 마련해 두기도 한다. 그러나 이는 어디까지나 간접적인 규제일 뿐 직접적인 소유규제로 보기는 어렵다. 예를 들면, 투기를 억제하기 위해 주택을 2채 이상 보유한 경우 양도소득세 부담을 높이려고 장기보유에 따른 공제혜택을 줄이거나 양도차액에 대한 부과세율을 높이기도 한다. 혹은 금융권의 대출을 받을 때, 주택담보비율(LTV: Loan to Value)이나 총부채상환비율(DTI: Debt to Income)을 낮게 적용하거나, 1가구 1대출만 허용하는 강력한 제한을 두는 정책을 펴기도 한다.

제2절 부동산 거래규제

■ 1. 부동산거래규제의 종류

거래규제 위한 다양한 직·간접 수단 존재 | 부동산거래는 토지 또는 주택의 취득과 처분, 즉 양도와 양수를 이어주는 행위이다. 거래규제는 부동산 거래를 제한함으로써 부동산소유를 간접적으로 규제한다. 대표적인 것이 토지거래허가제도이다. 행정관청의 허가를 받아야만 토지거래가 가능하기 때문에 간접적으로 토지소유를 제한하는 효과가 있다.

이런 점에서 부동산거래규제제도는 부동산 취득을 제한하기도 하고, 처분을 제한하기도 한다. 그리고 거래정보 등을 관리하거나 투기억제를 위한 거래제한 등을 통해 거래를 규제하기도 한다. 부동산거래규제제도는 <표 6-1>에서 보는 바와 같이 구성되어 있다.

📀 표 6-1 부동산거래규제제도의 종류

구 분	제 도	현재운용여부
취득의 제한	– 농지취득자격증명제	○
	– 토지거래허가제	○
	– 임야매매증명제	X
보유 및 처분의 제한	– 종합부동산세제	○
	– 양도소득세제	○
거래정보의 관리 등	– 검인계약서제	○
	– 부동산등기의무제	○
	– 부동산실명제	○
	– 실거래가의 등기부 기재	○
	– 부동산거래신고제	○
기타 투기의 억제	– 투기지역, 투기과열지구, 조정대상지역	○
	– 부동산투기억제에 관한 특별조치세	X
	– 주택거래신고제	X
	– 토지거래신고제	X
	– 주택의 전매제한	○

자료: 류해웅, 「토지법제론」, 부연사, 2008. 8, p.619를 참조하여 보완.

(1) 부동산취득을 제한하는 제도

부동산취득을 제한하는 제도로는 농지취득자격증명제와 토지거래허가제 등이 있다. 농지취득자격증명제도와 비슷하게 임야매매증명제라는 것도 있다. 임야매매증명제는 현재 폐지된 상태이다.

이들 제도는 토지 취득 과정에서 소유자격을 제한하거나 소유한도를 제한하는 것이기 때문에 토지 취득을 강력하게 제한하는 역할을 한다. 이런 제도들은 직접적으로 거래를 규제하는 제도라고 할 수 있다.

(2) 보유 및 처분을 제한하는 제도

부동산보유를 제한하는 제도로는 재산세 이외에도 종합부동산세가 있고, 부동산 처분을 제한하는 제도로 양도소득세가 있다. 종합부동산세는 고액의 부동산 보유자에 대하여 지방세인 재산세보다 높은 세율로 과세하여 부동산 보유에 대한 조세부담의 형평성을 제고하고 부동산의 가격안정을 도모하기 위한 제도이다. 한편 양도소득세는 자본이득에 대한 과세를 통해 투기적 토지 소유를 제한하고 개발이익을 환수하는 기능을 갖는다. 이들 제도는 직접적으로 거래규제를 목적으로 제도화한 것이 아니므로 간접적인 거래규제제도로 파악되고 있다.

(3) 거래정보 등을 관리하는 제도

거래정보를 관리하는 제도로는 거래정보의 노출을 목적으로 하는 검인계약서제, 취득한 부동산의 등기를 의무로 하는 부동산등기의무제, 실권리자만의 명의로 부동산을 취득하여야 하는 부동산실명제, 이중계약서를 금지하고 실거래가격을 신고하게 하는 부동산거래신고제가 있다. 이들 제도는 토지취득이나 처분을 제한하는 제도와는 구별된다. 직접적으로 거래규제를 목적으로 하지 않고, 제도운영의 효과로서 투기를 억제하고 지가안정을 도모하기 때문이다. 따라서 이들은 간접적으로 거래를 규제하는 제도로 분류되고 있다.

(4) 투기억제를 위한 거래제한 제도

투기를 억제하기 위해 거래를 규제하는 제도로는 주택거래신고제와 토지거래신고제, 그리고 투기지역과 투기과열지구, 조정대상지역 제도 등이 있다. 이들 제도는 그 도입배경이 투기억제에 있었으나, 기능적으로 보면 투기억제 외에도 개발이익의 환수 등을 정책목적으로 삼기도 한다. 한편 폐지된 세제 중에 「부동산투기 억제에 관한 특별조치세」가 있다. 폐지되면서 양도소득세에 흡수되었지만 투기억제를 직접 표방한 제도이므로 투기억제를 위한 거래제한 제도로 볼 수 있을 것이다.[3]

---

3) 부동산투기를 억제할 목적으로 제정된 「부동산투기 억제에 관한 특별조치세법」이 있었다. 토지를 양도한 자에게 그 토지의 양도로 인하여 생기는 차익(差益)을 과세표준으로 하여 부과하였다. 이

주택거래신고제는 주택거래신고지역 안에 있는 주택에 관한 소유권을 이전하는 계약을 체결한 당사자는 공공으로 주택거래가액 등을 주택거래계약의 체결일부터 15일 이내에 당해 주소지의 관할 시장·군수·구청장에게 신고하도록 하는 제도이다. 이 제도는 현재 폐지되었다.

투기지역은 부동산가격상승이 지속될 가능성이 있거나 확산될 우려가 있는 지역을 대상으로 지정되는데, 투기지역으로 지정되면 양도소득세가 중과되고 주택담보대출 규제 등이 뒤따른다. 투기과열지구는 주택가격상승률이 현저히 높아서 투기가 우려되는 지역을 대상으로 지정되는데, 투기과열지구로 지정되면 분양주택의 청약과 전매에 제한이 따르고, 주택담보대출 규제도 뒤따르게 된다. 조정대상지역의 경우, 주택분양 등이 과열되어 있거나 과열이 우려되는 지역을 대상으로 지정되는데, 조정대상지역으로 지정되면 청약 및 전매에 대한 제한이 뒤따르고 주택담보대출 규제 등이 뒤따른다.

이하에서는 몇 가지 부동산거래제한 제도를 살펴보도록 한다. 이 중에는 현재 폐지된 제도도 있지만, 일종의 사례연구로서 폐지된 제도도 살펴보도록 한다.

▮ 2. 토지거래허가제와 토지거래신고제

현재 토지거래계약의 허가제만 시행 | 토지거래허가제(土地去來許可制)는 토지거래허가구역으로 지정된 지역에서 토지거래계약을 체결하고자 할 경우 행정관청의 허가를 받도록 한 제도이다. 그리고 토지거래신고제(土地去來申告制)는 토지거래신고구역으로 지정된 지역에서 토지거래계약을 체결하고자 할 경우 행정관청에 신고를 하도록 한 제도이다. 두 제도는 직접 토지소유를 제한하는 제도는 아니지만 토지의 매매과정에 정부가 개입함으로써 간접적으로 토지소유를 제한하는 제도이다.

토지거래허가제와 신고제는 1978년 8월 8일 이른바 '8.8조치'로 불리는 "부동산투기억제와 지가안정을 위한 종합대책"에서 시작되었다. 이 제도는 그해 12월 「국토이용관리법」의 개정을 통해 토지거래에 대한 규제 조항을 삽입

국세는 1967년 11월 말부터 1974년 말까지 부과·징수되었으나, 소득세법 개정으로 폐지되고 소득세법상의 양도소득세로 흡수되었다.

함으로써 제도화되었다.4) 당시 「국토이용관리법」은 규제구역에 대해서는 토지거래허가제를 실시하고, 그 이외의 지역에서는 신고제를 실시한다는 매우 강력한 규제 내용을 담고 있었다. 이후 1983년 「국토이용관리법」의 개정을 통해 토지거래를 규제할 필요가 있는 지역을 허가구역과 신고구역으로 구분하도록 하였으며, 허가구역에서는 토지거래허가를 받도록 하고 신고구역에서는 토지거래신고를 하도록 하였다. 이 제도는 1984년에 신고구역이 설정되었고, 1985년에 허가구역이 설정되어 토지거래의 규제가 비로소 시행되었다.

이후 토지거래신고제는 토지거래허가제와 기능이 중복되고 국민 부담이 크다는 판단에 따라 1999년 규제개혁의 일환으로 「국토이용관리법」이 개정되면서 폐지되었다.5) 이에 따라 「국토이용관리법」에는 토지거래허가제만 남아 있었는데, 이 법은 2003년에 「국토의 계획 및 이용에 관한 법률」로 바뀌었다. 「국토의 계획 및 이용에 관한 법률」에 있던 토지거래허가제는 2017년에 「부동산 거래신고 등에 관한 법률」 속에 통합되어 남아 있다.

토지거래허가구역의 지정 │ 2022년 12월 말 기준으로, 토지거래허가제에서 허가구역은 토지의 투기적 거래가 성행하거나 지가가 급격히 상승한 지역과 그럴 우려가 있는 지역을 대상으로 국토교통부장관(또는 시·도지사)이 중앙도시계획위원회(또는 시·도 도시계획위원회)의 심의를 거쳐 지정한다. 허가구역을 지정할 때에는 5년 이내의 기간을 정하여 지정해야 하며, 해당 기간이 지나면 자동적으로 허가구역을 해제된다. 또 허가구역의 지정 사유가 사라졌다고 판단될 때에는 허가구역 지정기간에 관계없이 즉시 해제하여야 한다.

허가구역에서 토지거래허가를 받지 않은 토지거래계약은 효력을 발생하지 않으며, 허가증 없이는 등기를 할 수 없다. 토지에 관한 권리의 이전에 관한 계약(예약 포함)은 모두 허가의 대상이지만, 일정 규모 이상의 토지거래에 대

---

4) 류해웅, 「토지법제론」, 부연사, 2000, p. 588.
5) 토지거래신고제는 토지거래의 효력이 신고(申告)의 수리(受理)로 끝난다는 점, 신고대상에서 전세권과 임차권이 제외되고 거래계약의 예약도 신고대상에서 제외된다는 점, 신고대상이 되는 기준면적이 허가제에서의 기준면적보다 넓다는 점에서 차이가 있다. 토지거래신고제는 토지거래허가제에 비해 거래규제가 약하기는 하지만 시장·군수·구청장이 신고내용에 대해 거래내용의 변경에 관한 권고나 선매협의(先買協議)를 할 수 있고, 신고자는 이에 응해야 하기 때문에 토지거래허가제에 못지않은 강력한 거래규제 효과를 갖고 있다. 여기서 선매협이란 국가나 지방자치단체, 정부투자기관 등이 공공사업에 필요한 용지를 확보하기 위해 사적 거래에 선행하여 토지를 자신들에게 매각할 것을 요청하는 제도를 말한다.

해서만 허가를 받으면 된다. 거래당사자 공동으로 시장·군수·구청장에게 허가신청서를 제출하여야 하며, 허가신청을 받은 시장·군수·구청장은 토지의 이용목적, 국토이용계획 등과의 적합성 여부, 취득하고자 하는 면적 등을 고려하여 허가 여부를 결정한다. 토지거래의 허가를 신청하였으나 허가를 받지 못한 토지소유자는 시장·군수·구청장에게 토지매수를 청구할 수 있다.

🔾 표 6-2 토지거래허가구역에서 허가가 불필요한 면적 기준(2022년 12월 말 기준)

구 분	대상지역	기준면적
도시지역 내의 지역	주거지역	$60m^2$ 이하
	상업지역	$150m^2$ 이하
	공업지역	$150m^2$ 이하
	녹지지역	$200m^2$ 이하
	위 지역 외	$60m^2$ 이하
도시지역 외의 지역	기본	$250m^2$ 이하
	농지	$250m^2$ 이하
	임야	$1,000m^2$ 이하

* 시·도지사는 이 기준의 10%~300%에서 따로 정할 수 있다.

3. 임야매매증명제도

사실상 임야의 거래규제 없음 | 임야매매증명제도[6]는 1990년 1월 13일 「산림법」 개정에 의해 도입되었다. 1989년 토지공개념을 확대·도입하면서 투기억제를 위하여 농지상한 및 택지소유제한에 맞추어 산지의 소유상한을 정하고자 하였으나, 산지의 특성상 소유상한을 정하는 것이 적합하지 않아 농지와 같이 매매증명제도를 도입하게 되었다. 임야는 실수요자만이 매수할 수 있도록 시장·군수·구청장의 임야매매증명을 발급받게 함으로써 산지의 이용도를 증진시키고 임야 투기억제의 실효를 거두는 것을 목적으로 하였다. 따라서 경영목적 이외의 임야취득을 제한함으로써 임야소유의 제도적 정착을 도모하는 데 의의가 있다고 할 수 있다.

---

6) 류해웅, 「토지법제론」, 부연사, 2005, p. 626.

　이 제도는 실수요자만이 산지를 취득할 수 있도록 하기 위하여 제도화한 것이다. 산지이용도의 제고와 투기억제를 도모하기 위하여 임야를 매매할 경우 매수자는 임야매매증명을 발급받도록 하고, 임야매매증명은 매수자가 실수요자인 경우에 한하여 발급하도록 하며, 매수한 임야를 5년 이내에 매도하고자 할 때에는 국가 또는 지방자치단체가 다른 자에 우선하여 매수할 수 있도록 제도화하였다. 이에 따라 산림을 경영하고자 하거나 산림경영 외의 목적으로 사용하기 위하여 보안림 및 천연보호림을 제외한 임야로서 면적이 $2,000\text{m}^2$ 이상인 임야를 매수하고자 하는 자는 임야의 소재지를 관할하는 시장·군수의 임야매매증명을 발급받도록 하였다(구 산림법 제111조 제1항, 동법 시행령 제109조 제1항). 이 제도는 1994년 3월 2일 시행령 개정을 통해 규제를 완화하기 위하여 증명발급대상을 $10,000\text{m}^2$로 확대한 바 있다.

　그러나 이 제도는 임산물의 생산 및 유통을 원활하게 하며, 임야의 매매를 자유롭게 하고 활성화하기 위하여 1997년 4월 10일 법률 제5323호로 「산림법」 개정에 의해 폐지되었다. 따라서 임야는 농지와는 달리 사실상 거래규제를 받지 않게 되었다.

4. 등기의무제와 부동산실명제

건전한 부동산 거래
질서 확립 목적 ┃ 등기의무제는 1990년 8월 1일 「부동산등기 특별조치법」을 제정하면서 도입되었다. 이 법은 부동산소유권 이전 등기신청을 의무화하고, 거래제한법령을 회피하여 부동산투기의 수단으로 이용되는 허위·부실등기신청과 같은 각종 편법·탈법행위를 직접 규제함으로써 등기부 기재와 거래의 실제내용이 일치하도록 하여 건전한 부동산 거래질서를 확립하기 위해 제정되었다.

　이에 따라 부동산의 소유권이전을 내용으로 하는 계약을 체결한 자는 그 계약이 쌍무계약(예: 매매)인 경우에는 반대급부의 이행이 완료된 날부터, 그 계약이 편무계약(예: 증여)인 경우에는 그 계약의 효력이 발생한 날부터 각 60일 이내에 소유권이전등기를 신청하도록 의무화하였다. 또한 조세부과를 면하려 하거나 다른 시점간의 가격변동에 따른 이득을 얻으려 하거나 소유권 등 권리변동을 규제하는 법령의 제한을 회피할 목적으로 타인의 명의를 빌려 등

기를 신청하거나 미등기전매한 때에는 3년 이하의 징역이나 1억원 이하의 벌
금에 처하도록 하였다. 그리고 타인의 명의를 빌려 소유권이전등기를 신청하
는 것을 원칙적으로 금지하고, 조세부과를 면하려 하는 등의 목적이 없는 경
우에는 등기신청시에 대법원규칙이 정하는 서면을 제출한 경우에만 예외적으
로 허용하도록 하였다. 이는 소위 명의신탁을 제한적으로 금지하는 것이었다.

그러나 1995년 3월 30일 명의신탁을 금지하는 「부동산 실권리자명의 등기
에 관한 법률」이 제정됨으로써 명의신탁에 관한 조항은 모두 삭제되었다. 이
에 따라 「부동산등기 특별조치법」은 등기의무제와 검인계약서제만 규정하고,
「부동산 실권리자명의 등기에 관한 법률」은 부동산실명제를 규정함으로써 기
능을 분담하고 있다. 따라서 부동산등기는 투기억제와 관련하여 등기의무제와
부동산실명제로 이원화되어 있다고 할 수 있다.

■ 5. 주택거래신고지역과 부동산거래신고제도

(1) 주택거래신고지역

현재는 폐지된 제도 │ 주택거래신고제도는 2004년에 도입되었다. 당시에는 부
동산거래를 신고하지 않았는데, 일부 지역에서 주택가
격이 급등하자, 이를 안정시키기 위한 조치의 일환으로 주택거래신고제도를
도입하였다.

구(舊) 주택법에 따르면, 국토교통부장관은 주택정책심의위원회의 심의를
거쳐 주택에 대한 투기가 성행하거나 성행할 우려가 있다고 판단되는 지역을
주택거래신고지역으로 지정할 수 있다(구 주택법 제80조의2 제1항).[7] 이 경우 대
상지역은 ① 지정하는 날이 속하는 달의 직전월의 아파트 매매가격상승률이
1.5% 이상인 지역, ② 직전월로부터 소급하여 3월간의 아파트 매매가격상승
률이 3% 이상인 지역, ③ 직전월로부터 소급하여 1년간의 아파트 매매가격상
승률이 전국의 아파트 매매가격상승률의 2배 이상인 지역, ④ 직전월부터 소
급하여 3개월간의 월평균 아파트거래량 증가율이 20% 이상인 지역, ⑤ 관할

---

7) 주택거래신고지역(2004년 1월 29일 「주택법」 개정으로 도입)은 「소득세법」에 따른 투기지역과 관
   계없이 지정할 수 있었다. 주택법은 2016년 1월에 전면적으로 개편되어 새롭게 제정되었는데, 이
   전의 주택법을 '구 주택법'이라고 칭하도록 한다.

시장·군수 또는 구청장이 주택에 대한 투기가 성행할 우려가 있다고 판단하여 지정을 요청하는 지역이다(구 주택법 시행령 제107조의2 제1항). 그리고 국토교통부장관은 주택가격이 안정되는 등 지정사유가 해소된 것으로 인정되는 경우에는 주택정책심의회를 거쳐 주택거래신고지역의 지정을 해제할 수 있다(구 주택법 제80조의2 제6항).

주택거래신고대상은 주택거래신고지역 안에 있는 공동주택으로서 대통령령이 정하는 주택에 관한 소유권을 이전하는 계약을 체결하는 당사자는 공동으로 주택거래가액 등 대통령령이 정하는 사항을 계약체결일부터 15일 이내에 주택의 소재지를 관할하는 시장·군수 또는 자치구청장에게 신고하여야한다. 신고한 사항을 변경한 때에도 신고하여야 한다. 이 경우 주택거래계약은 대가가 있는 경우에 한하며, 신규로 건설·공급하는 주택을 신규로 취득하는 경우를 제외한다.

주택거래신고지역으로 지정되기 전에 체결한 계약 중 「부동산등기특별조치법」에 의한 검인을 받지 아니한 계약은 주택거래신고지역의 지정일부터 15일 이내에 신고하도록 되어 있다.

주택거래계약을 체결한 당사자는 공동으로 계약체결일부터 15일 이내에 주택의 소재지를 관할하는 시장·군수 또는 자치구청장에게 신고하여야 하며, 시장·군수 또는 자치구청장은 신고내용을 확인한 후 신고필증을 신고인에게 즉시 교부하여야 한다. 주택거래신고를 하지 않거나 게을리 한 자와 거짓으로 신고한 자는 취득세(취득세가 비과세·면제·감경되는 경우에는 지방세법의 규정에 의한 주택가액 부동산등기세율을 곱한 금액)의 5배 이하에 상당하는 금액의 과태료를 부과하도록 되어 있다.

한편, 신고필증을 교부받은 때에는 검인을 받은 것으로 간주되며 시장·군수 또는 자치구청장은 신고필증 교부일로부터 15일 이내에 당해 주택 소재지 관할 세무관서의 장에게 신고사항을 통보하여야 하며, 통보받은 세무관서의 장은 당해 신고사항을 국세 또는 지방세 부과를 위한 과세자료로 사용할 수 있다.

주택거래신고제도는 2005년부터 도입된 부동산거래신고제도에 의해 그 기능이 이루어질 수 있고, 주택거래신고지역이 투기과열지구와 중복되어 지정되는 경우가 많아서 2015년 7월에 폐지되었다.

(2) 부동산거래신고제도

전면적인 부동산거래 | 　주택거래신고제도가 2004년에 도입된 이후에도 주택
신고제도 도입 | 　가격이 계속 상승하자, 2005년에 전면적인 부동산거
래신고제도가 도입되었다. 2005년에 전면 개정된 「공인중개사의 업무 및 부동
산 거래신고에 관한 법률」에 부동산거래의 신고 조항이 도입되었고, 이 법은
뒤에 「부동산 거래신고 등에 관한 법률」로 바뀌면서, 현재는 「부동산 거래신고
등에 관한 법률」에 의해 부동산거래를 신고해야만 한다. 처음 이 제도가 도입
될 당시에는 거래 후 30일 이내에 신고하는 것으로 하려고 하였다. 그러나 30
일 이내에 신고하는 것이 현실적으로 어렵다는 지적들이 있어서 60일 이내에
신고하는 것으로 바뀌었다. 그러다가 2020년 2월에 '60일 이내 신고'가 '30일
이내 신고'로 바뀌었다. 약 15년간의 제도 시행 결과, 신고 기간을 60일에서
30일로 줄이더라도 큰 문제가 없다는 판단 하에 신고 기간을 줄인 것이다.

　「부동산 거래신고 등에 관한 법률」에 의하면, 부동산 거래당사자는 그 실
제 거래가격 등을 거래계약 체결일로부터 30일 이내에 시·군·구청장에게
신고해야 한다. 분양권이나 입주권의 거래도 신고대상이다. 2017년 이전에는
최초의 분양계약은 신고대상이 아니었으나, 2017년부터는 최초의 분양계약도
신고대상이다. 공인중개사가 거래를 중계하였을 경우에는 공인중개사가 신고
를 해야 한다. 신고를 받은 신고관청은 신고인에게 신고필증을 발급해주게 되
는데, 해당 신고필증을 발급받으면, 「부동산등기 특별조치법」에 따른 검인을
받은 것으로 본다.

2021년부터 | 　부동산거래신고제도는 부동산 매매거래만 신고대상이었
주택임대차도 신고 | 　는데, 2020년 8월에 주택임대차 계약도 신고를 하도록
「부동산 거래신고 등에 관한 법률」이 바뀌었다. 실제 법의 시행은 2021년 6월
부터 시작되었다. 이 법에 의해 주택임대차계약을 한 사람(임대인과 임차인)은
30일 이내에 관할관청에 주택임대차 사실을 신고해야 한다.

　이 법 이전에는 임차인은 전세금이나 보증금을 보호받기 위해 관할관청에
임대차계약서를 제출하고 확정일자를 받는 제도가 있었다. 「주택임대차보호
법」에 의해, 임대차계약서에 확정일자를 받은 임차인은 별도의 등기가 없더라

도 확정일자 이후의 저당권자보다 앞서서 전세금이나 보증금을 변제받을 수 있다. 그러나 「부동산 거래신고 등에 관한 법률」의 개정에 의해 주택임대차계약을 신고한 임차인은 별도로 확정일자를 받지 않더라도 확정일자를 받은 것으로 본다.

■ 6. 투기지역

기획재정부장관 지정 양도세 실거래가 과세 | 정부는 2002년 12월 18일 「소득세법」을 개정하여 투기지역 제도를 도입하였다. 소득세법에서는 투기지역을 '지정지역'이라고 부르고 있는데, 통상적으로는 투기지역이라고 부른다.[8] 처음 투기지역 제도를 도입할 당시에는 실제 거래가액으로 과세가 되지 않고 있었다. 그래서 투기지역에 있는 부동산에 대하여는 양도소득세를 기준시가 대신 실제로 거래한 가액(이하, 실거래가액)으로 과세함으로써 투기를 억제하고자 하였다(동법 제96조 제1항, 동법 제104조의2 제1항, 동법 시행령 제168조의3 제1항). 그러나 지금은 모든 부동산 거래에 대해 실질 과세를 하기 때문에 해당 조항은 삭제되고, 그 대신 투기지역으로 지정된 지역에 대해서는 양도세율에 가산세율을 적용하도록 하고 있다. 1세대가 주택을 3개 이상 갖고 있거나 주택과 조합원 분양권을 합쳐 3개 이상을 갖고 있을 경우, 또는 비사업용 토지를 보유하고 있는 경우, 양도세율에 10% point를 가산하도록 하고 있다.

이 밖에 투기지역에 대해서는 주택담보대출의 만기연장이 제한되고, 주택담보대출의 건수도 제한된다. 기업자금대출도 제한되며, 농어촌주택에 대한 특례(농어촌주택을 주택수 산정에서 제외하는 특례)도 제한된다. 주택담보대출의 LTV (loan to value)와 DTI(debt to income) 비율은 50%와 40%가 적용된다(2023년 1월 기준).[9]

그리고 투기지역의 지정과 해제 그 밖의 필요한 사항을 심의하기 위하여

---

8) 소득세법 제104조의2에서는 부동산 가격 상승률이 전국 소비자물가 상승률보다 높은 지역으로서 부동산 가격이 급등하였거나 급등할 우려가 있는 경우에는 해당 지역을 지정지역으로 지정할 수 있다. 이렇게 지정된 지역을 '지정지역'이라고 부르는데, 통상적으로는 '투기지역'이라는 용어가 더 많이 사용되고 있다. 본서에서도 통상적 용어인 투기지역을 사용하기로 한다.

9) 투기지역에서는 무주택자 및 1주택 소유자에게 LTV가 50% 적용되면, DTI가 40% 적용된다. 실수요자에게는 LTV와 DTI 비율을 상향하여 적용한다. 2주택 이상 보유자는 주택담보대출 자체가 금지된다. LTV 및 DTI 비율은 시기에 따라 다른데, 여기서 기술한 비율은 2023년 1월 기준이다.

기획재정부에 부동산가격안정심의위원회를 설치하도록 되어 있다. 이하에서는 투기지역 지정의 방법과 절차를 살펴보기로 한다.

투기지역 지정 요건과 해제 요건 │ 투기지역 지정은 국토교통부장관의 지정요청(관계중앙행정기관의 장이 국토교통부장관을 경유하여 요청하는 경우를 포함)에 의해 기획재정부장관이 대통령령이 정하는 기준 및 방법에 따라 지정한다. 그리고 국토교통부장관이 지정요건의 하나에 해당하나 지정요청하지 아니한 지역에 대해서는 기획재정부장관이 국토교통부장관으로부터 그 사유를 받아 부동산가격안정심의위원회에 회부하여 심의를 받아야 한다(소득세법 시행령 제168조의3 제1항).[10] 2022년 12월 말 기준으로 투기지역 지정 기준은 다음과 같다."

① 지정하는 날이 속하는 달의 직전월의 주택매매가격상승률이 전국소비자물가상승률의 130/100보다 높은 지역으로서 다음 하나에 해당하는 지역

㉮ 직전월부터 소급하여 2월간의 월평균 주택매매가격상승률이 전국주택매매가격상승률의 130/100보다 높은 지역

㉯ 직전월부터 소급하여 1년간의 연평균 주택매매가격상승률이 직전월부터 소급하여 3년간의 연평균 전국주택매매가격상승률보다 높은 지역

② 직전월의 지가상승률이 전국소비자물가상승률의 130/100보다 높은 지역으로서 다음 하나에 해당하는 지역

㉮ 직전월부터 소급하여 2월간의 월평균 지가상승률이 전국지가상승률의 130/100보다 높은 지역

㉯ 직전월부터 소급하여 1년간의 연평균 지가상승률이 직전월부터 소급하여 3년간의 연평균 전국지가상승률보다 높은 지역

③ 「개발이익환수에 관한 법률」에 의한 개발사업(개발부담금을 부과하지 아니하는 개발사업을 포함) 및 주택재건축사업(이하 "개발사업 등"이라 함)이 진행중인 지역(중앙행정기관의 장 또는 지방자치단체의 장이 그 개발사업 등을

---

10) 한편 기획재정부장관은 필요하다고 인정되는 경우 제1항의 규정에도 불구하고 국토교통부장관의 요청없이 부동산가격안정심의위원회에 지정지역의 지정에 관한 사항을 회부할 수 있다.

발표한 경우를 포함)으로서 다음의 요건을 모두 갖춘 지역

㉮ 직전월의 주택매매가격상승률이 전국소비가물가상승률의 130/100보다 높을 것

㉯ 직전월의 주택매매가격상승률이 전국주택매매가격상승률의 130/100보다 높을 것

④ 「택지개발촉진법」에 따른 택지개발예정지구, 「신행정수도 후속대책을 위한 연기·공주지역 행정중심복합도시 건설을 위한 특별법」에 따른 행정중심복합도시건설사업 예정지역·주변지역 또는 그 밖에 기획재정부령이 정하는 대규모개발사업의 추진이 예정되는 지역(이하 이 호에서 "예정지구등"이라 한다)으로서 다음 각 목의 어느 하나에 해당하는 지역. 이 경우 예정지구등의 후보지를 행정기관이 발표하는 경우에는 그 후보지를 예정지구등으로 본다.

㉮ 직전월의 주택매매가격상승률이 전국소비자물가상승률보다 높은 지역

㉯ 직전월의 지가상승률이 전국소비자물가상승률보다 높은 지역

투기지역의 해제는 지정지역의 지정 후 당해 지역의 부동산가격이 안정되는 등 지정사유가 해소된 것으로 인정되어 국토교통부장관의 지정해제요청(관계중앙행정기관의 장이 국토교통부장관을 경유하여 요청하는 경우를 포함)이 있는 경우에는 기획재정부장관은 부동산가격안정심의위원회의 심의를 거쳐 지정지역을 해제한다. 그러나 기획재정부장관은 필요하다고 인정되는 경우 이 규정에 불구하고 국토교통부장관의 요청 없이 부동산가격안정심의위원회에 지정지역의 해제에 관한 사항을 회부할 수 있다.

투기과열지구와의 중복 문제 ┃ 투기지역 제도는 양도소득세 중과를 통해 부동산에 대한 투기적 수요를 억제할 목적으로 도입되었지만, 나중에는 대출규제도 투기적 수요를 억제하는 수단으로 추가되었다. 그리고 투기지역 지정은 크게 주택투기지역과 주택 이외의 부동산 투기지역으로 나누어진다. 전자는 주택가격상승률이 특별히 높은 지역, 후자는 지가상승률이 특별히 높은 지역을 투기지역으로 지정한다.

투기지역 지정은 뒤에서 볼 투기과열지구나 조정대상지역과 중복되는 문

제가 있다. 투기과열지구나 조정대상지역은 주택가격상승률이 높은 지역을 대상으로 지정되는데, 이것이 투기지역 중 주택투기지역의 지정 요건과 거의 같다. 그리고 투기지역 내에서의 금융규제도 투기과열지구의 금융규제와 거의 동일하다. 그러다 보니 투기과열지구가 지정되면 자동적으로 투기지역도 지정되고, 투기과열지구가 해제되면 투기지역도 해제되는 경향을 그동안 보여 왔다. 이런 규제의 중복 문제 때문에 투기지역과 투기과열지구의 통합 논의가 꾸준히 이루어지고 있다.

7. 투기과열지구

투기과열지구의 지정과 해제 | 투기과열지구는 1983년에 도입된 제도이다. 이 당시에 투기과열지구는 분양주택의 우선공급 범위를 달리하는 제도로 사용되었다. 그러다가 외환위기 직후인 1999년에 제도의 실효성이 없어 폐지되었다. 그러다가 2002년 4월 18일 「주택법」을 개정하면서 투기과열지구 제도를 다시 도입하였다(구 주택법 제41조, 신 주택법 제63조). 주택법에 따르면 국토교통부장관 또는 시·도지사는 주택가격의 안정을 위하여 필요한 경우에는 주거정책심의위원회(구 주택정책심의위원회)의 심의를 거쳐 일정한 지역을 투기과열지구로 지정하거나 이를 해제할 수 있다.

투기과열지구는 주택가격의 상승률이 물가상승률보다 현저히 높은 지역으로서 주택에 대한 투기가 성행하고 있거나 성행할 우려가 있는 지역 중 국토교통부령으로 정하는 기준을 충족시키는 곳에 대하여 지정하되, 그 지역의 청약경쟁률·주택가격·주택보급률 및 주택공급계획 등과 지역 주택시장 여건 등을 고려하여야 한다.[11] 이 경우 투기과열지구의 지정은 그 지정목적을 달성할 수 있는 최소한의 범위로 한다. 국토교통부장관이 투기과열지구를 지정하거나 해제하는 경우에는 시·도지사의 의견을 들어야 하며 시·도지사가 지정 또는 해제하는 경우에는 국토교통부장관과 협의해야 한다. 국토교통부장관이나 시·도지사는 투기과열지구에서 그 지정사유가 없어졌다고 인정하는 경

---

11) 주택법 시행규칙 제25조를 보면, 2개월간 주택청약경쟁률이 5대 1을 초과하였거나 국민주택규모 이하 주택의 청약경쟁률이 10대 1을 초과한 곳, 주택공급이 위축될 우려가 있는 곳, 신도시 개발이나 주택의 전매행위 성행 등으로 투기 및 주거불안의 우려가 있는 곳 등에 지정한다.

우에는 지체 없이 해제하여야 한다. 해제절차에 관하여는 지정절차에 관한 규정을 준용한다.

투기과열지구의 지정효과 | 투기과열지구로 지정된 지역에는 청약자격이 제한되고, 전매제한이 강화되며, 투기지역과 동일한 금융규제가 들어온다. 더 나아가 재건축 및 재개발 사업에서 조합원 지위의 양도 등도 제한이 생기게 된다. 이런 규제는 시기에 따라 다르다.

2023년 1월을 기준으로, 투기과열지구로 지정된 지역에서는 우선 청약자격이 제한된다. 5년 이내에 분양주택에 당첨된 사실이 있는 자의 세대에 속하면 청약을 못하고, 민영주택이라도 2주택 이상 보유한 세대에 속하는 자는 청약을 할 수가 없다. 청약저축 가입 기간이 2년 이상이고 납입 횟수가 24회 이상이어야 1순위가 된다. 그리고 해당 지역 거주자에게 우선권이 주어진다. 또한 민영주택의 재당첨이 제한되고, 85m^2 이하 주택에서는 100% 가점제로, 85m^2 초과 주택에서는 80%가 가점제로 분양이 결정된다.[12] 분양가격이 일정금액 이상인 주택에서는 특별공급이 제한된다.

주택 분양권에 대한 전매제한도 강화된다. 분양계약 체결 이후 소유권등기 이전일까지 분양권 전매가 금지된다. 소유권이전등기일까지의 기간이 5년 넘을 경우에는 최대 5년까지 분양권 전매가 금지된다. 주택 뿐만 아니라 오피스텔의 분양권도 전매가 제한된다.

정비사업에 대한 규제도 강화된다. 재건축사업 조합원당 재건축 주택공급 수가 1주택으로 제한되고, 조합설립인가 이후부터는 조합원의 지위 양도가 제한된다. 재개발사업에서도 관리처분계획인가 이후부터는 조합원의 지위 양도가 제한된다. 그리고 정비사업 분양주택에 대해서도 5년간 재당첨이 금지된다.

이 밖에 투기과열지구로 지정되면, 주택 매입자는 자금 조달 및 입주계획을 신고해야 하고, 자금 조달에 대한 증빙자료를 관할관청에 제출해야 한다. 그리고 투기지역과 동일하게 대출규제를 적용받아, LTV와 DTI 비율이 제한되고, 중도금 대출 요건이 강화된다. 민영주택이라도 2주택 이상 보유세대는 신규 주택담보대출이 금지되고, 일시적 2주택 보유자가 주택담보대출을 받을

---

12) '가점제'란 분양주택 청약자의 무주택기간, 부양가족수, 주택청약종합저축 가입기간에 따라 점수를 매겨 점수가 높은 청약자에게 우선적으로 분양주택을 배분하는 제도를 말한다.

때에는 일정 기일 내 기존 주택을 처분해야 한다.

8. 조정대상지역

조정대상지역의
지정과 해제 │ 조정대상지역 제도는 2017년 8월 주택법 개정을 통해 도입된 제도로, 주택 분양 등이 과열되어 있거나 과열될 우려가 있는 지역(과열지역)과 주택 분양 등의 거래가 위축되어 있거나 위축될 우려가 있는 지역(위축지역)을 조정대상지역으로 지정할 수 있다. 국토교통부장관은 조정대상지역을 지정하고자 할 때에는 관련 시·도지사의 의견을 듣고 주거정책심의위원회의 심의를 거쳐야 한다.

조정대상지역의 지정요건은 시기에 따라 다소 다른데, 2023년 1월 기준으로 과열지역은 '지난 3개월간의 주택가격상승률이 해당 지역 소비자물가상승률의 1.3배를 초과하는 지역'으로서 다음 중 어느 하나에 해당하는 지역에서 지정한다.

① 직전 2개월 동안 주택의 월별 평균 청약경쟁률이 5:1을 초과(국민주택규모는 10:1 초과)한 지역
② 직전 3개월간 분양권 전매거래량이 전년 동기 대비 30% 이상 증가한 지역
③ 해당 지역 시·도의 주택보급률 또는 자가주택비율이 전국 평균 이하인 지역

한편, 위축지역은 6개월간 평균 주택가격상승률이 마이너스 1.0% 이하인 지역으로서 다음 중 어느 하나에 해당하는 지역에서 지정한다.

① 3개월 연속 주택매매거래량이 전년 동기 대비 20% 이상 감소한 지역
② 직전 3개월간 평균 미분양주택의 수가 전년 동기 대비 2배 이상인 지역
③ 해당 지역 시·도의 주택보급률 또는 자가주택비율이 전국 평균을 초과하는 지역

조정대상지역으로 유지할 필요가 없다고 판단되는 경우에는 국토교통부장

관이 해당 지역 시·도지사의 의견을 청취한 후 주거정책심의위원회의 심의를 거쳐 조정대상지역의 지정을 해제할 수 있다. 그리고 해당 지역의 시·도지사는 조정대상지역 해제가 필요하다고 판단되는 경우 국토교통부장관에게 그 지정의 해제를 요청할 수 있다.

조정대상지역의 지정효과 | 조정대상지역, 그 중에서 과열지역으로 지정되면 청약조건이 제한되고, 전매제한과 대출규제가 강화된다. 그리고 양도소득세 중과 등의 조치가 뒤따른다. 구체적인 규제 내용은 시기에 따라 다르다.

2023년 1월 기준으로, 조정대상지역 중 과열지역으로 지정되면 우선 투기과열지구와 비슷하게 청약조건이 강화된다. 5년 이내에 분양주택에 당첨된 사실이 있는 자의 세대에 속하면 청약을 못하고, 민영주택이라도 2주택 이상 보유한 세대에 속하는 자는 청약을 할 수가 없다. 청약저축 가입 기간이 2년 이상이고 납입 횟수가 24회 이상이어야 1순위가 된다. 그리고 해당 지역 거주자에게 우선권이 주어진다. 또한 민영주택의 재당첨이 제한되고, 85m^2 이하 주택에서는 분양주택의 70%를 가점제로, 85m^2 초과 주택에서는 분양주택의 30%를 가점제로 분양해야 한다.

주택 분양권에 대한 전매제한도 강화되는데, 분양계약 체결 이후 소유권등기이전일까지 분양권 전매가 금지된다. 소유권이전등기일까지의 기간이 3년 넘을 경우에는 최대 3년까지 분양권 전매가 금지된다. 오피스텔의 분양권도 전매가 제한된다.

이 밖에 주택 매입자는 자금 조달 및 입주계획을 신고한다. 그리고 대출규제를 적용받아, LTV와 DTI 비율이 제한되고, 중도금 대출 요건이 강화된다. 민영주택이라도 2주택 이상 보유세대는 신규 주택담보대출이 금지되고, 일시적 2주택 보유자가 주택담보대출을 받을 때에는 일정 기일 내 기존 주택을 처분해야 한다.

투기과열지구와 다르게 조정대상지역 중 과열지역으로 지정되면 취득세, 양도소득세 등이 중과된다. 2주택 이상 보유자의 취득세가 중과되며, 다주택자에 대해 양도소득세가 중과되고, 장기보유특별공제가 배제된다. 또 1주택 이상 보유자가 임대주택용 주택을 매입하여 등록하더라도 양도소득세가 중과되고, 종합부동산세도 합산 과세된다(조정대상지역이 아닌 지역에서는 매입등록임대주택의 경우 양도소득세는 일반 세율로 과세되고, 종합부동산세는 분리 과세된다).

🔘 표 6-3 **규제지역 지정요건과 지정효과(2023년 1월 기준)**

구분	지정요건	지정효과
투기지역	• 직전월 주택가격상승률(또는 지가상승률)이 전국 소비자물가상승률보다 1.3배 이상인 지역 중에서 　- 2개월간 평균 주택가격상승률(또는 지가상승률)이 전국 평균보다 1.3배 이상인 지역 　- 또는 1년간 평균 주택가격상승률(또는 지가상승률)이 3년간 전국 평균보다 높은 지역 • 개발사업 또는 주택재건축사업이 진행 중인 지역 중에서 　- 직전월 주택가격상승률이 전국 소비자물가상승률의 1.3배 이상인 지역 　- 또는 직전월 주택가격상승률이 전국 상승률의 1.3배 이상인 지역 • 택지개발예정지구, 행정중심복합도시 등 대규모 개발사업이 예정된 지역에서 　- 직전월 주택가격상승률(또는 지가상승률)이 전국 소비자물가상승률보다 높은 지역	• 양도소득세 가산세율 적용 　- 1세대가 주택과 분양권을 합쳐 3개 이상 보유한 경우, 또는 비사업용 토지를 보유한 경우 양도세율 + 10%p 　- 농어촌주택 특례 배제 • 주택담보대출 제한 　- LTV 50%, DTI 60% 적용 　- 2주택 이상 보유자는 주택구입을 위한 주택담보대출 금지 　- 일시적 2주택자가 주택담보대출을 받을 경우 기존주택 처분기간 부여
투기과열지구	• 주택가격상승률이 물가상승률보다 현저히 높은 지역 중에서 　- 직전 2개월간 월별 청약경쟁률이 모두 5:1을 초과(국민주택규모는 10:1)하는 지역 　- 또는 직전월의 주택분양실적이 전월 대비 30% 이상 감소한 지역 　- 또는 주택건설사업계획승인 건수나 주택건축허가 건수가 직전 연도보다 급격하게 감소한 지역	• 주택담보대출 제한 　- 투기지역과 동일 • 청약자격 등 규제 강화 　- 청약저축 2년 이상 가입, 24회 이상 납입을 하여야 1순위 　- 해당 지역 거주자 우선 공급 　- 재당첨 제한(10년) 　- 분양가격 9억원 초과 특별공급 제한

구분	지정요건	지정효과
투기 과열 지구	- 또는 신도시개발이나 주택 전매 행위 성행 등으로 투기 및 주거 불안 우려가 있는 곳으로서 해당 시·도의 주택보급률 또는 자가 주택비율이 전국 평균 이하인 지역, 또는 해당 지역 분양주택수가 주택청약 1순위자 수보다 현저히 적은 지역	- 민영주택 85m² 이하 가점제 100%, 85m² 초과는 가점제 50% • 전매제한 - 주택분양권 소유권이전등기일까지 (최대 5년) 전매금지 - 오피스텔 분양권 전매제한 • 정비사업 제한 - 재건축사업 조합원당 주택공급수 제한 - 재건축 및 재개발사업 조합원 지위 양도 제한 - 정비사업 분양주택 재당첨 제한(5년) • 신고 의무 - 주택 취득시 자금조달 및 입주계획 신고 - 증빙자료 제출
조정 대상 지역 중 과열 지역	• 직전 3개월간 주택가격상승률이 해당 지역 소비자물가상승률의 1.3 배 초과하는 지역 중에서 - 직전 2개월간 월별 평균 청약경쟁률이 모두 5:1을 초과(국민주택규모는 10:1)하는 지역 - 또는 직전 3개월간 분양권 전매거래량이 전년 동기대비로 30% 이상 증가한 지역 - 도는 해당 시·도의 주택보급률 또는 자가주택비율이 전국 평균 이하인 지역	• 주택담보대출 제한 - LTV 50%, DTI 50% - 중도금대출 제한 - 2주택 이상 보유자의 신규 주택담보대출 금지 • 청약자격 등 규제 강화 - 청약저축 2년 이상 가입, 24회 이상 납입을 하여야 1순위 - 해당 지역 거주자 우선 공급 - 재당첨 제한(7년) - 민영주택 85m² 이하 가점제 75%, 85m² 초과는 가점제 30% • 전매제한 - 주택분양권 소유권이전등기일까지 (최대 3년) 전매금지 - 오피스텔 분양권 전매제한 • 부동산세 중과 - 2주택 이상자 취득세 중과 - 다주택자 양도소득세 중과 및 장기보유특별공제 배제

구분	지정요건	지정효과
		– 일시적 2주택자 기존주택 양도기간 (2년내) – 매입임대주택 신규취득자 양도소득세 중과, 종부세 분리과세 배제 • 신고 의무 – 주택 취득시 자금조달 및 입주계획 신고

투기지역은 주로 양도소득세 강화와 주택담보대출 제한을 주된 투기억제 수단으로 사용하고, 투기과열지구는 청약제한, 전매제한, 주택담보대출 제한을 주된 투기억제 수단으로 사용한다. 그런데 조정대상지역은 청약제한, 전매제한, 주택담보대출 제한과 함께 양도소득세 강화도 투기억제수단으로 사용하고 있다.

9. 분양가상한제 적용 지역

분양가 상한제 적용지역의 지정 | 분양 주택 중 분양가에 상한을 두는 주택을 분양가 상한제 적용 주택이라고 부른다. 공공택지에서 건설되는 주택과 분양가 상한제 적용 지역의 민간택지에서 건설되는 주택이 분양가 상한제 적용을 받는다. 다만, 도시형 생활주택, 「경제자유구역의 지정 및 운영에 관한 특별법」에 따라 지정·고시된 경제자유구역에서 건설·공급하는 공동주택으로, 경제자유구역위원회에서 외자유치 촉진과 관련이 있다고 인정하여 분양가격 제한을 적용하지 않기로 심의·의결한 주택, 그리고 「관광진흥법」에 따라 관광특구에서 건설·공급하는 공동주택으로서 해당 건축물의 층수가 50층 이상이거나 높이가 150미터 이상인 주택 등은 분양가 상한제를 적용하지 않는다.

민간택지 중에서 분양가 상한제가 적용되는 지역은 주택가격상승률이 물가상승률보다 현저히 높은 지역으로서 주택가격이 급등하거나 급등할 우려가 있는 지역 중 다음의 조건을 충족하는 지역을 국토교통부장관이 지정한다.

① 직전 1년간 아파트분양가상승률이 물가상승률의 2배를 초과하는 지역

② 또는 직전 3개월간 주택매매거래량이 전년동기 대비로 20% 이상 증가한 지역

③ 또는 직전 2개월간 청약경쟁률이 모두 5:1(국민주택규모는 10:1) 초과하는 지역

이 제도는 2015년 4월에 도입되었는데, 지정 기준은 시기에 따라 다소 다르다. 위의 기준은 2023년 1월 기준이다. 국토교통부장관은 분양가상한제 적용 지역을 지정할 때, 시·도지사의 의견을 듣고 주거정책심의위원회의 심의를 거쳐 지정할 수 있다. 이의 해제 또한 시·도지사의 의견을 듣고 주거정책심의위원회의 심의를 거쳐 해제해야 한다. 시·도지사나 시·군·구청장은 분양가상한제 적용 지역의 해제가 필요하다고 볼 때에는 국토교통부장관에게 이의 해제를 요청할 수 있다.

분양가격 공시항목 | 분양가격은 택지비와 건축비로 구성(토지임대부 분양주택의 경우에는 건축비만 해당)되며, 구체적인 명세, 산정방식, 감정평가기관 선정방법 등은 국토교통부령으로 정한다.

분양가격 구성항목 중 택지비는 다음과 같이 산정한다. 공공택지에서 주택을 공급하는 경우, 해당 택지의 공급가격에 국토교통부령으로 정하는 택지와 관련된 비용을 가산한 금액으로 정한다. 공공택지 외의 택지에서 분양가상한제 적용주택을 공급하는 경우에는 「감정평가 및 감정평가사에 관한 법률」에 따라 감정평가한 가액에 국토교통부령으로 정하는 택지와 관련된 비용을 가산한 금액으로 한다. 다만, 택지 매입가격이 특별한 경우에는 해당 매입가격(대통령령으로 정하는 범위로 한정)에 국토교통부령으로 정하는 택지와 관련된 비용을 가산한 금액을 택지비로 볼 수 있고, 이 때 택지비는 주택단지 전체에 동일하게 적용하여야 한다. 특별한 경우에 해당하는 사항은 ① 「민사집행법」, 「국세징수법」 또는 「지방세징수법」에 따른 경매·공매 낙찰가격, ② 국가·지방자치단체 등 공공기관으로부터 매입한 가격, ③ 그 밖에 실제 매매가격을 확인할 수 있는 경우로서 대통령령으로 정하는 경우 등이다.

분양가격 구성항목 중 건축비는 국토교통부장관이 정하여 고시하는 기본형건축비에 국토교통부령으로 정하는 금액을 더한 금액으로 정한다. 기본형건

축비는 시장·군수·구청장이 해당 지역의 특성을 고려하여 국토교통부령으로 정하는 범위에서 따로 정하여 고시할 수 있다.

그리고 사업주체는 분양가상한제 적용주택으로서 공공택지에서 공급하는 주택에 대하여 입주자모집 승인을 받았을 때에는 입주자 모집공고에 ① 택지비, ② 공사비, ③ 간접비, ④ 그 밖에 국토교통부령으로 정하는 비용[국토교통부령으로 정하는 세분류(細分類) 포함] 등을 구분하여 분양가격을 공시하여야 한다. 한편 시장·군수·구청장이 공공택지 외의 택지에서 공급되는 분양가상한제 적용주택 중 분양가 상승 우려가 큰 지역으로서 대통령령으로 정하는 기준에 해당되는 지역에서 공급되는 주택의 입주자모집 승인을 하는 경우에는 다음의 구분에 따라 분양가격을 공시하여야 한다. ① 택지비, ② 직접공사비, ③ 간접공사비, ④ 설계비, ⑤ 감리비, ⑥ 부대비, ⑦ 그 밖에 국토교통부령으로 정하는 비용 등으로 구분한다. ②~⑥까지의 금액은 특별자치시·특별자치도·시·군·구별 기본형건축비가 따로 있는 경우, 해당 시·군·구별 기본형건축비의 항목별 가액으로 한다. 또한 분양가격의 구성항목별로 분양가격을 공시할 때, 국토교통부령으로 정하는 택지비 및 건축비에 가산되는 비용의 공시에는 분양가심사위원회의 심사를 받은 내용과 산출근거를 포함한다.

제 3 절 토지비축제도

1. 토지비축제도의 개념

공공용지 사전확보와 토지수급조절 목적 | 토지비축제도(土地備蓄制度, land banking system)란 정부가 토지를 매입한 후 보유하고 있다가 적절한 때에 이를 매각하거나 공공용으로 사용하는 제도를 말한다. 토지비축의 목적은 네 가지 정도로 압축할 수 있다.

첫째, 장래에 소요될 것으로 예상되는 공공용지의 사전확보이다. 공공용지를 사전에 확보하는 이유는 장래의 지가상승으로 인한 재정지출 증가에 대응하기 위한 것도 있지만, 위치선점(位置先占)이라는 측면이 강하다. 즉 공공시설이 들어가야 할 위치에 있는 토지를 미리 매입함으로써 공공시설의 적정 입지를 확보하자는 것이다. 둘째, 토지시장의 수급조절을 통한 지가안정이다. 토지시장이 초과공급 상태일 때 정부가 이를 매입하고, 추후에 이를 방출함으로써 지가를 안정시키겠다는 것이다. 특히 토지는 공급량의 조절이 어렵기 때문에 정부가 시장에 개입하는 수단의 하나로 비축제도를 활용할 수 있는 것이다. 셋째, 개발이익의 환수이다. 도시계획 등에 의해 개발이 예정되어 있는 지역의 토지를 매입한 후 나중에 이를 개발하게 되면 세금이나 부담금 등의 수단을 사용하지 않더라도 개발이익을 환수할 수 있다. 넷째, 도시의 계획적 개발이다. 이 목적은 세 번째 목적과 연결되는데, 정부가 개발예정지역의 토지를 매입한 후 이를 도시개발에 사용할 경우 계획적인 개발이 가능하다는 것이다. 이 밖에도 저소득층의 주거안정, 토지소유의 집중 억제 등이 토지비축제도의 목적이다.

토지비축의 수단으로는 직접 정부가 토지시장에 수요자로 나서는 방법과 선매(先買)제도를 활용하는 방법, 그리고 강제 수용(收用)하는 방법 등이 있다. 정부가 직접 토지시장에 수요자로 나서는 방법의 경우, 시장친화적인 수단이라는 장점은 있지만 재정부담이나 행정비용이 과다해 질 수 있다. 선매제도란 토지보유자가 토지를 매각하고자 할 때 정부가 우선적으로 토지를 매입할 수 있는 권리를 갖는 제도를 말한다. 이 제도는 정부의 토지매입이 비교적 손쉽게 이루어질 수 있다는 장점이 있지만 토지의 가격을 어떻게 결정할 것인가를 둘러싸고 토지보유자와 갈등을 빚을 수 있고 사적인 거래의 자유를 제약한다는 비난을 받을 수 있다. 물론 현대에 들어와서는 토지의 공적 기능이 중요시되면서 공공의 이익을 위해 토지의 사적 소유권에 일정한 제한을 가하는 것은 정당하다는 견해가 주류를 이루고 있지만, 이 제도를 상설화하는 것까지 정당화될 수 있는가는 의문이다. 정부가 강제로 매입하는 수용 방법의 경우 선매제도보다 훨씬 수월하게 토지를 매입할 수 있는 장점이 있지만, 이 제도는 위헌시비를 낳을 가능성이 높다. 공영개발방식에 사용하는 강제수용의 경우 공공의 이익을 위한 개발이 현재화되어 있어 어느 정도 정당성이 인정되지만, 토지비축을 위한 강제수용의 경우 미래에 공공의 이익을 위해 사용하겠다는 이유만으로 정부가 사적 재산권을 침해할 수 있는가는 의문의 여지가 있을 수 있다. 최근 지방자치단체가 특정 토지를 도시계획시설로 묶어 두고 장기간 토지이용을 제한한 것에 대해 위헌판결이 난 것에서 보듯이 토지비축을 위한 수용권의 사용은 위헌판결을 받을 가능성이 높다.

토지비축제도의 가장 큰 난점은 토지매입을 위한 재원조달과 비축토지의 관리가 어렵다는 데 있다. 토지비축의 목적이 무엇이냐에 따라 토지매입규모와 재원의 크기가 달라지지만 일반적으로 토지비축에는 상당한 규모의 자금을 필요로 한다. 대부분의 국가에서는 사회보장비용 등 늘어나는 재정수요 때문에 토지비축에 필요한 자금을 조달하기가 쉽지 않다. 토지비축채권을 통해 민간으로부터 차입할 수도 있지만 구축효과(驅逐效果)13)로 인해 경제가 악영향을 받을 수도 있으며, 경우에 따라서는 지나친 정부부채로 인해 대외신인도가 하락하고 정부파산이 현실화될 수도 있다.

비축토지의 관리 문제 역시 만만치 않다. 현재 우리나라에는 적지 않은 국유지가 있으나 이의 관리가 효율적으로 이루어지지 않아 국유지 관리에 난맥상을 보이고 있는데, 여기에 추가로 비축토지까지 가세하면 정부의 비효율성만 키우는 상황이 될 수가 있다. 특히 비축토지의 임대관리를 어떻게 하느냐에 따라 토지비축에 따른 재정부담이 경감되느냐 가중되느냐가 결정되기 때문에 비축토지를 효율적으로 관리할 수 있느냐의 여부가 토지비축제도의 성공과 실패를 가르는 열쇠가 될 수 있다.

▐ 2. 토지비축제도의 사례

국내에도 2009년
토지은행제도 도입

토지비축제도의 성공사례로는 스웨덴의 스톡홀름 시(市)가 대표적이다.14) 스톡홀름 시는 1904년부터 토지비축제도를 실시해 오고 있다. 스톡홀름 시는 도시인구의 급격한 증가로 근로자주택이 부족하자 시(市)가 토지를 매입한 후 이를 근로자들에게 장기 임대하여 근로자들이 스스로 주택을 짓게 하기 위해 토지매입을 결정하였다. 스톡홀름 시는 이후 도시 주변의 토지를 꾸준히 매입하여 왔으며, 매입 토지는 대부분 토지수요자들에게 장기임대 형식으로 빌려주고 있다. 현재 스톡홀름 시의 행정구역 안에 있는 토지의 74%와 전체 주택용지의 54%가 시유지(市有地)인

---

13) 구축효과란 정부가 자금조달을 위해 채권을 시장에 매각하면 금리상승으로 민간의 투자와 소비가 위축되어 경기가 둔화되는 현상을 말한다.
14) 스웨덴 스톡홀름 시의 토지비축제도에 대해서는 박헌주, "외국의 토지비축 및 운용제도", 「토지연구」, 제10권 1호, 1999, pp. 22~31을 참조하였다.

것으로 알려져 있다(박헌주, 1999).

스톡홀름 시는 토지 수용권(收用權)과 선매권(先買權)을 주로 이용하여 토지를 매입하고 있다. 토지매입자금은 정부의 융자(토지임대융자, 토지매입융자)에 크게 의존하고 있으며, 시 자체의 수입과 임대수입 등으로 부족재원을 충당하고 있다. 스톡홀름 시가 토지비축제도를 성공적으로 유지해 올 수 있었던 것은 정부의 지원과 함께 시의 재정지원이 있었기 때문이다. 특히 지방재정의 풍족함 여부가 토지비축제도의 성공에 결정적인 요소인 것으로 보이는데, 스웨덴에서도 지방재정이 넉넉한 스톡홀름 시와 베스테로스 시 등 몇 곳에서만 지속적으로 토지비축제도를 추진할 수 있었던 것으로 알려져 있다(박헌주, 1999).

우리나라의 경우에도 토지비축제도를 시행할 수 있는 제도적 근거는 충분히 마련되어 있고 시행도 되고 있다. 「한국토지주택공사법」에 의하면, 한국토지주택공사는 "토지의 취득·개발·비축·관리·공급 및 임대 업무"를 수행할 수 있다(한국토지주택공사법 제9조 제1항의1). 그리고 2009년 2월 6일 「공공토지의 비축에 관한 법률」이 제정·시행되어 토지비축사업이 보다 구체화되었다. 공익 목적을 위해 장래에 이용·개발이 필요한 다양한 용도의 토지를 미리 확보하고 효율적으로 활용하기 위한 국가 차원의 토지수급관리시스템, 즉 "토지은행"제도를 도입한 것이다. 공공개발에 필요한 토지의 사전 확보를 통해서 공익사업용지를 원활하게 공급하고, 토지수급조절을 통해 토지시장 안정에 이바지하며 공공개발에 따른 공공가치의 사유화를 방지하려는 취지이다.

국토교통부장관은 공익사업용지의 원활한 공급과 토지시장의 안정을 위하여 10년 단위의 공공토지비축 종합계획을 수립·시행하여야 한다. 그리고 종합계획에 따라 매년 연도별 공공토지비축 시행계획을 수립·시행하여야 한다. 국토교통부장관은 종합계획 및 시행계획을 합리적으로 수립하기 위하여 대통령령으로 정하는 바에 따라 공공토지 수급에 대한 조사를 실시하여야 한다. 또한 공공토지의 비축 및 공급에 관한 중요 사항을 심의·의결하기 위하여 국토교통부장관 소속으로 공공토지비축심의위원회를 둔다.

토지은행에 관해서는 공공토지의 비축 및 공급을 위하여 한국토지주택공사 고유계정과 구분되는 계정으로서 한국토지주택공사에 토지은행계정을 두어 운용한다. 토지은행의 비축대상토지는 ① 「공익사업을 위한 토지 등의 취득 및 보상에 관한 법률」 제4조에 따른 공익사업에 필요한 토지(공공개발용 토지), ② 토지시장 안정을 위한 수급조절용 토지(수급조절용 토지), ③ 「공유수면 매립법」 제2조 제3호에 따라 조성된 매립지 및 매립예정지(매립지 등), ④ 그 밖에 토지비축위원회에서 필요하다고 인정하는 토지로 구분하여 비축한다.

제 4 절 토지 소유 및 거래규제의 문제점

사적소유권과 합리적 토지 이용의 지나친 침해는 문제 | 토지 소유 및 거래규제의 가장 큰 문제점은 사적 소유권이 지나치게 침해당함으로써 헌법상의 재산권 보장이나 평등의 원칙이 침해될 수 있다는 점이다. 택지소유상한제의 위헌판결은 지나친 토지소유규제가 가져올 수 있는 문제점을 잘 보여주고 있다.

1999년 4월 29일 헌법재판소는 서울과 6대 도시에서 200평 이상 택지소유자에게 일률적으로 부담금을 부과하도록 규정한 「택지소유상한에 관한 법률」은 국민의 재산권을 침해한 위헌이라는 결정을 내렸다. 헌법재판소 전원재판부는 청구인인 정모씨 등 67명이 낸 헌법소원 사건에 대해 "우리의 협소한 국토현실과 공익 목적상 택지의 소유상한을 정하는 것 자체는 바람직하지만, 소유상한으로 정한 200평은 너무 적은 면적일 뿐만 아니라 일률적으로 이를 초과해 소유할 수 없도록 제한한 것은 헌법상 국민의 재산권을 지나치게 침해하는 것"이라며 위헌 결정을 내렸던 것이다.

또한 "법률시행 이전의 택지소유자들에게까지 소유경위나 목적과는 무관하게 예외 없이 부담금을 납부하도록 한 것은 평등의 원칙에 어긋난다."며, "매년 공시지가에 최고 11%라는 높은 부과율을 적용하여 무제한적으로 부담금을 부과하도록 한 것 또한 부당하다."고 판시하였다. 이에 더하여 "부담금의 부과를 피하기 위하여 불필요한 사무실을 건축하거나 용도를 변경하는 등의 기현상이 초래되어 택지공급의 촉진이라는 당초 입법목적에도 벗어났다."고 함으로써 1989년 토지초과이득세, 개발이익환수제도와 함께 토지공개념의 일환으로 도입된 택지소유상한제는 10년 만에 법적 효력을 완전히 상실하게 되었다. 또한 이러한 결정으로 정부는 이미 징수한 부담금을 돌려주어야 하는 상황에 처하게 되었다.

　토지소유규제의 또 다른 문제점으로 토지소유에 대한 제한이 토지의 합리적 이용을 방해할 수 있다는 점을 들 수 있다. 이의 대표적인 예가 농지소유상한제이다. 농업기계화로 한 농가가 스스로 경작할 수 있는 한도가 계속 늘어나고 있는데도 불구하고 제도에 의해 소유할 수 있는 농지의 규모가 제약됨으로써 생산성 향상이 억제되는 결과를 낳았던 것이다. 토지소유에 대한 제한이 토지의 합리적 이용을 방해한 또 다른 예로 택지소유상한제를 들 수 있다. 「택지소유상한에 관한 법률」에 의해 소유상한을 넘는 택지에 초과소유부담금이 부과되자, 택지 소유자들은 부담금 부과를 회피하기 위해 택지를 다른 용도로 사용하곤 하였다. 결국 택지소유상한제의 목적이 택지공급을 원활하게 하자는 데 있었으나 결과는 정반대로 택지공급을 축소시키게 되었던 것이다.

　한편 정부가 토지비축제도를 활성화하기 위한 토지은행제도가 2009년 도입되었으나 아직 활발하지는 못하다. 대부분 도로사업을 위한 SOC용지로 비축하고 있고 산업용지 실적은 많지 않다. 토지매입을 위한 재원조달과 비축토지의 관리는 여전한 숙제이다. 토지비축에는 상당한 규모의 자금이 필요하므로, 대부분의 국가에서는 사회보장비용 등 늘어나는 재정수요 때문에 토지비축에 필요한 자금을 조달하기가 쉽지 않다. 또한 비축토지의 관리 문제 역시 만만치 않다. 현재의 국유지 관리에 난맥상을 보이고 있는데 비축토지까지 추가하면 정부의 비효율성을 키우게 될 수도 있다.

규제지역의 효과와 부작용 ┃ 우리나라에는 주택가격의 안정을 위해, 또는 주택시장의 과열을 막기 위해 여러 규제지역이 존재한다. 소득세법에 의한 투기지역과 주택법에 의한 투기과열지구 및 조정대상지역 등이 대표적인 예인데, 이들 지역에서는 주택수요를 억제하기 위해 대출 제한, 청약제한, 전매제한, 조세의 중과, 자금조달 신고 등의 규제가 중첩적으로 부과된다.

　이런 규제지역의 설정에 대해 세 가지 이슈가 있다. 첫째는 규제지역의 지정으로 주택가격이 안정되고 주택시장의 과열이 방지되었는가 하는 것이다. 즉, 규제지역 지정의 효과가 있었느냐 하는 의문이 있는 것이다. 일부 연구에서는 규제지역 지정의 효과가 있었던 것으로 나타나기도 하지만, 그 반대로 규제지역 지정의 효과가 없었다는 연구도 있다. 특히 2017년부터 2021년 사이에 수없이 많은 규제지역 지정과 각 규제지역에서 규제 수준의 강화가 있었지만, 주택가격은 규제가 있을 때 단기적으로 안정되는 것 같다가 다시 상승하는 일을 반복하였다.

둘째는 규제지역의 지정이 인근 지역의 주택가격 불안으로 연결되는 것이 아닌가 하는 의문이 있다. 규제지역이 지정되면, 규제가 없는 인근 지역으로 주택수요가 옮겨가면서 인근 지역의 주택가격을 불안하게 만들 수 있다. 이른바 물결효과(spill-over effect, ripple effect)가 생길 수 있다는 것이다. 이런 물결효과가 있으면, 주택가격의 불안이 점차 외곽으로 퍼져나갈 수 있다.

셋째는 중복 규제 문제가 있다. 투기지역은 주로 주택가격의 불안에 대한 대응으로, 투기과열지구와 조정대상지역은 청약과열에 대한 대응으로 처음 도입되었지만, 현재는 세 규제지역의 지정기준도 비슷하고, 지정되었을 때의 규제 내용도 유사하다. 이런 유사한 규제가 어느 한 지역에 중복적으로 지정되면, 시장 상황에 맞추어 규제 수준을 달리할 수가 없다. 또 너무 복잡한 규제로 인해 시장 참가자의 합리적 행동을 어렵게 만들 수 있다.

**분양가상한제의
탄력적 적용 필요** │ 분양가상한제는 두 가지 정책목표를 갖고 있다. 첫 번째 목표는 무주택자들에게 자가 보유의 기회를 좀 더 많이 제공해주고, 두 번째 목표는 분양가 규제를 통해 주택가격을 안정시키겠다는 것이다.

분양가상한제는 확실히 무주택자들의 자가 보유 기회를 확장해 주는 역할을 한다. 특히 공공택지와 같이 정부의 강제적인 토지수용을 통해 저렴하게 제공된 토지 위에 지어지는 주택이라면 분양가상한제를 통해 그 이익이 무주택자들에게 돌아가도록 하는 것이 필요하다. 그러나 이를 민간택지에까지 적용하게 되면, 민간의 토지소유자와 분양주택 수분양자 간에 부의 이전이 일어나게 된다. 이런 부의 이전이 심해지면, 민간택지에서의 분양주택 공급은 제한을 받게 된다.

분양가 규제를 통해 주택가격을 안정시키겠다는 목표는 달성 여부가 불확실하다. 분양가 규제를 하면, 주택수요가 분양주택으로 쏠리면서 재고주택의 수요가 감소하여 주택가격이 안정될 수도 있다. 그러나 분양가 규제는 신규 수요를 늘려 전체 주택의 수요가 증가할 수도 있다. 우리나라의 경우, 주택가격이 오를 때에는 분양가 규제를 강화하고, 반대로 주택가격이 하락할 때에는 분양가 규제를 완화하는 정책을 사용해 왔지만, 이로 인해 주택가격이 안정된 것으로는 보이지 않는다. 오히려 분양가 규제를 강하게 하면 할수록 신규 수요가 급증하여 주택시장이 더 과열로 가는 양상을 보이곤 하였다.

제 **7** 장

부동산 개발정책

제1절 부동산개발과 토지개발제도

▮ 1. 부동산개발과 토지개발

토지, 노동, 자본을
결합한 생산활동

부동산개발의 개념에 대한 정의는 매우 다양하나, 일반적으로 토지, 노동, 자본과 같은 생산요소를 결합하여 토지개량물을 생산하는 활동으로 정의한다(안정근, 2009). 즉, 토지라는 원재료 위에 기업가적인 노력이 투여되어 건축물이라는 공간을 창조하는 행위로 볼 수 있다. 그리고 부동산개발의 분류도 사업주체, 사업주체의 역할, 사업방식, 도시계획 등의 기준에 따라 다양하지만 크게 토지개발과 건축(리모델링 포함)으로 구분할 수 있다(손진수, 2006).[1]

우리나라의 경우, 토지는 한정된 자원이라는 특성이 강해서 대규모 토지개발은 주로 공공 주도로 이루어져 왔고, 민간은 형질변경 수준의 소규모 토지개발을 위주로 해왔다. 그 결과 민간 부동산개발에서 토지개발이란 주가 아닌 부동산개발사업의 한 부분 또는 하나의 과정 정도로 취급받아 왔다. 향후 민간에 의한 토지개발이 보다 확대될 전망이지만, 토지개발을 공공이 주도하는 근본기조는 계속 유지될 것으로 보인다. 따라서 부동산개발의 재료에 해당되는 토지를 개발·공급하는 토지개발은 여전히 정부의 부동산정책 및 도시계획 등의 영향을 직접적으로 받게 될 것이다. 본 장에서는 정부의 부동산정책과 직결되는 토지개발제도에 대해 먼저 살펴보고, 도시개발 및 정비사업, 도

---

[1] 토지개발은 하부구조 또는 토목사업과 관련된 개발로, 부동산개발은 상부구조 또는 건축사업으로 이해하기도 한다(손진수, 2006).

시재생사업, 주택공급정책, 개발이익환수와 보상 등에 대해 살펴보기로 한다.

2. 토지개발의 목표

미개발지를 도시용지나 농업용지로 공급 │ 일반적으로 토지개발이란 미개발지를 도시용지나 농업용지 등으로 공급하는 행위를 뜻한다. 이러한 행위는 토지소유권으로부터 사회적·경제적·문화적 상황이나 도시경관 등 다양한 분야에 걸쳐 사회구성원 모두에게 영향을 끼치므로 그 외부효과가 매우 크며 개발과정도 대단히 복잡하다. 이러한 이유로 인해 택지개발사업과 같은 도시용지의 개발은 정부 개입의 빌미가 되어 주요 공공정책의 일부로 다루어지며, 반사적으로 규제완화 요구의 대상이 되기도 한다(박헌주·김근용, 1993).

토지는 크게 두 가지로 나눌 수 있다. 첫째, 현장자원으로서의 토지는 어떤 인공적인 노력이 가해지지 않은 자연상태로 존재하면서 직접적으로 여러 가지 사회적 이익을 발생시키는 토지이다. 둘째, 상품자원으로서의 토지는 노동과 자본을 투입하고 인위적인 노력을 가함으로써 사회적 이익을 발생시키는 토지이다. 따라서 개발사업의 대상이 되는 토지는 상품자원으로서의 토지에 한정된다.

이러한 토지개발사업은 개발과정의 효율성(경제적 합리성), 개발이익 배분의 형평성(정치적 합리성), 계획기능의 사회적 통제성(사회적 합리성) 이 세 가지를 만족시켜야 한다(박헌주·김근용, 1993).

첫째, 경제적 합리성이란 토지를 저렴하게 개발·공급하는 것을 말한다. 이는 개발비용과 개발수익의 양 측면에서 타당성을 갖추는 것이다. 토지의 개발로 인하여 지가가 상승할 경우, 주택이나 공장의 환경이 개선될 수는 있지만 입주 가능한 사람은 제한되어 있기 때문에 개발된 토지를 저렴하게 공급하는 노력이 필요하다. 그러므로 비용과 수익의 타당성을 어느 정도 확보하는 선에서 개발에 따른 지가의 상승 정도를 억제해야 할 필요가 있다.

둘째, 토지 개발비용과 개발이익의 당사자 간에 배분의 형평성이 추구되어야 한다. 초과수요시장에서의 토지개발사업은 필연적으로 개발이익을 발생시키게 마련인데, 이때 개발사업으로 인하여 피해를 보는 사람들과 이익을 보는 사람들을 일치시키는 노력이 있어야 한다. 즉, 공공의 적극적인 개입과 조정을 통해서 개발사업의 비용과 이익이 골고루 배분될 수 있어야 한다.

셋째, 사회적 합리성이란 토지의 계획적·효율적 이용을 위하여 적절한 사회적 통제가 이루어짐을 말한다. 토지개발사업은 그 인근 지역과의 유기적인 연계 속에서 추진되어야 한다. 즉, 개발사업은 해당 지역의 특성에 거스르지 않고 지역환경과 조화를 이룰 수 있어야 한다. 또한 대규모 개발사업의 경우에는 도로나 상하수도, 녹지, 공원, 학교 등의 시설에 대한 계획도 병행되어야 한다. 만일 시설에 대한 계획이 충분하지 않을 경우에는 공공시설의 부족으로 인하여 해당 개발지역 내의 혼잡과 함께 인근 지역에까지 피해를 입힐 수 있기 때문이다.

3. 토지개발제도의 구분

용도별 다양한 토지개발 방식 존재 | 우리나라에는 여러 가지 법에 근거한 다양한 명칭의 토지개발사업이 이루어지고 있다. 이러한 토지개발사업은 개발되는 토지의 용도에 따라 <표 7-1>과 같이 구분된다. 최근에는 유통용과 혼합용도의 토지개발사업도 활발히 진행되고 있다.

기존에는 대부분의 토지개발사업이 공영개발방식이나 토지구획정리사업으로 이루어져 왔으나 최근에는 「도시개발법」의 제정으로 인하여 수용(收用)이나 사용(使用)방식,[2] 환지(換地)방식(구, 토지구획정리사업에 의한 방식)[3] 또는 이들의 혼용방식에 의해서 이루어지고 있다. 나머지 개발사업은 사업주체, 개발유형, 사업대상구역 및 규모, 주된 토지취득방법, 공급토지의 용도, 자금조달방식, 권리관계의 변화, 개발이익의 발생형태, 토지공급대상 등에 따라 차이를 보이고 있다(표 7-2 참조).

한편, 이와 같은 택지개발사업과는 달리 민간기업이 자발적인 투자계획을 가지고 산업·연구·관광·레저분야 등 기업활동에 필요한 지역에 직접 도시를 개발·운영하기 위한 기업도시 개발사업을 제도화하고 있다. 이 사업은 국

---

2) 수용(收用)이란 정부나 지방자치단체, 또는 공기업이 공공사업을 위해 개인의 재산을 유상으로 강제 매입하는 것을 말하며, 사용(使用)이란 개인의 재산을 유상으로 강제 사용하는 것을 말한다. 참고로 사용수용(私用收用)은 공익사업을 수행함에 있어서 국가적 공권력을 부여받은 사적주체가 손실보상의 지급을 조건으로 행하는 수용을 말한다.

3) 환지(換地)방식이란 토지개발사업 후 개발에 들어간 비용과 공공용지로 들어간 부분(이를 감보율이라고 함)을 제외한 토지를 원소유자에게 되돌려 주는 방식을 말한다.

표 7-1 우리나라의 용도별 토지개발방식

구분	토 지 개 발 사 업	관 련 법 규
주거 · 상업 · 업무 용지	- 일단의 주택지조성사업 - 시가지조성사업 - 토지구획정리사업 - 택지개발예정지구 개발사업 - 도시개발사업 - 토지형질변경 - 도심재개발사업, 주택재개발사업 - 정비사업(주거환경개선, 주택재개발, 주택재건축, 도시환경정비, 주거환경관리, 가로주택정비사업) - 재정비촉진사업 - 도시재생사업 - 소규모주택정비사업(빈집, 소규모) - 도심공공주택복합사업	- 구, 도시계획법 - 구, 도시계획법 - 구, 토지구획정리사업법 - 택지개발촉진법 - 도시개발법 - 국토의 계획 및 이용에 관한 법률 - 구, 도시재개발법 - 도시 및 주거환경정비법 - 도시재정비촉진을 위한 특별법 - 도시재생 활성화 및 지원에 관한 특별법 - 빈집 및 소규모주택정비에 관한 특례법 - 공공주택특별법
공업 용지	- 일단의 공업용지 조성사업 - 국가산업단지, 일반산업단지, 도시첨단산업단지 개발사업 - 공장재개발사업	- 구, 도시계획법 - 산업입지 및 개발에 관한 법률 - 구, 도시재개발법
농업 용지	- 농지개량사업 - 농지개량촉진지역 지정에 의한 사업 - 초지조성사업 - 낙농지대조성사업	- 구, 농촌근대화촉진법 - 구, 농지확대개발촉진법 - 초지법 - 낙농진흥법
관광 용지	- 관광지, 관광단지조성사업 - 온천개발사업	- 관광진흥법 - 온천법
기타	- 물류단지개발사업 - 기업도시개발사업 - 행정중심복합도시개발사업 - 혁신도시개발사업 - 경제자유구역	- 물류시설의 개발 및 운영에 관한 법률 - 기업도시개발 특별법 - 신행정수도 후속대책을 위한 연기·공주지역 행정중심복합도시 건설을 위한 특별법 - 공공기관 지방이전에 따른 혁신도시 건설 및 지원에 관한 특별법 - 경제자유구역의 지정 및 운영에 관한 특별법

토의 계획적인 개발과 21세기 전략사업에 대한 민간기업의 투자를 유도하고, 이를 통하여 지역개발과 지방경제의 발전을 도모함으로써 공공복리를 증진하고 국민경제와 국가균형발전에 기여하기 위해 제도화하였다.

토지개발사업 가운데 택지개발사업, 특히 신규 토지를 공급하는 개발사업에 가장 많이 사용되었던 토지구획정리사업과 「택지개발촉진법」에 의한 택지개발사업, 「도시개발법」에 의한 택지개발사업의 특성과 택지개발 제도의 변천과정에 대하여 살펴본다. 그리고 최근 도입된 기업도시개발사업도 다루었다.

제 2 절 토지공급 정책

1. 기존의 토지공급 방식

(1) 토지구획정리사업

일제강점기에 도입
도시개발 주도한 방식 | 토지구획정리사업이 우리나라에 도입된 것은 일제 강점기인 1930년 전후로서, 이 사업이 최초로 개발되었던 독일에 비하면 약 30~40년 뒤지고 있다. 따라서 우리나라의 토지구획정리사업은 독일에서 비롯되어 일본을 거쳐 도입되었다. 일본의 토지구획정리사업은 1909년 제정된 「경지정비법」에 의한 경지정리의 수법에서 비롯되었으며, 그 뒤 1919년 「도시계획법」과 「시가지건축물법」이 제정됨으로써 본격적으로 도시개발에 적용하게 되었다.

우리나라에서 토지구획정리사업이 최초로 계획된 것은 1928년 「경성도시계획조서」이다. 서울시 중심시가지 내의 5개 구역과 외곽부인 한강리, 신당리 2개 구역에 대한 토지구획정리사업을 계획한 것이었으나, 법적 근거가 결여되고 기존 시가지내 사업비용의 과다소요로 인해 시행되지 못하였다. 이로 인해 최초의 토지구획정리사업은 1934년 제정된 「조선시가지계획령」에 의하여 실시된 북한의 나진 토지구획정리사업이었다. 그 후 나진의 경험을 토대로 1937년 서울의 영등포 및 돈암 지구를 시작으로 부산·평양·대구 등 주요 도시에 급속하게 파급되었다. 1930년대 후반은 우리나라에 토지구획정리사업이 정

◉ 표 7-2 택지개발제도의 변천

구분	근 거 법	제도의 내용	
		제도도입	제도폐지
토지구획정리사업	○조선시가지계획령(1934) ○도시계획법(1962) ○토지구획정리사업법(1966)	○토지구획정리제도 ○토지구획정리제도 ○도시계획법에서 분리	 ○농지개량에 관한 법령규정 준용의 폐지 ○도시개발법의 제정(2000)에 의해 폐지
공영개발	○택지개발촉진법(1980) - 법개정(1999)	○공영개발제도 ○지방공사의 참여, 민관공동개발 및 민간의 대행개발	
도시개발사업	○도시계획법(1962) - 법개정(1971) - 법개정(1991) - 법개정(1999) - 법개정(2000) ○도시개발법(2000) ○행정중심복합도시 건설을 위한 특별법(2003) ○기업도시개발특별법(2004) ○공공기관 지방이전에 따른 혁신도시 건설 및 지원에 관한 특별법(2007) ○공공주택특별법 개정	○일단의 주택지 경영 ○일단의 주택지조성사업 ○도시개발예정구역조성사업 ○토지형질변경사업 ○시가지조성사업 ○개발행위허가제도(토지형질변경사업) ○수용 또는 사용에 의한 방식 ○환지방식 ○혼용방식 ○행정복합도시개발사업 ○기업도시개발사업 ○혁신도시개발사업 ○도심공공주택복합사업	○도시계획법 전문개정에 의해 폐지(2000) ○위와 같음 ○도시개발예정구역조성사업 폐지
대지조성사업	○주택건설촉진법(1977) ○주택법(2003)	○아파트지구개발사업 ○대지조성사업 ○대지조성사업	○주택법 제정에 의해 아파트지구개발사업 폐지(2003)
기타	○특정지구 개발촉진에 관한 법률(1972)	○신시가지조성사업	○동법 폐지(1978)

자료: 류해웅, 「토지법제론」, 부연사, 2008, p. 307.

착한 시기이며, 이로부터 이 사업이 도시개발을 주도하기 시작한 것으로 평가되고 있다. 토지구획정리사업은 구 「토지구획정리사업법」에 있는 "대지로서의 효용증진과 공공시설의 정비를 위하여 실시할 토지의 교환·분합, 기타의 구획변경, 지목 또는 형질의 변경이나 공공시설의 설치·변경에 관한 사업"을 말한다(구, 토지구획정리사업법 제2조).

이 법률은 1960년 이후 도시의 인구가 급격하게 증가하자 신시가지 조성을 목표로 제정되었다. 이 법은 1962년 제정된 「도시계획법」에 이에 관한 사업의 절차, 환지구획, 환지기준, 환지처분 등을 덧붙여 규정하였으나 이것이 농지개량에 관한 법률과 상충되자, 1966년 「도시계획법」에서 토지구획정리사업을 분리하여 「토지구획정리사업법」으로 제정하였다. 그러나 토지구획정리사업이 대규모의 토지를 대상으로 장기간에 걸쳐 시행되었기 때문에 이로 인해 토지소유권 관계가 불안정해지고, 과도한 체비지(替費地)의 지정으로 지가의 상승을 유발하고 투기를 조장하는 등의 폐단이 발생하여 1980년에 공영개발 제도가 도입되었고, 2000년 「도시개발법」의 제정으로 완전 폐지되었다.

(2) 공영택지개발사업

도시지역 주택난 해소 위해 택지개발 촉진 │ 공영택지개발사업(이하 공영개발)은 「택지개발촉진법」 (1980년 12월 제정)에 의거하여 시행되며, 본 사업의 목적은 도시지역의 주택난을 해소하고, 택지개발을 원활하게 수행하기 위한 것이다.

1980년 초반까지 도시 내 택지 등의 개발은 주로 토지구획정리사업에 의해 이루어져 왔다. 이 방식은 토지에 대한 지번과 필지를 부여하는 등 개발토지를 정형화하였지만 도로나 상수도 등 최소한의 기반시설 건설에만 초점을 두고 있었기 때문에 자족적인 신도시 건설 등 시대의 요구에 부응하는 개발은 아니었다.

이에 따라 정부투자기관인 한국토지개발공사(현 한국토지주택공사)가 발족되어 공영개발이 이루어지게 되었다. 공영개발은 사업시행자를 공적인 주체로 한정했기 때문에 종래의 토지구획정리사업과는 달리 개발이익을 공공부문이 흡수하였고, 개발된 토지를 조성원가 수준으로 공급함으로써 저렴한 토지의 공급이라는 측면에서도 큰 기여를 하였다. 또한 공공 편익시설을 완비한 계획적인 신시가지를 조성하여 체계적인 도시개발에도 큰 기여를 하였다(류해웅, 2000a). 이에 따라 사업시행자에게 토지취득의 강력한 권한이 보장되었으며 그 대상 범위도 넓어지게 되었다. 즉, 공영택지개발사업지구는 「도시계획법」에 의한 용도지역 등에 의한 규제를 받지만 「택지개발촉진법」이란 특별법에 의거하므로 일반 택지개발사업에 비해 개발가능지역의 범위가 비교적 넓다. 또한 원활한 사업 시행을 위하여 협의매수가 아닌 강제수용도 가능하다. 그리고 개발된 택지를 취득한 자(국가, 지방자치단체 및 한국토지주택공사는 제외)는 실시계획에서 정한 용도에 따라 주택 등을 건설하도록 되어 있는 등(택지개발촉진법 제19조) 주택난 해소를 위한 사후관리규정도 두고 있다.

1) 사업수행절차

공영택지개발사업의 절차는 택지개발예정지구의 지정, 사업시행자의 선정, 택지개발계획의 승인, 택지개발사업실시계획의 승인, 사업시행 및 준공, 택지의 공급 등의 단계를 거쳐 이루어진다.

① 택지개발예정지구의 지정

택지개발예정지구라 함은 「국토의 계획 및 이용에 관한 법률」에 의한 도시지역과 그 주변지역 중 국토교통부장관 또는 특별시장·도지사가 지정·고시하는 지구(이하 "예정지구"라 함)를 말한다(택지개발촉진법 제2조 제3호).

국토교통부장관(지정하고자 하는 예정지구의 면적이 20만m² 미만인 경우로서 2 이상의 특별시·광역시 또는 도에 걸치지 아니한 경우에는 특별시장·광역시장 또는 도지사를 말함)은 「주택법」에 의한 주택종합계획에 따라 택지를 집단적으로 개발하기 위하여 필요한 지역을 예정지구로 지정할 수 있다(동법 제3조 제1항).

예정지구가 지정되기 이전에 예정지구에 대한 조사작업이 있어야 하는데, 이 조사는 국토교통부장관이 직접 하거나 시장이나 군수, 사업시행자 등에게 조사를 명령하여 이루어진다(택지개발촉진법 제4조). 조사를 하고 난 후에 국토교통부장관은 관계 중앙행정기관의 장과 협의를 하고, 해당 지방자치단체장의 의견을 들은 후, 「주택법」에 의거한 주택정책심의위원회의 심의를 거쳐 예정지구를 지정한다(택지개발촉진법 제3조).

예정지구의 경계는 도시기본계획 및 도시계획의 용도지역·지구·구역에 부합되게 설정되어야 하며, 그 외 자연환경, 기개발지와 미개발지의 여부, 특수시설·밀집취락·군집된 건축물의 존재 여부에 따라 합리적으로 설정되어야 한다. 그러나 이러한 법적 제도에도 불구하고 예정지구의 경계에 대한 민원이 증가하자, 1987년 3월 당시 건설부는 다음과 같은 "지구경계 설정 지침"을 시달하여 합리적인 지구의 지정을 도모하였다(배순석·박종탁, 1995).

◎ 그림 7-1 **공영택지개발사업 시행절차**

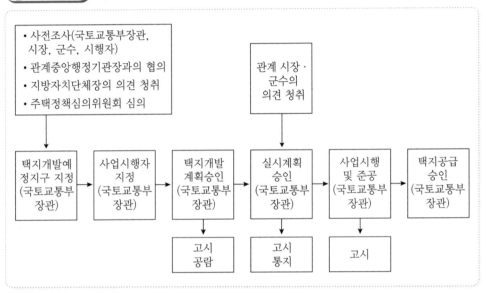

첫째, 예정지구의 경계는 도시계획선, 용도지역, 도로, 하천 등 타당성이 있는 지형지물을 기준으로 하여 민원이 야기되지 않도록 한다. 둘째, 사업지구 내에 위치한 밀집가옥은 가급적 경계에서 제외시킨다. 셋째, 사업지구 내에 산재해 있는 우량건축물은 가능한 범위 내에서 보존시키면서 개발이익을 부담토록 한다. 넷째, 인근산지, 구릉지 등을 포함하여 지정하되 자연경관을 최대한 보존하여 쾌적한 주거환경을 조성한다.

② 사업시행자 선정

택지개발사업의 사업시행자는 1999년 1월 법 개정 이전에는 국가, 지방자치단체, 한국토지공사, 대한주택공사 가운데 국토교통부 장관이 지정하는 자로 한정되었다.[4] 이는 사업시행자가 토지수용권과 같은 국가 공권력을 행사할 수 있기 때문에 사업시행자를 국가와 지자체, 공기업 등 '공공시행자'로 한정하고 토지소유자나 민간사업자는 택지개발사업에서 배제하였던 것이다. 그러나 이 규정이 지나치게 민간의 택지개발을 규제한다는 지적에 따라 1999년 법 개정에서는 공공시행자와 주택건설 사업자가 공동으로 출자하여 설립한 법인도 사업을 시행할 수 있는 권리를 주었다(택지개발촉진법 제7조).

③ 택지개발계획의 승인

사업시행자가 택지개발을 시행하기 위해서는 예정지구의 개략적인 위치와 주택건설용지나 공공시설용지에 대한 계획 등이 포함되어 있는 택지개발계획을 수립하여 국토교통부 장관의 승인을 얻어야 한다. 사업시행자는 그 내용에 관하여 미리 관할 시장이나 군수의 의견을 듣고 협의하여 수립하도록 되어 있다(택지개발촉진법 시행령 제7조). 국토교통부 장관이 승인을 하였을 때에는 이를 고시하고, 관할 시장 또는 군수에게 송부하여 일반에게 공람하도록 되어 있다(택지개발촉진법 제8조).

④ 택지개발사업 실시계획의 승인

사업시행자는 택지개발계획이 승인된 후, 택지개발계획보다 더 자세한 내용과 자금계획서 등이 포함되어 있는 실시계획을 작성하여 국토교통부 장관의 승인을 얻어야 한다(택지개발촉진법 시행령 제8조). 이때 국토교통부 장관은 관계 시장이나 군수의 의견을 들어야 한다(단, 시행자가 시장·군수와 협의를 한 경우는 제외함). 실시계획의 승인이 있은 후, 국토교통부 장관은 이를 관보에 고시하고, 토지 소유자 및 권리자에게 통지하도록 되어 있다.

⑤ 사업시행 및 준공

사업시행자는 택지개발사업이 완료되면 준공검사를 받아야 한다(택지개발촉진법 제16조). 준공검사를 받기 위해서 국토교통부 장관에게 신청서를 제출하며, 국토교통부 장관은 준공검사서를 시행자에게 교부한 후, 이를 관보에 고시하여야 한다(택지개발촉진법 시행령 제11조).

⑥ 택지의 공급

택지개발예정지구 내에서 공영개발방식으로 개발한 토지의 공급에 관한 사항은 국토교통부 장관의 승인을 얻어야 한다. 이 사업의 목적이 택지난을 해소하는 데 있기 때문에 시행자는 공공시설용지를 제외하고는 「주택법」에

---

4) 「지방공기업법」에 의한 지방공사도 1999년 1월 25일 개정에 의해 사업시행자에 포함되었다.

의한 국민주택 건설용지를 우선 공급해야 하며, 국민주택 건설용지의 가격은 택지조성원가 이하로 할 수 있도록 되어 있다(택지개발촉진법 제18조).

　이러한 사업수행절차에서 국토교통부 장관은 예정지구와 사업시행자를 지정하고, 계획을 승인하는 등 매우 막강한 권한을 가지고 있었다. 그러나 최근에는 지방화 시대의 도래와 함께 지방자치단체장으로의 권한 위임이 법제화되었고, 1995년 법 및 시행령의 개정을 통해서 중앙정부에 귀속되었던 권한의 대부분이 지구지정을 제외하고는 지방자치단체장에게 위임되었다. 이에 따라 330만m^2 미만 지구의 경미한 지구 변경지정 및 지정고시, 330만m^2 미만 지구의 개발계획의 승인 및 승인고시, 실시계획의 승인 및 고시, 택지의 공급승인에 관한 권한, 선수금 및 토지상환채권 발행의 승인 등에 관한 업무가 지방자치단체장에게 위임되었다(택지개발촉진법 제30조, 시행령 제18조의1).

2) 토지취득 및 재원조달 방법

　공영개발의 경우, 토지구획정리사업과는 달리 토지를 환지 형태로 취득하지 않고 매수 등을 통하여 취득한다. 구체적으로 살펴보면, 토지소유자와의 협의 매수나 강제수용, 그리고 공공소유자에 대한 무상 양여(讓與)를 전제로 하는 무상귀속을 통하여 토지를 취득한다.

　먼저 토지소유자와 협의에 의하여 토지를 매수하며, 협의가 성립되지 아니할 때 강제적으로 수용하게 된다. 강제수용은 공익사업을 원활히 하기 위한 제도적 장치이며, 토지소유자의 매매의사와는 상관없이 사업대상 토지를 취득하는 방식이다. 공영개발 역시 강제수용에 의한 토지취득을 법제화하고 있다. 즉, 시행자는 예정지구 안에서 택지개발사업의 시행을 위하여 필요한 때에는 「공익사업을 위한 토지 등의 취득 및 보상에 관한 법률」에서 정하는 토지·물건 또는 권리를 수용 또는 사용할 수 있도록 하고 있다(택지개발촉진법 제12조 제1항).

　개발을 위한 재원조달방식은 다음과 같다. 공영개발사업은 환지방식이 아닌 매수방식에 의해 토지를 취득하므로 사업비용의 초기 부담이 매우 크다. 따라서 사업시행자는 국민주택기금과 지역개발기금 등의 공공기금, 일반금융기관 차입금, 토지상환채권 발행 조성금, 그리고 택지분양 선수금 등의 외부 재원에 의존하는 경향이 있다(배순석·박종탁, 1995).

여기서 토지상환채권 발행 조성금이란 택지를 공급받을 자에게 토지상환채권(채권의 원리금을 채권 만기시 토지로 상환하는 채권)을 발행하여 조성된 자금을 말하고,[5] 택지분양 선수금이란 택지를 공급받을 사람에게서 공사 이전에 미리 그 대금의 전부나 일부를 받는 것을 말한다. 이러한 외부 재원 가운데 선수금을 받거나 토지상환채권을 발행하고자 할 때에는 시행자는 국토교통부 장관의 승인을 얻어야 한다.

그리고 공공시설용지는 무상으로 지자체에 기부하는 경우가 많고, 협의 양도인의 택지는 조성원가로, 국민주택규모 이하의 주택을 짓는 건설업자에게는 조성원가 이하로, 국민주택규모 이상의 주택을 짓는 건설업자에게는 조성원가 이상(감정가격)으로, 상업용지는 경쟁입찰로 공급하는 것을 기준으로 한다.

(3) 기존의 토지구획정리사업과 공영개발방식에 대한 평가

종합적인 개발 미흡
민간사업자 참여 제한

공영개발사업이 시행되기 이전까지 가장 대표적인 토지개발제도였던 토지구획정리사업은 초기에 적은 비용으로 개발을 수행할 수 있고, 토지소유자의 권리가 소멸되지 않는 환지방식을 채택하였기 때문에 사유권 보장과 개발을 동시에 추진할 수 있었다. 그러나 사유권 보장의 정도가 지나쳐 개발이익이 사유화되고 그에 따라 부동산투기가 만연해지는 등의 부작용이 발생하였다.

이에 따라 공영택지개발이 수행되었는데, 이는 전면매수방식의 도입과 함께, 국민주택의 건설용지에 대해서 조성원가 이하의 가격기준 채택 등을 통해 저렴한 택지를 공급하고자 하였고, 어느 정도 일정한 성과를 가져왔다. 그러나 이 공영택지개발은 강제수용이 가능해짐에 따라 기존 소유자의 사유권을 보장하기 어렵게 되어 사업 추진에 따른 민원이 야기되거나 막대한 토지보상비 지출로 주변 지가의 상승을 유발하는 등의 단점을 가지고 있다(표 7-3 참조).

토지구획정리사업과 공영개발사업의 문제점과 함께, 기존의 토지개발제도 전체적인 차원에서 제기되었던 문제점은 다음과 같다. 무엇보다 기존의 토지 개발제도가 가진 한계로 우선 계획적인 개발이 이루어지지 못한 점을 들 수

---

[5] 한국토지주택공사의 전신인 토지금고는 1977~1978년 사이에 토지상환채권을 발행한 바 있으나 이 채권이 속칭 '딱지화'되어 시중에 불법으로 전매·유통되었고, 또한 택지 선분양(先分讓) 제도와 다를 것이 없어 1979년부터는 발행하지 않고 있다.

있다(국토연구원, 1996b). 즉 도시개발에 관한 장기적 추진계획을 수립할 수 있
는 법적 근거가 마련되어 있지 않은 관계로 개발시기나 장소, 사업방법 등이
임의로 선정되고 있어, 이로 인해 민원이 야기되고 전체적으로 볼 때 균형적
인 개발이 이루어지지 못했다. 한 지역 주민을 동시에 모두 이주시켜 기존 마
을의 전통과 커뮤니티를 와해시키는 단점도 있었다. 또한 토지개발이 주로 공
급 토지의 용도별로 이루어지고 있었기 때문에 종합적인 개발을 이룰 수 없
었다. 즉, 주거용지, 상업용지, 공장용지 등 각각의 용도별로 개발을 수행하고
있었기 때문에 최근에 제기되고 있는 기능 복합화의 요구를 충족시키기 힘들
었다.

🏷️ 표 7-3 │ 기존 토지구획정리사업과 공영개발사업 간의 장·단점 비교

	토지구획정리사업	공영개발사업
장점	- 공공시설을 동시에 정비할 수 있음 (즉, 도시개발사업의 능률적, 경제적, 유기적 집행 가능) - 공공시설 용지 및 사업비 토지소유자 부담 - 환지방법으로 용지 매입에 대한 부담이 없음 - 토지소유자 개발 참여 폭이 커서 민원 최소화 - 철거민의 이주대책 필요	- 사업 시행 후의 권리조정 절차 간소화 및 사업기간 단축 - 토지투기방지, 지가안정, 저렴한 택지공급 용이 - 개발이익의 사회적 환수와 공공사업으로 재투자 가능 - 토지이용의 효율성 제고
단점	- 체비지 매각 부진으로 인한 사업기간 장기 소요 - 토지가격이 토지시장에서 형성되기 때문에 계획적인 택지 공급이 곤란 - 많은 감보율로 지가 상승 및 부동산 투기 유발 - 주변지역의 개발이익 환수 곤란	- 재산권의 상대적 손실감으로 민원 유발 - 사업비 전액을 사업시행자가 선투자 해야 하므로 시행자의 자금 부담 과중 - 전면매수방법으로 민원 발생 - 대규모 사업 시행시 방대한 용지보상비 지출→통화량 팽창, 주변지가 상승 - 시행자가 지자체가 아닐 때, 개발이익의 재투자시 해당 지자체와 불균형 우려

한편 사업주체와 관련해서는 민간의 개발사업 참여가 거의 제한되었다는
점을 문제로 지적할 수 있다. 공공 부문은 각종 개발사업에 참여할 수 있으나

민간부분은 토지형질변경, 일단의 주택지조성사업 등 중소규모의 토지개발사업에만 제한적으로 참여할 수 있었다. 물론 법적으로 민간의 참여(개인 또는 조합형태)가 보장되는 사업은 많으나 실제 개발 상황을 살펴보면 지방자치단체나 한국토지주택공사 등이 대부분을 차지하고 있었다. 이에 따라 토지개발부문에도 민간의 활력을 도입할 필요가 있었다. 토지개발사업의 이런 문제점들을 부분적으로 해결하기 위해 2000년 1월 「도시개발법」이 도입되었다.

2. 도시개발사업

(1) 도시개발사업의 주요 내용

민간참여 확대로 다양한
형태의 도시개발 유도

「도시개발법」은 여러 곳에 산재해 있는 토지개발과 관련된 제도를 종합하기 위하여 2000년 1월 28일에 제정되어 7월 1일부터 시행되었다. 그 동안의 도시개발은 주택단지나 산업단지와 같이 용도별로 개발이 이루어짐으로써, 신도시의 개발 등 복합적인 기능을 갖는 도시를 종합적이고 체계적으로 개발하는 데는 한계가 있었다. 이에 따라 구 「도시계획법」 중 일단의 주택지조성사업 등 도시계획사업에 관한 부분과 구 「토지구획정리사업법」을 통합·보완한 것이다. 이 법의 제정으로 종합적이고 체계적인 도시개발을 위한 법적인 기반이 마련되고, 도시개발에 대한 민간부문의 참여를 통해 다양한 형태의 도시개발이 이루어지도록 하였다. 특히 개발사업의 성격에 따라 사업의 시행방식을 수용 또는 사용에 의한 방식, 환지방식, 양자 혼용방식을 자유롭게 선택할 수 있도록 하여 도시개발사업을 탄력적으로 시행할 수 있도록 하고 있다.

그러나 수용 또는 사용에 의한 방식은 소위 공영개발과 그 본질을 같이 하고 있어, 「택지개발촉진법」에 의한 공영개발과 「도시개발법」에 의한 공영개발로 이원적으로 이루어질 수 있게 되었다. 그리고 「토지구획정리사업법」이 폐지됨과 아울러 종래의 토지구획정리사업이 환지방식으로 전환되었다. 또한 전면매수에 의한 공영개발과 토지구획정리사업이 지니고 있던 문제점을 보완하기 위해 수용방식과 환지방식을 혼용하는 혼용방식까지 도입됨에 따라 보다 현실에 부응하는 도시개발사업이 가능하게 되었다. 다음에서 「도시개발법」

의 시행을 위해 필요한 구체적인 사업시행기준과 방법, 절차 등 주요 내용을 살펴보기로 한다.

1) 도시개발구역의 지정

도시개발구역이란 계획적인 도시개발을 위해 특별시장·광역시장·도지사·특별자치도지사, 인구 50만 이상의 대도시의 시장이 지정한 구역을 말한다. 도시개발법에 따라 도시개발구역으로 지정할 수 있는 규모는 도시지역안의 주거·상업·자연녹지지역인 경우 1만m^2 이상, 공업지역인 경우 3만m^2 이상이며, 생산녹지지역의 경우 도시개발구역 지정면적의 30/100 이하이고 면적이 1만m^2 이상인 경우에 한하여 지정 가능하다. 도시지역 이외의 관리·농림·자연환경보전지역의 경우는 원칙적으로 30만m^2 이상으로 규정하고 있으나, 아파트 또는 연립주택 건설계획이 포함되면 초등학교 용지 및 도로조건을 갖춘 경우 20만m^2 이상으로 할 수 있다. 또한 도시개발구역의 면적이 100만m^2 를 넘는 경우에는 주변도시에 미치는 영향을 검토하기 위해 국토교통부장관의 사전승인을 받아야 한다. 그리고 자연녹지·생산녹지지역과 도시지역 외의 지역에 도시개발구역을 지정하는 경우에는 광역도시계획 또는 도시기본계획에 의하여 개발이 가능한 용도로 지정된 지역에서만 지정 가능하다.

2) 도시개발사업 시행자

도시개발사업을 시행할 수 있는 자는 다음과 같다.

① 국가 또는 지방자치단체
② 대통령령으로 정하는 공공기관
③ 대통령령으로 정하는 정부출연기관
④ 「지방공기업법」에 따라 설립된 지방공사
⑤ 도시개발구역의 토지 소유자
⑥ 도시개발구역의 토지 소유자가 도시개발을 위하여 설립한 조합
⑦ 「수도권정비계획법」에 따른 과밀억제권역에서 수도권 외의 지역으로 이전하는 법인 중 대통령령으로 정하는 요건에 해당하는 법인
⑧ 「주택법」 제9조에 따라 등록한 자 중 도시개발사업을 시행할 능력이 있다고 인정되는 자로서 대통령령으로 정하는 요건에 해당하는 자

⑨ 「건설산업기본법」에 따른 토목공사업 또는 토목건축공사업의 면허를 받는 등 개발계획에 맞게 도시개발사업을 시행할 능력이 있다고 인정되는 자로서 대통령령으로 정하는 요건에 해당하는 자

⑩ 「부동산개발업의 관리 및 육성에 관한 법률」 제4조제1항에 따라 등록한 부동산개발업자로서 대통령령으로 정하는 요건에 해당하는 자

⑪ 「부동산투자회사법」에 따라 설립된 자기관리부동산투자회사 또는 위탁관리부동산투자회사로서 대통령령으로 정하는 요건에 해당하는 자

⑫ ①부터 ⑪까지(⑥조합 제외)의 규정에 해당하는 자가 도시개발사업을 시행할 목적으로 출자에 참여하여 설립한 법인으로서 대통령령으로 정하는 요건에 해당하는 법인

3) 도시개발사업의 시행방법 및 절차

① 실시계획의 작성 및 인가

도시개발을 하고자 하는 시행자는 지구단위계획이 포함된 도시개발사업에 관한 실시계획을 작성하여 실시계획에 관한 지정권자의 인가를 받아야 한다. 지정권자가 국토교통부장관인 경우 국토교통부장관은 실시계획을 작성, 인가할 때뿐만 아니라 변경, 폐지하는 경우에도 시·도지사의 의견을 수렴해야 하며, 지정권자가 시·도지사인 경우 시·도지사는 시장이나 군수, 구청장의 의견을 미리 들어야 한다. 실시계획에는 사업시행에 필요한 설계도, 자금계획, 시행기간 기타 대통령령이 정하는 사항 및 서류를 명시하거나 첨부하여야 한다.

② 실시계획의 고시

지정권자는 실시계획을 작성하거나 인가한 때에는 대통령령이 정하는 바에 따라 이를 관보 또는 공보에 고시하고 시행자와 당해 도시개발구역을 관할하는 시장·군수 또는 구청장에게 관계서류의 사본을 송부하여야 한다. 이 경우 관계서류를 송부받은 시장이나 군수, 구청장은 이를 일반에게 공람시켜야 한다.

③ 도시개발사업의 시행방식

도시개발사업은 시행자가 도시개발구역 안의 토지 등을 수용 또는 사용하는 방식이나 환지방식 또는 이를 혼용하는 방식으로 시행할 수 있다.

이 경우 사업시행방식의 선택기준은 시행자는 도시개발구역으로 지정하고자 하는 지역에 대하여 다음에서 정하는 바에 따라 도시개발사업의 시행방식

을 정함을 원칙으로 하되, 사업의 용이성·규모 등을 고려하여 필요한 경우에는 국토교통부장관이 정하는 기준에 따라 도시개발사업의 시행방식을 정할 수 있다.

환지방식은 대지로서의 효용증진과 공공시설의 정비를 위하여 토지의 교환·분합 기타의 구획변경, 지목 또는 형질의 변경이나 공공시설의 설치·변경이 필요한 경우 또는 도시개발사업을 시행하는 지역의 지가가 인근의 다른 지역에 비하여 현저히 높아 수용 또는 사용방식으로 시행하는 것이 어려운 경우에 적용한다. 수용 또는 사용방식은 계획적이고 체계적인 도시개발 등 집단적인 조성과 공급이 필요한 경우에 해당한다. 혼용방식은 도시개발구역으로 지정하고자 하는 지역이 부분적으로 환지방식 및 수용 또는 사용방식에 해당하는 경우이다.

시행자는 도시개발사업을 수용 또는 사용에 의한 방식과 환지에 의한 방식을 혼용하여 시행하고자 하는 경우에는 수용 또는 사용에 의한 방식이 적용되는 구역과 환지에 의한 방식이 적용되는 구역으로 구분하여 사업시행지구로 분할하여 시행할 수 있다.

4) 토지상환채권의 발행과 선수금에 관한 사항

「도시개발법」에서 도시개발사업을 수용이나 사용방식으로 시행할 경우, 보상비 등의 초기 부담을 덜기 위해 시행자가 토지상환채권을 발행하거나 실수요자로부터 선수금을 받을 수 있도록 되어 있다. 「도시개발법」 시행령에 따르면, 사업시행자는 조성토지의 50%에 해당하는 범위 이내에서 만기가 5년에서 10년 이내인 기명식 채권을 발행할 수 있다. 발행자는 금융기관의 이자율 등을 고려하여 토지상환채권의 이자율과 발행방법, 발행절차, 발행조건 등을 정할 수 있다. 또한 선수금을 받아 사업을 시행할 때에는 사업시행의 신뢰성 확보를 위하여 지자체 및 정부투자기관 등이 시행할 경우에는 개발대상 토지의 소유권을 25% 이상 확보하여 사업에 착수한 경우로 하고, 토지소유자 또는 조합 등이 사업을 시행할 경우에는 개발대상 토지의 소유권을 100% 확보하고 개발사업의 공사 진척도가 10% 이상인 경우로 하는 등 선수금을 받을 수 있는 요건도 아울러 정해 놓고 있다.

5) 조성토지의 공급방법과 환지처분

도시개발사업을 시행하여 조성된 토지는 경쟁입찰을 통해 공급함을 원칙으로 한다. 환지처분에 의해 권리자에게 주어지는 환지면적은 총체적으로 볼 때 종전의 택지에 비교하여 감소하게 된다. 환지처분에 있어서 이와 같은 지적의 감소를 실무상 감보라 부르며, 이는 공공감보와 체비지 또는 보류지감보로 나뉜다.

① 공공감보

환지는 환지방식에 의한 도시개발사업에 의해 신설 또는 확장된 공공시설용지를 제외한 토지를 권리자에게 배분하는 것이다. 따라서 신설 또는 확장된 공공시설용지에 상당하는 지적은 감보하게 되며, 이를 공공감보라 한다. 공공감보는 환지방식에 의한 도시개발사업에 있어서 필연적인 것이다.

② 보류지감보

시행자는 환지방식에 의한 도시개발사업에 의해 정비된 택지 가운데 일부를 환지로 정하지 않고 이를 매각하여 도시개발사업의 비용에 충당하거나, 규약·정관·시행규정 또는 실시계획이 정하는 목적을 위하여 보류지 감보를 하게 된다. 이 경우 특히 사업비용에 충당하기 위해 행하는 감보를 체비지라 한다.[6] 그러나 사업 전의 택지전체의 가격보다도 정리 후의 택지전체의 가격이 감소하게 되는 경우에는 권리 감소액을 무상으로 수용하는 것과 같은 결과가 되기 때문에 시행자는 감소액에 상당하는 금액을 감가보상금으로 교부하지 않으면 안 된다. 토지의 공급과 환지처분에 관한 자세한 사항은 다음과 같다.

첫째, 시행자에 의해 조성된 토지는 $330m^2$ 이하의 단독주택용지, 국민주택규모 이하의 주택건설용지, 공장용지 등은 추첨의 방법으로 공급하고, 학교용지와 같은 공공시설용지나 협의매수에 응한 토지소유자에 대한 택지는 수의계약방법으로 공급하는 등 용지에 따라 조성토지의 공급방법과 공급계획의 내용을 따로 정하고 있다. 또한 공용청사, 사회복지시설 등 공공용 시설의 용지는 조성가격 이하로 공급하도록 되어 있다.

둘째, 환지계획의 작성기준은 국토교통부장관이 정하며, 이에 대한 평가는 환지방식으로 시행하는 사업구역 내 토지에 대한 가격평가의 공정성 확보를

---

6) 류해웅, 「토지법제론」, 부연사, 2008, p. 385.

위하여 「부동산 가격공시 및 감정평가에 관한 법률」에 의해 감정평가업자가 하게 되어 있다. 또한 환지업무의 신속한 추진을 위하여 토지소유자간의 합의에 의한 환지계획의 변경은 인가 없이 가능하도록 조치하고 있다.

셋째, 도시개발구역 내 과소 토지 발생을 방지하여 쾌적한 주거환경을 마련하기 위하여 과소 토지의 면적기준을 건축법상 건축물이 있는 대지에 대한 분할금지면적으로 하고, 기존 건축물이 없는 경우에는 기준면적을 국토교통부령으로 정하도록 하였다.

넷째, 도시개발사업의 신속한 추진을 위하여 사업구역 내의 건축물이나 지장물에 대하여 이전 혹은 제거시 보상금에 대한 합의가 이루어지지 않을 경우에는 관할 토지수용위원회에 재결을 신청할 수 있다. 그러나 보상금에 대한 재결이 있은 후에 지장물을 이전 혹은 제거하지 않을 때에는 「행정대집행법」에 의하여 대집행할 수 있다.

다섯째, 환지방식으로 시행하는 사업에 대한 공사의 완료공고, 환지처분의 기간, 환지처분의 공고의 방법 및 내용을 정하고 있다.

6) 도시기반시설 등의 조성비용

「도시개발법」에 따른 도시기반시설의 조성은 민간의 사업시행자에게 과도한 부담을 주지 않고, 사업시행자와 지자체간의 책임을 보다 명확히 하기 위하여 비용부담 주체를 명확히 하고 있다. 도시개발구역 지정 전부터 계획된 국도·지방도·국가지원 지방도로와 도시개발구역을 관통하는 상하수도 관로는 지방자치단체가 설치하도록 하고, 전기·가스·통신·지역난방 등의 공급시설은 개별 필지의 경계선까지 한국전력 등 공급자 부담으로 설치하며, 도시미관을 위하여 지하에 설치함을 원칙으로 한다.

7) 사업비용의 보조·융자 및 도시개발특별회계

도시개발사업의 원활한 추진을 위한 재정적인 지원을 위하여 정부는 국가나 지방자치단체가 시행하는 사업의 경우 도로 등 간선시설 설치비용의 전부를 보조하거나 융자할 수 있도록 하였다. 그리고 「수도권정비계획법」에 의한 과밀억제권역에서 수도권 이외의 지역으로 이전하는 법인이 시행하는 사업에 대해서는 용수공급시설과 도로 설치비용의 전부, 그리고 하수도설치비용의

50%를 보조할 수 있도록 되어 있다. 그 외의 사업시행자가 시행하는 사업의 경우 간선시설 설치비용에 대해 융자할 수 있도록 하였다.

「도시개발법」에서는 도시개발사업을 촉진하고 도시계획시설사업의 설치지원 등을 위해 각급 지방자치단체에 도시개발특별회계를 설치할 수 있도록 하였다(제60조). 도시개발특별회계의 재원은 도시계획세 징수액(재산세 도시지역분) 중 「도시 및 주거환경정비법」에 따른 도시·주거환경정비기금, 「도시재정비 촉진을 위한 특별법」에 따른 재정비촉진특별회계 및 「주차장법」에 따른 주차장특별회계로 전입되는 금액을 제외한 나머지 금액과 도시개발채권의 발행, 지방자치단체에 귀속되는 개발부담금 중 일부 등으로 조성하고, 특별회계에서 장기 미집행 도시계획시설의 설치와 개발사업계획에 포함된 도로 등 공공시설의 설치비용을 보조 또는 융자할 수 있게 하였다.

8) 도시개발채권의 발행

도시개발사업의 재원을 확보하기 위해 시장(광역시장 포함)이나 군수는 국토교통부장관과의 협의 및 행정안전부장관의 승인을 받아 도시개발채권을 발행할 수 있다. 도시개발채권은 무기명채권 또는 등록발행 방법에 의하여 발행할 수 있으며, 채권의 만기는 5년 내지 10년, 이자율은 발행당시의 국·공채 금리 등을 참조하여 발행자가 정하도록 하였다.

국가나 지방자치단체 그리고 공기업이 시행하는 도시개발사업에 공사 도급업자로 참여하는 자는 도시개발채권을 매입해야 하며, 국가나 지방자치단체 그리고 공기업 이외의 자가 도시개발사업을 시행할 때에도 도시개발채권을

◑ 표 7-4 　도시개발채권 매입대상자와 매입금액

매입 대상	매입 금액
국가, 지방자치단체, 정부투자기관, 지방공사와 공사도급계약을 맺은 자	공사도급계약 금액의 5%
국가, 지방자치단체, 정부투자기관, 지방공사 이외의 사업시행자	사업시행면적 3.3m^{2}당 3만원
「국토의 계획 및 이용에 관한 법률」에 의해 토지의 형질변경허가를 받은 자	토지형질변경 면적 3.3m^{2}당 3만원

매입해야 한다. 그리고 「국토의 계획 및 이용에 관한 법률」에 따라 토지의 형질변경허가를 받은 자도 도시개발채권을 매입해야 한다. 매입대상자별 매입금액은 <표 7-4>와 같다.

9) 결합개발제도 및 원형지개발 방식 도입

2011년 9월 30일 법 개정으로 결합개발제도를 도입하고 순환개발방식을 인정하였다. 서로 떨어진 둘 이상의 구역을 묶어서 하나의 도시개발구역으로 지정할 수 있는 결합개발제도를 도입하고, 세입자 등에게 임대주택을 공급하여 세입자 등을 보호하며, 순환개발방식을 인정하여 원주민의 재정착률을 높일 수 있도록 하였다.

또한 저렴한 토지공급을 통한 도시개발사업 활성화를 위하여 원형지 개발방식을 도입하며, 토지소유자뿐만 아니라 건축물 소유자도 입체 환지 신청을 할 수 있도록 허용하여 입체 환지의 활성화를 도모하고 있다.

(2) 도시개발법의 제정이 토지개발에 미치는 영향

계획적 도시개발사업 가능하나 공영개발과의 중복 문제

「도시개발법」의 제정으로 인한 정책적 효과를 아직 파악하기 힘든 상황에서 결과를 예측하는 것은 어려운 일이라 할 수 있다.[7] 그러나 기존의 토지개발방식에서 제기되었던 문제점은 일단 2000년 시행된 「도시개발법」의 제정으로 어느 정도 해소되었다고 할 수 있다. 폐지된 「토지구획정리사업법」과 「도시계획법」상의 도시계획사업에 관한 부분을 통합·보완함으로써 도시개발제도를 단순화·체계화하였다. 「도시개발법」의 제정과 동시에 「도시계획법」이 전면 개정됨으로써 다원화되어 있던 개발사업이 모두 폐지되고 「도시개발법」에 의한 도시개발사업으로 일원화되었다. 따라서 앞으로의 도시개발사업은 이 법의 규정에 의해 환지방식, 수용 또는 사용방식 혹은 양자의 혼용방식에 의거하여 실시하게 되었다. 이러한 정책 변화와 법 제정으로 인한 효과를 예측해 보면 다음과 같다.

---

7) 류해웅, "택지개발제도의 변천과 도시개발법제의 영향에 관한 고찰", 「토지연구」, 제11권 2호, 2000 참조.

1) 계획적인 도시개발사업의 가능성

기존의 도시개발은 토지구획정리사업, 일단의 주택지조성사업, 시가지 조성사업, 공업용지 조성사업, 재개발 사업으로 정의되어 있었다(구, 도시계획법 제2조 1항). 그러나 이것은 「도시계획법」 내에서 이루어졌기 때문에 비록 신도시 건설시 일부 시가지조성사업을 할 수 있기는 하였으나 전반적으로 계획적인 도시를 만들어 가는 개발방식으로 활용되기는 어려운 측면이 있었다. 그런데 「도시개발법」의 제정으로 인해 도시개발구역8)을 지정하여 도시개발사업을 실시할 수 있게 되었다.

한편, 「도시개발법」에서 정의하는 도시개발사업은 주거, 상업, 산업, 유통, 정보통신, 생태, 문화, 보건 및 복지 등의 기능을 가진 단지 또는 시가지를 조성하기 위해 시행하는 사업인데(도시개발법 제2조 제2호), 이러한 도시개발사업은 계획적인 개발이 전제되어야 한다. 이 법은 계획적이고 체계적인 도시개발을 도모하고 쾌적한 도시환경의 조성을 목적으로 한 계획적인 도시개발사업에 초점을 맞추고 있고 실시계획 작성시 지구단위계획을 포함하도록 하고 있다. 이는 현 용도지역제 안에서 계획적인 개발을 모색하는 시도로 평가된다.

2) 도시개발에 있어 민간 부문의 활용

도시개발사업은 공공뿐 아니라 민간도 참여할 수 있도록 규정함으로써 앞으로 공공과 민간의 파트너십(public-private partnership)의 형성이 실질적으로 가능하도록 제도화하고 있다. 이것은 기존의 공영개발사업에 민간부문을 참여시키는 제3섹터 개발을 도입하겠다는 의도로 해석할 수 있다. 따라서 앞으로는 도시개발에서 민간부문의 역할이 상대적으로 커질 것이다. 이로써 기존의 토지개발에 따른 민원이 줄어들 것으로 예상되며, 토지개발방식의 다변화(수용, 사용, 환지 방식, 혹은 이들의 혼용방식)가 이를 뒷받침할 것으로 예상된다.

2015년 8월 법 개정을 통해 민간 참여를 확대하는 방안이 마련되었다. 공공시행자가 시행하는 도시개발사업의 일부를 주택건설사업자 등으로 하여금

---

8) 도시개발사업을 실시하기 위해 지정·고시된 구역으로, 계획적인 도시개발이 필요하면 지정하도록 하고 있다. 도시개발구역으로 지정·고시되면 국토이용관리법에 의한 도시지역과 도시계획법에 의한 도시계획구역 및 지구단위계획구역으로 결정, 고시된 것으로 간주된다. 따라서 이 법에 의해 도시개발사업이 지정되면 도시계획구역에 한정되지 않고 비도시지역에서도 도시개발사업이 실시될 수 있도록 하였다(류해웅, 2000b).

☑ 그림 7-2 도시계획사업의 체계

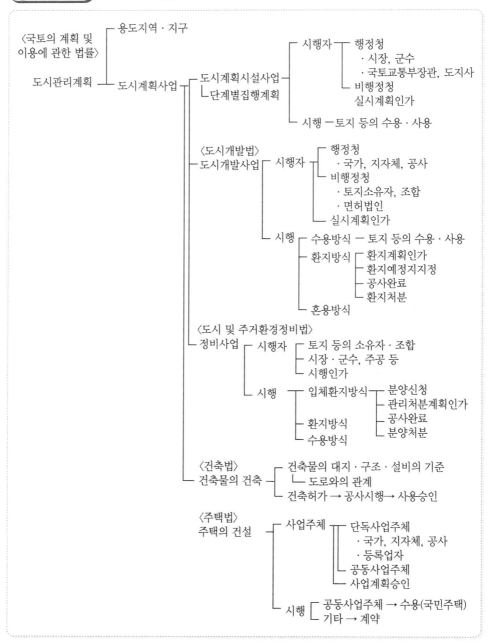

대행할 수 있도록 하는 등 도시개발사업에 대한 민간의 참여를 확대하고 민간의 자본과 전문성을 활용하여 보다 창의적이고 효율적인 도시개발이 이루어질 수 있도록 하였다(2016년 2월 12일 시행).

3) 공영개발방식과의 중복 문제

「도시개발법」은 여러 가지 면에서 기존의 개발방식을 종합화·체계화함으로써 긍정적인 효과가 클 것으로 기대된다. 그러나 토지개발방식에 있어 수용, 사용에 의한 방식은 공영개발방식과 별 차이를 보이지 않고 있다. 즉, 공영개발이 택지개발예정지구의 지정에 의한 개발과 도시개발구역의 지정에 의한 개발로 이원화된 것이다.

왜냐하면 「도시개발법」상의 수용, 사용에 의한 도시개발사업은 「택지개발촉진법」의 택지개발예정지구의 지정에 의한 택지개발사업과 그 방식이 같기 때문이다. 그 결과 도시개발구역의 지정에 의해 실시하는 수용방식보다는 종래의 택지개발예정지구의 지정에 의한 공영개발사업이 더 선호될 우려가 있다.

따라서 장기적으로 「택지개발촉진법」을 폐지하고 이를 「도시개발법」상의 수용, 사용방식에 흡수할 필요가 있다. 당초에는 「도시개발법」이 (구)「도시재개발법」, 「택지개발촉진법」, 「산업입지 및 개발에 관한 법률」 등 기존의 개발사업 관련 법률을 포괄하고자 하였으나 법 제정에 충분히 반영되지 않았다.

이후 택지개발촉진법 폐지 추진은 개발사업의 패러다임 변화 및 공공택지 공급과잉으로 신규 지구지정이 급감하고[9] 지구해제·취소 등 부작용이 발생하여 법 실익이 없어졌기 때문으로, 2014년 9.1대책으로 발표되었다가 2016년에 재추진되었다. 공공(LH) 주도의 도시외곽에서 대규모 택지개발을 통한 주택공급을 개편하여 민간·지자체 주도의 도심 내 중소규모 택지개발을 통한 주택공급을 하고자 하는 취지이다. 향후 택지 수요가 발생할 경우 그 목적에 따라 「도시개발법」(주거·상업·산업형 등 복합도시용지), 「공공주택특별법」(저소득층 주거안정) 등을 통해 공급 가능하다.

---

9) 2012년 이후 이천중리지구를 제외한 신규 택지개발사업지구 지정 실적이 없으며 이천중리의 경우도 2009년부터 추진해오던 사업으로 2016년에 지구 지정이 되었다.

3. 정비사업 · 재정비사업 · 도시재생사업

(1) 기존 법률에 의한 도시정비사업

1) 도시정비사업의 개관

1976년 도시재개발법 제정
도시정비의 기반 마련

우리나라는 일본의 영향을 받아 도시재개발에 관한 제도를 도입하고, 일본은 서구의 여러 나라에서 행한 도시재개발정책의 경험을 제도로 도입하였다. 도시재개발에 관한 제도는 1962년의 「도시계획법」에 일단의 불량지구개량에 관한 사항을 도시계획으로 결정하여 사업을 시행할 수 있도록 한 것이 최초이다. 그 후 1965년 「도시계획법」 시행령을 개정하여 불량지구개량사업을 촉진하기 위하여 필요시 재개발지구를 지정할 수 있도록 하였다. 그리고 재개발사업은 1971년 「도시계획법」 개정에 의해 근거가 마련되고, 1976년 12월 31일 「도시재개발법」이 제정됨으로써 독자적인 법 체계를 갖추게 되었다.

「도시재개발법」이 제정됨으로써 재개발사업에 관한 제도가 체계를 갖추게 되었으나, 오늘날과 같은 재개발사업의 구분이 행해지게 된 것은 1982년과 1995년의 법 개정에 의해서였다. 이에 따라 재개발사업은 그 성질에 따라 도심재개발사업, 주택재개발사업, 공장재개발사업으로 구분되고 있었다.[10]

한편 1973년 「주택개량 촉진에 관한 임시조치법」을 제정하여 「도시계획법」상 재개발사업의 특례를 규정하였으나, 1981년까지의 한시법으로 폐지되었다. 또한 「도시저소득주민의 주거환경개선을 위한 임시조치법」에 의한 주거환경개선사업이 1989년 제도화되었으며, 1999년말 종료되는 시점에서 주거환경개선사업의 지속적인 추진을 위하여 시행기간을 2004년 12월 31일까지(5년간) 연장하였다. 그리고 1987년 「주택건설촉진법」(현, 주택법)의 개정을 통해 재건축조합의 주택건설, 즉 재건축사업이 제도화되었다.

그러나 2002년 12월 30일 「도시재개발법」과 「도시저소득주민의 주거환경개선을 위한 임시조치법」, 「주택건설촉진법」에 의한 재건축사업을 폐지하고

---

10) 재개발사업 중에 시장재개발사업(市場再開發事業)이 있다. 이는 집합건물이 아닌 건축물로 구성된 시장을 철거하고 신축하는 사업을 말하며, 도시재개발법을 준용하였다. 집합건물과 집합건물이 아닌 건축물이 혼재되어 있는 시장을 철거하고 신축하는 때에는 시장재개발사업으로 본다.

단일·통합법인 「도시 및 주거환경정비법」을 제정하고 2003년 7월 1일부터 시행하였다. 이에 대한 자세한 설명은 다음 절에서 다루기로 한다.

2) 재개발사업

① 도시계획법에 의한 재개발사업

재개발사업은 1971년 전문개정된 「도시계획법」에 의해 처음으로 도입되었다. 이 법은 재개발사업이란 도시기능을 회복시키거나 새로운 기능을 전환시키기 위하여 실시하는 도시계획사업이라 정의하고, 사업의 시행요건을 비롯하여 시행자, 실시계획과 사업시행을 위한 준비행위, 분양, 관리처분계획, 등기 및 지적정리, 청산금 등에 대하여 규정하고 있었다.

② 재개발사업의 특례

「건축법」 기타 관계법령의 규정에 위반하거나 그 기준에 미달한 건축물을 정비·개량하기 위하여 「도시계획법」상 재개발사업에 관한 일부 특례를 규정하기 위하여 1973년 「주택개량촉진에 관한 임시조치법」을 제정하였다. 이 임시조치법은 주택개량을 위한 주택개발지역의 지정은 시·도시사의 신청으로 건설부장관이 국무회의의 심의를 거쳐 대통령의 승인을 얻어 지정하도록 하고, 재개발구역으로 지정할 수 있는 지구는 「건축법」 기타 관계법령에 위반하거나 그 기준에 미달된 건축물이 있는 지구로 하였다.11) 이 법은 부칙에서 1981년 말까지의 한시법으로 규정함에 따라 폐지하고, 이 법에 의한 정비나 기타의 행위는 「도시재개발법」에 의거하였다.

③ 도시재개발법에 의한 재개발사업

1976년 「도시계획법」 개정을 통해 재개발사업은 "「도시재개발법」에 의하여 시행하는 도시계획사업을 말한다."로 정의함과 동시에 이 법에서 재개발사업에 관한 조항을 삭제하였다. 이에 따라 1976년 12월 「도시재개발법」을 제정하여 재개발사업은 독립법률로 관장하게 되었다. 이 법을 제정하게 된 것은 종래 「도시계획법」의 재개발사업의 원활한 추진에 많은 문제가 있었기 때문에 이를 해결하여 보다 효율적인 사업수행을 확보하기 위하여 「도시계획법」 중에 규정되어 있던 재개발사업 관계조항을 보완하여 새로운 법률로 제정한

---

11) 주택개량재개발사업(住宅改良再開發事業)은 불량주택의 개량 및 주거 수준의 향상을 위해 재개발 지구로 지정, 사업을 시행하였다. 1973년부터 시작됐으나 주민들의 비협조로 사업이 부진, 1983년 부터는 건설업체와 주민들이 합동으로 개발하는 합동개발 방식이 도입됐다.

것이었다.

「도시재개발법」은 1982년 개정에서 재개발사업을 도심지재개발사업과 주택개량재개발사업으로 구분하여 시행하도록 하였다. 그러나 1995년 12월 전부 개정된 이 법은 재개발사업을 도심재개발사업, 주택재개발사업, 공장재개발사업으로 구분하여 시행하였다.

그리고 재개발사업 시행시 주민의 주거생활안정을 위하여 순환재개발방식을 도입하였다. 순환재개발방식이란 재개발구역의 일부 지역 또는 당해 재개발구역 외의 지역에 주택을 건설하거나 건설된 주택을 활용하여 재개발구역을 순차적으로 개발하거나 재개발구역 또는 재개발사업시행지구를 수 개의 공구로 분할하여 순차적으로 시행하는 재개발방식을 말한다.

3) 주거환경개선사업 등

도시저소득주민의 복지증진과 도시환경개선을 위하여 1989년 「도시저소득주민의 주거환경개선을 위한 임시조치법」을 제정하였다. 이 법은 노후불량건축물이 밀집되어 있는 등 주거환경이 열악하여 그 개선이 시급한 지역 등에 대하여 주거환경개선지구로 지정하고, 주거환경개선계획을 수립하여 주거환경개선사업을 시행하였다. 이 법은 한시법으로 1999년 말까지 효력을 갖도록 하였으나 1999년 12월 28일 법 개정을 통해 시행기간을 5년간(2004. 12. 31) 연장하였다. 이는 도시저소득주민의 주거환경개선 및 도시정비를 위하여 시행하고 있는 주거환경개선사업의 지속적인 추진을 위해서였다.

4) 주택재건축사업

1987년 12월 「주택건설촉진법」의 개정을 통해 주택조합의 주택건설, 즉 재건축사업이 도입되었다. 준공 후 20년이상 경과한 노후·불량주택에 대하여 획기적인 주거환경개선을 도모하고, 불량시가지 재정비를 위하여 당시 시행되고 있던 재건축사업의 공공성 확보, 무분별한 재건축 방지 방안 등을 마련하기 위함이었다.

이에 따라 공공성이 특히 요청되어 지방자치단체 등이 사업주체가 되는 재건축사업의 경우에는 사업의 원활한 추진을 위하여 수용권을 부여하였다. 그리고 노후·불량주택에 설정된 저당권 등을 말소하여야 재건축이 허용되는

데, 권리의 말소가 늦어짐으로써 재건축이 지연되는 사례를 막기 위하여 철거되는 주택에 설정된 저당권 등 권리를 새로이 건설되는 주택에 설정된 것으로 보도록 하는 물상대위를 인정하였다. 또한 재건축사업을 시행하는 경우 투기방지를 위하여 원칙적으로 1가구 1주택만 공급하도록 하였다.

(2) 도시 및 주거환경정비법에 의한 정비사업

1) 제도의 개요

2003년 정비사업으로 통합 도시정비의 체계 구축 | 1970년대 이후 급속한 산업화 및 도시화의 과정을 겪으면서 부족했던 주택부족을 해결하기 위해 공동주택을 대량으로 공급하여 왔고, 그로 인해 수도권을 제외한 지역의 주택보급률이 100%에 이르고 있다. 그러나 양보다 질적 수준의 향상을 원하는 오늘날의 시점에서 그 동안 지적되어 왔던 재개발 및 재건축의 문제점 즉, 과도한 용적률 허용, 건축기준 완화 등으로 인해 오히려 주거환경이 악화된 것을 수정할 필요가 있었다. 이러한 문제는 노후 불량주택을 대상으로 하는 3가지 정비제도(재건축·재개발·주거환경개선사업)간의 일관성 및 연계성이 없이 추진되어 왔기 때문이었다.

이러한 문제점을 개선하고자 「도시재개발법」에 의한 주택재개발사업, 「도시 저소득 주민의 주거환경개선을 위한 임시조치법」에 의한 주거환경개선사업, 그리고 「주택건설촉진법」에 의한 주택재건축사업을 통합하기 위해 「도시 및 주거환경정비법」을 제정하고 사업명을 정비사업으로 통일하였다. 2002년 12월 법 제정 당시에는 주거환경개선사업·주택재개발사업·주택재건축사업·도시환경정비사업으로 구분하였다가, 2012년 2월 법 개정을 통해서 주거환경관리사업과 가로주택정비사업을 추가하여 6개 사업으로 구분하였다. 이후 2017년 2월 「소규모주택정비법」 제정으로 가로주택정비사업이 소규모주택정비사업으로 이관되었다.

🔘 표 7-5 ┃ 주거정비관련 법과 제도의 변천

구 분	근거법	제도의 내용	
		제도도입	제도폐지 등 기타
불량지구개량	- 도시계획법(1962)	- 일단의 불량지구개량에 관한 사항을 도시계획으로 결정	- 도시계획법전문개정(1971)에 의해 폐지
재개발사업	- 도시계획법 전문개정(1971) - 도시재개발법 제정(1976) • 법 개정(1982) • 법 개정(1995)	- 재개발사업 - 재개발구역의 지정, 재개발 사업의 시행 - 재개발사업 성질에 따라 도심지재개발사업, 주택개량재개발사업으로 구분 - 재개발사업을 도심재개발사업, 주택재개발사업, 공장재개발사업으로 구분 - 순환재개발 방식	 - 1995년 법 개정에 의해 구분조정 - 2002. 12. 30 도시 재개발법 폐지
주택개량 및 주거환경개선사업	- 주택개량촉진에 관한 임시조치법 (1973) - 도시저소득주민의 주거환경개선을 위한 임시조치법 (1989) - 주택건설촉진법(1987)	- 주택개량을 위한 재개발구역의 지정 - 주거환경개선지구의 지정, 주거환경개선사업 - 재건축조합의 주택 건설 (주택재건축사업)	- 1981년 말 한시법으로 폐지 - 2002. 12. 30 폐지 - 2002. 12. 30 삭제
정비사업	- 도시 및 주거환경정비법(2002.12.30) -법 개정(2012.2.1.)	- 정비사업 • 주거환경개선사업 • 주택재개발사업 • 주택재건축사업 • 도시환경정비사업 • 주거환경관리사업 • 가로주택정비사업(이관*)	- 도시재개발법, 주거환경개선임시조치법, 주택건설촉진법상 재건축사업을 통합 정비 (4가지 사업형태) - 2가지 사업형태 추가
재정비촉진사업	- 도시재정비 촉진을 위한 특별법(2005.12.7)	- 재정비촉진지구에서의 재정비촉진사업	- 서울시의 뉴타운사업 포함
도시재생사업	- 도시재생활성화 및 지원에 관한 특별법(2013.6.4)	- 도시재생활성화지역에서의 도시재생사업	• 경제기반형, 중심시가지형, 일반근린형, 주거지지원형, 우리동네 살리기
소규모주택정비	- 빈집 및 소규모 주택정비에 관한 특례법(2017.2.8.)	- 빈집정비사업 - 소규모주택정비사업 (3가지 사업 유형 →)	• 자율주택정비사업 • 가로주택정비사업(*) • 소규모재건축사업

자료: 류해웅, 「토지법제론」(제4판), 부연사, 2008, pp. 316~317 참조하여 이후 사업 추가.

한편 2021년 2월 4일 발표한 부동산대책과 「도시정비법」의 개정을 통해 '공공 직접시행 정비사업'이 도입되었다. 주민이 희망하는 경우 재개발·재건축을 LH·SH 등 공기업이 직접 시행하고, 공기업 주도로 사업·분양계획을 수립, 신속히 사업을 추진하는 방식이다. 평균적으로 정비구역 지정부터 이주까지 소요되는 기간이 민간정비사업의 경우 13년이 걸리지만, 공공 직접시행의 경우 5년 이내인 점을 감안하여 도입한 것이다. 공공의 이해관계 조율 및 개발이익 공유를 정비사업에 접목하여 사업 활성화를 도모하였다.

2) 주요내용

① 종합적 관리

인구 50만 이상인 도시는 도시·주거환경정비기본계획을 수립하여 재건축·재개발·주거환경개선 대상지역에 대한 개략적 범위, 사업시행시기 및 방법, 용적률을 미리 정해놓아야 한다. 이에 따라 주택재개발사업 및 주거환경개선사업뿐 아니라 일정규모 이상(300세대 또는 부지 10,000m² 이상)의 재건축사업이 도시관리 차원에서 종합적으로 검토해야 하는 도시계획사업의 하나로 전환되었다.

② 절차의 개선

정비구역의 조합설립을 돕기 위한 조합설립추진위원회를 소유자 1/2 이상의 동의하에 구청장의 승인을 받아 합법적 기구가 되도록 하여 조합설립에 대한 주민분쟁과 사업지연을 막도록 하였다. 재건축의 경우 단독주택지일지라도 기본계획에 반영되어있는 경우 소유자의 4/5 이상의 동의하에 재건축을 허용하도록 하였다. 상가를 존치하거나 리모델링하면서 주택만 재건축할 수 있도록 하여 상가소유자의 반대로 인해 사업이 지연되던 사례를 방지하기 위한 조치(주택단지 안의 토지에 대한 분할 청구)도 두고 있다.

③ 조합원 보호 및 저소득 주민 지원

조합원과 건설업체의 공동사업방식에서 나온 유착고리를 끊기 위해 시공사를 사업시행인가 후에 경쟁입찰로 선정하도록 하였다. 또한 시공사의 시공보증을 위해 정비사업전문업의 등록기준을 정해 놓았다.

◎ 표 7-6 정비사업의 분류와 시행방법 및 시행자

구 분	대 상	시행방법	시행자
주택 재개발사업	정비기반시설 열악하고 노후·불량건축물이 밀집한 지역으로 주거환경개선이 필요한 지역	- 관리처분계획 - 환지방식	- 조합 - 조합 및 시장, 군수 또는 한국토지주택공사 등과 공동
주택 재건축사업	정비기반시설 양호하나 노후·불량 시설이 밀집한 지역으로 주거환경개선이 필요한 지역	- 관리처분계획	- 조합 - 조합 및 시장, 군수 또는 한국토지주택공사 등과 공동
주거환경 개선사업	도시저소득주민이 집단으로 거주하는 지역으로 정비기반시설이 극히 열악하여 주거환경개선이 필요한 지역	- 토지등소유자 - 수용방식 - 환지방식	- 시장, 군수 - 한국토지주택공사 등
도시환경 정비사업	상업·공업지역 등으로서 토지의 효율적 이용과 도심 또는 부도심 등 도시기능의 회복과 도시환경개선이 필요한 지역	- 관리처분계획 - 환지방식	- 조합 또는 토지등소유자 - 조합 또는 토지등소유자가 시장, 군수, 한국토지주택공사와 공동
주거환경 관리사업	단독주택 및 다세대주택 등 밀집 지역으로 정비기반시설과 공동이용시설 개선·확대 후 주거환경의 보전·정비·개량이 필요한 지역	- 사업시행자: 정비기반시설과 공동이용시설 확충 - 토지등소유자: 스스로 주택 보전·정비·개량	- 시장, 군수 - 한국토지주택공사 등 ※ 시·도지사 또는 대도시 시장 구역지정 (정비구역 또는 재정비촉진지구로 해제된 경우)
가로주택 정비사업	노후·불량건축물 밀집한 가로구역으로 종전 가로 유지하면서 소규모로 주거환경 개선이 필요한 지역	- 관리처분계획 (소규모주택정비사업으로 이관)	- 조합 - 조합 및 시장·군수 또는 한국토지주택공사 등과 공동
빈집 정비사업	1년 이상 아무도 거주 또는 사용하지 아니하는 주택	- 빈집정비계획	- 시장·군수 또는 빈집소유자 직접 또는 공동
소규모주택 정비사업	노후·불량건축물의 밀집 등 대통령령으로 정하는 요건에 해당하는 지역 또는 가로구역(街路區域)	- 관리처분계획	- 자율: 2명 이상 토지등소유자 직접 또는 공동 - 가로·소규모: 20명 미만 토지등소유자 직접 또는 공동 시행 / 조합 및 시장·군수 또는 한국토지주택공사 등과 공동

주택재개발사업의 경우 조합설립 및 사업시행인가를 위한 동의율을 강화하였고, 주택재건축사업도 관리처분계획을 인가받도록 하여 각종 분쟁과 민원의 소지를 줄였다. 주거환경사업의 경우 주민부담을 낮추기 위해 대상구역 내 국·공유지를 장기임대하거나 주민에게 평가금액의 80%로 매각할 수 있도록 하였으며, 임대주택 건설을 보다 용이하게 하였다. 국가 또는 시·도는 시장, 군수, 구청장 또는 한국토지주택공사 등이 시행하는 정비사업에 관한 기초조사 및 정비사업의 시행에 필요한 시설로서 대통령령이 정하는 정비기반시설 및 임시수용시설의 건설에 소요되는 비용의 일부를 보조하거나 융자할 수 있다. 특히 정비구역 또는 재정비촉진지구가 해제된 지역에서 시행하는 주거환경관리사업에 대해서는 우선 보조하거나 융자할 수 있다.

④ 공공관리제도의 도입

공공관리제도 도입은 서울시로부터 시작되었다. 서울시가 2009년 7월 1일 공공관리제도를 전면 도입하기로 선언하였고 8월 3일 '공공관리제 시범지구'로 한남재정비촉진지구 내 5개 사업구역 모두를 선정하고 용산구청장을 공공관리자로 지정하였다. 이후 2010년 4월 15일 「도시 및 주거환경정비법」의 개정·공포(동법 제77조의4 제6항, 7월 16일 시행), 7월 15일 도시 및 주거환경정비조례의 개정·공포(조례 제48조 제4항, 7월 16일 시행), 설계자 등 업체선정 기준 고시(7월 16일 시행) 등의 법령개정을 추진하였다.

법 조항 신설로 정비사업의 공공관리가 법제화되었으며, 공공관리자는 조합이 정비사업을 투명하게 추진하도록 행정·재정적으로 지원할 수 있게 되었다. 정비사업의 불투명한 추진으로 주민간 불신, 갈등에 따른 사업 장기화의 문제를 해결하고, 사업 정보와 추정 분담금 내역의 투명한 공개로 주민간 신뢰구축 및 원활한 사업 추진을 도모하는 것을 목적으로 한다. 구체적인 도입목적을 살펴보면 첫째는 현행 제도의 미비점을 보완하는 것이다. 현행 재개발·재건축사업이 조합의 전문성 부족과 자금조달능력 미비로 사업추진 과정에서 정비업체 등 관련업체와의 유착 등의 비리가 발생하고 조합원간 갈등에 따른 사업 장기화로 비용이 과다하게 발생하는 문제점을 개선하려는 의도를 담고 있다. 둘째는 재개발·재건축사업에 대한 공공의 적극적 대응을 통해 공공의 역할을 강화하려는 목적이다. 셋째는 재개발·재건축사업의 투명성 확보이다. 사업추진 절차를 합리적으로 개선함으로써 정비업체, 설계자, 시공자 등 업체를 공정하게 선정토록 행정·재정적으로 지원하여 사업추진을 투명하게 하고자 한다.

이를 위해 시장·군수는 정비사업의 투명성 강화 및 효율성 제고를 위하여 시·도 조례로 정하는 정비사업에 대하여 사업시행 과정을 지원(이하, 공공관리)하거나, 한국토지주택공사, 「자본시장과 금융투자업에 관한 법률」에 따른 신탁업자, 「주택법」에 따른 대한주택보증주식회사 또는 「도시 및 주거환경정비법」 제69조 제1항 각 호 외의 부분 단서에 따라 대통령령으로 정하는 기관에 공공관리를 위탁할 수 있다(제77조의4). 정비사업의 공공관리를 위해 공공관리자를 지정하는데 해당 정비구역의 구청장이 공공관리자가 된다. 단, 구청장은 한국토지주택공사, SH공사, 한국감정원, 대한주택보증 등에서 업무를 대행하도록 지정할 수 있다. 공공관리자는 추진위원회의 구성, 조합임원 선출, 시공자·설계자와 같은 주요 용역업체의 선정 등 정비사업의 주요결정을 합리적이고 투명하게 진행할 수 있도록 도와주는 '도우미'역할을 수행한다. 공공관리자를 지정하는 시기는 정비계획 수립 이후이며 구청장이 직접 시행하거나 대행자를 지정할 수 있다. 한편 공공관리에 필요한 비용은 시장·군수가 부담하되, 특별시장, 광역시장 또는 도지사는 관할 구역의 시장, 군수 또는 구청장에게 특별시·광역시 또는 도의 조례로 정하는 바에 따라 그 비용의 일부를 지원할 수 있다(개정 2013. 12. 24.). 비용부담은 정비계획 수립이후부터 시공사 선정까지는 공공이 부담하고 시공사 선정이후에는 조합이 부담하는 것으로 한다.

⑤ 공공재개발·재건축의 도입

공공재개발·재건축은 도심 내 주택공급을 확대하기 위해 새롭게 도입된 정비사업 방식이다. 공공(특별자치시장, 특별자치도지사, 시장, 군수, 자치구의 구청장, 한국토지주택공사 또는 주택사업을 수행하기 위해 설립된 지방공사)이 시행 또는 대행의 방법으로 정비사업에 참여하고, 임대주택 또는 신축공급(공공재건축) 물량을 확대하는 대신 통합심의를 통해 행정절차를 간소화하고, 용적률을 완화하는 등 각종 인센티브를 제공하여 사업성을 개선함으로써 정비사업을 촉진하는 방식이다.

2021년 5월 20일 「도시정비법」의 개정(제18046호, 2021. 4. 13일 공포, 2021. 7. 14일 시행)에 따른 후속입법으로 공공재개발·재건축의 요건과 절차, 특례를 구체화하기 위해 「도시정비법 시행령」 및 정비사업의 임대주택 및 주택규모별 건설비율을 개정하였다.

표 7-7 공공재개발 · 재건축의 비교

	공공재개발	공공재건축
정의	1. 공공시행/대행 2. 조합원분을 제외한 50%를 임대주택, 지분형주택 공급(전체 세대의 20%는 공공임대-서울 기준)	1. 공공시행/대행 2. 기존세대의 1.6배 신축
용적률 완화	법적상한의 120%까지 건축	용도지역 상향
기부채납	완화용적률의 20~50% (국민주택규모 임대주택 기부)	완화용적률의 40~70% (국민주택규모 임대주택 기부)
절차 간소화	사업계획 통합심의	
기타	공공재개발 예정구역 신설	공원녹지 설치비율 완화

⑥ 공공 직접시행 정비사업의 도입

정비계획이 이미 수립된 기존 정비구역을 대상으로 하며, 주민이 희망하는 경우 재개발·재건축을 LH·SH 등 공기업이 직접 시행하고, 공기업 주도로 사업·분양계획을 수립하여, 신속히 사업을 추진한다. 조합원 과반수 요청이 있으면 공기업이 지자체에게 단독시행을 신청하고, 공기업이 사업시행(분양계획 포함)을 전담한다. 다만 사업 장기화 방지를 위해 단독시행 신청(정비계획 변경 신청) 후 1년 이내에 조합원 2/3의 동의를 얻지 못하면 단독 시행 신청은 자동적으로 취소된다. 그리고 조합원에게 우선공급권을 부여하고, 장래 부담할 아파트 값을 기존 소유자산으로 현물선납한 후 정산하는 방식을 도입한다. 소유권 이전으로 모든 사업 리스크를 공기업이 부담하는 구조이다. 우선공급을 희망하지 않는 조합원(토지등소유자)의 자산은 현금보상 등으로 수용한다(현행 다른 정비사업도 민간 조합이 미동의자 자산을 수용하는 방식 적용).

또한 사업시행인가시 통합심의를 도입하여 신속한 인허가를 지원한다. 그리고 일반 정비사업에서 '공공 직접시행 정비사업'으로 사업방식을 전환할 경우, 기 선정업체의 승계 및 매몰비용 보전을 지원하고 기존 조합은 해산하고 주민대표회의를 구성하여 운영한다. 기존 공공재개발·재건축에 참여한 사업장도 희망하는 경우 전환을 지원한다.

3) 제도개선의 효과

개선된 법령은 기존의 재개발사업 및 재건축사업에서 불거져 나오는 각종 유착에 대한 소송과 여러 민원으로 인해 사업이 지연되어왔던 것을 개선하고자 하였다. 기존의 법에 비하여 정비사업이 까다롭고 어려워지는 것으로 이해될 수 있으나 제도의 내용을 보면 사업 착수 단계와 사업 계획을 인정받는 단계까지는 신중하게 여러 의견을 수렴하도록 하여, 인정된 사업은 사업을 추진하는 데 있어 과거에 비해 소요시간을 줄일 수 있다. 따라서 전체적인 사업 기간이 줄어들 것으로 예상되며, 주민간의 마찰도 줄일 수 있을 뿐 아니라 선계획-후개발 원칙도 지켜질 것으로 기대된다.

한편 주택재개발사업 등 정비사업이 부동산 경기침체, 사업성 저하 및 주민 갈등 등으로 지연·중단됨에 따라 공공의 역할 확대, 규제완화 및 조합운영의 투명성 제고 등을 통한 정비사업의 원활한 추진을 지원하는 방안이 필요하게 되었다. 사업 추진이 어려운 지역은 주민의사에 따라 조합 설립인가 등을 취소할 수 있도록 하며 정비사업이 일정기간 지연되는 경우에는 구역을 해제할 수 있도록 하고, 전면철거형 정비방식에서 벗어나 정비·보전·관리를 병행할 수 있는 새로운 사업방식을 도입하는 등 도시 재정비 기능을 강화하고 있어 정비사업의 출구전략 역할을 기대할 수 있을 것이다.

2017년 이후 재건축초과이익환수제, 분양가상한제 재도입 등의 규제로 정비사업 물량이 줄면서 정비사업에 대한 수주 경쟁이 과열되었으며, 이로 인해 이미 시공사가 선정된 정비사업장의 경우에도 불필요한 시공사 교체까지 발생하고 있다. 정부 대책 발표이후 공공재개발 후보지와 공공재건축 선도사업지가 다수 선정된 상황이고, 서울특별시는 국토교통부의 공공재개발·재건축의 도입과 별개로 6대 재개발 규제완화 방안을 발표하였다.[12] 공공의 역할을 추가한 공공재개발·재건축사업 및 공공 직접시행 정비사업의 도입은 규제와 사업성 악화, 주민들 사이의 갈등 등으로 인해 위축된 정비사업 시장과 건설 경기에 활기를 가져올 것으로 기대한다.

---

12) ① '주거정비지수제' 폐지, ② '공공기획' 전면 도입을 통한 정비구역 지정기간 단축(5년→2년), ③ 주민동의율 민주적 절차 강화 및 확인단계 간소화, ④ 재개발해제구역 중 노후지역 신규구역 지정, ⑤ '2종 7층 일반주거지역' 규제 완화 통한 사업성 개선, ⑥ 매년 '재개발구역 지정 공모' 통한 구역 발굴

(3) 도시재정비촉진을 위한 특별법에 의한 재정비촉진사업

1) 제도의 개요

2006년 재정비촉진사업으로 광역적 계획, 균형발전 추구 | 「도시 및 주거환경정비법」 제정으로 개별적으로 움직이던 구도심 개발사업이 하나의 범주로 들어오게 되었다. 하지만 단위개발의 한계를 벗어나지 못하고 단순히 떨어져있던 장부들을 한데 뭉쳐놓은 것에 불과할 만큼 제각기 움직였다.13) 기존 주택재개발사업, 공동주택재건축사업, 단독주택재건축사업, 도시환경정비사업이 새로운 법령이 시행된 후에도 유기적 관계를 맺지 못한 모습이 재현되었다. 이러한 상황은 광역개발(뉴타운사업)의 필요성을 강하게 대두시켰다. 절박한 필요성을 느끼고 있던 서울시에서 서울시 지역균형발전지원에 관한 조례에 의해 광역개발(뉴타운사업)을 시도하였다.

이후 2005년 12월 30일 「도시재정비 촉진을 위한 특별법」이 제정되어 2006년 7월부터 시행되고 있으며, 여러 차례 개정되었다. 이 법은 도시의 낙후된 지역에 대한 주거환경의 개선, 기반시설의 확충 및 도시기능의 회복을 위한 사업을 광역적으로 계획하고 체계적·효율적으로 추진하기 위하여 필요한 사항을 정함으로써 도시의 균형 있는 발전을 도모하고 국민의 삶의 질 향상에 기여하기 위해 제정되었다. 동법에서 정한 면적(주거지형 50만㎡ 이상, 중심지형 20만㎡ 이상, 고밀복합형 10만㎡ 이상)을 초과할 경우 국토교통부장관의 인정 하에 특별법에 의한 지원을 받을 수 있도록 하였다.14)

2009년 12월에 고밀복합형 유형을 신설하고 사업 절차 개선, 우선사업구역제도 도입, 건축기준 완화 등 역세권 고밀개발을 위해 필요한 사항을 추가하였다. 또한 이미 다른 유형으로 지구 지정되어 추진 중인 재정비촉진지구의 경우에도 필요하면 재정비촉진계획 변경을 통해 고밀복합개발을 추진할 수 있도록 하였다.

---

13) 전영진(2011)은 한국부동산자산관리사협회에서 주관한 2011년 뉴타운사업 전망자료에서 도시및주거환경정비법에 의한 통합의 시작은 단순 떨어져있던 장부의 편철에 지나지 않을 만큼 각기 행동하고 있다고 주장하면서 그 예로 아파트 배정자격에 대한 개별규정을 들었다.

14) 2009년 4월 1일부터 재정비촉진지구 중 주거여건이 열악한 지역 등 대통령령으로 정하는 경우, 면적기준을 1/4까지 완화하여 적용할 수 있다(제6조 제5항).

2) 주요 내용

기존 개별적, 국지적인 민간위주의 정비사업에서 나타나는 기반시설 설치의 기피 등과 같은 한계를 극복하고 동시에 사업성을 높이기 위해 각종 건축규제를 푸는 것을 핵심으로 한다. 예를 들어 서울특별시 도시계획조례의 허용용적률은 제2종 일반주거지역은 200%, 제3종 일반주거지역은 250%까지이지만, 특별법에 의한다면 조례의 규정에도 불구하고 제2종 일반주거지역은 250%, 제3종 일반주거지역은 300%까지 가능하다. 또한 역세권 등 상업지역의 경우 초고층 건축물도 가능하다. 서울시의 경우 지정·고시되었거나 예정 중에 있는 대부분의 뉴타운사업은 동법의 지원을 받을 수 있는 규모가 되므로 '재정비촉진지구'로 지정될 수 있었다.

대신 동법의 적용으로 늘어나는 용적률의 일정부분(75%)을 임대주택으로 건립하거나 학교·도서관·사회복지시설·문화시설 등의 부지를 확보하면 기부채납으로 받는 용적률을 일부 완화(기부채납 용적률 인센티브)해 주고 있다. 기반시설의 설치비용은 원칙적으로 사업시행자가 부담하도록 하고 증가된 용적률의 일정비율을 임대주택으로 건설·공급하도록 하는 등 원활한 사업시행을 저해하지 않는 범위 내에서 개발이익을 환수하도록 하고 있다. 그리고 세입자 및 소규모 주택 또는 토지소유자의 주거안정을 위하여 시장·군수·구청장이 주거실태를 조사하여 임대주택 건설계획 등을 재정비촉진계획에 포함하고 사업시행자가 건설·공급하도록 하고 있다.

재정비촉진지구의 지정은 시장·군수·구청장이 주민공람과 지방의회의 의견을 청취한 후 시·도지사에게 신청하고 시·도지사는 관계 행정기관과의 협의와 시·도 도시계획위원회 등의 심의를 거쳐 이루어진다. 그리고 재정비촉진계획의 수립·결정은 시장·군수·구청장이 주민공람과 공청회 등을 거쳐 시·도지사에게 신청하고 시·도지사는 관계행정기관과의 협의와 시·도 도시계획위원회 등의 심의를 거쳐 결정한다.

📌 표 7-8 | 도시재정비촉진을 위한 특별법 내용

구 분	내 용
개발유형	- 주거지형: 노후·불량주택과 건축물이 밀집한 지역으로 주거환경의 개선과 기반시설의 정비가 필요한 지구(50만m² 이상) - 중심지형: 상업지역·공업지역 등으로 토지의 효율적 이용과 도심 또는 부도심 기능의 회복이 필요한 지구(20만m² 이상) - 고밀복합형: 역세권·간선도로 교차지 등 대중교통 편리한 지역, 소형주택공급확대, 토지고도이용, 건축물복합개발(10만m² 이상)
건축규제완화	- 용도지역 변경: 제2종일반주거지역 → 제3종일반주거지역 등 - 보존지구, 시설보호지구, 취락지구 내의 규제완화: 건축제한, 건폐율, 용적률 등 - 중심지형 재정비촉진지구 내 학교시설기준 및 주차장설치기준 완화 - 주택규모·건설비율 특례: 전용면적 85m² 이하가 전체의 80% 이상 ※ 주택재개발사업의 경우는 60% 이상
임대아파트 공급확대	- 인센티브로 늘어나는 용적률(개발계획용적률에서 기존 용도지역 용적률을 뺌)의 75% 이하에서 임대아파트 공급 - 임대주택 중 전용면적이 85m² 초과하는 주택의 비율은 50% 이하 - 건축비 기준으로 국토교통부장관이 고시하는 금액으로 지자체 공급
비용지원	- 지방세 감면, 과밀부담금 면제, 특별회계 설치 - 기반시설 설치비용 지원
기반시설설치 강화	- 기반시설의 설치는 재정비촉진사업의 준공검사 신청일까지 완료 - 기반시설의 원활한 설치를 위하여 필요한 경우 지자체가 먼저 설치 후 비용징수 가능 - 문화·복지시설 등을 민간투자사업으로 시행 가능
교육환경개선	- 교육감과 협의해 학교 설치·정비 계획 마련: 교육감은 학교 및 교육과정 운영의 특례가 부여되는 학교 유치 가능 - 학교용지 매입 등에 특혜
토지거래 허가제 강화	- 재정비촉진지구 지정·고시 즉시 토지거래허가구역 지정 간주 - 국토교통부장관이 재정비촉진지구 지정 예상지역에 미리 허가구역 지정가능 - 토지거래허가 대상 기준면적 축소: 20m² 이상의 토지거래 ※ 단, 재정비촉진계획에 따라 존치관리구역으로 지정된 구역이나, 재정비촉진사업이 완료된 구역에서 「국토의 계획 및 이용에 관한 법률 시행령」 제118조 제1항 각 호에 따른 면적 이하의 토지거래는 제외한다.
지분분할 제한	- 재정비촉진지구 지정일·고시일 기준으로 입주권을 줌. - 기준일 이후 토지분할, 단독·다가구주택의 다세대주택 전환, 건축물 분할 또는 공유자의 수 증가, 건축물과 토지의 소유권 분리, 나대지에 신축 또는 기존 건축물 철거 후 공동주택을 건축하여 토지소유자가 증가하더라도 입주권은 늘지 않음(기준일 기준으로 산정).

재정비촉진지구의 지정이 해제된 경우 구역 내 토지등소유자가 원하는 경우 개별 정비사업으로 전환하여 계속 추진할 수 있도록 하고, 재정비촉진계획 결정의 효력이 상실된 구역을 존치지역으로 전환할 수 있도록 하면서 해당 존치지역에서는 기반시설과 관련된 도시관리계획을 재정비촉진계획 결정 이전의 상태로 환원하지 않도록 하는 등 해제된 재정비촉진구역의 관리방안을 마련하며, 재정비촉진구역 지정기준을 완화하는 특례를 폐지하여 무분별한 재정비촉진지구의 지정을 방지하고 있다. 한편 재정비촉진지구의 지정·변경 시 주민설명회를 열도록 하고 재정비촉진계획 수립 시 주민의 동의를 받도록 하여 주민 의견수렴 절차를 두고, 시공자 선정방법을 경쟁입찰방식으로 명시하여 사업의 투명성을 높였다.

그리고 지구 내 학교의 신설뿐만 아니라 노후학교의 정비에 관한 사항도 재정비촉진계획에 반영하여 추진할 수 있도록 법적 근거를 마련하였으며, 재정비촉진지구로 인정 의제된 사업지구에서는 「도시 및 주거환경정비법」 등 관계 법령에 따라 사업계획을 수립하고 구역의 지정을 받은 경우, 새로이 절차를 거치지 아니하도록 하여 행정행위의 실효성을 확보하고 있다.

3) 제도개선의 효과

도시내 정비사업 및 재정비사업을 광역적으로 계획하고 체계적·효율적으로 추진하여 낙후된 주거환경을 개선하고 기반시설을 확충함으로써 도시기능을 회복하는 방향은 도시계획의 새로운 조류와 일치하며 도시의 균형 있는 발전과 지속가능한 발전을 도모함으로써 삶의 질 향상에도 기여할 것이다. 더불어 균형발전촉진지구 사업과 함께 낙후된 지역균형발전을 위한 기틀을 마련하고 도시구조의 다핵화를 실질적으로 추진하는 역할을 하게 될 것이다.

특히 고밀복합형 유형의 신설은 대중교통중심의 도시계획, 역세권 고밀복합개발을 도모하려는 취지로서 스마트성장(smart growth) 또는 콤팩트시티(compact city)와 맥이 닿는다. 도시의 무분별한 확산을 방지하고 대중교통이용을 촉진하는 미래 도시정책의 방향에 부합되는 시도로 볼 수 있다.

또한 부동산경기 침체로 인한 사업지연이나 사업지구 해제 등에 대한 대비책을 마련한 것은 의미가 있다. 개별 정비사업으로 전환하여 계속 추진할 수 있도록 하고, 재정비촉진계획 결정의 효력이 상실된 구역을 존치지역으로 전환할 수 있도록 하면서 해당 존치지역에서는 기반시설과 관련된 도시관리계획을 재정비촉진계획 결정 이전의 상태로 환원하지 않도록 하는 등 해제된 재정비촉진구역의 관리방안 마련은 유용하며, 여타 재생사업과의 관계에서 행정행위의 실효성을 확보하고 있는 점도 제도 측면에서 진일보한 모습이다.

(4) 도시재생 활성화 및 지원에 관한 특별법에 의한 도시재생사업

1) 제도의 개요

**2013년
도시재생사업 시행** ┃ 2013년 6월 제정된 「도시재생 활성화 및 지원에 관한 특별법」은 도시의 경제적·사회적·문화적 활력 회복을 위하여 공공의 역할과 지원을 강화함으로써 도시의 자생적 성장기반을 확충하고 도시의 경쟁력을 제고하며, 지역 공동체를 회복하는 등 주민의 삶의 질 향상에 이바지함을 목적으로 하고 있다.

전체 인구의 91%와 각종 산업기반이 도시에 집중되어 있는 우리나라의 경우 도시의 주거·경제·사회·문화적 환경을 건전하고 지속가능하게 관리하고 재생하는 것이 국가경제 성장과 사회적 통합의 안정된 기반을 구축하는데 필수불가결한 과제이다. 그럼에도 불구하고 현행 제도로는 도시재생에 필요한 각종 물리적·비물리적 사업을 시민의 관심과 의견을 반영하여 체계적·효과적으로 추진하기 어려웠기에, 동법을 제정함으로써 계획적이고 종합적인 도시재생 추진체제를 구축하고, 물리적·비물리적 지원을 통해 민간과 정부의 관련 사업들이 실질적인 도시재생으로 이어지도록 하였다.

2014년에 도시재생선도지역으로 13곳이 지정되었고, 2016년에는 일반 도시재생사업지역으로 33곳이 선정되었는데 사업유형은 경제기반형, 중심시가지형, 일반근린형 3가지였다. 2017년에는 68곳이 선정되었는데, 중앙정부 선정방식, 공공기관 제안방식, 광역지자체 선정방식 등 3가지 방식이었으며, 사업유형은 경제기반형(산업), 중심시가지형(상업), 일반근린형(준주거), 주거지지원형(주거), 우리동네살리기(소규모 주거) 등 5가지로 다양해졌다.

**2018년 도시재생
뉴딜사업 시행** ┃ 문재인 정부가 대선공약으로 내건 도시재생 뉴딜사업은 재임 5년간 500곳을 선정하는 목표를 세웠다. 도시재생 뉴딜사업의 사업유형은 2018년에는 동일하고, 2019년부터 혁신지구, 총괄사업

관리자, 인정사업으로 8가지로 늘어났고, 선정방식은 2단계로 변경되었으며 2019년부터는 신재생제도가 추가되었다. 중앙정부 선정방식(중앙방식)은 지자체가 신청하고 중앙정부가 선정하며, 공공 선정방식(공공방식)은 공공기관이 제안하고 중앙정부가 선정하며, 시도 선정방식(시도방식)은 지자체가 신청하고 시·도에서 선정한다.

2018년에는 전체 99곳이 선정되었는데, 중앙방식 16곳, 공공방식 15곳, 시도방식 68곳이었다. 2019년에는 총 116곳이 선정되었고, 중앙방식 17곳, 공공방식 19곳, 시도방식 62곳, 신재생제도 18곳이다. 2020년에는 117곳이 선정되었고 중앙방식 2곳, 시도방식 47곳, 신재생제도 68곳이다. 2021년부터 2022년 동안에 87곳이 선정되었는데, 시도방식 39곳, 신재생제도 48곳이다.

2) 주요 내용

국토교통부장관은 도시재생을 종합적·계획적·효율적으로 추진하기 위하여 국가도시재생기본방침을 10년마다 수립하고, 필요한 경우 5년 마다 그 내용을 재검토하여 정비한다. 도시재생에 관한 정책을 종합적이고 효율적으로 추진하기 위하여 국무총리 소속으로 도시재생특별위원회를 두고, 도시재생전략계획과 도시재생활성화계획의 심의 등을 위해 지방자치단체에 지방도시재생위원회를 두고 있다.

그리고 도시재생전략계획(기본구상) 및 도시재생활성화계획(실행계획)의 수립 지원, 도시재생사업시행의 지원, 전문가 육성·파견 등을 위해 도시재생지원기구(중앙)와 도시재생지원센터(지방)를 설치한다. 전략계획수립권자(특별시·광역시장, 특별자치시장, 특별자치도지사 및 시장, 군수)는 도시재생전략계획을 10년 단위로 수립하고, 필요한 경우 5년 단위로 정비한다. 또한 전략계획수립권자는 도시재생활성화지역에 대해 도시재생활성화계획을 수립하고, 구청장 등은 도시재생활성화지역에 대해 근린재생형 활성화계획을 수립한다.

국토교통부장관은 도시재생이 시급하거나 도시재생사업의 파급효과가 큰 지역을 직접 또는 전략계획수립권자의 요청에 따라 도시재생선도지역으로 지정할 수 있다. 또한 국토교통부장관은 도시재생활성화계획의 추진실적 등을 평가하도록 하고, 국가 또는 지방자치단체는 도시재생활성화를 위해 도시재생기반시설의 설치·정비에 필요한 비용 등에 대하여 그 비용의 전부 또는 일부를 보조하거나 융자할 수 있다. 전략계획수립권자는 도시재생활성화 및 도시재생사업의 촉진과 지원을 위하여 도시재생특별회계를 설치·운영할 수 있고, 국토교통부장관은 도시재생활성화를 위해 관련 정보 및 통계를 개발·검증·관리하는 도시재생종합정보체계를 구축한다.

도시재생사업의 촉진을 위해 건폐율, 용적률, 주차장 설치기준 및 높이 제한 등의 건축규제에 대한 예외를 규정하고 있다. 구체적으로 도시재생 지원을 위한 특례로 국·공유재산 처분, 조세·부담금 감면, 건축규제의 완화 등을 들 수 있다.

마지막으로 도시재생사업의 추진에서 매우 중요한 주민참여 활성화를 위한 제도적 장치를 두고 있다. 주민이 도시재생전략계획 수립권자에게 도시재생사업 대상지역의 지정 또는 변경을 제안할 수 있도록 한다. 계획수립 시에 주민참여 절차를 두고 있다. 도시재생전략계획, 도시재생활성화계획 수립 전에 공청회를 통한 주민과 전문가의 의견을 수렴하고 지방의회의 의견청취를 거치도록 하고 있다. 또한 도시재생지원센터를 두어 주민주도 재생계획수립지원, 주민 교육, 전문가 파견, 마을기업 창업 컨설팅 등을 지원한다.

3) 제도개선의 효과

기존 도시 내의 정비사업은 물리적 정비 특히 주택공급에 초점이 있었다. 물리적 정비를 광역적으로 추진하면서 지역간의 불균형을 시정하고자 도입한 재정비촉진사업은 물리적 환경 개선과 더불어 사회적 형평성을 높이는 것도 동시에 추구하고 있다. 그러나 쇠퇴하고 낙후된 구도시나 쇠퇴지역의 근본적인 변화와 발전을 이끌어내는 데는 한계가 있었다.

그래서 도시재생사업은 정비사업과 재정비촉진사업을 포괄하면서 더 나아가 경제적인 측면에서 지역을 활성화하는 것까지 담고 있다. 즉, 물리적 정비와 함께 경제적·사회적 재활성화를 통합적으로 추진한다. 이를 통해 지역의 경제적인 활력을 회복하고 더 많은 일자리를 창출함으로써 지역 거주자들의 소득수준을 높이고 삶의 질을 끌어 올릴 수 있을 것이다.

그렇게 되려면 도시재생사업의 역할을 기존의 중단되거나 해제된 정비구역 또는 재정비촉진지구의 출구전략 정도로 국한하려는 시각을 탈피해야 한다. 단기적인 물리적 환경정비가 목적이 아니고 중장기적으로 도시를 살리고 새로운 가치를 창출하는 근원적이고 전략적인 접근이 필요한 사업이라는 인식이 요구된다.

한편 도시재생사업이 성공하기 위해서는 지역주민의 참여가 필수적이다. 지역의 내발적 발전이 가능하려면 아래로부터의 계획과 자발적인 참여가 뒤따라야 한다. 자칫 도시의 산업 활성화와 경쟁력 강화를 위해 지나치게 관광객 유치 등 장소마케팅의 상업적 기획에 초점을 두다보면 외부 사람들을 위한 계획이나 개발로 흘러갈 수 있는 점은 경계해야 할 부분이다. 송은하(2012)의 지적처럼 근린영역에서 중요시되는 개별성과 역사문화적 성격을 무시할 경우, 타 도시의 복제도시처럼 되어 획일적인 문화로 전락할 수 있기 때문이다. 외부로부터의 지원은 어디까지나 마중물의 역할에 불과한 것이고 결국은 지역 주민의 참여와 노력이 지속적이면서도 적극적으로 뒷받침되어야 도시재생사업은 성공할 수 있다.

2014년 도시재생 선도사업부터 시작하여 2022년 12월 현재 전체 534곳이 선정되었다. 유형별 선정현황을 보면 활성화계획(실행계획)이 수립된 지역이 400곳이고 총괄사업관리자 유형이 36곳, 혁신지구 9곳, 인정사업 89곳이다. 활성화계획(실행계획) 400곳 중 우리동네살리기 69곳, 주거지지원형 76곳, 일반근린형 168곳, 중심시가지형 72곳, 경제기반형 14곳, 특별재생지역 1곳이다.

(5) 빈집 및 소규모주택 정비에 관한 특례법에 의한 재생사업

1) 제도의 개요

2018년 소규모주택
정비사업 시행 ┃ 2017년 2월 8일 제정된 「빈집 및 소규모주택 정비에 관한 특례법」은 방치된 빈집을 효율적으로 정비하고 소규모주택 정비를 활성화하기 위하여 필요한 사항 및 특례를 규정함으로써 주거생활의 질을 높이는 것을 목적으로 한다.

국내 인구주택총조사 통계에 따르면 빈집이 2010년에는 총 주택수 14,677,419호 중 793,848호로 5.41%의 비율이었고, 2016년에는 6.75%, 2020년에는 총 주택수 1,852만여호 중 빈집이 151만여호로 8.2%를 차지하며 매우 빠르게 증가하고 있다. 빈집은 주택시장의 수요와 공급의 원리에서 보면, 초과공급의 문제이거나 시장성이 없어 수요자에게 채택되지 않은 경쟁력의 문제일 수 있다. 그러나 미시적 관점에서 보면 빈집 자체에서 노정되는 문제는 방범문제, 환경문제, 위생문제, 부동산 가격 하락 문제, 그로 인한 세수 감소의 문제 등이 노정되는 외부불경제요인이다. 그리고 거시적인 차원에서 빈집 발생 지역으로 시야를 확대해 보면 외부효과로 인한 지역슬럼화와 도시쇠퇴, 더 나아가 지역산업의 쇠퇴와 도시의 경쟁력의 문제까지 연결되어 있어, 지역 및 국가 차원의 해결책 마련이 요구되는 사안이다. 2031년 이후 인구감소가 추정되는 가운데 빠른 속도로 다가오는 고령화문제와 맞물린 빈집문제는 방치할 수 없는 사회문제가 되고 있다. 우리나라보다 앞서 인구감소와 빈집증가의 문제를 겪고 있는 서구 국가 및 일본을 통한 학습효과의 결과로 선제적 대응을 하는 것이라고 볼 수 있다.

표 7-9 우리나라 지방자치단체 빈집관련 조례제정 현황

번호	자치단체	조례명	시행일자
1	서울특별시 노원구	서울특별시 노원구 정비사업구역 빈집관리 조례	2011.10.13
2	서울특별시 관악구	서울특별시 관악구 빈집 정비 지원 조례	2014.2.6.
3	전라남도 보성군	보성군 빈집 정비를 위한 지원 조례	2015.10.1.
4	전라남도 순천시	순천시 빈집 정비 지원 조례	2015.10.1.
5	서울특별시	서울특별시 빈집 활용 및 관리에 관한 조례	2015.10.8.
6	대구광역시 수성구	대구광역시 수성구 정비사업구역 빈집 정비 조례	2015.10.12
7	전라남도 목포시	목포시 정비사업 구역 빈집 관리 조례	2015.10.12
8	경상남도	경상남도 빈집 정비 지원 조례	2015.10.29
9	전라북도 전주시	전주시 빈집 정비 지원조례	2015.11.6.
10	전라남도 구례군	구례군 빈집 정비에 관한 조례	2015.11.9.
11	전라북도 김제시	김제시 빈집정비 지원 조례	2015.11.19
12	강원도 강릉시	강릉시 빈집 정비 지원 조례	2015.12.30
13	충청북도 증평군	증평군 농촌 빈집 정비 지원 조례	2015.12.31
14	경기도 안양시	안양시 빈집 관리에 관한 조례	2015.4.24.
15	광주광역시 남구	광주광역시 남구 빈집 정비 지원 조례	2015.4.30.
16	충청북도 충주시	충주시 빈집 정비 지원 조례	2015.6.5.
17	전라남도 광양시	광양시 빈집정비를 위한 지원 조례	2015.6.8.
18	부산광역시 남구	부산광역시 남구 정비사업구역 빈집관리 조례	2015.6.8.
19	경상북도 울진군	울진군 농어촌 빈집정비 지원 조례	2015.6.15.

번호	자치단체	조례명	시행일자
20	전라남도 나주시	나주시 빈집 정비를 위한 지원 조례	2015.8.11.
21	전라북도 남원시	남원시 도시지역 빈집 정비 지원 조례	2015.9.25.
22	충청북도 음성군	음성군 빈집 정비 지원 조례	2016.1.5.
23	전라남도 화순군	화순군 빈집 정비 지원 조례	2016.1.8.
24	충청북도 단양군	단양군 빈집정비 지원 조례	2016.1.15.
25	대구광역시	대구광역시 빈집 정비 지원 조례	2016.10.31
26	경기도 이천시	이천시 빈집 정비 조례	2016.11.1.
27	서울특별시 동대문구	서울특별시 동대문구 빈집 정비 조례	2016.11.3.
28	충청남도 청양군	청양군 빈집정비 지원 조례	2016.12.13
29	전라남도 진도군	진도군 빈집정비 지원 조례	2016.12.29
30	전라북도	전라북도 빈집 관리 및 활용에 관한 조례	2016.12.30
31	충청북도 보은군	보은군 빈집 정비 지원 조례	2016.2.19.
32	인천광역시 계양구	인천광역시 계양구 빈집 정비 지원 조례	2016.2.19.
33	광주광역시	광주광역시 빈집 정비 지원 조례	2016.3.1.
34	광주광역시 동구	광주광역시 동구 정비사업구역 빈집정비 조례	2016.3.23.
35	전라북도 익산시	익산시 도시지역 빈집 정비 지원 조례	2016.3.30.
36	경기도 수원시	수원시 빈집 정비 지원 조례	2016.4.8.
37	전라남도 고흥군	고흥군 빈집정비 지원 조례	2016.4.20.
38	부산광역시 해운대구	부산광역시 해운대구 빈집관리 조례	2016.5.13.
39	전라남도 장흥군	장흥군 빈집 정비 지원 조례	2016.5.17.
40	경기도 여주시	여주시 빈집 정비 지원 조례	2016.5.31.
41	경기도 평택시	평택시 빈집 정비 지원 조례	2016.6.3.
42	충청북도 제천시	제천시 빈집 정비 지원 조례	2016.6.10.
43	충청북도 옥천군	옥천군 빈집 정비 지원 조례	2016.7.12.
44	부산광역시	부산광역시 빈집 정비 지원 조례	2016.7.13.
45	경기도 파주시	파주시 빈집 정비 지원 조례	2016.7.18.
46	전라남도 여수시	여수시 빈집 정비 지원 조례	2016.8.10.
47	부산광역시 중구	부산광역시 중구 빈집 정비 지원 및 관리 조례	2016.8.12.
48	경기도 안성시	안성시 빈집 정비 지원 조례	2016.9.23.
49	충청남도 논산시	논산시 빈집정비 지원 조례	2016.9.30.
50	대구광역시 서구	대구광역시 서구 빈집 정비에 관한 조례	2016.9.30.

번호	자치단체	조례명	시행일자
51	인천광역시 남구	인천광역시 남구 빈집관리 조례	2017.1.2.
52	대구광역시 달성군	대구광역시 달성군 빈집 정비 및 관리에 관한 조례	2017.2.28.
53	부산광역시 사하구	부산광역시 사하구 빈집 관리 조례	2017.2.28.
54	경기도 포천시	포천시 빈집정비 지원 조례	2017.3.2.
55	충청남도 아산시	아산시 빈집 정비 지원 조례	2017.3.6.
56	충청북도 영동군	영동군 빈집 정비 지원에 관한 조례	2017.3.27.
57	울산광역시 울주군	울산광역시 울주군 빈집 정비 지원 조례	2017.3.30.
58	광주광역시 광산구	광주광역시 광산구 빈집 정비 조례	2017.4.3.
59	경기도 양평군	양평군 빈집 정비 지원 조례	2017.4.14.
60	경상남도 창원시	창원시 빈집 정비 지원 조례	2017.6.15.
61	경기도 화성시	화성시 빈집 정비 지원 조례	2017.6.22.
62	서울특별시 강북구	서울특별시 강북구 빈집 정비 조례	2017.6.30.
63	충청북도 청주시	청주시 빈집 정비 조례	2017.9.29
64	강원도 철원군	철원군 빈집정비 지원 조례	2017.11.7.
65	강원도 삼척시	삼척시 빈집정비 지원 조례	2017.11.17
66	경상북도 청도군	청도군 빈집 정비 지원 조례	2017.12.28

자료: 국가정보법령센터/자치법규 검색(2018.2.2.).

이러한 배경에서 2017년 2월 「빈집 및 소규모주택 정비에 관한 특례법」(약칭, 「소규모주택정비법」)을 제정하여 2018년 2월 9일부터 시행한다. 2016년 8월 이헌승 국회의원이 대표 발의한 「빈집 등 소규모주택 정비법」이 2017년 2월 8일 제정·공포되어 2018년 2월 9일 시행을 앞두고 있다. 이로써 국가차원의 빈집활용과 정비에 관한 법적 근거를 마련되어 지방자치단체의 빈집 정비나 빈집활용 사업이 안정적으로 시행될 수 있는 기반이 구축되었다.

법 제정 및 시행 이전의 빈집관리 제도를 살펴보면, 2009년 6월 「농어촌정비법」에 빈집정비에 관한 조항이 마련되었고, 2011년 10월 13일 서울시 노원구에서 처음으로 「서울특별시 노원구 정비사업구역 빈집관리 조례」를 제정하였다. 이후 2017년 말 현재 총 66개 지방자치단체가 「빈집정비 지원조례」를 제정·공포하여 시행하고 있다.

한편 2017년 12월 14일 도시재생뉴딜 시범사업지로 선정되어 2018년 사업을 착수하는 30개 시범지역의 '우리동네살리기', '주거지지원형'은 빈집정비가 포함되었다. 빈집의 정비와 활용이 포함된 도시재생뉴딜사업이 착수되었다는 데 의의가 있다. 그러나 세부적인 도시재생뉴딜사업 추진방안을 보면 빈집정비의 내용이 매우 미흡하며, 도시재생뉴딜사업의 사업계획 심사표에도 빈집정비의 내용이 포함되어 있지 않아 빈집정비의 의지가 더욱 필요하다.

2) 주요 내용

「소규모주택정비법」에서 다루는 사업은 크게 2가지로 구분된다. '빈집정비사업'과 '소규모주택사업'이다. '빈집정비사업'이란 빈집을 개량 또는 철거하거나 효율적으로 관리 또는 활용하기 위한 사업을 말한다. '소규모주택사업'은 노후·불량건축물의 밀집 등 대통령령으로 정하는 요건에 해당하는 지역 또는 가로구역(街路區域)에서 시행하는 사업으로 3가지 유형으로 세분된다. '자율주택정비사업'은 단독주택 및 다세대주택을 스스로 개량 또는 건설하기 위한 사업이고, '가로주택정비사업'은 가로구역에서 종전의 가로를 유지하면서 소규모로 주거환경을 개선하기 위한 사업이며, 소규모 재건축사업은 정비기반시설이 양호한 지역에서 소규모로 공동주택을 재건축하기 위한 사업을 말한다.

기존 정비사업과 '사업시행구역', '사업시행자' 등의 정의는 유사하며, 「소규모주택정비법」에서 따로 정의하지 아니한 용어는 「도시 및 주거환경정비법」에서 정하는 바에 따른다. 다만 '토지등소유자'에서 약간 구분이 필요한데, 자율주택정비사업 또는 가로주택정비사업은 사업시행구역에 위치한 토지 또는 건축물의 소유자, 해당 토지의 지상권자를 말한다. 그리고 소규모재건축사업은 사업시행구역에 위치한 건축물 및 그 부속토지의 소유자를 말한다. 한편 '주민합의체'라는 용어는 법 제22조에 따라 토지등소유자가 소규모주택정비사업을 시행하기 위하여 토지등소유자 전원의 합의로 결성하는 협의체를 의미한다.

빈집정비사업 | 빈집정비사업의 시행방법은 ① 빈집의 내부 공간을 칸막이로 구획하거나 벽지·천장재·바닥재 등을 설치하는 방, ② 빈집을 철거하지 아니하고 개축·증축·대수선하거나 용도변경하는 방법, ③ 빈집을 철거하는 방법, ④ 빈집을 철거한 후 주택 등 건축물을 건축하거나 정

비기반시설 및 공동이용시설 등을 설치하는 방법 등이 있다.

기본적으로 빈집정비사업은 시장·군수 등 또는 빈집 소유자가 직접 시행하거나, 관련 공기업, 건설업자, (주택)등록사업자, 부동산투자회사, 사회적기업, 협동조합, 비영리법인 및 공익법인 등과 공동으로 시행할 수 있다. 그리고 시장·군수등이 필요한 경우에는 빈집 소유자의 동의를 받아 상기 기관을 사업시행자로 지정하여 빈집정비사업을 시행하게 할 수 있다.

한편 빈집의 철거에 대한 사항이 포함되어 있다. 시장·군수등은 빈집정비계획에서 정하는 바에 따라 그 빈집 소유자에게 철거 등 필요한 조치를 명할 수 있다. 다만, 빈집정비계획이 수립되어 있지 아니한 경우에는 「건축법」 제4조에 따른 지방건축위원회의 심의를 거쳐 그 빈집 소유자에게 철거 등 필요한 조치를 명할 수 있고, 이 경우 빈집 소유자는 특별한 사유가 없으면 60일 이내에 조치를 이행하여야 한다. 빈집의 철거 사유는 ① 붕괴·화재 등 안전사고나 범죄발생의 우려가 높은 경우, ② 공익상 유해하거나 도시미관 또는 주거환경에 현저한 장해가 되는 경우 등이다. 빈집의 철거를 명한 이후, 그 빈집 소유자가 특별한 사유 없이 따르지 아니하면 시장·군수 등은 대통령령으로 정하는 바에 따라 직권으로 그 빈집을 철거할 수 있다. 직권으로 철거한 경우에는 보상비에서 철거에 소용되는 비용을 빼고 지급하거나 보상비를 공탁할 수 있다. 빈집을 직권으로 철거한 경우에는 지체 없이 건축물대장을 정리하고, 관할 등기소에 해당 빈집이 법에 따라 철거되었다는 취지의 통지를 하고 말소등기를 촉탁하여야 한다.

소규모주택정비사업 | 소규모주택정비사업의 시행방법을 보면, 자율주택정비사업은 사업시행계획인가를 받은 후에 사업시행자가 스스로 주택을 개량 또는 건설하는 방법으로 시행한다. 그리고 가로주택정비사업은 가로구역의 전부 또는 일부에서 인가받은 사업시행계획에 따라 주택 등을 건설하여 공급하거나 보전 또는 개량하는 방법으로 시행한다. 또 소규모재건축사업은 인가받은 사업시행계획에 따라 주택, 부대시설·복리시설 및 오피스텔을 건설하여 공급하는 방법으로 시행한다. 다만, 지형 여건, 주변 환경으로 보아 사업 시행상 불가피하면 주택단지에 위치하지 아니한 건축물도 포함하여 사업을 시행할 수 있다.

소규모주택정비사업 시행자는 자율주택정비사업의 경우, 2명 이상의 토지등소유자가 직접 시행하거나 시장·군수 등, LH공사 등, 건설업자, (주택)등록사업자, 신탁업자, 부동산투자회사 등과 공동으로 시행할 수 있다. 자율주택정비사업의 시행으로 임대주택을 공급하는 경우, 토지등소유자 1명이 사업을 시행할 수 있으며, 소규모주택정비사업의 요건에 해당하는 지역 외에서도 사업을 시행할 수 있다. 한편 가로주택정비사업 또는 소규모재건축사업은 ① 토지등소유자가 20명 미만인 경우에는 토지등소유자가 직접 시행하거나 해당 토지등소유자가 상기 기관과 공동으로 시행하는 방법과 ② 조합이 직접 시행하거나 해당 조합이 조합원의 과반수 동의를 받아 상기 기관과 공동으로 시행하는 방법이 있다. 그리고 시장·군수등은 가로주택정비사업 또는 소규모재건축사업이 해당 사유가 있으면, 직접 해당 사업을 시행하거나 LH공사 등(LH공사 등이 건설업자 또는 (주택)등록사업자와 공동으로 시행하는 경우 포함)을 사업시행자로 지정하여 해당 사업을 시행하게 할 수 있다.

공공참여 소규모재건축사업 | 소규모재건축사업은 200세대 미만의 공동주택을 대상으로 하는 정비사업으로, 대규모 재건축과 달리 정비계획 수립, 안전진단 등 절차가 생략되어 본래 신속한 사업추진이 가능하다. 그런데 여기에 공공이 사업시행자로 참여하는 '공공참여 소규모재건축사업'을 신설하여 소규모재건축사업의 활성화를 통해 주택공급 확대를 달성하고자 「소규모정비법」을 개정('22.1.20 시행)하였다.

공공임대주택 기부채납을 전제로 「국토계획법」에 따른 상한 용적률까지 건축을 허용하고 건축물의 높이 제한, 대지의 조경기준 등 각종 건축규제를 완화하는 한편, 사업 대상지의 형태를 고려할 때 인근 지역을 편입할 필요가 있는 경우에는 사업시행면적을 20%까지 확대(최대 1만→1만 2천m² 미만)할 수 있도록 하였다.

추가적으로 공공이 사업시행자로 참여하는 '공공참여 소규모재건축사업'은 시·도 조례가 정한 상한을 넘는 용적률의 일부를 임대주택으로 건설하는 경우 법적 상한의 120%까지 용적률이 완화된다. 그리고 분양가 상한제도 적용되지 않아 사업성이 향상될 것이며, 일반 분양주택의 30% 수준을 LH가 매입(약정 체결)함으로써 사업추진 과정에서의 미분양 위험도 해소한다. 아울러 가로주택·자율주택 정비사업과 같이 공적자금을 통해 저리로 사업비 융자를 지원할 수 있도록 할 계획이다.

2021년 10월 국토교통부는 경기·인천 및 5대 광역시를 대상으로 3080+ 민간 제안 통합공모(7.23~8.31)를 시행하여, '공공참여 소규모재건축사업' 후보지 2곳(총 575호 공급예정)을 선정하였고, 후보지별 주민설명회와 세부 사업계획 수립을 준비하고 있다. 후보지는 서울 구로구 고척고 동측(188호)과 대전 중구 성모여고 인근(387호)이다.

3) 제도개선의 효과

제도 간소화 및 소규모 정비사업 지원강화 │ 「소규모주택정비법」의 가장 큰 특징은 '빈집정비사업' 뿐만 아니라 2인 이상의 토지 등 소유자가 추진하는 '자율주택정비사업'의 도입으로 소규모 주택정비사업이 간소하게 실행이 가능하게 된 점이다. 또 「도시 및 주거환경 정비법」에서 규정하던 '소규모 재건축사업'과 '가로주택정비사업'을 이관하여 사업절차를 간소화하고 지원을 확대하였다.[15] 그리고 그동안 통일되지 않았던 빈집에 대한 정의도 "지방자치단체 장이 거주 또는 사용 여부를 확인한 날부터 1년 이상 아무도 거주 또는 사용하지 아니하는 주택"으로 명문화하였다. 정부와 지자체 또는 지자체와 지자체간 서로 다른 빈집의 기준을 놓고 생기는 갈등요소를 제거할 수 있게 되었다.

또한 「소규모주택정비법」은 기초자치단체장에게 빈집정비계획의 수립·활용, 빈집 등 실태조사, 빈집의 철거(붕괴·화재 등 안전사고나 범죄발생의 우려가 높은 경우와 공익상 유해하거나 도시미관 또는 주거환경에 현저한 장해가 되는 경우) 등을 시행할 수 있다. 반면 빈집을 효율적으로 관리하기 위한 빈집 정보시스템 구축은 시장·군수 등이 수행하도록 하고 있으나 필요한 경우 전문기관이 구축·운영할 수 있도록 되어 있다.

사업 활성화를 위한 지원 방안을 다양하게 마련하고 있어 소규모 주택정비사업이 탄력을 받을 것으로 전망된다. 먼저 보조 및 융자로 지방자치단체는 시장·군수 등이 아닌 사업시행자가 시행하는 빈집정비사업 또는 소규모주택정비사업에 드는 비용의 일부를 보조 또는 출자·융자하거나 융자를 알선할

---

15) 권혁삼, "빈집활용과 임대주택 확충, 법안제정 동향", 도시와 빈곤 제109호, 2016.

수 있다. 그리고 공동이용시설 사용료 등의 감면등도 마련되는데, ① 지방자치단체의 장은 시·도조례로 정하여 마을공동체 활성화 등 공익 목적을 위하여 「공유재산 및 물품 관리법」에 따라 사업시행구역 내 공동이용시설에 대한 사용 허가 또는 대부를 하는 경우 사용료 또는 대부료를 감면할 수 있다. 또한 빈집정비사업에 대한 특례와 정비구역의 행위제한에 관한 특례, 건축규제의 완화 등에 관한 특례 등이 적용된다. 또한 임대주택 건설에 따른 특례 등이 적용되는데, 사업시행자가 빈집정비사업 또는 소규모주택정비사업의 시행으로 임대주택을 전체 연면적 대비 임대주택 연면적이 20퍼센트 이상이 되도록 건설하는 경우, 용적률의 상한까지 건축할 수 있다.

(6) 「공공주택특별법」에 의한 도심공공주택복합사업

1) 제도의 개요

도심내 새로운 주택공급 수단 개발 ┃ 2021년 2·4 대책인 '공공주도 3080+' 대도시권 주택공급 획기적 확대방안을 통해 도심내 주택 공급 확대 방안으로 공공이 주도하여 역세권·준공업지역·저층주거지를 개발하는 '도심공공주택복합사업'이 발표되었다. 당시 정부는 재개발·재건축 등의 정비사업이 도심 내에서 주택을 공급하는 역할을 해왔으나 조합원간의 갈등, 조합비리, 투기 발생, 쫓겨나는 세입자·영세 가옥주 문제 등의 한계가 있었기에 공공이 주도하여 용적률 상향, 기부채납 완화 등을 통해 사업성을 제고하되, 개발이익은 토지소유주 뿐만 아니라 세입자, 쪽방, 고시원 등 사회적 약자를 위한 공공주택 공급 등에 활용하겠다고 밝혔다.

공공이 참여한다면 개발비용 부담능력이 낮은 특수한 상황하의 소유자, 월세 수입 의존 고령자, 영세상인 등 세입자 지원이 가능하고 주민이 희망하면 특정구역을 정해 공공이 도시계획에 부합하도록 사업계획을 수립하고 그 해당 구역 내 주민의 동의를 받아 양질의 부담 가능한 주택을 신속하게 공급하고자 하는 의지를 담았다.

대도시권내 부담가능한 주택공급 ┃ 문재인 정부는 2025년까지 전국 대도시에 약 83만호 주택공급 부지를 확보하여, 도심 내 주택공급에 나서고자 다양한 주택공급방안과 주거뉴딜 정책을 발표하였다. 대도시권 내

부담 가능한 주택공급방안으로 기존에 시행하던 사업을 포함하여 여러 방안을 제시하였다. 그중 도심공공주택복합사업도 하나의 방안이었다.

다른 방안을 살펴보면 첫째는 '공공 직접시행 정비사업'으로 기존에 해오던 정비사업이지만, 공기업이 직접시행을 함으로써 재건축·재개발 절차를 단축하는 획기적인 인센티브를 부여하였다.

표 7-10 주택공급부지 확보물량(2021~2025) 추계치 총괄

(단위: 만 호)

| | 총계 | 정비사업 | 도심공공주택복합사업 | | | 소규모정비 | 도시재생 | 공공택지1) | 비주택리모델링 | 신축매입 |
			역세권	준공업	저층주거					
계	83.6	13.6	12.3	1.2	6.1	11	3	26.3	4.1	6
서울	32.3	9.3	7.8	0.6	3.3	6.2	0.8	-	1.8	2.5
인천경기	29.3	2.1	1.4	0.3	1.3	1.6	1.1	18.0	1.4	2.1
5대 광역	22.0	2.2	3.1	0.3	1.5	3.2	1.1	(광역)5.6 (지방)2.7	0.9	1.4

자료: 국토교통부(2021. 2. 4.)
주 1) 총 26.3만호 공급: 신규 공공택지 지정 25만호, 행복도시 추가공급(용도변경 등) 1.3만호
  2) 부지확보 기준: (정비사업) 정비계획 변경 (도심공공·공공택지) 지구지정 (소규모정비) 사업시행인가 (도시재생) 지구지정 (비주택리모델링·신축매입) 물건 확보

둘째는 '도시재생을 통한 주택공급'으로 재생사업과 정비사업을 연계하여 주거재생혁신지구를 지정하고 주거재생특화 뉴딜사업을 시행하는 것이다. 셋째는 '공공택지 신규지정'으로 수도권, 지방 광역시 중심으로 전국 15곳에 신규 지정하는 방안이다. 넷째는 기타 사업을 묶어서, 주택공급을 확대하는 방안이다. 소규모정비사업 확대를 위해 기존 소규모 재개발사업을 유연화하여 개발사각지대를 해소하고, 단기 주택확충방안으로 비주택 리모델링과 신축매입약정을 통해 주택을 확보하여 전세대책을 보완하고자 하였다.

도심내 가용지를 활용한 주택공급 신개발 모델 | 도심내 역세권, 준공업지역, 저층주거지 등 기존 민간사업으로는 개발이 어려워서 저이용·노후화되고 있는 지역에 대한 새로운 개발모델을 적용하는 것이다. 기존의 제도적인

틀 안에서 재개발·재건축 등 민간이 주도하는 사업에 대해서는 투기수요 유입, 과도한 특혜우려가 있어 획기적 도시·건축규제 완화 및 재정지원 등이 어려운 상황이라서 새로운 모델이 필요하였다. 도심내 주택이 부족하여 전세난이 심화되는 상황에서 도심공공주택복합사업을 통해 신규 가용지를 확보하여 복합개발사업을 추진함으로써 도시구조를 개편하고 도심내 주택공급을 확대하는 것을 우선 목표로 삼았다.

공공이 지구지정을 통해 부지를 확보하고, 양질의 주택과 함께 도시기능 재구조화를 위한 거점조성을 동시에 추진하는 사업이며, 공공 주도로 시행하되 공공 – 민간 공동시행·협업방식 등 다양한 주체의 참여를 유도하고, 규제완화 등 적합한 사업구조 마련을 지원할 필요가 있었다. 그래서 도시재편·주택공급이라는 공익성을 감안하여 「공공주택특별법」으로 추진한 것이었다.

2) 주요 내용

주택 및 복합거점 사업
공공주도 패스트트랙 방식 | 사업절차는 크게 5단계로 구분된다. 1단계 사업제안(토지주·민간기업·지자체) →2단계 토지주 10% 동의·지구지정 요청(공기업) →3단계 예정지구지정(국토부 또는 지자체) 및 토지주 2/3 동의 + 지구지정 →4단계 부지확보 →5단계 사업계획 및 착공 순이다.

사업제안 단계(1단계)에서는 토지주, 민간기업, 지자체 등은 저개발된 도심내 우수입지를 발굴하여, LH·SH 등에 주택 및 복합거점 사업을 제안한다. 이때 역세권에서는 주거상업고밀지구, 준공업지역에서는 주거산업융합지구, 노후주거지에서는 주택공급활성화지구 지정이 이루어진다. 지구지정요청 단계(2단계, 예정지구 지정)에서는 공기업이 사업의 적정성을 검토하여 국토교통부 또는 지자체에 복합사업 지구지정 요청(토지주 10% 동의 필요)하면, 사전검토위원회에 상정·지정된다. 국토교통부·지자체 공동 검토를 통해 사업기간 단축 및 실행력을 제고할 수 있다.

지구지정 단계(3단계, 지구확정)에서는 예정지구 지정 이후 1년 이내 토지주 2/3(면적기준 1/2) 이상 동의가 있어야 사업이 확정되며, 기간 내 동의율 확보에 실패하면 사업은 자동 취소된다. 부지확보 단계(4단계)에서는 '도심 공공주택 복합사업' 추진이 확정되면 공기업은 단독 또는 공동시행자(민간기업 제안사업)가 되어 부지를 확보한다. 인허가·착공 단계(5단계)에서는 지자체가 통합심의 후에 인허가를 진행하고 사업자는 사업을 착공한다. 그리고 사업의 방식으로는 공공주도 패스트 트랙(Fast-track)을 적용하여 원만한 이해관계 조율로 신속하게 사업을 추진한다.

3) 제도개선 효과

개발이익 공유 | 도심공공주택복합사업의 특징은 개발이익으로 토지소유자의 추가수익 보장 및 세입자 보호, 생활SOC 확충, 그리고 공공임대·공공자가주택 공급목표를 달성하기 위해 이해관계의 조율이 이루러질 수 있다는 점이다.

첫째, 주민이 희망할 시 공기업 참여가 이루어지고 다양한 이해관계의 조율이 가능하다. 토지소유자의 추가 수익이 보장된다. 공기업 참여 시 토지소유자들 스스로 사업을 추진할 때보다도 높은 수익률을 보장하며 아파트·상가 우선공급을 보장한다. 토지소유자가 장래 부담할 신축 아파트·상가 값을 기존 소유자산으로 현물선납한 후 정산하며, 이는 환지로 간주하여 양도소득세를 비과세한다(다만, 현행 정비사업과 같이 추후 신축주택을 양도 시에는 양도소득세를 과세한다). 한편 우선공급을 희망하지 않는 토지등소유자의 자산은 현금보상 등으로 수용하는데 이는 현행 재개발 등 여타 정비사업에서 민간 조합에게 미동의자 자산 수용권을 부여하는 것과 동일하다. 그리고 특수한 상황의 토지소유자에 대한 맞춤형 지원을 마련하였다. 개발비용 부담 능력이 없는 실거주자에게는 공공자가주택을 공급하고, 다가구·다세대 전세금 반환 부담이 큰 집주인에게 대출을 지원한다. 특히, 개발사업으로 고령 다가구 임대인, 실경영 상가주·공장주 등이 생계수단을 상실하는 부작용이 없도록 별도의 생계대책 지원책을 마련하였다. 한편 세입자·영세상인에 대한 지원도 마련하였는데, 세입자는 이주비 지급 및 이주공간 안내, 영세상인은 건설기간동안 임시영업시설 지원, 신축 아파트·상가 재정착을 지원한다.

둘째, 사업성 확보를 지원하며 공기업의 리스크를 관리할 수 있다. 용적률 상향, 기부채납 제한 등을 통해 사업성 확보를 지원하고, 자금조달 지원을 위해 공적보증(HUG)의 지원을 강화하고자 HUG의 보증여력을 확대한다. 셋째, 개발이익의 공유가 가능하다. 개발이익은 토지소유자 추가수익 보장, 쾌적한 주거를 위한 지역사회 생활SOC 확충, 부담능력이 없는 특수상황의 토지소유자 지원, 이주비 또는 재정착 비용 지급을 통한 세입자 및 영세상인지원, 그리고 공공자가주택·공공임대주택 등의 확보에 활용할 수 있다. 또 최종적으로 사업의 유보금이 발생할 경우에는 사업여건이 열악한 도심공공주택복합사업에 SOC 건설비용으로 지원할 수 있을 것이다. 넷째, 민간참여가 가능하다. 민간기업의 창의적 디자인·아이디어로 정주여건 개선, 공동출자, 사업비 분담 등 공기업 – 민간 공동시행도 허용한다. 공동시행의 경우, 공공과 민간이 공동으로 시행하되, 민간 출자비율·수익률에 한도를 두어 과도한 수익이 발생하지 않도록 조절하며 공동출자 또는 협약방식이 가능하다.

다섯째, 도심지내 주택공급이 촉진된다. 분양주택을 중심으로 공급하되, 소비자 선택권 확대 차원에서 공공임대주택과 공공자가주택도 수요에 맞게 공급한다. 전체 공급물량의 70~80%는 공공분양(토지소유자 우선공급 물량 포함), 20~30%는 공공임대주택과 공공자가주택(공공자가주택의 일부를 지분적립형 주택으로 공급)을 혼합하여 공급하되, 비율은 임대수요, 지역 및 입지여건 등에 따라 융통성있게 운영한다. 여섯째, 순환개발을 추진한다. 사업구역 간 순환개발을 추진함으로 초기 공공주택 복합사업에서 공급되는 공공임대·공공자가 물량은 후속사업의 이주단지로 우선 활용이 가능하다. 초기사업은 인근 공공주택지구 임대주택의 최대 30% 및 매입임대를 활용하여 진행하고 이후 사업은 순환개발로 이루어진다. 그리고 수도권 광역 순환이주도 가능하다. 토지소유자·세입자·영세상인의 희망에 따라 수도권 인근 택지의 공공임대·공공자가주택으로 이주 또는 정착을 지원한다. 본격적인 이주 및 철거가 개시되는 2023~2026년 동안 수도권 택지에서 공급되는 공공임대 약 9.8만 세대를 활용할 예정이다. 일곱째, 사업구역에 대한 투기수요의 유입을 방지하는 방안이 마련된다. 공기업이 단독시행 신청시 해당 구역은 토지거래허가구역으로 지정되며, 대책발표일(2021.2.4.) 이후 공공주택 복합사업 구역 내 부동산을 취득하는 경우에는 아파트·상가 우선공급권이 부여되지 않고 현금청산 대상이 된다.

(7) '도심복합개발 지원에 관한 법률' 제정안에 의한 도심복합개발사업[16]

1) 법률제정안의 개요

도심공공주택복합사업의 부진에서 논의 출발 │ 2021년 2·4 대책을 통해 도심내 주택 공급 확대 방안으로 공공이 주도하여 역세권·준공업지역·저층주거지를 개발하는 '도심공공주택복합사업'이 발표된 이후 「공공주택특별법」의 한시적 개정을 거쳐 사업이 진행되었다. 그러나 2022년 8월까지 총 8차례에 걸쳐 76곳(10만호)의 도심복합사업 후보지가 선정되었지만, 지구지정을 완료한 것은 7곳에 그치는 등 예정보다 부진한 모습을 보이고 있다. 그러면서 수도권 등 대도시 도심에서의 주택공급이 원활하게 이루어지도록 지원하는 제도개선의 움직임이 일고 있다.

민간주도의 도심복합개발 사업으로 전환 모색 │ 도심지 주택공급 확대방안의 일환으로 윤석열 정부는 2022년 8월 16일 역세권 등에서 공공사업 수준의 용적률 상향, 세제 혜택, 공원 및 녹지 기준 완화 등의 인센티브를 적용하는 '민간 도심복합개발사업'을 발표했다. 주민동의가 낮은 기존 도심공공복합개발사업 후보지에 대해 공공사업을 철회하는 대신 민간사업으로 전환할 수 있도록 지원방안을 마련한 것이다. 지구 지정이 완료되지 않은 후보지가 69곳에 달해, 이 중 상당수는 민간사업 방식으로 변경할 가능성이 있다.

그리고 김정재 국회의원 등 11인은 민간 주도의 도심복합개발사업을 본격화하기 위해, 2022년 8월 19일 기존 도심공공주택 복합사업을 건설사나 리츠(부동산투자신탁) 등 민간사업자가 추진할 수 있도록 하는 '도심복합개발 지원에 관한 법률' 제정안(이하, 법률제정안)을 발의하였다. 이후 법률제정안은 한국주택협회, 한국디벨로퍼협회, 참여연대 등의 토론과 공청회를 거쳐 입법절차를 밟고 있다.

한편 참여연대는 11월 10일 제정안(의안번호 16933)에 대한 반대 입법의견서를 제출하였는데, 민간사업자에게 ① 토지 헐값 매입, ② 용적률·건폐율

---

16) 이하의 내용은 아직 입법되지 않은 법률제정안을 기초로 기술한 것이며, 앞서 설명한 6) 공공주택특별법에 의한 도심공공주택복합사업과의 연계 및 도심개발정책에 대한 이해를 돕기 위해 포함시켰다.

등 상향, ③ 공공임대주택 공급 최소화, ④ 공공분양주택 인수 가격 인상 등의 과도한 특혜를 몰아주는 법안이며, 개발이익을 세입자, 영세가옥주, 무주택자들을 위한 공익적 목적으로 사용하기 위해 도입된 도심공공주택복합사업의 취지를 크게 훼손한다며 반대 의견을 표명했다.

2) 주요 내용 및 쟁점

공익적 목적 달성이 가능한 법안인가?　민간 주도의 도심복합개발사업에 공익적 성격이 강한 사업에 적용되는 법적 기준과 각종 혜택을 허용함으로써 도심공공주택복합사업이 도입된 공익적 목적을 달성하기 어렵다는 점이 반대의견의 핵심인 바, 법률제정안의 주요 내용과 쟁점을 살펴보기로 한다.

제정안에서 주요 논점이 되는 내용은 매도청구(제29조), 복합개발계획 수립 시의 규제 특례(제42조), 국민주택규모 주택 등의 공급과 인수(제49조), 이주대책(제50조) 등이다. 첫째, 매도청구(제29조) 내용은 동조 제3항에 담겨있다. 손실보상의 합의 또는 매도청구소송으로 토지, 건축물 또는 그 밖의 권리를 취득한 경우 해당 토지와 건축물 등의 소유자 및 세입자에게는 「토지보상법」에 따른 보상을 하도록 한다고 명시되어 있어, 공익사업에 준하는 매도청구가 가능하게 된다.

둘째, 복합개발계획 수립 시 규제 특례(제42조) 내용은 동조 제1항과 제2항에 담겨있다. 제1항에는 도심복합개발혁신지구를 「국토계획법」 제40조의2에 따른 입지규제최소구역으로 지정할 수 있도록 하였으며(제1항), 제2항에는 시·도지사 등은 「국토계획법」에 따른 용도지역 및 용도지구에서의 건축물 건축 제한(제76조), 건폐율의 제한(제77조), 용적률의 제한(제78조), 「도시공원 및 녹지 등에 관한 법률」에 따른 도시공원 또는 녹지 확보(제14조) 등에 대하여 대통령령으로 정하는 범위에서 완화된 기준을 정하여 시행할 수 있도록 하고 있다(제2항). 법률제정안에 따라 지정된 사업구역에 대해서 입지규제최소구역과 동일한 용적률과 건폐율 등의 인센티브를 부여할 수 있게 된다.

셋째는 국민주택규모 주택 등의 공급과 인수(제49조) 조항이다. 제1항의 앞부분에 사업시행자는 법률제정안 제42조에 따라 용적률 등의 기준을 완화하여 적용받는 경우, 시장·군수등과 협의하여 대통령령으로 정하는 비율에 따라 「주택법」 제2조 제6호에 따른 국민주택규모의 주택, 기반시설, 생활인프라 등을 건설·설치하여 공급하여야 한다(제1항 전문)고 명시되어 있다. 그러나 제1항 뒷부분에는 다만, 사업시행자가 공연전시장의 건설, 스마트 도시기반시설의 설치 등 해당 시·도 등의 조례로 정하는 개발을 하거나 기여금을 납부할 때에는 「주택법」 제2조 제6호에 따른 국민주택규모 주택의 공급 등을 일부 대신할 수 있도록 한다(제1항 후문)는 단서조항이 붙어있다. 그리고 제3항 앞부분에 사업시행자는 제1항에 따라 건설한 국민주택규모 주택을 국토교통부장관, 시·도지사 등, 시장, 군수, 구청장 또는 한국토지주택공사 또는 「지방공기업법」에 따라 주택사업을 수행하기 위하여 설립된 지방공사(이하 인수자)에 공급하여야 하고(제2항), 인수자는 공급받은 국민주택규모 주택을 「공공주택 특별법」에 따른 공공분양주택 및 공공임대주택으로 공급하여야 한다고 (제3항 전문) 명시되어 있다. 그리고 이때 공공분양주택의 인수가격은 「주택법」 제57조 제4항에 따라 국토교통부장관이 고시하는 기본형건축비로 하며, 부속토지는 감정평가액의 100분의 50 이상의 범위에서 대통령령이 정하는 가격으로 하며, 공공임대주택의 인수가격은 「공공주택 특별법」 제50조의4에 따라 국토교통부장관이 고시하는 공공건설임대주택의 표준건축비로 하며, 부속토지는 인수자에게 기부채납한 것으로 본다(제3항 후문)고 되어 있다. 이상의 조항 때문에 시·도지사 등 인수자가 공공임대주택 공급의지가 부족할 경우 해당 지역의 지역개발시설이나 기여금 등으로 공공임대주택 공급의 상당부분을 대체할 수도 있어 임대주택공급이 최소화될 것을 우려하며, 또한 공공분양주택 인수가격을 인상시킬 가능성도 있다고 보는 입장이 있다.

넷째, 이주대책(제50조)도 쟁점이 되고 있다. 사업시행자는 법률제정안 제11조에 따른 지정고시일 당시 도심복합개발혁신지구에서 3개월 이상 거주하거나 영업활동을 한 소유자 및 세입자에게 주거이전비 등을 보상하도록 해야 한다고 명시되어 있고, 또 사업시행자는 사업의 시행으로 철거되는 주택의 소유자 및 세입자에게 주택자금의 융자를 알선하는 등 임시거주에 상응하는 조치를 해야 한다고 되어 있다. 개발지역의 영세 가옥주와 세입자에 대한 이주지원 대책으로 공공이 추진하는 사업에 비해 후퇴했다는 평가를 받는다.

3) 법률제정의 기대효과

민간참여 유도를 통한
창의적인 도심개발 기회

한국디벨로퍼협회가 주최한 세미나에서는 서울의 글로벌 경쟁력이 2017년 6위에서 2020년 8위로 하락했는데 이것이 도심 고밀 집적개발의 지연으로 경쟁우위가 지속적으로 상실되고 있기 때문이라고 진단하였다. 용도복합의 도심복합개발사업 성공을 위해 다양한 기능에 대한 정확한 수요 예측, 마케팅전략이 필요함을 피력하고, 경제상황에 따라 계획을 유연하게 대응하기 위해 부동산시행자 등 다양한 민간사업자들이 참여할 수 있는 기회가 확대되어야 함을 강조했다. 또 민간도심복합개발사업의 신탁 리츠 참여방안 모색이라는 주제에서는 도심복합개발사업에 민간 참여를 활성화시키기 위한 방안과 정책을 제시했고, 도심복합개발사업은 기성시가지를 정비해 개발하는 사업이기에, 신규 택지개발에 비해 토지확보, 인허가, 건설관리, 자금조달 등 복합적 업무를 수행할 높은 수준의 전문성이 요구되는 분야임을 강조하였다.

또 도심지역의 복합개발은 도시의 선순환 사이클 상 중요한 사업이므로, 기존 도시정비 사업유형과의 차별성을 갖는 도심복합개발사업을 위해서는 다양한 사업자가 참여해 창의적 아이디어를 발현할 수 있는 환경을 마련해야 한다며 법률제정안이 민간참여를 통한 창의성 발휘의 기회가 될 것으로 보았다. 더 나아가 저성장, 사회적 다양성, 복합용도의 컴팩트시티 수요 증가에 대응하는 도심복합개발사업에 민간참여 활성화를 위해 도시·건축·세제에 대한 규제완화, 토지확보·기간단축 제도 마련, 지역 맞춤형 기부채납 대상 유연화, 사업자 이익제한의 합리적 개선 등이 필요함을 건의하였다.

제 3 절 주택공급 정책

▮▮ 1. 주택시장과 주택공급 정책

주택재고물량 확보에서
주거복지로 목표 전환

부동산정책이 어떤 방향으로 변해왔고, 앞으로 어떤 방향으로 변해야 하는지를 파악하기 위해서는 부동산

시장의 변화모습을 살펴보아야 한다. 주택시장의 변화모습은 가구증가율, 경제 성장률, 주택재고량, 주택가격의 변화 등을 통해 추적할 수 있을 것이다(이용만, 2003). 그 중 가구증가율을 보면, [그림 7-3]에서 전후 베이비붐 세대들이 분가 하기 시작한 1975년부터 1990년대 초반으로 가구증가율이 이전과 다르게 급등 한 것을 확인할 수 있다.17) 그러나 베이비붐 세대의 분가가 어느 정도 완료된 1990년대 초 이후부터는 가구증가율이 빠르게 감소하고 있다. 장기적으로 가구 증가율은 베이비붐 세대의 자녀들인 에코세대들이 분가하는 2005년에서 2015년 전후로 다소 주춤거리는 양상을 보이겠지만 그 이후에는 가구증가율이 1% 이 하로 떨어지는 것으로 추정되고 있다.18)

그리고 주택재고량은 1970년대에는 연평균 2.0%씩 증가하다가 1980년대에 는 연평균 3.0%씩 증가하였다. 그러다가 1990년대에는 연평균 4.3%씩 증가하

🔾 그림 7-3 **가구증가율과 주택증가율의 추이**

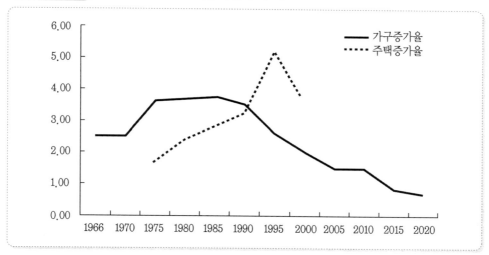

주: 가구증가율은 통계청의 통계정보시스템(KOSIS)를 이용하여 구하였으며, 주택증가율은 윤주 현 편, 「한국의 주택」, 통계청, 2002를 이용함.
자료: 이용만, 참여정부가 풀어야 할 부동산정책의 과제 - 구조전환 후기의 정책 과제, 2003.

---

17) 실제 전후 베이비붐 세대(1955~1963년에 태어난 세대)들이 결혼을 통해 분가하는 시기는 1975~ 90년대 초반이라고 할 수 있다. 그러나 1970년대에는 공업화로 인해 농촌의 젊은 인구들이 도시 로 이동하면서 결혼 이전에 이미 분가하는 양상을 보였다. 이로 인해 베이비붐 세대들의 분가시 기가 빨랐던 것으로 보인다.
18) 가구 추계는 통계청의 통계정보시스템(KOSIS)을 이용하였다.

면서 가구증가율을 넘어섰다. 특히 1990년에서 1995년 사이에는 연평균 5.2%의 빠른 증가율을 보였다. 1990년대 들어 주택재고량이 가구증가율보다 빠르게 증가하면서 주택보급률도 상승하면서 2002년에 이미 100%를 달성하였다.

주택시장이 변하면 주택정책의 목표와 수단, 대상도 변하게 된다. 특히 가구 및 주택증가율에서 급변하고 있는 우리의 경우, 주택공급정책은 그 변화가 더욱 두드러질 수밖에 없었다. 우리나라 주택공급정책의 목표는 주택문제를 국가계획적인 차원에서 해결하고자, 1970년대부터 2000년대 초반까지 주택의 확대건설에 있었다. 우선 주택을 많이 짓고자 하였고 주택부족률 또는 주택보급률을 주요 정책지표로 사용하였다. 그런데 2002년 전국 주택보급률이 100%에 도달하면서, 수도권을 제외한 다른 지역들의 주택부족 문제는 크게 완화되었다. 그러면서 점차 최저주거수준에 미달한 주택에 대한 관심이 커졌고 더욱 주거복지 개선측면에 많은 관심을 기울이고 있다.

▬▬ 2. 주택공급 정책의 지원대상 및 지원방안

(1) 지원대상 및 계층구분

정부의 주택공급정책
가구지원과 연관

정부는 주택공급 정책과 관련한 지원대상 및 계층구분에 따른 지원방안을 <표 7-11>과 같이 분류하고 있다.19) 지원방식은 주택에 대한 지원과 가구에 대한 지원으로 구분하고 있다. 주택지원은 기준미달 주택의 주택개량자금지원, 노후화된 일반주택의 주택관리 및 리모델링 지원 등이며, 주택공급정책과 직접 관련되는 부분은 가구에 대한 지원이다. 가구지원 정책대상 계층은 소득과 주거비 부담수준에 따라 절대지원계층, 부분지원계층, 자립계층으로 구분하며, 절대지원계층을 다시 최저주거비부담 가능여부에 의해 두 계층으로 구분함으로써 네 계층으로 분류된다.

절대지원계층은 소득분위 하위 40% 계층으로 정부가 주거복지차원에서 관심을 두고 있으며, 공공에서 주도적으로 공급하는 임대주택과 관련된 주택공급 정책의 실질적인 대상이 되고 있다. 최저주거비부담 과다계층은 주거비 보조와 국민임대주택20) 입주우선권 중에서 택일하게 되며 최저주거비부담 가

---

19) 국민경제자문회의, 동반성장을 위한 새로운 비전과 전략, 2006, pp.296~297을 참조하였다.

표 7-11 주택정책 계층구분에 따른 정책지원 방안

지원대상 및 계층구분			지원방안
주택 지원	기준미달 주택		주택개량자금 저리지원
	노후화된 일반주택		주택관리 및 리모델링 지원
가구 지원	절대지원계층 (소득하위 40%)	① 최저주거비부담 과다계층	주거비 보조 및 국민임대주택 입주우 선권 중 택일
		② 최저주거비부담 가능계층	국민임대주택 입주 우선권 부여
	③ 부분지원계층 (소득하위 40~60%)		주택마련 공공지원 - 장기 임대 입주권 부여 - 공공분양주택 청약권 - 최초주택구입자금 및 전세자금 지원
	④ 자립계층 (소득 상위 40%)		주택공급확대 및 주거 상향이동 원활 화를 위한 택지, 금융 및 조세지원

자료: 국민경제자문회의, 동반성장을 위한 새로운 비전과 전략, 2006.

능계층은 국민임대주택 입주우선권을 받게 된다.

반면, 부분지원계층과 자립계층에 대한 정책수단은 직접적인 지원책보다는 간접적인 지원 위주로 되어 있다. 부분지원계층은 주택마련을 위해 정부가 지원하는 계층으로, 장기임대주택 입주권 부여, 공공분양주택 청약권 부여, 최초주택구입자금 및 전세자금 지원 등의 수단이 마련되어 있다. 한편 소득분위 상위 40%에 해당하는 자립계층에게는 주택공급확대 및 주거 상향이동 원활화를 위한 택지지원, 금융 및 조세지원 등이 제공되고 있다.

(2) 주택공급 지원방안별 지원 내용

**절대지원계층 지원
주거복지 차원** | 주택공급은 주체별로 공공에 의한 공급과 민간에 의한 공급으로 구분하며, 공공은 한국토지주택공사를 비롯

---

20) <국민임대주택건설등에관한특별조치법>에 따라 한국토지주택공사·지자체 등 공공기관이 재정(30%)과 기금(40%)의 지원을 받아, 30년 이상 임대할 목적으로 건설 또는 매입되는 주택이다. 일정소득수준 이하의 무주택 가구주에게 저렴한 임대조건으로 공급하며 분양전환이 되지 않는다. 국민임대주택으로서 매입 또는 건설하는 주택의 공급평형은 14~20평형이며, 국민임대주택건설사업은 국가·지방자치단체·한국토지주택공사 또는 주택사업을 목적으로 설립된 지방공사가 시행한다.

한, 지방공사 등이 공급주체가 되는 경우이고, 민간은 건설회사, 시행사 등 민간사업자가 공급주체가 되는 경우이다. 우리나라의 경우 민간 주택공급은 대부분 아파트 분양사업 위주로 되어 있어, 청약제도를 제외하면, 정부가 민간의 주택공급에 크게 관여하지 않고 있다.

하지만 공공에 의한 주택공급은 주거복지 및 주택공급정책과 직결된다. 주로 국민주택기금이나 재정의 지원을 받아서 국민주택규모이하의 소형주택을 일정비율 이상 건설하거나 다양한 유형의 임대주택을 건설하는 일을 하고 있다. 보다 상세하게 지원방안별 지원내용을 살펴보면 <표 7-12>와 같다.

국민주택기금의 자금지원을 받는 사업들은 주택지원부분의 주택개량 및 주택관리와 가구지원부분의 국민임대주택·장기공공임대주택공급,[21] 소형분양주택공급, 최초주택구입자금 및 전세자금 지원 등이다. 국민주택기금은 주로 소득이 낮은 계층을 위한 지원방안에 자금을 지원하는 반면, 소득 상위계

표 7-12 주택정책 지원방안별 지원내용

구분	지원방안	자금지원			조세지원	택지지원	비고(계획물량)
		기금	재정	민간금융			
주택지원	주택개량자금 저리지원	○					
	주택관리 및 리모델링 지원	○					
	지속적인 주택공급 확대			○	○	○	
가구지원	주거비 보조		○				
	국민임대주택 공급	○	○			○	100만호
	장기공공임대주택 공급	○				○	50만호
	소형분양주택 공급	○			○	○	
	최초주택구입자금 및 전세자금 지원	○		○			
	주택마련 및 상향이동 지원			○	○		

자료: 국민경제자문회의, 동반성장을 위한 새로운 비전과 전략, 2006.

---

21) "장기공공임대주택"이란 ① 30년 이상 임대할 목적으로 국가 또는 지방자치단체의 재정 및 「주택법」 제60조에 따른 국민주택기금을 지원받아 건설 또는 매입한 임대주택 또는 ② 50년 이상 임대할 목적으로 국가 또는 지방자치단체의 재정이나 국민주택기금을 지원받아 건설한 임대주택 중 하나에 해당하는 주택을 말한다.

층(자립계층)을 대상으로 하는 지속적인 주택공급확대와 주택마련 및 상향이
동 지원 등은 민간금융을 통해 자금을 지원하고 일부 조세 및 택지혜택을
지원하고 있다.

절대지원계층을 위한 주거비 보조와 국민임대주택 공급 등에는 재정을 통
한 자금지원이 주거복지차원에서 투입되고 있다. 그리고 실질적인 주택공급정
책인 부분지원계층을 지원하는 국민임대주택·장기임대주택 등의 임대주택공
급과 소형분양주택공급 등에는 국민주택기금을 통한 자금지원과 택지지원이
공통적으로 이루어지고 있다. 다만, 차이점은 국민임대주택공급에는 재정지원
이 추가되고 소형분양주택공급에는 조세지원이 추가된다는 점이다.

3. 분양주택 공급정책

(1) 주택 분양방식

선분양방식에 의존한
분양주택 공급

주택분양이란 주택사업자가 구매자(신축주택 입주자)에
게 주택을 판매하는 것을 말한다. 우리나라는 과거 절
대적인 주택부족 문제로 인한 만성적인 초과수요와 제도권의 주택건설금융
공급부족 문제를 겪었다. 이러한 상황에서 대량의 주택공급 목표를 달성하기
위해 소비자의 자금을 직접 활용하는 주택 선분양방식을 활용해 왔다. 선분양
방식이 정부나 주택사업자나 입주자 모두가 윈-윈(win-win)하는 상생적인 구
조였기에 장기간에 걸쳐 시행될 수 있었다.

그러나 1997년 아시아 외환위기를 겪으면서 미분양아파트 문제가 커지면
서 부영건설 등 몇몇 사업주체들이 후분양방식을 시도하였다. 이후 선분양방
식의 부작용이 늘어나자 2004년부터 공공에서 분양하는 주택을 중심으로 후
분양방식으로 전환을 추진하였다. 서울도시개발공사(SH공사)에서 분양한 은평
뉴타운이 후분양방식의 주요 사례이고 재건축사업의 일반분양분에 후분양방
식이 적용되기도 하였다.

1) 선분양방식

선분양방식은 아파트 등 주택건설을 위한 택지가 확보되면 주택업체가 착
공과 동시에 분양보증을 받아 입주자를 모집하는데, 「주택공급에 관한 규칙」

제7조(입주자모집시기 및 조건) 및 제26조(입주금의 납부)에 의거하여 운용되고 있다. 주택사업자는 주택이 완공되지 않은 상태에서도 분양자(입주자)로부터 자금조달이 가능했다. 분양주택의 경우 청약금은 주택가격의 10%, 계약금은 청약금을 포함하여 20%, 중도금은 60%의 범위 안에서 받을 수 있다.

선분양방식을 구축하는 핵심 제도는 크게 네 가지이다. 첫째는 주택청약제도 및 청약관련저축제도이다. 청약제도에 의해 초과수요 상황에서 공급규칙을 정하고 혼란을 막는 역할을 하였다. 둘째는 대규모 택지공급이다. 한국토지주택공사 등 공공의 힘을 활용하여 저렴하게 대규모 택지를 개발하고 주택사업자에게 분양함으로써 대규모 주택건설에 필요한 택지를 확보하였다. 셋째는 주택분양보증제도이다. 「주택법」(구, 주택건설촉진법)에 의거하여 주택분양보증제도를 마련하여 입주자를 주택사업주체의 부도 등의 위험으로부터 보호하고 주택의 완공 및 입주를 보장해 주었다. 넷째는 분양가격규제, 분양권전매제한 제도등을 통한 저렴한 분양가격 책정이다. 주변시세보다 저렴하게 분양가격을 책정함으로써 입주자들에게 분양프리미엄 등의 혜택을 제공하였다(제5장 부동산가격규제와 보조금의 분양가 상한제 효과 참조).

이상의 제도적 지원 하에서 시행된 선분양방식으로 주택사업자들은 자금조달 능력이 없어도 입주자 자금을 활용함으로써 주택분양사업이 가능했다. 정부도 큰 비용을 들이지 않고서도 주택건설자금 확보가 용이하게 되어 주택공급을 확대할 수 있었다. 소비자(입주자)에게는 분양가격 규제로 인한 분양프리미엄 및 가격상승기에 수익자산의 확보라는 이점을 제공하였다.

그러나 소비자는 주택가격의 80% 정도를 완공 이전에 납부해야 하는 위험부담을 안고 있으며, 고가의 재산을 완제품을 보지도 않고 사전에 구입해야 하는 불리함을 겪고 있다. 또한 분양권 전매(주택을 분양받은 사람이 그 지위를 다른 사람에게 넘겨주어 입주자를 변경하는 것)를 통한 투기과열로 주택시장이 교란되고, 확정분양가격 및 분양가격 자율화 등과 맞물려 주택가격의 상승요인으로 작용하는 부정적인 측면도 존재한다.

2) 후분양방식

후분양방식은 주택을 일정 수준까지 건설한 후에 분양하는 방식으로, 통상 공정률이 80% 정도 도달할 때 분양을 시작한다. 선분양방식으로 추진하는 주택사업에서 사업주체인 시행사나 시공사의 부도로 수분양자가 손해를 보게 되고, 또한 분양권 전매 등의 투기발생으로 주택공급시장의 왜곡을 가져오는 부작용이 발생하였다. 이에 정부는 2004년부터 선분양방식을 다소 제한하고 후분양방식으로 전환하는 정책을 단계적으로 추진하기로 발표하였다.

후분양방식에서는 주택사업자가 소비자에게 완공된 주택을 판매하게 되므로 불확실성에 근거한 비전문적인 다수의 시장참여 기회는 소멸되고, 소비자의 선택권이 강화된다. 한편 주택건설업체는 그동안 활용할 수 있었던 선분양자금 대신 다른 자금공급원을 통해 건설자금을 조달해야 하므로, 사업자의 신용과 자금조달 능력이 보다 중요하게 된다.

(2) 소형주택 의무비율 공급

전용면적 $60m^2$ 이하 소형주택 공급 │ 소형주택 의무비율 공급제도는 주택을 건설할 때 의무적으로 전용면적 $60m^2$ 이하의 소형주택을 공급하는 제도이다. 외환위기 직후인 1998년 1월 건설경기 침체를 이유로 폐지됐다가 서울시의 소형주택 공급비율이 1997년 35.9%에서 1998년 34.9%, 1999년 17.9%, 2000년 7.5%로 줄어들었다. 이에 정부는 서민층의 주거불안 해소와 주택시장 안정을 위해 2001년 12월에 제도를 부활시켰다.

국토교통부의 주택조합 등에 대한 주택규모별 공급비율에 관한 지침에 따르면, 수도권정비계획법상 과밀억제권역 내에서 300세대 이상의 주택을 건설하는 재건축사업과 민영주택사업(공공택지가 아닌 사업자 보유택지에서 시행되는 주택건설사업)에 대해서는 전체 건설호수의 20% 이상을 전용 $60m^2$ 이하의 소형주택으로 건설해야 한다. 각 지역의 의무비율에 대해서는 시·도지사가 시·군·구별로 5% 범위 안에서 조례로 조정할 수 있다. 단, 재건축 조합원에 대해서는 기존 주택의 규모까지 건설할 수 있으며, 아파트 지구개발 기본계획에 따라 이미 소형주택 의무건설비율을 적용한 경우에는 소형주택 의무건설비율 적용대상에서 제외한다. 그리고 공공택지개발사업, 재개발사업, 주거환경개선사업, 지역·직장주택조합주택도 이미 소형주택 의무공급 적용을 받기 때문에 해당하지 않는다.

그러나 2014년 4월 20일 「도시정비법 시행령」 개정안을 입법예고하여, 서울시와 경기도에서도 재건축사업시 소형주택 의무비율 관련 조례를 폐지하여,

다른 지역과 마찬가지로 $85m^2$ 이하 주택을 60% 이상 건설하면 된다. 시장 수요의 변화에 따라 소형주택의 인기가 높아진 것과 주택시장 과열기 때 도입된 규제가 실효성이 없어진 점을 반영한 것이다. 소형주택 의무공급 비율을 일률적으로 규제하지 않고 정비구역별 특성이나 인근 주택시장 상황 등에 따라 시장이 자율적으로 결정하게 되었다.

(3) 지역우선공급제도

**지역주민에 아파트
청약 우선권 부여** | 아파트가 공급되는 지역의 주민에게 청약우선권을 주는 제도이다. 민간택지와 $66만m^2$ 미만인 소형 택지지구는 100%, $66만m^2$ 이상인 택지지구에선 30%가 우선공급된다.

지역우선공급제도는 1978년 5월 주택공급에 관한 규칙과 함께 만들어졌으며, 당시의 주택 공급대상은 주택 건설지역에 거주하는 부양가족이 있는 가구주로 하되 1가구 1주택으로 했다. 동 제도는 1989년 11월 수도권의 1기 신도시 건설이 일어나면서 변화하기 시작하여, 1990년 10월에는 신도시가 지역의 거주민에 대한 권리를 확대하는 방향으로 일부 내용이 수정됐다. 지방자치단체가 건설·공급하는 주택은 해당 지역 주민에게 우선공급할 수 있도록 했으며, 이와 함께 민영주택에 대해서도 우선공급물량을 20%로 늘렸다. 1997년 7월에는 지역우선공급비율을 보다 확대하여, 수도권 대규모 택지개발지구에서 공급하는 주택물량의 30% 범위에서 해당 지역 거주자에게 우선공급할 수 있도록 했으며, 거주기간 요건은 시장 또는 군수가 결정하도록 했다.

한편 2004년 10월 개정된 지역우선공급제도에서는 '택지개발사업지구 등이 2곳 이상 특별시·광역시 또는 시·군에 걸쳐 있을 때는 해당 행정구역 모두를 동일 주택건설지역으로 본다.'는 규정을 새로 추가해, 우선공급 지역을 완화했다. 전체 분양공급물량 중 56%를 서울·성남·하남 주민에게 우선 공급하는 송파신도시의 '딜레마'는 2004년 10월 개정된 조항에서 비롯되었다.

그러나 지역우선공급제도의 문제점도 존재하는데, 첫째 주택 사정, 생활권과 무관한 아파트 공급, 둘째 위장전입 등 불법행위 조장, 셋째 기반시설 설치비용의 불공평한 배분, 넷째 청약가점제 등의 주택정책 교란 초래 등을 들 수 있다.

4. 임대주택 공급정책

(1) 임대주택건설 제도의 변천

임대주택건설촉진법과
임대주택법

임대주택 건설이 처음 법제화 된 것은 1984년 12월 제정된 「임대주택건설촉진법」이었다. 당시 주택문제의 심각성이 커지고 도시지역 주택가격의 급격한 상승으로 주택을 구입할 수 없는 계층이 계속 증가하였다. 주택구입능력이 부족한 가구의 주거생활안정을 도모하기 위하여 장기임대주택제도를 정착시키고 건설을 촉진시키기 위한 재정·금융 등 투자재원의 확보와 택지 등 각종 지원제도를 마련하고, 임대주택을 효율적으로 관리하도록 하였다. 1993년 12월에 「임대주택건설촉진법」을 「임대주택법」으로 명칭을 바꿨다.

주요 내용을 살펴보면, 임대주택의 중요성을 감안하여 주택건설종합계획 수립시 임대주택건설을 포함시키고, 임대주택의 건설을 촉진하기 위하여 국민주택기금에서 일부를 임대주택건설자금으로 지원하도록 하며 소요자금을 세출예산에 계상한다. 그리고 국·공유지를 매각하거나 공영개발택지를 공급함에 있어 임대주택을 건설하고자 하는 자에게 우선 공급하고 한국토지주택공사는 택지개발시 일정비율이상을 임대주택건설용지로 개발하며, 국가·지자체 등이 주택단지조성시 도로·상하수도 시설 등 간선시설을 설치함에 있어 임대주택단지를 우선하고 있다. 또한 임대주택건설을 촉진하기 위하여 필요한 경우 주택건설기준을 일부 완화할 수 있게 하고 임대주택을 효율적으로 관리하기 위하여 국토교통부장관이 임대조건에 관한 기준을 설정할 수 있다. 그리고 임대주택은 일정기간이내에는 분양할 수 없고 임차권을 양도하거나 전대할 수 없으며 일정호수 이상의 주택을 임대하고자 하는 경우에는 관할시장·군수에게 임대조건에 관한 사항을 신고하도록 하고 있다.

2011년에는 도시형생활주택을 국민주택기금 또는 공공택지를 지원받아 건설하여 임대하는 경우 공공건설임대주택의 분양전환에 관한 규정의 적용을 배제하여 도시형생활주택의 공급을 촉진하는 한편, 임대주택 임차인의 보호를 위하여 임대사업자의 임대 조건 신고 사항에 해당 주택을 임대하기 위한 대출금을 추가하였다.

2012년 1월에는 주거용 오피스텔을 임대하는 자들을 양성화하고, 임차인 보호 및 도심 내 임대주택 공급 활성화를 통한 전·월세 시장 안정을 위하여 주거용으로 사용하는 오피스텔을 매입임대주택의 범위에 포함함으로써 오피스텔 임대사업자도 주택임대사업자로 등록할 수 있도록 하였다.

2013년 6월에는 임대주택 공급 활성화를 위해 임대주택사업자가 토지를 임차하여 임대주택을 건설·공급할 수 있는 '토지임대부 임대주택' 도심 내 기존주택을 국가 등이 전세계약의 방식으로 임차하여 재임대하는 '전세후 임대주택', 민간 임대주택으로서 의무 임대기간, 임대료 인상 제한 등의 공공성을 갖는 '준공공임대주택' 제도를 도입하였고 2018년 7월 이후 준공공임대주택과 기업형임대주택은 '공공지원민간임대주택'으로 재정의한다.

2013년 12월에는 임대주택과 분양주택이 혼합된 혼합주택단지의 경우 분양주택의 관리방법을 따르게 함으로써 주택공급의 물리적 혼합이 사회통합에 도움이 되지 않고 거주자 간 갈등을 유발하는 문제점을 해결하기 위해 「주택법」을 개정하였다. 혼합주택단지의 경우 관리방법의 결정 등 주택단지 관리에 관한 사항을 임대사업자와 분양주택 입주자대표회의가 공동으로 결정하게 하고, 해당 내용을 법에 직접 명시하게 하였다.

(2) 민간 임대주택건설 활성화 및 임차인 보호 정책

임대주택건설 활성화 차원
제한적 토지수용권 부여

1993년 12월 개정에서는 「임대주택건설촉진법」 제정 후 10년간 공공부문의 임대주택건설은 어느 정도의 목적을 달성하였으나 민간에 의한 임대주택의 건설은 원활하지 못하므로 민간자본에 의한 임대주택의 건설을 활성화하기 위한 기반을 조성하였다. 그리고 1996년 12월 개정에서는 임대주택의 건설 및 관리에 관련된 각종 규제를 완화하고 임대사업자에게 제한적인 토지수용권을 부여함으로써 임대주택의 공급을 원활히 하여 전세값을 안정시키고 장기적으로 주택공급기반을 확충하였다.

2002년 12월에는 민간의 자금을 모아 임대주택에 투자하는 임대주택조합 제도를 도입하여 민간부문에서의 임대주택 건설을 촉진하였다. 또한 임대주택 매매계약서에 임대주택의 매입자가 임대사업자의 지위를 승계한다는 뜻을 명시하여 법률관계를 명확히 하는 한편, 임대주택에 대한 제한물권의 설정을 일정기간 동안 제한하고 임차인이 납부한 임대보증금에 대한 보증제도를 실시함으로써 임대사업자에게 부도가 발생하더라도 임차인에게는 재산상 피해가 발생하지 않도록 하고 있다.

2007년 4월에는 국민주택기금의 지원을 받아 민간사업자가 건설한 공공임대주택이 부도가 나서 임대보증금을 환불받지 못하는 임차인들의 피해가 발생하자, 이를 극복하기 위해 「부도공공건설임대주택 임차인 보호를 위한 특별법」이 마련되었다. 또한 특별법의 적용대상에 해당하지 않는 부도공공건설임대주택 임차인의 주거안정도 보장하기 위하여 부도공공건설임대주택을 매입하거나 또는 낙찰 받은 자에게 임대의무기간 등을 부과하고, 임대보증금에 대한 보증에 가입하지 않은 사업자에 대한 제재규정을 신설하며, 임대사업자와 임차인의 이해관계가 대립되어 분양전환이 지연되는 문제를 해결하기 위하여 분양전환승인 제도를 도입하였다. 즉, 임대주택의 임대의무기간이 경과하였거나 부도 등이 발생하였는데도 분양전환을 하지 않는 경우에는 임차인이 직접 분양전환을 신청할 수 있도록 하고 있다.

이후 2009년 12월 개정에서 그동안 민간임대사업자의 부도로부터 임차인의 임대보증금을 보호하기 위하여 임대보증금에 대한 보증가입이 의무화되어 있으나 이에 관한 사항에 대하여 임차인이 명확하게 알지 못하여 임차인에게 불이익이 발생하고 있고, 임대사업자가 부도 또는 파산하는 경우에 임차인이 분양전환승인을 받기까지는 민사집행법에 따른 경매의 가능성이 상존하여 임차인이 주거불안을 겪고 있는 실정을 극복하기 위한 조치가 취해졌다. 따라서 분양전환 절차를 지연하는 임대사업자에 대한 제재를 강화하고, 임차인이 직접 분양전환승인신청을 할 수 있는 기간을 단축하여 임차인이 분양전환 받을 수 있는 권리를 실질적으로 보장하며, 임대보증금보증에 관한 설명의무를 도입하고, 부도임대주택 등에 대한 경매를 제한하여 임차인의 주거안정을 도모하고 있다.

(3) 장기공공임대주택 입주자 지원 정책

노후된 장기공공임대주택 주거환경개선 | 2009년 3월에 장기공공임대주택의 관리와 입주자의 삶의 질 향상을 도모하기 위해 「장기공공임대주택

입주자 삶의 질 향상 지원법」이 제정되었다. 이 법은 장기공공임대주택의 시설개선을 통한 장기공공임대주택 입주자의 주거환경개선 및 주거복지증진을 위하여 필요한 사항을 지원하여 삶의 질 향상에 기여함을 목적으로 한다.

주로 무주택 저소득층을 위하여 국가 또는 지방자치단체의 지원을 받아 건설·공급된 장기공공임대주택은 공급 후 상당한 시간이 경과하면서 노후화로 수선의 필요가 생기고, 입주자의 다수를 차지하는 노약자·장애인 등을 위한 편의시설의 부족으로 안정적인 주거생활을 유지하기 어려운 실정이다. 그래서 저소득층 서민이 거주하는 장기공공임대주택을 공공재의 개념으로 인식을 전환하여 건설뿐만 아니라 입주자 삶의 질 향상에 드는 비용도 국가 또는 사회적인 차원에서 체계적으로 지원하고자 한 것이다.

(4) 장기전세주택제도

중산층 실수요자 주거수요에 맞춘 신개념 주택 | 2009년 3월에는 20년의 범위에서 전세계약의 방식으로 공급하는 장기전세주택제도를 신설하여 원활한 주택 공급을 위한 법적 근거를 마련하였다. 국가, 지방자치단체, 한국토지주택공사 또는 지방공사가 임대할 목적으로 건설 또는 매입하는 주택으로서 20년의 범위에서 전세계약 방식으로 공급하는 장기전세주택제도를 신설하고, 장기전세주택의 매각제한 기간은 임대개시일로부터 20년으로 한다.

서울시 SH공사에서 공급하는 전세형임대주택, 일명 SHift가 장기전세주택제도의 모범이다. 중산층과 실수요자를 위한 신개념 주택으로 '사는 것'에서 '사는 곳'으로 개념을 바꾸어 나간다는 의미에서 시프트(shift)라고 이름을 붙였다. 서울시와 SH공사가 중산층 실수요자를 위해 주변 전세시세의 80% 이하로 최장 20년까지 '내 집처럼' 살 수 있는 주택을 제공하며 주택의 규모는 소형부터 중대형($59m^2$, $84m^2$, $114m^2$ 중심)까지 다양하게 공급한다.

그리고 SHift는 후분양제를 적용하여 '짓기 전에 파는 것'이 아니라 '짓고 나서 사는 곳'으로 공급하며, 또한 분양원가를 공개함으로써 실제 들어간 원가에 적정이윤만 붙여서 공급가격을 산정함으로써 투명하고 저렴한 가격에 주택을 공급하는 사례를 만들었다. 서울시에서 SHift 공급을 통해 실현하고자 하는 의도를 SH공사 홈페이지에서 제시하고 있는데, 첫째는 주택에 대한 생각을 바꾸어 가격급등으로 불안정한 주택시장을 진정시키고자 하며, 둘째는 과열된 재개발·재건축 시장을 안정시켜서 어쩔 수 없이 살던 곳을 떠나야 하는 원주민의 재정착을 돕고자 한다. 셋째, 임대주택에 대한 생각을 좁고 살기 불편한 곳에서 살고 싶은 곳으로 바꾸고자 하고, 넷째는 집 걱정으로 답답하던 시간을 인생의 소중하고 여유로운 시간으로 돌려주고자 한다는 의도를 밝히고 있다.

(5) 뉴스테이(공공지원민간임대주택)

민간임대주택 8년 이상 임대 │ 「민간임대주택에 관한 특별법」(약칭, 「민간임대주택법」)은 집에 대한 인식이 '소유'에서 '거주'로 변화하면서 자가점유율이 지속적으로 하락하고, 임대차 방식이 전세에서 월세로 빠르게 전환됨에 따라, 전월세시장에서 수급불균형 현상이 발생하고 임차인들의 주거비 부담이 증가하는 등 전월세시장의 불안이 존재한다. 기존 「임대주택법」에서 「민간임대주택에 관한 특별법」으로 변경하고, 공공임대주택에 관한 규정은 「공공주택 특별법」으로 이관하였다.[22]

민간임대주택을 8년 이상 임대하는 '기업형임대주택', '준공공임대주택'(공공지원민간임대주택)과 4년 이상 임대하는 '단기임대주택'으로 구분하고, 임대사업자를 '기업형임대사업자'와 '일반형임대사업자'로 구분하고 있다.[23] 그리고 「주택법」에 규정되어 있는 주택임대관리업에 관한 내용을 「민간임대주택법」으로 이관하고, '자기관리형' 및 '위탁관리형'으로 구분하였다. 주택임대관리업은 주택의 소유자로부터 임대관리를 위탁받아 관리하는 사업이다. 자기관리형 주택임대관리업은 주택의 소유자로부터 주택을 임차하여 자기책임으로 전대(轉貸)하는 형태의 사업이고, 위탁관리형 주택임대관리업은 주택의 소유자로부터 수수료를 받고 임대료 부과·징수 및 시설물 유지·관리 등을 대행하는 형태의 사업이다.

임대사업자가 공공지원민간임대주택을 건설하는 경우 용적률·건폐율·층수 제한 완화, 판매시설·업무시설 허용 등의 혜택을 부여하며, 국토교통부장

---

22) 2013년 8월 6일 「주택법」 개정으로 주택임대관리업이 도입되었고 2014년 2월 7일부터 기업형 주택임대관리업이 시행되었다. 2월 4일 주택임대관리업 도입을 주요 내용으로 하는 「주택법」 시행령 일부개정안이 국무회의를 통과해 동월 7일부터 시행되고 있다.

23) 2018년 7월 17일 시행하는 법에서 기업형임대주택과 준공공임대주택이라는 용어를 공공지원민간임대주택이라고 정의하고, 기존 임대주택 등록 호수에 따라 기업형임대사업자와 일반형임대사업자로 구분하여 등록하던 것을 임대사업자로 단일화하였다.

관 및 시·도지사는 '공공지원민간임대주택 공급촉진지구'를 지정할 수 있다. 촉진지구 지정권자가 건축제한 완화에 따른 토지가치상승분의 범위에서 지구계획에 따른 기반시설 설치비용을 시행자에게 부담시킬 수 있다. 그리고 국가 및 지방자치단체 등은 민간임대주택의 공급 확대 및 품질 제고 등을 위하여 주택도시기금 등의 재원을 우선적으로 지원하고, 조세감면 및 택지 우선공급 등의 지원을 할 수 있다. 또 민간임대사업을 육성하기 위하여 임대사업자에 대하여 적용되고 있는 6개의 핵심규제 중 임차인 자격 제한, 최초임대료 제한, 분양전환의무, 담보권 설정 제한 등 4개 규제를 폐지하고, 임대의무기간(8년 또는 4년) 및 임대료 상승률 제한(연 5퍼센트) 등 2개 규제만 존치시키고 있다.

한편 민간임대주택의 공공성 강화를 위해 주택도시기금 출자 지원, 용적률 완화 등의 공공지원을 받아 건설 또는 매입하는 주택은 공공지원민간임대주택으로 분류하고, 공공지원에 상응하는 청년·신혼부부 등 주거지원계층 배려, 초기임대료 제한 등 공공성을 확보하도록 하며, 역세권 등에서 소규모 촉진지구를 지정할 수 있도록 최소면적기준을 조례로 완화할 수 있도록 하는 등 제도개선을 추진하였다. 그리고 기존 기업형임대주택 또는 준공공임대주택 건설시 적용하던 공공택지 수의계약 등의 공급방법, 「국토의 계획 및 이용에 관한 법률」에 따른 용적률·건폐율의 상한 적용 등의 특례를 공공지원민간임대주택으로 한정하여 적용한다.

그리고 공공지원민간임대주택 건설 시 조례 또는 지구단위계획으로 정한 용적률보다 완화 받는 경우에 증가되는 용적률과 연계하여 공공임대주택을 공급하거나 국토교통부령으로 정하는 임대기준에 따라 주거지원계층에게 우선 공급하도록 하는 등 공공기여 방안을 마련하였다. 또 촉진지구 지정 요건도 개선하는데 ① 공공주택 등 다양한 주택이 입지할 수 있도록 촉진지구 지정 요건을 당초 '유상공급면적 50퍼센트 이상 기업형임대주택으로 건설'에서 '촉진지구에서 건설하는 전체 주택호수의 50퍼센트 이상 공공지원민간임대주택으로 건설'하는 것으로 개선하고, ② 역세권 등 임대주택 수요가 많은 곳에 소규모 촉진지구 사업을 추진할 수 있도록 촉진지구 최소면적기준에도 불구하고 조례로 2천제곱미터 이상으로 지정할 수 있도록 하며, ③ 유상공급 토지면적의 50퍼센트를 초과하여 비(非)주택용도로 공급할 수 없다.

촉진지구의 사업절차도 간소화하는데, ① 촉진지구 시행자에게 허용하던

개발제한구역 해제 제안권을 공공시행자로 한정하고, 공공시행자에 한정하여
촉진지구 지정·변경 시에 도시·군기본계획이 일괄 변경되도록 절차를 간소
화하고, ② 역세권 등에서 소규모 촉진지구사업을 신속하게 추진하기 위하여
녹지지역이 아닌 도시지역으로서 대통령령으로 정한 지역에서 10만 제곱미터
이하 촉진지구 지정과 지구계획을 통합하여 승인하기 위해 통합심의위원회의
심의를 거친 경우에는 시·도 도시계획위원회 심의 절차를 생략할 수 있다.

그리고 임대료 신고제도의 절차상 문제점을 개선하고 지자체의 통제기능
이 실효성 있게 작동될 수 있도록 사후신고 제도를 사전신고 제도로 변경하
고, 지자체의 조정권고 권한을 신설하여 임차인의 권리를 보호하고 있다. 임
차인 선정기준은 우선공급대상, 임차인의 요건, 선정방법 등은 국토교통부장
관이 정하는 바에 따라 공급하고, 주택소유 여부 등 임차인자격을 확인하기
위하여 주민등록번호, 국세·지방세 등에 관한 자료를 관계 기관에게 요청할
수 있다. 임대료 산정기준은 공공성과 연계하여 임대료를 책정하기 위하여 공
공지원민간임대주택은 국토교통부장관이 정하는 바에 따라 임대료를 산정하
고, 임대료 증액시 임대차계약 신고제도에서도 100세대 이상 공동주택은 임대
차계약 변경예정일 1개월 전까지 관할 지자체에 사전 신고하도록 개선하였다.

5. 새로운 주택공급정책 사례

앞서 언급된 분양주택 및 임대주택 공급정책에 추가하여 최근 등장한 새
로운 유형의 주택공급정책을 소개하고자 한다.[24]

(1) 보금자리주택

1) 보금자리주택의 특징

수요자 맞춤형 주택공급
사전예약방식 도입

2009년 3월 20일 기존의 「국민임대주택건설 등에 관
한 특별조치법」을 전부 개정하여 「보금자리주택건
설 등에 관한 특별법」을 제정하였다. 2002년 이후 가구 소득수준에 비해 주택

---

[24] 새로운 주택정책 가운데 보금자리주택이라는 용어는 해당 사업을 관장하는 법 명칭이 바뀌었지
만 정책의 변화과정을 담기 위해 옛 명칭을 그대로 사용하였다. 그리고 주택바우처(주거급여) 제
도는 제5장 부동산 가격규제와 보조금 부분에서 다루었으므로 여기에서는 생략한다.

가격이 크게 상승하여 정부의 지원이 없을 경우 내집 마련이 어려운 무주택 저소득 가구가 2009년 당시에 약 292만가구에 달하였다. 특히 주택 청약자의 선호도가 높은 도심 인근지역의 경우에는 주택공급이 부족하여 여전히 주거 불안 문제가 지속되고 있으며, 임대주택도 물량 위주로 대량 공급됨에 따라 계층 간 주거분리 현상 및 임대주택단지의 슬럼화 등의 문제가 대두되었다. 그리고 그동안 정부의 주택정책은 공공임대주택에 초점을 맞추고 있었기에 무주택 서민과 저소득층이 선택할 수 있는 대안은 매우 제한적이었다.

그래서 이 법은 무주택 서민과 저소득층의 주거문제 해결을 위하여 공공 분양주택 및 다양한 유형의 임대주택을 수요자 맞춤형 보금자리주택으로 통합하였다.[25] 기존 국민임대주택 일변도의 공공 주택공급이 임대주택은 저소득층 주거라는 인식을 낳아, 지방자치단체 및 지역주민의 반대와 단지 슬럼화라는 부작용을 양산하였기에, 보금자리주택 정책에서는 중소형 분양주택과 임대주택을 함께 공급하고 있다.

보금자리주택은 도심이나 도시 인근 분양가격보다 낮은 분양가로 공공이 직접 건설해서, 사전예약제 등 수요자 맞춤형으로 공급하는 주택으로 공공이 공급하는 중소형 분양주택과 임대주택을 포괄하는 새로운 개념이다. 입지적으로 도심이나 환경적으로 보전가치가 낮은 훼손된 개발제한구역 등 도시인근의 주거선호가 높은 지역을 중심으로 공공이 직접 건설하고 있다. 분양가나 임대료 측면에서도 서민들이 부담 가능한 저렴한 가격으로 입주가 가능하도록 하기 위해, 국가 또는 지자체, 한국토지주택공사, 지방공사가 국가 또는 지방자치단체의 재정이나 국민주택기금을 지원받아 시행한다.

한편 기존 공공주택 정책과는 달리, 본 청약 전에 미리 선택할 수 있는 사전예약제 등을 도입하고, 도심반경 20km 내에서 인근 시세 대비 80~85%수준에 공급하도록 하며, 청약자의 소득 및 선호도에 따라 다양한 주택유형(공공분양, 지분형, 분납형, 10년 공공임대, 전세형, 영구·국민임대 주택 등)을 제시한다.

보금자리주택의 입지는 도심이나 개발제한구역 등 주거지 인근 선호지역으로 선정하고 서민들이 부담 가능한 가격에 공공이 직접 건설하여 공급하는 것이 핵심이다. 도시 근교에서는 개발제한구역 중 보존가치가 낮은 곳과 조정가능지, 산지, 구릉지 등을 활용해 보금자리주택 지구를 조성하며 외곽지역은

---

25) 보금자리주택에 대한 평가는 제11장 이명박 정부의 부동산 정책에 대한 평가에서 다룬다.

새로 건설되는 신도시 등의 공공택지 중 입지여건이 양호한 곳을 중심으로 공급되고 있다. 또 도로와 철도 등 인프라가 잘 갖춰진 곳은 중소 규모로 개발하고 기반시설 확충이 필요한 지역은 중·대규모 지구를 조성해 개발한다.

2010년 4월에는 '보금자리주택'을 실수요자 중심으로 공급하기 위하여 분양주택의 입주자에 대하여 일정기간의 거주의무를 부과하고, 임대주택의 수요자가 사전에 입지·임대료 등을 고려해 임대주택을 선택할 수 있도록 사전예약방식의 청약대상에 임대주택을 추가하였다. 그리고 시·도에 시·도 보금자리주택통합심의위원회를 설치할 수 있는 근거를 마련하여 개별법상의 심의를 통합하여 심의하고 있다.

2) 보금자리주택 정책의 변화

2013년 7월에는 「보금자리주택건설 등에 관한 특별법」을 「공공주택건설 등에 관한 특별법」으로 법 명칭을 바꾸었고 2014년 1월에는 보금자리주택의 명칭도 공공주택으로 변경하였다.

공공주택지구를 지정하지 않고 공공주택건설사업(보금자리주택건설사업)을 시행할 수 있도록 하였다. 또한 공공주택사업의 시행자가 국토교통부장관에게 보금자리주택지구의 변경이나 해제를 제안할 수 있는 사유를 주택지구의 경계선이 하나의 필지를 관통하는 경우 등으로 주택지구 변경·해제의 제안 사유를 법률에 명시하였다.

그리고 공공시설부지, 공공기관 보유 토지 등을 활용하여 대학생·신혼부부 등 주거취약계층에 임대주택을 건설·공급하는 행복주택사업을 시행하는 경우 건폐율·용적률, 주차장 등의 건축기준을 완화하고, 학교용지 확보의무를 완화하며, 국유·공유재산의 매각·사용 등에 대한 특례를 규정함으로써 사업의 원활한 시행을 지원하도록 하고 있다. 또한 공공주택사업에 따른 공업지역 대체지정 제도와 입주·거주의무 제도를 개선하였다.

(2) 행복주택

경제·문화·공공활동의 거점으로 개발 ┃ 박근혜 정부의 대선공약 중의 하나인 행복주택 프로젝트는 2013년 4월 23일 국무회의 보고를 통해 그 추진방안이 확정되었다. 창조경제를 위해 지속 가능한 도시의 창조적 공간으로 조성하는 것을 행복주택의 정책 컨셉으로 잡고, 지역경제 활성화, 일자리 창출, 주민간의 소통공간 등을 통해 경제·문화·공공활동의 거점으로 개발한다는 것이 핵심내용이다.

이후 시범지구 선정을 하고 주민협의 및 간담회 등을 거치면서 수많은 시행착오를 경험하였고 2014년 1월 17일 행복주택부지와 건축특례를 구체화시킨 시행령·시행규칙을 입법예고하였다. 2013년 7월 「보금자리주택건설 등에 관한 특별법」을 「공공주택건설 등에 관한 특별법」(이하, 공공주택특별법)으로 변경하면서 행복주택특례를 규정한 법률개정(법률 제12251호, '14.1.14 시행)의 후속조치로 시행령·시행규칙 개정안을 40일간(1.17~2.25) 입법예고하는 것이다.

이번 개정안의 주요내용은 다음과 같다. 첫째, 행복주택 부지에 관한 사안이다. 행복주택지구가 복합주거단지로 조성되며, 공공시설부지와 인접한 도시재생사업과 연계추진 등을 고려하여 철도·유수지 등 공공시설의 부지 또는 국가·지자체·공공기관이 소유한 공공주택 건설가능 토지 등을 2분의 1 이상 포함하도록 하였다. 둘째, 건축기준 특례에 관한 사안이다. 철도부지, 유수지 등에 행복주택을 건설하는 경우에는 협소한 입지특성을 고려하여 건폐율 및 용적률 산정을 할 때 건축면적에서 인공대지를 제외하고, 인공대지의 조경면적을 대지의 조경으로 보도록 하며, 공원 및 주차장을 기존 법령에 의한 기준의 2분의1 범위 내에서 완화하여 적용할 수 있도록 하였다. 셋째, 국·공유지 사용에 관한 사안이다. 행복주택사업에 편입되는 국·공유지, 철도부지 등의 사용·대부 또는 점용료 요율을 국·공유지의 본래 기능을 유지하면서 입체적으로 활용하는 점을 감안하여 재산가액(개별공시지가)의 1,000분의 10으로 하도록 하였다.

이번에 입법예고 되는 「보금자리주택건설 등에 관한 특별법」 시행령 및 시행규칙 개정안은 관계기관 협의, 법제처 심사 등 개정절차를 거쳐 2014년 3월 중 공포·시행될 예정이다.

(3) 도시형생활주택

1~2인 가구에 초점 둔 도심지 소형 주택공급 | 2009년 2월 3일 「주택법」 개정에 의해 5월 4일부터 시행된 주택정책이다. 늘어나는 1~2인 가구와 서민의 주거 안정을 위하여 필요한 곳에 신속하고 저렴하게 주택을 공급할 수

있도록 각종 주택건설 기준과 부대시설 등의 설치 기준을 적용하지 않거나 완화하는 내용을 골자로 한다.

「국토의 계획 및 이용에 관한 법률」에서 정한 도시지역에서만 건축할 수 있고 기반시설이 부족하여 난개발이 우려되는 비도시지역은 해당되지 않으며, 1세대당 주거 전용면적 $85m^2$ 이하인 국민주택 규모의 300세대 미만으로 구성된다. 단지형 연립주택, 단지형 다세대주택, 원룸형으로 구분되는데,[26] '주택 공급에 관한 규칙'에서 입주자 모집 시기와 모집 승인 신청 및 승인, 모집 공고와 공고 내용, 공급 계약의 내용 등 일부 규정만 적용받고, 입주자저축과 주택청약자격, 재당첨 제한 등의 규정은 적용받지 않는다.

단지형 연립주택은 세대당 주거 전용면적 $85m^2$ 이하인 주거 형태로서 주거층은 4층 이하, 연면적은 $660m^2$ 이하로 건축하되 건축위원회의 심의를 받으면 1개 층을 추가하여 5층까지 건축할 수 있다. 건축물의 용도는 연립주택에 해당한다. 단지형 다세대주택은 세대당 주거 전용면적 $85m^2$ 이하인 주거 형태로서 주거층은 4층 이하, 연면적은 $660m^2$ 이하로 건축하되 건축위원회의 심의를 받으면 1개 층을 추가하여 5층까지 건축할 수 있다. 건축물의 용도는 다세대주택에 해당한다. 원룸형 주택은 세대별 주거 전용면적이 $14m^2$ 이상 $50m^2$ 이하인 주거 형태로서 세대별로 독립된 주거가 가능하도록 욕실과 부엌을 설치하되 욕실을 제외한 부분을 하나의 공간으로 구성하여야 하며, 세대를 지하층에 설치하는 것은 금지된다.

도시형생활주택 건설사업을 하기 위해서는 해당 도시지역의 특별시장·광역시장·특별자치도지사 또는 시장·군수로부터 사업계획을 승인받아야 하고, 자본금 3억 원(개인은 6억 원) 이상, 건축 분야 기술자 1인 이상, 사무실 면적 $33m^2$ 이상의 요건을 갖추어 주택건설사업자로 등록하여야 한다. 건축물의 용도는 공동주택(아파트·연립주택·다세대주택)에 해당하지만, 주택법에서 규정한 감리 대상에서 제외되고 분양가상한제도 적용받지 않으며, 어린이놀이터와 관리사무소 등 부대시설 및 복리시설, 외부소음과 배치, 조경 등의 건설기준도 적용받지 않는다.

하나의 건축물에는 도시형 생활주택과 그 밖의 주택을 함께 건축할 수 없으며, 단지형 연립주택 또는 단지형 다세대주택과 원룸형 주택을 함께 건축할

---

26) 본래 기숙사형 주택이 있었으나 2010년 7월 주택법 시행령에서 삭제됐다.

수 없다. 다만, 원룸형 주택과 그 밖의 주택 1세대를 함께 건축할 수 있으며, 준주거지역이나 상업지역에서 원룸형 주택과 도시형 생활주택 외의 주택을 함께 건축할 수 있다.

(4) 세대구분형 공동주택

**주택공간 세대별
구분 이용** | 세대구분형 공동주택은 2013년 6월 4일의 「주택법」 개정으로 도입되었다(2013. 12. 5. 시행). 공동주택의 주택 내부 공간의 일부를 세대별로 구분하여 생활이 가능한 구조로 하되, 그 구분된 공간 일부에 대하여 구분소유는 할 수 없는 주택을 말한다.

주택의 수요 변화를 고려하여 새로운 주택유형으로 세대구분형 공동주택을 도입하였는데 그 건설기준은 다음과 같다(제2조의3 신설). 세대별로 구분된 각각의 공간마다 별도의 욕실, 부엌과 현관을 설치하고, 주거전용면적이 $14m^2$ 이상이 되도록 한다. 그리고 하나의 세대가 통합하여 사용할 수 있도록 세대 간에 연결문 또는 경량구조의 경계벽 등을 설치해야 한다.

세대구분형 공동주택은 주택단지 공동주택 전체 호수의 3분의 1을 넘지 않아야 하고 세대구분형 공동주택의 세대별로 구분된 각각의 공간의 주거전용면적 합계가 주택단지 전체 주거전용면적 합계의 3분의 1을 넘지 아니하는 등 국토교통부장관이 정하는 주거전용면적의 비율에 관한 기준을 충족해야 한다. 한편 구분된 공간의 세대에 관계없이 하나의 세대로 산정하여 부대시설, 복리시설 등의 주택건설기준을 적용한다.

그리고 세대구분형 공동주택의 건설과 관련하여 주택건설기준 등을 적용하는 경우 세대구분형 공동주택의 세대수는 그 구분된 공간의 세대에 관계없이 하나의 세대로 산정한다.

(5) 수직증축형 리모델링

**건축물 안전성 전제로
수직증축 리모델링 허용** | 2013년 12월 24일 「주택법」 개정으로 노후 공동주택에서의 생활불편을 완화하기 위하여, 구조안전진단 등 안전성 확보를 위한 장치를 마련을 전제로 수직증축형 리모델링이 허용되었다. 기존의 리모델링이란 「주택법」의 공동주택관리에 따라 건축물의 노후화 억제 또는 기능 향상 등을 위한 다음의 어느 하나에 해당하는 행위를 말

한다. ① 대수선(大修繕), ② 사용검사일(또는 임시사용승인일) 또는 사용승인일부터 15년(15년 이상 20년 미만의 연수 중 특별시·광역시·도 또는 특별자치도의 조례로 정하는 경우에는 그 연수로 한다)이 경과된 공동주택을 각 세대의 주거전용면적(건축물대장 중 집합건축물대장의 전유부분의 면적)의 10분의 3 이내(세대의 주거전용면적이 85m² 미만인 경우에는 10분의 4 이내)에서 증축하는 행위(이 경우 공동주택의 기능향상 등을 위하여 공용부분에 대해서도 별도 증축할 수 있다), ③ 각 세대의 증축 가능 면적을 합산한 면적의 범위에서 기존 세대수의 100분의 15 이내에서 세대수를 증가(수평 또는 별도의 동으로 증축하거나 세대를 분할하는 경우에 한정)하는 증축 행위(세대수 증가형 리모델링) 등이다.

법 시행일인 2014년 6월 25일 이전에는 위의 세 가지 행위에 대해서만 리모델링이 허용되나, 법 개정으로 수직으로 증축하는 행위(수직증축형 리모델링)의 길이 열리게 된 것이다. 다만, 건물의 안전성 확보를 위해 다음의 두 가지 요건을 모두 충족해야 가능하다. 첫째, 최대 3개층 이하로만 증축할 것, 둘째, 리모델링 대상 건축물의 구조도 보유 요건을 갖출 것 등이다.

수직증축형 리모델링의 감리자는 감리업무 수행 중에 수직증축형 리모델링 허가 시 제출한 구조도와 다르게 시공하고자 하는 사항 등 건축물의 구조에 영향을 미치는 사항이 확인된 경우에는 건축구조기술사의 협력을 받아야 한다(제24조의3 신설). 그리고 수직증축형 리모델링을 하는 경우 구조계획상 증축범위의 적정성 및 설계도서상 구조안전의 적정성 여부 등 건축물의 안전성에 대해 전문기관의 검토를 받아야 한다(제42조의4 신설).

제 4 절 개발이익의 환수

1. 개발이익의 개념과 환수의 근거

(1) 개발이익의 개념

유·무형의 개발행위에 따른 발생이득

개발이익의 개념을 파악하기 위해서는 개발의 개념을 살펴볼 필요가 있다. 개발의 구체적인 정의를 내리기 위하여 외국의 경우를 예로 들어보면 다음과 같다. 영국의 「도시농촌계획법」(TCPA: Town and Country Planning Act)은 개발을 "지상 또는 지하에서의 건축공사, 토목공사, 채광 행위 및 기타 조작행위의 수행 또는 어떤 건물이나 토지의 용도를 변경하는 행위"라고 정의하고 있다. 또한 일본의 「도시계획법」은 "개발행위란 주로 건축물의 건축 또는 특정 공작물을 건축용도에 이바지할 목적으로 행해지는 구획·형질의 변경을 말한다"고 영국과 비슷하게 정의하고 있다.[27]

이러한 정의에 따르면 개발행위는 다음의 두 가지를 포함하는 것으로 이해된다. 첫째, 유형적 개발행위로 건축물의 건축공사 및 토목공사, 공공사업의 시행, 신도시건설, 토지구획정리사업, 일단의 주택용지 조성사업, 일단의 공업용지 조성사업, 재개발사업 등이 여기에 속한다. 둘째, 무형적 개발행위로 도시계획사업과 관련된 계획의 공고 및 용도지역의 변경, 기타 개발허가 등이 여기에 포함된다.

우리나라의 경우 1993년 6월에 개정된 「개발이익환수에 관한 법률」에 따르면, "개발이익이란 개발사업의 시행 또는 토지이용계획의 변경, 기타 사회·경제적 요인에 의하여 정상지가상승분을 초과하여 개발사업을 시행하는 자 또는 토지소유자에게 귀속되는 토지가액의 증가분"을 가리키고 있어(법 제2조), 우리나라에서도 개발이익을 유·무형의 개발행위에 따라 발생하는 이득으로 정의하고 있다.

개발이익은 위와 같이 개발행위의 성격에 따라 구분되기도 하나 환수되어야 할지가 상승분의 범위에 따라 구분되기도 한다. 개발이익은 betterment(영국), capital gains(자본이득), windfall(미국) 등 다양하게 불리고 있다. 도널드 해그먼(Donald G. Hagman)은 betterment에 대해서 "공공사업 또는 공공의 개선노력 등 적극적인 중앙 및 지방정부의 행위와 토지에 대한 구속(restriction) 행위 등 소극적인 중앙 및 지방정부의 행위 등으로 인해 발생하는 토지가치의 상승"으로 정의하였다(Hagman & Misczynski, 1978). 이 정의에 따르면 개발이익은 토지소유자의 노력이나 전반적 물가상승 요인이 아닌 공공의 행위에 의한 부동산 가치의 증가를 의미한다. 한편 해르(C. M. Harr)는 windfall에 대하여 "공공투자의 지출에 의하여 발생한 토지의 가치 증가분"으로 정의하고

---

27) 류해웅·성소미, 「개발이익 환수제도의 재구성 방안」, 국토연구원, 1999 참조.

있다(손재영, 1997). 그에 의하면 개발이익은 주변지역에서도 발생하기 때문에 이 주변 토지의 지가 상승분에 대해서도 환수해야 한다고 보고 있다. 한편 자본이득(capital gains)은 토지를 매매하는 과정에서 발생하는 차액을 가리키는 데에 주로 사용되는 개념이다.

개발이익은 토지나 도시의 개발로 인한 개발가치(development value)의 창출에 기인한다. 여기서 개발가치란 토지가 개발될 때 또는 개발된 후에 기대할 수 있는 가격에서 개발비용을 뺀 나머지를 개발의 위험부담과 장래라는 시간비용을 고려하여 할인한 값에서 토지의 현재이용가치(existing use value)를 뺀 가격,[28] 즉 현재의 용도와는 다른 용도에서 발생될 것으로 기대되는 순이득의 현재가치이다(토지공개념연구위원회, 1989). 달리 말하자면, 개발을 예상하여 기대되어지는 잠재개발가치(potential development value)가 개발과 함께 특정 개발 토지로 이전하여 개발이익을 발생시키는 것이다.

토지가치의 증가분을 원인별로 살펴보면 아래와 같은 산식이 된다. 개발이익으로 환수되어야 할 대상은 전체 지가상승액 중에서 정부투자에 의한 상승액과 도시계획적 결정에 의한 상승액(B+C)만 해당되며, 기타 사회·경제적 요인에 의한 상승액은 현재이용가치의 단순한 증가로 간주된다. 하지만 이 부분도 부분적으로는 환수 대상이 되고 있다. 토지소유자의 투자에 의한 상승액은 비환수 대상으로 간주된다.

$$V = A + B + C + D$$

여기서 V: 일정기간의 토지가격 상승액
　　　A: 토지소유자의 투자에 의한 상승액
　　　B: 정부투자에 의한 상승액
　　　C: 도시계획적 결정에 의한 상승액
　　　D: 기타 사회·경제적 요인에 의한 상승액

자료: 국토연구원, 「개발이익의 사회적 환수에 관한 연구」, 1980, p. 10.

---

28) 현재이용가치는 토지가 현재의 용도로 이용될 때의 토지가격, 즉 토지가 현재의 용도로 이용되는 데서 기대되는 현재 및 장래 순이득의 현재가치를 말한다.

(2) 개발이익환수의 근거

사상적 근거와
이론적 근거

개발이익을 환수하는 데는 사상적 근거와 이론적 근거가 있을 수 있다. 먼저 사상적 근거를 살펴보면, "토지는 천하의 근원으로 하늘이 공유인 것과 같이 땅도 공유이다"라는 말에서 알 수 있듯이 토지란 근본적으로 공유되어야 하는 것으로 간주하는 사상에 근거하여 개발이익의 환수가 정당화된다(최창식, 1984). 즉, 로크(J. Locke)의 노동가치설(labour theory of value)에 따르면, 토지는 공유되는 것이며 토지의 소유권은 노동의 대가에 근거한 것이 아니기 때문에 개발이익은 개인이 사유화해서는 안 되며 모든 시민의 공유가 되어야 한다는 것이다. 또한 밀(J. S. Mill)과 마샬(A. Mar-shall)은 자연상태에 있어서의 토지소유권은 어느 특정인의 독점물이 될 수 없으며, 토지를 생산적으로 이용하지 않으면 토지에 대한 권리는 인정될 수 없다고 하여 토지소유권의 절대적 사상을 부인하였다.

개발이익환수를 뒷받침하는 이론적 근거로는 불로소득론, 지대론, 부당이득론 등을 들 수 있다(최창식, 1984; 허재영, 1993). 불로소득론은 지대론과 밀접하게 연결되어 있다. 리카르도의 차액지대론에 따르면 토지별 비옥도에 따라 생기는 이익의 차이, 즉 차액지대는 노동의 투입과는 관계없이 발생하는데, 이 차액지대가 지주의 지대수입으로 전환되므로 지대수입은 불로소득이 된다는 것이다. 또한 허드(R. Hurd)는 그의 저서 「도시지가의 원리」(Principles of City Land Values)에서 도시의 경제적 지대는 위치에 따라 차이가 나게 되며, 위치는 바로 편리함과 관련되어 거리로 축약되는데, 이 '거리'라는 것이 자연적인 산물이므로 위치에 따른 지대의 차이는 불로소득에 해당된다고 하였다. 마샬은 「경제학원론」(Principles of Economics)에서 토지의 소득인 지대는 개인이 수익을 얻기 위해 투자하는 자본이나 노동과는 본질적으로 다르기 때문에 이는 제3종의 소득개념으로 분류해야 한다고 하였다. 그는 이에 덧붙여 이 제3종의 소득개념은 일반적인 경제발전으로 인해 발생한 이익이므로 개인이 사유화할 수 없다고 하였다. 이러한 지대론과 불로소득론은 일반 사회·경제적 발전 때문에 발생하는 개발이익도 환수해야 한다는 입장이다.

한편, 부당이득론은 민법상의 부당이득 조항과 관련되어 있다. 「민법」에서는 어떤 행위로 우연히 이득을 얻게 되었다 하더라도 이로 인해 다른 사람이 재산상의 손실을 보았다면 부당이득으로 간주되어 이를 환수할 수 있도록 되어 있다. 이 경우는 반드시 다른 사람의 재산가치를 하락시켰을 때에만 환수가 가능하다. 그러나 실제로 다른 사람의 재산가치를 하락시키지 않았어도 다음과 같은 경우에는 개발이익을 환수해야 한다고 주장하는 이론도 있다. 첫째, 공공의 개발행위에 의해 지가가 상승하여 이익을 얻은 경우, 직접적으로 재산상의 손실을 입은 자는 존재하지는 않지만 타인의 재산이나 노력에 의해서 부당이익을 얻었으므로 개발이익을 환수해야 한다는 이론이다. 둘째, 도시개발은 대부분 정부나 지방공공단체 등 공공기관이 지출하는 공적 자금에 의해 이루어지는데, 이 공적 자금은 일반 시민들의 세금에 의해 조달된다. 그런데 일반 시민이 개발지역 인근의 토지를 구입하려고 할 경우에는 높은 가격으로 구입해야 한다. 이러한 의미에서 타인의 손실이 존재하므로 개발이익을 부당이득으로 보고 개발이익을 환수해야 한다고 주장한다. 이처럼 부당이득론의 입장에서는 토지 사유화로 인한 문제들을 방지하기 위해서 개발이익의 환수가 필요함을 강조한다.

2. 개발이익환수제도의 종류

환수대상, 수단, 발생범위로 구분 │ 개발이익환수제도에는 간주취득세(看做取得稅), 투기억제세, 양도소득세, 토지초과이득세, 수익자부담금, 개발부담금, 농지전용부담금, 산지전용부담금, 개발제한구역 훼손부담금, 공공용지부담 등이 있다.[29]

개발이익환수제도는 개발이익의 환수대상, 수단, 그리고 발생범위에 따라 유형을 분류할 수 있다. 먼저 개발이익의 환수대상이 실현된 이익이냐 미실현된 이익이냐에 따라 구분할 수 있다. 실현된 이익이란 토지매각을 통해 개발이익을 현금화한 경우를 말하며, 미실현 이익이란 토지를 매각하지 않아 아직 개발이익을 현금화하지 않은 경우를 말한다. 수익자부담금과 토지초과이득세가 미실현 이익을 대상으로 한 대표적인 개발이익환수제도이다. 나머지는 모두 실현된 이익을 환수대상으로 삼는다(표 7-13 참조).

---

29) 우리나라에서 현재 운영되지 않는 제도는 수익자부담금, 투기억제세, 토지초과이득세, 농지전용부담금 등이다. 이러한 제도들에 대한 언급은 필요할 때만 최소한으로 하였다.

한편 개발이익을 환수하는 수단에 따라 과세적 방법과 비과세적 방법으로 구분할 수 있다. 과세적 방법은 조세를 통해 개발이익을 환수하는 방법을 말하며, 비과세적 방법은 부과금과 같은 비조세적 수단을 통해 개발이익을 환수하는 방법을 말한다. 간주취득세, 양도소득세가 대표적인 과세적 수단이고 각종 부담금과 공공용지부담이 비과세적 수단이다.

그리고 환수대상이 되는 개발이익의 발생범위에 따라 최협의의 개발이익을 환수대상으로 삼는 제도와 협의의 개발이익을 환수대상으로 삼는 제도, 광

🔗 표 7-13 개발이익환수 제도의 구분

개발이익 발생범위 구분	환수의 유형		개발이익의 실현여부			지역 대상 범위	현재 운용 여부
	과세적 방법	비과세적 방법	실현	미실현			
				보유	개발		
최협의		· 수익자부담금제	○			◎	×
협의	· 간주취득세제					●	○
		· 개발부담금제			○	●	○
		· 농지전용부담금제			○	●	×
		· 농지보전부담금제			○	●	○
		· 산지전용부담금제			○	●	×
		· 대체산림자원조성비			○	●	○
		· 개발제한구역 훼손부담금제			○	●	○
		· 기반시설부담제		○		◇	×
		· 기반시설부담금제		○	○	□	×
		· 기반시설설치비용제			○	◇	○
		· 공공용지 감보			○	●	○
		· 주택재건축사업의 임대주택 공급의무제			○	●	○
		· 재건축부담금제			○	●	○
광의	· 투기억제세제					□	×
	· 양도소득세제		○			□	○
	· 토지초과이득세제		○	○		□	×

주: 지역대상범위에서 ◎는 공공사업의 주변지역, ●는 사업지역내, □는 지역범위의 제한이 없는
   것이며, ◇는 일정한 지역에 한정되는 것임.
자료: 류해웅, 「토지법제론」(제4판), 부연사, 2008, p. 501.

의의 개발이익을 환수대상으로 삼는 제도로 구분할 수도 있다. 최협의의 개발이익이란 공공투자로 인해 발생한 개발이익을, 협의의 개발이익이란 공공투자와 토지이용계획의 변경에 의해 발생한 개발이익을, 그리고 광의의 개발이익이란 공공투자와 토지이용계획의 변경, 그리고 사회·경제적 요인에 의해 발생한 개발이익을 말한다(류해웅, 2000a, pp. 480~482). 수익자부담금제도가 최협의의 개발이익을 환수대상으로 하는 제도이고, 양도소득세가 광의의 개발이익을 환수대상으로 삼는 제도이다. 나머지 제도는 모두 협의의 개발이익을 환수대상으로 삼는 제도이다. 우리나라 개발이익환수제도는 주로 공공투자와 토지이용계획의 변경에 의해 발생한 개발이익을 환수하고 있음을 알 수 있다.

개발이익환수제도 중 현재 시행되고 있는 제도로는 간주취득세,[30] 양도소득세, 개발부담금, 개발제한구역 훼손부담금, 공공용지부담[31] 등이 있다.

투기억제세는 부동산의 양도차익에 과세하기 위해 1967년에 도입된 제도이나 1974년 양도세제의 도입에 따라 폐지되었다. 토지초과이득세는 토지공개념제도의 일환으로 1989년에 도입되었으나, 미실현 이익에 대한 과세로 위헌시비에 휩싸이면서 1998년에 폐지되었다.

수익자부담금제도에 의한 수익자부담금은 여러 개별법에 의하여 부과되어 왔으나,[32] 부과구역과 관련된 기술적인 문제와 납부자의 반발 등으로 인하여 실제로 징수된 것은 도로수익자부담금뿐이었다. 이 부담금의 실적도 1981~1988년 사이에 연평균 14억 원에 불과하였다(이정식·김원희, 1996). 그나마 이것도 1989년에 개발부담금제도와 토지초과이득세가 도입되면서 대부분이 폐지되었고, 현재는 「댐건설 및 주변지역지원 등에 관한 법률」에 의한 댐건설수익자부담금제도만 남아 있다(류해웅, 2000a).

한편 토지초과이득세제가 위헌판정으로 폐지됨으로써 개발부담금제만 남

---

30) 간주취득세는 토지의 지목을 사실상 변경함으로써 토지가격이 증가한 경우 이를 취득으로 보아 취득세를 부과하는 제도를 말한다(지방세법 제105조).

31) 공공용지부담제도는 개발사업의 실시에 따라 해당 지역에서 필요한 공공용지를 사업시행자나 토지소유자에게 부담시키는 제도를 말한다. 현재 공공용지부담제도는 도시개발법에 의해 시행되고 있는데, 환지방식으로 도시개발을 할 경우 공공용지를 제외한 면적을 환지해 주며(이를 감보제도라고 부른다), 토지형질변경사업을 허가받을 경우 공공용지를 기부채납하는 제도가 있다.

32) 수익자부담금제도는 토지초과이득세와 개발부담금제도가 적용되기 이전에 실시되었던 핵심적인 개발이익환수제도였다. 수익자부담금의 부과대상은 「국토의 계획 및 이용에 관한 법률」에 근거한 도시개발사업, 「도시 및 주거환경정비법」에 의한 정비사업과 각 특별법에서 규정하고 있는 토지구획정리사업, 산업기지개발사업, 공원사업, 도로사업, 하천사업, 특정다목적댐 건설사업, 농지개량사업, 특정지역개발사업, 사방사업 등이었다(이정식·김원희, 1996).

표 7-14 개발이익환수제도의 변천

구분	연대	60년대	70년대	80년대	90년대	2000년대	폐지
과세적 방법	· 부동산투기억제세제 (1967. 11. 29)	────					1974. 12. 24
	· 양도소득세 (1974. 12. 24)		────────────────				
	· 간주취득세 (1970. 1. 1)	───────────────────					
	· 토지초과이득세제 (1989. 12. 30)				────		1998. 12. 28
비과세적 방법	· 수익자부담금제 (1962. 1. 20)	────────────					1989. 12. 30
	· 개발부담금제 (1989.12.30)				────────		
	· 농지전용부담금제 (1991. 11. 22)				────		2002. 1. 1
	· 산지전용부담금제 (1991. 11. 22)				────		2002. 1. 1
	· 개발제한구역 훼손부담금 (2000. 1. 28)					──	
	· 기반시설부담 (2002. 2. 4)					──	2006. 1. 11
	· 대체산림자원조성비 (2002. 12. 30)					──	
	· 주택재건축사업의 임대주택공급 의무화 (2005. 3. 18)					──	
	· 농지보전부담금 (2005. 7. 21)					──	
	· 기반시설부담금제 (2006. 1. 11)					──	2008. 3. 28
	· 재건축부담금제 (2006. 5. 24)					──	유예종료 2018년 부과
	· 기반시설설치비용제 (2008. 3. 28)					─	

자료: 류해웅, 「토지법제론」(제4판), 부연사, 2008, pp. 481~482 참고 재구성.

게 되었다. 그러나 난개발이 사회문제로 되자 2002년 2월 4일 제정된 「국토의 계획 및 이용에 관한 법률」은 기반시설이 갖추어진 개발이 이루어지도록 하기 위하여 기반시설부담을 제도화하였다.33)

기반시설에 대한 부담제도는 '기반시설부담'에서 출발하여 '기반시설부담금'을 거쳐 2008년 3월 법 개정에 의해 '기반시설설치비용'으로 전환되어 오늘에 이르고 있다. 기반시설부담구역을 지정한 지역에 대하여는 개발행위자가 기반시설설치비용을 부담하며, 도시계획시설설치와 관련하여 개발제한구역에서 해제된 집단취락에 대하여 국가 및 지방자치단체에서 우선 지원하고 있다.

한편 2001년 12월 31일 제정된 「부담금관리기본법」은 「농업·농촌기본법」에 의한 농지전용부담금(부칙 제8조 제3항)과 「산림법」에 의한 산지전용부담금을 폐지하였다(동조 제6항).

농지전용부담금34)은 폐지되었으나35) 농지조성비는 2005년 7월 21일 농지보전부담금으로 전환되었다. 산지전용부담금은 폐지되었으나 대체조림비는 2002년 12월 30일에 제정된 「산지관리법」에 의해 대체산림자원조성비로 전환되었다. 이상에서 살펴본 개발이익환수제도 중 비과세적 수단인 개발부담금제도에 대해 자세히 살펴보고, 과세적 수단들은 제8장 부동산세제에서 자세히 살펴보도록 한다. 그리고 2005년도부터 시행에 들어간 주택재건축 개발이익환수제도에 대해 살펴보도록 한다.

3. 개발부담금제도

사업시행자로부터
개발이익 환수
개발부담금제도는 토지공개념의 도입에 따라 1989년 12월 제정된 「개발이익환수에 관한 법률」에 근거한 제도

---

33) 기반시설설치비용에 대한 상세한 내용은 제4장 부동산 이용규제에서 다루었으므로 생략한다.
34) 1991년 11월 22일 개정된 「농어촌발전 특별조치법」에 의해 농어촌구조개선사업의 투자재원을 마련하기 위해 1992부터 농지를 다른 목적으로 전용하는 경우 조성비와 함께 징수하였으며, 1999년 2월 5일 제정된 「농업·농촌기본법」에 계승되었다. 그러나 농지전용부담금은 농지조성비와 중복되어 과도한 부담이 되므로 2001년 12월 31일 제정된 「부담금관리기본법」에 의해 폐지되었다.
35) 전용부담금은 개발부담금제도와 중복된다. 그리고 부담금제도란 공공사업으로 개발이익을 얻는 사람에게 해당 비용을 부과함으로써 개발이익을 환수하는 제도인데도 불구하고 공공비용이 전제되지 않는 전용이익(전용에 따른 이익)의 환수에 부담금 제도를 사용한다는 것은 논리적으로 설득력이 없었다. 전용부담금의 이런 모호함 때문에 한때 농지전용부담금과 농지조성비, 그리고 산지전용부담금과 대체조림비를 통·폐합해야 한다는 의견들이 나왔다.

로, 개발사업 시행으로 발생되는 개발이익을 사업시행자로부터 환수함으로써 토지투기를 방지하고 토지의 효율적 이용을 촉진하기 위해 도입된 제도이다.

개발부담금과 토지초과이득세는 모두가 불로소득적 지가상승 이익을 환수하는 장치이지만 그 적용대상에는 각기 차이가 있다.[36] 토지초과이득세가 개발사업지 인근에 발생하는 개발이익을 토지소유자로부터 환수하는 장치라고 한다면, 개발부담금은 개발사업지에서 발생하는 개발이익을 사업시행자로부터 환수하는 장치이다. 이는 개발사업에 대한 행정관청의 인·허가로 인해 사업시행자가 얻는 독점적 이익에 대한 반대급부적 성격을 가진다.

이러한 개발부담금제도의 부과대상은 택지개발사업, 공단단지조성사업, 관광단지조성사업, 도심재개발사업, 유통단지조성사업, 온천개발사업, 여객자동차터미널사업 및 화물터미널사업, 골프장건설사업 그리고 기타 대통령령이 정하는 사업 등 9개 사업 유형에 따른 개발사업에서 발생한 개발이익을 부과대상으로 한다.

개발부담금의 납부자는 사업시행자이며, 국가나 지방자치단체가 개발사업의 시행자일 경우에는 부담금이 면제되고, 한국토지주택공사 등 공공부문이 시행자일 경우에는 50%를 감면하고 있다. 만약 개발사업 도중에 사업시행에 관한 권리·의무가 승계된 경우에는 승계받은 자가 개발부담금을 납부해야 한다. 한편 징수된 개발부담금은 해당 지방자치단체에 50%를 귀속시키고, 나머지는 "국가균형발전 특별회계"를 통해 낙후지역 개발이나 토지 매수 등에 사용한다.

개발부담금액의 부과기준이 되는 개발이익은 개발사업 완료시의 지가에서 개발사업 착수시점의 지가와 개발비용, 정상지가상승분 등을 제한다. 즉, 개발이익은 토지가격 상승분(개발이후와 개발이전의 지가 차이)에서 개발비용과 정상지가상승분을 제한다. 부담금부과율은 개발이익의 25%이다.[37] 이때 사업완료시점은 준공인가일이며, 사업착수시점은 사업 허가일이며, 개발비용은 순공사비, 조사비, 설계비, 일반관리비, 기부채납(寄附採納)가액, 양도소득세액 등이다.

---

36) 토지초과이득세는 개발부담금 및 택지소유상한제와 함께 토지공개념의 3대 제도 중 하나였으나 헌법재판소로부터 헌법불일치 판정을 받았고 외환위기 이후 부동산의 경기 침체가 겹치면서 그 실효성이 다하여 1998년에 폐지되었다.

37) 정부는 외환위기로 얼어붙은 부동산경기를 활성화하기 위해서 1998년 8월 「개발이익환수에 관한 법률」을 개정, 1999년 말까지는 개발부담금 부과를 완전중지하고 2000년부터는 종전에 개발이익의 50%를 부과하던 부담금 부과율을 25%로 인하하는 특별조치를 단행하였다.

사업착수시점과 완료시점에서의 지가 산정 기준은 지속적으로 변화하고 있다.

4. 주택재건축 개발이익환수

(1) 주택재건축사업 임대주택 공급의무

2005년 도입, 4년 시행 후 폐지
재건축 소형주택건설로 전환 │ 주택재건축사업 임대주택 공급의무는 재건축 아파트에 대해 일정 면적의 임대아파트를 짓도록 하는 개발이익환수제이다. 정부는 2000년부터 2003년 사이에 주택가격이 큰 폭으로 상승하자 수차례에 거쳐 부동산 가격 안정대책을 세웠었다. 그러나 이런 정책이 제대로 통하지 않자, 2003년 10월 29일 주택시장안정 종합대책을 발표하였다. 이른바 10.29 조치에서는 주택거래신고제도 도입, 양도세 강화, 종합부동산세 조기 도입 등과 같은 강력한 주택가격 억제제도가 포함되어 있었다. 그리고 향후 시장동향을 보면서 주택거래허가제도와 재건축 초과이익환수제도의 도입여부를 검토하겠다는 2단계 대책까지 제시되었다. 10.29 대책에 따라 2003년 11월 5일 국토교통부에 부동산공개념 검토위원회가 구성되었으며, 동위원회에서 재건축개발이익환수제도가 검토되기 시작하였다. 정부가 재건축 개발이익환수제도를 검토하게 된 것은 재건축 대상 아파트가격의 상승이 주변지역 아파트가격의 상승을 유도한다는 판단 때문이었다.

재건축 대상 아파트에 대해 개발이익을 환수해야 한다는 주장의 근거는 '용적률 확대에 따른 이익의 발생'에 있다. 즉, 재건축 대상 아파트가격이 상승하는 것은 재건축시 적용되는 용적률이 이전의 용적률보다 높기 때문에 실제 토지 단위당 공간면적이 확대되고, 이로 인해 토지소유자들은 이익을 얻게 된다는 것이다.

과거 토지공개념 제도가 위헌판정으로 사문화된 것을 경험한 바 있는 정부는 위헌시비가 제기되지 않는 방법을 고안하게 되었다. 그 방법은 "재건축시 증가된 용적률의 25%[38])에 해당하는 면적만큼 임대주택을 지어 정부에 매각하도록 하되, 매각대금은 용적률 인센티브(임대주택 면적만큼 용적률을 추가로

---

38) 25%는 2005년 5월 17일 이후 사업시행인가를 받는 단지에 해당되는 임대주택 공급비율이며 그 이전에 사업시행인가를 받은 단지는 용적률의 10%에 해당하는 임대주택을 건설하게 되었다.

제공)와 표준건축비로 보상한다."는 것이다. 즉, 재건축 조합은 재건축시 늘어나는 용적률의 25%에 해당하는 주택을 정부(지자체나 한국토지주택공사 포함)에 매각하여야 하며, 정부는 매입한 주택을 임대주택으로 사용하는데, 매입주택의 건축비용은 정부가 고시하는 표준건축비로 보상하고 토지비는 임대주택이 제공되는 면적만큼 용적률을 추가로 제공함으로써 보상하는 것이다.

정부는 이 제도가 개발이익 환수효과 외에 재건축 대상 아파트 가격의 안정, 사회통합효과 등이 있다고 보고 있다. 우선 이 제도가 도입되면 재건축 조합원들의 토지지분은 5~11% 감소하게 된다. 토지지분이 감소하는 만큼 재건축에 따른 개발이익이 부분적으로 환수된다는 것이다. 또한 개발이익 환수에다가 '실제 건축비-표준건축비'만큼 재건축에 따른 비용이 추가되기 때문에 재건축 대상 아파트 가격이 하락하는 효과가 발생한다. 그리고 재건축 단지에 임대주택이 들어서면서 여러 계층이 혼합하여 살게 되는 사회적 혼합(social mix)이 가능해져 사회통합에 도움이 된다는 것이다.

그런데 재건축 개발이익환수제도는 개발이익환수제도로서의 역할보다는 주택가격 안정에 더 큰 의미를 두고 있었다. '재건축 대상 아파트 가격 상승이 주변 아파트의 가격을 상승시킨다.'는 가정 하에 도입되었으나 이러한 가정부터가 잘못된 것이었다. '재건축 대상 아파트 가격 상승이 주변 아파트의 가격을 상승시킨다.'는 가정에 대한 이론적 근거나 실증적 근거는 없고, 오히려 '재건축 대상 아파트 가격 상승이 주변 아파트의 가격을 상승시키지 않는다.'는 실증연구가 존재하고 있다.[39] 그리고 용적률 상승에 따른 미실현 개발이익을 환수하겠다는 제도의 취지는 여전히 형평성 시비를 낳고, 나아가 위헌 시비까지 부를 가능성이 있다. 왜 재건축에 대해서만 늘어나는 용적률에 대해 개발이익을 환수해야 하느냐는 원천적인 의문은 여전히 남아있는 것이다.

재건축 개발이익환수제도를 도입하기 위해 2004년 12월 말 주택재건축사업의 임대주택 공급의무화(제30조의2 신설) 내용으로 「도시 및 주거환경정비법」의 개정안을 국회에 제출, 2005년 3월 18일 법이 개정됨으로써, 2005년 5월 19일부터 수도권 과밀억제권역을 대상으로 시행에 들어갔다. 재건축 임대

---

39) 이용만·이상한(2004)은 재건축 대상 아파트 가격이 상승하기 때문에 주변지역의 아파트 가격이 상승하는 것이 아니라 주변지역의 임대료나 아파트 가격이 상승하기 때문에 재건축 대상 아파트 가격이 상승한다는 것을 이론적으로 밝히고 이를 실증한 바 있다. 이용만·이상한, "강남지역의 주택가격이 주변지역의 주택가격을 결정하는가?," 「국토계획」, 제39권 제2호, 2004, pp. 73~91 참조.

주택 의무비율을 적용받아 임대아파트를 건립한 재건축조합은 건물에 대해서는 표준건축비로, 토지는 공시지가로 보상받거나 임대아파트 건립에 따른 용적률 인센티브와 표준건축비를 택일해서 보상받을 수 있었다.

하지만 개발이익환수차원에서 도입된 재건축임대주택 공급의무는 4년간 시행된 이후, 2008년 11.3 대책에서 법안이 개정되어 2009년 4월 22일 폐지되었다.[40] 재건축임대주택 공급의무 조항이 적용되지 않는 대신에, 사업시행자는 법적상한용적률에서 정비계획으로 정해진 용적률을 뺀 용적률의 30% 이상 50% 이하로서 시·도 조례로 정하는 비율에 해당하는 면적에 주거전용면적 $60m^2$ 이하의 소형주택(재건축소형주택)을 건설하는 것으로 바뀌었다.[41]

(2) 재건축부담금

**주택재건축사업의 초과이익
환수 장치** │ 재건축사업에서 발생되는 초과이익을 환수함으로써 주택가격의 안정과 사회적 형평을 기하여 국민경제의 건전한 발전과 사회통합에 기여한다는 목적으로 만들어진 재건축개발이익환수 장치의 하나로 2006년 5월 24일 제정된 「재건축초과이익 환수에 관한 법률」에 의해 시행되고 있다.

재건축초과이익은 재건축사업으로 인해 정상주택가격 상승분을 초과하여 재건축 조합 또는 조합원에게 귀속되는 주택가액의 증가분으로서 동법 제7조의 규정에 의해 산정된 금액을 말하며 재건축부담금은 재건축초과이익 중 동법에 따라 국토교통부장관이 부과·징수하는 금액을 말한다. 징수된 재건축부담금은 국가에 50%, 당해 특별시·광역시·도·제주특별자치도에 20%, 당해 시·군·구(자치구)에 30% 각각 귀속된다. 국가 귀속분은 국민주택기금의 재원으로 활용되고 지자체 귀속분은 도시·주거환경정비기금 또는 재정비촉진특별회계 또는 국민주택사업특별회계의 재원으로 귀속된다. 그리고 국토교

---

40) 당시 법 개정의 취지를 보면 다음과 같다. 재건축 사업은 도심지 내 주택공급이라는 순기능에도 불구하고 과거 주택가격 급등기에 마련된 과도한 규제로 더 이상 추진되지 못하고 있는 바, 재건축사업에 대한 임대주택 건설의무를 폐지하고 용적률을 완화함으로써 장기적인 주택수급 안정을 통해 도심지 내 재건축 소형주택의 공급기반을 구축하기 위해 주택재건축사업의 주택규모 및 건설비율을 합리적으로 개선·보완하려는 것이다.

41) 이후 2014년 4월 20일 「도시정비법 시행령」 개정안을 입법예고하여, 서울시와 경기도에서도 재건축사업시 소형주택 의무비율 관련 조례를 폐지하여, 다른 지역과 마찬가지로 $85m^2$ 이하 주택을 60% 이상 건설하면 된다.

통부장관은 국민주택기금에 귀속된 재원을 지자체가 운용하는 도시주거환경정비기금이나 재정비촉진특별회계나 국민주택사업특별회계의 재원으로 특별시·광역시·도·제주도특별자치도와 시·군·구에 각각 50%씩을 지원해야 한다.

재건축부담금 부과개시시점은 재건축사업을 위하여 최초로 구성된 조합설립추진위원회가 승인된 날을 원칙적으로 기준하며, 부과종료시점은 재건축사업의 준공인가일로 한다. 납부 의무자는 사업시행인가 고시일로부터 3개월 이내에 국토교통부령이 정하는 바에 따라 재건축부담금 산정에 필요한 자료를 국토교통부장관에게 제출하여야 한다. 그리고 국토교통부장관은 부과종료시점부터 4개월 이내에 재건축부담금을 결정·부과하여야 한다. 재건축부담금을 통지받은 납부의무자는 부담금에 이의가 있는 경우 사전통지를 받은 날로부터 50일 이내에 심사를 청구할 수 있다. 최종적으로 납부의무자는 부과일로부터 6개월 이내에 재건축부담금을 납부하여야 한다. 2008년 6월 5일 법 개정을 통해 수도권 외의 지방에서 시행되는 재건축사업 중 2009년 6월 30일까지 관리처분계획의 인가를 신청한 사업에 대하여는 재건축부담금을 징수하지 않도록 하여 지방의 주거환경을 개선하고 지역경제를 활성화하고자 하였다.[42]

2012년 12월 18일 법 개정을 통해 2014년 12월 31일까지 관리처분계획의 인가를 신청한 재건축사업에 대해서 재건축부담금을 면제하였다. 2008년 글로벌 위기 이후 침체된 주택시장을 안정시키고 재건축사업을 활성화하기 위한 조치였다. 2014년 2월 19일 정부는 '재건축 초과이익환수제 폐지'를 골자로 하는 연두 업무보고를 통해 초과이익환수제도 폐지, 소형주택공동의무비율 완화 등을 추진하였고 2017년까지 재건축부담금 적용유예가 적용되었다.

2018년 재건축부담금 정상부과 | 2017년말을 기준으로 재건축부담금 적용유예가 종료되어 2018년부터 예정대로 정상부과됨에 따라 제도의 본격적 시행안이 마련되고 있다. 이미 사업시행인가를 받은 조합의 경우 3개월 이내에 재건축 부담금 예정액 산정을 위한 기초자료를 관할 시·군·구에 제출하여야 하며, 자료를 제출받은 관할 시·군·구는 1개월 이내에 예정

---

42) 지방의 경우 재건축부담금 등 다양한 개발이익환수 장치로 인하여 조합원의 원활한 동의를 구하기가 곤란하고, 사업성 또한 불투명하여 사업추진에 어려움을 겪고 있음을 감안한 개정이었다.

액을 통지하여야 한다. 이에 따라 2018년 5월부터 재건축부담금 예정액 통지가 이루어지며, 조합은 통지받은 재건축부담금을 반영하여 관리처분계획을 수립하여야 한다. 세부적으로 재건축부담금의 산정식은 다음과 같다.

재건축부담금 = 〔종료시점 주택가액 - (개시시점 주택가액 + 정상주택가격 상승분 총액 + 개발비용)〕× 부과율

개시시점 주택가액	• **개시시점의 공시주택가격 총액**에 공시기준일부터 개시시점까지의 정상 주택가격상승분을 반영한 금액 * 부과개시시점부터 종료시점까지 10년 초과시 종료시점부터 역산하여 10년이 되는 날을 부과시점으로 함
정상주택 가격상승분	• 개시시점 주택가액에 **정기예금이자율 또는 평균주택가격상승률 중 높은 비율**을 곱하여 산정한 금액
개발비용	• **공사비, 설계감리비, 제세공과금, 조합운영비** 등 조합운영 및 주택건설 전반에 소요된 비용
종료시점 주택가액	• ① 조합원 분양가격(준공시점 공시가격), ② 일반분양분 주택가격, ③ 소형주택인수가격을 합산한 금액
부과율	• **조합원 평균이익에 따라 0~50%까지 누진적용** * 조합원 1인당 3천만원까지 면제

그리고 적용되는 부과율은 다음과 같다.

📀 표 7-15 조합원 1인당 평균이익별 부과율

조합원 1인당 평균이익	부과율 및 부담금 산식
3천만원 초과 ~ 5천만원 이하	3천만원 초과금액의 10% × 조합원수
5천만원 초과 ~ 7천만원 이하	(200만원 + 5천만원 초과금액의 20%) × 조합원수
7천만원 초과 ~ 9천만원 이하	(600만원 + 7천만원을 초과금액의 30%) × 조합원수
9천만원 초과 ~ 1억 1천만원 이하	(1,200만원 + 9천만원 초과금액의 40%) × 조합원수
1억 1천만원 초과	(2,000만원 + 1억 1천만원 초과금액의 50%) × 조합원수

자료: 「재건축이익환수법」 제12조(부과율)(2020. 6. 9.).

이후 2022년 9월 29일에는, 8월 16일 발표한 '국민 주거안정 실현방안'의 후속조치를 포함한 '재건축부담금 합리화 방안'을 발표했다.[43] 재건축부담금의 부과기준을 현실화하고자, 면제금액이 기존 3천만원에서 1억원으로 상향되고 부담금을 매기는 초과이익 기준 구간도 2천만원 단위에서 7천만원 단위로 넓혀 조정된다. 초과이익 산정 개시시점도 '추진위원회 구성 승인일'에서 '조합설립 인가일'로 조정한다. 또한 공공임대나 공공분양으로 주택을 매각한 경우에는 해당 금액을 초과이익에서 제외하며, 1세대 1주택 장기보유자(6년 이상, 준공시점)의 부과금은 주택준공시점부터 역산하여 보유기간에 따라 부담금을 10~50% 추가로 감면한다. 그리고 경제적 여력, 종합부동산세 규정 등을 고려해 만 60세 이상인 1세대 1주택 고령자에게는 상속·증여·양도 등 해당 주택 처분 시까지 부담금 납부를 유예할 수 있도록 한다.

5. 개발제한구역 훼손부담금제도

개발제한구역 훼손 억제 및 관리 재원 확보 | 개발제한구역 훼손부담금은 2000년 1월 「개발제한구역의 지정 및 관리에 관한 특별조치법」의 제정과 함께 도입된 제도로, 개발제한구역 내에서 법에서 허용한 개발허가를 받은 자에게 부과하는 부담금이다(법 제20조).

개발제한구역 훼손부담금이란 개발제한구역의 훼손을 억제하고 개발제한구역의 관리를 위한 재원을 확보하기 위하여 허가를 받고 할 수 있는 행위의 규정 또는 존속 중인 건축물 등에 대한 특례에 의한 허가(토지의 형질변경허가 또는 토지의 형질변경이 수반되는 허가의 경우에 한하며, 다른 법령의 규정에 의하여 허가가 의제되는 협의를 거친 경우를 포함)를 받은 자에 대하여 부과·징수하는 것을 말한다. 따라서 이 부담금은 구역의 훼손억제와 관리재원의 확보를 위해 부과하는 것이기 때문에 다른 부담금과는 그 성격을 달리하고 있다 그러나 개발행위의 허가에 대하여 부과하는 것이기 때문에 개발이익의 환수기능도 아울러 지니고 있다.

---

43) 지난 2006년 도입되었으며, 2차례 유예되면서 2022년 9월 현재 확정액이 부과된 단지는 없지만 전국 84개 단지에 예정액이 통보된 상태이다.

6. 외국의 개발이익환수 제도

(1) 영 국

가장 오랜 역사 보유
과세형 환수기법 발달

영국은 개발이익환수제도[44)]에 있어서 가장 오랜 역사를 가지고 있는 나라이다. 1903년에 「주택 및 도시계획법」(Housing and Town Planning Act)에서 개발허가지역에서의 개발이익과 손실을 다루기 시작한 이래, 노동당이 집권할 때마다 개발이익환수를 위한 많은 제도들이 제안되었다. 노동당 시기에 제안된 제도들로는 1947년의 개발부담금제(development charge),[45)] 1967년의 개발이익과징금제(betterment levy), 1976년의 개발토지세(development land tax) 등을 들 수 있다.

영국의 부동산 관련 세제에는 기업레이트(uniform business rates), 자산이전세(capital transfer tax), 자본이득세(capital gain tax), 소득세(income tax), 개발토지세 등이 있다(김성배·서순탁, 1993). 기업레이트는 법인을 대상으로 하는 부동산 보유과세이다. 개인이 보유하는 부동산에는 과세하지 않는다. 종래의 레이트는 지방세여서 각 지방정부가 독자적으로 세율을 정하였으나 기업레이트는 전국적으로 통일된 기준에 의해 부과된다. 자산이전세는 우리나라의 증여세 및 상속세에 해당하는 세금으로서, 자산이전가액을 대상으로 부과되며 생전증여(生前贈與)와 유증(遺贈) 및 상속(相續)에 따라 각기 다른 세율이 적용된다. 또한 소득세와 자본이득세는 둘 다 부동산을 처분할 때에 발생되는 이익에 대해서 과세한다. 하지만 전자는 사업소득으로 인정되는 경우에 한해 과세되고, 후자는 사업소득으로 인정되지 않는 경우에 과세되는 것으로서 불로소득을 사회에 귀속시킨다는 의미가 있다. 마지막으로 개발토지세는 토지를 처분할 때 순수입에서 다음 세 가지 중 납세자에게 가장 유리한 최고가격을 뺀 차액을 과세표준으로 삼아 부과하는 조세이다.

① 토지취득비용, 현재이용가치의 증가분, 개량비용의 합계

---

44) 이 부분은 김성배·서순탁, 「용도지역 변경에 따른 개발이익 환수방안」, 국토개발연구원, 1993을 주로 참고하였다.

45) 개발부담금제는 용도지역에서 허용되지 않는 토지이용으로 용도변경 허가가 승인되었을 경우에 계획이득에 대한 부담금을 100% 부과하는 제도이다.

② 처분시 현재이용가치의 115% 및 개량비의 합계
③ 토지의 취득비용 및 개량비 합계액의 115%

영국은 이러한 과세형 환수기법 이외에도 시설정비부담형이 존재한다. 영국의 계획시스템은 계획허가제이기 때문에 단순한 용도지역변경 행위도 허가 대상에 해당된다. 이때 여러 지방정부들은 1970년대 이래 관행상 개발이익환수 수단으로 계획이익(planning gain)이라는 것을 시행하였다. 계획이익이라는 것은 조건부 허가와 유사한 개념으로 개발허가를 조건으로 하여 지방정부와 협의를 통해 개발업자로 하여금 공공시설을 위한 비용을 부담하도록 하는 제도이다.

(2) 미 국

헨리조지 등 토지개혁사상가의 영향
일반적 부동산세제에 의존한 환수

미국은 일찍부터 헨리 조지(H. George)와 같은 토지개혁 사상가에 의해 토지에서 발생되는 개발이익에 대한 논의가 이루어져 왔다.

미국에서는 개발이익을 일반적인 세제에 의존하여 환수하고 있으므로 부동산세제를 우선적으로 살펴보아야 한다. 미국의 부동산세제에는 고정자산세(real property tax), 소득세(income tax), 부동산거래세(real property transfer tax, real estate transfer tax), 부동산양도차익세(gains tax on real property transfers) 등이 있다. 이 가운데 고정자산세는 부동산보유세로서 평가액은 지방정부에 의해 독자적으로 결정되지만 지역간 격차를 해소하기 위해 주정부가 조정하며, 주택과 비주택을 구분하는 경우가 많다. 소득세는 부동산 처분과세로서 1년을 기준으로 장·단기를 구분하여 단기보다는 장기를, 개인보다는 법인에 대해 우대 세율을 적용하고 있다. 부동산거래세는 토지, 건물, 선취특권 또는 유치권(先取特權 또는 留置權, lien), 저당권 등을 포함하는 일정금액 이상의 매매가격에 대해 과세하는 것이며, 양도차익세는 일정금액 이상의 양도차익에 대하여 일률적으로 10%의 세율로 과세하는 것이다.

한편, 비과세형 개발이익환수 제도로서, 캘리포니아주에서 채택하고 있는 공공시설부담금(development impact fee) 제도와 환경개선부담금(mitigation fee) 제도 등이 있다. 공공시설부담금 제도는 개발업자가 허가를 받을 때에 개발에

의해 영향을 받게 되는 도로나 공원, 학교 등과 같은 공공시설의 추가적인 소
요에 근거하여 부과금액을 납부하는 제도이다. 그리고 환경개선부담금 제도는
도시계획이나 용도지역변경, 조건부 개발허가시에 허가의 조건으로 납부하도
록 되어 있으나 현재는 거의 시행되지 않고 있다.

이 외에도 개발이익환수 제도로는 개발권양도제(TDR)가 있다. 개발권 양
도제는 1961년에 로이드(Lloyd)가 처음으로 개념을 정립한 후, 토지이용규제,
개발촉진, 보상, 공공녹지확보, 역사적 건물의 보전 등을 위한 종합적인 정책
수단으로 광범위하게 활용되고 있다. 이 제도는 불로소득을 얻는 개발지역 내
의 토지소유자와 개발억제로 인해 손해를 입는 지역의 토지소유자간의 경제
적인 불공평을 완화하기 위해서 도입되었다. 이때 개발권을 면적비례로 단순
하게 배분하는 방법(Morr안)과 지가비례에 따라 배분하는 방법(New Jersey안),
그리고 양자를 절충하여 기존 시가지를 중심으로 도심에서 가까운 지역을 더
높게 평가하여 면적당 개발권을 산정하여 배분하는 방법(Sonoma County안) 등
이 있다.

(3) 독 일

**별도의 환수장치 부재
부동산관련 세제에 의존** │ 독일은 미국과 유사하게 별도의 개발이익 환수장치
없이 부동산관련세제가 개발이익 환수기능을 수행
하고 있다. 독일의 부동산세제에는 부동산 보유과세로 부동산세(grundsteuer)
가 있으며, 부동산 취득과세로 상속·증여세, 목적출연세, 부동산취득세 등이
있다. 그리고 부동산 수익에 대한 과세로 법인세, 소득세, 영업세 등이 있다.
부동산세는 농지와 산림에는 더 낮게 과세하고 있으며, 법인세와 소득세의 경
우에는 양도차익과 임대료 수익에 대하여 과세하고 있다(김성배·서순탁, 1993).

위에서 언급한 과세형 제도 이외의 부담금 징수제도로는 조정부과금제도
와 지구시설부담금제도가 있다. 조정부과금제도는 재개발지정지역 내의 토지
소유자에 대하여 재개발로 인한 지가상승분을 해당 지방정부에 부담금으로
납부하는 제도이고, 지구시설부담금제도는 지구 내의 도로, 광장, 녹지, 공해
방지시설 등의 편익시설 설치로 직접 이익을 누리는 토지소유자나 지상권자
에게 시설정비 비용의 일부를 부담시키는 제도로, 현재 광범위하게 사용되고
있다.

(4) 프랑스

토지투기 방지책 일환으로 토지세제 활용 │ 프랑스에서는 1960년 이래 토지투기 방지책의 일환으로 토지세제가 활용되어 왔기 때문에 처분과세의 성격이 강하다는 점이 특징적이다.

프랑스의 부동산보유에 관한 세금으로는 건축 부동산세와 비건축 부동산세가 있다. 건축 부동산세는 건축물 부속토지에 부과되는 세금으로, 당해 지방정부가 주택, 상업 및 업무, 공업의 3등분으로 구분하여 각기 다른 누진세율을 적용하고 있다. 이에 비해 비건축 부동산세는 토지수익에 따라 정해지는 임대가액에서 20%를 공제한 나머지 부분이 과세표준이 된다.

또한, 부동산 수익에 관한 세금으로는 비영업용 부동산증가세, 영업용 부동산양도차익세, 부동산거래업자에 대한 과세, 건설이득에 대한 과세 등이 있다. 이 가운데 비영업용 부동산증가세는 비영업용 부동산의 양도에 의해 생기는 자본이득에 대하여 부과하는 세금으로 부동산 투기를 방지할 목적으로 제정된 것이다.

한편 비조세적 방법으로 법정상한밀도제(法定上限密度制, PLD: plafond légal de densit)가 운용되고 있는데, 이 PLD의 기준치를 초과하는 경우에 초과부담금을 납부하도록 하고 있다. 초과부담금의 징수를 통해 확보된 재원은 지방정부의 선매권, 토지수용권 등을 행사하는 데 사용된다.

(5) 일 본

우리나라와 매우 유사 │ 일본의 개발이익환수 제도는 우리나라와 매우 유사하다. 과세형 환수 수단으로는 양도소득세, 고정자산세, 지가세 등이 있으며, 비과세형 환수 수단으로서는 「도시계획법」상의 수익자부담금제, 토지구획정리사업의 감보제도, 택지개발요강에 의한 개발자부담금과 공공시설설치 및 정비 의무 등이 있다.

과세형 환수 수단 가운데 양도소득세는 종합소득세 형태로 운용되고 있다. 단기간에 발생한 개인의 양도소득세는 장기양도소득세에 비하여 중과하고 있다는 점이 우리나라와 유사하나 그 기간에는 차이가 있다. 또한 고정자산세와 지가세는 토지보유과세이며, 이 중 지가세는 자산으로서의 토지의 유리함을 감소시키기 위해 1990년에 도입되어 1992년부터 시행되고 있다.

❂ 표 7-16 각국의 개발이익환수제도

구 분	종 류		환 수 제 도
구역 비설정형	토지증가세형		양도소득세(영, 미, 독, 프, 일), 개발토지세(영)
	토지보유세형		기업레이트(영), 설비지방세(프), 부동산세(독), 고정자산세(미, 일), 지가세(일), 종합토지세(한), 토지초과이득세(한)
구역 설정형	부담금형	토지 소유자 부담형	특별부담금(미), 조정부담금(독), 지구시설부담금(독)
		개발자 부담형	PLD(프), 개발자부담금(일), 전용부담금(한), 개발부담금(한)
	시설정비 부담형	감보형	토지구획정리사업(독, 일, 한)
		공공 시설 부담형	토지구획규제(미), planning gain(영), 조건부계획허가(영)
	원천적 환수형		토지 국·공유화, 임대제도(스, 싱, 이), 공적토지 취득시 - 기준지가제도(프, 독), 초과수용제도(프)

주: 영-영국, 미-미국, 독-독일, 프-프랑스, 일-일본, 스-스웨덴, 싱-싱가포르, 이-이스라엘, 한
　 -한국
출처: 김성배·서순탁(1993)의 p. 88 표와 허재영(1993)의 pp. 255~262의 내용을 정리함.

▪ **7.** 개발이익환수제도의 문제점

개발이익 측정의 어려움과 │ 개발이익의 환수문제는 토지제도에 있어서 매우
환수 부작용 존재 　　　　│ 중요한 문제이며, 더불어 다음과 같은 여러 가지
어려운 문제들을 가지고 있다(이정식·김원희, 1996).

첫째, 현실로 관찰되는 지가상승분 중에서 토지이용규제나 공공투자에 의
한 지가상승분만을 분리하여 측정하기란 매우 어렵다. 개발사업의 계획, 시행
에 영향을 받는 실제지가 상승분에서 개발사업과 무관한 요인들(예를 들어, 방
만한 거시경제운용, 인구증가, 민간에 의한 투자사업, 유사업종 또는 계층의 집적 등)에

의한 지가상승분을 차감해야 하지만 후자는 관찰이 어렵다는 문제점이 있다.

둘째, 공공투자에 의한 개발이익을 측정할 때, 개발이익을 얻는 토지의 공간적 범위를 구획하기가 힘들다는 점이 있다. 공공투자 지역에 인접한 토지일수록 가격이 크게 오르며, 이와 멀어질수록 지가상승폭이 작아지는 것이 일반적이다. 그러나 공공사업의 성격과 규모, 주변의 토지이용 여건에 따라 지가상승의 폭과 범위가 달라지기 때문에 일률적인 기준으로 제도화하여 운영하는 데에는 큰 무리가 따른다. 토지초과이득세가 애초에 공공투자 대상지 주변지역의 개발이익 환수수단인 개발이익금제로부터 출발하였으면서도 특정개발사업과의 연계를 갖지 않도록 구상된 이유도 개발의 영향권을 구획하는 문제를 회피하려고 했기 때문이다.

셋째, 보편적인 자본이득의 환수수단으로서 토지 처분단계에서의 자본이득세(예: 양도소득세)가 존재할 경우, 토지개발단계에서의 개발이익만을 별도로 환수하는 것이 왜 필요한지에 대한 개발이익 환수의 개념적 문제가 발생하게 된다. 이는 개발이익 환수의 중복적용이라는 비판을 야기하기도 하지만 양도소득세 등의 자본이득을 목적으로 하는 조세들이 제대로 기능을 발휘하지 못하고 있는 현실에 근거하여 수행되고 있다.

넷째, 개발이익의 환수에 따른 부작용이 있다. 예를 들어, 개발이익의 환수로 인하여 개발사업이 위축되고, 최종소비자에게 부담금이나 조세가 전가되기도 한다.

제 5 절 개발손실의 보상

█ 1. 손실보상의 대상 및 논란

개발손실에 대한 보상의 실제 적용에는 한계 │ 토지개발이 이루어지면 지가가 상승하는 것이 일반적이지만 경우에 따라서는 개발로 인하여 지가가 하락하고 토지소유자의 재산가치가 감소하기도 한다. 개발로 인하여 지가의 하락이 생기는 것을 개발손실이라고 하며, 이 개발손실에 대한 보상은 개념적으로는 개발이익과 상응한 것으로 간주되어 부(負)의 개발이익으로 본다(최창식, 1984).

개발이익 환수의 대상과 일치하는 개발손실 보상의 대상은 다음과 같다. 첫째, 정부의 도시계획의 결정이나 변경으로 발생하게 된 손실, 둘째, 정부의 개발허가나 기존 허가의 수정이나 변경으로 인하여 발생하는 손실, 셋째, 정부나 공공기관의 직접적인 개발행위로 발생하는 손실이다. 그런데 첫 번째 경우에는 일반적인 용도지역제의 지정이나 변경(특히, 개발제한구역 지정)과 관련된 논쟁이 있다.

헌법에는 "공공 필요에 의한 재산권의 수용·사용 또는 제한 및 그에 대한 보상은 법률로써 하되, 정당한 보상을 지급하여야 한다."고 규정되어 있어, 공공행위로 인한 재산권 침해에 대하여 손실보상이 가능하도록 되어 있다(헌법 제23조). 그런데 이 헌법 조항을 실제로 적용하는 데 있어서 해석상의 문제가 제기된다. 1971년에 개발제한구역 지정으로 인한 손실보상 여부에 대한 법무부의 유권해석에 따르면, "법령에 의한 건설부장관의 개발제한구역의 지정에 의하여 사용이 제한되는 것은 재산권의 본질을 침해한 것으로 볼 수 없을 뿐더러 나아가 개발제한구역의 지정이 있다 하더라도 동 구역 내의 재산권, 특히 토지소유권은 그대로 인정되고 계속 사용·수익할 수 있으며, 다만 그 현상을 현저히 바꾸는 행위만을 제한하는 것이므로 이러한 경우를 헌법 제20조 3항(현행 헌법 제23조 3항)이 말하는 재산권의 수용·사용 또는 제한이라고 볼 수 없고 따라서 보상의 문제는 일어나지 않는다."라고 해석하였다(김성배·서순탁, 1993). 이러한 법무부의 해석의 이론적인 근거는 뒤에서 언급할 현저한 재산가치감소 접근법에 의한 것이었다.

2. 손실보상과 관련된 이론

공공수용과 공용제한에 의한 재산상 침해 정부의 행정으로 인하여 발생하는 개인의 재산상에 침해에 대한 보상문제는 종래 크게 두 가지 경우로 구분하여 접근해 왔다(김성배·서순탁, 1993). 첫째, 공공수용(taking)이다. 이것은 공공사업을 위하여 개인의 재산을 수용하는 경우로 정당한 보상이 이루어지게 된다. 둘째, 공용제한(regulatory taking)이다. 이것은 소유권의 변동은 없으나 정부 규제로 인하여 재산권의 행사에 제한이 가해지는 경우이다. 공용제한과 관련하여 손실보상이 있어야 하는가에 대한 여러 가지 견해가 있는데, 대표적으로 전통적 접근법과 현저한 재산가치감소(substantial diminution of the value) 접근법, 유해한 사용 접근법(noxious use approach), 1964년과 1971년의 삭스(Sax)의 이론, 1967년의 마이클램(Michelamn)의 이론 등이 있다.

첫째, 전통적 접근은 사회통념상 인정될 수 있는 한도를 넘어선 특별한 희생이 있었을 경우에만 보상하는 것이 옳다고 보는 입장이다. 이때, 특별한 희생에 대해서는 다음과 같은 이론이 있다.

① 재산권의 침해행위가 개별적인가 일반적인가를 구분한 뒤, 개별적인 경우에 한해서 보상을 해야 한다는 이론
② 침해행위의 경중, 범위, 침해행위의 본질과 강도 등을 고려하여 본질적으로 재산권을 침해한 경우에 한해 보상해야 한다는 이론
③ 여러 가지 요소를 종합적으로 고려하여 재산권에 대한 침해가 사회적 정의나 공평의 원칙에 어긋나는 경우에 보상해야 한다는 이론

둘째, 현저한 재산가치감소 접근법은 정부의 행정규제가 재산가치의 현저한 감소를 초래한 경우에 한해서 손실에 대한 보상이 이루어져야 한다는 이론이다. 그러나 이 이론은 어느 정도가 현저한 감소인지를 결정하기 어렵다는 한계와 보상의 기준을 시장가격에 의존한다면 시장가격에 반영되지 않는 재산의 주관적 가치에 대해서는 보상에서 제외된다는 한계가 있다.

셋째, 유해한 사용 접근법은 행정규제가 현저한 재산가치의 감소를 초래하더라도 규제로 금지되는 행위가 공공의 건강과 안전에 유해한 것으로 판정될 경우에는 손실보상이 필요없다는 이론이다. 그러나 이 접근법은 무엇이 유해한지를 규정하기 어렵다는 점과 토지소유자의 이해관계를 고려하지 않아 토지소유자의 반발을 유발한다는 한계가 있다.

넷째, 삭스(Sax)는 1964년 정부의 규제 목적에 따라 손실보상 여부를 결정해야 한다고 주장하였다.46) 그에 따르면, 정부가 민간인 간의 이해관계를 조정하기 위하여 규제를 가했을 경우에는 손실보상 의무가 없으나, 정부가 스스로의 이득을 위하여 규제를 가했을 경우에는 손실보상 의무가 존재한다는 것

---

46) Sax, J., "Taking and Police Power", *Yale Law Journal*, Vol. 74, 1964, pp. 36~76.

이다. 또한 1971년에는 정부가 외부효과를 초래하지 않는 행위에 대하여 규제 했을 경우에도 보상해야 한다고 주장하였다.47)

다섯째, 마이클램(Michelamn)은 보상여부를 결정함에 있어서 토지이용 규제의 시행으로 인해 발생하는 효율성의 증가, 보상할 때 발생하게 되는 부대비용, 보상하지 않을 때 발생하는 사회적 도덕성하락 비용 등의 변수를 고려해야 한다고 주장하였다.48) 여기서 도덕성하락 비용은 정부규제가 보상이 없이 시행될 경우, 생산적 활동의 감소로 인하여 발생하는 비용을 의미한다. 만약 효율성 증가가 부대비용과 도덕하락 비용의 합보다 클 경우에는 정부가 보상하지 않을 수도 있다고 하였다.

3. 개발손실보상제도

(1) 손실보상의무자 및 보상액의 산정

손실보상액과 보상률 │ 원칙적으로 개발손실의 보상의무자는 개발이익의 징수권자 내지는 개발손실의 원인제공자이다. 만일 개발이익의 징수권자나 개발손실의 원인제공자가 지방자치단체일 경우에는 개발손실에 따른 보상의무자 역시 지방자치단체이고, 중앙정부일 경우에는 중앙정부가 손실보상의 의무자가 된다. 그러나 개발이익을 관리하는 개발기금이 지방자치단체에 설치되어 있을 경우에는 징수권자나 원인제공자가 중앙정부라 하더라도 지방자치단체가 손실보상을 하게 된다.

손실보상과 관련하여 가장 복잡한 것은 보상액에 관련된 문제이다. 보상액과 관련된 문제는 크게 두 가지로 나뉜다.

첫째, 현저한 재산가치감소 접근법에 따를 경우 현저한 재산가치의 수준이 어느 정도인가를 결정하는 문제이다. 우리나라에서 수익자부담금제도의 경우, 현저한 개발이익을 대략 자연 상승치의 두 배 이상이라고 보고 있는데 손실 역시 이를 그대로 준수할 것인가에 대해서 문제가 제기된다.

---

47) Sax, J., "Takings, Private Property and Public Rights", *Yale Law Journal*, Vol. 81, 1971, pp. 149~186.

48) Michelamn, F., "Property, Utility, and Fairness: Comments on the Ethical Foundation of Just Compensation Law", *Harvard Law Review*, Vol. 80, 1967, pp. 1165~1258.

둘째, 만일 손실이 현저하다고 인정될 경우에 개발손실의 전액을 보상할 것인지 아니면 개발손실의 일부를 보상할 것인지도 문제가 된다. 토지수용의 경우 완전보상을 채택하고 있는 것에 비추어 개발손실도 전액 보상해야 하겠지만, 개발이익 역시 전액 환수하지 않는 것에 비추어 볼 때 개발손실의 일부만 보상해야 한다는 의견도 있다. 이때 보상액이 전액보상인지 일부보상인지는 보상률의 문제이다.

(2) 개발손실보상제도

개발이익환수제도에 비해 제도화 매우 미흡 ｜ 개발이익이 공공사업의 시행, 토지이용계획의 결정이나 변경, 사회·경제적 요인에 의해 발생하듯이 개발손실도 공공사업이나 토지이용계획의 결정 및 변경, 사회·경제적 변화에 의해 발생한다. 이 중에서 개발손실에 대한 보상이 문제가 되는 것은 공공사업과 토지이용계획의 결정·변경으로 인해 발생하는 손실이다. 사회·경제적 변화에 의한 개발손실은 거의 문제시되지 않으며, 현실적으로 나타나는 경우가 드물다.

개발이익의 환수제도가 다양하게 마련되어 있는 것과는 달리 개발손실의 보상에 대해서는 거의 제도화되어 있지 않다. 현재 공공사업이나 토지이용계획의 결정·변경에 따른 손실에 대해 직접보상은 이루어지지 않고 있다. 다만 공공사업의 경우 공공사업지구 내에 포함된 토지는「공익사업을 위한 토지 등의 취득 및 보상에 관한 법률」에 의해 정부가 수용을 하고 그에 대한 보상이 이루어진다. 그리고 공공사업지구 내에 포함되어 있지 않지만 공공사업으로 인해 손실을 입었을 경우에는 간접보상이 이루어진다. 여기서 간접보상이란 어떤 토지가 공공사업지구에 포함되어 있지는 않지만 공공사업으로 인해 토지 본래의 기능을 발휘할 수 없을 때 이루어지는 보상을 의미한다. 예를 들어 도로나 댐건설로 인해 교통이 두절됨으로써 경작이 불가능해진 농지가 있을 경우, 해당 농지를 사업지구 내에 포함되어 있는 것으로 간주하여 이를 매수함으로써 보상이 이루어진다. 그러나 공공사업으로 인해 주변지가가 하락함으로써 입는 손실(사업손실)에 대해서는 보상이 이루어지지 않고 있다.

표 7-17 개발손실보상제도의 구성

구분	원인행위	제도	지역범위	권리구제방법	현재운용 여부
협의의 개발손실	토지이용계획 및 도시계획의 결정·변경	용도지역·지구·구역의 지정·변경	당해 토지	보상	×
				매수청구권	△
		도시계획시설의 설치를 위한 결정	당해 토지	보상	×
				매수청구권	○
	공공사업의 시행	공공사업	당해 토지	보상	○
			주변지역	간접보상	○
				사업손실보상	×
광의의 개발손실	사회경제적 요인	—	모든토지	보상	×

주: 현재 운용여부에서 ×는 제도화가 되어 있지 않는 것. △는 부분적으로 제도화하고 있는 것.
   ○는 제도화가 되어 운용중인 것을 나타냄.
자료: 류해웅, 「토지법제론」(제4판), 부연사, 2008, p. 502에 있는 표의 일부 내용 수정.

토지이용계획이나 도시계획의 결정 및 변경으로 인한 손실은 매수청구권에 의해 부분적으로 이루어지고 있다. 현재 개발제한구역 내에 있는 토지, 「국토의 계획 및 이용에 관한 법률」에 의해 도시계획시설로 지정되었으나 장기간 사업이 시행되고 있지 않은 토지나 토지거래허가구역에서 거래 불가(不可)처분을 받은 토지, 「농지법」에 의해 농지처분명령을 받았으나 매수자가 없어 처분하지 못하고 있는 농지 등에 대해서 매수청구권이 주어진다.

제6절 새로운 유형의 부동산개발

1. 새로운 유형의 개발방식

도시개발법 제정으로 다양한 개발방식 도입 | 최근에는 토지소유자를 토지개발사업에 능동적으로 참여시키면서 동시에 공공주체와 합동으로 사업을 추진하는 토지합동개발 방안이 새로운 토지개발방식으로 고려되고 있다. 특히 「도시개발법」의 제정은 이를 현실적으로 더욱 가능하게 하고 있다

고 할 수 있다.

합동개발의 개념에 입각하여 현재 우리나라에서 시행되고 있거나 시행되고 있지는 않지만 도입 가능성이 있는 사업은 여러 가지가 있다. 예를 들어 재개발사업, 환지 방식에 의한 개발사업(기존의 토지구획정리사업), 차지(借地)개발, 토지신탁개발사업, 토지의 피분양자에 의한 선개발방식(先開發方式), 등가교환, 제3섹터에 의한 개발, 부동산투자회사(REITs: Real Estate Investment Trusts) 등 부동산개발금융기법을 이용한 개발사업 등이 있다.

토지 피분양자에 의한 선개발 방식은 토지소유자로부터 해당토지를 협의매수 또는 수용하여 취득한 후 토지의 원소유자가 배제된 상태에서 개발사업이 이루어진다. 이에 비해, 토지신탁개발, 차지개발, 등가교환에 의한 개발은 토지 원소유자의 실질적 소유권의 변동 없이 사업의 초기단계에서부터 완료 단계에까지 토지 원소유자가 어떤 형태로든 참여하게 된다. 등가교환에 의한 토지개발은 광고·분양·자금 조달 등의 복잡한 업무를 수행하기 힘든 토지소유자가 토지의 일부나 전부를 제공하고 개발업자는 제공받은 토지에 건축물을 건설하여 토지의 일부와 건물의 일부를 교환하는 방식이다. 차지개발이란 개발자가 토지소유자로부터 특정 토지에 대한 이용권을 설정받아 그 토지를 개발하고 건축물을 건설한 후, 해당 건축물을 제3자에게 양도 또는 임대하거나 개발자가 직접 이용하는 방식을 의미한다.

여기에서는 새로운 유형의 토지개발방식 혹은 도시개발방식으로서 제3섹터 개발방식과 부동산개발금융기법을 활용한 부동산개발방식으로서 토지신탁개발과 부동산투자회사, 부동산집합투자기구 및 프로젝트금융투자회사를 활용한 부동산개발방식에 대해 개략적으로 살펴보고자 한다.

2. 제3섹터 개발

공공부문과 민간부문의 파트너십 │ 제3섹터(the third sector)는 원래 상호 대립하는 두 섹터(즉, 공공부문과 민간부문)에 대해서 그 어느 쪽도 아닌 제3의 부문이라는 의미로 사용된다. 따라서 제3섹터란 넓은 의미로 제1섹터(public sector)도 아니고 제2섹터(private sector)도 아닌 제3의 부문, 좀 더 구체적으로는 국가나 지방자치단체의 활동분야도 아니고 민간부문의 활동분야도 아닌 양자의 성격을 동시에 갖는 부문을 말한다. 그러나 최근 들어서는 제3섹터라는 개념을 정부(또는 지방자치단체)와 민간기업의 공동출자에 의해 형성·운영되는 파트너십에 의한 민관공동출자회사라는 의미로 사용되고 있다. 구체적으로 제3섹터가 뜻하는 바에 관해서는 국가별로 상이한 내용을 보이고 있을 뿐만 아니라 사용하는 사람에 따라서도 약간의 차이를 보이고 있다.

(1) 미국에서의 제3섹터 개념

제3섹터라는 용어는 1970년대 초 미국에서 등장하기 시작하였다. 미국을 중심으로 논의되기 시작한 공익집단으로서의 제3섹터는 "공공부문과 민간부문 모두에 의해서 간과되고 있는 문제의 해결을 지향하는 활동을 제도화하기 위해 만들어진 조직"을 의미하는 것으로서, 제1섹터(연방·주정부)도 아니고, 제2섹터(민간)도 아닌 독립섹터로서의 재단, 교회, 자선단체, 노동조합 등 공익적 시민단체(비영리단체: Non-Profit Organization)를 가리킨다. 이들 제3섹터는 실업자·고령자 등 약자구제, 교육, 레크레이션, 의료서비스, 신기술개발, 도시재개발, 공해방지, 불량청소년 선도, 인종차별 폐지 등 많은 분야에서 중요한 역할을 수행하였다(이규환, 1994).

상기 내용을 분석해 볼 때 미국에서의 제3섹터는 공공부문과 민간부문을 영리·비영리라는 기준을 중심으로 구분하고 그 중에서 양자의 속성을 동시에 지닌 부문을 가리키는 것으로 비영리·비기업·비정부기관이라는 포괄적인 개념으로 형성되었다고 하겠다.

(2) 일본에서의 제3섹터 개념

일본에서 사용된 제3섹터라는 용어는 미국의 제3섹터 개념에서 차용한 것이지만 내용은 다소 다르다. 일본에서는 제3섹터의 개념을 공공·민간의 혼합방식에 의한 새로운 사업주체로 정의하고 있다. 사업주체로서의 제3섹터라는 용어가 처음으로 공식화된 것은 1973년 2월에 각의(閣議)에서 결정된 "경제사회기본계획"에서였다. 이에 앞서 1969년 5월 "신전국총합개발계획(新全國總合開發計劃)"에서 제3섹터를 공공·민간의 혼합방식에 의한 새로운 사업주체로 기술하였다(이기우·김상미, 1991). 즉, 일본에서는 제3섹터를 공공부문(제1섹터)과 민간부문(제2섹터)이 공동으로 출자한 사업경영형태 혹은 공사, 협회, 기금, 주식회사 등 그 명칭 여하에 관계없이 「민법」, 「상법」에 근거한 법인으로서 하나의 지방자치단체가 25% 이상 출자하고 있는 법인 등을 의미한다.

(3) 기타 서구에서의 제3섹터 개념

독일의 경우 민관합동방식의 사업을 혼합기업이라 부르며, 그 개념은 공기업과 민영화의 중간단계이다. 즉 독일에서의 제3섹터는 일차적으로 순수 공기업이 등장하고 발전한 후, 공기업에서 나타났던 문제점들을 보완·극복하기 위한 대안으로서 발전·확대된 것이라는 설명이다.

프랑스의 경우는 제3섹터를 혼합경제회사로 부르며, 공적 통제를 받는 일종의 주식회사로서 공공단체와 사기업의 중간성격으로 보고 있다.

이 밖에도 영국에서는 지역경제의 활성화와 민간기업의 힘을 유도할 목적으로 엔터프라이즈 존(Enterprise Zone: 기업유치지역)을 지정하고, 민관의 공동출자형태인 '도시개발공사'를 설립하여 도시개발사업을 추진하고 있는데, 여기서는 중앙정부의 역할이 강조되는 특징을 갖고 있다.

(4) 도시개발법의 제정과 제3섹터

정부에서는 본격적인 지방자치제 실시와 다양해지고 복잡해지는 지방행정 수요를 충족시키기 위한 방안의 하나로 일본의 제3섹터 제도와 여건을 분석하여 우리 실정에 맞는 제3섹터형 지방공사 설립을 「지방공기업법」을 근거로 1990년부터 추진해 오고 있다. 지방자치단체 외의 개인이나 법인이 지방공기업의 운영을 위해 필요한 경우, 자본금의 50%를 초과하지 않는 범위에서 출자 및 증자에 참여할 수 있도록 하고 있다. 한편 「도시개발법」의 제정은 도시개발분야에 제3섹터 방식의 사업 가능성을 열어놓았다. 「도시개발법」의 시행자는 도시개발사업 시행자에 대한 사항(본 장 제2절 2. 도시개발사업)을 참조하기 바란다(법 제11조).

도시개발을 할 수 있는 자로서 법 제11조 11항에 제3섹터(정부나 지자체 또는 정부투자기관과 민간인의 결합체)를 지정하고 있음을 알 수 있다. 앞으로 제3섹터에 의한 도시개발이 활성화될 수 있을 것으로 기대된다. 이를 위해서는 각국의 민관협력제도뿐만 아니라 그 제도와 함께 발전해 온 규제와 계획수법 등에 대한 체계적인 적용이 요구된다. 즉 일본의 총합설계제도, 건축협정 등과 미국의 계획단위개발(PUD), 개발권양도제(TDR), 개발협정, 주택환경지구(HQZ) 등 선진적 기법이 함께 활용될 때, 민간과 공공이 서로의 이익을 위해 공공적 개발을 추진해 나갈 수 있을 것이다.

(5) 민간참여의 효과와 한계

도시개발에 민간이 참여하는 것은 다음과 같은 여러 가지 효과를 낳을 것으로 기대된다. 첫째, 공공부문의 재정적 부담을 민간부문에 넘길 수 있게 된다. 이렇게 되면 공공부문이 해오던 업무를 다른 부문으로 이전할 수 있어서 비용절감이 기대되고 다른 시급한 인프라에 대한 투자가 가능하게 된다. 둘째, 민간의 축적된 경영기법과 기술을 사회적으로 활용함으로써 보다 탄력적인 도시개발이 이루어질 수 있다. 셋째, 민간경제의 활성화로 인해 경쟁체제 하에서 양질의 도시서비스를 제공받을 수 있다. 넷째, 경제원리에 다른 수익자 부담의 원칙으로 자원의 효율적 활용을 도모할 수 있다.

그러나 이러한 효과는 결국 다른 한편으로는 다음과 같은 이유로 인해 민간참여의 한계로 작용할 수도 있다(계기석, 1999). 첫째, 민간참여에 있어 민간기업의 수익성과 사회의 공익성의 조화가 어려울 수 있다. 수익성만을 추구하는 개발은 사업의 공공성을 훼손할 수 있으며, 사회적으로 필요한 공공재를 과연 민간 기업이 제공할 수 있을 것인지에 대해서 의문을 제기하지 않을 수 없다. 둘째, 대부분의 도시개발사업은 투자규모가 크고 투자자본의 회수기간이 길며 미래에 대한 불확실성이 존재하므로 투자의 리스크가 존재한다. 이것이 민간참여를 근본적으로 제약할 수 있다. 셋째, 시장 메커니즘에 의한 효율성을 지나치게 강조한 나머지 수혜 계층·지역간의 형평성이 무시될 수도 있다. 특정한 공공재화 또는 서비스가 완전히 시장 메커니즘에 의해 공급될 때 지역간 불평등의 문제를 조장할 가능성이 높다. 넷째, 민간 부문에 의해 도시개발이 이루어짐으로써 도시개발이익이 사유화되기 쉬울 수 있으며 만일 그 과정이 투명하지 않을 경우에는 특혜시비가 생겨날 우려가 있다. 다섯째, 도시개발을 담당한 민간기업의 운영이 부실해질 경우, 주민들에게 공급할 서비스의 질이 낮아질 수 있다. 이상에서 살펴본 것과 같이 도시개발에 있어서 민간의 참여가 이루어지더라도 다양한 요소를 동시에 고려해야 한다. 따라서 공공부문에서 이루어지던 개발을 민간이 참여할 수 있도록 한 만큼 정부는 개발사업을 투명하고 공정하게 관리하고 지역간 불평등의 문제를 조정할 수 있는 새로운 기능이 요구된다고 하겠다.

3. 개발금융기법을 이용한 부동산개발

(1) 신탁제도를 활용한 부동산개발

분양형 토지신탁과 | 신탁제도는 영국에서 발전한 제도로 신탁설정자인 위탁임대형 토지신탁 | 자와 신탁을 인수하는 자인 수탁자와의 특별한 신임관계를 바탕으로 위탁자가 특정의 재산권을 수탁자에게 이전하거나 기타의 처분을 하고, 수탁자로 하여금 일정한 자(수익자)의 이익을 위하여 또는 특정한 목적을 위하여 그 재산권을 관리·처분하게 하는 법률관계를 뜻한다(신탁법 제1조). 이때 의뢰인(위탁자)-인수인(수탁자)-수익자가 있게 되며, 의뢰인이 수익자일 수도 있으며 제3자일 수도 있다. 전자를 자익(自益) 신탁, 후자를 타익(他益) 신탁이라 한다. 여기에서 토지신탁이란 신탁자산이 토지인 경우를 의미한다. 토지신탁개발의 구조를 살펴보면, 우선 위탁자는 자신의 소유 토지의 효율적 이용을 통해서 수익을 올릴 목적으로 수탁자와 신탁계약을 체결한다.

수탁자는 위탁자를 위해 ① 최적의 토지이용방법을 검토하고 사업계획을 작성하고, ② 자체 자금이나 금융기관으로부터의 차입자금을 이용하여 건설하며, ③ 건설 완료 이후 신탁목적에 따라 건축물을 분양하거나 임대하여 수익을 얻으며, ④ 수익금에서 차입자금의 원리금, 관리비, 신탁보수 등의 비용을 제외한 나머지를 수익자에게 배당하며, ⑤ 신탁기간 완료 후 분양된 토지나 건물을 제외한 나머지는 위탁자에게 반환하는 과정을 거치게 된다(허재영, 1993).

이러한 토지신탁개발은 공급대상(택지상태, 택지와 건축물 동시 공급)과 공급방식(분양, 임대)에 따라 6가지 유형으로 구분할 수 있다(그림 7-4 참조). 토지신탁개발은 다음과 같은 이유로 토지개발과는 다르게 토지의 효율적 이용을 촉진할 수 있다는 장점을 가지고 있다.

첫째, 토지소유자는 수탁자가 자금 및 기술을 끌어들여 토지의 효율적 이용을 할 수 있도록 하므로, 신탁토지로부터의 안정적이고 장기적인 수익을 기대할 수 있다. 둘째, 당초 토지를 분양하지 않았을 경우에는 신탁기간 종료 후 위탁자에게 반환되므로 토지에 대한 소유권을 잃지 않는다. 셋째, 토지개발계획, 건설업자 선정, 분양 및 관리 등에 대해 위탁자는 신경 쓸 필요가 없다. 넷째, 신탁기간이 만료되지 않더라도 수익권을 매각하거나 이를 담보로 별도의 자금을 조달할 수 있다. 다섯째, 신탁기간 중에는 토지소유권이 수탁자에게 이전되어 위탁자의 채권자가 해당 토지에 대해 강제집행을 할 수 없다. 여섯째, 공신력 있는 수탁자가 분양 및 임대를 하므로 실수요자를 안심시킬 수 있다. 일곱째, 수탁자가 토지개발이나 주택건설과 관련된 공공기관이라면 신탁보수도 받으면서 주택건설이나 토지개발 등의 업무를 추진할 수 있다.

그러나 토지신탁은 장점에도 불구하고 적지 않은 단점을 가지고 있다. 우선 위탁자의 입장에서는 수익권의 유동성이 매우 떨어진다는 점이다. 수익권을 매각할 수는 있지만 수익권을 매매하는 시장이 존재하지 않기 때문에 현실적으로 이를 매입할 사람을 찾기가 어렵다. 수익원을 담보로 자금을 조달할 수도 있지만 이는 어디까지나 차입이기 때문에 자신의 부채로 남게 된다.

🔁 그림 7-4) 신탁제도를 활용한 부동산개발의 유형

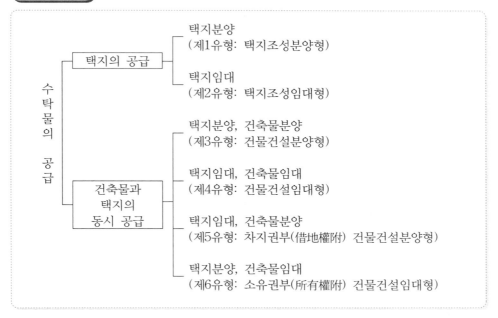

수탁자의 입장에서는 개발자금의 조달에 상당한 어려움을 안고 있다. 토지개발의 경우 상당한 자금이 소요되기 때문에 수탁자는 보통 차입을 통해 개발자금을 조달한다. 그러나 만약 부동산경기의 불황으로 개발한 부동산의 분양이나 임대가 부진할 경우 곧바로 경영난에 빠지게 된다. 수탁자는 개발에 따른 모든 위험을 단독으로 부담하기 때문에 부실해지기 쉽다. 우리나라에는 「신탁업법」에 의해 부동산신탁회사들이 설립되어 있지만 1997년 외환위기 이후 부동산의 분양과 임대가 부진해지면서 부실의 늪에 빠진 적이 있었다.

(2) 부동산투자회사를 통한 부동산개발

개발전문 부동산투자회사 2007년 도입 | 부동산투자회사(REITs: Real Estate Investment Trusts)는 다수의 투자자로부터 자금을 조달한 후 이를 부동산 등에 투자하는 제도를 말한다. 보통 주식회사나 신탁회사의 형태로 회사를 설립한 후 투자자를 모집하고, 이렇게 모집된 투자자들로부터 자금을 조달받아 부동산 등에 투자를 하며, 투자한 부동산 등으로부터 나오는 투자수익을 투자자들에게 배당의 형태로 분배하게 된다.

부동산투자회사(REITs)를 이용한 토지개발은 신탁제도를 이용한 토지개발과 유사하다. 즉 토지소유자가 토지를 제공하고 부동산투자회사는 이 토지를 개발하게 된다. 그러나 여기에는 다음과 같은 근본적인 차이를 갖고 있다. 우선 토지소유자는 토지 제공의 대가로 보통 부동산투자회사로부터 출자지분(주식)을 받게 되는데, 토지소유자는 이를 증권시장에 매각함으로써 손쉽게 유동성을 확보할 수 있다는 장점이 있다.

토지개발을 주도하는 부동산투자회사의 입장에서는 다수의 투자자들로부터 모집한 자금으로 개발사업을 수행하기 때문에 위험이 분산되는 효과가 있다. 개발한 부동산의 분양이나 임대가 부진할 경우 투자자들의 지분가치는 떨어지겠지만 그렇다고 부동산신탁회사처럼 차입금의 원리금을 상환하지 못해 파산하는 경우는 드물다. 물론 부동산투자회사(REITs)도 차입을 통해 개발자금을 조달할 수는 있지만 대부분 주식발행을 통해 자금을 모집하기 때문에 부동산 분양이나 임대가 부진하더라도 유동성 위기에 빠질 가능성은 낮다. 즉, 부동산투자회사(REITs)를 이용한 개발사업은 신탁제도를 이용한 개발사업의 단점을 보완한다는 점에서 매력적인 제도라고 할 수 있다.

그림 7-5   현물출자를 통한 토지개발 방식

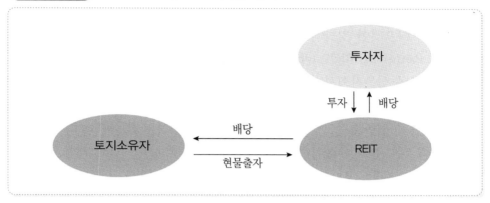

부동산투자회사(REITs)를 이용한 토지개발에는 대략 다음의 두 가지 방식이 있다. 하나는 토지소유자가 부동산투자회사에 직접 토지를 현물출자하고, 부동산투자회사는 현물출자 받은 토지를 직접개발하는 방식이다(그림 7-5 참조). 또 다른 방식은 부동산개발을 위한 조합을 설립한 후 토지소유자는 토지를 출자하고, 부동산투자회사는 현금을 출자하여 개발한 후 각자 지분대로 이

그림 7-6   개발조합을 통한 토지개발 방식

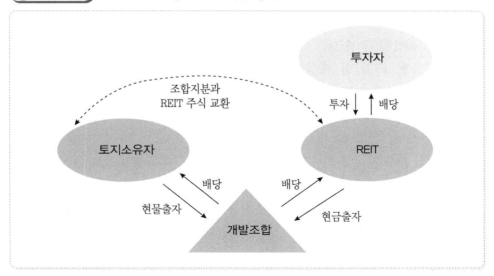

익을 나누어 갖는 방식이다.

이때 토지소유자의 조합지분은 추후에 부동산투자회사의 주식과 맞교환하는 계약을 맺는 것이 일반적이다(그림 7-6 참조). 이런 방식을 흔히 UP REITs (Umbrella Partnership REITs)라고 부른다.

정부는 부동산투자회사가 부동산개발사업에 직접 활용되도록 하는 개발전문부동산투자회사(이하, 개발전문리츠)를 2007년 7월 13일 「부동산투자회사법」을 개정하여 도입하였다.[49] 부동산개발사업에 투자운영을 목적으로 설립되는 개발전문리츠의 경우 총자산의 전부(70% 이상 투자의무)를 부동산개발사업(부동산개발사업으로 조성하거나 설치한 토지·건축물 등의 임대사업을 포함)에 투자할 수 있도록 법률적 근거를 마련한 것이다.

개발전문리츠는 자산의 전부를 부동산 개발사업에 투자하여 직접 개발사업을 하거나 직접 개발한 부동산을 임대하는 방식으로 운영한다. 영업인가를 위하여 사업계획서를 작성하여 부동산투자자문회사의 평가를 거쳐야 하며 영업인가시 평가위원회를 설치하여 개발전문가, 금융전문가, 개발담당공무원이 평가할 수 있도록 했다. 개발자금 외의 여유자금은 금융기관에 예치해야 하며 국공채 매입으로 제한하고 있다. 개발전문리츠는 상호에 '개발전문부동산투자회사'라는 명칭을 사용하도록 규정하고 있으며 부동산개발사업 투자에 대한 특례에 따라 상장의무를 적용받지 않는다. 필요에 따라 자기관리형, 위탁관리형, 기업구조조정(CR; Corporate Restructuring) 부동산투자회사 3가지 중 하나의 형태로 운영할 수 있다.

2010년 4월 15일 법 개정으로 개발전문리츠의 설립 및 운영을 저해하는 문제였던 여유자금의 운영방법, 최저자본금준비기간이 끝날 때까지 발행 주식 총수의 100분의 30 이상 공모, 그리고 최저자본금준비기간이 지난 후에 1인당 주식소유한도 준수 등을 개선하였다. 개발전문리츠의 여유자금의 운영방법에 국·공채와 유사한 수준의 금융기관 발행채권 등 대통령령으로 정하는 증권의 매매까지 허용하고, 주식공모 의무 및 1인당 주식소유한도 준수 의무를 일정기간 유예하였다. 그리고 대토보상을 원활히 하고 개발전문리츠의 설립을 활성화하기 위하여 대토보상지에서 개발사업을 실시하는 개발전문리츠에 대

---

49) 개발전문 부동산투자회사의 경우, 투자하는 부동산개발사업에 관하여 관계 법령에 따른 인가·허가 등이 있기 전까지는 발행하는 주식을 일반의 청약에 제공할 수 없다.

표 7-18 개발전문부동산투자회사의 주요 특징

구분	내 용
정의	• 자산의 전부(100%, 종전 30%)를 부동산개발사업에 투자·운영할 목적으로 설립되는 부동산투자회사
리츠종류	• 자기관리, 위탁관리, 기업구조조정 가능
자산운용	• 직접 개발사업을 하거나 직접 개발한 부동산을 임대하는 방식
영업인가	• 개발전문부동산투자회사는 사업계획서를 작성하여 부동산투자자문회사의 평가를 거쳐야 함(제26조 제3항) • 사업계획서에는 개발대상토지, 추진계획 등 대통령령이 정하는 사항이 포함되어야 함 • 영업인가시에 평가위원회를 설치하여 개발전문가, 금융전문가, 개발담당 공무원으로 하여금 평가하게 할 수 있음
여유자금	• 금융기관에의 예치, 국공채 매입 + 은행채권 등 증권매매 가능
적용예외	• 리츠주식 상장 전에도 개발사업에 투자 가능(제26조 제1항), 금융위원회 감독(제39조의2) 적용 배제 • 차입한도 완화(자기자본의 10배, 종전 2배), • 주식공모의무 기간(개발사업 인허가 후 1년 6개월) • 1인당 주식소유한도 준수의무 기간(개발사업 인허가 후 6개월) • 주식공모의무 면제(국민연금 등이 30% 이상 지분 참여시, 공동주택 임대사업시) 등 • 대토보상권 현물출자(대토보상지에서 개발사업 시)
명칭	• 상호 중에 '개발전문부동산투자회사'라는 명칭 사용

해 대토보상권을 현물출자할 수 있게 하였다.

이후 2012년 12월 18일 법 개정에서는 대형 부동산의 부동산투자회사 편입을 도모할 수 있도록 부동산투자회사의 자본금과 관련하여 현물출자를 제한하는 규정을 삭제하여 현물출자를 자율화하였다.[50] 대신 현물출자가액 산정의 적정성을 담보하기 위하여 감정평가업자에게 감정평가를 받게 하였다.

그리고 2013년 6월 4일 법 개정을 통해 공동주택의 임대사업에 투자하는 부동산투자회사에 대한 예외기준을 마련하였다. 최근 사회구조의 변화와 1인 가구 증가로 임대주택에 대한 수요가 점증하는 상황을 반영하여, 총자산의 전

---

50) 기존에는 현물출자로 발행하는 주식의 액면총액은 부동산투자회사의 자본금의 100분의 50을 초과할 수 없었다.

부를 공동주택의 임대사업에 투자하는 부동산투자회사의 경우 주식 공모 의무를 면제하고, 1인당 주식소유한도 규제를 적용받지 않게 함으로써 임대주택 공급의 확대에 부동산투자회사를 적극 활용하고 있다.

(3) 부동산집합투자기구(펀드)를 통한 부동산개발

다양한 형태의 집합투자기구 | 부동산집합투자기구(펀드, 이하 부동산펀드)는 부
설립 가능 | 동산투자회사와는 달리 자산운용회사에 의하여
투자신탁형 등으로 설립된 후 자산운용회사나 판매회사를 통하여 기관투자가 및 개인투자자에게 판매되는 구조이다.[51]

이렇게 투자자로부터 모집된 자금은 수탁회사에 보관되고 자산운용회사의 지시에 따라 자산의 취득 및 처분을 이행한다. 또한 부동산펀드는 자산운용회사의 독단적인 자산운용 행위를 수탁회사가 실질적으로 견제할 수 있도록 함으로써 투자자의 이익보호 기능이 한층 강화되었다. 현재 부동산펀드가 부동산투자회사에 비해 상대적으로 급성장하고 있는데, 이는 감독기관이 금융 및 세제지원을 하기 유리한 위치에 있기 때문이다. 현재 부동산펀드의 특징은 실물자산을 매입하여 운용하는 펀드보다는 부동산개발프로젝트금융(PF; Project Financing) 등 단기대출 중심으로 자금을 운용하는 경향이 크다.

부동산펀드는 크게 개발형, 임대형, 대출채권형(PF형), 경·공매형 등으로 구분할 수 있다. 개발형은 특정건물을 건축해 곧바로 매각하는 것을 목적으로 자금을 모집하는 펀드를 지칭한다. 임대형은 오피스건물을 직접 건축하거나 완공된 건물을 매입한 다음 이를 임대해 얻은 수익을 배당하고 만기 시에 빌딩을 매각해 시세차익을 투자자에게 돌려주는 구조다. 경·공매형은 법원의 경매 부동산이나 한국자산관리공사 등의 공매부동산을 매입해 임대 또는 매각으로 얻은 수익을 투자자에게 돌려주는 구조다. 반면 대출채권형은 부동산을 기초로 한 PF의 대출채권을 편입해 수개월 단위로 이자수익금을 투자자에게 분배하고, 해당사업 종료 후에는 사업차익을 나눠주는 형태이다.

---

51) 투자신탁 및 투자회사 외에 투자유한회사(상법상 유한회사)·투자합자회사(상법상 합자회사)·투자익명조합(상법상 익명조합) 및 투자조합(민법상 조합) 방식으로 운용할 수 있다.

☑ 표 7-19   부동산펀드와 부동산투자회사의 비교

구분	부동산펀드(부동산집합투자기구)	부동산투자회사(리츠)
법령	• 「자본시장과 금융투자업에 관한 법률」(기획재정부 소관)	• 「부동산투자회사법」 (국토교통부 소관)
감독기관	• 금융위원회 / 금융위원회 등록	• 국토교통부 / 국토교통부 영업인가
자본금 규모	• 투자회사: 등록당시 자본금 1억원 이상 • 투자유한회사, 투자합자회사, 투자유한책임회사, 투자합자조합 및 투자익명조합: 자본금 또는 출자금 1억원 이상	• 설립당시 자본금: 5억원 이상 (자기관리형은 10억원 이상) • 영업인가 후 6개월 후: 자기관리형은 70억원 이상, 위탁관리형 및 기업구조조정 형은 50억원 이상
추가 자산매입	• 실질적으로 만기까지 불변	• 적정한 절차를 거쳐 수시로 가능
자산운용	• 자산운용사, 은행, 보험 등 금융기관	• 자산관리회사
표방증권	• 수익증권 또는 주식	• 주식
환금성	• 상장을 통한 매매가능 • 폐쇄형 상품은 만기전 환매불가	• 상장을 통한 매매가능
부동산 투자한도	• 부동산펀드: 50% 이상 투자	• 총자산의 70% 이상 투자(최저한도)
주요 투자대상 및 종류	• 부동산개발사업 자금대여 • 수익성부동산 매입 • 개발사업투자(지분투자) • 임대형, 대출형, 개발형, 경·공매형	• 수익성 부동산 매입 • 개발사업투자(지분투자) • 임대형, 대출형(개발사업)
공시의무	• 사모펀드보다 높음	• 공모형 펀드보다 매우 높음
투자자 소득	• 실질적으로 배당뿐	• 배당 • 주식 양도차익
배당조건	• 임의	• 수익의 90% 이상
현물출자	• 사모일 경우 가능	• 자본금의 50% 이내
세제혜택	• 취득세: 3배 중과 배제 가능 • 법인세 - 신탁형: 과세대상 아님 - 회사형: 90% 이상 배당시 공제	• 취득세: 3배 중과 배제 가능 • 법인세 - 자기관리: 혜택없음 - 위탁/CR: 90% 이상 배당시 공제

자료: 백성준 외(2019), 부동산자산관리개론, 한국부동산자산관리사협회, 참조하여 보완.

2009년 2월 3일 법 개정으로 적격투자자만을 대상으로 하는 사모집합투자기구가 도입되었다(제249조의2 신설). 사모집합투자기구에 대한 규제가 외국에서 운용되는 이른바 헤지펀드(hedge fund)에 비하여 더 엄격하여, 적격투자자만을 대상으로 하는 별도의 사모집합투자기구를 만든 것이다.

운용주체를 집합투자업자로 제한하고 대상 투자자는 대통령령으로 정하는 적격투자자로 제한하되, 자산운용에 관한 규제는 일반 사모집합투자기구에 비하여 완화하였다. 사모집합투자기구의 도입으로 집합투자업자는 최소한의 규제만 받으면서 혁신적인 투자전략 및 투자기법을 개발·활용할 수 있게 되고, 투자자는 새로운 금융투자상품에 투자할 기회를 갖게 되었다.

(4) PFV(프로젝트금융투자회사)방식을 활용한 부동산개발

2004년 법인세법과 조세특례 제한법 개정으로 도입 | 2001년에 국내 내수진작을 통한 경제 활성화를 목적으로 특별법 형태로 '프로젝트금융투자회사법안'이 의원입법으로 발의되었다. 당시 이 법안은 명목회사(Paper Company) 형태의 프로젝트금융투자회사(PFV: Project Finance Vehicle, 이하 PFV)의 설립근거를 마련하고, 설립 및 운영과정에서의 금융 및 세제상의 부담을 해소하며, 사업성이 있는 프로젝트에 대한 자금지원을 하기 위해서 추진되었다. 그러나 PFV법은 2001년부터 2003년간의 부동산시장 과열로 인해 부동산 투기과열에 대한 염려로 2년이 넘도록 입법화되지 못하였다가 결국 자동 폐기되었다.

입법추진 당시에도 사업자와 금융기관 등이 공동으로 출자하여 별도의 실체가 있는 SPC를 설립하여 회사와 특정사업을 분리하는 프로젝트금융 기법이 부분적으로 활용될 수는 있었다. 하지만 실체를 가지고 특정사업을 추진하는 SPC는 법인세를 납부하고 이익 배당시 그 회사의 출자자는 배당소득세도 납부하며, 사업자가 SPC에 현물 출자하는 경우 그 출자과정에서 취득세 및 등록세를 납부해야 했다. 특히 금융관계법령에 의하여 기업 및 금융기관의 출자 등이 제한되어 있어 그 활용이 크지 않았다.

한편 2004년 7월 26일 「법인세법」과 「조세특례제한법」의 일부 개정을 통하여 투자회사를 설립할 수 있는 법적 근거를 마련했다. PFV의 이중과세와 부동산 취·등록세 감면 등과 금융기관 출자 참여의 의무화, 자산운영 및 자금관리사무의 일괄위탁 등을 법제화되었다(표 7-20 참조).[52]

첫째, PFV는 설비투자, SOC사업, 자원개발사업, 부동산개발사업, 각종 복합개발사업 등 주로 완성에 상당한 기간과 자금이 소요되는 특정 PF사업의 주체가 될 수 있다. 둘째, PFV의 존립기간은 2년 이상이며 한시적으로 설립된 명목회사로 본점 외 영업소와 직원 및 상근임원을 둘 수 없다. 셋째, 자산의 관리·운영 및 처분 등은 출자자 또는 출자자가 단독 또는 공동으로 설립한 자산관리회사(AMC: Asset Management Company, 이하 AMC)에, 자금관리업무는 자금관리사무수탁회사(「신탁업법」에 의한 신탁업을 영위하는 금융기관)에 각각 위탁해야 한다.

넷째, PFV는 최저 납입 자본금 50억 원 이상의 상법상 주식회사이면서, 발기인 중 1인 이상이 금융기관(은행, 농·수협, 증권사, 종합금융사, 상호저축은행, 보험사, 신탁사, 새마을금고연합회, 국민연금 등)으로 구성되고 금융기관의 총 출자비율이 5% 이상이어야 한다. 다섯째, 감사는 반드시 공인회계사법에 의한 회계법인에 소속된 공인회계사이어야 한다(주요 주주, 이사, AMC 및 자금관리수탁회사는 감사가 될 수 없음).

여섯째, PFV가 위의 설립규정을 준수하면서, 배당 가능 이익의 90% 이상을 배당할 경우, 법인세 계산시 그 금액만큼 당해 사업연도의 소득금액에서 공제된다(법인세법 제51조의2, 시행령 제86조의2). 일곱째, PFV가 부동산 취득시에는 등록세와 취득세가 각각 50%씩 감면되고(각각 조세특례제한법 제119조 제③항 및 제120조 제④항), 대도시지역 내 법인설립시 등록세 3배 중과세에서 배제된다(조세특례제한법 제119조 제③항). 이상과 같은 PFV의 각종 혜택은 일반개발법인 설립과 비교할 때 세제 측면에서 유리한 측면이 많다.

PFV의 운영구조를 살펴보면, 우선 PFV를 이용하는 개발사업의 금융구조는 부동산 PF사업의 금융구조를 근간으로 하고 있다. 이에 따라 대출금 및 분양대금의 에스크로우 계좌관리, 시공사의 신용보강, 전문 서비스기관과 신탁회사·보험회사 등의 참여 등과 같은 내용은 부동산 PF 사업과 유사하다. 부동산 PF 사업의 경우 시행사가 사업 주체가 되지만 PFV 사업에서는 PFV

---

52) 회사의 자산을 사회간접자본시설투자 등 대규모사업에 운용하기 위하여 설립되는 투자회사가 취득하는 부동산에 대하여는 취득세·등록세를 50% 감면하고, 수도권 과밀억제권역내에 설립되는 경우에도 인구유발효과가 적은 점을 감안하여 등록세를 중과하지 아니하도록 하였다(「조세특례제한법」 제119조 제6항 제3호 신설, 제119조 제7항 및 제120조 제4항 제3호 신설).

표 7-20 PFV법(프로젝트금융투자회사법(안))의 주요내용

구분	주요 내용
대상사업	• 프로젝트 금융의 수행에 한정 • 대상사업/업종의 구분없이 광범위하게 지원 • 장기간 대규모 사업에 한정(2년 이상으로 정관명시)
설립	• 금융감독위원회 등록 • 한시적 페이퍼컴퍼니 • 금융기관의 일정비율(10%) 이상 출자 의무화 • 사모만으로 인정(주주수 50인 이내) • 최저 납입자본금 50억원 이상의 주식회사(상장불가)
업무내용	• 자산의 매입/취득, 관리, 운용 및 처분 • 자금차입 및 사채 발행 등
자산운용/ 자금관리	• 프로젝트금융계획서, 업무위탁계약서에 따라 자산 운용 • 자금관리업무의 자금관리사무수탁회사 위탁
존립기간/ 해산요건	• 존립기간은 등록일로부터 2년 이상 • 해산요건 법정화
자산관리회사	• 출자자(사업주, 금융기관) 또는 출자자 단독 또는 공동설립 주식회사 • 고유계정과 위탁계정의 분별 관리 • 손해배상책임(연대책임가능)
자금차입/ 사채발행	• 차입허용 • 사업목적 부합시 사채발행허용(자기자본 10배 이내)
금융/세제지원	• 대도시에 법인 설립시 등록세 일반세율(0.4%) 적용 • PFV에 현물 출자시 취득세 및 등록세 면제 • 배당가능 이익의 90% 이상 배당시 법인세 면제(소득공제) • 금융기관의 출자 및 투자제한 규정 배제 • 은행의 자회사 신용공여 한도 산출시 PFV 배제 • 계열사 적용 기준 완화
감독	• 금감위의 최소한 감독 시행: 자료제출/보고 요구 및 심사

자료: 남연우(2008), p. 49 재편집.[53]

가 사업주체가 된다. 부동산 PF 사업은 시행사 자신이 직접 사업을 추진하지
만 PFV의 경우 시행사 단독 또는 기타 출자자와 함께 설립한 AMC가 시행

---

[53] 남연우(2008), "프로젝트파이낸싱 활성화를 위한 제도개선에 관한 연구", 건국대 논문, pp. 44~53
등을 참조하여 작성하였다.

사의 업무를 대행하게 된다. 이에 따라 PFV 사업들의 상당수가 공공기관의 공모형 복합단지 개발사업에서 추진되고 있다.

일몰제 적용 예고와 법 개정 철회 요구 | PFV가 이익의 90% 이상을 주주들에게 배당하면 법인세 면제 효과를 누릴 수 있었는데, 「조세특례제한법」에서 일몰제 적용을 받게 되면 2022년 12월 31일부로 효과가 사라지게 된다. 이후 이익의 25%를 법인세로 내야하고 토지 매입시 적용하던 취·등록세 50% 감면혜택도 종료되게 된다.

부동산업계는 일몰제 적용으로 절세효과가 사라지면 진행 중인 개발사업의 수익성은 물론, 향후 예정된 개발사업의 사업성검토에도 영향을 크게 받을 것이라서, 법 개정 철회를 요구하고 있다. 우선 리츠(부동산투자회사)나 펀드와의 형평성에서 이의가 있음을 제기한다. 당초 PFV, 리츠, 펀드가 모두 법인세법을 적용받고 있었지만 이번 법 개정에선 PFV만 따로 떼어내 「조세특례제한법」으로 이관하기 때문이다. 한편 그동안 PFV가 법인세법과 개발업법에 의해 별도의 모법(母法) 없이도 잘 관리되어 온 것과 주택공급 및 도시개발 활성화를 위해서는 현행법 존치가 필요함을 주장하고 있다.

제 **8** 장

부동산세제

제 1 절 부동산세제의 경제적 효과

1. 부동산세제의 개념

조세의 목적과 원칙 | 조세(租稅)의 일차적인 목적은 국가가 자신의 활동에 필요한 비용을 조달하는데 있다. 현대 사회에 와서 조세는 재정수입의 확보라는 일차적인 목적 외에 시장실패에 대한 보완이나 사회적 형평성의 증진과 같은 사회·경제 정책의 수단으로 사용하기도 한다.

이상적인 조세의 조건에 대해 많은 학자들이 나름대로의 원칙을 제시하고 있는데, 이들 학자들로부터 공통적으로 나타나는 조세의 원칙으로 공평성(equality), 중립성(neutrality), 비용 절약성(economy) 등이 있다. 이 밖에 명확성(certainty), 편의성(convenience), 세입 충분성(sufficiency) 등이 조세의 원칙으로 제기되고 있다.[1)]

이와 같은 여러 원칙 중에서 가장 많은 논란거리를 제공하는 것은 공평성과 중립성이다. 공평성은 조세 부담이 각 납세자에게 공평하게 배분되어야 한다는 원칙을 말한다. 이때 문제가 되는 것은 '누구에게 얼마나 세금을 부과하는 것이 공평한 것인가' 하는 점이다. 이와 관련하여 두 가지 이론(또는 원칙)이 있다. 하나는 조세부담능력에 따라 세금을 부과하여야 한다는 응능의 원칙

---

1) 아담 스미스(Adam Smith)는 조세의 원칙으로 공평성(equality), 명확성(certainty), 납세 편의성(convenience), 징수비용의 절약성(economy)을 제시하였다(허재영, 1993). 헨리 조지(Henry George)는 4대 조세원칙으로 중립성, 징수비용 절약성, 명확성, 공평성을 제시한 바 있다(이정전, 1994). 현대 재정학의 거두인 머스그레이브(R. A. Musgrave)는 바람직한 조세의 특성으로 공평성, 중립성, 세입충분성, 공정성, 최저 비용성, 명확성을 제시한 바 있다(김동건, 1994).

(應能의 原則: ability-to-pay principle)이고, 다른 하나는 국가로부터 이익을 얻는데 비례하여 세금을 부과하여야 한다는 응익의 원칙(應益의 原則: benefit principle)이 그것이다. 전자를 능력설(能力說)이라고 부르기도 하고, 후자를 이익설(利益說)이라고 부르기도 한다.

중립성은 조세가 시장의 자원배분에 영향을 미치지 않아야 한다는 원칙을 말한다. 조세가 완벽한 중립성을 가진다면, 그 세금은 상당히 이상적인 조세가 될 수 있다. 그러나 조세가 정부의 정책수단으로 사용될 경우에는 오히려 조세의 중립성이 문제가 될 수 있다. 즉, 시장의 실패로 인해 시장이 자원을 효율적으로 배분하지 못할 경우, 정부가 시장에 개입하여 시장의 자원배분에 영향을 미쳐야 한다. 그런데 조세가 중립성을 갖고 있다면, 해당 조세는 정부의 정책수단으로 사용하기 어려운 것이다.

조세의 전가와 귀착 | 조세가 중립성을 갖고 있지 못하면, 일반적으로 조세의 전가(轉嫁)가 일어난다. 조세의 최종적인 부담자가 바뀌게 되는 것이다. 조세의 전가가 일어나면, 조세의 공평성에도 문제가 생길 수 있다. 조세가 공평하게 부과되더라도, 다른 사람에게 전가되면서 공평성에서 문제가 발생할 수 있는 것이다.

공급자에게 부과되는 공급세와 소비자에게 부과되는 소비세에 대한 부분균형분석을 통해 조세의 전가와 귀착이 어떻게 일어나는지를 살펴보도록 하자.

먼저 공급자에게 세금이 부과되면, 공급곡선은 상향으로 이동하게 된다. 예를 들어 공급자에게 일괄적으로 재화당 t원씩의 공급세가 부과되면, 공급곡선은 [그림 8-1]에서와 같이 t원만큼 상향으로 이동하게 된다. 왜냐하면, 공급곡선이란 생산량을 한 단위씩 증가시킬 때 생산자가 보상받아야 할 최소한의 비용을 나타내는데, 조세로 인해 생산자가 보상받아야 할 최소한의 비용이 t원만큼 상승하였기 때문이다.

공급곡선이 상향으로 이동하게 되면, 시장균형점은 E_0에서 a로 이동하게 된다. 이에 따라 시장가격과 거래량은 각각 P_0와 Q_0에서 P_1과 Q_1으로 바뀌게 된다. 공급자는 $P_1 \times Q_1$만큼의 수입을 얻지만 $t \times Q_1$만큼은 세금을 내야 하기 때문에 실제 수입은 $(P_1 - t) \times Q_1 = P_2 \times Q_1$이 된다.

🔄 그림 8-1 공급세의 전가와 귀착

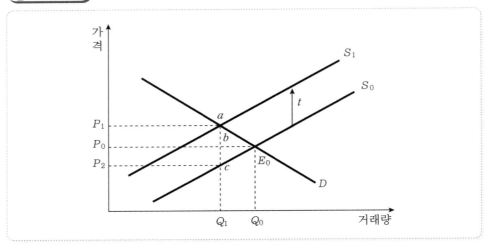

공급자가 내는 세금 $t \times Q_1$은 $(P_1 - P_2) \times Q_1$으로, P_1과 P_2, 그리고 c와 a로 둘러싸인 면적(이를 □$P_1 P_2\, c\, a$로 표현. 이하 동일)이 여기에 해당한다. 소비자의 입장에서 볼 때, 세금 부과 전에는 P_0에 살 수 있는 물건을 P_1에 사야 하기 때문에 세금 부과로 인해 $(P_1 - P_0) \times Q_1$만큼의 부담이 늘었다(□$P_1 P_0\, b\, a$에 해당). 공급자의 입장에서 보면, P_0에 팔 수 있는 물건을 P_1에 팔 수 있게 되었지만 세금을 내야 하기 때문에 실제로는 P_2에 판매하는 것과 같은 결과가 되었다. 따라서 세금 부과로 인해 $(P_0 - P_2) \times Q_1$만큼의 수입이 감소하였다(□$P_0 P_2\, c\, b$에 해당). 결국 공급세가 부과되면, 공급자가 □$P_1 P_2\, c\, a$ 만큼의 세금을 내야 하지만, 이 중 □$P_1 P_0\, b\, a$ 만큼은 소비자가 부담하고, 공급자는 □$P_0 P_2\, c\, b$ 를 부담하는 꼴이 된 것이다. 즉, 공급자에게 부과된 세금의 일부가 소비자에게 전가된 것이다.

공급자에게 부과된 세금의 일부가 소비자에게 전가되는 정도는 공급곡선과 수요곡선의 탄력성에 따라 달라진다. 공급곡선이 비탄력적일수록 공급자의 세금부담이 커지고(소비자에게 전가되는 세금부분이 작아지고), 수요곡선이 비탄력적일수록 소비자의 세금부담이 커진다(공급자에게 귀착되는 세금부분이 작아진다).

한편, 소비자에게 세금이 부과되더라도, 조세의 전가 문제가 발생한다. 소

🅰 **그림 8-2**   소비세의 전가와 귀착

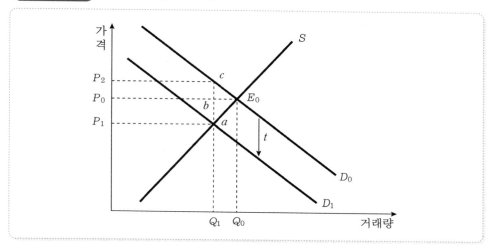

비자에게 세금이 부과되면, 수요곡선은 하향으로 이동하게 된다. 예를 들어 소비자에게 일괄적으로 재화당 t원씩의 소비세가 부과되면, 수요곡선은 [그림 8-2]에서와 같이 t원만큼 하향으로 이동하게 된다. 왜냐하면, 수요곡선이란 소비자가 재화의 소비량을 한 단위씩 증가시킬 때, 각각의 재화에 대해 지불할 의사가 있는 최대 가격을 나타내는데, 조세로 인해 소비자가 지불할 의사가 있는 최대 가격이 t원만큼 하락하기 때문이다.

수요곡선이 하향으로 이동하게 되면, 시장균형점은 E_0에서 a로 이동하게 된다. 이에 따라 시장가격과 거래량은 각각 P_0와 Q_0에서 P_1과 Q_1으로 바뀌게 된다. 소비자는 $P_1 \times Q_1$만큼의 비용을 지출하지만, $t \times Q_1$만큼은 세금을 내야 하기 때문에 실제 지출은 $(P_1 + t) \times Q_1 = P_2 \times Q_1$이 된다.

소비자가 내는 세금 $t \times Q_1$은 $(P_2 - P_1) \times Q_1$으로, □$P_2 P_1 a c$ 가 여기에 해당한다. 공급자의 입장에서 보면, P_0에 팔 수 있는 물건을 P_1에 팔게 되었기 때문에 세금 부과로 인해 $(P_0 - P_1) \times Q_1$만큼의 수입이 감소하였다(□$P_0 P_1 a b$에 해당). 소비자의 입장에서 볼 때, 세금 부과 전에는 P_0에 살 수 있는 물건을 P_1에 살 수 있지만 t원의 소비세를 내야 하기 때문에 실제 지출은 $(P_2 - P_0) \times Q_1$만큼의 부담이 늘었다(□$P_2 P_0 b c$에 해당). 결국 소비세가 부과되면, 소비자가 $\square P_2 P_1 \, a \, c$ 만큼의 세금을 내야 하지만, 이 중 $\square P_2 P_0 \, b \, c$ 만큼은 소비자가 부담하고, $\square P_0 P_1 \, a \, b$ 만큼의 세금은 공급자가 부담하는 꼴이 된 것이다. 즉, 소비자에게 부과된 세금의 일부가 공급자에게 전가된 것이다.

소비자에게 부과된 세금의 일부가 공급자에게 전가되는 정도는 공급곡선과 수요곡선의 탄력성에 따라 달라진다. 수요곡선이 비탄력적일수록 소비자의 세금부담이 커지고(공급자에게 전가되는 세금부분이 작아지고), 공급곡선이 비탄력적일수록 공급자의 세금부담이 커진다(소비자에게 귀착되는 세금부분이 작아진다).

부동산세제의 분류 │ 부동산세제에는 취득단계에 부과되는 거래세, 보유단계에 부과되는 보유세와 임대소득세, 그리고 이전단계에 부과되는 양도소득세나 상속세, 증여세 등이 있다. 우리나라의 경우, 거래세로는 취득세가 있으며, 보유세로는 재산세와 종합부동산세가 있다.

부동산세제는 세금의 부과대상이 토지냐 건물이냐에 따라 토지세와 건물세로 분류되기도 한다. 일반적으로는 토지와 건물을 따로 분리하지 않고, 토지와 건물을 통합하여 하나의 부동산에 대해 세금을 부과한다. 또한 부동산세제는 부동산 건별로 세금을 부과하기도 하고, 소유자별로 합산하여 세금을 부과하기도 한다.

부동산세제는 세금을 계산할 때 지대나 임대료를 기준으로 세액을 결정하기도 하고, 부동산가액을 기준으로 세액을 결정하기도 한다. 대체로 취득단계나 이전단계에 부과되는 거래세나 양도소득세 등은 부동산가액을 기준으로 세액을 결정한다. 보유단계에 부과되는 보유세의 경우, 부동산가액을 기준으로 세액을 결정하는 것이 일반적이나, 지대나 임대료를 기준으로 세액을 결정할 수도 있다. 임대소득세는 지대나 임대료를 기준으로 세액을 결정한다.

2. 토지세의 경제적 효과

조세의 전가 현상이 없고, 중립성을 갖는 이상적인 조세를 찾고 있던 경제학자들은 오래 전부터 토지세에 대해 관심을 가져왔다. 고전학파 이래 많은 경제학자들은 토지세가 다른 사람들에게 전가되지 않고, 토지이용에 왜곡을 가져오지 않는다(중립성을 갖고 있다)고 믿었다.

토지세 주장의 역사 ┃ 토지세는 전가되지 않고 그 전액이 토지소유자에게 귀
착된다는 견해는 사실 중농주의학파에서부터 시작되었
다. 중농주의학파에 따르면, 농업에서의 순생산(produit net)2)이 부(富)의 유일
한 원천이며, 모든 조세는 어디에 부과되든지 간에 궁극적으로는 이 순생산이
축적된 기금으로부터 지불된다고 보았다. 이러한 생각에서 중농주의 학파는
토지단일세를 주장하였는데, 토지 이외에 다른 부분에 부과된 세금은 궁극적
으로 농업에서의 순생산이 축적된 기금으로 귀착되는 반면, 토지에 부과된 세
금은 전가 현상이 나타나지 않는다고 생각하였다(허재영, 1993).

중농주의학파의 생각은 고전학파의 아담 스미스(Adam Smith)에 그대로 전
달되었다. 아담 스미스는 토지소유자의 지대소득을 과표로 한 토지세의 경우
타인에게 전가되지 않고 토지소유자에게 귀착된다고 주장하였다.

리카르도(David Ricardo)는 차액지대설에 근거하여 토지세가 전가되지 않는
다는 점을 설명하였다(이정전, 1991). 그에 따르면 "지대란 토지의 생산물 중
토양의 원초적이고 파괴할 수 없는 힘을 이용한 대가로 토지소유자에게 지불
되는 부분"으로 정의된다. 리카르도는 지대가 발생하는 원인을 비옥한 토지의
희소성과 수확체감현상 때문이라고 보았다. 비옥한 토지의 양은 정해져 있고,
수확체감현상이 작용할 경우에는 증가되는 인구의 식량조달을 위해서 어쩔
수 없이 덜 비옥한 토지도 경작해야 한다. 이때, 생산성이 높은 토지의 수익
과 생산성이 낮은 토지의 수익 차이가 곧 지대가 된다. 가장 비옥하지 않은
토지는 지대를 지불하지 않는 무지대 토지(無地代 土地)가 된다. 그리고 이 무
지대 토지는 지대가 없기 때문에 면세받게 되는데, 재화의 가격은 이 무지대
토지에서 생산된 생산비 수준에서 결정되므로 토지세는 토지생산물의 가격에
영향을 주지 않게 된다. 그러므로 토지소유자는 생산물 가격 인상의 형태로
토지세를 전가할 수 없게 되므로 토지세의 부담은 전적으로 지주에게 귀착된
다는 것이다(이정전, 1994). 이러한 주장은 향후에 고전학파와 신고전학파의 학
자들에 의해 큰 수정 없이 받아들여졌다.

---

2) 중농주의 학파에서 순생산이란 생산된 부(富)와 소비된 부(富)간의 차액을 말한다. 박기혁, 「경제
학사」, 박영사, 1988, p. 82 참조.

그리고 고전학파는 비록 중립성이라는 용어를 쓰지는 않았지만, 토지세가 토지생산물의 생산을 위축시키지 않으며 그 생산물의 가격에도 영향을 주지 않는다는 점, 그리고 토지이용면적에도 영향을 주지 않는다는 점을 강조하였다. 즉, 토지세는 조세의 중립성을 갖고 있다는 것이다(이정전, 1987a).

토지세가 전가되지 않고 중립성을 갖는다는 고전학파의 생각은 신고전학파로 이어졌고, 극단적으로 헨리 조지(Henry George)의 토지단일세론(single tax)으로 연결되었다. 헨리 조지는 토지세가 조세를 전가하지 않고 중립성을 갖고 있는 반면, 다른 조세들은 조세전가나 조세의 비중립성 문제를 안고 있으므로, 다른 조세는 모두 폐지하고 토지세만으로 재정수입을 충당하자고 주장하였다. 특히 지대는 토지소유자의 노력이나 희생 없이 사회적 발전의 결과로 나타나는 불로소득이므로 토지세를 통해 이를 환수하는 것이 정당하다고 보았다.

이상적 조세로서의 토지세 | 토지세가 조세전가 현상이 없고 중립성을 갖고 있다는 생각은 경제학자들 사이에 많은 논란을 가져왔다.3) 헨리 조지의 이론을 따르는 학자들은 아직도 토지세를 이상적인 조세로 보고 있지만, 현대 경제학에서는 토지세도 조세전가 현상이 일어나고 중립성을 갖고 있지 않다는 견해를 대체로 수용하고 있다.

토지세의 전가와 귀착 문제, 그리고 토지세의 중립성 문제는 토지 공급곡선의 탄력성과 밀접한 관계가 있다. 고전학파나 헨리 조지가 주장하듯이 토지소유자에게 부과되는 세금이 다른 사람에게 전가되지 않으며, 토지생산물의 양에도 영향을 미치지 않는 것은 토지의 공급곡선이 완전 비탄력적일 때 성립한다.

이를 그림으로 나타내 보자면 다음과 같다. [그림 8-3]에서와 같이 토지의 공급곡선이 완전 비탄력적일 경우, 토지소유자에게 세금(t)이 부과되더라도 토지 공급곡선은 변하지 않는다.4) 따라서 토지시장의 균형가격(지대)은 세금이

---

3) 토지세와 관련한 또 다른 이론적 논쟁으로 세입충분성(稅入充分性) 논쟁이 있다. 정부의 역할이 끊임 없이 증대되고 있는 상황에서 토지세가 정부의 재정, 특히 재정능력이 취약한 지방정부의 재원을 조달하기에 충분한 조세가 되는가에 대한 의문이 제기되고 있다. 이는 토지세만이 정당하고 효과적인 세금이라는 토지단일세론에 대한 반박에서 시작되었다.

4) 토지소유자에게 세금이 부과되면, 부과된 세금의 크기만큼 공급곡선은 상향으로 이동한다. 그러나 공급곡선이 완전비탄력적(수직선)일 때는 공급곡선이 상향으로 이동하더라도 공급곡선의 위치는

그림 8-3 토지 공급량이 일정할 때의 토지세 부과 효과

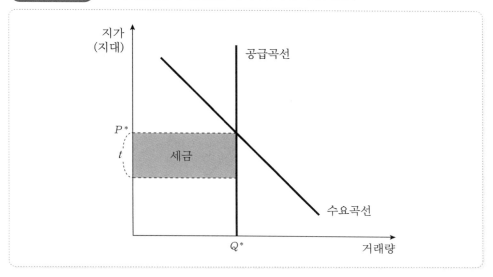

부과되기 전과 마찬가지로 P^*에서 변화가 없으므로 토지세의 부과는 다른 사람에게 전가되지 않는다.[5] 한편 토지 거래량도 Q^*에서 변화가 없으므로 토지세의 중립성도 성립한다.[6] 이때 정부에 귀속되는 세금은 $t \times Q^*$이다.

토지세의 전가 그러나 현실적으로 모든 토지는 용도의 변경이 가능하기 때문에 용도별 토지 공급곡선은 우상향의 형태를 띠게 된다. 왜냐하면 어떤 특정 용도의 토지가격(지대)이 상승하면 다른 용도로 사용되던 토지들이 전용되기 때문에 공급량이 증가하게 된다. 반대로 특정 용도의 토지가격(또는 지대)이 하락하면 해당 토지가 다른 용도로 전환되면서 공급량이 감소하게 된다. 따라서 특정용도의 토지에만 세금을 부과하거나 아니면 중과세할 경우 토지세의 부과는 다른 사람에게 전가되며, 토지세의 중립성도 성립하지 않는다.

이를 그림으로 나타내 보자면 다음과 같다. [그림 8-4]에서 토지의 공급곡선이 우상향의 형태를 취하고 있기 때문에 토지소유자에게 세금(t)이 부과되

변화가 없다.
5) 어떤 재화나 자산에 세금을 부과할 때 가격이 변화하면 조세의 전가(轉嫁)가 일어난다.
6) 어떤 재화나 자산에 세금을 부과할 때 거래량이 변동하게 되면 조세의 중립성은 깨지게 된다.

🔿 그림 8-4 토지의 공급량이 가격에 따라 변할 때의 토지세 부과 효과

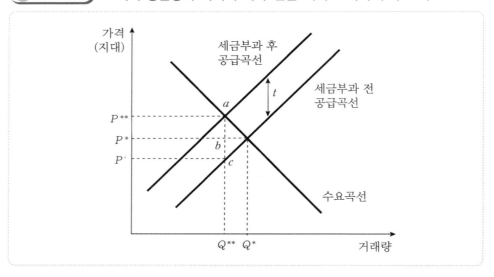

면 세금이 부과된 만큼 공급곡선은 상향 이동을 하게 된다. 이에 따라 토지시장의 균형가격(지대)은 P^*에서 P^{**}로 상승하여 토지세의 전가(轉嫁)가 일어나며, 균형거래량이 Q^*에서 Q^{**}로 줄어들면서 토지세의 중립성도 깨지게 된다. 이때 토지세로 정부가 거두어 가는 세금은 $(P^{**} - P') \times Q^{**}$이며,[7] 이 중 토지보유자가 부담하는 세금은 $(P^* - P') \times Q^{**}$이고[8] 토지수요자가 부담하는 세금은 $(P^{**} - P^*) \times Q^{**}$이다.[9]

물론 모든 토지에 동일한 세금이 부과되면 토지간 용도변경이 가능하더라도(즉, 토지의 공급곡선이 우상향의 형태를 취하더라도) 토지세는 다른 사람에게 전가되지 않고 또 토지세의 중립성도 유지될 수 있다. 모든 토지에 동일한 규모의 토지세가 부과되기 때문에 토지세가 부과된다고 하여 다른 용도로 토지가 전용될 가능성이 없기 때문이다.

여기서 우리는 토지세의 부과 목적을 생각해 볼 필요가 있다. 만약 토지세의 부과 목적이 조세수입에 있다면 모든 토지에 동일한 세금을 부과하는 것

---

7) 그림에서 $P^{**} acP'$로 둘러싸인 사각형 부분이다.
8) 그림에서 $P^* bcP'$로 둘러싸인 사각형 부분이다.
9) 그림에서 $P^{**} abP^*$로 둘러싸인 사각형 부분이다.

은 가능하며, 이 경우 토지세가 전가되지 않으며 토지세의 중립성도 유지할 수 있다.

그러나 만약 토지세의 부과목적이 개발이익의 환수나 토지이용을 특정한 방향으로 유도하기 위한 것이라면 토지 용도별이나 지역별로 세금의 크기를 달리해야 하고 이 경우 토지세는 다른 사람에게 전가되고 토지세의 중립성도 성립하지 않는다.

세리그만(E. Seligman)은 이러한 사실을 정리하여 토지세가 전가될 수 있는 상황들을 제시하였다(이정전, 1991). 토지세가 전가될 수 있는 상황이란, 첫째 토지용도별로 차별과세를 할 경우이다. 예를 들어, 농업용 토지에 토지세를 무겁게 부과할 경우에 농업용 토지의 소유자는 다른 용도로 전환하려고 할 것이다. 이렇게 되면 농업용 토지의 땅이 감소하여 농산물의 공급이 줄어들며, 이에 따라 농산물 가격은 상승하게 된다. 그 결과, 농업용 토지에 부과된 토지세는 농산물 가격의 상승을 통해 소비자들에게 전가된다.

둘째, 토지세율이 일정하지 않고 불확실하게 상승하는 경우, 토지개발자는 앞으로 세율이 더 올라 땅값이 떨어질 것을 우려하여 토지를 개발하기를 꺼려할 것이다. 그 결과, 건축 활동이 위축되면서 임대료는 상승하여, 토지세의 일부가 임대료 상승의 형태로 건물이용자에게 전가된다.

셋째, 미개발 토지를 개발하고자 할 때, 토지세는 전가될 가능성이 높아진다. 자연 상태의 토지를 개발하는 데에는 보통 막대한 투자가 소요되는데, 만일 개발된 상태의 토지에 토지세를 부과하면 투자 자본에 세금을 부과하는 것과 마찬가지 상황이 된다. 이런 상황이라면 미개발 토지를 개발할 의사가 없을 수밖에 없고, 미개발 토지의 개발이 이루어지지 않으면 이미 개발된 토지의 지대가 상승하면서 토지세의 일부가 전가되는 것이다.

최근에는 세리그만과는 달리 일반적인 상황에서도 토지세가 전가될 수 있다는 견해가 등장하고 있다. 펠트스타인(M. Feldstein)은 1977년에 발표한 "순수지대에 대한 조세의 놀라운 귀착: 해묵은 질문에 대한 새로운 대답"이라는 논문에서 토지세가 토지 이용자에게 전가된다는 사실을 자산선택모형으로부터 유도하였다.[10] 그에 따르면, 각 개인의 보유자산인 토지와 자본재는 적정

---

10) Feldstein, Martin, "The Surprising Incidence of a Tax on Pure Rent: A New Answer to an Old Question", *Journal of Political Economy*, Vol. 85, No. 2, 1977.

균형을 이루고 있다. 이 상태에서 토지에 세금을 부과하게 되면 토지의 가치가 상대적으로 하락하게 되므로 사람들은 자산을 자본재의 형태로 더 많이 보유하려고 할 것이다. 이 경우, 자본재 대비 토지 비율이 감소하여 토지의 한계생산(지대)은 증가하게 되고, 자본의 한계생산(자본수익)은 하락하게 된다. 그 결과, 토지세의 일부가 토지로부터 자본으로 전가되는 것이다.

또 브루에크너(J. K. Brueckner) 등도 지방정부가 토지세를 부과할 경우 토지공급곡선이 완전비탄력적이라 하더라도 지가는 변동할 수 있다는 것을 티부의 가설(Tiebout Hypothesis)[11]을 이용하여 보여주고 있다(김정호, 1992). 따라서 토지세는 다른 사람에게 전가되지 않는다거나 토지세는 중립성이 성립한다는 생각은 현대에서는 그다지 큰 의미를 갖지 못하고 있다.

3. 재산세의 경제적 효과

재산세(property tax)는 부동산을 보유하는 단계에서 부과되는 세금으로, 부동산조세에서 가장 대표적인 세금이다. 일반적으로 재산세는 부동산가액을 과표로 하여 부과하는데, 임대료를 과표로 하는 경우도 있다.

재산세의 용도 | 재산세를 부과하는 이유는 나라별로 다른데, 대부분의 나라에서는 지방공공재를 공급하는데 따른 비용을 조달하기 위해 부동산에 재산세를 부과하고 있다. 즉, 응익(應益)의 원칙에 따라 재산세를 부과하는 것이다. 부동산에 대한 재산세는 지방공공재 공급의 비용조달이라는 측면에서 매우 바람직한 세금이다. 지방공공재의 공급 효과는 특정 지역에 한정하여 나타나기 때문에 이동이 불가능한 부동산에다가 세금을 부과할 경우, 재산세는 응익(應益)의 원칙에 적합한 조세가 될 수 있다. 즉, 부동산은 지방공공재 공급에 따른 편익을 누릴 수 있기 때문에 부동산에 지방공공재 공급 비용을 부과하는 것이 타당한 것이다.

나라에 따라서는 재산세를 소득세 보완용으로 사용하기도 한다. 개인의 소득 파악이 명확하지 않을 경우, 부동산의 많고 적음으로 소득의 많고 적음을

---

11) 티부의 가설이란 공공재를 지방자치단체가 경쟁적으로 공급할 경우 유권자들은 공공재를 가장 잘 공급하는 지방으로 이주할 것이기 때문에 공공재의 공급에도 시장원리가 적용될 수 있다는 가설을 말한다. 티부의 가설을 흔히 '발로 하는 투표(vote on foot)'라고 부른다.

파악하여 세금을 부과하는 것이다. 재산세를 소득세의 보완용으로 사용할 경우, 재산세는 응능(應能)의 원칙에 따른 세금이 된다. 재산세를 소득세의 보완용으로 사용할 경우, 부동산가액을 소유자별로 합산하여 세금을 부과하기도 하고 개별 부동산을 대상으로 세금을 부과하기도 한다. 재산세가 누진적으로 과세되기를 원할 경우 소유자별로 부동산가액을 합산하여 과세하는 것이 타당할 것이다.

재산세를 소득세의 보완용으로 사용하는 것과 유사하게 재산세를 부유세로 사용하는 경우도 있다. 부동산을 많이 보유하고 있는 사람은 부유하다고 보고, 세금을 추가로 부과하는 것이다. 재산세를 부유세로 사용할 경우에는 부동산가액을 인적으로 합산하여 과세할 수밖에 없다. 또 일반적으로는 자산에서 부채를 제외한 순자산만을 대상으로 세금을 부과하는 것이 타당할 것이다. 자산이 많더라도 부채가 많다면 부유하다고 보기 어렵기 때문이다.

재산세의 전가와 귀착 ┃ 재산세가 부과되면, 누가 이를 궁극적으로 부담하는가에 대해 많은 논란이 있다. 재산세 중 토지에 부과되는 세금은 앞에서 본 토지세와 큰 차이가 없다. 다만, 앞에서 본 토지세는 지대에 부과되는 세금인데 반해, 재산세 중 토지에 부과되는 세금은 일반적으로 토지가격에 대해 부과된다는 차이가 있을 뿐이다. 지대에 대해 세금이 부과되던, 지가에 대해 세금이 부과되던 간에 토지에 대해 부과되는 세금은 단기적으로 토지소유자가 부담하게 된다. 그러나 장기적으로는 세금의 전가 현상이 일어나게 된다.

재산세 중 건물에 부과되는 세금의 경우에도 단기냐 장기냐에 따라, 그리고 모든 지역에 동일한 비율로 세금이 부과되느냐 일부 지역에만 부과되느냐에 따라 세금 전가 여부나 정도가 달라진다.

건물에 재산세를 부과할 경우, 모든 지역에 동일한 비율로 부과하던 일부 지역에만 부과하던 관계없이 단기에는 건물소유주에게 세금이 귀착된다. 이는 건물이라는 부동산이 갖고 있는 비가역성(非可逆性)이라는 특성 때문이다. 건물은 일단 건설되면 단기적으로는 이를 되돌리기가 어렵기 때문에 공급곡선이 완전 비탄력적인 상황이 된다. 이런 상황에서 건물소유주에게 세금이 부과되면 다른 쪽으로 세금을 전가할 수 없게 된다.

그러나 장기적으로는 재산세의 전가현상이 일어난다. 먼저 일부 지역에만 건물에 대해 재산세가 부과될 경우(또는 중과할 경우), 장기적으로 해당 지역의 건물(자본투자)이 감소하게 된다. 재산세로 인해 자본수익률이 내려가기 때문이다. 이로 인해 해당 지역의 공간 공급이 감소하여 임대료가 상승하게 되고, 따라서 건물에 대한 재산세의 일부가 건물 공간 이용자에게 전가되는 것이다.

재산세가 다른 지역으로까지 전가되는지 여부는 분명하지 않다. 재산세가 부과되는 지역에서는 자본투자가 감소하는 대신 재산세가 부과되지 않는 지역에서는 상대적으로 자본투자가 증가할 수 있다. 이 경우, 재산세가 부과되지 않는 지역에서는 장기적으로 건물의 공간 공급이 증가하면서 임대료가 하락하게 된다. 반면, 재산세가 부과되는 지역에서는 임대료가 상승하면서 일부 주민들이 재산세를 부과하지 않는 지역으로 이동하게 된다. 그렇게 되면 건물의 공간 수요가 증가하게 된다. 결국 임대료가 변하느냐 여부는 건물의 공간 공급과 수요가 각각 어느 정도씩 증가하느냐, 그리고 각각의 임대료 탄력성이 어떠하냐에 따라 달라진다.

건물에 대한 재산세가 전 지역에 동일한 세율로 부과될 경우에도 재산세의 전가현상이 발생한다. 재산세가 전 지역에 동일한 세율로 부과될 경우, 지역 간 자본이동은 없다. 그러나 산업 간 자본이동이 발생하기 때문에 재산세의 전가현상이 일어나게 된다. 즉, 건물에 투하된 자본은 재산세로 인해 수익률이 하락하기 때문에 다른 산업으로 이동하게 된다. 이는 장기적으로 건물의 공간 공급을 감소시키게 된다. 이로 인해 전 지역에서 임대료가 상승하게 되고, 이에 따라 재산세의 일부가 건물 이용자에게 전가 되는 것이다.

재산세가 지방공공재의 공급에 따른 비용을 부과하는 것이라면, 재산세의 전가 양상이 조금 달라질 수 있다. 재산세를 부과하는 대신 양질의 지방공공 서비스를 공급할 경우, 부동산 공간의 이용자들이 지불하고자 하는 최대 임대료 수준이 올라가게 된다. 즉, 수요가 증가하게 된다. 이 경우, 임대료의 상승 정도가 더 커지기 때문에 재산세의 전가 정도가 더욱 커질 수 있다.

재산세와 부동산가격 | 재산세가 부과되면, 부동산가격이 어떻게 변할 것인가도 관심거리 중의 하나이다. 재산세가 부과되면, 부동산 소유자의 수익이 감소하기 때문에 부동산 가격은 하락하게 된다. 부동산

가격의 하락정도는 매년 내야 하는 재산세 부담을 현재가치화한 것만큼 감소하게 된다. 이를 흔히 조세의 자본화(capitalization of tax) 효과라고 부른다. 만약 건물 공간의 공급 감소로 임대료가 상승하게 되면(그 결과 재산세가 전가되면), 부동산 가격의 하락폭은 줄어들게 될 것이다.

재산세가 지방공공재의 공급 재원으로 사용될 경우, 재산세 부과가 해당지역의 부동산 가격에 미치는 효과는 다를 수 있다. 만약 양질의 지방공공재 공급으로 수요자가 지불하고자 하는 최대 임대료가 크게 상승할 경우, 임대료 상승분이 재산세 부담분을 상회하면서 부동산가격은 오히려 오를 수 있다. 반대로 재산세 부과에도 불구하고 양질의 지방공공재가 공급되지 않으면, 건물 투자 감소로 인해 임대료가 일부 상승한다 하더라도 부동산 소유자가 부담해야 하는 재산세 부담이 더 크기 때문에 부동산가격은 하락하게 된다.

4. 양도소득세의 경제적 효과

양도소득세의 전가 | 양도소득세는 부동산의 이전 단계에서 발생하는 양도소득에 대해 부과되는 세금이다. 양도소득세는 양도소득이 존재할 때에만 부과되고, 양도소득은 거래 가격에 의해 좌우되기 때문에 타인에게 전가되지 않는 것으로 알기 쉽지만, 양도소득세도 타인에게 전가될 수 있다.

부동산에 투자하는 사람 입장에서 볼 때, 양도소득세는 세후 투자수익률을 낮추는 요인이기 때문에 부동산에 대한 투자를 기피하게 만든다. 공간시장에서는 장기적으로 건물에 대한 투자가 감소하여 공간의 공급이 줄어들고, 이로 인해 장기적으로 임대료가 상승하게 된다. 장기적으로 임대료가 상승하게 되면, 결국 양도소득세는 부동산 이용자에게 부분적으로 전가되는 것이다.

양도소득세와 부동산 가격 | 양도소득세가 부동산 가격에 미치는 영향은 분명하지 않다. 양도소득세 부과로 임대료가 상승하게 되면 부동산의 가치 상승으로 부동산 가격이 상승할 수 있지만, 양도소득세 납부로 인한 세후 수익의 감소를 감안하면 부동산 가격이 하락할 수도 있다. 결국 양도소득세가 건물에 대한 투자를 얼마나 제약하느냐에 따라 부동산 가격의 향

방이 달라지는 것이다.

양도소득세는 부동산 보유자로 하여금 거래를 뒤로 미루게 하는 동결효과 (凍結效果: lock-in effect)를 갖고 있다. 부동산을 보유하는 동안 자본이득(capital gain)이 발생하더라도 매각을 하지 않으면, 양도소득세를 내지 않는다. 자본이 득이라는 것은 부동산 보유로부터 발생하는 임대소득의 현재가치가 증가하였 기 때문에 발생하는 것이다. 따라서 부동산을 계속 보유하고 있다면, 자본이 득에 따른 세금을 내지 않으면서 자본이득의 효과(임대소득이 증가한 부분을 수 취하는 것)를 누릴 수 있다. 바로 이런 이유에서 양도소득세를 부과하면, 부동 산 소유자는 부동산을 매각하지 않고 보유하는 쪽으로 행동하게 되고, 이로 인해 자산시장에서 자산의 공급이 끊기는 문제가 발생하게 된다.

우리나라의 경우, 부동산을 장기보유할 경우 양도소득세 계산 시 소득공제 폭을 높여주고 있다. 이는 양도소득세의 동결효과를 더욱 강화시키는 방향으 로 작용할 수 있다. 장기보유할수록 양도소득세가 줄어들기 때문에 장기간 부 동산을 매각하지 않으려고 하고, 이로 인해 자산시장에서 자산의 공급이 끊기 게 되는 문제가 생기는 것이다.

제 2 절   현행 조세체계와 부동산세제

1. 조세체계와 부동산세제

우리나라 조세체계 | 우리나라 조세는 크게 국세와 지방세로 분류된다. 국세 는 국가(중앙정부)가 부과하는 세금이고, 지방세는 지방 자치정부가 부과하는 세금이다. 국세와 지방세는 세금이 부과되는 목적에 따 라 보통세와 목적세로 분류되기도 한다. 특정한 목적을 위해 부과되는 세금을 목적세라 하고, 그렇지 않은 세금을 보통세라고 한다.

국세에는 보통세인 소득세, 법인세, 상속세, 증여세, 종합부동산세, 부가가 치세, 개별소비세, 주세, 인지세, 증권거래세, 교통·에너지·환경세가 있으며, 목적세인 교육세와 농어촌특별세가 있다(국세기본법 제2조).

지방세의 경우, 보통세로 취득세, 레저세, 등록면허세, 주민세, 재산세, 자

동차세, 지방소득세, 지방소비세, 담배소비세가 있으며, 목적세로 지역자원시
설세와 지방교육세가 있다. 지방세는 과세주체에 따라 시·도세(市·道稅)와
시·군·구세(市·郡·區稅)로 구분되기도 한다(지방세기본법 제8조).

　국가가 부과하는 세금 중에는 위에서 본 국세 외에 관세가 있다. 관세는
국경을 넘는 물품 등에 부과되는 세금이기 때문에, 위에서 말한 국세와 지방
세를 합쳐서 내국세(국내에서 부과되는 세금)라고 부르기도 한다.

부동산관련 세제 | 이상과 같은 국세와 지방세 중에서 부동산과 관련이 있는
조세는 대략 10여 가지이다. 국세 중에서는 임대소득세와

○ 그림 8-5 우리나라의 조세 체계

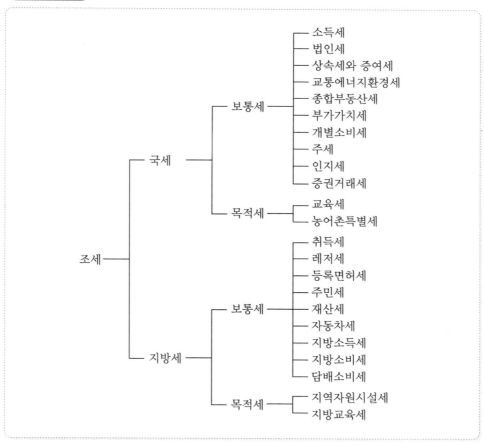

양도소득세(소득세의 일부분), 법인세와 법인세 특별부가세(법인세의 일부분), 상속세, 증여세, 종합부동산세 등이 부동산과 관련이 있는 조세이다. 교육세와 농어촌특별세도 부동산과 관련이 있기는 하지만 양도소득세 등에 덧붙어 부과되는 부가세(附加稅)이기 때문에 직접적으로 부동산과 관련 있는 조세라고 보기는 어렵다. 지방세 중에서는 취득세, 재산세, 지역자원시설세 등이 부동산과 관련이 있는 조세이다.

이상의 부동산관련세제는 크게 부동산의 취득과 보유, 그리고 이전과 관련한 세제로 나눌 수 있다. 취득세가 부동산 취득과 관련한 세금이고, 재산세와 종합부동산세, 지역자원시설세, 임대소득세 등은 부동산 보유와 관련한 세금이다. 그리고 양도소득세나 상속세, 증여세는 부동산의 이전과 관련한 세금이다.

이하에서는 위의 부동산관련세제 중 취득세와 재산세, 종합부동산세, 그리고 양도소득세에 대해 자세하게 살펴보도록 한다.

2. 취득세

(1) 취득세의 구조

취득세는 부동산을 취득할 때 부과되는 세금이다. 원래는 부동산을 취득할 때 취득세와 등록세가 부과되었다. 두 세금은 부동산 취득이라는 하나의 행위에 대해 동시에 부과되는데, 과세 대상이라든가 과표 기준, 납세자, 감면 기준 등이 모두 동일하였다. 다만 두 세금 사이에는 세율에서 차이가 있을 뿐이었다. 이 때문에 두 세금의 통합이 시도되다가 2011년에 비로서 두 세금이 취득세로 통합되었다.

취득세는 부동산을 취득할 때 부과되는 세금이지만, 부동산을 취득하지 않더라도 취득세가 부과되는 경우가 있다. 대표적인 예가 건물을 신축하는 경우이다. 건물을 신축할 경우, 신축된 건물에 대해 취득세가 부과된다. 이 밖에 토지의 지목이 변경되거나 건물이 증축, 개축, 이전, 개수(改修)가 된 때에도 취득세가 부과된다.

취득세에 관한 사항은 지방세법에 규정되어 있다. 취득세는 과표에다가 세율을 곱하여 산출된다. 과표는 실제 거래가격을 사용한다. 실제 거래가격을 알 수 없을 때에는 시가표준액이나 '사실상의 취득가격'을 사용한다. 상속에 의한 무상취득이나 1억원 이하 부동산의 무상취득 때에는 시가표준액을 사용한다. 유상승계취득이나 원시취득(신축 건축물 등)의 경우에는 '사실상의 취득가격'으로 과표가 정해진다.

취득세 = 취득가액 × 세율

표 8-1 **취득세의 과세표준 기준(2022년 12월 말 기준)**

	과세표준 가격	적용 대상
취득가격 기준	실제 취득가격(거래가격)	- 아래의 경우 외 모두
시가표준액 또는 사실상의 취득가격 기준	시가표준액	- 상속에 따른 무상취득 - 1억원 이하 부동산의 무상취득
	사실상의 취득가격	- 유상승계취득 - 원시취득

주택의 시가표준액은 「부동산가격공시에 관한 법률」에 의해 공시한 공시가격을 사용한다. 공동주택의 경우 공동주택공시가격을 사용하고, 단독주택의 경우 단독주택공시가격을 사용한다. 주택 이외의 부동산은 토지와 건축물을 별도로 평가한 시가표준액을 사용한다. 토지의 경우, 「부동산가격공시에 관한 법률」에 의해 공시된 개별공시지가를 시가표준액으로 사용한다. 주택을 제외한 건축물은 소득세법상의 건물신축가격기준액에다가 구조별 지수, 용도별 지수, 위치별 지수, 경과연수별 잔존가치율, 감산율 등을 고려하여 시가표준액을 결정한다.

취득세의 일반세율은 일반부동산이 4%, 농지가 3%이다. 주택의 경우 과세표준액이 6억원 이하는 1%, 6억원 초과 9억원 이하는 1%~3%, 9억원 초과는 3%이다. 상속이나 무상취득의 경우 취득세율은 3.5%에서 2.3% 사이이다. 건물의 건축 및 개수에 따른 소유권 보전의 경우 2.8%이나, 신축과 재축은 일반세율에 따른다. 분할등기의 경우 2.3%이다.

🎯 표 8-2 취득세율(2022년 12월 말 기준)

구분			세율
표준 기준	일반세율	일반부동산	4.0%
		농지	3.0%
		6억원 이하 주택	1.0%
		6억원 초과 9억원 이하 주택	1%~3%
		9억원 초과 주택	3.0%
	상속	일반부동산	2.8%
		농지	2.3%
	무상취득	일반	3.5%
		비영리사업자	2.8%
	신축건물의 소유권 보전		2.8%
	분할등기		2.3%
중과 기준	과밀억제권역 등	과밀억제권역 법인의 사업용 부동산(1)	각 세율 + 4.0%
		대도시에 법인 설립으로 부동산 취득(2)	각 세율 × 3 − 4.0%
		별장, 골프장, 고급주택 등(3)	각 세율 + 8.0%
		(1)과 (2)가 동시에 적용될 경우	각 세율 × 3
		(2)와 (3)이 동시에 적용될 경우	각 세율 × 3 + 4.0%
	다주택자	조정대상지역의 2주택자 조정대상지역 외의 3주택자	8%
		조정대상지역의 3주택자 이상 조정대상지역 외의 4주택자 이상	12%
		법인	12%

이상의 취득세율을 표준 세율이라고 부르는데, 지방자치단체는 표준세율의 50%를 조례에 의해 가감할 수 있다.

부동산 정책의 일환으로 취득세를 중과하기도 하고, 감면하기도 한다. 먼저 취득세를 중과하는 경우를 보면, 별장, 골프장, 고급주택, 고급오락장, 고급선박의 경우 기준세율에다가 중과 기준세율(2%)의 4배인 8%를 추가하여 중과하고 있다. 그리고 수도권으로 인구 및 산업이 집중되는 것을 막기 위해,

과밀억제권역 안에서 법인이 본점용 부동산 및 공장을 신설, 증설하는 경우 기준세율에다가 중과기준세율의 2배인 4%를 추가하여 중과하고 있다.

다주택자에 대한 중과 규정도 있다. 2022년 12월 말 기준으로, 조정대상지역의 2주택자나 조정대상지역 이외의 3주택자에게는 8%가 적용된다. 조정대상지역의 3주택 이상자나 조정대상지역 이외의 4주택 이상자에게는 12%가 적용된다. 그리고 법인이 주택을 취득할 때에는 12%가 적용된다.

취득세에는 농어촌특별세와 지방교육세가 부가된다. 85m^2 초과 주택에 대해 과세표준액의 0.2%가 농어촌특별세로 부과된다(85m^2 이하에 대해서는 비과세). 그리고 6억원 이하 주택에 대해 지방교육세가 0.1%, 6억원 초과 9억원 이하 주택에 대해 지방교육세가 0.2%, 9억원 초과 주택에 대해 지방교육세가 0.3% 부과된다.

한편, 취득세는 정책적 목적 때문에 지방세법이나 지방세특례제한법, 지방자치단체의 조례 등에 의해 다양하게 비과세되거나 감면되고 있다.

먼저 지방세법에 의한 비과세 사례를 보면, 국가 등이 취득하는 부동산에 대해서는 취득세가 비과세되며, 비영리사업자 등이 사용하기 위해 취득하는 부동산이나 임시건축물에 대해서도 취득세가 비과세된다. 신탁에 의한 부동산 이전이나 토지의 수용이나 사용에 관한 법률에 의한 환매권 행사에 대해서도 취득세가 비과세된다. 그리고 9억원 이하 공동주택의 개수로 인한 취득세도 비과세된다(지방세법 제9조).

한편, 지방세특례제한법에 의해 다양한 감면조치가 이루어지고 있는데, 시기에 따라 감면 여부나 감면율이 다르기 때문에 주의할 필요가 있다. 2022년 12월 말을 기준으로 하여 부동산정책과 관련된 몇 가지만 살펴보면 다음과 같다. 먼저, 자경농민의 농지 등에 대해서는 취득세의 50%가 면제된다. 자경농민의 농지 등의 취득 이외에 농업협동조합이나 한국농어촌공사의 사업과 관련한 취득세 감면도 있다.

주택임대사업과 관련한 취득세 감면조항도 다양하게 있다. 임대사업자 등이 임대목적으로 건축하는 공공주택 또는 오피스텔로 전용면적 60m^2 이하는 취득세가 면제되며, 60m^2 초과 85m^2 이하 20호 이상 임대주택사업자에 대해서는 취득세의 50%가 감면된다. 한국토지주택공사가 임대를 목적으로 취득하는 60m^2 이하 공동주택은 취득세 25%가 감면된다.

⊙ 표 8-3 취득세 비과세 및 면제(2022년 12월 말 기준)

근거법	비과세/ 감면	사례
지방세법	비과세	- 국가, 지방자치단체, 외국정부 등이 취득한 부동산 - 국가 등에 귀속 또는 기부 체납되는 사회기반시설 - 신탁재산의 이전 - 존속기간 1년 미만의 임시건축물 - 토지의 수요 등에 의한 환매권 행사 등으로 취득한 부동산 - 9억원 이하 공동주택의 개수로 인한 취득
지방세 특례 제한법	감면	- 자경농민의 농지 등 취득에 대해 취득세 50% 감면 - 임대사업자 등이 임대목적으로 건축하거나 분양받은 일정 가액 이하의 공동주택 또는 오피스텔로 전용면적 $60m^2$ 이하는 취득세 면제, $60m^2$ 초과 $85m^2$ 이하(20호 이상 임대)는 취득세 50% 감면 - 한국토지주택공사가 임대를 목적으로 취득하는 $60m^2$ 이하 공동주택은 취득세 25% 감면 - 부부합산소득 7천만원 이하인 가구가 생애최초로 구입하는 주택에 대해 취득가가 1.5억원 이하이면 취득세 면제, 1.5억원 초과 3억원(수도권은 4억원) 이하이면 취득세 50% 감면 - 신축하는 건축물로서 녹색건축 인증 건축물은 취득세의 5%~15% 감면, 제로에너지건축물은 취득세의 15%~20% 감면, 에너지절약형 친환경주택은 취득세 10% 감면, 지진안전시설물 인증 건축물은 취득세의 5%~10% 감면 - 관광진흥법에 의한 관광단지개발 사업자에 대해 취득세의 25% 감면, 조례에의해 추가로 25% 감면 가능 - 지식산업센터 사업자에 대해 취득세의 35% 감면, 지식산업센터를 최초로 분양받은 자는 취득세의 50% 감면 - 물류단지개발사업의 사업자에 대해 취득세의 35% 감면, 물류사업을 위해 물류단지에서 취득한 부동산에 대해서는 취득세의 50% 감면 - 토지 수용 등으로 인한 대체취득, 기부체납용 부동산, 천재지변 등으로 인한 대체취득의 경우 취득세 면제 - 도시개발사업과 정비사업의 시행으로 부동산소유자가 환지계획 등에 따라 취득하는 부동산에 대해 취득세 면제, 사업시행자가 취득하는 부동산에 대해서는 취득세 75%~100% 감면 - 기타

생애최초주택구입자를 위한 취득세 감면조항도 있다. 생애최초주택구입자로 부부합산소득이 연 7천만원 이하일 경우, 1.5억원 이하 주택이라면 취득세가 100% 면제되고, 1.5억원 초과 3억원(수도권은 4억원) 이하 주택이라면 취득세가 50% 감면된다.

신축하는 건축물로서 녹색건축 인증 건축물은 취득세의 3%∼10%가 감면되고, 신재생에너지 인증 건축물은 취득세의 5%∼15%가 감면된다. 이 밖에 제로에너지 건축물, 에너지절약형 친환경주택, 지진안정시설물 인증 건축물 등에 대해서도 취득세 감면 조치가 있다.

토지 수용 등으로 인한 대체취득이나 천재지변 등으로 인한 대체취득의 경우 취득세가 면제된다. 단, 대체취득 부동산이 이전 부동산의 가액을 넘어설 경우, 해당 부분에 대해서는 취득세가 부과된다. 기부채납용 부동산에 대해서도 취득세가 면제된다.

도시개발사업과 정비사업의 시행으로 부동산소유자가 환지계획 등에 따라 취득하는 부동산에 대해서도 취득세가 면제되며, 사업시행자가 취득하는 부동산에 대해서는 취득세의 75%∼100%가 감면된다.

지방세특례제한법에 의한 취득세 감면은 대부분 한시적이다. 기간을 정해놓고 재산세를 감면하고, 정책적으로 필요한 경우 감면 기간을 연장해주고 있다.

조세특례제한법에 의해서도 취득세 감면조치가 이루어졌었는데, 예를 들어 유동화전문회사가 취득하는 부동산에 대해 취득세의 50%가 감면되었고, 부동산투자회사가 취득한 부동산에 대해서는 취득세가 면제되었다. 그러나 현재는 외국인투자에 관한 특별조치 외에는 조세특례제한법에 의한 취득세 감면 조항은 모두 삭제되었다.

(2) 취득세의 변천 과정

취득세 및 등록세는 부동산 거래시 부과되는 세금으로 흔히 거래세라고 부른다. 거래세가 높을 경우, 부동산의 원활한 거래를 방해하기 때문에 부동산 시장의 효율성을 저해할 수 있다.

2004년까지만 하더라도 취득세와 등록세는 합쳐서 5%(취득세 2%, 등록세 3%)였다. 그 동안 많은 경제학자 및 부동산학자들은 거래세가 지나치게 높다면서 거래세의 인하를 요구하였다. 그러나 취득세 및 등록세는 각 지방자치단체의 주요한 세원이기 때문에 지방자치단체의 반발로 취득세 및 등록세의 세율 인하는 요원한 일이었다.

그러던 것이 2005년에 등록세가 3%에서 2%로 인하되면서 취득세 및 등록세의 합산 세율은 4%로 낮아졌다. 그리고 개인 간 거래의 주택에 대해서는 취득세가 한시적으로 1.5%로 낮추어지고, 등록세도 1%로 낮추어지면서 개인 거래 주택은 취득세 및 등록세 합쳐서 2.5%로 낮추어졌다. 그리고 2006년에는 개인거래 주택의 취득세가 1%로 낮추어지면서, 취득세 및 등록세 합쳐서 2%로 낮추어졌다.

이처럼 거래세가 2005년부터 낮추어질 수 있었던 것은 재산세의 세율이 인상되고 과표가 현실화되었기 때문이다. 즉, 지방차지단체의 입장에서 재산세 수입이 늘어나기 때문에 취득세 및 등록세의 세율을 인하시킬 수 있는 여지가 생긴 것이다.

또 취득세 및 등록세의 과표 변화도 세율 인하에 영향을 줬다. 2004년도까지만 하더라도 부동산 취득자가 신고한 금액과 시가표준액 중 높은 것을 기준으로 취득세와 등록세를 부과하였는데, 2005년부터는 시가표준액을 계산할 때 주택의 경우 공시가격을 기준으로 산정하고, 토지는 공시지가로 산정하면서 시가표준액이 상승하였다. 그리고 2006년부터는 부동산 실거래가격 신고를 의무화하는 「공인중개사의 업무 및 부동산 거래신고에 관한 법률」에 의해 실거래가격을 기준으로 취득세와 등록세를 매기게 되었다. 그 결과 세금을 부과하는 기준이 대폭 올라가면서 세율을 낮출 여지가 생긴 것이다.

취득세와 등록세는 2011년 통합되어 취득세로 일원화되었다. 세율은 일반 세율을 적용하여 4%였으나, 거래활성화를 위해 한시적으로 2%로 낮춘 후, 기한을 계속 연장해 왔었다. 2013년에 취득세의 항구적인 인하가 추진되어 주택에 한해 취득세율이 주택가격 수준에 따라 1%에서 3%까지로 바뀌었다.

그러다가 2020년 8월에 다주택자에 대한 취득세가 대폭 강화되었다. 2017년부터 수도권을 중심으로 주택가격이 급등하고, 2019년부터는 비수도권에서도 주택가격이 급등하자, 다주택자들을 규제하기 위해 취득세 강화 조치가 내려진 것이다. 조정대상지역 내에서 2주택자나 3주택 이상인 자에 대해서는 취득세가 8% 내지 12%가 적용되었고, 조정대상지역 외의 지역에서도 3주택자나 4주택 이상인 자에 대해서 취득세가 8% 내지 12%가 적용되었다. 그리고 법인이 취득하는 주택은 일괄적으로 취득세가 12% 적용되었다.

3. 재산세와 종합부동산세

(1) 재산세

재산세는 부동산 보유에 대하여 부과되는 세금이다. 2004년까지만 하더라도 과세대상 부동산은 토지와 건축물로 구분되었는데, 2005년부터는 주택, (주택이 아닌 부동산의) 토지와 건축물로 구분되고 있다.

과세표준을 보면, 시가표준액에 일정 비율(이를 공정시장가액비율이라고 부른다)을 곱한 금액으로 하고 있다. 시가표준액은 주택의 경우 개별공시가격(공동주택은 공동주택공시가격, 단독주택은 단독주택공시가격)을 기준으로 하며, 토지는 개별공시지가를 기준으로 한다. 그리고 주택을 제외한 건축물은 건물신축가격기준액에다가 구조나 용도, 위치, 경과연수 등을 고려하여 계산된 시가표준액을 기준으로 한다.

공정시장가액비율의 경우, 주택은 2007년까지 시가표준액의 50%이며, 2008년부터 매년 5%씩 인상되어 2017년에는 100%가 될 예정이었다. 토지와 건축물은 2006년에 시가표준액의 55%이며, 이후 매년 5%씩 인상되어 2015년에 100%가 되도록 되어 있었다. 2009년에 주택은 시가표준액의 60%, 토지와 건축물은 시가표준액의 70%를 적용받았는데, 이 비율은 2017년 말 현재까지 그대로 유지되고 있다.

다만, 2022년에 한해 1세대 1주택으로 인정되는 주택에 대해 공정시장가액비율이 45% 적용되었다. 2020년대에 들어 주택가격이 급등하고, 공시가격마저 급등하면서 자가주택 거주자들의 재산세 부담이 커져서, 이의 부담을 덜어주기 위해 한시적으로 공정시장가액비율을 낮추어 준 것이다.

재산세 = 과세표준액 × 세율
= (공시가격×공정시장가액비율)×세율

한편 토지는 과세대상이 종합합산과세대상과 별도합산과세대상, 분리과세
대상으로 나누어진다. 분리과세대상은 다른 토지와 분리하여 과세하는 방식으
로, 공장용지나 농지 등은 낮은 세율로 과세하고, 골프장, 별장, 고급주택의
토지 등에 대해서는 높은 세율로 과세한다. 별도합산과세대상은 일반 건축물
의 부속 토지 등을 합산하여 과세하는 방식이다. 종합합산과세대상은 별도합
산과세대상과 분리과세대상을 제외한 나머지 토지들을 모두 합산하여 과세하
는 방식이다. 단, 합산할 때에는 동일 시·군·구 내에 소재하고 있는 토지들
끼리 합산한다.

📊 표 8-4 재산세 세율(2022년 12월 말 기준)

구 분		세 율	
토지	종합합산 과세대상	5천만원 이하	0.2%
		5천만원 초과 1억원 이하	10만원＋5천만원 초과금액의 0.3%
		1억원 초과	25만원＋1억원 초과금액의 0.5%
	별도합산 과세대상	2억원 이하	0.2%
		2억원 초과 10억원 이하	40만원＋2억원 초과금액의 0.3%
		10억원 초과	280만원＋10억원 초과금액의 0.4%
	분리 과세대상	전, 답, 과수원, 목장용지 및 임야	0.07%
		골프장 및 고급오락장용 토지	4%
		그 밖의 토지	0.2%
건축물		골프장, 고급오락장 건축물	4%
		특별시 등의 주거지역 등에 있는 공장용 건축물	0.5%
		기타 건축물	0.25%
주택		6천만원 이하	0.1%
		6천만원 초과 1.5억원 이하	6만원＋6천만원 초과금액의 0.15%
		1.5억원 초과 3억원 이하	19.5만원＋1.5억원 초과금액의 0.25%
		3억원 초과	57만원＋3억원 초과금액의 0.4%
		별장	4%

　　재산세율은 토지와 건축물, 그리고 주택에 따라 다르다. 토지의 경우, 종합합산과세대상과 별도합산과세대상, 그리고 분리과세대상에 따라 다르다. 종합합산과세대상과 별도합산과세대상은 단계별 누진세율로 되어 있는데, 종합합산과세대상은 최고세율이 0.5%이며, 별도합산과세대상은 최고세율이 0.4%이다. 분리과세대상은 단일세율로 되어 있는데, 골프장 등은 4%, 농지 및 임야는 0.07%, 기타 토지는 0.2%를 부과한다.

　　건축물은 단일세율로 되어 있는데, 골프장 건물 등은 4%, 특별시 등의 주거지역 등에 있는 공장용 건축물은 0.5%, 기타 건축물은 0.25%를 부과한다.

　　주택은 과세표준액에 따라 누진세율이 적용되는데, 최소 0.1%에서 최대 0.4%까지 누진된다. 별장은 4% 단일세율로 부과된다.

　　도시지역에 있는 토지와 건축물, 그리고 주택에 대해서는 조례에 의해 과세표준액의 0.14%를 추가하여 과세할 수 있는데, 지방자치단체장은 조례에 의해 최대 0.23%까지 이를 추가할 수 있다(지방세법 제112조). 그리고 과밀억제권역에서 공장신설이나 증설의 경우, 기본적인 재산세율의 5배를 중과한다.

　　지방자치단체장은 특별한 재정수요가 발생하거나 재해 등으로 재산세율을 조정할 필요가 있다고 인정될 때, 재산세율을 50% 내에서 가감할 수 있다.

　　재산세는 세 부담에 상한이 존재한다. 전년 대비로 세 부담은 50% 이상 올릴 수가 없다. 주택의 경우, 3억원 이하의 주택은 세 부담 상한 5%이며, 6억원 이하 주택은 세 부담 상한이 10%이다. 그리고 6억원을 초과하는 주택은 세 부담 상한이 30%이다.

　　재산세의 과세 기준일은 6월 1일이다. 6월 1일 기준으로 부동산 소유자에게 재산세가 부과된다. 재산세는 1년에 두 번 부과되는데, 건축물에 대한 재산세는 7월에, 그리고 토지에 대한 재산세는 9월에 부과된다. 주택의 경우, 재산세액의 50%를 7월에, 그리고 나머지 50%를 9월에 부과한다.

　　재산세의 경우에도 비과세와 감면조치가 있다. 취득세의 경우와 비슷하게, 국가, 지방자치단체, 외국정부 등이 소유하고 있는 부동산에 대해서는 비과세된다. 그리고 임시 건축물, 도로, 하천, 제방, 구거 등도 비과세된다(지방세법 제109조).

　　지방세특례제한법에 의해서도 다양한 재산세 감면조치가 있는데, 시기에 따라 감면대상과 감면의 폭이 다르기 때문에 주의해야 한다. 2022년 12월 말

표 8-5 재산세 비과세 및 감면(2022년 12월 말 기준)

근거법	비과세/감면	사례
지방세법	비과세	- 국가, 지방자치단체, 외국정부 등이 취득한 부동산 - 임시건축물, 도로, 제방, 구거 등
지방세 특례 제한법	감면	- 농업법인, 어업법인, 한국농어촌공사 등에 대한 재산세 감면과 농어촌주택개량에 대한 재산세 감면 - 임대사업자 등의 2세대 이상 임대용 건축물로 가액이 일정금액 이하인 경우, 전용면적 40m^2 이하 공동주택, 오피스텔, 다가구주택은 재산세 면제, 전용면적 40m^2 초과 60m^2 이하 공동주택, 오피스텔은 재산세 50% 감면, 전용면적 60m^2 초과 85m^2 이하 공동주택, 오피스텔은 재산세 25% 감면 - 한국토지주택공사가 임대를 목적으로 취득하는 60m^2 이하 공동주택은 재산세 50% 감면 - 2세대 이상 공공지원민간임대주택이나 장기일반민간임대주택으로서 가액이 일정금액 이하인 경우, 전용면적 40m^2 이하 공동주택, 오피스텔, 다가구주택은 재산세 면제, 전용면적 40m^2 초과 60m^2 이하 공동주택, 오피스텔은 재산세 75% 감면, 전용면적 60m^2 초과 85m^2 이하 공동주택, 오피스텔은 재산세 50% 감면 - 주택연금 가입 주택의 경우, 5억원 이하 주택은 재산세 25% 감면, 5억원 초과 주택은 5억원에 해당하는 재산세의 25% 감면 - 농지연금 가입 농지의 경우, 6억원 이하는 재산세 면제, 6억원 초과 농지는 6억원 상당 재산세액을 감면 - 신축하는 건축물로서 2018년 말까지 인증 받은 녹색건축 인증건축물이나 에너지효율등급 인증 건축물은 5년간 재산세의 3%~15% 감면, 2021년 말까지 인증받은 내진성능 확보 건축물은 5년간 재산세의 50% 감면 - 지식산업센터는 재산세를 37.5% 감면 - 물류단지개발사업의 사업자나 해당 사업의 부동산을 물류사업에 사용하는 경우, 재산세의 37.5% 감면 - 산업단지의 경우, 5년간 재산세 35% 감면 - 법인의 지방이전이나 공장의 지방이전의 경우, 5년간 재산세 면제, 그 이후 3년간 재산세 50% 감면 - 개발제한구역에 있는 100m^2 이하 주택 개량의 경우, 5년간 재산세 면제 - 기타

기준으로 부동산 관련 감면 조항을 살펴보면, 먼저 임대사업자 등이 임대 목적으로 건축하거나 분양받은 2세대 이상의 공동주택 등에 대해 재산세 감면이 있다. 전용면적 $40m^2$ 이하의 공동주택, 다가구주택, 오피스텔의 경우 재산세를 면제하며, $40m^2$ 초과 $60m^2$ 이하의 공공주택과 오피스텔은 재산세 50% 감면, $60m^2$ 초과 $85m^2$ 이하의 공동주택과 오피스텔은 재산세를 25% 감면한다. 공동주택과 오피스텔에는 가격제한이 있다. 또한 공공지원민간임대주택이나 장기일반민간임대주택도 동일하게 재산세가 감면된다. 그리고 한국토지주택공사가 임대를 목적으로 취득한 $60m^2$ 이하의 공동주택도 재산세가 50% 감면된다.

주택연금 가입 주택의 경우, 5억원 이하 주택은 재산세의 25%를 감면받으며, 5억원 초과 주택은 5억원에 해당하는 재산세액의 25%를 감면받는다. 비슷하게 농지연금 가입 농지의 경우, 6억원 이하는 재산세가 면제되며, 6억원 초과는 6억원 상당 재산세액을 감면받는다.

2018년 말까지 녹색건축 인증을 받은 건축물은 5년간 재산세의 3%~15%를 감면받으며, 2021년 말까지 내진성능 확보 건축물로 인증 받은 건축물은 5년간 재산세의 50%를 감면받는다. 또한 지식산업센터의 경우 재산세를 37.5% 감면받으며, 물류단지개발사업의 사업자나 해당 사업의 부동산을 물류사업에 사용하는 경우에는 재산세의 37.5%를 감면받는다. 산업단지의 경우, 5년간 재산세 35%를 감면받는다. 법인의 지방이전이나 공장의 지방이전의 경우, 5년간 재산세를 면제하며 그 이후 3년간은 재산세 50%를 감면받는다. 그리고 개발제한구역에 있는 $100m^2$ 이하 주택 개량의 경우, 5년간 재산세를 면제받는다.

지방세특례제한법에 의한 재산세 감면은 대부분 한시적이다. 기간을 정해놓고 재산세를 감면하고, 정책적으로 필요한 경우 감면기간을 연장하고 있다.

(2) 종합부동산세

종합부동산세는 보유 중인 부동산에 과세되는 세금으로 재산세와 성격이 유사하다. 다만, 재산세는 지방세이지만, 종합부동산세는 국세(내국세)이며, 재산세는 부분적으로 부동산들을 합산하여 과세하지만, 종합부동산세는 소유 부동산을 모두 합산하여 과세한다는 차이가 있다.

종합부동산세의 과세대상은 토지와 주택이다. 주택 이외의 부동산 중 건축물은 과세대상이 아니다. 그리고 토지는 종합합산과세대상과 별도합산과세대상만 과세대상이고, 분리과세대상은 과세대상이 아니다. 주택의 경우, 공공주택특별법에 따른 공공주택사업자 또는 민간임대주택에 관한 특별법에 따른 민간등록임대사업자가 소유하고 있는 임대주택은 일정 규모 이하, 일정 가격 이하이고 일정 조건을 갖춘 경우 합산과세를 하지 않는다. 그리고 미분양주택, 가정어린이용주택, 기숙사 및 사원용주택 등은 합산과세를 하지 않는다.

　종합부동산세는 과세표준액에 누진세율을 곱하여 산정하는데, 세액 공제 항목이 있을 경우 세액 공제를 하고 난 뒤의 금액이 최종 세액이다. 과세표준액은 합산대상 부동산의 공시가격이나 공시지가를 모두 더한 뒤, 일정 금액을 공제한 금액에 대해 공시가격 반영비율인 공정시장가액비율을 곱하여 계산한다.

종합부동산세 = 과세표준액 × 세율 − 세액 공제
　　　　　 = [(공시가격 합계 − 공제액) × 공정시장가액비율] × 세율 − 세액공제

　공제액이나 공정시장가액비율 등은 시기에 따라 다르다. 2022년 12월 말 기준으로 주택의 과세표준액은 개별공시가격을 합산한 뒤 9억원을 공제한 금액에서 0.6(공정시장가액비율)을 곱한 금액으로 한다. 1가구 1주택 소유자의 경우, 추가로 3억원을 공제한 금액에서 공정시장가액비율을 곱한 금액을 과세표준액으로 삼는다. 공정시장가액비율은 종합부동산세 부담이 급격히 증가하는 것을 막기 위해 시장상황에 따라 대통령령으로 60%부터 100% 사이에서 정할 수 있는데, 2019년은 85%, 2020년은 90%, 2021년은 95%였다. 원래는 2022년에는 100%를 적용할 예정이었다. 그런데 2020년과 2021년의 급격한 주택가격 상승 때문에 종합부동산세 부담이 너무 커지자, 2022년 5월에 시작된 윤석열 정부에서 종합부동산세 부담을 덜어주기 위해 2022년에는 60%를 적용하기로 하였다.

　토지의 과세표준액은 토지의 공시가격을 모두 합한 뒤 일정 금액을 공제한 뒤 공정시장가액비율을 곱한 금액으로 한다. 종합합산과세대상은 공제금액이 5억원이며, 별도합산과세대상은 공제금액이 80억원이다. 공정시장가액비율은 시장상황에 따라 60%부터 100% 사이에 정할 수 있는데, 종합합산과세 대

상 토지는 2022년 12월 말 현재 공시가격의 100%를 반영하도록 되어 있다. 그리고 별도합산과세 대상 토지도 공시가격의 100%를 반영하도록 되어 있다. 토지의 공정시장가액비율은 2019년 85%, 2020년 90%, 2021년 95%였다.

주택의 종합부동산세 세율은 주택보유수에 따라 달라진다. 2주택자 이하인 경우, 과세표준액이 3억원 이하이면 0.5%이다. 과세표준액이 3억원 초과 6억원 이하이면, 150만원에다가 3억원 초과금액의 0.7%를 부과한다. 과세표준액이 6억원 초과 12억원 이하이면, 360만원에다가 6억원 초과금액의 1.0%를 부과한다. 과세표준액이 12억원 초과 25억원 이하이면, 960만원에다가 12억원 초과금액의 1.3%를 부과한다. 과세표준액이 25억원 초과 50억원 이하이면, 2,650만원에다가 25억원 초과금액의 1.5%를 부과한다. 과세표준액이 50억원 초과 94억원 이하이면, 6,400만원에다가 50억원 초과금액의 2.0%를 부과한다. 과세표준액이 94억원 초과이면, 1억 5,200만원에다가 94억원 초과금액의 2.7%를 부과한다. 법인이 보유하고 있는 주택에 대해서는 과세표준액에 관계없이 2.7%를 부과한다.

3주택자 이상인 경우, 과세표준액이 12억원 이하이면 2주택자 이하와 동일하지만, 과세표준액이 12억원을 초과하면, 세율이 2배 가까이 오르게 된다. 법인의 경우 과세표준액에 관계없이 5.0%를 부과한다.

원래 2021년에는 3주택자 이상 또는 조정대상지역의 2주택자 이상에 대해서는 종합부동산세가 2배가 되도록 되어 있었다. 그런데 이런 과세 체계는 형평성 문제를 야기하였다. 예를 들어 21억원짜리 주택을 1채 갖고 있는 사람과 7억원짜리 주택을 3채 갖고 있는 사람을 비교할 때, 과세표준액이 동일함에도 불구하고 후자가 종합부동산세를 2배로 내야 한다. 다주택자에 대한 과도한

🔎 표 8-6 종합부동산세의 과세표준액 산정방식(2022년 12월 말 기준)

구 분		과세표준액 산정방식	비 고
주택		[공시가격 합계 - 9억원] × 0.6	- 1세대 1가구는 3억원 추가 공제 - 공정시장가격비율은 2019년 85%, 2020년 90%, 2021년 95% 적용
토지	종합합산과세대상	[공시지가 합계 - 5억원] × 1.0	- 공정시장가격비율은 2019년 85%, 2020년 90%, 2021년 95% 적용
	별도합산과세대상	[공시지가 합계 - 80억원] × 1.0	

종합부동산세 부과가 사회적으로 이슈가 되면서 2022년 윤석열 정부가 들어서면서 다주택자에 대한 중과를 일부 완화하였다.

🔘 표 8-7 종합부동산세의 세율(2022년 12월 말 기준)

구분		과세표준액	세율 및 세액
주택	2주택자 이하	3억원 이하	0.5%
		3억원 초과 6억원 이하	150만원+3억원 초과금액의 0.7%
		6억원 초과 12억원 이하	360만원+6억원 초과금액의 1.0%
		12억원 초과 25억원 이하	960만원+12억원 초과금액의 1.3%
		25억원 초과 50억원 이하	2,650만원+25억원 초과금액의 1.5%
		50억원 초과 94억원 이하	6,400만원+50억원 초과금액의 2.0%
		94억원 초과	1억 5,200만원+94억원 초과금액의 2.7%
		법인	2.7%
	3주택자 이상	3억원 이하	0.5%
		3억원 초과 6억원 이하	150만원+3억원 초과금액의 0.7%
		6억원 초과 12억원 이하	360만원+6억원 초과금액의 1.0%
		12억원 초과 25억원 이하	960만원+12억원 초과금액의 2.0%
		25억원 초과 50억원 이하	3,560만원+25억원 초과금액의 3.0%
		50억원 초과 94억원 이하	1억 1,060만원+50억원 초과금액의 4.0%
		94억원 초과	2억 8,660만원+94억원 초과금액의 5.0%
		법인	5.0%
토지	종합합산 과세대상	15억원 이하	1%
		15억원 초과 45억원 이하	1,500만원+15억원 초과금액의 2%
		45억원 초과	7,500만원+45억원 초과금액의 3%
	별도합산 과세대상	200억원 이하	0.5%
		200억원 초과 400억원 이하	1억원+200억원 초과금액의 0.6%
		400억원 초과	2억 2천만원+400억원 초과금액의 0.7%

토지에 대해서는 종합합산과세대상일 경우, 과세표준액이 15억원 이하이면 1%, 15억원 초과 45억원 이하이면 1,500만원에다가 15억원 초과금액의 2%를 부과한다. 그리고 45억원 초과일 경우 7,500만원에다가 45억원 초과금액의 3%를 부과한다. 별도합산과세 토지의 경우, 200억원 이하에 대해서는 0.5%를 부과하며, 200억원 초과 400억원 이하일 경우에는 1억원에다가 200억원 초과금액의 0.6%를 부과한다. 그리고 과세표준액이 400억원을 초과할 경우, 2억 2천만원에다가 400억원 초과금액의 0.7%를 부과한다.

표 8-8 종합부동산세의 세액 공제(2022년 12월 말 기준)

구분		공제 종류	세율 및 세액
주택		재산세 공제	주택 종합부동산세액 − 주택 재산세액 = 최종 세액
		연령별 공제	1가구 1주택자로 60세 이상 65세 미만인 경우 최종 세액의 20% 공제 65세 이상 70세 미만인 경우 최종 세액의 30% 공제 70세 이상인 경우 최종 세액의 40% 공제
		보유기간별 공제	1가구 1주택자로 5년 이상 10년 미만 보유 시 최종 세액의 20% 공제 10년 이상 15년 미만 보유 시 최종 세액의 40% 공제 15년 이상 보유 시 최종 세액의 50% 공제
토지	종합합산 과세대상	재산세 공제	종합합산 토지의 종합부동산세액 − 종합합산 토지의 재산세액 = 최종 세액
	별도합산 과세대상	재산세 공제	별도합산 토지의 종합부동산세액 − 별도합산 토지의 재산세액 = 최종 세액

부동산 보유에 대해 재산세와 종합부동산세가 동시에 부과되므로, 이중과세라는 비판을 받을 수 있다. 그래서 종합부동산세 부과 대상자에게 종합부동산세액에서 재산세액을 공제한 금액을 종합부동산세로 내도록 되어 있다.

그리고 주택의 경우, 1가구 1주택 보유자에 한해 두 가지 추가적인 세액공제 제도를 두고 있다. 첫째 소유자 연령에 따른 공제제도로, 1가구 1주택자로서 소유주의 연령이 60세 이상 65세 미만일 경우, 세액의 20%를 공제하며,

65세 이상 70세 미만은 30%를, 그리고 70세 이상은 40%를 공제한다. 두 번째 세액공제는 장기보유에 따른 세액공제로, 1가구 1주택자로서 주택보유기간이 5년 이상 10년 미만일 경우 세액의 20%를 공제한다. 그리고 10년 이상 15년 미만 보유자일 경우 세액의 40%를 공제하며, 15년 이상 보유자일 경우 세액의 50%를 공제한다. 연령에 따른 세액공제와 보유기간에 따른 세액공제는 중복하여 공제받을 수 있다. 따라서 1가구 1주택 소유자로서 연령이 70세를 넘고 보유기간이 10년을 넘으면 종합부동산세액의 80%를 공제받을 수 있다.

재산세와 마찬가지로 종합부동산세도 비과세와 감면조항이 있는데, 재산세의 비과세 및 감면조항과 동일하다. 즉, 재산세가 비과세되거나 감면되는 경우, 종합부동산세도 동일하게 비과세되거나 감면된다.

그리고 재산세와 동일하게 종합부동산세의 과세기준일은 6월 1일이다. 매년 6월 1일의 부동산 소유자에게 과세가 된다. 종합부동산세에도 세부담 상한제도가 있다. 세부담 상한은 150%이다. 세부담 증가가 전년의 1.5배를 넘지 못하는 것이다.

(3) 재산세와 종합부동산세를 둘러싼 논란들

우리나라의 재산세는 1989년 이전에는 토지분 재산세와 건물분 재산세로 구성되어 있었다. 그리고 1986년에 도입된 토지과다보유세라는 것이 있었다. 결국 토지에 대한 보유세가 토지분 재산세와 토지과다보유세의 이중구조로 되어 있었다. 조세체계가 복잡하다는 지적이 나오면서 1989년 6월에 토지분 재산세와 토지과다보유세를 통합한 종합토지세가 도입되었다.

건물분 재산세와 종합토지세로 구성되어 있던 우리나라의 보유세 체계는 2005년 1월에 커다란 변화를 맞이하게 되었다. 건물분 재산세와 종합토지세가 재산세로 통합되었으며, 국세인 종합부동산세가 도입된 것이다. 그리고 과세표준액 산정에서 일대 혁신이 일어났다. 과세표준액이 시세에 접근하도록 함으로써 재산세와 종합부동산세의 부담이 크게 늘어나게 된 것이다.

부동산 보유세가 이처럼 큰 변화를 겪는 과정에서, 재산세와 종합부동산세의 성격을 둘러싸고 많은 논란이 있었는데, 그런 논란은 아직도 명확한 결론을 내리지 못한 상태이다.

먼저 재산세의 성격과 관련하여, 대부분의 경제학자들은 재산세를 지방자치단체가 지방공공재를 공급하는데 따른 대가로 보고 있다. 이처럼 재산세를 지방공공재 공급에 따른 비용 부과로 볼 경우, 재산세는 응익(應益)의 원칙에 따라 부과되어야 한다. 재산세가 응익의 원칙에 의해 부과된다면, 재산세율은 각 지방자치단체가 결정해야 하고, 재산세의 공평성은 전국에서 공평성을 달성해야 하는 것이 아니고 지역 내에서 공평성을 달성해야 한다. 즉, 각 지방자치단체 내에서 재산세가 공평하게 부과되어야 하는 것이다.

그러나 일부 경제학자들과 헨리 조지학파들은 재산세를 소득세의 보완수단으로 보고 있다. 재산세를 소득세의 보완수단으로 본다면, 재산세는 응능(應能)의 원칙에 따라 부과되어야 하는데, 부동산이 비쌀수록 해당 부동산 소유자는 세금을 낼 능력이 높다고 보는 것이다. 이처럼 재산세를 응능의 원칙에 따른 세금으로 볼 경우, 재산세율은 전국적으로 동일한 기준에 따라 누진적으로 부과되어야 하고, 과세표준액도 전국적으로 동일한 기준에서 산정되어야 한다.

재산세를 소득세의 보완수단으로 보는 학자들은 대체로 재산세 중과를 통해 불로소득을 회수할 수 있고, 부동산 투기를 막아 부동산 가격을 안정시킬 수 있다고 본다. 반면, 재산세를 지방공공재 공급에 따른 비용 부과로 보는 학자들은 대체로 이러한 견해를 부정하는 입장에 있다.

우리나라의 재산세는 이 두 가지 입장이 혼재되어 있다. 우선 형식적인 측면에서 볼 때, 재산세는 지방자치단체의 지방공공재 공급에 따른 비용 부과의 성격을 갖고 있는 것으로 보인다. 재산세가 지방세이고, 각 지방자치단체들은 재산세 수입으로 지역주민들에게 각종 공공서비스를 제공하고 있기 때문이다. 그러나 내용적으로 볼 때, 재산세는 소득세의 보완 수단이라는 성격을 갖고 있다. 누진적인 세율을 갖고 있고 전국적으로 동일한 세율이 적용되며, 과표산정에 있어서도 전국적인 균형성을 중시하고 있다.

국민들도 대체로 재산세를 소득세의 보완 수단으로 인식하고 있는 것으로 보인다. "비싼 주택에 살면, 세금을 더 많이 내는 것이 당연하다"고 생각하는 것이다. 같은 지역 내에서야 이런 생각을 할 수 있지만, 서로 다른 지역에 살고 있는데도 불구하고 "그 쪽 지역 사람은 비싼 주택에 사니까 나보다 재산세를 더 많이 내는 것이 당연하다"고 생각하는 것이다. 실제 대법원은 재산세를 "(종합토지세는) 응능과세원칙을 확립하고, 세제를 통하여 토지의 과다보유

억제와 토지의 수급을 원활히 하며, 건전한 국민생활의 기간을 구축하여 지가 안정과 토지소유의 저변확대를 도모하기 위한 것(대법원 2001.5.29, 99두7265)"으로 보고 있다.[12]

우리나라에서 재산세가 이처럼 이중적인 성격을 갖게 된 것은 지방자치의 역사가 미천하기 때문인 것으로 보인다. 우리나라 지방자치제도는 1995년 지역주민들에 의한 지방자치단체장 선거가 이루어지면서 겨우 걸음마를 시작하였다. 그 이전에서는 중앙정부에서 지방자치단체장을 임명하였고, 각 지방자치단체는 중앙정부의 재정에 의존하여 중앙정부가 요구하는 업무를 수행해 왔다. 즉, 1995년 이전까지만 하더라도 지방자치단체는 중앙정부의 지방조직 역할을 수행해 왔던 것이다. 이러다 보니 재산세란 지방공공재 공급에 따른 비용을 부담하는 세금이 아니라, 담세력을 갖고 있는 재산에 부과하는 세금으로 인식되어 왔던 것이다. 이런 인식이 오늘날 여전히 유지되면서 지방공공재 공급에 따른 비용 부과 성격을 갖고 있으면서 동시에 담세력을 갖고 있는 부동산에 부과되는 응능(應能)성격의 세금으로 여겨지고 있는 것이다.

우리나라의 재산세가 이중적인 성격을 갖고 있는데 반해, 국세인 종합부동산세는 그 성격이 비교적 명확하다. 종합부동산세는 "조세부담의 형평성을 제고"하기 위해 도입된 보유과세이다. 즉, 종합부동산세는 '고액의 부동산을 보유하고 있으면 세금을 더 많이 내야 한다'는 인식 하에서 도입된 응능(應能)과세인 것이다. 따라서 종합부동산세는 소득세를 보완하는 부유세의 성격을 갖고 있다.

하지만 종합부동산세는 도입 당시부터 상당한 논란이 있었다. 첫 번째 논란거리는 개인들이 보유하고 있는 여러 자산 중에서 왜 부동산에만 부유세 성격의 보유세를 부과하느냐 하는 것이다. 부유세의 도입이 필요하다면, 부동산뿐만 아니라 주식, 채권, 수익증권 등 모든 자산에 대해 조세를 부과하여야 하는데, 유독 부동산에 대해서만 별도의 부유세를 부과하는 것은 차별적인 조세정책이라는 것이다. 그리고 부동산에 대해 부유세를 부과한다면, 보유 중인 부동산의 총 가액 중에서 부채를 제외한 순 자산 가액을 기준으로 세금을 부과하여야 하는데, 이를 고려하지 않았다는 것도 논란거리가 되었다.

이에 대해 종합부동산세의 도입을 찬성하는 쪽에서는 부동산 투기를 억제

---

12) 민태욱, 「부동산조세법」, 제7판, 부연사, 2006, p. 226에서 재인용.

하고 부동산 가격을 안정시키기 위한 것도 종합부동산세 도입의 한 이유라고 보고 있다. 그러나 보유세 강화가 부동산 가격에 미치는 영향은 명확하지 않다. 앞에서 보았다시피 보유세 강화는 단기적으로 부동산 가격을 낮추기는 하지만, 이런 효과는 일회성 효과에 불과하며, 장기적으로는 건물에 대한 투자 감소로 임대료를 상승시키고 이것이 다시금 부동산가격을 상승시키는 요인으로 작용할 수 있는 것이다.

종합부동산세의 두 번째 논란거리는 부동산이 담세력을 가지느냐 하는 것이다. 즉, 비싼 부동산을 보유하고 있으면, 소득도 높기 때문에 비싼 세금을 낼 능력이 되느냐 하는 것이다. 이 부분은 종합부동산세에만 한정된 문제가 아니라 재산세에도 동일하게 제기되는 문제이다. 왜냐하면, 재산세도 누진과세 형태를 취하고 있기 때문이다.

일반적으로 부동산은 담세력을 가지고 있는 것으로 평가되고 있지만, 항상 이것이 사실이지는 않다. 특히 거주 수단으로 사용하는 주택은 주택가격과 주택소유자의 담세능력이 일치하지 않는 경우가 많다. 예를 들어 하나의 주택만을 보유한 채 오랫동안 한 지역에서 거주해 왔는데, 사회적 발전이나 수요 증가로 해당 지역의 주택가격이 상승하였을 수 있다. 이 경우, 주택가격과 주택소유자의 담세능력은 상호 일치하지 않는다. 노인의 경우, 이런 경향은 더욱 크다. 보유하고 있는 주택가격이 높더라도, 주택소유자의 담세능력은 낮을 수 있는 것이다.

더군다나 우리나라의 소득 대비 주택가격은 다른 나라에 비해 상대적으로 높은 것으로 알려져 있다. 우리나라의 가계소득 대비 주택가격 비율은 지역에 따라 다르지만 대략 5배~7배 수준이다. 반면, 미국의 경우 이 비율이 대략 2배~3배 수준이다. 따라서 미국의 재산세율이 평균 1%라면, 우리나라에서는 재산세율이 0.5%만 되더라도 미국과 비슷한 수준의 조세를 부담하는 꼴이 된다.

종합부동산세의 세 번째 논란거리는 세대별 합산 과세에 관한 것이다. 종합부동산세가 최초로 제정되었을 때에는 인별 합산 과세로 되어 있었는데, 종합부동산세의 도입에도 불구하고 주택가격이 계속 뛰자 종합부동산세 부담을 더욱 가중하게 하기 위해 2006년에 세대별 합산 과세로 법률을 개정하였다. 인별로 합산할 경우, 가족들 간 분할등기를 통해 과세대상에서 벗어난다고 보고 세대별 합산 과세 방식으로 바꾼 것이다. 그러나 세대별 합산 과세는 양성

평등권을 보장하고 있는 헌법에 위배된다는 주장들이 나왔다. 부부 합산을 할 경우, 부부의 개별 자산을 인정하지 않는 꼴이 되는 것이다.

2008년 11월, 헌법재판소는 종합부동산세의 일부 조항들에 대해 위헌 및 헌법 불합치 판결을 내렸다. 위헌판정을 내린 조항은 바로 세대별 합산 과세에 관한 조항이다. 헌법재판소는 해당 조항이 헌법에서 보장하는 양성 평등권에 위배된다는 판결을 내린 것이다. 그리고 부동산 투기나 부동산 가격 상승과 직접적 연관관계가 없는 장기보유 1가구 1주택자나 노령가구에 대해서도 과세하도록 되어 있는 조항이 헌법과 불합치한다는 판결을 내렸다. 즉, 위에서 언급한 두 번째 논란거리와 세 번째 논란거리에 대해 헌법 불합치 내지는 위헌 판결을 내린 것이다.

이런 헌법재판소의 판결에 따라 종합부동산세법은 몇 가지 변화를 맞이하게 되는데, 첫 번째 변화는 세대별 합산이 인별 합산으로 바뀌었다는 것이다. 두 번째 변화는 1가구 1주택자에게 과표액을 축소해 주고, 1가구 1주택자 중에서 장기보유자나 노인 가구에게는 세액공제 혜택을 주는 방향으로 법이 개정되었다는 점이다.[13) 그리고 세 번째 변화는 과표 산출시 공시가격의 반영비율이 다소 유동적으로 바뀌었고, 세율이 다소 낮추어졌다는 점이다.[14)

2009년 종합부동산세법의 개정으로 1가구 1주택자의 종합부동산세 부담이 크게 낮아지면서 첫 번째 논란거리는 더 이상 크게 이슈가 되지 않았다. 특히 2008년에 닥친 세계적인 금융위기로 인해 국내 주택가격도 큰 폭으로 하락하였고, 이에 따라 2009년 공시가격이 하향 조정되면서 종합부동산세 부담이 전반적으로 낮아진 것도 첫 번째 논란거리가 더 이상 이슈가 되지 않았던 이유 중의 하나였다.

그러나 2017년 수도권을 중심으로 주택가격이 큰 폭으로 상승하였고, 이에 따라 2018년부터 공시가격도 큰 폭으로 상승한데다가 공정시장가액비율도 2019년에 85%, 2020년에 90%, 2021년에 95%로 오르면서 1가구 1주택자라도

---

13) 2009년 개정법에서는 1가구 1주택자에 대해 과표액 산정시 3억원을 추가공제해 주고 있으며, 1가구 1주택자 중에서 장기보유자와 노인가구에 대해서는 각각 별도로 최소 10%부터 최대 40%까지 세액을 공제해 주고 있다.

14) 2009년의 종합부동산세법 개정 이전에는 과표가 공시가격의 100% 수준까지 올라가도록 되어 있었는데, 2009년 개정법에서는 시장상황에 따라 공시가격의 60~100% 사이에서 과표를 정하도록 하였다. 그리고 주택의 경우, 세율이 이전에는 최소 1%에서부터 최대 3%까지 되었는데, 개정된 법에서는 최소 0.5%에서 최대 2%까지로 인하되었다.

종합부동산세의 부담이 크게 늘어났다. 그리고 2020년에는 세율도 올랐다. 특히 이 시기에는 다주택자들에 대한 중과 정책 때문에 2019년에는 다주택자들에 대해 중과세를 하였다. 2021년에는 다주택자들에 중과 세율이 일반 세율의 2배를 넘어서기도 하였다.

과도한 종합부동산세가 다시 한 번 사회적 이슈가 되면서, 2022년에 윤석열 정부가 들어서자 이번에는 세율을 낮추고 공정시장가액비율을 낮추게 되었다. 주택의 공정시장가액비율이 60%로 낮추어졌고, 세율도 2019년 이전 수준으로 돌아갔다. 또 1가구 1주택자에 대한 연령별 세액 공제와 보유기간별 세액 공제의 공제율이 높아졌다.

4. 양도소득세

(1) 양도소득세

양도소득세(讓渡所得稅)는 자산의 양도를 통해 발생한 소득에 대해 부과되는 세금이다. 흔히 자본이득세(capital gain tax)라고도 부른다. 우리나라의 경우, 개인의 경우 소득세법에 의해 양도소득세라는 이름으로 부과되고, 법인의 경우 법인세법에 의해 법인세의 한 형태로 부과되고 있다.

우리나라의 경우 1974년에 종래의 양도과세인 부동산투기억제세(不動産投機抑制稅)가 폐지되고 양도소득세와 법인세 특별부가세(法人稅 特別附加稅)가 신설되었다. 그리고 2002년에는 법인세 특별부가세가 폐지되고, 법인의 양도소득에 대한 과세가 법인세로 통합되었다. 그리고 특례조항에 의해 부동산의 양도소득에 대한 중과 규정이 도입되었다.

개인에게 부과되는 양도소득세는 소득세법이 정하고 있는 3가지 소득(종합소득, 퇴직소득, 양도소득) 중 하나인 양도소득에 과세되는 세금이다.[15] 양도소득세는 자산을 유상으로 양도할 때 양도소득이 발생하여야 부과되므로, 양도소득이 없거나 상속, 증여 등 무상으로 소유권을 이전할 때에는 양도소득세가 부과되지 않는다. 양도소득세의 부과대상이 되는 자산 중 부동산에 해당하는

---

15) 현행 소득세에서는 종합소득(이자소득, 배당소득, 부동산임대소득, 사업소득, 근로소득, 연금소득, 기타 소득)에 한해 종합과세를 원칙으로 하고 있으며, 양도소득과 퇴직소득에 대해서는 잠재된 소득이 일시에 현실화된다는 점 때문에 종합소득과 분리하여 별도의 분리과세방식을 취하고 있다.

자산으로는 토지와 건물, 그리고 부동산과 관련된 권리 등이 있다.

　양도소득세를 부과하기 위해서는 양도차익을 계산하여야 하는데, 양도차익은 양도가액에서 취득가액과 자본적 지출액, 그리고 양도에 따른 비용을 제외한 금액으로 계산된다. 이 양도차익에서 장기보유특별공제액을 제한 것이 양도소득금액이다. 이 양도소득금액에서 양도소득기본공제를 제외한 금액이 양도소득세의 과세표준액이다.

〈양도소득세 과세표준 산출 흐름〉
양도차익＝양도가액－취득가액－자본적 지출액－양도에 따른 비용
양도소득금액＝양도차익－장기보유특별공제액
양도소득 과세표준액＝양도소득금액－양도소득기본공제

　이때 문제가 되는 것은 양도가액과 취득가액을 어떻게 산정하느냐 하는 것이다. 2005년까지만 하더라도 양도소득세의 과세표준액은 실지거래가액과 기준시가 방식 중 하나를 선택할 수 있도록 되어 있었다. 이 당시에는 기준시가가 실지거래가액보다 낮기 때문에 대부분의 과세대상자들은 기준시가를 기준으로 양도소득세를 신고하였다. 그러던 것이 2005년 말에 이루어진 소득세법의 개정에 의해 2007년부터는 실지거래가액 방식으로 바뀌었다. 2007년부터 양도가액과 취득가액을 실지거래가액 기준으로 산정하도록 법이 바뀐 것이다.

　양도소득 계산시 실지거래가액 기준으로 양도가액과 취득가액을 계산하도록 되었지만, 취득가액의 실지거래가액을 알기가 어렵다. 2005년까지는 기준시가로 양도소득세를 신고해 왔기 때문이다. 이 경우, 취득가격은 취득 당시의 기준시가와 양도 당시의 기준시가에 의해 계산하도록 되어 있다.

$$\text{취득가액} = \text{양도가액} \times \frac{\text{취득 당시의 기준시가}}{\text{양도 당시의 기준시가}}$$

　기준시가는 주택의 경우 주택공시가격을 사용한다. 오피스텔과 집합부동산

의 경우 국세청장이 결정·고시한 기준시가를 사용한다. 그 외의 부동산의 경우 토지는 개별공시지가를, 건물은 국세청장이 결정·고시한 건물의 기준시가를 사용한다.[16]

장기보유특별공제액은 1세대 1주택자인지 여부에 따라 달라지는데, 1세대 1주택자가 아닌 경우에는 3년 이상 4년 미만 보유 시 양도차익의 6%를 공제해주며, 이후 1년씩 보유 기간이 늘어날 때마다 2%p씩 공제율이 올라간다. 15년 이상 보유 시에는 양도차익의 30%를 공제해 준다.

1세대 1주택자의 경우 보유에 따른 특별공제와 거주에 따른 특별공제가 있다. 공제율은 시기에 따라 달라지는데, 2022년 12월 말 기준으로 보유에 따른 공제의 경우, 3년 이상 4년 미만 보유 시 양도차익의 12%를 공제해 준다. 이후 1년씩 보유기간이 늘어날 때마다 공제율이 4%p씩 늘어나, 10년 이상 보유 시 양도차익의 40%를 공제해 준다. 그리고 거주에 따른 공제의 경우, 2년 이상 3년 미만 거주 시 양도차익의 8%를 공제해 준다. 이 후 1년씩 거주기간이 늘어날 때마다 공제율이 4%p씩 늘어나, 10년 이상 거주 시 양도차익의 40%를 공제해 준다. 보유에 따른 공제와 거주에 따른 공제는 중복하여 받을 수 있다. 예를 들어 10년 이상 거주하고, 10년 이상 보유하고 있으면 양도차익의 80%를 공제받을 수 있다.

1가구 1주택 소유자로서 12억원이 넘는 고가주택의 경우, 양도차익과 장기보유특별공제는 양도가액에서 12억원을 초과하는 비율로 계산한다.

$$\text{1가구 1주택자로서 12억원 초과 주택의 양도차익} = \text{양도차익} \times \frac{\text{양도가액} - \text{12억원}}{\text{양도가액}}$$

$$\text{1가구 1주택자로서 12억원 초과 주택의 장기보유특별공제액} = \text{장기보유특별공제액} \times \frac{\text{양도가액} - \text{12억원}}{\text{양도가액}}$$

---

16) 주택가격에 대한 공시제도가 도입되기 전에 주택의 기준시가는 토지가격과 건물가격으로 분리되어 있었다. 따라서 주택을 취득할 당시에 기준시가가 토지와 건물로 분리되고 있었다면, 양도 당시에도 기준시가는 토지와 건물로 분리되어 있어야 한다.

양도소득기본공제는 토지, 건물, 부동산권리의 양도에 따른 양도소득금액을 합산한 후, 연간 250만원씩 공제한다. 다만, 미등기양도자산의 양도소득금액에 대해서는 공제를 하지 않는다.

양도소득세는 과세표준액에 따라 세액이 달라지는 차등누진세율을 적용하고 있다. 그리고 보유기간에 따라 세율이 달라진다. 2년 이상 보유한 부동산의 양도소득세율은 6~45%이다. 이 세율은 종합소득세의 세율과 같다. 이를 흔히 일반세율이라고 부른다. 그러나 2년 미만 보유한 부동산은 단일 세율을 적용한다. 2년 미만 1년 이상 보유한 부동산의 양도소득세율은 과세표준액의 40%이다. 그러나 분양권이나 조합원입주권의 경우 과세표준액의 60%이다. 1년 미만 보유한 부동산의 양도소득세율은 과세표준액의 50%이며, 이 중에서 분양권이나 조합원입주권의 양도소득세율은 과세표준액의 70%이다.

비사업용 토지의 경우 일반세율에다가 10%p를 더한 세율로 양도소득세가

🔍 표 8-9 **양도소득세의 세율(2022년 12월 말 기준)**

구분		세율 및 세액	
보유기간	일반세율	1,400만원 이하	6%
		1,400만원 초과 5,000만원 이하	84만원+1,400만원 초과금액의 15%
		5,000만원 초과 8,800만원 이하	624만원+5,000만원 초과금액의 24%
		8,800만원 초과 1억5천만원 이하	1,536만원+8,800만원 초과금액의 35%
		1억5천만원 초과 3억원 이하	3,706만원+1억5천만원 초과금액의 38%
		3억원 초과 5억원 이하	9,406만원+3억원 초과금액의 40%
		5억원 초과 10억원 이하	1억7,406만원+5억원 초과금액의 42%
		10억원 초과	3억8,406만원+10억원 초과금액의 45%
	1년이상 2년 미만	과세표준액의 40% (분양권, 조합원입주권 양도는 60%)	
	1년 미만	과세표준액의 50% (분양권, 조합원입주권 양도는 70%)	
비사업용 토지		일반세율 + 10%p	
미등기 양도		과세표준액의 70%	

계산된다. 그리고 미등기 양도는 단일 세율로 과세되는데, 세율은 과세표준액
의 70%이다.

📍 표 8-10 1세대 다주택 소유자에 대한 양도소득세율(2022년 12월 말 기준)

구분	세율 및 세액
조정대상지역에서 1세대 2주택 또는 1주택과 입주권 등을 합쳐 2개	일반세율 + 20%p
조정대상지역에서 1세대 3주택 이상 또는 1주택과 입주권 등을 합쳐 3개 이상	일반세율 + 30%p

　　주택의 경우, 2013년 12월 이전까지만 하더라도 1세대 2주택이냐 1세대 3
주택이냐에 따라 세율이 달랐다. 1세대 3주택 이상일 경우 과세표준액의 60%
를 양도소득세로 부과하며, 1세대 2주택일 경우에는 과세표준액의 50%를 양
도소득세로 부과하였다. 그러던 것이 2014년부터는 1세대 다주택자라 하더라
도 일반세율로 양도소득세를 과세하는 것으로 바뀌었다. 그리고 2018년부터는
주택법에 의한 조정대상지역의 경우, 1세대 2주택(조합원입주권 포함) 소유자에
게는 일반세율에다가 10%p를 추가한 세율로, 1세대 3주택(조합원입주권 포함)
이상 소유자에게는 일반세율에다가 20%p를 추가한 세율로 과세하는 것으로
바뀌었고, 2020년부터는 추가 세율이 1세대 2주택의 경우 20%p로, 1세대 3주
택의 경우 30%p로 바뀌었다.

　　적용 세율이 중복될 경우에는 가장 세율이 높은 쪽을 적용한다. 예를 들어
조정대상지역에서 1가구 2주택자가 1년 이상 2년 미만 보유한 주택을 미등기
로 양도하였는데, 과세표준액이 1,400만원이라면 조정대상지역에서 다주택자
중과에 따른 26%(= 6% + 20%) 세율과 1년 이상 2년 미만 보유에 따른 40%
의 세율, 그리고 미등기 양도에 따른 70% 세율 중에서 가장 높은 70%가 적
용된다.

　　양도소득세제에는 다양한 비과세와 감면 조치들이 있다. 비과세는 소득세
법에 규정되어 있는데, 대표적인 것이 1가구 1주택에 대한 양도소득세 비과세
조치이다. 소득세법 89조에 따르면 1가구 1주택 보유자에게는 양도소득세가

비과세되는데, 여기에 몇 가지 전제조건이 있다. 첫째, 보유기간 요건으로, 1 가구 1주택이라 하더라도 2년 이상 보유하고 있어야 비과세 혜택을 받을 수 있다. 그리고 조정대상지역의 경우 2년간 거주하고 있어야 한다. 둘째, 건물에 부속되는 토지의 면적은 건물 바닥면적의 3배~10배 이내이어야 한다(도시지역 여부, 수도권 여부 등에 따라 배율이 다르다). 셋째, 고가주택은 1가구 1주택 비과세 혜택에서 제외되는데, 이때 고가주택이란 실지거래가액이 12억원을 초과하는 주택을 말한다. 고가주택의 경우, 12억원에 해당하는 부분은 비과세되고, 12억원을 초과하는 부분에 대해서는 과세를 한다.

1가구 2주택에 대한 과세 조치들은 몇 가지 예외조항을 갖고 있다. 1가구 2주택자라 하더라도 불가피하게 2주택이 된 경우에는 일정 기간 동안 1가구 1주택으로 간주한다. 예를 들어 1가구 1주택자가 새로 주택을 구입하였는데 기존 주택을 매각하지 못해 1가구 2주택이 된 경우에는 2년~3년(조정대상지역에서는 2년) 안에 기존 주택을 매각하면 양도소득세가 비과세된다. 그리고 상속, 증여, 가족들의 합가 등에 의해 일시적으로 1가구 2주택자가 되더라도 비과세 혜택이 주어진다.

조세특례제한법에는 다양한 형태의 양도소득세 감면 조항이 있다. 예를 들어, 임대주택에 대한 양도소득세 감면 특례가 있으며, 신축임대주택에 대한 감면 특례가 있다. 그리고 신축주택 취득자에 대한 다양한 양도소득세 감면조치도 있고, 자경농지에 대한 양도소득세 감면조치도 있다. 이중에서 신축주택 취득자에 대한 양도소득세 감면조치는 특혜가 취해진 시기가 다르다. 예를 들어, 1998년 5월 22일부터 1999년 6월 30일까지 취득한 신축주택은 5년 이내에 양도할 경우 양도소득세를 100% 감면한다. 2000년 11월 1일부터 2001년 12월 31일까지 수도권 이외의 지역에 소재하는 신축주택을 구입할 경우, 5년 이내에 양도할 경우 양도소득세가 100% 감면된다.

그리고 2008년 11월 3일부터 2010년 12월 31일까지 지방에 소재하는 미분양주택을 취득하는 경우, 해당 미분양주택을 매각할 때 양도소득세는 1가구 1주택자에 적용되는 장기보유특별공제액과 일반세율을 적용한다. 그리고 해당 주택은 1가구 1주택 산정 시 예외를 인정받는다. 또한 2009년 2월 12일부터 2010년 2월 11일 사이에 신축 주택을 취득하는 경우, 5년 내에 매각할 경우, 양도소득세가 비과세된다. 5년 이후 매각할 경우, 5년 사이의 양도소득에 대한 양도소득세는 100% 감면되고, 5년 이후의 양도 차익에 대해서만 양도소득세가 부과된다. 단, 수도권 과밀억제권역에 있는 신축 주택을 취득하는 경우에는 양도소득세의 60%만 감면된다.

(2) 법인세

법인의 경우, 법인세의 형태로 양도소득세가 부과된다. 자본이득(capital gain)도 법인이 얻은 소득 중의 하나이므로, 다른 소득과 통합하여 법인세가 부과된다. 법인세법상 법인소득이란 익금(수익)에서 손금(비용)을 공제한 것인데, 양도소득의 경우 양도가액이 익금(수익)이 되고, 부동산의 장부가액이 손금(비용)이 된다. 법인세에서는 장기보유특별공제라든가 양도소득기본공제와 같은 소득공제가 존재하지 않는다.

세율은 일반적인 법인세율에 따르는데, 2022년 12월 말 현재로는 법인소득이 2억원 이하일 경우 9%의 세율이 부과되며, 법인소득이 2억원 초과 200억원 이하일 경우 1,800만원에다가 2억원 초과금액에 대해 19%의 세율이 부과된다. 법인소득이 200억원 초과 3,000억원 이하일 경우 37.8억원에다가 200억원 초과금액에 대해 21%의 세율이 부과된다. 그리고 법인소득이 3,000억원을 초과할 경우에는 625.8억원에다가 3천억원 초과금액에 대해 24%의 세율이 부과된다.

법인세법상에서는 법인의 부동산 투기를 방지하기 위해 특정한 부동산을 양도하여 발생한 양도소득에 대해서는 일반 법인세 외에 별도의 법인세를 더 내도록 되어 있다. 먼저 법인의 사택 등(대통령령에 의해 정해진 주택을 말함)을 제외한 주택을 양도할 경우 양도소득의 10%에 해당하는 금액을 법인세에 추가하여 납부해야 한다. 또한 비업무용 토지를 양도할 경우에는 양도소득의 10%에 해당하는 금액을, 미등기 토지를 양도할 경우에는 양도소득의 40%에 해당하는 금액을, 그리고 분양권을 양도할 경우에는 양도소득의 20%에 해당하는 금액을 법인세에 추가하여 납부하여야 한다.

(3) 양도소득세를 둘러싼 이슈

우리나라의 양도소득세는 응능의 원칙에 따른 세금(소득이 있기 때문에 세금을 부과)이지만, 부동산 가격 안정 내지는 부동산 시장 활성화 수단으로 더 많이 사용되는 세제이다. 예를 들어 부동산 가격이 급등할 때에는 양도소득세에 중과 조항을 넣어 수요를 억제하다가도, 경기 급락으로 미분양 주택이 양산될 때에는 양도소득세를 감면하여 부동산 수요를 확대시키기도 한다.

정부는 부동산가격이나 주택가격이 급등하거나 급등할 우려가 있는 지역을 투기지역, 투기과열지구, 조정대상지역 등으로 지정할 수 있다. 이런 지역에서는 기본세율에다가 10%p~30%p를 추가하여 양도소득세를 부과한다. 이 제도는 양도소득세를 부동산가격 안정수단으로 쓰는 대표적인 사례라고 할 수 있다.

그리고 조세제한특례법 제98조, 제98조의2, 제98조의3, 제98조의4, 제99조, 제99조의3 등을 보면, 미분양주택 취득자나 신축주택 취득자에 대한 양도소득세 감면 사항들이 나온다. 이런 양도소득세 감면 조항들은 각기 일정한 시기 내에 취득된 미분양주택이나 신축주택에 대해서만 양도소득세 감면혜택을 주고 있다. 이는 부동산 시장이 급락하던 시기에 부동산 수요를 확대하기 위해 양도소득세를 이용한 대표적인 사례라고 할 수 있다.

그러나 양도소득세의 중과나 감면이 부동산 가격을 안정시키거나 부동산 시장을 활성화시키는데 도움이 되는가 여부는 분명하지 않다. 앞에서 언급하였다시피 양도소득세의 중과나 감면은 부동산의 자산가치에 영향을 미치기 때문에 단기에는 부동산 가격을 안정시킬 수도 있고, 부동산 가격을 상승시킬 수도 있다. 그러나 장기적으로는 양도소득세 중과나 감면이 부동산 가격에 미치는 영향은 불분명하다.

분명한 것은 양도소득세 중과가 부동산의 보유기간을 증대시키는 동결효과(凍結效果)를 가져온다는 점이다. 양도소득세를 강화하면, 양도소득세를 회피하기 위하여 자산의 보유기간을 증대시키게 되는데, 이것이 자산시장에서 부동산의 공급을 제약하는 요인으로 작용하여 장기적으로는 부동산가격을 상승시킬 수도 있다는 것이다.

우리나라 양도소득세의 또 다른 문제는 부동산 종류별로 조세의 수평적 형평성이 이루어지고 있지 않다는 점이다. 양도소득이 동일하다면, 동일한 양도소득세가 부과되어야 수평적 형평성이 이루어진다고 말할 수 있다. 그러나 양도소득세는 부동산 종류별로 과표가 달라 수평적 형평성에 문제가 있다. 현재 양도소득세는 실거래가격을 기초로 하여 과표를 결정하지만, 실거래가격이 알려져 있지 않을 경우 기준시가를 기준으로 과표를 정하고 있다. 기준시간의 경우, 주택은 공시가격, 토지는 공시지가, 그리고 건물은 국세청이 고시하는 건축비용을 이용하고 있다. 그런데 주택 중 공동주택의 공시가격은 실거래가격에 근사하게 공시가격이 결정되고 있는데 반해, 단독주택은 실거래가격과 어느 정도 차이가 있는 것으로 알려져 있다. 주택 이외의 부동산은 토지의 공시지가와 건물의 기준시가를 이용하여 과표를 정하는데, 공시지가가 시장가격을 충분하게 반영하지 못해 부동산 종류별로 조세의 수평적 형평성이 훼손되고 있는 것이다.

제 3 절   실거래가 신고제도와 공시제도

1. 실거래가 신고제도

우리나라의 부동산세제는 2006년 이전까지만 하더라도 실거래가격에 기초한 과세가 거의 이루어지지 않았었다. 과세가 실거래가격에 기초하지 않다 보니, 과세의 형평성에 문제가 있었고, 자본이득을 제대로 회수하지 못한다는 비판들이 많았었다. 이런 문제를 누구나 다 알고 있었지만, 실거래가격을 확인할 수 있는 방법이 없다보니 뾰족한 대안을 찾지 못하고 있었다.

2004년에는 주택법 개정으로 주택거래신고지역제도가 도입되었는데, 주택거래신고지역에서는 주택거래가 있고 난 후 15일 이내에 실거래가격을 신고하도록 하였다. 그러나 이 제도는 주택에 한정되었고, 주택거래신고지역으로 지정된 지역에서만 실거래가격을 신고하도록 하였기 때문에 제한적으로만 실거래가격을 확인할 수 있었다.

그러던 것이 2006년 1월 기존의 중개업법을 개정한 「공인중개사의 업무 및 부동산 거래신고에 관한 법률」(현재는 「부동산 거래신고 등에 관한 법률」)이 제정되면서 2006년부터 전면적인 실거래가격 신고제도가 도입되었다. 동 법에 따르면, 토지 또는 건축물, 입주권, 분양권 등을 거래할 경우 거래 당사자들은 계약 체결일로부터 60일 이내에 시장, 군수, 구청장에게 거래내용을 신고하여야 한다. 중개업자가 이를 중개하였을 경우에는 중개업자가 거래계약 내용을 신고하도록 되어 있다. 그리고 신고된 실거래가격은 검증절차를 걸쳐 등기부에 기재하도록 되어 있다.

2020년에는 거래신고 기간이 60일에서 30일로 단축되었다. 그리고 2021년에는 주택의 임대차 거래도 신고 대상이 되었다. 주택의 임대차 거래가 이루어지면 30일 이내에 관할 관청에 신고를 해야 한다.

실거래가격의 신고가 의무화되고 난 후, 부동산 관련 조세는 실거래가격 기준으로 바뀌었다. 양도소득세가 실거래가격 기준으로 세금을 부과하게 되었으며, 취득세도 실거래가격을 기준으로 세금을 부과하게 되었다. 따라서 실거래가격을 낮게 신고할 경우, 양도자는 양도소득세를 적게 내기 때문에 유리하지만, 그 대신 취득자는 추후 양도소득세를 높게 내야 하기 때문에 불리할 수 있다. 실거래가격을 높게 신고하면, 그 반대로 양도자는 양도소득세를 많이 내야 하기 때문에 불리하지만, 취득자는 추후 양도소득세를 적게 낼 수 있기 때문에 유리하였다.

실거래가격 신고제도는 재산세에도 영향을 미치고 있다. 우리나라 재산세는 시가표준액을 기준으로 세금을 부과하는데, 시가표준액이 공시가격을 반영하고 있고, 공시가격은 실거래가격을 반영하고 있기 때문에 재산세도 실거래가격 신고제도에 의해 영향을 받게 된 것이다.

실거래가격 신고제도는 부동산 거래의 투명성과 조세 부담의 형평성을 제고하는 계기가 되었다.

2. 부동산가격 공시제도

부동산가격 공시제도는 실거래가 신고제도와 더불어 부동산세제에 큰 변화를 가져온 제도이다. 부동산가격 공시제도는 2004년까지는 지가공시제도만 존재하였다. 「지가공시 및 토지평가 등에 관한 법률」에 의해 정부가 지가를 공시하도록 되어 있었다.

「지가공시 및 토지평가 등에 관한 법률」이 2005년에 부동산거래의 투명화와 부동산세제의 개혁 방안의 일환으로 「부동산가격 공시 및 감정평가에 관한 법률」(현재는 「부동산가격 공시에 관한 법률」)로 바뀌면서 공시제도는 토지가격 공시 외에 주택가격을 포함하게 되었다.

앞에서 보았다시피, 부동산의 공시가격은 취득세, 재산세, 양도소득세 등 부동산관련 조세부과에 과세표준 역할을 하는 아주 중요한 자료이다. 과세표준이 부동산 유형별이나 부동산 가격별, 또는 부동산이 소재한 지역별로 형평하냐 여부에 따라 과세의 형평성 여부가 달라지기 때문에 부동산 공시제도는 부동산세제에서 매우 중요한 역할을 한다고 볼 수 있다.

「부동산가격 공시 및 감정평가에 관한 법률」에 의하면, 부동산가격 공시는 크게 지가공시와 주택가격공시로 나누어진다. 그리고 주택가격공시는 다시 단독주택가격 공시와 공동주택가격 공시로 나누어진다.

지가공시에서 토지의 공시가격은 표준지 공시가격과 개별지 공시가격으로 나누어진다. 구체적으로 중앙정부에서 표준지를 선정하여 적정가격을 평가한 후, 이를 기초로 지방자치단체에서 개별토지들의 적정가격을 평가하고 있다. 표준지 공시가격을 기초로 하여 개별지 공시가격을 산정하는 절차를 자세히 살펴보면, 먼저 표준지의 공시가격을 이용하여 토지의 특성별 가격 차이를 구한 뒤 개별지의 공시가격 산정에 기초가 되는 비준표를 작성한다. 각 지방자치단체에서는 이 비준표를 이용하여 표준지와 개별지의 특성차이를 고려하여 개별지의 공시가격을 대량 평가한다.

단독주택가격의 공시 역시 지가 공시와 거의 유사하다. 먼저 표준주택을 선정하여 표준주택의 적정가격을 평가한 후, 비준표를 이용하여 개별주택의 적정가격을 대량평가하는 것이다.

그러나 공동주택의 공시가격 산정 방식은 단독주택 공시가격 산정 방식과 다소 다르다. 공동주택의 경우, 단지별로 표준적인 주택의 적정가격을 산정

⊘ 표 8-11 우리나라 공시가격 종류와 용도

공시가격 종류		용도	적용대상
공시지가	표준지 공시지가	지방세법 상의 시가표준액 산정 및 국세청의 기준시가 산정	비주거용 부동산
	개별지 공시지가		
단독주택 공시가격	표준주택 공시가격	지방세법 상의 시가표준액 산정 및 국세청의 기준시가 산정	단독주택
	개별주택 공시가격		
공동주택 공시가격		지방세법 상의 시가표준액 산정 및 국세청의 기준시가 산정	공동주택

한 후, 해당 주택과의 층별 차이나 향 차이 등을 고려하여 나머지 주택들의 적정가격을 산정한다. 즉, 공동주택의 공시가격은 단독주택처럼 표준주택 공시가격이나 개별주택 공시가격으로 나누어져 있지 않지만, 실질적으로는 공동주택 단지별로 대량평가가 이루어진다고 볼 수 있는 것이다.

2005년에 큰 변화를 겪은 부동산가격 공시제도는 부동산 관련 조세의 형평성 제고에 큰 기여를 했지만, 여전히 크고 작은 문제점을 안고 있다. 부동산가격 공시제도의 가장 큰 문제점은 부동산 유형별로 시장가격의 반영비율이 달라, 조세의 형평성을 저해하고 있다는 점이다.

공동주택의 경우, 거래가 비교적 빈번하다 보니 공시가격은 시장가격에 거의 근접하고 있고, 지역별로도 공시가격 대비 시장가격 비율에 큰 차이가 없다. 그러나 토지의 경우, 거래가 빈번하지 않고 토지의 특성이 매우 다양하다 보니 표준지 및 개별지의 공시가격과 시장가격간에 격차가 지역별로 매우 다양한 것으로 알려져 있다. 공시가격이 시장가격의 20% 수준인 경우가 있는가 하면, 80% 수준에 이르는 경우도 있다고 한다.

단독주택의 경우, 건물과 토지를 일괄 평가하여 공시가격을 산정하도록 되어 있지만, 실제로는 공시지가에다가 건축물의 가치를 더하는 방식으로 공시가격을 산정하는 것으로 알려져 있다. 단독주택의 경우, 거래가 빈번하지 않다 보니 이런 방식을 사용하는 것이다. 이러다 보니, 단독주택 역시 지역별로나 가격수준별로 시장가격 대비 공시가격 비율이 매우 다양하게 분포하고 있을 것으로 추정된다.

공시지가와 단독주택 및 공동주택 공시가격은 지방세법상의 시가표준액과 국세청의 기준시가 산정에 기초가 되는 가격이다. 이중 공시지가는 비주거용 부동산의 시가표준액과 기준시가를 산정하는데 이용되고, 단독주택 및 공동주택 공시가격은 주거용 부동산의 시가표준액과 기준시가를 산정하는데 이용된다. 그런데 공시지가와 단독주택 및 공동주택 공시가격의 시장가격 반영 비율이 다를 뿐만 아니라 가격수준별, 지역별로도 반영 비율이 다르기 때문에 부동산관련 세제의 과세 형평성이 문제시될 수밖에 없는 것이다.

공시가격에 있어서 과세의 불공평성 문제는 주거용 부동산과 비주거용 부동산에서 더욱 두드러지게 나타난다. 비주거용 부동산의 경우, 과세는 토지와 건물로 분리하여 이루어지는데, 토지는 공시지가를 사용하고, 건물은 지방세법 상의 시가표준액 또는 국세청의 기준시가를 사용한다. 그런데 토지의 공시지가는 시세를 제대로 반영하고 있지 못할 뿐만 아니라 지역간, 토지용도간 편차가 심하고, 건물의 시가표준액이나 기준시가는 실제 건물의 가치를 충분히 반영하지 못하고 있다. 이러다 보니 가액이 같다 하더라도 주거용 부동산이 비주거용 부동산보다 더 많은 세금을 내는 문제가 있는 것이다.

공시가격은 생계급여나 주거급여 등과 같은 사회보장성 급여의 지급대상자를 선정할 때나, 의료보험 등과 같은 사회보험의 보험료를 산정할 때에도 사용되고, 정부가 부동산을 강제 수용할 때 수용가격을 산정하는 기준으로도 사용된다. 이 경우에는 공시가격의 균형성뿐만 아니라 시장가격의 반영 정도도 문제가 된다. 공시가격이 시장가격과 너무 괴리를 갖게 되면 수용가격이 너무 낮게 되어 문제가 생기고, 사회보장성 급여의 지급대상자 선정이나 사회보험료 산정에서 형평성 문제가 발생하게 된다.

이런 문제는 공시가격이 두 가지 기능을 하기 때문에 발생하는 문제이다. 공시가격이 과세의 기준으로만 사용된다면, 공시가격은 지역별, 부동산 유형별 가격의 균형성만 맞추면 된다. 그러나 공시가격이 수용가격의 산정 기준으로도 사용되고, 사회보장성 보험 및 급여의 산정 등에도 영향을 주기 때문에 시장가격과의 괴리도 없어야 한다.

제 **9** 장

부동산금융정책

제1절 금리정책과 금융지원 및 규제정책

1. 금리정책

금리정책이나 금융지원 및 금융규제정책은 부동산정책에 있어서 매우 중요한 정책수단들이다. 그 중에서도 특히 금리정책은 부동산시장에 매우 강력한 영향을 미치는 핵심적인 정책수단이다. 이는 부동산가격이 금리에 민감하게 반응할 뿐만 아니라 부동산개발시장에서도 금리가 개발업자의 수익에 매우 중요한 역할을 하기 때문이다.

장기금리와 부동산시장 | 금리에는 단기금리와 장기금리가 존재하는데, 단기금리와 장기금리가 부동산시장에 영향을 미치는 영역은 조금 다르다. 단기금리는 주로 부동산개발시장에 영향을 미치고, 장기금리는 자산시장에 주로 영향을 미친다.

장기금리는 주로 모기지 대출(mortgage loan)에 적용되는 금리를 말하는데, 자산시장에서 부동산에 대한 수요에 영향을 미쳐 부동산가격을 좌우하게 된다. 예를 들어, 장기금리가 하락하게 되면, 부동산 보유에 따른 기회비용이 하락하기 때문에 부동산에 대한 수요가 증가하게 된다. 이에 따라 부동산가격이 상승하게 되면, 신규개발이 활성화되면서 장기적으로 부동산의 재고량이 늘어나고 임대료가 하락하게 된다. 반대로 장기금리가 상승하게 되면, 부동산 보유에 따른 기회비용이 증가하면서 부동산에 대한 수요가 감소하고, 이에 따라 부동산 가격이 하락하게 된다. 그리고 이런 부동산 가격의 하락은 신규개발을 억제하여 장기적으로는 임대료를 상승시키게 된다.

이런 과정을 보여주는 것이 [그림 9-1]이다. 앞의 제2장에서 살펴본 Wheaton-DiPaquale의 4분면 모형에서 보다시피 장기금리가 하락하게 되면, 2/4분면의 자산가치 균형조건을 나타내는 직선이 원점을 중심으로 하여 좌측으로 이동하게 된다. 그 결과 부동산가격은 P_0에서 P_1로 상승하고, 신규개발과 부동산 재고량의 증가로 임대료는 R_0에서 R_1으로 하락하게 된다. 반대로 장기금리가 상승하게 되면, 2/4분면의 자산가치 균형조건을 나타내는 직선이 원점을 중심으로 하여 우측으로 이동하게 된다. 그 결과 부동산가격은 P_1에서 P_0으로 하락하게 되고, 장기적으로 신규개발의 위축과 재고량의 감소로 임대료는 R_1에서 R_0로 상승하게 된다.

그림 9-1 장기금리 인하와 부동산 시장의 변화

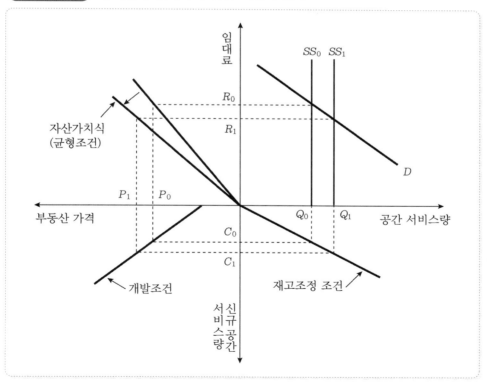

단기금리와 부동산시장 ┃ 단기금리는 기업체의 운영자금 대출에 주로 적용되는
금리를 말한다. 단기금리의 변화는 자산시장에 영향
을 미치기 보다는 주로 신규개발시장에 영향을 미친다. 예를 들어 단기금리가
하락하게 되면, 개발업체의 자금조달 비용이 하락하기 때문에 신규개발이 활
성화된다. 신규개발이 활성화되면, 부동산의 재고량이 늘어나면서 장기적으로
임대료가 하락하고, 부동산가격도 하락하게 된다. 반대로 단기금리가 상승하
게 되면, 개발업체의 자금조달 비용이 상승하면서 신규개발이 억제되고, 이로
인해 장기적으로 임대료와 부동산가격이 상승하게 된다.

[그림 9-2]는 이런 과정을 그림으로 보여준다. 그림에서 보다시피 단기금
리가 하락하면, 동일한 부동산 가격 하에서 신규로 개발량이 증가하기 때문에
3/4분면에서 개발조건식을 나타내주는 직선이 우측으로 이동하게 된다. 신규

📌 그림 9-2) **단기금리의 인하와 부동산 시장의 변화**

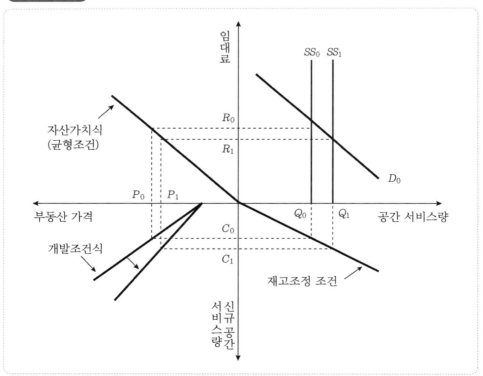

개발량의 증가는 장기적으로 부동산의 재고량을 증가시켜 임대료를 하락시키고, 임대료의 하락은 부동산가격의 하락을 가져온다. 반대로 단기금리가 상승하면, 신규 개발량의 감소로 부동산 재고량이 감소하고, 부동산 재고량의 감소는 임대료 상승과 부동산 가격 상승으로 이어진다.

　금리정책은 부동산시장에 큰 영향을 미치지만, 그 효과가 부동산시장에만 한정되지 않고 모든 산업분야에 영향을 미친다. 이 때문에 금리정책은 부동산시장만을 대상으로 하는 정책수단으로 사용하기가 어렵다. 예를 들어 실물경기 전반은 위축되어 있는데 반해 부동산시장은 과열 상태에 있다고 해보자. 이런 상태에서 부동산시장을 안정시키기 위해 장기금리를 인상할 경우, 부동산시장은 안정될지 몰라도 실물경기의 위축은 더욱 심화될 것이다.

　따라서 금리정책은 거시경제 전반을 고려하여 사용되는 것이 일반적이며, 부동산시장만을 고려하여 금리정책을 사용하는 경우는 드물다.

■■ 2. 금융지원정책

　금리정책은 거시경제 전반을 고려하여야 하기 때문에 부동산시장만을 대상으로 하는 정책수단으로 사용하기가 어렵다. 부동산시장만을 대상으로 하는 금융정책수단으로는 금융지원정책과 금융규제정책이 있다.

　이 중 금융지원정책은 정부가 직접 저리의 자금을 공급하거나 이자비용 부담을 덜어줌으로써 정책목적을 달성하는 방식이다.

저리자금의 공급 ┃ 정부가 직접 저리의 자금을 공급하는 방식은 지원 대상자가 누구이냐에 따라 소비자금융 공급방식과 공급자금융 공급방식으로 나누어진다. 소비자금융 공급방식은 부동산 수요자에게 저리의 자금을 공급하는 방식으로, 그 효과는 앞의 [그림 9-1]과 동일하다. 부동산 수요자에게 저리의 자금을 공급하면, 장기금리를 인하할 때와 동일하게 자산시장에서 부동산 가격을 상승시키고, 이것이 장기적으로 신규 개발량을 늘려 임대료를 인하시키게 된다.

　공급자금융 공급방식은 부동산 개발업체에 저리의 자금을 공급하는 방식으로, 그 효과는 앞의 [그림 9-2]와 동일하다. 즉, 부동산 개발업체에 저리자금을 제공해 줌으로써 신규 개발량이 증가하고 이로 인해 장기적으로 임대료와 부동산가격 하락을 유도할 수 있다.

정부가 직접 저리의 자금을 공급하는 방식은 자금의 용도를 엄격하게 통제하지 않으면, 자금 수요량이 무한대가 될 수 있다. 자금의 용도를 통제하지 않으면, 정부로부터 싼 이자로 자금을 빌려 민간시장에 비싼 이자로 자금을 운용하기 때문에 누구나 자금을 빌리려고 할 것이다. 그래서 정부가 직접 저리의 자금을 공급하는 경우에는 정부가 자금용도를 엄격히 통제하고, 자금수혜자도 제한하는 것이 일반적이다.

정부가 자금수혜자와 자금용도를 통제하더라도 정부가 직접 저리의 자금을 공급하는 방식은 일종의 최고가격제와 같은 것이라서, 자금에 대한 초과수요가 존재하게 된다. 이 경우 자금을 누구에게 얼마씩 배분할 것인가를 결정해야 하는데, 대부분의 경우 자금 배분액을 제한하는 방식으로 초과수요 문제를 해결한다. 즉, 자금수요자가 원하는 만큼 자금을 배분하는 것이 아니라 일정 금액 한도 내에서만 저리의 자금을 제공하는 것이다.

이자비용의 절감 | 이자비용 부담을 덜어주는 방식은 정부가 이자차액을 지급해주는 방식과 이자비용을 소득공제해주는 방식이 있다. 전자의 경우, 자금수요자는 금융시장에서 시장금리로 자금을 차입하되, 이자의 일정 부분을 정부로부터 보조받는 방식이다. 후자의 경우, 소득세나 법인세 납부 시 이자비용을 소득에서 공제해줌으로써 이자비용을 줄여주는 방식이다. 기업들은 이자지급액을 비용으로 처리할 수 있기 때문에 후자의 방식은 주로 개인이나 가계를 대상으로 한다.

이자비용의 부담을 덜어주는 방식은 부동산 수요자를 대상으로 할 수도 있으며, 부동산 개발업체를 대상으로 할 수도 있다. 부동산 수요자를 대상으로 이자비용 부담을 덜어주는 정책수단을 사용할 경우, 부동산에 대한 수요 증가로 인해 부동산 가격이 상승하고, 장기적으로는 신규개발의 확대로 인해 임대료가 하락하게 된다. 즉, 앞의 [그림 9-1]과 같은 현상이 일어나게 되는 것이다.

부동산개발업체를 대상으로 이자비용 부담을 덜어줄 경우, 신규개발비용이 감소하기 때문에 신규개발이 확대되어, 장기적으로는 임대료가 하락하고 가격도 하락하게 된다. 즉, 부동산개발업체의 이자비용 부담을 덜어줄 경우, 앞의 [그림 9-2]와 같은 현상이 일어나게 되는 것이다.

이 밖에 정부가 신용보강을 해주거나 보증보험을 제공해 줌으로써 자금수요자의 이자비용을 줄여주는 방법도 있다. 정부로부터 신용보강을 받거나 보증보험 서비스를 받을 경우, 자금수요자는 자신의 신용으로 빌릴 수 있는 자금의 이자율보다 낮은 이자율로 자금을 빌릴 수 있다.

이 방식 역시, 정부가 자금용도를 제한하고 자금수요자도 통제하는 것이 일반적이다. 보통은 저소득층에게 이런 혜택을 부여하며, 부동산 규모나 유형, 지역 등에 따라 이런 혜택을 달리 부여하기도 한다.

주택금융시장과 정부지원 | 대부분의 나라에서는 금융지원정책을 주택정책 수단으로 사용하고 있다. 주거공간 서비스는 가치재(價値財: merit goods) 중의 하나이다. 즉, 주거공간 서비스는 인간다운 삶을 위해 정부가 국민들에게 일정 수준의 소비를 보장해야 할 서비스이다. 따라서 정부는 국민들에게 최소한의 주거공간 서비스를 제공하기 위해 다양한 정책수단들을 사용하게 되는데, 금융지원은 이런 정책수단의 하나로 흔히 사용되는 제도이다.

우리나라에서도 금융지원정책을 주택정책의 주요 수단으로 사용하고 있다. 우리나라 주택금융시장은 자금공급자의 성격에 따라 크게 제도권 금융시장과 비제도권 금융시장으로 나눌 수 있다. 여기서 제도권 금융시장이란 공적인 금융기관을 통해 자금의 대차가 이루어지는 시장을 말하며, 비제도권 금융시장이란 공적인 금융기관을 통하지 않은 채 자금이 이전되는 시장을 말한다.

제도권 금융시장은 공공자금시장과 민간자금시장으로 나눌 수 있다. 공공자금시장은 자금공급자가 정부이거나 공공기관인 자금시장을 말하며, 민간자금시장은 자금공급자가 민간의 금융기관인 자금시장을 말한다.

주택금융시장에서 금융지원은 주로 공공자금시장에서 이루어진다. 그리고 보증보험과 이자비용의 소득공제 등을 통해서도 금융지원이 이루어지고 있다. 또한 비제도권 주택금융시장에서 정부는 분양보증이라든가 임대차보호 등을 통해 금융지원을 하기도 한다.

주택도시기금의 융자지원 | 우리나라에서 주택과 관련된 공공자금으로는 주택도시기금의 각종 융자 프로그램과 한국주택금융공사의 주택자금대출(mortgage loan)이 있다.

　주택도시기금은 2015년 7월에 제정된 주택도시기금법에 의해 설치된 정부기금이다. 주택도시기금의 전신은 국민주택기금이다. 국민주택기금은 '주택건설촉진'을 목적으로 1981년에 설립된 융자성 정부기금이다. 국민주택기금 설

◎ 그림 9-3 　우리나라의 주택금융시장 구조

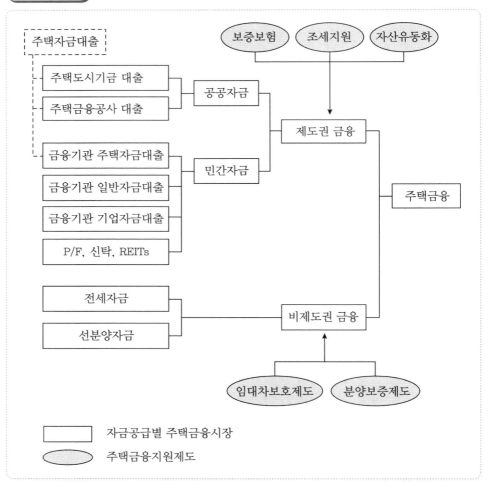

치의 근거법인 주택건설촉진법이 2003년 주택법으로 개정되면서, 국민주택기금의 설립목적은 '주택건설촉진'에서 '주택종합계획의 효율적 실시'로 바뀌었다. 그러다 2015년 주택도시기금법이 제정되면서, 국민주택기금은 주택도시기금으로 바뀌었으며 기금의 설치목적도 '주거복지증진과 도시재생 활성화'로 바뀌었다.

주택도시기금 융자 프로그램은 크게 공급자금융과 수요자금융 프로그램으로 나눌 수 있다. 공급자금융 프로그램은 주택건설이나 도시재생과 관련된 부문에 사업자를 위해 융자를 해주는 프로그램이고, 수요자금융 프로그램은 주택수요자를 대상으로 하는 융자 프로그램이다.

공급자금융 프로그램은 다시 임대주택 사업자를 위한 융자 프로그램과 주택의 분양이나 건설을 위한 융자 프로그램, 그리고 도시재생 관련 융자 프로그램으로 나누어진다.

임대주택 사업자를 위한 융자 프로그램으로는 공공임대주택자금 대출, 민간임대주택건설자금 대출, 민간임대주택매입자금 대출 등이 있다. 공공임대주택자금은 10년 임대후 분양형 공공임대주택을 건설하여 공급하는 사업자를 위한 융자 프로그램이다. 민간임대주택건설자금은 기업형 또는 일반형 임대사업자가 건설하는 임대주택에 대해 융자를 해주는 프로그램이다. 민간임대주택매입자금은 기업형 또는 일반형 임대사업자가 매입하는 임대주택에 대해 융자를 해주는 프로그램이다. 이밖에 공공임대사업자를 위한 국민임대주택, 행복주택, 통합공공임대주택 건설자금에 대한 융자 프로그램이 있다.

주택 분양 또는 건설을 위한 융자 프로그램으로는 공공분양주택자금 대출과 후분양주택자금 대출, 도시형생활주택자금 대출 등이 있다. 공공분양주택자금은 분양을 목적으로 국민주택을 건설하는데 들어가는 자금을 융자해 주는 프로그램이다. 후분양주택자금 대출은 일정한 공정률 이후에 입주자를 모집하는 후분양 국민주택 건설에 필요한 자금을 제공해주는 융자 프로그램이다. 도시형생활주택자금의 경우, 도시형생활주택을 건설하는 사업자를 위한 융자 프로그램이다. 이 밖에 준주택 건설을 지원하는 준주택자금이나 다세대·다가구주택 건설을 지원하는 다세대주택건설자금이나 다가구주택건설자금이 있다.

도시재생과 관련하여서는 수요자중심형 도시재생사업 융자 프로그램, 소규

모주택정비사업 융자 프로그램, 도시재생지원사업 융자 프로그램, 그리고 노
후산업단지 재생지원 융자 프그그램이 있다. 수요자중심형 도시재생사업 융자
프로그램에는 공동협업공간 조성자금, 상가 리모델링 자금, 생활 SOC 조성자
금, 창업시설 조성자금, 임대상가 조성자금 등이 있다. 소규모주택정비사업 융
자 프로그램에는 가로주택정비사업 초기사업비와 본사업비에 대한 융자 프로
그램이 있다. 도시재생지원사업 융자 프로그램에는 기반조성사업, 복합개발자
금, 리모델링자금 등의 융자 프로그램이 있다.

수요자금융 프로그램으로는 주택구입자금 대출과 전세 및 월세자금 대출
이 있다. 주택구입자금대출에는 내집마련 디딤돌대출이 있다. 내집마련 디딤
돌대출은 부부합산 소득이 일정 수준 이하인 무주택자에게 제공되는 대출로,
장기 저리로 주택구입자금을 융자해준다. 신혼부부전용 구입자금 대출도 있
다. 생애최초주택구입을 하는 신혼부부들에게는 좀 더 유리한 조건으로 주택
구입자금을 대출해준다.

전세 및 월세자금 대출로는 버팀목전세자금 대출이 있다. 이 대출은 부부
합산 소득이 일정소득 이하인 무주택자에게 제공되는 저리의 전세자금 대출이
다. 신혼부부와 청년가구에 특화된 버팀목전세자금 대출도 있다. 그리고 주거
안정월세대출이라고 하는 월세자금 대출 프로그램도 있다. 이 프로그램은 일
정 소득 이하의 가구로서, 월세로 거주하는 임차인에게 월세자금을 빌려준다.

주택도시기금의 융자조건은 주택정책프로그램별로, 그리고 주택규모나 차
입자의 소득별로 다르다. 이를 정리한 것이 <표 9-1>이다. 이 표에서 보다시
피, 공급자금융 프로그램의 경우, 주택정책 프로그램의 성격과 주택규모에 따
라 융자조건이 달라지고 있다. 공공성이 강한 프로그램일수록 융자 이율이 낮
고, 주택규모가 작을수록 융자 이율이 낮아진다.

수요자금융 프로그램의 경우, 차입자의 소득수준과 주택규모에 의해 융자
조건이 달라진다. 소득수준이 낮을수록 융자 이율이 낮아지고, 주택규모가 작
을수록 융자 이율이 낮아진다.

주택도시기금의 융자 프로그램은 매우 다양하게 존재한다. [표 9-1]에 나
와 있는 프로그램 외에 집주인건설개량형 임대주택자금이나 집주인매입형 임
대주택자금과 같은 융자 프로그램이 존재한다.

2013년 10월에 도입된 공유형 모기지(SAM: Shared Appreciation Mortgage)

❖ 표 9-1 주택정책프로그램별 주택도시기금 융자조건(2023년 1월 말 기준)

	유형	융자조건		
임대 주택	공공임대주택	60m² 이하 5,500만원 연 2.3%, 85m² 이하 7,500만원 연 2.8%, 10년 거치 20년 분할상환		
	민간임대주택 건설	- 85m² 이하 주택이나 오피스텔 - 융자금액 및 융자이율		

표 내부 세부표:

	45m² 이하	60m² 이하	85m² 이하
공공지원민간임대	0.7억원 연 2.0%	1억원 연 2.3%	1.2억원 연 2.8%
장기일반민간임대 (30호 이상)	0.5억원 연 2.2%	0.8억원 연 2.5%	1억원 연 3.0%
장기일반민간임대 (29호 이하)	0.5억원 연 2.7%	0.7억원 연 3.0%	0.9억원 연 3.5%
준주택	0.5억원 연 3.2%	0.7억원 연 3.5%	0.9억원 연 4.0%
단독주택(다가구)	호당 5억원, 연 3.0%		

- 융자기간: 14년

	유형	융자조건
임대 주택	민간임대주택 매입	- 85m² 이하 주택이나 오피스텔로 융자금액 및 융자이율은 민간임대주택 건설과 동일(29호 이하 장기일반민간임대는 30호 이상 장기일반민간임대와 동일). 융자기간은 10년. - 2019년 이후 공공지원민간임대주택만 지원
분양/ 건설	공공분양	- 60m² 이하 호당 5,500만원 연 3.6%(민간은 4.6%) - 85m² 이하 호당 7,500만원 연 3.8%(공공만 가능) - 3년 만기 일시상환
	후분양	60m² 이하 호당 8천만원-9천만원 연 3.6%, 85m² 이하 호당 1억원~1.1억원 연 3.8%, 3년 만기 일시상환
	다세대	85m² 이하 호당 5천만원 연 3.8%, 2년 만기 일시상환
	다가구	가구당 85m² 이하로 5천만원, 호당 4억원, 연 3.8%, 1년 만기 일시상환
	준주택	오피스텔 m²당 80만원, 고시원 m²당 40만원, 노인복지주택 세대당 3천만원, 연 5.0%, 3년 만기 일시상환
	도시형 생활주택	- 다세대연립 분양형: 75m² 이하 호당 7,000만원 연 3.8%~4.0% - 원룸형: m²당 120만원~140만원 연 4% - 분양형은 3년 만기 일시상환, 임대형은 10년 거치 20년 분할상환

유형		융자조건
도시 정비	수요자중심형 도시재생사업	- 공동협업공간 조성자금, 상가 리모델링 자금, 생활 SOC 조성 자금, 창업시설 조성자금, 임대상가 조성자금 - 사업비의 80% 이내, 연 1.9%(공공 등은 1.5%), 만기는 7년 (12년 또는 17년 연장 가능)
	소규모주택 정비사업	가로주택정비사업 초기사업비의 5%, 본 사업비의 50%~70%, 연 2.2%, 최대 5년 만기
	도시재생 지원사업	- 기반조성사업: 사업비의 70%, 연 1.5%, 10년 만기 - 복합개발자금: 사업비의 50%, 연 2.0%, 13년 만기 - 리모델링자금: 사업비의 70%, 연 1.5%, 10년 만기
	노후산단 재생지원	- 산단 복합개발 자금, 산단 기반시설 조성자금, 산단 리모델링 자금 - 총사업비의 50%~70%, 연 2.0%, 13년 만기 일시상환
구입 자금	내집마련 디딤돌대출	- 대상: 부부합산 연소득 6천만원 이하(생애최초주택구입자, 2자 녀가구, 신혼부부는 연소득 7천만원 이하) - 대출 한도: 2.5억원(생초자는 3억원, 2자녀 가구는 3.1억원, 신 혼부부는 4억원), LTV 70%(생초자는 80%), DTI 60% 이내 - 대출이자율: 2.15%~3.0%
	신혼부부 전용 구입자금	- 부부합산 연소득 7천만원 이하인 생애최초주택구입 신혼부부 - 대출한도 4억원(LTV 8%, DTI 60%), 연 1.85%~2.7%
	수익공유형	- 부부합산 연소득 6천만원(생애최초주택구입자는 7천만원) 이하 - 최고 2억원 이내(LTV 70% 이내, 부부합산 소득 4.5배 이내), 연 1.5%, 20년 원리금균등분할 상환
	손익공유형	- 부부합산 연소득 6천만원(생애최초주택구입자는 7천만원) 이하 - 최고 2억원 이내(LTV 40% 이내, 부부합산 소득 4.5배 이내), 최초 5년간 연 1.0%, 이후 연 2.0%, 20년 원리금균등분할 상환
전세/ 월세 자금	버팀목 전세자금	- 부부합산 연소득 5천만 이하 - 대출한도는 수도권 1.2억원, 지방 0.8억원으로 임차보증금의 70%(두자녀 가구는 수도권 2.2억원, 지방 1.8억원으로 임차보 증금의 80%), 연 1.8%~2.4%, 2년 상환(10년까지 연장 가능)
	신혼부부 전세자금	- 부부합산 연소득 6천만원 이하 신혼부부 - 수도권 3억원, 지방 2억원 이내(임차보증금의 80%)로 연 1.2%~2.1%, 2년 상환(10년까지 연장 가능)
	청년전용 버팀목 전세자금	부부합산 연소득 5천만원 이하 19~34세 이하 최대 2억원(임차보증금의 80% 이내), 연 1.5%~2.1%, 2년 만기 (10년까지 연장 가능)

유형	융자조건
주거안정 월세대출	− 부부합산 연소득 5천만원 이하 − 월 40만원(최대 960만원), 연 1.0%~1.5%, 2년 만기(최대 10년 연장 가능)

출처: 주택도시기금 포털(https://nhuf.molit.go.kr/) 2023년 2월 1일 검색

도 있다. 공유형 모기지는 이자율을 매우 저렴하게 하되, 일정 기일 후 주택가격이 상승하면 상승분의 일부를 추가이자로 납입하는 상품이다. 공유형 모기지에는 수익 공유형과 손익 공유형이 있는데, 전자는 자본이득이 생길 때 이를 나누어 가지는 것이며, 후자는 자본이득뿐만 아니라 자본손실까지도 나누어 갖는 상품이다.

주택도시기금의 융자 프로그램은 정책적 요구나 시장상황에 따라 기존 프로그램은 폐지되고 새로운 프로그램이 나오기도 하고, 기존 프로그램의 융자조건이 바뀌기도 한다. 특히 융자 이율은 시장 상황에 따라 주기적으로 바뀌고 있기 때문에 <표 9-1>에 제시되어 있는 융자조건은 시기에 따라 다를 수 있다는 점을 알아야 한다.

주택도시기금의 융자재원은 정부 출연금 및 예탁금, 공공기관의 각종 예수금 및 예탁금, 국민주택채권 발행, 청약저축 수입 등에 의존하고 있다. 이 중 국민주택채권은 정부가 주택정책을 수행하기 위해 주택법에 근거하여 발행하는 국채이다. 국민주택채권은 제1종 국민주택채권과 제2종 국민주택채권으로 구분된다. 제1종 국민주택채권은 정부나 지방자치단체로부터 면허, 허가, 인가를 받거나 등기 등록을 신청하는 자에게 강제로 소화시키는 채권이다. 채권 만기는 5년이며, 채권의 액면이자율은 연 1.3%(2023년 1월 말 현재)로 매우 낮다. 제2종 국민주택채권은 분양가 상한제가 적용되는 전용면적 85m² 초과 공동주택을 공급받는 자에게 시세차익 환수 목적으로 매출하는 채권인데, 2013년 5월에 이 제도가 폐지되어 현재는 제2종 국민주택채권이 발행되고 있지 않다. 그리고 청약저축은 무주택 세대주가 국민주택 등을 공급받기 위해 매월 일정한 금액을 적립하는 저축이다. 청약저축에는 청약예금, 청약부금, 청약저축이라고 하는 상품이 있었는데, 현재는 이들 상품들은 모두 폐지되고 이들을 통합한 '주택청약종합저축'이 청약저축 역할을 하고 있다.

수익공유형 모기지(SAM)

수익공유형 모기지는 1990년대 중후반 영국의 Barclays Bank와 Bank of Scotland에서 Shared Appreciation Mortgage(SAM)라는 이름으로 처음 상품화된 것으로 알려져 있다. SAM에는 모기지형과 역모기지형이 있다. 모기지형은 정상적인 모기지보다 낮은 이자율을 적용하되 자본이득의 일부를 만기 시 추가이자로 납입하는 방법이다. 그리고 역모기지형은 이자 지불 없이 만기에 원금과 함께 자본이득의 일부를 이자형태로 주는 구조이다.

SAM은 최근에는 호주와 미국에서 상품화되었다. 특히 미국에서는 SAM이 지방정부의 주택정책수단으로 사용되고 있는데, 예를 들어 샌프란시스코 시에서는 주택구입을 위한 자기자금(down payment)이 부족한 저소득층을 위해 주택가격의 15%까지 무이자로 빌려주고, 만기에 원금과 자본이득의 일부를 이자조로 받는 주택구입프로그램을 운영하고 있다.

영국에서 SAM이 도입되었을 때, 사실상 이자가 매우 비싼 대출이 아니냐는 논란이 있었다. 영국에서는 1990년대 중반부터 2000년대 중반까지 주택가격이 매우 빠르게 상승하였는데, 이로 인해 SAM 차입자는 만기 시에 주택가격의 반 이상을 이자로 내야 하는 상황에 직면하였다. 그러나 2007년 금융위기로 주택가격이 폭락하면서 상황은 정반대로 바뀌어 금융기관의 부실을 걱정해야 하는 상황에 놓였다.

수익공유형 모기지는 차입자의 도덕적 해이(moral hazard)와 역선택(adverse selection), 감정평가 왜곡 가능성을 갖고 있는 것으로 알려져 있다. 수익공유형 모기지를 빌린 차입자는 향후 주택가격 상승 시 수익을 나누어야 하기 때문에 주택을 잘 유지 관리할 유인이 없다(도덕적 해이). 여기에다가 주택가격이 하락하는 지역에 거주하는 사람들이 주로 이 모기지를 구입할 가능성이 있다(역선택). 그리고 차입자는 주택 매입 시에는 가능한 한 평가가격을 비싸게 만들고, 주택 매각 시에는 가능한 한 평가가격을 낮게 만들고 싶어 한다(감정평가 왜곡).

국민주택기금의 수익 공유형 모기지는 수도권과 광역시 등 일부 지역의 아파트를 대상으로 하면서 이런 문제를 피해가고 있다. 아파트는 유지 관리가 단지 단위로 이루어지기 때문에 개인의 도덕적 해이에 따른 가치 하락 가능성이 그리 크지 않다. 지역을 제한하였기 때문에 역선택 가능성도 낮고, 시세파악이 용이하기 때문에 감정평가의 왜곡 가능성도 낮은 것이다.

수익공유형 모기지에 대한 문제점 중 하나로, 가격이 빠르게 상승할 때 차입자의 실제 차입비용이 지나치게 커진다는 점도 있다. 그런데 국민주택기금의 수익공유형 모기지는 최대 수익률을 5%로 제한하기 때문에 이런 문제는 없는 것으로 알려져 있다.

- 이용만, "지불 가능한 수익 공유형 모기지", CERIK 저널, 2013년 10월 -

한국주택금융공사의 대출 ┃ 한국주택금융공사의 주택자금대출(이를 '보금자리론' 이라고 부른다)은 한국주택금융공사가 자체 자금으로 대출해 주는 대출을 말한다. 원래 한국주택금융공사는 금융기관들의 주택자금대출 채권을 매입한 후, 이를 유동화(주택자금대출 채권을 기초로 하여 증권을 발행하여 자금을 조달하는 것)하기 위해 2004년에 설립된 금융공기업이다.

설립초기에는 금융기관들이 여유자금이 많아 주택자금대출의 매각을 기피하였다. 그러다 보니 유동화 시킬 주택자금대출이 부족하였다. 그래서 자체자금으로 대출을 해주고, 해당 대출채권을 유동화하여 대출자금을 회수하는 역할을 주로 해왔다. 이때 한국주택금융공사는 대출을 실행하는 지점들이 없기 때문에 시중 은행들이 한국주택금융공사를 대신하여 대출실행 및 사후관리 서비스를 해왔다.

그러다가 2012년 들어와서 상황이 바뀌게 되었다. 정부의 저금리 정책으로 장기금리가 단기금리보다 싼 상황이 발생하였다. 시중 은행들은 주로 단기의 변동금리로 대출을 해 왔는데, 장기의 고정금리로 대출하는 한국주택금융공사의 보금자리론과 비교할 때 시중 은행의 대출상품 경쟁력이 떨어지게 된 것이다. 이에 따라 시중 은행들은 장기의 고정금리로 대출을 해 주고, 해당 대출상품을 한국주택금융공사에 매각하는 전략을 사용하기 시작하였다. 흔히 이

🎯 그림 9-4 　한국주택금융공사의 주택자금대출과 유동화

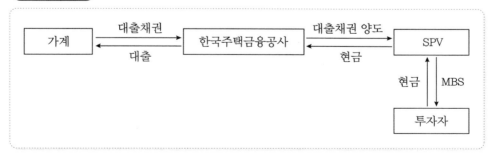

런 대출을 "적격대출"이라고 부른다. 한국주택금융공사가 요구하는 조건에 맞추어 대출을 해 주었다고 하여 이런 이름을 붙였다.

한국주택금융공사는 보금자리론을 유동화하기 위해 대출채권을 특수목적기구(SPC: special purpose vehicle)에 양도를 하고, 특수목적기구는 양도받은 대출채권을 기초로 하여 증권(이를 MBS라고 부른다)을 발행하여 자금을 조달한다. 한국주택금융공사는 MBS를 발행하기 위해 특수목적기구로 신탁계정을 이용한다. 즉, 한국주택금융공사는 대출채권을 신탁계정에 자기신탁을 하고, 신탁계정에서 대출채권을 기초로 하여 수익증권을 발행한다.

한국주택금융공사는 신탁계정을 이용하지 않고 직접 MBS를 발행하기도 한다. 이때에는 MBS의 기초자산인 주택담보대출채권을 별도의 계정으로 구분하여 계리한다. 한국주택금융공사가 직접 발행하는 MBS를 흔히 MBB(Mortgage-backed Bond)라고 부르기도 한다.

한국주택금융공사가 발행하는 MBS는 신용도가 비교적 우량하고 위험분산이 잘 되어 있는 주택자금대출 채권을 담보로 발행될 뿐만 아니라, 공기업인 한국주택금융공사가 원리금 지급을 보장하기 때문에 국채에 버금가는 신용도를 자랑한다. 이에 따라 한국주택금융공사가 MBS를 통해 조달하는 자금은 금리가 상대적으로 싸기 때문에 주택수요자에게 제공되는 자금의 금리도 상대적으로 싸다.

최근에 한국주택금융공사는 일반적인 보금자리론 외에 우대형 보금자리론이라는 상품을 만들었다. 대출을 받을 수 있는 대상을 저소득층으로 제한하는 대신 금리를 좀 더 낮추어 준 상품이다. 그런데 이 상품은 국민주택기금의 주택구입자금대출과 중복되는 측면이 있어서 2014년 1월부터는 국민주택기금의 "내집마련 디딤돌대출"이라는 상품으로 통합되어 운영되고 있다.

한국주택금융공사의 보금자리론 대출은 주택규모나 주택가격 등에 의해 대출대상이 제한되어 있기 때문에 우리나라 전체 주택금융 중에서 한국주택금융공사의 보금자리론이 차지하는 비중은 크지 않은 편이다.[1]

---

1) 2022년 9월 말 기준으로 우리나라 전체 주택담보대출 잔액은 749조원 정도이다(예금은행 및 비은행 합계). 한국주택금융공사와 주택도시기금의 주택담보대출 잔액은 151.5조원(적격대출 포함) 정도이다.

기타 금융지원제도 | 한편 공공자금과 민간자금의 주택금융을 지원하는 제도로 주택금융보증기금과 조세지원제도가 있다. 주택금융보증기금은 담보가 불확실한 전세자금대출이나 분양주택 중도금대출, 또는 주택건설업체를 위한 건설자금대출 등에 지급보증을 제공함으로써 주택금융시장이 원활하게 작동하도록 해주는 정부기금이다. 현재 주택금융보증기금은 한국주택금융공사가 관리하고 있다.

조세지원의 경우, 현재 우리나라는 주택가격이 기준시가 5억원 이하인 주택(2013년 이전에는 주태규모가 85m^2 이하이고 기준시가 3억원 이하인 주택, 2014년부터 2018년까지는 기준시가 4억원 이하인 주택)을 매입한 1가구 1주택 소유자에게 주택자금대출의 이자를 소득공제해주고 있다. 단, 소득공제를 하는 이자액에 한도가 있는데, 고정금리 여부, 상환기간의 장기 여부, 비거치식 여부, 그리고 주택구입 시기에 따라 소득공제 한도가 다르다. 2022년 말 현재 최대 연 1,800만원에서 최소 300만원까지 소득공제를 받을 수 있다.

또 무주택자의 임차보증금 차입금에 대해서도 소득공제를 해주고 있다. 2022년 12월 말 현재 국민주택규모(85m^2 이하)인 경우 원리금 상환액의 40%까지 소득공제를 받을 수 있다. 단, 공제액은 최대 400만원까지 가능하다.

비제도권 금융에도 금융지원제도가 있다. 비제도권 금융으로 전세자금과 선분양자금이 있다. 이 중 전세자금은 주택소유자가 무이자로 임차인으로부터 차입한 자금을 말한다. 주택소유자는 차입한 전세자금에 대해 이자를 지불하지 않는 대신 임대료를 받지 않는 것이다. 이때 임차인은 빌려준 전세자금을 제때 회수할 수 있느냐에 대해 우려하지 않을 수 없다. 임대차보호법은 이런 임차인을 보호하기 위해 도입된 법률이다. 임대차보호법에 따르면, 임차인은 전세계약서를 검인받고 주민등록 주소지를 해당 주택으로 이전하면 전세자금에 대해 대항력을 갖게 된다. 즉, 전세자금을 회수할 때까지 해당 주택을 점유할 수 있고, 전세계약 이후에 체결된 저당권이나 기타 채권에 우선하는 효력을 가진다.

선분양자금은 주택개발업자가 주택을 선분양하면서 수분양자로부터 계약금 및 중도금 명목으로 받은 자금이다. 주택개발업자 입장에서 보면, 선분양자금은 수분양자로부터 무이자로 차입한 부채라고 할 수 있다. 수분양자의 입장에서 보면, 주택개발업자가 파산을 하면 해당 자금을 돌려받지 못할 수 있다. 이런 위험을 피할 수 있도록 주택도시보증공사(구 대한주택보증)가 분양보증을 해주고 있다. 만약 주택개발업자가 파산을 하게 되면, 주택도시보증공사가 선분양자금을 돌려주거나 주택을 완공하여 주택으로 돌려주는 것이다.

■ 3. 금융규제정책

금융규제는 부동산시장이 과열되었을 때 사용할 수 있는 금융정책수단이다. 금융규제의 대표적인 방법으로 대출총액한도 규제와 LTV 비율(loan to value: 부동산가격 대비 대출액 비율) 또는 PTI 비율(payment to income: 소득 대비 원리금지급액 비율) 규제가 있다.

대출총액한도제 | 대출총액한도 규제는 금융기관으로 하여금 부동산 분야에 대출해줄 수 있는 대출총액을 제한하는 제도이다. 대출총액한도는 일반적으로 시장균형 하에서의 대출총액보다 적은 수준에서 결정한다.

대출총액한도 규제가 실시되면, 금융기관들은 신규 대출을 억제하는 것은 물론이고 기존 대출의 일부를 회수하여야 한다. 이 경우, 자금을 단기로 차입한 기업이나 가계의 대출금이 우선적으로 회수 대상이 되며, 이 중에서도 신용도가 낮은 차입자의 대출금이 최우선적으로 회수 대상이 된다.

[그림 9-5]는 이런 상황을 그림으로 보여준다. 정부가 대출총액한도를 Q_c로 제한하게 되면, 자금시장에서 실질적인 자금의 공급곡선은 Δabc가 된다. 이 경우, 금융기관들은 $Q_0 - Q_c$에 해당하는 대출액을 회수하고자 하기 때문에 수요곡선 D와 새로운 공급곡선 Δabc가 만나는 E_1에서 새로운 균형이 이루어지고, 이때 r_0보다 높은 r_1이 시장이자율이 된다.

대출금의 상환을 요구받은 차입자는 사금융 시장에서 자금을 차입하여 대출금을 상환하거나, 보유중인 부동산을 매각하여 차입금을 상환하고자 하기 때문에 시장금리가 상승하고 부동산 가격은 하락하게 된다. 만약 대출총액한도의 규제폭이 클 경우, 시장금리의 상승과 부동산 가격의 하락폭이 커지기 때문에 금융기관의 대출부실이 확산될 수 있다. 이 경우, 금융기관은 대출부실을 막기 위해 부동산 담보 대출의 회수에 더욱 적극적으로 나서면서 부동산 시장을 파국으로 몰고 갈 수도 있다.

 이의 대표적인 예가 1990년대 초, 일본의 융자총량 규제이다. 일본은 1980년대 중반 이후 장기간 저금리 체제를 유지해 왔었다. 이로 인해 부동산 가격이 급등하자, 1990년대 초 금융기관들을 대상으로 융자총액을 제한하기 시작하였다. 갑자기 융자총액을 제한하자, 금융기관들은 대출을 회수하기 시작하였고, 자금조달길이 막힌 기업들은 부동산을 팔고자 하였으나 아무도 부동산을 살 기업이 없었다. 결국 많은 기업들이 파산하고, 더불어 금융기관들도 부실로 인해 파산을 하면서 일본은 장기간 불황을 겪게 되었다.

↗ 그림 9-5 대출총액한도 규제의 효과

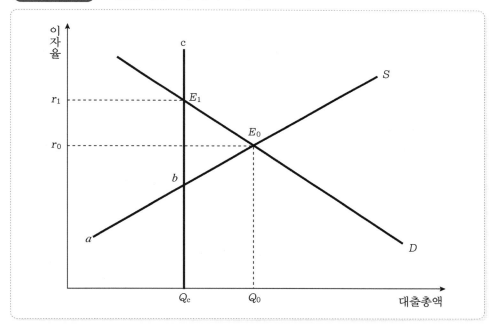

일본의 금융규제와 잃어버린 10년

 부동산가격의 급격한 상승과 폭락의 역사를 보면, 금융시장의 유동성 과잉이나 신용경색이 원인인 경우가 많다. 1980년대 후반 일본의 거품경제는 유동성 과잉으로 부동산가격이 폭등하다가 단기간의 유동성 축소로 부동산가격이 폭락한 대표적인 사례 중 하나이다.

일본의 거품경제는 1985년의 플라자 합의에서부터 시작되었다. 당시 세계경제는 미국의 막대한 경상수지 적자로 인해 무역전쟁의 위기감이 감돌고 있었다. 비난의 주된 대상은 독일과 일본이었다. 독일과 일본은 당시 세계 최고의 경쟁력에다가 자국 통화가치의 저평가를 무기로 미국과의 무역거래에서 막대한 흑자를 기록하고 있었다.

서방 5개 선진국 재무장관들은 미국의 경상수지 적자 문제를 해결하기 위해 1985년 9월 미국 뉴욕의 플라자 호텔에서 만나, 엔화와 마르크화의 가치를 절상시키기로 합의하였다. 이 플라자 합의에 의해 당시 1달러당 250엔하던 엔화 가치는 급격히 상승하기 시작하여 1988년에는 1달러당 120엔까지 이르렀다.

급격한 엔고로 경기 침체를 우려한 일본 정부는 금융완화 정책으로 대응하였다. 금융완화정책의 핵심은 저금리와 금융자유화였다. 일본 정부는 당시 5%였던 재할인율을 플라자 합의 이후 급격하게 떨어뜨리기 시작하여 1987년 2월에는 2.5%까지 인하하였다. 금리가 하락하면 자산보유의 기회비용이 줄어들기 때문에 자산가격은 상승하게 되어 있다. 이런 경제이론이 말해 주는 대로 일본의 저금리 정책은 곧 바로 주가와 부동산가격의 상승으로 연결되었다. 일본 니케이 주가지수는 1985년부터 1989년까지 170% 상승하였으며, 동경도의 주택지는 1985년부터 1990년까지 149.8% 상승하였다.

기업들은 주가가 상승하자 자본방식(equity financing)으로 자금을 조달하기 시작하였다. 기업들이 자본방식으로 자금을 조달하자 금융기관들은 여유자금을 운용할 대상이 필요했다. 부동산 분야는 새로운 자금운용 수단으로 매력적인 분야였다. 금리 인하로 부동산가격이 상승하고 있는데다가 금융자유화로 부동산부문에 대한 대출규제가 완화되고 있었기 때문이다. 이에 따라 시중의 유동성이 대거 부동산부문으로 흘러들어갔고, 이것은 부동산가격을 더욱 상승시키는 요인으로 작용하였다.

한편 당시 일본 국민들은 지속적인 경제성장과 막대한 무역흑자로 인해 동경이 세계 금융의 중심지로 자리매김할 것으로 기대하고 있었다. 이런 기대에 힘입어 이미 1980년대 초부터 동경의 상업지 가격은 빠르게 상승하고 있었다. 플라자 합의에 의한 엔고는 이런 기대감을 보다 구체화시키는 계기가 되었다. 일본인들은 엔화가 세계 경제의 기축통화가 될 것이라는 기대감을 갖게 되었고, 이런 기대감은 곧바로 부동산에 대한 수요로 연결되었다. 결국 금융대국에 대한 기대감이 그렇지 않아도 과열 상태에 있던 부동산 시장에 기름을 붓는 꼴이 되고 만 것이다.

결코 꺼질 것 같지 않던 부동산가격이 폭락세를 돌아선 것은 1991년 초이다. 주가는 부동산가격이 폭락하기 이전인 1990년 초부터 폭락하기 시작하였다. 부동산가격이 폭락하게 된 것은 1989년 후반기부터 시작된 일본 정부의 금융긴축정책 때문이었다. 일본 정부는 그동안 거래규제나 양도소득세 강화 등의 조치를 통해 부동산 가격의 상승에 대응해 왔다. 그러나 이러한 대응이 별반 효과를 발휘하지 못하고, 국내 경기도 과열 상태를 보이자, 1989년부터 재할인율 인상, 융자 총량 규제 등과 같은 금융긴축정책을 펴기 시작하였다.

1989년 5월부터 시작된 재할인율 인상 조치는 매우 급진적이었다. 일본 정부는 1년 3개월 사이에 재할인율을 2.5%에서 6%로 무려 3.5%포인트 인상하였다. 재할인율의 급격한 인상으로 시장 금리가 상승하자 주가와 부동산가격이 하락하기 시작하였다.

부동산업에 대한 융자 총량 규제는 시장금리 상승으로 위기의 그림자를 드리우던 부동산시장에 결정타를 날렸다. 금융기관으로부터 자금을 차입하여 부동산에 투자하던 기업들은 융자 총량 제한으로 심각한 유동성 위기에 빠지게 되었다. 전환사채나 신주인수권부사채로 자금을 조달하여 부동산에 투자하던 기업들도 위기에 빠졌다. 주가하락으로 인해 전환사채나 신주인수권부사채를 현금으로 상환해야 하는 위기에 내몰렸다. 그러나 융자총량 제한으로 외부자금을 조달하기가 쉽지 않았고, 부동산을 매각하고자 해도 이를 사줄 기업이 존재하지 않았다.

그 결과 많은 부동산관련 기업들이 파산을 하고, 이들에게 자금을 제공하던 금융기관들도 파산하기 시작하였다. 금융기관의 파산으로 일본 경제가 동맥경화에 걸리면서 실물경기도 곤두박질하기 시작하였다. 경제위기가 현실화되자 일본 정부는 이번에는 반대로 재할인율을 급격히 인하하고, 융자총량 제한을 폐지하였지만, 이미 금융시장과 실물경기는 회복불능의 상태로 망가진 다음이었다. 이후 일본 경제는 금융시장과 실물경기의 동반 침체상태가 장기간 지속되면서, 이른바 '잃어버린 10년'을 맞이하게 되었다.

LTV 및 PTI 규제 | 금융규제의 또 다른 방법으로 LTV 비율과 PTI 비율을 규제하는 방법이 있다. LTV 비율을 규제하면, 개별 차입자에게 대출해 줄 수 있는 대출액 규모가 줄어들기 때문에 부동산 시장을 안정시키는 효과가 있다. PTI 비율을 규제할 경우에도 비슷한 효과가 있다. 다만, PTI 비율은 소득에 연동되어 대출액이 결정되기 때문에 고소득층에게는 규제의 효과가 작고, 저소득층에게는 상대적으로 규제효과가 크다. 또 PTI 비율은 부동산담보대출의 이자율에 의해서도 영향을 받는다. 만약 이자율이 낮다면, PTI 비율을 규제하더라도 대출액의 규모가 줄어들지 않는다. 반면, 이자율이 높다면, PTI 비율을 규제할 경우 대출액의 규모가 크게 줄어들 수 있다.

우리나라에서는 주택시장의 상황에 따라 정부가 LTV 비율과 DTI 비율 (debt to income: 소득대비 대출액 비율)을 규제하고 있다.[2] 2022년 말 현재, 정부는 투기과열지구와 투기지역에 대해 LTV 비율과 DTI 비율을 50%와 40%로 제한하고 있다. 그리고 조정대상지역에 대해서는 LTV 비율을 50%, DTI 비율을 50%로 제한하고 있다. 투기과열지구나 투기지역, 조정대상지역의 경우 실수요자에게는 LTV 비율과 DTI 비율을 상향조정해 주고 있다. 반대로 2주택 이상 소유자에게는 대출을 금지하고 있다.

표 9-2 지역별 LTV 및 DTI 비율 규제(2022년 12월 말 기준)

유형	투기과열지구/ 투기지역	조정대상지역	수도권 비규제지역	비수도권 비규제지역
LTV	50%	50%	70%	70%
DTI	40%	50%	60%	-

주: 투기과열지구/투기지역에서 서민·실수요자에게는 LTV와 DTI를 각각 20%p 상향
　　조정대상지역에서 서민·실수요자에게는 LTV 20%p 상향 및 DTI 10%p 상향
　　투기과열지구/투기지역 및 조정대상지역에서 2주택 이상 보유자는 대출금지
　　DSR 40% 규제는 모두 적용

그리고 수도권(투기과열지구나 투기지역, 조정대상지역이 아닌 지역)은 LTV 비율을 70%, DTI 비율을 60%로 제한하고 있다. 비수도권(투기과열지구나 투기지역, 조정대상지역이 아닌 지역)은 LTV 비율만 70%로 제한하고 있다. 그러나 이런 규제는 시기에 따라 수시로 변하기 때문에 여기서 말하는 비율이 고정되어 있는 것은 아니다.

---

2) DTI 비율은 소득 대비 대출액 비율을 말하는데, 우리나라에서는 PTI 비율과 같은 의미로 사용하고 있다. 즉, 소득 대비 대출원리금 지급액 비율로 사용하고 있다.

제 2 절 금융 및 투자기구의 정비

1. 자산유동화제도

자산유동화제도란 유동성이 부족한 자산을 담보로 하여 증권을 발행함으로써 자산의 유동성을 높이는 제도를 말한다. 자산을 유동화할 때에는 보통 자산을 특수목적기구(SPV: special purpose vehicle)에 양도하고, SPV가 이 자산들을 담보로 유가증권을 발행하여 자금을 조달하는 방식을 취한다. SPV를 흔히 유동화중개기관이라고 부른다. 그리고 SPV가 자산을 담보로 하여 발행한 유가증권을 자산담보부증권(ABS: asset-backed securities)이라고 부른다.

자산유동화제도의 구조와 특징 | 자산을 담보로 ABS를 발행할 때, 유동화중개기관에 자산을 양도한 후 유동화중개기관의 이름으로 ABS를 발행하는 이유는 자산보유자의 신용위험으로부터 담보자산을 보호하기 위해서이다. 예를 들어 자산보유자가 파산을 하더라도 담보자산은 유동화중개기관의 소유로 되어 있기 때문에 ABS의 원리금 지급에 문제가 생기지 않는 것이다. 이렇게 유동화중개기관을 매개로 하여 자산보유자의 신용위험과 담보자산의 신용위험을 분리하는 것을 보고 '신용 절연(credit remote)'이라고 부른다.

유동화중개기관은 자산을 자산보유자의 신용위험으로부터 보호하는 역할만 하기 때문에 거래 비용을 줄이기 위해 보통은 서류상의 회사(paper company) 형태를 취하거나 신탁의 형태를 취한다. 그러다 보니 유동화중개기관에는 자산을 관리하고 증권발행 및 사후관리를 담당할 직원이 없다. 그래서 자산관리를 대행하는 자산관리자가 있어야 하며, 증권발행 및 관리를 담당할 수탁자가 필요하다. 그리고 유가증권에 대한 신용보완기관이 필요하고, 유가증권의 신용도를 평가할 신용평가기관도 필요하다.

자산유동화제도는 자산보유자와 자산의 신용이 분리되고, 유동화중개기관의 이름으로 ABS를 발행하기 때문에 자산유동화제도를 이용하여 자금을 조달할 때 다양한 효과가 생기게 된다. 예를 들어 ABS를 통해 자금을 조달할 경

🔁 그림 9-6   자산유동화 구조

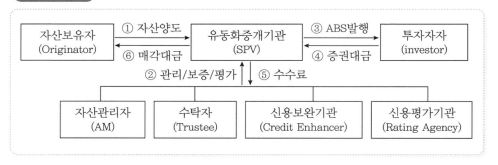

우, 자산보유자의 대차대조표에는 부채가 나타나지 않는다. ABS가 유동화중개기관의 이름으로 발행된 것이기 때문에 부채는 유동화중개기관의 대차대조표에만 나타난다. 이런 것을 흔히 부외금융(簿外金融: off-balance sheet financing)이라고 부르는데, 자산유동화를 통해 자금을 조달하면, 부채비율의 증가 없이 자금을 조달할 수 있는 것이다.3)

또한 신용도가 나쁜 기업이 우량한 자산을 보유하고 있을 때, ABS를 통해 자금을 조달하면 자금조달 비용을 절약할 수 있다. 이는 신용 절연 효과에 의해 신용도가 낮은 기업의 신용 위험 대신 담보자산의 신용 위험이 ABS에 반영되기 때문이다.

우리나라의 자산유동화제도 | 우리나라의 자산유동화제도는 1998년 9월에 제정·공포된 「자산유동화에 관한 법률」에 의해 제도화되었다. 이 법은 금융기관이나 자산관리공사(구 성업공사) 등이 보유하고 있는 부실채권을 조기에 매각하여 금융기관의 건전성을 높이고, 기업들이 보유하고 있는 자산을 현금화할 수 있도록 하여 기업구조조정을 촉진하는 데 그 목적이 있었다.

우리나라의 자산유동화제도에서는 유한회사 또는 신탁만이 유동화중개기관(법률에서는 이를 유동화전문회사라고 부른다) 역할을 할 수 있다. 그리고 자산유동화제도에 의해 자산을 유동화하고자 하는 기업은 자산유동화 계획을 금

---

3) 국제회계기준(IFRS)이 도입됨에 따라 유동화중개기관이 자산보유자의 자회사로 인식될 경우, 유동화중개기관과 자산보유자의 대차대조표를 연결하여 계산하기 때문에 부외금융효과는 나타나지 않게 된다.

융감독위원회에 등록해야 한다. 그리고 자산유동화 계획에 따라 유동화중개기관이 자산을 양도받은 경우 이를 금융감독위원회에 등록해야 한다.

자산유동화제도는 부동산시장에서 다양한 용도로 사용되고 있다. 부동산을 유동화하는데 사용하는 것은 물론이고, 공사대금채권이나 PF(프로젝트 파이낸싱) 대출채권, 분양대금채권 등을 유동화하여 자금을 조기에 회수하는 데에도 사용하고 있다. 심지어 상가의 미래매출채권처럼 채권금액이 확정되지 않는 미래채권(future flow)까지도 유동화하여 자금을 조달하고 있다.

외국계 투자펀드의 경우 자산유동화제도를 이용하여 부동산을 소유하기도 한다. 투자펀드가 일정한 자본을 투입하여 유동화중개기관을 설립한 후, 유동화중개기관의 이름으로 부동산을 매입하는 형식으로 부동산을 소유하는 것이다. 이때 유동화중개기관은 부동산을 담보로 하여 ABS를 발행한 후, 이를 금융기관에 매각하여 부동산 매입자금의 일부를 충당한다. 결국 유동화중개기관이 자본금과 ABS발행자금으로 부동산을 매입한 것이지만, 해당 유동화중개기관을 외국계 투자펀드가 지배하고 있기 때문에 사실상 외국계 투자펀드가 자기자본과 ABS발행자금으로 부동산을 매입한 셈이 되는 것이다. 외국계 투자펀드가 자산유동화제도를 이용하여 부동산을 취득하는 것은 자산유동화제도를 이용하면 취득세가 감면될 뿐만 아니라[4] 추후 투자자금을 회수하는 데에도 유리하기 때문이다.[5]

2. 주택저당채권유동화제도

주택저당채권(mortgage)이란 주택을 담보로 한 장기 대출채권을 말한다. 주택저당대출채권 또는 주택담보대출채권이라고 부르기도 하는데 축약하여 흔히들 주택저당채권이라고 부른다. 주택저당채권은 주택을 담보로 한 대출채권이라는 점에서 주택저당권과 대출채권이 결합된 자산이라고 할 수 있다.

---

4) 유동화중개기관에 부동산을 양도할 경우, 유동화중개기관에 대해 취득세가 2004년까지는 100% 면제되었고, 2004년 이후로는 50%가 감면되었다. 그러나 현재는 취득세 감면 혜택이 없어졌기 때문에 취득세 감면을 목적으로 하는 자산유동화는 실익이 없게 되었다.

5) 외국계 투자펀드들이 국내 부동산에 투자할 때 가장 우려하는 것 중에 하나는 부동산을 제때에 매각하지 못해 펀드를 청산하지 못하는 사태가 발생하는 것이다. 자산유동화제도를 이용하여 부동산을 매입할 경우, 추후 펀드를 청산할 때 유동화중개기관의 지분만 매각하면 되기 때문에 상대적으로 용이하게 펀드를 청산할 수 있다.

**주택저당채권
유동화의 구조** │ 주택저당채권유동화제도는 주택저당채권(mortgage)을 유동화
하는 제도라는 점에서 자산유동화제도의 하나라고 할 수
있다. 다만, 주택저당채권유동화제도에서는 가계의 주택구입을 용이하게 하기
위해 정부가 유동화중개기관의 역할을 하는 것이 일반적이다. 정부가 유동화
중개기관 역할을 하면, 주택저당채권을 담보로 하여 발행되는 증권인 주택저
당채권담보부증권(MBS: mortgage-backed securities)의 신용도가 올라가기 때문
에 MBS 발행을 통한 자금조달비용이 하락하게 된다. MBS발행을 통한 자금조
달비용이 하락하면, 가계에 대출해주는 주택저당대출의 금리도 내려가기 때문
에 가계의 주택구입이 용이해지는 것이다.

주택저당채권시장은 주택저당채권이 생성되는 제1차 주택저당채권시장
(primary mortgage market)과 주택저당채권이 유통되는 제2차 주택저당채권시
장(secondary mortgage market)으로 나누어진다.

🔗 **그림 9-7** **주택저당채권시장의 구조**

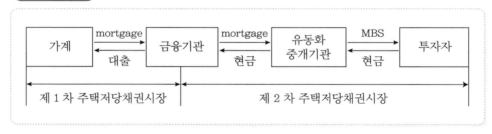

<우리나라의 주택저당
채권유동화제도> │ 주택저당채권유동화제도는 1980년대부터 우리나라에 소
개되어 학계 등 각 분야의 관심을 끌었지만 그 동안 정
책적인 관심이 뒷받침되지 못하였다. 1993년부터 시작된 신경제 5개년계획의
주택부문계획에 1994~1996년 중 주택저당채권유동화제도의 도입을 검토하도
록 함으로써 정책적인 주목을 받았지만 이 계획은 실행되지 못했다.

그러던 것이 1998년 9월 「자산유동화에 관한 법률」이 제정되면서 MBS를
발행할 수 있는 근거가 마련되었다. 그러나 「자산유동화에 관한 법률」에 의해
MBS를 발행할 경우, 신용도가 상대적으로 높지 않아 자금조달비용을 절감하
기 어려웠다. 이에 따라 1999년 1월에 「주택저당채권유동화회사법」이 제정되

어 정부의 지원 하에 주택저당채권을 유동화할 수 있는 제도적 틀이 완비되었다. 이 법에 따라 정부가 출자한 한국주택저당채권유동화주식회사(KoMoCo)가 1999년에 설립되었다.

KoMoCo는 몇 차례 MBS를 발행하였지만, 정부출자기관에 불과하였기 때문에 MBS의 자금조달비용을 낮추는데는 한계가 있었다. 이러한 KoMoCo의 한계를 극복하기 위해 2003년 12월에 제정된 「한국주택금융공사법」에 의해 2004년 3월에 한국주택금융공사가 탄생하였다. 한국주택금융공사는 정부 및 한국은행이 출자한 공기업으로, 한국주택금융공사가 발행하는 MBS에 대해서는 정부가 암묵적으로 그 지급을 보증하기 때문에 한국주택금융공사의 MBS 신용도는 국채의 신용도에 버금가게 되었다. 이로 인해 한국주택금융공사는 자본시장으로부터 매우 저렴한 비용으로 장기자금을 차입할 수 있게 되었다.

한국주택금융공사는 유동화중개기관 역할을 하는데, 자신의 명의로 직접 MBS를 발행하기도 하고(이를 MBB라고 한다), 신탁계정을 이용하여 수익증권 형태의 MBS를 발행하기도 한다. 한국주택금융공사는 자기자본의 50배까지 MBS(MBB 포함)를 발행할 수 있다. 한국주택금융공사의 수권자본금은 5조원인데, 2022년 말 현재 자본금은 2.06조원이다. 따라서 최대 103조원까지 MBS를 발행하여 자금을 조달할 수 있다.

3. 부동산간접투자제도

1) REITs

REITs의 구조 │ REITs(Real Estate Investment Trusts)는 다수의 투자자로부터 자금을 위탁받아서 부동산이나 부동산관련 대출에 투자하고 그로부터 발생하는 수익을 투자자들에게 배당하는 회사(company)나 조합(partnership) 또는 신탁(trust)을 말한다. 미국에서 REITs가 처음 도입되었을 때, 신탁 형태로 투자자금을 모집하여 부동산에 투자하였기 때문에 부동산투자신탁(Real Estate Investment Trusts)이라는 명칭을 갖게 되었다. 그러나 지금은 회사 형태로 자금을 모집하기도 하고, 신탁이나 조합 형태로 자금을 모집하기도 한다.

REITs는 스폰서(sponsor: 설립자, 발기인), 자산운용회사(AMC: asset management company), 투자자(investors)로 구성되어 있다. 스폰서가 회사를 설립하거나 신탁을 설정한 후, 투자자로부터 투자자금을 모집하여 자산운용회사에 투자자금의 운용을 맡기는 형식으로 되어 있다. 경우에 따라서는 투자자금을 직접 운용하기도 한다.

REITs에서 문제가 되는 것은 투자지분의 환금성과 REITs에 대한 이중과세이다. REITs 투자지분의 환금성은 대부분 투자지분(주식, 출자증권, 수익증권 등)을 증권거래소에 상장시켜 거래되도록 함으로써 해결하고 있다. 즉, 투자자 중에 투자지분을 회수하고자 하는 투자자가 있을 경우, 증권거래소에서 해당 지분을 매각함으로써 투자지분을 회수할 수 있도록 한 것이다.

두 번째 문제는 REITs에 소득세(법인세)를 부과할 경우, 이중과세(double tax)로 인해 투자수익률이 크게 떨어진다는 점이다. 예를 들어 REITs에 소득세(법인세)를 부과하면, 부동산에 투자하여 얻은 소득에 대해 REITs가 한 번 세금을 내고, 투자자가 또 한 번 (이익 배당금에 부과된) 세금을 내는 이중과세 문제가 발생하는 것이다.

미국에서는 REITs의 이중과세 문제를 해결하기 위해, REITs가 투자자에게 배당한 배당금을 비용으로 인정하고 있다. 따라서 REITs가 투자이익을 투자자에게 모두 배당하면, REITs는 아무런 이익이 없는 것으로 나타나기 때문에 소득세(법인세)를 안내게 되는 것이다.

② 그림 9-8 REITs의 기본 구조

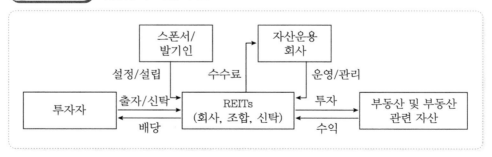

우리나라의 REITs │ 우리나라에서는 1997년 외환위기 이후 어려움을 겪고 있는 건설회사를 지원하는 방안의 하나로 2001년에 「부동

산투자회사법」이 제정됨으로써 REITs제도가 도입되었다. 우리나라에서 REITs
는 회사형태만 가능하다. 즉, 신탁이나 조합 형태의 REITs는 불가능하고, 회사
형태로만 REITs를 설립할 수 있는 것이다.

처음 「부동산투자회사법」이 제정되었을 때에는 두 가지 형태의 REITs를
설립할 수 있었다. 하나는 기업구조조정부동산투자회사(이를 CR-REITs라고 부
른다)이고, 다른 하나는 일반 부동산투자회사(이를 일반 REITs라고 부른다)였다.
두 가지 형태의 부동산투자회사 모두, 자산운용회사에 위탁관리를 해야만 하
고, 이익을 90% 이상 배당하면 배당금을 비용으로 인정함으로써 이중과세가
되지 않도록 하였다.

그러나 부동산투자회사를 설립하는 데에는 매우 까다로운 설립조건을 충
족해야 했고, 자산운용에도 제약이 많았다. 이에 따라 2000년대 초기에는 비
교적 세제혜택의 폭이 컸던 기업구조조정부동산투자회사만이 몇몇 개 설립되
었을 뿐, REITs를 통한 부동산간접투자제도는 매우 지지부진하였다.

이후 몇 차례의 「부동산투자회사법」의 개정에 의해 설립조건이 완화되었
고, 자산운용조건도 완화되었다. 그리고 일반 부동산투자회사는 자기관리 부
동산투자회사와 위탁관리 부동산투자회사로 나누어졌다. 자기관리 부동산투자
회사는 부동산투자회사가 스스로 자산을 관리하는 형태이나 배당금을 비용으
로 인정하지 않아, 이중과세 문제가 존재하고 있다. 위탁관리 부동산투자회사
는 이전과 마찬가지로 자산운용을 위탁하는 부동산투자회사로, 배당금을 비용
으로 인정받는다.

2) 부동산펀드

부동산펀드란? 우리나라에는 부동산간접투자기구로 REITs(우리나라에서는 부
동산투자회사라고 부른다) 외에 부동산펀드(real estate fund)라
는 것이 있다. 부동산펀드란 다수의 투자자로부터 투자자금을 모집하여, 부동
산에 투자한 후 그 수익을 투자자에게 배당하는 간접투자 제도를 말한다. 그
내용상으로 볼 때, 부동산펀드는 REITs와 전혀 차이가 없다. 그럼에도 불구
하고 우리나라에서 부동산펀드라는 이름의 부동산간접투자기구가 REITs와는
별도로 존재하는 것은 그 근거법이 서로 다르기 때문이다.

우리나라에서 부동산펀드라는 이름의 부동산간접투자기구가 생기게 된 것

은 2003년 10월에 제정된 「간접투자자산운용업법」 때문이다. 이 법에서 말하는 간접투자란 투자자로부터 자금 등을 모아 자산에 투자한 후, 투자 결과를 투자자에게 돌려주는 것을 말한다. 그리고 간접투자기구(collective investment vehicle: CIV)란 간접투자를 하는 도구를 말하며, (간접투자)자산운용업이란 투자자로부터 모은 자금 등을 운용하는 산업을 말한다. 「간접투자자산운용업법」이 제정된 이유는 개별법에 의해 기관별로 이루어지고 있던 간접투자에 대한 규제를 단일법에 의한 기능적 규제로 전환하기 위해서였다.

「간접투자자산운용업법」은 2004년부터 시행되기 시작하였는데, 그 이전에는 「증권투자신탁업법」에 의한 증권투자신탁, 「증권투자회사법」에 의한 증권투자회사 등이 있었다. 그런데 이들은 모두 '투자자로부터 투자자금을 모집하여 자산에 투자한 후, 투자 결과를 투자자에게 돌려주는 간접투자기구'라는 동일한 성격을 갖고 있었다. 그런데 설립근거법이 다르다 보니 규제의 수준이나 내용도 제각각이었다. 그래서 이를 통합하기 위해 「간접투자자산운용업법」이 제정되었던 것이다.

「간접투자자산운용업법」이 제정되면서, 그 동안 제한적으로 이루어져 왔던 간접투자의 대상이 확대되었다. 그 이전에는 증권투자신탁이나 증권투자회사는 주식이나 채권 등 투자대상이 제한되어 있었다. 그러던 것을 법 제정과 함께 투자대상을 부동산이나 파생상품, 실물자산 등으로 확대한 것이다.

간접투자기구는 운용대상에 따라 증권간접투자기구, 파생상품간접투자기구 등으로 구별되는데, 이 중 부동산에 주로 투자하는 간접투자기구를 부동산간접투자기구라고 부른다. 부동산펀드란 바로 「간접투자자산운용업법」에 의한 부동산간접투자기구를 의미한다. 즉, 부동산간접투자기구를 줄여서 부동산펀드라고 부르는 것이다.

부동산펀드와 REITs ┃ 부동산펀드는 「부동산투자회사법」에 의한 REITs와는 달리 회사 형태로 설립하는 것도 가능하고 신탁 형태로 설정하는 것도 가능하다. 또 REITs와 달리 설립 조건이나 자산운용 조건이 까다롭지 않다. 그러다 보니 REITs를 통한 부동산간접투자보다는 부동산펀드를 통한 부동산간접투자가 훨씬 유리하였다.

우리나라의 간접투자제도는 「간접투자자산운용업법」이 「자본시장과 금융투자업에 관한 법률」로 바뀌면서 큰 변화를 겪게 되었다. 「자본시장과 금융투자업에 관한 법률」은 2007년에 제정되어 2009년부터 시행에 들어간 법률인데, 금융기관간 업무영역의 장벽을 허문 법률이다. 이 법률에 의해 간접투자기구는 집합투자기구라는 이름으로 바뀌게 되었다. 그리고 부동산간접투자기구도 부동산집합투자기구로 바뀌게 되었다. 그러나 기본적인 내용은 큰 변화가 없다. 다만, 간접투자기구와는 달리 집합투자기구에서는 회사형태와 신탁형태 외에 조합형태의 집합투자기구도 가능하도록 되었다.

우리나라에 부동산펀드제도가 도입됨에 따라 부동산간접투자시장은 보다 경쟁적인 환경 속에 놓이게 되었다. 이러한 경쟁을 통해 부동산간접투자시장이 보다 빠르게 성숙되고, 이러한 시장 성숙에 힘입어 토지개발을 비롯한 각종 부동산개발에 필요한 자금조달이 보다 원활해질 것으로 예상된다.

4. 프로젝트 파이낸싱(PF) 제도

프로젝트 파이낸싱의 구조 | 프로젝트 파이낸싱(project financing: PF)이란 프로젝트에 기반한 자금조달방식으로, 차입금의 상환재원이 해당 프로젝트에서 창출되는 현금수입과 해당 프로젝트 자산에 한정됨으로써 사업주에 대한 상환 청구권 행사가 제한되는 자금조달기법(limited recourse financing)이다. 이 방법은 대부분의 경우 거액의 자금이 소요되어 사업주의 신용만으로 자금조달이 어렵거나, 사업주가 사업위험으로부터 자신을 보호하기 위해 주로 사용한다.

프로젝트 파이낸싱의 기본구조는 사업주가 자본금을 출자하여 별도의 사업시행회사(project company)를 설립한 후, 지분투자자나 금융기관으로부터 자금을 조달하여 프로젝트를 수행하며, 프로젝트 완료 후 프로젝트로부터 나온 수익금으로 차입금의 원리금을 상환하고, 지분투자자와 사업주에게 이익을 배당하는 구조이다. 여기서 사업주는 출자능력과 사업추진능력을 갖추고 있는 실질적인 프로젝트 추진의 주체이며, 사업시행회사는 사업추진을 위한 법적인 주체로서 복수도 가능하다.

이중과세 문제 | 프로젝트 파이낸싱 구조에서 역시 문제가 되는 것은 이중과세 문제이다. 프로젝트 회사는 사업시행자와 프로젝트의 신용위험을 상호 분리하는 역할을 한다(credit remote). 그런데 만약 프로젝트 회사에 대해 법인세가 부과될 경우, 사업시행자는 이중과세 문제 때문에 프로젝트 파이낸싱 구조로 자금을 조달하여 사업을 수행할 동인이 없어진다.

미국의 경우, 도관체 이론에 의해 프로젝트 회사가 단순히 도관체 역할을 하는 것으로 인정받으면 배당금을 비용으로 보기 때문에 이중과세 문제가 없다. 그러나 우리나라는 도관체 이론이라는 것이 없다보니 프로젝트 파이낸싱 구조로 자금을 조달할 경우 이중과세 문제가 발생하게 되는 것이다.

이에 따라 프로젝트 파이낸싱 구조에 사용될 수 있는 간접투자기구로서 「프로젝트 금융투자회사법」이라는 법률이 2004년에 국회에 상정되었다. 그러나 해당 법률은 국회를 통과하지 못해 자동폐기되었다. 다만, 이때 법인세법이 개정되었는데, 개정된 법안에는 '회사의 자산을 설비투자, 사회간접자본시설투자, 자원개발 그 밖에 상당한 기간과 자금이 소요되는 특정사업에 운용하고 그 수익을 주주에게 배분하는 회사'의 경우 배당금을 비용으로 인정하는 내용이 들어가 있었다. 이 법인세법 개정안이 국회를 통과함으로써, 프로젝트 회사에 대해 이중과세를 피할 수 있는 최소한의 법적 근거는 마련되었다(법인세법 제51조의2).

오늘날 프로젝트 파이낸싱은 법인세법 제51조의2에 의해 이중과세를 면제

🔎 그림 9-9 프로젝트 파이낸싱의 구조

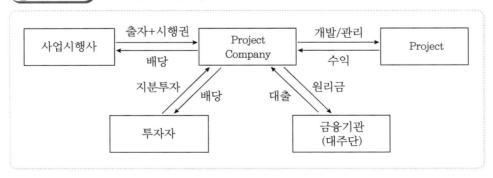

받을 수 있는 길이 열리면서 부분적으로 대형 개발사업의 자금조달 수단으로 사용되고 있다.6)

---

6) 보다 자세한 내용은 7장을 참조.

부동산정책의
흐름

제 10 장

외환위기 이전의 부동산정책

제 1 절 근대사회 이전의 부동산정책

전근대 한국사회 토지국유제
소유권은 제한적 권리

전근대 한국사회에서 토지는 주로 농작물 생산을 위한 공동의 터전으로서의 의미가 강하였다. 그러나 점차 사회가 발전하고 생산기술 등의 발달로 생산력이 증대함에 따라 이와 같은 공동체적 소유형태는 그 의미가 점차 약해지고, 개별적인 소유형태가 싹트기 시작하였다. 그렇지만 이때의 소유권이란 요즈음과 같은 절대적인 소유권과는 구분되는 제한적인 권리에 불과했다.

삼국시대 이래 역대 왕조는 지배체제 유지의 물질적 기초를 토지국유(土地國有)에서 구하려고 하였기 때문에 개인에 의한 현대적 의미의 토지소유는 원칙적으로 인정되지 않았다. 다만 계층별로 토지의 경작권(耕作權), 수조권(收租權: 지대를 수취할 수 있는 권리) 등을 분급(分給)하여 줌으로써 실제로 토지를 활용하는 데에는 그다지 지장을 받지 않았었다. 결국 당시 국가재정은 분급해 준 토지를 이용하는 대가로 농민이 지불하는 조(租), 즉 현대적 개념에서의 지대에 의존하고 있었기 때문에 원칙적으로 토지의 국유제를 유지해야만 했다. 이와 같은 배경 아래 당시의 토지정책은 결국 국가의 토지를 어떤 계층에게 얼마만큼 분급하고 얼마만큼의 조(租)를 받아야 하는지가 주축이 된 각종 전제(田制)의 마련이 핵심이었다고 볼 수 있다.

대부분 각 왕조의 초창기에 제시되었던 전제(田制)는 국가의 토지를 다양한 기준에 따라서 왕실, 귀족, 공신들에게는 수조권(收租權)을, 일반 농민들에게는 경작권(耕作權)을 배분하는 것을 말한다. 그러나 이러한 전제(田制)는 시간이 흐름에 따라 불법적인 세습과 행정 관리의 문란으로 인해 사회적 불만을 초래함으로써 당초의 취지는 흐려지고 새로운 왕조의 출현을 가능케 하는 중요한 배경으로 작용하였다. 즉, 많은 역대 왕조가 이전 왕조의 문란해진 토지제도에 대한 개혁을 새로운 왕조 건립의 시발점으로 삼았다. 고려가 그랬고 조선 또한 마찬가지였다. 특히 고려 말에 공포되었던 과전법(科田法)은 당시 실력자였던 이성계(李成桂) 등을 중심으로 한 개혁세력에 의해 추진되었고, 결국 이것이 다음해 조선왕조의 개국으로 이어지게 되었다.

이들 각 왕조 초기의 전제(田制)들은 대체로 토지의 국유제를 원칙으로 채택했던 것으로 파악된다. 그러나 과다한 공신전(功臣田: 공신들에게 분배해 주는 토지)의 분배와 불법적인 세습 등으로 왕조 말기에 가면 이런 전제(田制)는 그 기틀이 흔들리기 마련이었다. 특히 조선왕조의 경우 국유토지의 불법적 세습 외에도 빈번한 외적의 침범 등으로 인해 지방행정이 문란한 틈을 타서 지주계층이 사전(私田: 실제적으로 사유화된 토지)을 확대하면서 점차 토지국유(土地國有)의 원칙은 흔들리게 되었고, 왕조 말기에는 대토지 사유화(大土地 私有化) 및 소작농(小作農)의 대량발생 등으로 사회근저의 동요가 심화되었다.

조선 말기의 이와 같은 혼란은 결과적으로 일본 등 외세의 침략에 취약할 수밖에 없는 상황을 야기하였다(이태일, 1990).

제 2 절 일제시대의 부동산정책

식민지 착취수단으로 근대적 토지제도 실시 | 극도로 문란해진 조선말기의 토지제도는 토지소유권을 바탕으로 하여 사회계층을 소수의 대지주와 엄청난 수의 소작농으로 나누어 놓았다. 토지소유로 인한 이와 같은 사회계층의 재편성은 지배계층인 대지주의 소작농에 대한 착취와 수탈로 이어지면서 급기야 사회적 분열과 국가기반의 와해를 가져왔다. 그리고 이러한 일련의 사태는 결국 1910년의 한·일합방을 초래하였다. 일제는 문란해진 토지제도를 정비하고, 근대적인 토지제도를 실시한다는 미명 아래 식민지를 효과적으로 착취하기 위하여 조선토지조사사업과 조선시가지계획령을 제정하여 실시하였다 (허재영, 1993). 여기에서는 이를 중심으로 한 일제시대의 토지정책을 살펴보고

간략히 일제시대의 아파트의 역사를 언급하기로 한다.

1. 조선토지조사사업

수조권자를 소유권자로 인정
사실상 점유자였던 농민 지위 약화

일제는 1912년 「조선토지조사령」을 발표하였다. 조선의 토지실태를 정확히 파악한다는 명분으로 시작된 이 조사는 내면적으로는 근대적 토지제도가 미비된 상태에서 소유·관리·운용되고 있던 조선 내의 많은 토지를 일본인이 취득할 목적으로 추진되었다. 이에 따라 일제는 「조선민사령(朝鮮民事令)」, 「부동산등기령(不動産登記令)」 및 「부동산증명령(不動産證明令)」 등과 같은 관련법을 계속하여 제정·공포하였다. 또한 토지기록체제가 전근대적이어서 그 내용이 매우 부실함에도 불구하고 신고주의(申告主義)를 채택하여 신고만으로 기존의 토지소유권의 귀속여부를 결정하였다.

물론 일제에 의해 시행된 이러한 토지조사사업은 과거에는 파악이 거의 불가능했던 음결(陰結)[1] 등 감추어진 토지를 단 한 번의 조사로 파악할 수 있었다는 긍정적인 효과를 가져오기도 하였다.

이 조사를 통해 밝혀진 토지소유자별 경지면적을 보면 전국의 토지는 19,107,520필지에 4,871,048정보이고, 이 가운데 국유지는 426,912필지에 284,735정보로서 면적 기준으로 5.8%에 불과하고 나머지는 민유지(民有地)였다(김의원, 1983). 또한 이 조사는 근대적인 측량기술을 동원하여 지적(地籍)을 과학화함으로써 전국의 지도를 제작할 수 있도록 하였고, 근대적인 등기제도의 마련과 토지세제의 체계를 확립하는 데 적지 않은 기여를 한 것이 사실이다.

그러나 일제의 토지조사사업과 토지 관련제도의 도입은 그 배후 동기가 토지현황을 파악하여 식민지를 약탈할 목적으로 추진되었기 때문에 여러 가지 측면에서 부정적인 결과를 가져왔다. 무엇보다 수조권자(收租權者)를 소유권자로 인정하였기 때문에 토지의 경작자이자 사실상의 점유자였던 많은 농민들이 실질적으로 다시 새로운 지주의 소작인으로 전락되었다는 사실이다. 따라서 이전까지는 국가와 수조권자, 그리고 토지경작자 모두가 토지에 대한

---

1) 음결(陰結)이란 정부의 토지대장에 기록되어 있지 않은 농지로서, 주로 농민들이 유실된 농지의 복구나 개간 등으로 만들되 정부에 신고하지 않아 조세를 내지 않던 농지이다.

소유의식을 가지고 있었으나 이 토지조사사업을 통해 그 소유권이 확실하게 법적으로 규정됨으로써 토지소유권자와 소작인의 관계가 분명해져 농민들은 토지에 관한 모든 권리를 상실하고 계약에 의한 소작농이 된 것이다.

또한 이 사업은 왕실재산이나 소유권이 확실하지 않았던 임야, 하천부지 등을 거의 모두 국유지로 편입시킨 후 이를 일본인에게 농장용지로 싼값에 불하함으로써 일본인의 토지소유를 촉진시켰다. 이로 인해 산림의 경우, 전체 면적의 58%가 일본인의 소유로 넘어갔다. 이러한 부정적인 측면은 일제가 식민지를 약탈하기 위한 차원에서 「토지조사령」을 시행하였기 때문에 발생한 것으로 볼 수 있다.

■ 2. 조선시가지계획령

최초의 근대적 도시계획이나 식민지 지배목적의 왜곡된 계획 | 일제시대의 토지정책 중 「조선토지조사령」 다음으로 중요한 제도는 각종 행위규제를 수반하는 「조선시가지계획령」이다. 「조선시가지계획령」은 1934년 6월 20일 총독부제령(總督府制令) 제18호로 제정·발포되었으며, 동년 7월 27일자 총독부령(總督府令) 제78호로 동령(同令) 시행규칙도 발포되었다. 이 법은 당시 일본의 「도시계획법」을 모델로 하고 있었지만 그 내용과 입법취지는 일본의 「도시계획법」과는 사뭇 달랐다. 1931년 만주사변의 결과로 만주국이라는 일본의 괴뢰국이 생기자 일본정부는 만주에서 산출된 자원을 일본 본토로, 일본의 공업생산품을 만주로 보내기 위한 경제적인 수송로가 필요했다. 이에 함경북도의 나진이 이 수송로의 중간거점으로 선정되었으며, 나진을 급히 개발하기 위한 법적 장치로서 「조선시가지계획령」이 탄생한 것이다(손정목, 1990).

「조선시가지계획령」은 당시 일본에서 시행되고 있는 「도시계획법」과 「시가지건축법」의 내용을 함께 담고 있는 것으로, 기존 시가지의 개량보다는 기존 시가지의 확장과 새로운 시가지의 창설에 중점을 두고 있었다. 「조선시가지계획령」의 제3장은 구획정리에 관한 규정으로 모두 50개의 조문과 부칙으로 구성되어 있어 전체 계획령에서 차지하는 비중이 매우 컸다. 이는 당시 일본정부가 기존 시가지의 개량에는 거의 관심이 없고, 나진이나 흥남과 같은 신도시 조성만을 목적으로 했기 때문이다.

「조선시가지계획령」의 제정을 통한 새로운 계획제도의 도입은 공익을 위해서라면 사적 토지의 이용이 제한될 수 있다는 점을 분명히 함으로써 주로 소유권의 배분귀속을 거론하였던 기존 토지정책의 폭과 정도를 크게 제고시킨 계기가 되었다. 또한 「조선시가지계획령」은 1962년에 제정된 「도시계획법」의 실질적인 모태가 되어 오늘날까지도 영향을 미치고 있는 최초의 근대적 도시계획법이라는 의의를 지니고 있다.

그러나 「조선시가지계획령」 역시 조선 국토를 효율적·합리적으로 관리하고 개발하기 위해 제정된 것이라기보다는 일본 정부의 필요에 의해 급조된 것이어서 여러 가지 문제점을 지니고 있었다. 대표적인 문제점으로는 지방행정청의 재량이나 민간의 권익을 거의 인정하지 않았다는 점이다. 모든 시가지계획은 조선총독부만이 입안할 수 있었고, 시가지계획의 지방기관은 아예 설정하지도 않았다. 또한 토지구획정리에 있어서도 민간조합의 시행을 인정하지 않았다. 당시 일본법에서는 토지구획정리는 지주조합에 의해 시행되는 것이 원칙이었으나 조선시가지계획령에서는 지주의 부재(不在)와 경험부족을 이유로 일체의 민간조합의 시행을 인정하지 않았다.

이처럼 「조선시가지계획령」은 토지이용을 통제하는 최초의 공법(公法)이라는 의의를 가지긴 하지만 기본적으로 일제의 식민지 수탈의 일환으로 제정되었기 때문에 우리나라의 정상적인 토지이용체계를 왜곡시켰을 뿐만 아니라 이후 우리나라의 중앙집권적이고 권위주의적인 계획풍토를 만들어 내는 결과를 초래하기도 하였다.

3. 일제 강점기의 주택건설

개항지 일본식목조건물 건축 | 일제 강점기 동안 서울을 비롯하여 부산, 인천, **북촌일대 개량한옥 등장** | 목포, 군산 등 주요 개항지에 일본사람들이 집단적으로 거주하는 지역이 생겼고 일본식 목조건물이 지어졌으며 오늘날까지 그 흔적이 남아있는 곳도 있다.

서울에서는 청계천을 중심으로 남쪽으로 남산과 충무로 주변에는 일본사람들이 집단적으로 거주하고, 북악산 방면의 경복궁과 창덕궁 사이의 북촌일대와 종로 주변에는 우리나라 사람들이 주로 거주하였다. 특히 북촌일대는 서울에서 가장 오래된 최상급의 도심 주거지였다.[2) 고려시대, 조선시대와 일제 강점기를 거치면서 여러 가지 역사적 사건의 무대가 되었고 다양한 역사적 의미가 담긴 장소들이 있다. 안국동, 재동, 화동, 원서동, 팔판동 등 궁궐에 가까운 지역과 율곡로에 면한 남쪽 지역은 중소규모의 필지들이 불규칙한 가로망을 이루며 밀집되어 있으나 길에서 먼 안쪽 능선부분은 대형필지로 되어 있다. 1910년대의 사료에 의하면 지대가 낮은 아래쪽 지역과 길에 면한 중소규모 필지에는 중하급관리나 중인계급들의 한옥이, 지대가 높은 편인 위쪽과 길 안쪽에 위치한 대형필지에는 세력가들의 한옥이 자리하고 있었던 것으로 추정된다.

그런데 1920년대 후반에는 대형필지와 그 이전까지는 대지로 분류되지 않았던 임야지목의 대지에 큰 변화가 일어나게 되었다. 5,000평에 이르던 가회동 31번지는 50~80평 내외의 필지로 분할되었고(1930년대), 2,700여평이던 가회동 26번지도 50평 내외의 중소형 필지로 분할되었다. 그 밖에 삼청동 35번지, 가회동 1번지, 계동 2번지 일대도 중소규모 필지로 정리되었다. 중소규모 필지 위에 건양사, 경성목재점 등의 주택경영회사에 의해 집단적으로 한옥주거지가 건설되었다. 개량한옥 또는 집장사집으로 불리던 이 한옥들은 그 이전의 한옥과는 달리, 유리와 함석, 타일 등 새로운 재료가 사용되고 평면이 단순화, 표준화되었다. 그리고 대규모로 건설된 후 분양되는 방식으로 공급되었다. 그리고 주거지와 한옥이 동시에 건설되면서 전통적인 한옥이 근대적인 도시조직과 만나면서 진화된 도시주택유형을 띠게 되어 도시한옥이라고 불릴 수 있었다. 이 도시한옥 주거지는 해방 이후 1960년대 초반까지 지속적으로 건설되었고, 1962년 북촌일대는 조선시대부터 한옥주거지의 연장선상에서 안쪽의 대형필지를 포함하여 구릉지였던 지역까지 한옥들로 채워지게 되었다.

한편 일제 강점기에는 아파트의 건축도 이루어졌다. 단순한 집합주택이 아니라 집단성, 계층성(4층 이상), 단지성을 갖춘 주택이 지어진 것이다. 일제 강점기 동안 서울에는 아파트라는 이름의 건물이 여러 채 지어졌지만, 오늘날의 관점에서 진정한 아파트로 볼 수 있는 것은 내자동 75번지의 미쿠니아파트뿐이었다.[3) 1934년 기공하여 1935년에 준공된 미쿠니아파트는 광복 후 내자아

---

2) 서울특별시, 북촌가꾸기 기본계획, 2001. 12, pp. 20~28을 참조하여 정리하였다.

3) 손정목, 한국 도시 60년의 이야기 2, 2005, pp. 273~276의 내용을 참조하여 정리하였다.

파트라는 이름으로 미군용 숙소로 사용되었으나, 1960년대 말 한국인이 인수한 후 잠시 호텔로 사용하다가 도로확장으로 인해 철거되었다.

일제 강점기에는 국영기업체로 설립된 조선주택영단이 있었는데 이는 대한주택공사의 모태가 되었다. 대한민국 정부수립 이후 대한주택영단으로 이름만 바뀌어 존속하다가 5.16쿠데타 이후 1962년 「대한주택공사법」이 제정·공포되면서 1962년 대한주택공사가 설립되었다.

제3절 해방부터 외환위기 이전까지의 부동산정책

1. 해방 후 건국초기의 부동산정책

경자유전의 원칙 천명
토지자본의 산업자본화 도모

일제로부터의 해방, 그리고 곧 이어진 미군정 등 일련의 국가적·정치적 변혁은 당시의 경제·사회여건을 매우 혼란스럽게 하였다. 토지문제 역시 귀속재산의 처리 등과 관련된 문제로 매우 복잡하게 얽혀 있었고, 외부적 조건으로 인해 복잡하던 토지소유 분규는 거꾸로 중요한 정치문제로 대두되었다. 특히 일제초기 토지조사사업의 결과 소작농으로 전락했던 다수의 농민들과 친일 지주계층간의 갈등은 정치적 변혁과정에서 큰 문제로 대두되었다.

1946년에 미국은 귀속토지와 재산을 관리할 신한공사(新韓公社)를 설립하는 동시에 농지개혁법안 기초위원회를 구성하였다. 이후 여러 가지의 우여곡절 끝에 1948년 우선 신한공사에서 관리하던 귀속농지에 대한 분배가 이루어졌고 계속하여 수차례의 시안작성, 논란 등을 거쳐 결국 1950년에 「농지개혁법」 수정법안이 국회를 통과해 정식 공포되었다. 그러나 「농지개혁법」에 의한 농지개혁은 「농지개혁법」 시행에 이어 곧바로 발발한 한국전쟁으로 인해 농지개혁 실시 10년 만인 1959년 말경에야 거의 마무리될 수 있었다.

당시 농지개혁의 주요 골자는 호당 농지소유에 한계를 두어 농지의 과도한 소유편중을 막고, 소작관계를 부인함으로써 경자유전(耕者有田)의 원칙을 세우는 것이었다. 과거의 지주에게는 지가증권(地價證券)을 발급하여 토지자본의 산업자본화를 도모했다. 농지개혁의 효과 중에서 가장 중요한 것은 소작농의 해소와 자경농(自耕農) 체제를 창출했다는 점이다. 당시 호당 3정보라는 소유상한을 위배한 사례도 없지 않았지만 어느 정도 소작지의 분배목적은 달성했다고 볼 수 있다. 또한 이를 통해 토지자본의 산업자본화가 이루어졌으며, 토지증권은 1956년에 개설된 증권시장의 기초가 되기도 하였다.

농지개혁 외의 토지정책은 이 기간 중에는 전무하였다. 농지개혁 외에는 정부가 신경을 쓸 경황도 없었거니와 실제로 별다른 정책개발이 이루어지지 못했기 때문이다. 다만 기록할 만한 것으로 서울 등 도시내부 공간의 복구 및 재건사업에 토지구획정리기법이 동원되었고, 새로운 「민법」과 「부동산등기법」이 제정되었다는 것을 들 수 있다.

이상에서 개관한 우리나라의 건국초기 토지정책을 종합해보면 첫째, 자본주의 경제질서의 바탕이 되는 재산권의 보장과 그 제한을 명백히 밝혔고, 둘째, 농지배분에 있어서 농지는 농민이 소유해야 한다는 경자유전(耕者有田)의 원칙을 천명하는 등 토지정책에 있어서 획기적인 전환이 이루어졌으며, 셋째로 역사적으로 뿌리 깊이 인식되어 온 '토지의 국유화'라는 전통적인 토지관에서 벗어나 토지의 사유권이 확실하게 인정되었다는 점을 들 수가 있다.

▰ 2. 1960년대의 부동산정책

(1) 토지투기의 사회문제 대두

1960년대 후반 토지투기 문제 발생 │ 우리나라에서 부동산투기가 본격적인 사회문제로 인식되기 시작한 것은 1960년대 후반이라 할 수 있다. 물론 과거로 소급하자면 1898년 경인(京仁)간 철도부설을 계기로 토지투기가 성행하여 지가가 상승한 일이 있었다. 그 후 일제 강점기에도 토지투기가 벌어지곤 하였다. 1920년 「조선회사령」을 철폐하자 일본 자산이 식민지 조선으로 물밀듯이 쏟아져 들어왔다. 이 당시 한반도는 국토 전체가 건설현장이었다. 즉, 철도·도로 건설과 도청, 시청, 학교, 교도소 등 공공건물과 항만사업 등의 개발사업이 한창이었으므로 토지투기장으로서는 좋은 조건을 갖춘 셈이었다. 그러나 본격적인 의미에서 사회문제로 대두된 토지투기는 1960년대 이후의 현상이라 볼 수 있다.

1960년대에는 경제개발 5개년계획의 추진으로 인하여 도시로의 인구이동이 시작되면서 특정지역의 인구밀집과 국토의 유한성 논의가 대두되기 시작하였고, 지가도 점진적으로 상승하였다. 전국 종합지가지수를 보면, 1963∼1968년까지 연평균 25%로 과거보다는 훨씬 높은 상승률을 나타냈다. 그리하여 1967∼1968년경에는 일반시민들 사이에 토지에 대한 선호심리가 싹트기 시작했지만 아직까지 본격적인 투기조짐은 보이지 않았다.

그러나 1969년 경부고속도로 개통을 전후하여 개발에 따른 부가적 이익이 생기면서 도로변의 지가가 급상승하였다. 또한 본격적인 경제개발 계획의 추진과 함께 농촌과 도시간의 인구이동이 급격히 늘어나면서 일부 특정지역의 인구 및 경제밀도가 높아지고 경제력이 전반적으로 향상되었고, 이에 따라 택지에 대한 수요증가로 지가의 상승폭이 커지게 되어 토지는 점차 매력적인 투자의 대상이 되어 갔다.

특히 서울의 영동1지구, 영동2지구 등에서 토지구획정리사업이 실시되고, 서울시 행정구역이 확대되면서 해당지역 및 주변지역에서 발생한 엄청난 개발이익은 사회에 환수되지 않은 채 그대로 사유화되었다. 이러한 전반적인 상황이 일반시민들로 하여금 토지선매심리를 유발시키기에 충분한 여건이 되었다고 볼 수 있다.[4) 이 시기에는 우리나라 부동산 경기에 있어 그 유래를 찾아 볼 수 없을 정도로 부동산 투기가 성행하였으며, 처음으로 '부동산 붐'이라는 용어가 쓰이기 시작하였다.

(2) 부동산정책의 제도적 기반 마련

**1962년 도시계획법 제정
대규모 아파트단지 등장** | 1960년대 초부터는 시대적 상황에 대응하여 국토공간의 체계적 이용을 유도하기 위한 각종 제도들이 도입되기 시작하였다. 당시에는 해방과 더불어 해외에서 귀환한 동포와 한국전쟁 당시 월남한 사람들이 도시로 몰리면서 도시지역의 인구가 폭발적으로 증가하였다.

국가적인 차원에서는 개발과 성장이 최상의 가치로 추구된 시기였으며, 토지정책적인 차원에서도 「토지수용법」, 「도시계획법」, 「토지구획정리사업법」 등의 제정을 통해 다양한 토지개발제도 등이 도입·시행되었던 시기이기도

---

4) 이태일, "토지투기의 문제점과 그 대책", 「도시문제」, 1983년 6월호, p. 24.

했다. 이처럼 국력의 전부를 개발에 전념하다보니, 토지정책의 차원에서는 무질서한 개발을 통제할 제도적 장치의 마련이 필연적으로 요구되었다.

그 당시 도입된 토지정책은 두 가지 측면에서 두드러진 특징을 가지고 있었다. 그 중 하나가 토지이용의 유도보다는 규제 쪽에 중점을 두었다는 점이다. 이는 당시의 토지이용제도가 급속한 도시화에 따른 과도한 개발을 통제하려는 의도에서 만들어졌기 때문이다. 또 다른 하나는 당시의 토지이용제도가 전체적인 관점에서 토지이용을 합리적으로 유도하기 위한 제도라기보다는 부분적인 목적을 위해 도입된 제도들이 대부분이었다는 점이다. 이에 대한 구체적인 사례로는 1961년 「산림법」의 제정으로 보전임지의 고시와 전용제한, 보전임지의 지목변경금지, 보안림의 지정과 행위제한 등 산지이용에 관한 규제들이 도입되었으며, 「수도법」의 제정으로 상수원보호구역의 지정과 행위제한에 관한 사항이 제도화된 것을 들 수 있다.

한편, 도시지역에 대해서는 「도시계획법」에 의해 용도지역·지구제가 도입된 것이 특기할 만하다. 그 동안 도시지역에서 토지이용을 규제해 왔던 「조선시가지계획령」의 내용은 현실성이 없었으므로 이를 대체하기 위한 법으로 1962년 「도시계획법」이 제정되었고, 이에 근거하여 용도지역·지구제가 정착되었다. 그리고 비슷한 시기에 「건축법」이 제정되어 개별 건축행위에 대한 규제 사항들이 구체적으로 명시됨으로써 실질적인 의미에서 토지이용규제를 위한 기반이 구축되었다.

위에도 언급했다시피, 당시 국가가 지향하였던 최상위의 가치는 '개발'과 '성장'이었다. 따라서 토지정책도 이러한 상위가치를 보조하는 수단에 불과했었다. 즉, 토지정책의 방향과 내용은 매우 미시적이고 기술적 성격에 치우쳐 있어, 소유권의 본질에 대한 접근이나 토지정책이 사회구조에 미치는 영향 등은 거의 무시될 수밖에 없었다. 이처럼 효율성만을 강조한 개발위주의 토지정책과 사회적인 가치관은 많은 사람들에게 토지에 대한 왜곡된 관심을 심어주어 급기야는 지가급등 현상을 초래하게 되었다. 지가급등은 바로 부동산투기로 이어져 커다란 사회문제로 부각되었으며, 현재까지도 심각한 토지문제 중의 하나로 남게 되었다.

한편 주택정책에서는 대한주택공사가 1962년 설립되었고 마포아파트를 건설하게 되었다. 국민의 재건의식을 고취하고 대내외에 한국의 건설위상을 과시하며 토지이용률을 제고하는 견지에서 평면확장을 지양하고 고층화를 꾀하는 것을 목표로 하였다. 아울러 생활양식을 간소화하고 공동생활의 습성을 향상시키는 한편, 수도미화에 공헌하여 근대문명의 혜택을 국민에게 제공함으로써 대북한 선전효과도 도모하는 데 의의를 두었다.5)

1960년대의 부동산정책을 종합적으로 살펴보면, 토지정책은 합리적인 토지이용을 유도하기보다는 단순히 토지개발로 인해 생겨나는 토지이용의 무질서를 통제하는 수단으로만 인식되었고, 이에 따라 그 적용범위도 주로 개발이 빈번하게 일어났던 도시지역에 한정되어 있었다. 그러므로 국토이용계획제도가 도입되기 이전의 토지이용제도는 사실상 도시지역, 그것도 서울시 도시계획구역에 제한된 것이었다 해도 과언이 아닐 정도로 제한적인 것이었다.

그리고 주택정책에서는 대한주택공사가 설립되고 마포아파트를 시작으로 명실상부한 아파트 건설이 시작된 것은 매우 혁명적인 일이었고 한국주택건설 역사에서도 커다란 전기가 되었다. 마포아파트는 경제개발 5개년계획 주택사업의 상징이 되었고, 일제강점기 또는 광복 이후 아파트라는 이름으로 지어진 주거용 건물들이 관리 소홀과 입주자의 낮은 소득으로 인해 노후화되면서 심겨져 있던 '빈민굴 이미지'를 불식시키는 역할을 하였다. 이후 1960년대 후반에는 동부이촌동에 대규모 아파트단지가 들어서게 되었는데, 1968년 공무원 아파트단지, 1970년 한강맨션아파트단지 및 외국인아파트 단지는 1960년대 후반기의 한국경제를 상징하였으며, 1970년대 이후의 아파트 대형화 경향을 선도하였다. 한편 1968년부터 1971년에 추진된 서울시 시민아파트는 와우아파트 붕괴사건으로 종말을 고하였다.

3. 1970년대의 부동산정책

(1) 부동산 투기의 성행

1970년대 중반
아파트투기 성행

1970년대 들어 극심해진 부동산 투기는 전반과 후반에 각기 다른 형태로 그 모습을 드러냈다. 전반기에는 일부 재벌과 특권층을 주축으로 하여 부동한 투기가 성행하였으며, 후반기에는 복

---

5) 손정목, 전게서, pp. 276~277(주택공사 20년사, p. 236 재인용)의 내용을 참고하여 정리하였다.

부인들을 주축으로 부동산 투기가 시작되어 사회전반으로 확산되었다.

1970년대 초반 부동산 경기는 다소 침체되는 경향을 보였다. 그러나 1972년 국세청의 발표에 따르면, 대도시 지역의 지가는 비교적 보합세인 것에 반해 정부의 각종 개발계획에 따른 개발후보지역과 곡가 인상에 따라 농촌지역의 전답 가격은 올랐다. 또한 토지투기의 발생여부를 간접적으로 나타내 주는 토지소유권 이전상황을 보면, 경부고속도로 주변의 경우 고속도로로부터 4km 이상 떨어진 농촌토지는 15.5%가 소유권이 옮겨진 것으로 나타났다. 특히 고속도로 인터체인지 반경 1km 이내의 토지이전이 두드러져 신갈 인터체인지의 경우, 고속도로 개통 후 약 2년 동안 전 토지의 44.1%가 소유권이 이전된 것을 비롯하여 16개 인터체인지 부근 농촌토지의 20% 이상이 소유권이 이전된 것으로 나타났다.[6]

1975년 이후에는 신축 아파트를 중심으로 하여 주택투기가 발생하기 시작하여 대부분의 아파트 소유자들은 전매로 매입원가의 배 이상의 차익을 획득하게 되었다. 이로 인하여 부동산 중개업자 및 세칭 복부인 등이 출현하여 최초로 악성 부동산 투기를 야기하였다.

1976년 이후에는 중동의 건설 붐으로 인하여 해외로부터 들어온 유동자금이 아파트에 전매(轉賣) 등의 수법으로 집중 투자되면서 투기가 성행하였다. 이에 따라 1977년 제1차 부동산 투기억제 종합대책이 발표되면서 투기행위는 아파트에서 토지로 옮겨가, 대전을 중심으로 한 대도시지역에 토지투기 붐이 형성되어 지가의 전반적인 상승을 초래하였다. 이에 대한 대책으로 생겨난 세제 및 행정적 규제강화와 투기지역 설정 등의 각종 투기억제장치는 외형적으로는 부동산 투기를 잠재우는 듯 했으나 1978년 중반기에 들어서면서 주택분양가의 급등, 중동지역 건설 붐에 따른 건축자재 및 인력의 부족, 투기규제장치의 역효과 발생 등으로 인해 부동산 경기는 다시 활성화되었다. 1978년의 경우 도매물가 상승률이 불과 12.2%인 것에 비해 서울지역의 일부 땅값이 172% 오른 것을 비롯하여 대도시 평균지가가 100%나 상승한 것만 보아도 당시 투기로 인한 지가상승률이 얼마나 심했는지 알 수 있다.

이 시기에는 토지, 아파트, 단독주택 등 모든 부동산으로 투기가 확대되면서 부동산 경기가 과열되었다. 이에 정부는 1978년 8월, 이른바 '8.8 조치'라

---

6) 한국도로공사, 「고속도로효과보고」, 1972.

불리는 제2차 부동산투기억제대책을 발표하기에 이르렀다.

(2) 종합적인 부동산정책의 시도

1972년 국토이용관리법 제정
국토이용계획제도 도입 | 1960년대 후반부터 가속화된 경제성장은 토지 수요의 증대를 가져왔고, 이에 따른 개발로 인 하여 국토공간을 체계적·효율적으로 이용·관리할 필요성이 매우 높아지게 되었다. 그러나 기존의 토지관련 정책으로는 농업인구의 급속한 도시로의 이 동, 대도시의 이상 비대화에 따른 도시기반시설의 부족, 농경지의 잠식과 무 질서한 시가지화(市街地化), 교통문제 등 도시지역의 내부적인 토지이용문제에 대해서 속수무책인 상태였다. 따라서 당시의 정책입안자들은 점차 경제개발의 산물인 도시의 과밀화와 그에 따른 무질서, 부동산투기의 만연 등이 국토개발 에 커다란 장애요인임을 인식하기 시작하였고, 1960년대의 부분적인 토지정책 들과는 근본적으로 다른 종합적인 접근을 시도하는 제도를 모색하게 되었다.

1970년대의 대표적인 토지정책으로는 다음의 몇 가지를 들 수 있다.

첫째, 1972년에 「국토이용관리법」이 제정되면서 국토이용계획제도가 도입 되었다. 「도시계획법」의 제정에 따라 도시지역에 대해서는 계획적인 토지이용 을 위한 제도적인 장치가 마련되었으나, 비도시지역에 대해서는 토지이용을 계획적으로 유도할 수 있는 제도가 존재하지 않았으므로 이러한 미비점을 보 완하기 위하여 국토이용계획제도가 도입된 것이었다.

국토이용계획제도의 도입은 당시 토지이용의 정책적인 차원에서 큰 의의 가 있는 것으로 평가된다. 그 의의로는 우선 국토종합건설계획의 구체적인 실 천 기반을 구축하고, 아울러 전국의 토지를 용도별로 기능과 적성에 부합하도 록 계획적으로 관리함으로써 국토의 종합적인 개발 및 보전과 산업입지 및 생활환경의 적정화를 기한다는 점을 들 수 있다. 또한 국토이용계획의 도입에 는 이미 오랫동안 시행되고 있던 도시계획의 개념을 확대하여 비도시지역에 대해서도 토지이용의 계획적 질서를 부여한다는 의의도 있다(이태일, 1992). 즉, 그 동안 비도시지역에 대해서는 「산림법」, 「농지관련법」 등 개별적인 법제를 통해 부분적인 목적을 위한 국토관리가 있었을 뿐 종합적인 토지이용관리제 도는 없었는데, 「국토이용관리법」의 제정을 통해 전 국토를 도시지역과 같이 용도지역, 지구로 지정하여 토지이용을 세밀하게 관리할 수 있게 되었다.

둘째, 1970년대에는 도시지역 토지이용규제의 개편이 이루어졌다. 서울, 부산 등 대도시의 과도한 인구집중으로 인한 문제를 해소함으로써 도시기능을 회복하고, 전 국토를 균형 있게 개발하려는 취지에서 토지이용정책의 방향이 바뀌게 되었는데, 이를 시행하기 위해 취해진 조치의 하나가 바로 도시지역 토지이용규제의 개편이었다.

구체적인 개편 내용을 살펴보면, 우선 도시계획구역에 대해 주거지역·상업지역·공업지역·녹지지역의 4개 용도지역과 풍치지구 등 14개 용도지구가 지정되었다. 이는 경제성장에 따라 생겨나는 다양한 토지이용의 양태를 법적으로 수용한다는 의도를 갖는 것이었다. 또한 새로운 용도구역으로 도시 외곽지역에 특정건설제한정비구역·개발제한구역·도시개발예정구역·시가화조정구역 등 4개 구역이 지정되어 토지의 효율적 이용과 도시의 무질서한 확산방지를 도모하였다.

셋째, 세부적 토지이용을 규제하는 제도들이 도입되었다. 1972년 「농지의 보전 및 이용에 관한 법률」이 제정되어 절대농지의 지정, 절대농지의 전용허가의 제한 그리고 대리경작지의 지정 등에 관한 사항이 구체화되었고,7) 1977년 제정된 「공업배치법」에는 적정한 공장입지 조성과 공장의 재배치를 촉진하려는 의도에서 이전촉진지역·제한정비지역·공업정비특별구역 등의 지정에 관한 사항들이 법에 명시되었다.

넷째, 도시화에 따라 점차 심각해지는 주택문제를 해결하기 위하여 「주택건설촉진법」(1972)과 「택지개발촉진법」(1980)이 도입된 것도 바로 이 시기였다. 한편 서울시는 1971년 여의도에 시범 아파트단지 24동 1,584가구를 건립하여 와우아파트 붕괴로 실추된 서울시 건설수준의 신용을 회복하고, 여의도 택지를 매각하는 데 전기를 마련하고자 하였다.8) 시범아파트가 성공하자 주택건설업자들이 여의도에 아파트를 짓게 되어 1982년 말에는 8,790가구 38,264명의 주민이 사는 곳으로 탈바꿈을 하게 되었다. 그리고 소양강 다목적댐 등 한강 상류에 댐들이 건설되면서 한강 하류의 유수지나 둔치를 공유수면매립사

---

7) 「농지의 이용 및 보전에 관한 법률」에서는 전국의 농지를 절대농지와 상대농지로 구분한 후, 절대농지에 대해서는 전용(專用)을 매우 엄격하게 규제하는 대신 상대농지에 대해서는 전용(專用)을 부분적으로 허용하였다. 이와 같은 농지의 보전정책은 이후 농지법 제정을 계기로 농업진흥지역이라는 용도지역·지구제로 바뀌게 되었다.

8) 손정목, 전게서, pp. 282~283의 내용을 참고하여 정리하였다.

업을 통해 광활한 택지로 개발하여 반포 아파트 단지, 신반포·방배지구가 형성되었고 이후 압구정과 잠실의 대규모 아파트단지가 조성되었다. 또한 1976년에는 반포동·압구정동·청담동·잠원동·역삼동·도곡동 등 모래벌판이 영동 제1·제2 구획정리사업을 진행하는 과정에, 재산권 침해를 무릅쓰고서 도시계획법에 의해 아파트지구로 지정됨으로써 서울 강남에서의 아파트건설이 가속되었다.

이상에서 살펴본 바와 같이 1970년대의 부동산정책은 경제개발을 지속적으로 추진하기 위해 필요한 각종 용지를 효과적으로 공급해야 하는 한편, 대규모 개발사업이 빚은 토지시장의 과열을 조정·관리해야 하는 서로 상충되는 양면적인 정책을 추진할 수밖에 없었다. 따라서 정책개발에 있어서 과거와는 달리 매우 정교한 접근이 요구되었던 때라고 볼 수 있다. 이 시기에는 개발용지의 대량공급과 함께 지가안정 및 불로소득의 흡수가 부동산정책의 핵심과제로 인식되었다.

이와 같은 1970년대의 부동산정책 운용과정을 종합적으로 정리해 보면, 형평성과 능률성, 개발과 보전, 성장과 분배 등 토지정책을 추진함에 있어서 항상 대립적인 관계에 있는 정책목표를 때로는 어느 한쪽을 강하게, 때로는 다른 한쪽을 더욱 강하게 강조하면서 그때그때의 사회적 여건이나 배경에 맞추어 법제에 반영하여 왔다는 특징을 보여주고 있다. 그러나 이러한 과정에서도 경제의 성장과 사회의 총체적 발전에 따라 토지이용의 공공성이 더욱 강조됨으로써 토지의 사적 소유권에 대한 규제와 제한의 폭도 점차 커지는 경향이 뚜렷이 나타났다.

4. 1980년대의 부동산정책

(1) 부동산 투기과열로 인한 사회안정 위협

강력한 부동산투기억제 대책 등장 | 1980년대는 두 차례에 걸친 투기과열로 부동산 투기 문제가 사회안정을 위협함에 따라 정부의 강력한 투기억제 대책이 연이어 제시된 시기이다. 1980년대 초반에는 2차 오일쇼크에 따른 극도의 경기침체로 각종 경기활성화 대책이 추진된

시기였다. 이 과정에서 주택경기를 활성화하려는 조치가 1980년에서 1982년 사이에 잇달아 발표되면서 1983년 주택시장 경기는 다시 활성화되었고, 이로 인해 또다시 부동산 시장의 과열이 생겨났다. 이와 같은 부동산 시장의 과열로 인해 1982년 '12.22 주택 투기억제 대책'에 이어, 1983년에는 '2.16 부동산 투기억제 대책', '9.5 부동산 투기억제 종합대책', 1985년에는 '5.20 부동산 투기 근절을 위한 부동산 종합대책' 등과 같은 부동산 가격안정 및 투기억제 대책이 발표되었다.

이후 1987년까지는 경제 전반에 걸쳐 안정화 추세가 지속됨에 따라 부동산 가격도 대체적으로 안정되었다. 그러나 1980년대 말에 재현된 토지 및 주택가격의 폭등은 무주택가구의 생계를 위협하는 동시에 부동산 투기소득을 향유하는 계층의 과시적 소비행태를 유발함으로써 계층간 분배구조를 둘러싼 갈등을 증폭시키는 결과를 가져왔다. 또한 1980년대 말에는 부동산 문제가 노사분규와 더불어 사회안정을 위협하는 중요한 이슈로 부각되어, 정부는 강력한 투기억제 대책을 연이어 발표하기에 이르렀다. 정부는 1988년의 '8.10 부동산 종합대책'에서 검인계약서 실시 및 등기의무화의 추진, 양도소득세제의 강화, 종합토지세의 도입, 지가체계의 일원화를 결정하였으며, 토지공개념을 바탕으로 광범위한 토지제도의 개편을 검토하였다. 1989년에는 8.10조치에서 예고하였던 정책들을 제도화하는 한편 분당, 일산 등 신도시 건설계획이 발표되었다. 그러나 이러한 여러 조치에도 불구하고 부동산의 가격의 상승세는 지속되었다. 이처럼 1980년대는 주택과 토지부문에서 강력한 투기억제 대책들이 선보인 시기라고 할 수 있다.

(2) 토지이용계획체계의 정립 및 택지공급 확대 정책

1980년 택지개발촉진법 제정 도시기본계획제도 도입 | 1980년대에 들어서는 토지문제의 원인이 토지 수급의 불균형에 있다는 인식이 팽배해지면서 토지정책의 초점이 토지공급의 확대로 기울게 되었다. 토지공급을 늘리기 위한 방법으로는 토지이용 관련규제를 완화하거나 토지개발의 시점을 조절하는 방법이 있다. 그러나 이 시기의 정책은 주로 전자보다는 후자 쪽에 초점이 맞추어졌다. 규제완화는 무질서한 토지이용을 가져올 것이라는 우려와 함께 도시지역에서 빈 땅이 존재한다는 것은 토지이용의 비효율성을 의미한다는 인

식을 근거로 하여 이루어진 선택이었다.

　후자의 접근법에 근거한 정책의 대표적인 예로는 기업의 비업무용 토지와 개인의 공한지에 대한 중과세 정책을 들 수가 있다. 비업무용 토지에 대한 중과세 정책은 기업이 필요로 하는 땅을 업무용과 비업무용으로 구분하여 비업무용 토지에 대해서는 여러 가지 측면에서의 불이익을 가함으로써 토지보유를 억제하자는 것이었다. 공한지 중과세의 논리는 활용하지 않는 땅에 대해 무거운 세금을 매기면 소유주는 토지를 개발할 것이기 때문에 그 결과 토지이용이 이루어진다는 것이다. 두 경우 모두 토지의 보유에 중과세함으로써 과대한 토지보유를 억제하면 자연히 토지공급이 늘어날 수 있으리라는 기대에서 나온 정책이었다.

　그러나 이러한 정책은 토지의 비효율적인 개발을 촉진함으로써 정작 필요한 부분으로의 토지공급은 이루어지지 않는 결과를 가져왔다. 예를 들어 중과세를 피하기 위해 공한지를 가건물 형태의 식당 등으로 개발함으로써 택지와 같은 사회적으로 필요한 부분으로의 토지공급은 이루어지지 않았다. 즉, 토지이용을 사회적으로 바람직한 방향으로 유도할 이렇다 할 장치가 존재하지 않았기 때문에 이러한 정책은 토지개발을 유도한 정책으로는 성공했다고 볼 수 있으나, 사회적으로 필요한 부분에 토지를 공급한다는 당초의 목적은 달성하지 못했다.

　1980년대에는 도시지역의 토지이용계획체계에도 커다란 변화가 생겨났다. 우선 도시기본계획제도의 도입을 들 수 있다. 토지이용 차원에서 볼 때, 이것은 장기적인 도시발전의 방향을 제시함으로써 법적 구속력을 갖는 도시재정비 계획의 지침으로 삼으려는 것이었다. 이로써 도시계획은 '도시기본계획 – 도시재정비계획 – 연차별 집행계획'으로 이어지는 일련의 토지이용계획체제를 구비하게 되었다.

　그리고 이 시기에는 토지이용계획상 중요한 제도인 도시설계제도가 도입되기도 하였다. 이는 일본의 지구계획에서 영향을 받은 것으로, 1990년 「건축법」에 도심부 내의 건축물에 대한 특례조항으로 신설되었으며, 이로 인하여 도시설계에 관한 규정이 법제화되었다. 기존의 토지이용규제 제도로 용도지역제가 있긴 했지만 이는 환경의 최저수준만 규제함으로써 바람직한 도시환경을 적극적으로 조성하는 데는 미흡한 점이 많았고 지역특성과는 무관하게 획일적으로 적용된다는 한계를 가지고 있었다. 또한 도시계획법으로는 건축물간 상하관계 규제가 곤란했으므로 양 법을 합리적으로 연결시켜 줄 수 있는 중간단위의 제도가 필요했는데 이러한 공백을 메우기 위해 도입된 것이 바로 도시설계제도였다.

또한 이 시기에는 국토차원에서 토지이용의 기본이 되는 국토이용계획제도에도 큰 변화가 일어났다. 제2차 국토종합개발계획의 효과적인 추진을 위해 새로운 국토이용질서의 확립이 요청되는 가운데, 계속적인 도시화·산업화는 국토이용의 수급에 적지 않은 압력을 가하게 되었다. 이에 따라 국토를 보다 효과적으로 이용하고 합리적으로 관리할 필요성이 강조되어 1982년 말 「국토이용관리법」이 개정됨으로써 국토이용계획제도는 대폭적인 개편을 맞게 된다.

이때의 중요한 변화로는 국토이용기본계획과 토지이용시행계획으로 이원화되어 있던 토지이용계획을 국토이용계획으로 일원화한 것을 들 수 있다. <표 10-1>에서 보는 바와 같이 전 국토를 여섯 개의 용도지역으로 구분하고, 이를 다시 11개의 용도지구로 세분하던 것을, 10개의 용도지역으로 구분하여 일원화하고 예외적으로 용도지역을 세분할 수 있게 하였다. 이와 함께 개별법

🔘 **표 10-1** **1980년대 국토이용계획제도 개편**

변 경 전		변 경 후
1. 도시지역 ----------	-------------------------------▶	1. 도시지역
2. 농업지역	1. 경지지역 -------------------▶	2. 경지지역
	2. 취락지역 -------------------▶	3. 취락지역
3. 산림지역	3. 산림보전지역 ---------------▶	4. 산림보전지역
	4. 개발촉진지역 ---------------▶	5. 개발촉진지역
4. 공업지역	5. 공업전용지구 ---------------▶	6. 공업지역
	6. 준공업지구 --------------	
5. 자연 및	7. 자연환경보전지구 --------	
문화재보전지역	8. 문화재보전지구 -------▶	7. 자연환경보전지역
	9. 해안보전지구 --------	
	10. 관광휴양지구 -----------▶	8. 관광휴양지역
	11. 수산자원보전지구 --------▶	9. 수산자원보전지역
6. 유보지역 ----------	-------------------------------▶	10. 유보지역

에 의한 지역·지구·구역 등과의 상충이나 중복을 방지하기 위하여 유사한 구획의 지정을 제한하는 규정을 두었다. 또한 용도지역의 토지이용 및 관리 방법을 바꾸어 종전에 용도지역 내에서의 행위제한에 대해서는 개별법을 적용하고 용도지구 내에서는 도지사의 허가를 받도록 하던 것을, 원칙적으로 「국토이용관리법」에서 직접 규제하는 한편 이를 개별법에 의한 행위제한의 준칙으로 삼도록 하였다.

1980년대 후반에 들어서서는 과도한 토지이용규제로 인한 국민생활의 불편을 해소하려는 취지에서 국토이용계획제도의 일부가 개정되었다. 1980년대 후반 이후, 토지시장의 과열로 토지공개념 관련제도 등 정부의 정책적인 대응이 강화되면서 토지이용이 불필요하게 경직되어 기업 등 실제 이용자의 불만이 고조되었다. 특히 신규로 공장을 세우거나 이전하고자 하는 기업들이 토지이용규제가 너무 심해서 심각할 정도의 어려움을 겪고 있다는 주장을 함에 따라 과다하게 세분화되어 있는 개발촉진지역의 용도지구를 9개에서 4개로 통·폐합하였다. 또한 농촌지역의 경제활성화 및 농산물 가공산업의 육성을 위해서 경지지역 및 산림보전지역에 대한 행위제한을 일부 완화하기도 하였다.

1980년대 수립된 또 다른 주요 토지정책으로 '수도권정비계획제도'의 도입을 들 수 있다. 이 제도는 수도권에 편중되었다고 판단되는 인구 및 각종 시설 등이 각 지역에 적정 수준으로 배치되도록 유도하여 수도권의 질서 있는 정비와 국토의 균형 있는 발전을 도모하기 위하여 도입된 것으로서, 토지이용을 규제하는 방법으로 그 목적을 달성하고자 하였다. 그 골자는 수도권을 이전촉진권역, 제한정비권역 등 5개 권역으로 구분하고, 각 권역별로 인구집중시설의 신설을 억제하거나 촉진하는 등 토지이용행위를 각기 다르게 규제함으로써 수도권 문제를 해결한다는 것이었다.

이와 함께 주택건설 정책 차원에서는 「택지개발촉진법」(1980년)에 의한 택지조성사업을 통해 대규모의 택지를 개발하는 공영개발방식이 새롭게 도입되었다. 공영개발이란 당해 사업에 필요한 토지를 환지(換地)방식으로 하지 않고 공권력에 의하여 전면 매수하여 개발하고 이를 분양 또는 임대하는 방식을 말한다. 이 방식은 대규모의 택지를 짧은 기간에 조성하여 염가로 공급할 수 있다는 장점을 가지고 있기 때문에 1980년대의 대규모 단지조성사업 중 거의 대부분이 이 방식에 의해 개발되었다. 특히 과거의 토지구획정리사업이 개발

방법의 속성상 원래 토지소유자를 중시하고, 사업의 개발이익을 시행주체와 토지소유자가 공유하게 되는 데 반해, 공영개발은 무주택 서민계층이 폭넓게 참여할 수 있다는 장점을 가지고 있었다. 1970년대 말까지 토지구획정리사업으로 택지를 조성하였던 서울시도 1980년대 이후에는 공영개발을 추진하였는데, 강남구 개포지구, 강동구 고덕지구, 노원구 상계지구와 중계지구, 양천구 목동이 대표적이다. 그밖에도 수원의 권선지구와 매탄지구, 안양의 포일지구, 광명의 철산지구, 부산의 다대·안락·만덕지구와 망미·개금지구, 대구의 달서·월배·안심지구, 인천의 계산·가좌·계양지구와 만수지구 등에서도 공영개발이 추진되었다.

그러나 이처럼 토지관련 정책이 대폭적으로 정비되었음에도 불구하고 각 정책들이 가진 단점과 시행 후의 부작용으로 인하여 정책의 효과는 당초의 기대에 미치지 못하였고, 1980년대 후반에는 토지와 주택에 대한 가수요로 부동산투기 붐이 일게 되었다. 이러한 투기요인의 근본적인 제거와 개발이익의 환수를 위해 토지공개념 관련법이 제정되었다. 1988년 하반기에 설립된 '토지공개념연구위원회'의 연구보고서를 기초로 하여 1989년 말에 입법화된 토지공개념 관련법은 택지의 과다소유를 억제하기 위한, 특히 생존권적인 주거의 안정을 위한 「택지소유상한에 관한 법률」과 각종 개발사업의 시행에 따라 발생하는 개발이익을 환수하기 위한 「개발이익환수에 관한 법률」, 그리고 보유기간중의 지가 상승분을 사회로 흡수하기 위한 「토지초과이득세법」으로 대별된다(토지공개념연구위원회, 1989). 토지공개념 관련법의 도입에 따라 토지정책은 토지의 효율적인 이용뿐만 아니라 개인간, 계층간의 왜곡된 부(富)와 소득의 분배를 수정하는 기능까지도 포괄하게 되었다.

게다가 1981년부터 시작하여 1986~1987년까지 주택 500만호 건설이라는 미명 아래 무수한 아파트가 지어졌는데, 그 와중에 서울시내 및 수도권 일원, 부산·대구·인천 등 대도시 주변에 보호해 온 자연녹지·생산녹지가 거의 남김없이 훼손되었다. '주택 500만호 건설'이라는 명분과 「택지개발촉진법」이 녹지를 대규모 아파트 숲으로 바꿔 놓은 결정적인 요인이었다.9)

---

9) 손정목, 전게서, p. 312의 내용을 참고하여 정리하였다.

▇ 5. 1990년대 외환위기 이전의 부동산정책

(1) 토지공개념 도입 추진 및 공급확대로 부동산가격 안정

다각적인 토지정책 시도로
가격안정 기조

1980년대 말부터 있었던 정부의 강력한 투기억제 대책에도 불구하고, 부동산 가격상승은 가속화되어 1990년대에 들어와서는 여러 가지 강력한 토지정책수단들이 도입되었다.10)

우선 토지세제를 강화하여 토지과다보유를 억제하고자 1989년에 종합토지세를 도입하였고, 1989년 12월 30일 「택지소유상한에 관한 법률」, 「개발이익환수에 관한 법률」, 「토지초과이득세법」 등 일련의 토지공개념과 관련된 법률이 제정되었다. 특히 6대 도시에서 가구당 200평을 초과하는 택지의 소유를 제한함으로써 도시 내 택지가 골고루 소유되고 사용될 수 있도록 하는 한편, 지가상승에 따른 개발이익이 환수될 수 있도록 하였다. 또한 기업이 토지를 과다하게 보유하는 것이 토지투기와 지가상승을 유도하고 있다고 판단하여 기업의 비업무용 부동산 판정기준을 강화함으로써 비업무용 토지의 매각을 유도하였다. 각종 토지수요관리제도를 강력히 시행함으로써 급등하던 지가상승세는 1991년 하반기부터 안정세로 돌아서기 시작하여 1992년에는 전국 지가가 1.27% 하락한데 이어, 1993년에는 7.38%, 1994년에는 0.57%의 하락률을 기록하면서 지난 30년 만에 처음으로 지가가 하락하기 시작하였다.

이처럼 1992년 이후부터 부동산 시장은 다소 안정을 되찾았으나 좁은 국토면적, 지속적인 경제성장과 도시화·산업화의 진전에 따른 토지수요의 증가로 인해 언제든 또 다시 부동산 가격이 급등하고 부동산 투기가 재연될 소지를 안고 있었다. 따라서 부동산 투기를 사전에 차단하기 위해서는 모든 토지 소유 및 거래내용을 정밀하게 분석하여 실제로 어느 지역에서 투기조짐이 있는지, 혹은 누가 투기를 하고 있는지를 보다 빠르고 정확하게 파악할 필요가 있었다. 이에 따라 1994년 1월부터 토지거래 허가, 신고 및 검인대장을 월 2회 전산 입력하여 거래내역을 전산화하기 시작하였다. 이와 동시에 개인별, 세대별 토지소유 및 변동현황을 파악할 수 있도록 1995년 2월 행정자치부의 지적

---

10) 국토연구원, 「국토 50년: 21세기를 향한 회고와 전망」, 1996, p. 775의 내용을 참조하였다.

및 주민등록자료와 건설교통부의 공시지가 자료를 병합하는 토지종합전산망을 구축함으로써 투기억제시책의 효과를 높일 수 있는 기반을 마련하였다.

1990년대는 1960년대부터 수립되기 시작한 투기대책방향의 연장선상에서 다각적인 토지정책을 도입하여 부동산시장의 안정을 유지하려는 정책적 기조가 지속된 시기라고 할 수 있다.

(2) 토지이용계획 및 규제체계의 근본적 재검토와 주택 200만호 건설

1993년 국토이용계획제도 개편
준농림지역 지정

토지정책에 있어 1990년대는 정책방향의 커다란 변화를 경험하는 시기가 되었다. 그 동안의 경제성장 과정에서 누적적으로 불어난 토지관련 제도들이 서로 중복·상충되고 있다는 비판이 제기되었을 뿐만 아니라, 무한경쟁을 위해서 토지이용의 효율성에 정책 초점이 모아지면서, 기존 토지이용계획 및 규제체계에 대한 근본적인 재검토가 시도되었기 때문이다.

이에 대한 대응책으로 먼저 제기된 것이 바로 국토이용계획제도의 개편이었다. 1993년 이루어진 국토이용계획제도의 개편의 목적은 국민경제에 필요한 토지를 원활히 공급하고, 보전 위주로 되어 있던 국토이용관리체제를 보전과 개발이 조화를 이루는 체제로 바꾼다는 것이었다. 개편의 주요 골자는 당시 10개 지역으로 분류되어 있던 국토이용계획상의 용도지역을 도시지역·준도시지역·농림지역·준농림지역·자연환경보전지역의 5개 지역으로 변경한 것이다. 또한 모든 경우에 허용행위 열거방식에 의해 이루어지던 행위규제 방식을 새롭게 개발 가능한 용도로 편입되는 토지에 대해서는 제한행위 열거방식으로 전환하였다. 그리고 「국토이용관리법」과 「농어촌발전특별조치법」, 「산림법」 등에 의해 중복 규제되고 있던 농업진흥지역과 보전임지의 행위제한에 대해서는 「농어촌발전특별조치법」과 「산림법」 등 개별법에서만 규제하도록 함으로써 중복규제를 해소하게 되었다.

여기서 특별히 중요한 것은 준농림지역의 지정이었다. 이는 이용과 개발이 엄격히 제한되고 있는 농업진흥지역 이외의 농지와 준보전임지를 준농림지역으로 변경하여, 환경오염의 정도가 심한 시설이나 대규모 개발행위 등 반드시 규제가 필요한 행위가 아니라면 폭넓게 개발이 이루어질 수 있도록 규제를 완화함으로써 토지의 이용·개발을 촉진한다는 것이었다.

표 10-2 1990년대 국토이용관리법의 개정과 용도지역의 변화

개 정 전		개 정 후	
개발	도시지역 공업지역 취락지역 개발촉진지역 관광휴양지역	도시지역 준도시지역	개 발
보전	경지지역 　비농업진흥지역 　농업진흥지역 산림보전지역 　준보전임지 　보전임지	준농림지역	개 발 · 보 전
	자연환경보전지역 수산자원보전지역	농림지역 자연환경보전지역	보 전
유보지역		폐 지	

　또한 농지와 관련된 여러 법률들을 통합하여 1994년 「농지법」을 제정한 뒤 1996년부터 시행에 들어갔고, 전 국토의 26.5%에 해당하는 준농림지에 대해서 환경오염의 우려가 없는 일정규모 이하에는 제한적인 개발을 허용하였다. 그러나 규제완화 의도와는 달리 이곳에 음식점과 숙박시설 위주의 난개발 (亂開發)이 이루어짐에 따라 다시 종래의 허용 개발규모와 밀도를 크게 축소하였다.

　이와 같이 규제완화를 통하여 개발 가능한 토지를 확대하는 한편, 종합토지세 과표 현실화, 용도변경에 따른 지가상승이익의 철저한 환수, 토지거래제도의 개선과 사후관리 강화 등 토지투기 억제를 위한 관련제도를 정비하였다. 특히 1993년 전국 평균 21%인 공시지가 대비 과표 현실화율을 1995년까지 30~40%에 평준화하고 현실화율 30% 미만인 필지를 일소하였다. 이에 따라 1993~1995년 동안 과표를 연 17~21% 인상하여 1995년에는 과표 현실화율이 31.5%로 높아졌다(김경환, 1997, p. 38). 한편 「개발이익환수에 관한 법률」을 개정하여 개발부담금 부과대상을 확대하고 산정기준을 공시지가로 통일하였다.

　한편 1990년대의 주택정책의 주요 특징으로는 주택 200만호 건설과 수도권의 대규모 신도시 건설을 들 수 있다. 1980년대의 경제성장의 여파로 시중에 유동성이 넘치면서 수도권의 아파트 가격이 급등하였다. 그리고 급격한 부동산가격 상승은 집이 있는 계층과 없는 계층 간의 갈등을 심화시켰고, 주택문제가 초미의 국가 현안과제로 대두되었다. 이로 인해 제6공화국 정부는 1992년까지 주택 200만호를 건설하는 계획과 분당, 일산 등의 신도시계획을 발표하였다.

200만호 중 수도권에 90만호를 배정하였고 이 중 일부는 신도시 건설을 통해 달성하고자 하였다. 분당 등 수도권 5개 신도시의 총면적은 6,000여만m^2 (1,800여만 평)이며, 분당 9만 7,500호, 일산 6만 9,000호, 중동, 평촌, 산본이 각각 4만 2,500호씩 총 29만 4,000호의 신규주택이 들어서게 되면 100만명 정도의 서울시 인구를 유입할 것으로 기대하였다. 그리고 서울시 행정구역 내에서도 계획된 40만호를 건설하기 위해 강남구 대모산 기슭의 수서지구·대치지구, 서초구 우면산 밑의 우면지구, 양천구 김포가도 북측의 가양지구 등을 택지개발지구로 개발하였다. 목표연도인 1992년보다 1년 앞선 1991년 말까지 214만호가 건설되면서 주택문제 해결의 일대 전기를 마련하게 되었다.[11]

하지만 전국에 걸친 주택 200만호 건설현장에서는 심각한 자재파동과 인력난을 겪지 않을 수 없었다. 일시에 과다한 골재 수요가 몰리면서 일부 건설업체들이 염분이 완전히 제거되지 않은 바닷모래를 사용한 것으로 드러나 사회적인 물의를 일으켰다. 또한 단기간에 대량의 노동력을 흡수하면서 건설현장 뿐만 아니라 제조업 전반의 인력난을 초래하였고 그 결과 임금수준을 과도히 인상시키게 되었다.

---

11) 손정목, 전게서, pp. 323~324의 내용을 참고하여 정리하였다.

제 11 장

외환위기 이후의 부동산정책

제1절 외환위기 직후의 부동산정책

1. 외환위기 직후의 부동산시장 변화

아시아 외환위기와
IMF 구제금융 지원

1997년 바트화 폭락으로 시작된 태국의 외환위기는 곧이어 인도네시아, 말레이시아, 필리핀 등으로 전염되었고, 급기야 11월에는 우리나라에까지 상륙하였다. 아시아 국가들이 외환위기를 겪게 된 데에는 여러 가지 원인이 있겠지만 무엇보다 단기간 내에 이익을 보려는 투기성 해외자금의 대량유입과 일시적 유출, 그리고 정부와 기업의 과도한 해외차입이 주요 원인으로 지적되고 있다. 은행과 기업 등이 정부의 적절한 통제나 규제 없이 외자를 도입한 것이 외국의 막대한 투기성 단기자금의 유입과 맞물렸던 것이다. 이렇게 단기적으로 들어온 자금들이 동남아시아 국가들의 경기침체에 따라 갑자기 해외로 빠져나가면서 외환위기가 각국으로 전파되었다.

외환위기를 맞은 우리나라 정부는 국가 파산을 막기 위해 1997년 12월 IMF(International Monetary Fund)로부터 긴급 구제금융을 지원받았다. IMF는 우리나라에 긴급 구제금융을 지원하는 조건으로 재정긴축·고금리·금융 및 기업구조조정을 요구하였고, IMF의 지원조건에 따라 재정이 긴축적으로 운영되고 살인적인 고금리가 지속되면서 대부분의 기업들은 유동성의 위기와 경기침체로 파산 직전의 상황에 내몰리게 되었다.

환율의 경우, IMF 직전 1달러당 800원대를 유지하던 것이 1997년 말에는 최고 2,000원에 육박하였으며, 1인당 국민소득은 1995년에 1만 달러였던 것이 IMF 직후인 1998년 말에는 6,000달러대로 줄어들게 되었다.

자산 디플레이션 초래 | 토지의 경우에도 예외는 아니었다. 1987년 하반기부터 시작된 부동산 붐으로 인해 토지가격이 연간 평균 19%씩 상승하다가 1992년부터 1994년까지는 하락세를 보이며 이후 소폭 안정되는 모습을 보였었다. 그러나 외환위기를 계기로 급락세로 돌아서면서 1998년 3/4분기에 지가는 8년 전인 1990년 수준으로 돌아가게 되었다. IMF 구제금융 이후 지가하락에 따른 자산가치의 손실은 약 240조원이었는데, 외환위기로 인한 주가 총액의 손실이 약 40조원이었으므로 주식가치의 손실은 토지가치의 손실에 비하면 아무 것도 아니었던 셈이다(오병호 외, 1998, pp. 47~49).

🔵 **그림 11-1**) **외환위기에 따른 부동산가격 하락 구조**

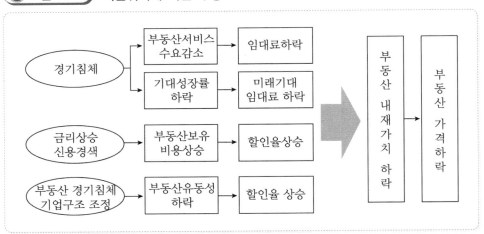

자료: 오병호 외, 「IMF 이후 한국 부동산 전략 보고서」, 문화사랑, 1998, p. 78.

이처럼 부동산의 자산가치가 떨어지게 된 현상을 이른바 '자산 디플레이션 (deflation)'이라고 하는데, IMF 구제금융 이후 우리나라의 자산 디플레이션은 지가와 주택가격 등에 있어 사상 초유의 가치하락을 낳게 되었다. 이를 구체적으로 살펴보면 다음과 같다. IMF 구제금융 이후, 지가는 1997년 4/4분기

-0.18%, 1998년 1/4분기 -1.27%, 2/4분기 -9.49% 등으로 폭락세를 보였고, 주택의 경우에도 상황은 마찬가지여서 1998년 7월 중순까지 전년대비 매매가는 11.7%, 전세가는 19.2%가 하락하였다. 이런 주택가격의 하락에 따라 주택 건설 실적도 같은 해 8월말까지 전년 동기 대비 45.6%나 감소하였다. 이러한 상황이 계속됨에 따라 금융기관과 기업, 가계는 자산손실이 지속되었고, 각 기업들은 자금난의 해소와 구조조정의 필요성에 따라 보유부동산을 처분하려고 했지만 실물부분의 침체로 부동산의 매각은 불가능하였다.

■ 2. 외환위기 극복을 위한 부동산정책

부동산 규제의 대폭적 완화 │ 1998년 이후의 정부의 부동산 정책은 국내외적 환경변화로 인해 커다란 전기를 맞았다. 이러한 변화의 원인으로는 크게 두 가지를 들 수 있다.

첫째, 1997년 11월에 닥친 외환위기로 국가경제 전반이 어려움에 봉착하게 된 상황이다. 급격한 원화가치의 하락과 신용경색, 실물경기의 급격한 침체는 많은 기업들을 도산으로 몰고 갔다. 이를 타개하기 위해 개별기업과 정부는 보유하고 있던 토지와 건물 등 부동산을 처분하여 경제를 회생코자 하였으나 경기 침체로 부동산 매매는 거의 이루어지지 않았다.

둘째, 국토의 난개발 문제의 대두이다. 1993년 개정된 「국토이용관리법」에 의한 준농림지제도의 탄생은 국토를 무분별하게 개발하도록 하는 근거를 제공하게 되었다. 특히 국토의 난개발은 난개발 지역에 사는 주민뿐만 아니라 이를 관리하는 지방자치단체에게도 많은 어려움을 주었다. 이 문제는 외환위기가 어느 정도 극복되자 본격적으로 제기되기 시작하였다.

외환위기에 대응하기 위한 정책의 변화를 시간순서에 따라 정리해 보면 <표 11-1>과 같다. 외환위기 극복을 위한 움직임이 얼마나 긴박하게 전개되었는지 알 수 있다.

📊 표 11-1   외환위기 직후의 위기극복을 위한 부동산정책 일람

97. 12. 20:	토지거래신고구역 전면해제(전국토의 37%)
97. 12. 31:	법인이 금융기관 부채상환을 위한 부동산 양도시, 특별부가세 면제
98. 1. 26:	부동산에 대한 금융제한 전면폐지(금융기관여신운용규정 개정)
98. 1. 31:	토지거래허가구역을 3.3%만 남기고 모두 해제(전국토의 33%)
98. 2. 1:	아파트 분양가 자율화 확대
	–수도권은 민간택지에 건설되는 민영주택 자율화(국민주택 제외)
98. 2. 24:	법인의 주주 등이 부동산 매각대금을 법인에게 증여하는 경우 양도소득세 면제
98. 4. 1:	은행의 신탁계정에서 부동산을 매입·개발할 수 있도록 허용
98. 4. 20:	남은 토지거래허가구역을 전면 해제
98. 4. 30~9. 30:	한국토지공사(현 한국토지주택공사)에서 기업보유 토지 매입
98. 4. 30:	주상복합건물 규제 완화(주택건설촉진법 시행령 개정)
98. 5. 8:	토지개발공급업 및 토지임대업 개방, 부동산관련업종 외국인에 전면 개방
98. 5. 17:	주택건설업체에 대한 국민주택기금 지원확대
98. 5. 20:	미분양주택 구입자에 대한 자금지원
98. 5. 22~99. 6. 30:	국민주택규모 이하의 신축주택을 구입할 경우 5년간의 양도소득세를 면제
98. 6. 1:	주택구입자금에 대한 자금 출처조사 면제
	–전용면적 25.7평 이하 미분양 주택 등 신축주택 1채를 구입할 경우 가액에 관계없이 자금출처 조사면제
98. 6. 15:	재건축, 지역, 직장조합주택에 대한 소형주택의무비율(예, 수도권 18평 이하 20% 이상 건설) 폐지
98. 6. 26:	외국인의 국내토지 취득을 전면허용
98. 7. 9:	근로자주거안정법 시행령 개정, 주택신용보증기금의 보증대상 확대, 대출의 확대 및 원활화 도모
98. 7. 16:	기업의 비업무용토지 판정기준을 대폭 완화
	–비업무용 판정유예기간을 1년에서 3년으로 연장
	–산업합리화·경영합리화·구조조정·부채상환 등을 위해 매각되는 토지를 비업무용에서 제외
98. 8. 17:	유동성 애로를 겪고 있는 주택사업공제조합에 국채관리기금채권 2천억을 발행
98. 8. 27:	조합원 자격요건을 대폭 완화(주택건설촉진법 시행령 개정)
	–무주택자·동일지역 1년 이상 거주·부양가족이 있는 세대주 등 현행의 자격 제한을 대폭완화
98. 9. 16:	·대출채권의 담보부동산으로 풀을 구성하여 펀드를 설정하고, 이를 근거로 특별목적회사(SPC)를 통해 자산담보부채권(ABS)을 발행(자산유동화에 관한 법률 제정)
	·기업구조조정 과정에서 양도소득세 감면 대상인 부동산을 취득한 자가 부동산을 양도할 경우 5년 분의 양도소득세 면제(조세감면규제법 개정)
98. 9. 19:	토지공개념제도 보완(택지소유상한에 관한 법률 폐지), 개발부담제도 개선
	–택지소유상한제를 폐지하여, 규모와 용도에 관계없이 택지를 자유롭게 취득, 처분할 수 있도록 허용
	–1999년까지 개발부담금 유예, 이후 부담금부과율을 50%에서 25%로 인하
98. 11. 25:	개발제한구역 제도개선안 발표
98. 12. 28:	토지초과이득세법 폐지

제2절 김대중 정부의 부동산정책

■ 1. 외환위기와 김대중 정부 부동산정책

건설 및 주택경기
활성화 대책에 주력   1998년 2월 출범한 김대중 정부는 초유의 국가경제위기 상황을 직면하여 다양한 대책을 사용하게 되는데, 건설경기 활성화를 위해 부동산정책은 규제 완화 및 해제가 주류를 이루게 되었다. 미분양 적체로 건설업체 부도 도미노 현상이 발생하자 취득세 감면 및 양도소득세 100% 감면을 실시했으며, 분양가 규제를 자율화하고 분양권 전매를 허용하고 소형주택 의무건설, 민영주택 재당첨제한 및 청약배수제, 채권입찰제 등을 전면적으로 폐지했다.

한편 2001년까지 시장활성화 위주로 구사되던 부동산정책은 2001년 말부터 시장 안정화대책으로 기조가 바뀌었다. 재건축을 추진 중인 아파트 사업에 투기자금이 유입되어 강남지역의 재건축 아파트를 비롯한 수도권의 아파트 분양권 시장을 중심으로 부동산 투기가 다시 성행하게 되었다. 그러자 정부는 2002년 3월 부동산시장 안정대책을 발표한 데 이어, 같은 해 9월 4일에도 3주택 이상자에게 양도소득세를 실거래가로 과세하고 고급주택 기준도 전용면적 45평으로 하향 조정하는 등의 부동산시장 안정대책을 거듭 발표하였다.

■ 2. 김대중 정부의 주요 부동산정책

분양가자율화 등
주택공급확대 정책   주요 정책으로 양도세 한시감면 등의 세제정책, 분양가 규제완화 등의 주택공급정책, 정책금리 인하 등의 금융정책 등을 구사하였다.

1998년 이후 2001년까지 주택경기를 활성화시키기 위한 지원 및 활성화대책이 이어졌으며 연간 4개 정도의 활성화 대책이 발표되었다. 1998년 분양가 자율화, 소형의무비율 폐지 등 4개의 활성화 대책이, 1999년에는 5개, 2000년 3개의 활성화 대책이 발표되었다. 그리고 2001년에는 총 9개의 대책 중에 4개가 주택경기활성화에 대한 대책이었으며 나머지가 주택공급확대와 관련된 정책이었다.

❷ 표 11-2 김대중 정부의 주요 부동산 및 건설정책 일람

연도	주요 부동산 및 건설정책의 내용	
1998	• 주택경기활성화 대책(5.22) 분양가 자율화, 양도세의 한시적 면제, 한시적으로 분양권전매 허용, 토지거래허가 및 신고제 폐지, 토지초과이득세 및 택지소유상한제 폐지, 외국인 부동산 소유 자유화	
	• 주택경기활성화자금 지원방안(6.22)	
	• 건설 산업 활성화 방안(9.25)	
	• 건설 및 부동산경기활성화 방안(12.12)	
1999	• 부동산관련 규제완화(3.22) 민영아파트 재당첨제한기간 폐지, 무주택우선공급제도 폐지, 유휴지제도 폐지	
	• 주택건설 촉진대책(10.7)	
2000	• 주택건설 촉진대책(7.1)	
	• 부동산관련 규제완화 대책(8.30) 택지 환매 의무규정 폐지, 임대주택 사업자요건 완화, 청약예금의 범위 확대, 주택조합 가입자격 완화	
	• 지방건설 활성화 방안(11.1)	
2001	• 지방건설업 및 주택건설 활성화 대책(1.4)	
	• 건설 산업 구조조정 및 투자적정화방안(5.23)	
2002	• 주택시장 안정대책(1.8)	◦ 55만가구 주택건설
	• 주택시장 안정대책(3.6)	◦ 서울지역 투기과열지구 지정 ◦ 분양권 전매제한
	• 주택건설종합계획('03~'12)수립 착수(4.3)	◦ 장기임대주택 100만호 건립 (국민임대주택 50만호 포함)
	• 서민·중산층 지원 대책(5.20)	◦ 단독주택 재건축 요건 완화
	• 주택시장 안정대책(9.4)	◦ 3주택 이상자 양도세 강화 등 ◦ 재건축 요건 강화
	• 부동산시장 동향 점검 및 안정 대책(10.11)	◦ 투기지역 양도세 실거래가 적용 ◦ 투기과열지구와 토지거래허가구역 확대

반면 2002년에 접어들어 3개의 정책이 발표되었으나 모두 부동산 시장을 진정시키기 위한 시장안정대책이었다. 지난 3년 동안 주택경기활성화에 정책의 목표가 맞추어져 있다가 2002년부터는 시장안정대책으로 전환되었던 것이다.

2002년의 가격 안정대책은 2001년 하반기 이후 높은 가격상승과 서민주거 불안이 지속됨에 따라 공급확대 등 간접적인 시장안정책을 폈으나, 2001년 연말 이후 비정상적인 가격 폭등세가 나타나면서 가격이 안정되지 않자 정부가 강력한 수요 억제정책을 제시한 것이었다. 주택청약제도의 보완(무주택자 우선 공급, 분양권 전매 제한)을 통해 급증하고 있는 주택수요를 조정하고 있으며, 분양가 심사, 선착순 분양방식의 금지 등 공급자에 대한 제재도 취하였다. 또한 분양권 전매에 대한 세무조사 확대, 1가구 2주택 보유에 따른 양도소득세 면제기간 단축 및 양도소득세의 과세표준인 기준시가를 상향 조정함으로써 주택시장을 안정화시키고자 하였다.

3. 김대중 정부의 부동산정책 평가

외환위기의 충격과 과감하고 신속한 대응 | 우리나라의 부동산시장은 IMF 외환위기라는 커다란 충격을 겪고 이를 극복하는 과정에서 많은 교훈을 얻게 되었다. 김대중 정부는 외환위기 극복을 위해 대응책으로 세 가지 부동산정책을 과감하게 구사하였다.

첫째, 부동산 거래를 활성화하기 위하여 그동안 부동산투기 억제를 위한 각종 규제들을 대폭 완화 내지는 폐지하였다. 예를 들어 정부는 주택시장을 활성화하기 위하여 미분양 주택에 대한 자금지원, 신축 주택에 대한 양도소득세의 면제 등의 조치를 취하였다. 특히 분양시장의 자율화가 대폭 신장되어 분양가 자율화가 이루어졌으며, 소형주택건설 의무비율도 폐지되었다. 또한 토지시장을 활성화하기 위해 토지거래신고구역이 전면 해제된 데 이어 토지거래허가구역도 완전 해제되었고, 택지소유상한제도와 토지초과이득세도 폐지되었다.

둘째, 부동산시장을 대폭 개방하였다. 즉, 「외국인투자촉진법」을 개정하여 외국인이 용도나 규모에 관계없이 토지를 취득할 수 있도록 하였으며, 부동산 임대사업 및 개발·공급업까지도 개방을 하였다.

셋째, 부동산의 증권화(證券化)와 유동화(流動化)를 추진하였다. 부동산이란 말 그대로 움직이지 않는 부동(不動)의 자산인데, 부동산의 증권화를 통해 부동산을 현금처럼 유동화한 것이다. 이의 대표적인 예가 「자산유동화에 관한 법률」을 제정하여 자산을 담보로 하는 자산담보부채권(ABS: Asset Backed Securities)의 발행을 허용한 것이다. 이에 이어서 주택저당채권을 유동화하기 위한 「주택저당채권 유동화 회사법」도 제정되어 주택저당대출담보부채권(MBS: Mortgage Backed Securities)이 발행되기 시작하였다. 이뿐만 아니라 부동산간접투자자를 위한 「부동산투자회사법」을 제정하였다.

**난개발 문제 대두와
국토이용체계 전면 개편** ┃ 외환위기에서 조금씩 벗어나자 이번에는 국토의 무분별한 개발이라는 문제가 나타나기 시작하였다. 이전에 이루어진 국토이용과 관련된 각종 규제의 완화가 무분별한 개발행위를 낳은 것이다. 비도시적 토지이용의 하나인 준농림지역의 경우 아파트 등의 극심한 난개발로 인하여 기존의 주민과 입주민 모두 불편을 겪고 있으며, 이 지역에 대한 도로, 교육시설, 의료시설 등의 부족은 해당 자치단체 및 이웃하고 있는 자치단체에도 엄청난 부담을 주고 있는 형편이다. 또한 도시적 토지이용에서는 도시가 점차 고밀화·고층화됨으로써 당시 인구 2,000만 명이 살고 있는 수도권의 경우, 광역자치단체가 더 이상 도시 내 시설을 관리·유지할 수 없는 상황에 이르렀다.

김대중 정부는 난개발 문제에 대처하기 위해 '지속가능한 국토의 이용'이라는 관점에서 준농림지에서의 규제를 다시 강화하고, 「도시계획법」등의 개정이 이루어졌다. 그리고 더 나아가 국토이용체계의 전면 개편이 논의되기 시작하였다. 2000년 3월 용인 서북부 지역 등 수도권 일대의 준농림지역 난개발이 사회문제로 대두되면서 국토의 난개발 방지 종합대책이 발표되었고, 후속조치로 「국토의 계획 및 이용에 관한 법률」이 제정되었다.

김대중 정부가 출범한 1990년대 말 시기적으로 같은 때에 등장한 두 가지 쟁점사항인 국가차원의 외환위기와 국토도시차원의 준농림지 난개발 문제의 극복과정은 이후 우리나라의 국토이용 및 부동산정책에 지대한 영향을 미쳤고, 이후 '선계획 후개발' 체제, 부동산금융 및 개발금융의 발달로 이어질 수 있었다.

제3절 노무현 정부의 부동산정책

노무현 정부의 부동산정책은 우선 국가균형발전을 도모하는 차원에서 시도한 새로운 도시건설을 살펴보고 이어 부동산정책을 고찰하도록 한다.

1. 국가균형발전 추진과 노무현 정부 부동산정책

2003년 출범한 노무현 정부는 행정중심복합도시, 혁신도시, 기업도시 등의 세 가지 유형의 도시건설을 추진하였다.

(1) 행정중심복합도시

신행정수도이전부터 행정중심복합도시건설까지 ┃ 제16대 대통령 선거일을 3개월 앞둔 2002년 9월 30일, 당시 민주당의 노무현 대통령 후보는 수도권 집중 억제와 낙후된 지역경제를 근본적으로 해결하기 위해 자신이 대통령이 되면 청와대와 정부 부처를 충청권으로 옮기겠다고 발표하였다.[1] 이후 11월 19일 발표된 민주당의 '20대 정책목표 150대 핵심과제'에서는 입법부인 국회도 옮긴다는 내용을 담았다. 행정수도 충청권 이전에 대한 찬반 논란이 거셌으나, 노무현 후보가 이회창 후보를 57만표 차로 이기고 대통령으로 당선되었다.

노무현 대통령은 수도이전을 추진하였고 2003년 4월 14일 청와대에 '신행정수도건설 추진기획단'을 발족시키고 건설교통부에는 추진지원단을 두었다. 6월에 「신행정수도 건설특별조치법」 초안이 만들어지고, 신행정수도 이전 대상기관 선정을 위한 공청회도 열렸다. 특별조치법이 10월 국회에 제출되었고, 2003년 12월 29일 본회의에서 충청권 표를 의식한 정치권의 선택으로 가결되었다. 대선공약 수준이던 행정수도이전안이 법적 추진력을 확보하게 되었다.

특별법이 통과되자, '신행정수도건설 추진위원회'가 발족되었고 수도가 될 신도시의 도시기본계획도 발표되었다. 2004년 6월 8일에는 신도시로 이전할

---

[1] 손정목, 한국도시60년의 이야기 2, 2005, pp. 329~347의 내용 및 행정중심복합도시건설청의 홈페이지 연혁을 참조하여 정리하였다.

대상기관의 윤곽도 발표되었는데, 청와대, 국회, 사법부, 중앙행정부처 등 모두 85개 국가기관의 이전계획이 담겨 있었다. 단순한 행정수도 이전 차원의 계획이 아니라 천도계획이었던 셈이었다.

정부 발표이후 국민투표에 붙여 국민의 의견을 들어야 한다는 입장이 압도적이었고, 7월 9일에는 '수도이전반대 2000만 서명운동'이 전개되었다. 수도이전 명분이 약하다는 것이 가장 큰 문제가 되었다. 정부 측은 국토의 균형발전이라는 명분으로 서울 및 수도권 집중구조, 서울을 정점으로 한 서열주의를 해체할 수 있다는 주장을 폈다. 하지만 국민의 과반수이상이 막대한 비용이 투입되는 수도이전 효과에 회의감을 갖고 있었다. 7월 12일 신행정수도건설특별법의 위헌여부에 대한 헌법소원이 헌법재판소에 제출되었다. 이 와중에 수도 예정지로 충남의 연기·공주 지역(현, 세종특별자치시)이 선정되었다. 2004년 10월 21일 헌법재판소 재판관 9명중 8명이 위헌 의견을 냄으로써 위헌결정이 내려졌다.

「신행정수도건설특별조치법」이 위헌 결정된 이후, 노무현 정부는 신행정수도후속대책위원회를 만들어 사태 수습에 나섰다. 2005년 2월 5일에 열린우리당을 중심으로 한 151명의 국회의원들이 공동명의로 특별법안을 발의하여 3월 2일 본회의 의결을 거쳐, 3월 18일 「행정중심복합도시건설특별법」이 공포되었다.[2] 한편 같은 해 6월 15일 헌법소원이 제기되었으나 11월 24일 헌법소원이 각하되었다.

행정중심복합도시 건설과 정부부처 이전

2005년 말부터 예정지역의 토지보상이 착수되면서 본격적인 행정중심복합도시건설이 추진되어 충남 연기·공주지역 일대 2,210만평에 건설되었다. 수도권 집중에 따른 사회·경제적 비용 급증과 지역격차 심화를 해소하고, 공공기관 지방이전 및 지방분권, 수도권 발전전략, 그리고 21세기 국가균형발전을 선도하려는 목적이다. 행정기능이 중심이 되면서 국가균형발전이라는 큰 목적 아래 여타 균형발전시책들과 시너지효과를 발휘하도록 하는 것이다.

기존 도시와 일정거리를 유지하여 연담화 우려가 없는 자립형의 신도시로

---

2) 통일·외교·국방 등 6부와 청와대·국회·대법원을 제외한 중앙 행정기관을 모두 옮겨 만드는 행정 중심의 도시를 말한다.

조성되어 가고 있으며 2008~2010년에 주변지역에 대한 지원사업도 종료하고 2012년 말부터 행정중심복합도시로 9부 2처 2청의 이전이 시작되었다.

표 11-3 당초 행정중심복합도시로의 이전 대상 기관

	이전 대상 기관
9부	기획재정부, 교육과학기술부, 문화관광부, 농림수산식품부, 지식경제부, 보건복지부, 환경부, 노동부, 국토해양부
2처	법제처, 국가보훈처
2청	국세청, 소방방재청

주: 당시 부처명으로 표기함.

기대효과와 예상 문제점 노무현 정부가 행정중심복합도시의 건설로 인해 기대하였던 효과는 다음과 같다. 첫째, 수도권 인구분산효과다. 중앙행정기관 종사자와 관련되는 인구의 이동으로 수도권 인구가 분산되며, 공공기관 지방이전의 구심적 역할을 하게 됨으로써 더욱 큰 수도권 인구분산효과를 기대할 수 있다는 것이다.

둘째, 수도권 환경개선이다. 수도권 인구분산으로 인하여 수도권의 환경도 상당부분 개선될 것이며, 폐기물, 대기오염, 하수의 유입 등이 감소하여 환경비용이 절감되고 삶의 질이 향상될 것으로 보았다.

셋째, 국가경제 활성화와 건설산업발전이다. 행정중심복합도시 건설을 위한 투자는 전체 산업에 대하여 광범위한 생산유발과 고용창출효과를 가져와 경기활성화에 도움이 되고, 품격 높은 미래지향적인 도시건설사례는 건설업이 질적으로 향상될 수 있는 계기가 될 것으로 기대하였다.

넷째, '국가 재도약' 달성을 위한 견인차 역할의 수행이다. 새로운 패러다임으로 인한 국가 재도약의 달성, 국토정비와 균형발전정책, 지방분권 등 상호 연관된 모든 정책의 구심점으로 작동할 것이라는 전망이었다.

그러나 경제논리가 아닌 정치적 논리에 따라 탄생하였기에 정치적 사회적 문제를 안고 있다. 첫째, 일반적으로 도시가 자족기능을 갖추려면 인구가 50만 명은 되어야하는데 행복도시 이주 대상 중앙부처공무원은 1만 명 정도에 불과하다. 이주대상 중앙부처 공무원을 대상으로 실시한 여론조사에서도 가족

전체가 이사할 것이라는 대답은 40% 이하였다. 자칫 수도이전에 실패한 브라질의 브라질리아, 호주의 캔버라와 같은 전례가 발생하지 않을까 우려된다.

둘째, 현재도 정부부처가 서울, 대전, 과천으로 분산되어 있는데 여기에 다시 세종시까지 나뉜다면 행정의 비효율은 더욱 커질 것으로 예상된다.

셋째, 대통령중심제 하에서 청와대, 국회가 서울에 있는데 중앙부처가 지방으로 이전하면 업무협의나 보고를 위해 고위 공무원들이 수시로 서울로 출장을 오거나 서울사무소라는 이름으로 실질적으로 부처의 일부가 이동해 와 있어야 할 것이다. 우리나라는 서구 사회와 달리 대면(對面)접촉이 빈번한 것이 현실이다. 따라서 이에 따른 국정혼란, 경제적 낭비, 이동공무원의 안전, 공무원의 사기저하, 민원인들의 불편 등 상당한 부작용이 발생할 것으로 보인다.

넷째, 국제경쟁력 제고와 남북통일에 대비해야 할 시점에서 중앙 부처를 지방으로 이전해야 할 명분이 명확지 않다고 할 것이다.

이러한 논란 속에서 이명박 정부는 행정기능을 제외한 교육, 문화, 복지 등 자족형 복합도시를 건설하는 수정안을 제시하였다. 그러나 이 수정안은 2010년 6월 22일 국회 국토해양위원회 전체회의, 6월 29일 본회의 표결에서 모두 부결되어, 세종시는 원안대로 건설이 진행되는 방향으로 최종 정리되어 오늘에 이르고 있다.

(2) 혁신도시

혁신도시의 성격과 기능 ┃ 혁신도시는 한국전력 등 115개[3] 지방이전 공공기관과 지역 내 산·학·연이 유기적으로 연결돼 지역의 발전과 혁신을 주도하는 신도시로 구상되었다.

혁신도시 건설의 목표는 지방이전 공공기관 및 산·학·연·관이 서로 긴밀히 협력할 수 있는 최적의 혁신여건과 수준 높은 주거·교육·의료·문화 등 정주환경을 고루 갖추어 새로운 차원의 미래형 도시를 건설하는 데 있다. 그리고 수도권 소재 공공기관의 지방이전을 계기로 혁신주도형 경제의 지역 거점을 형성함으로써 수도권과 지방간의 불균형을 해소하고 지역의 특색있는 발전을 촉진하는 데 그 목적이 있다.[4]

---

3) 세종시나 오송시 등 혁신도시 이외의 기타 지역으로 이전하는 35개 기관을 포함하면 총 150개.
4) 진미윤 외 4인, "성공적인 혁신도시 조성을 위한 과제와 정책방향", 2005.10, 도시정보 10월호, p.4.

표 11-4   혁신도시의 성격과 기능

성 격	기 능
지역의 혁신거점 역할수행	• 공공기관을 중심으로 기업, 대학, 연구소들이 상호 교류하는 네트워크 도시 • 지식창출과 기술혁신의 터전이 되는 지식기반 도시 • 혁신 주체간 상호학습을 통하여 혁신 역량이 강화되는 학습도시 • 기업의 첨단 산업생산기술 등에 관한 새로운 아이디어와 높은 혁신이 창출되는 첨단 기업도시
양질의 정주환경을 갖춘 미래형 도시	• 주거·교육·문화·의료·레저·체육시설 등 양질의 생활여건 구비 • 첨단 정보통신 및 교통체계 등 디지털기반을 갖춘 첨단기술산업이 성장할 수 있는 여건 구비 • 녹지·공원·경관·생태 등 자연과 인간이 어우러지는 친환경적 도시환경 구비
국가균형발전과 지역의 자립적 발전 선도	• 행정복합도시를 중심으로 전국적인 공공행정 네트워크를 형성함으로써 국토의 통합적 발전을 유도 • 지역의 혁신 역량을 강화하여 지역의 자립적 발전 선도

자료: 국토해양부(현, 국토교통부), 2008.

혁신도시 건설과 공공기관 이전 현황   2017년 4월말 기준으로 10개의 혁신도시가 건설 중이며 조성되는 면적은 44,891천m²이고 계획인구는 267천명, 이전인원은 51,106명으로 추산된다(표 11-5 참조).

그간의 추진 경과를 보면, 2006년 4월 「혁신도시 기본구상 방향」을 마련하여 각 시·도에 전달하였고 2007년부터 개발이 시작되었다. 2017년 4월 기준으로 토지보상은 10개 혁신도시에서 모두 종료되었고 분양률은 92.7% 수준이다. 그리고 공공기관 이전부지의 부지공사는 모두 완료되었고 원주 혁신도시를 제외한 나머지 부지공사도 완료되었다(표 11-6 참조).

⊙ 표 11-5 혁신도시 규모 및 이전하는 공공기관 개요

지 역	위치	면적 (천m²)	인구 (천명)	사업비 (억원)	이전기관 (개)	이전인원 (인)	비고 (시행자)
전체		44,891	267	97,601	154	51,106	
혁신도시	10개	44,891	267	97,601	115	41,548	
부산	영도구, 남구, 해운대구	935	7	4,136	13	3,122	부산도시 공사
대구	동구	4,216	22	14,369	11	3,438	LH공사
광주 전남	나주시	7,361	49	13,222	16	6,923	LH공사, 광주도시, 전남개발
울산	중구	2,991	20	10,438	9	3,148	LH공사
강원	원주시	3,597	31	8,843	12	6,113	LH공사, 원주시
충북	진천군, 음성군	6,899	39	9,890	11	3,116	LH공사
전북	전주시, 완주시	9,852	29	15,297	12	5,300	LH공사, 전북개발
경북	김천시	3,812	27	8,774	12	5,561	LH공사, 경북개발
경남	진주시	4,093	38	9,711	11	4,004	LH공사, 경남개발, 진주시
제주	서귀포	1,135	5	2,921	8	823	LH공사
기 타		0	0	0	39	9,558	
세종시	충남 연기				20	4,098	
개별					19	5,460	

주: 당초 159개 기관에서 공기업선진화 방안 등에 따라 154개로 통폐합·조정.
자료: 국토교통부, 2017. 4.

혁신도시 등으로 이전하는 공공기관 이전인원 현황을 보면, 2017년 4월 기준으로 154개 기관 51,106명이 이전하였다. 이전인원이 200명을 초과하는 기

관은 83개, 50~200명은 61개, 50명 미만은 10개 기관이다. 혁신도시로 이전한 인원은 41,548명, 세종시로 이전한 인원은 4,098명이며, 임차기관의 자격으로 개별 이전한 기관에 속한 이전인원은 5,460명이다(표 11-7 참조).

🔘 **표 11-6** 혁신도시 조성사업 추진 현황

구분	지구 지정 현황 (일시)			진 행 률 (%)		
	지구지정	개발계획	실시계획	부지공사	보상	분양
계	–	–	–	99.9	100	92.7
부산	'07.4.16	'08.6.24	'08.12.12	100	100	90.7
대구	'07.4.13	'07.5.30	'07. 9. 5	100	100	82.5
광주전남	'07.3.19	'07.5.31	'07.10.26	100	100	96.2
울산	'07.4.13	'07.5.30	'07. 9. 3	100	100	87.0
강원	'07.3.19	'07.5.31	'07.10.31	99.9	100	95.5
충북	'07.3.19	'07.5.31	'07.12.17	100	100	81.4
전북	'07.4.16	'07.9. 4	'08. 3. 4	100	100	98.5
경북	'07.3.19	'07.5.31	'07. 9. 3	100	100	89.5
경남	'07.3.19	'07.5.31	'07.10.26	100	100	97.6
제주	'07.4.16	'07.7.16	'07. 9. 5	100	100	100

주: 공공기관 이전부지의 부지공사는 10개 혁신도시 모두 종료(100%).
자료: 국토교통부, 2017. 4.

🔘 **표 11-7** 공공기관 이전인원 현황

구 분	이전기관수 (개)	이전인원 (명)	이전인원 규모별 현황(개)		
			200명 초과	200~50명 이상	50명 미만
계	154	51,106	83	61	10
혁신도시	115	41,548	64	44	7
세종시	20	4,098	9	9	2
개별이전	19	5,460	10	9	1

자료: 국토교통부, 2017. 4 자료를 기초로 정리함.

(3) 기업도시

기업도시의 성격과 기능 | 기업도시는 낙후된 지방에 활력을 불어넣기 위해 민간 기업이 자본을 투자해 주도적으로 개발하는 자족형 복합도시로서, 산업교역형, 지식기반형, 관광레저형, 혁신거점형으로 구분된다. 대표적인 예로는 미국의 루비어, 실리콘벨리, 할리우드, 일본의 도요다시, 스웨덴의 시스타 등이다.

2003년 10월 전국경제인연합회는 기업의 주도적인 복합도시 개발로 투자비 절감 및 경쟁력 강화를 도모하기 위해 기업도시 개발을 제안하고, 2004년 6월 특별법 제정을 건의하였다. 이에 정부는 관계부처와의 협의 및 공청회를 거쳐 2004년 12월 「기업도시개발 특별법」을 제정하였다.

기업도시 건설의 목적은 개발이 활성화되지 않은 지역에 기업이 투자이전 계획을 가지고 직접 개발하는 기업주도의 복합자족도시를 만드는 데 있다. 즉, 제조업·관광업 등 산업입지와 경제활동을 위해 민간기업 주도로 개발된 도시로서, 산업시설은 물론 종사원의 정주에 필요한 주택·교육·문화 등 자족적 복합기능을 가진 도시를 건설하는 것이다.

기업도시는 정부나 지자체가 아닌 민간기업이 주도해 개발한다는 점에서 기존 도시개발사업이나 산업단지조성사업과 다르다.5) 기업도시 개발사업은 단일 민간기업 또는 다수 민간기업이 컨소시엄을 이루어 시행할 수도 있고, 민간기업과 공공(국가, 지자체, 정부투자기관, 지방공사 등)의 합동개발도 가능하다. 민간단독시행의 경우 대상토지의 50% 이상 확보시 수용권이 부여되고, 합동개발시는 이러한 제약없이 수용권이 부여된다.

기업도시는 기업이 필요한 곳에 민간의 창의와 활력을 이용해 자족적 복합기능을 갖도록 개발함으로써 투자비를 절감하는 장점이 있다. 또한 산업단지보다 개발기간이 짧고 산업입지와 기업투자가 동시에 발생하기 때문에 경제적 파급효과가 크다는 점도 장점이다. 기업도시는 민간이 개발권을 갖고 주도적으로 건설하는 자급자족적 복합기능 도시이기에 민간의 자율성과 창의성이 최대한 활용될 수 있다는 점에서 과거 정부 주도로 조성됐으나 제대로 성공을 거두지 못한 산업단지와는 다르다고 할 수 있다.

---

5) 류해웅, 「토지법제론」, 부연사, 2005, p. 315.

표 11-8 기업도시와 기존 산업단지의 차이

구 분	기 업 도 시	기존 산업단지
목적	민간기업 주도의 투자를 통한 자족성과 복합성을 갖춘 도시개발	기업의 입지수요 충족을 위한 생산 단지 조성
규모	330만m² 이상 원칙	3만m² 이상: 일반산업단지
입지선정	민간기업	정부
개발주체	민간 원칙 민간 + 공공도 가능	공공원칙 민간은 자기 직접사용분에 한해 개발 가능
산업입지, 기업투자	도시개발 + 기업투자계획 도시개발로 산업입지 및 기업투자가 동시에 발생	선 산업단지 개발 후 입주기업 모집(일부 산업단지 미분양 발생)
생활여건	교육, 의료, 문화 등 복합도시로 정주여건 마련	생산기능 위주 개발로 정주여건 부족

자료: 국토교통부.

　한편 민간기업의 주도로 만들어지는 기업도시의 선정은 국가 균형발전 기여도와 사업실현 가능성, 그리고 지역 특성과의 부합성 등을 기준으로 선정된다. 기업도시 개발에 참여하는 민간기업에게는 제한적인 토지수용권이 부여되며, 지자체와 민간기업이 공동으로 시행하면 토지수용권이 더 확대된다. 자금조달을 위해 출자총액제한의 완화, 신용공여한도 완화, 토지상환채권발행이 가능하고, 조성된 토지와 주택에 대해 부분적으로 자율적인 처분이 가능하다. 그리고 기업도시의 개발로 인하여 발생한 이익으로서 적정범위를 초과하는 개발이익은 도로 등 간선시설과 도서관·문화회관·운동장 등의 공공편익시설에 재투자하거나 조성된 토지를 국가 또는 지방자치단체에 무상으로 양여하는 등의 방법으로 환수하도록 하고 있다.

　그런데 낙후지역에서 수익성을 창출하기 쉽지 않기 때문에 기업의 투자참여 및 입주를 유도하기가 쉽지 않다. 그래서 기업도시로 선정된 곳에 투자하는 기업은 특별법상의 세금 감면과 기업도시개발 시행권, 각종 부담금 감면 등의 혜택을 받게 된다.

　기업도시가 성공하려면 이런 정부의 목표와 기업의 사익이 조화를 이룰 수 있도록 사업이 추진되어야 한다. 이 점에서 시범사업 선정기준에서 지나치게 지역 균형발전이라는 공익적인 목적만 강조하기보다는 기업의 사적인 이익에 대한 적절한 배려가 필요하다. 기업도시 참여를 통해 수익을 확보할 수 있다는 기대감이 있어야 기업들이 적극적으로 투자를 늘리고 그 결과 일자리 창출이 확대됨으로써 지역의 발전에도 기여할 수 있을 것이다.

기업도시개발 부진 │ 「기업도시개발 특별법」에 따라 전남 영암・해남 등 8곳이 2005년 4월 15일 기업도시 시범사업 지정을 신청하여, 강원 원주, 충남 태안, 충북 충주, 전북 무주, 전남 무안, 전남 영암・해남 등 6곳이 시범사업지로 지정되었다.

📄 표 11-9 **기업도시 추진현황**

구분	면적 (천m²)	목표인구 (명)	조성비 (억원)	개발방향 및 현황	사업기간
계	36,252	115,420	31,002		
충주	7,009.3	20,910	4,308	지식기반형 / 첨단 전자, 부품소재 산업 공정률 100%, 분양률 66.2%	2007~2012
원주	5,290.0	20,910	6,555	지식기반형 / 첨단의료・바이오산업 공정률 25%	2007~2013
태안	14,643.6	15,000	11,462	관광레저형 / 테마파크, 골프장 공정률 12.6%	2007~2014
영암・해남	4,288.6	38,300	4,402	관광레저형 / 테마파크, 호텔, F1, 골프장 면적축소 후 착공예정	2008~2025
무안	5,020.5	20,300	4,275	산업교역형 / 항공, IT산업 중국과 합작실패 SPC청산	2009~2015

자료: 국토교통부, 2013. 10. 자료를 기초로 정리함.

하지만 무주는 대한전선의 사업포기로 2011년 사업이 철회되었고 영암·
해남은 사업타당성 부족으로, 무안은 중국 투자사의 투자철회로 대체 투자자
를 찾는 중이며 태안도 사업이 한동안 중단되는 등 매우 부진한 상태이다. 그
나마 충주와 원주 2곳은 사업이 진행되고 있으나 기업유치에는 부진하여 미
분양률이 높다.

이처럼 기업도시가 위기를 맞은 원인은 2008년 글로벌 금융위기가 결정적
이었다. 하지만 경제자유구역을 비롯해 첨단의료복합단지 등 전국적으로 대규
모 개발이 동시다발적으로 추진된 것도 주요 원인이다. 더욱이 투자자 유치에
실패하거나 어려움이 있는 것은 세종시나 경제자유구역 등에 비해 지원이 크
게 부족하기 때문이다. 세종시나 혁신도시는 국비가 파격적으로 지원되고 경
제자유구역은 세제혜택이 매우 크다. 하지만 기업도시는 이러한 지원이 적다
보니 상대적으로 사업성이 떨어지는 것이다.

2. 노무현 정부의 주요 부동산정책

**가격안정에 맞춘 수요억제형
부동산정책**

외환위기 당시의 공급부족으로 2000년부터 주
택가격이 상승하는 양상을 보였고 특히 서울시
5개 저밀도 지구의 재건축사업이 진행되면서 2001년과 2002년에는 매우 가파
른 상승세를 보였다. 2003년 출범한 노무현 정부의 부동산정책은 급등기에 있
는 주택가격을 안정시키는데 중점을 둘 수밖에 없었다. 2002년말부터 행정복
합도시예정지 및 배후지를 중심으로 한 충남권의 토지가격이 급등하기 시작
하였고, 수도권에서도 출범초기인 2003년 9월말부터 강남권을 중심으로 부동
산 가격 급등현상이 촉발되었다. 강남뿐만 아니라 목동, 분당, 일산, 평촌, 용
인 등 수도권 일대로 가격급등이 확산되었다. 단편적 규제강화만으로 막기 어
렵다고 판단하여, 2003년 10·29 부동산종합대책 이후 10여 차례의 종합대책
을 발표하면서 주택가격 안정과 주거복지 실현을 위한 범정부 차원의 부동산
정책을 구사하였다.

한편 주택공급 확대, 투기 억제, 세제 개편, 정보망 구축 등을 동원하여 부
동산 투기를 차단하고 부동산 시장의 투명성을 제고하는 한편, 주택공급에 있
어서 공공의 역할을 강화하고 국민임대주택, 매입임대주택 등 다양한 공공임

대주택을 공급하였다. 특히 부동산 시장의 투명성을 제고하고자 실거래가 신고제 및 등기부 기재를 시행하고 실거래가 검증 시스템을 구축하였으며, 실거래 가격과 산재되어 있는 각종 부동산 정보를 통합·축적하는 부동산 정보망을 구축함으로써 건전한 거래질서를 확립하는 데 기여하였다. 또한 세제 개편, 재건축 개발이익 환수제, 개발 부담금, 기반시설 부담금 등을 통해 부동산 투기를 차단하는 데도 힘썼다.

🎯 **표 11-10** 노무현 정부의 주요 부동산 및 건설정책 일람

연도		주요 부동산 및 건설정책의 내용
2003	5.23	- 분양권 전매금지 수도권 충청권 일부 확대 - 투기지역내 주상복합 조합아파트 분양권 전매 금지
	9.5	- 재건축 중소형 60% 의무화 - 1가구 1주택 양도세 비과세 요건 강화

	10.29	• 주택시장안정 종합대책
		  - 1가구 3주택 양도세 중과(60% 세율)
		  - 투기지역내 주택담보비율(LTV) 40% 하향조정
		  - 종합부동산세 조기 도입

2004	7.1	- 건설경기 연착륙 방안: 건설산업에 대한 지원 강화
	11.9	- 부동산 규제 완화 대책: 지방에서는 완화 적용

2005	8.31	• 부동산제도 개혁 방안
		  - 1가구 2주택 양도세 중과(50% 세율)
		  - 종합부동산세 과세기준 강화(9억원→6억원)
		  - 실거래가 신고제 및 등기부 기재

2006	3.30	- 서민 주거복지: 영세민 전세자금 수혜가구 확대 - 재건축 부담금 등 개발이익환수제 도입 - 투기지역 총부채상환비율(DTI) 40% 규제
	11.15	- 주택담보대출 규제 강화 - 수도권 3기 신도시 발표
2007	1.11	• 분양가상한제 강화 - 민간택지까지 적용, 전매제한기간 확대
	1.31	- 장기임대주택 공급확대 - 공공부문 분양주택 공급확대

　종합부동산세를 도입하고, 다주택자에 대해 양도세를 중과하는 한편 개발이익환수제를 실시하는 등 초과이익의 철저한 환수를 통해 주택가격의 안정과 사회적 형평을 도모하였으며, 담보대출 기준을 주택담보비율(LTV)뿐만 아니라 총부채상환비율(DTI) 한도로 변경하면서 주택투기 행위를 억제하고자 하였다.

　아울러 장기적인 주택수급 안정을 위해 저렴한 주택공급을 위한 공공택지 공급을 지속적으로 확대하고, 분양가 상한제, 분양가격 공시 등 주택공급 제도도 개편하였다. 또한 국민임대주택 100만호 건설을 비롯한 공공임대주택의 재고를 확대하여 저소득층의 주거안정을 도모하는 한편 다가구주택매입임대 등 다양한 방식의 공공임대주택을 저소득층의 생활 근거지에 공급함으로써 보다 현실적으로 서민주거복지 문제를 해결하고자 하였다.

　결론적으로 노무현 정부의 수차례의 부동산종합대책은 부동산투기 차단 시스템 구축, 부동산 시장 투명화, 공공역할 확대를 통한 주택공급 확대, 서민 주거 안정 실현으로 정리할 수 있으며, 부동산 문제를 완화시키는 토대를 마련하고 국민의 주거복지 향상을 도모하는 데 목적이 있었다.

10.29 주택시장안정종합대책 (2003)

　저금리 및 풍부한 시장 유동성, 서울·수도권 지역의 수요에 미달하는 주택 공급 및 신행정수도 건설 추진 등으로 2001년 하반기 이후 주택시장은 서울 강남을 중심으로 하는 수도권, 신도시, 신행정수도 지역 위주로 상승하였다. 이에 따라 주택공급 확충, 강북 뉴타운 등을 통한 주택수요의 분산과 아울러, 투기 수요를 강력히 차단하기 위해 주택제도·세제·자금흐름 등 주택시장의 내·외부 여건을 실수요자 중심으로 개선하고자 하였다.

　안정대책은 주택시장 불안요인에 대해 적기에 사전 대응할 수 있도록 포괄적·종합적으로 마련하여 미리 발표함으로써 주택시장 안정에 대한 강력한 정책의지를 표명하고 경기회복에 과도한 부담이 가지 않도록 정책수위를 조절하여 단계적으로 추진하였다. 1가구 3주택자에 대한 양도세 중과(60% 세율), 투기지역 내 주택담보비율(LTV) 40% 하향조정, 종합부동산세 조기 도입 등이 주요 내용이었다.

8.31 부동산제도개혁방안 | 2003년 10·29 대책 이후 안정세를 지속하던 주
(2005) | 택가격이 2005년 2월부터 상승세로 전환되었고,
이후 상승추세가 확산되었다. 특히 아파트는 전체 주택보다 높은 가격상승세
를 보였으며, 강남 및 분당에서 시작된 아파트가격 급등세가 강북 일부, 수도
권 남부지역까지 확산되었다.

이들 지역의 주택가격 상승원인을 수요·공급측면과 심리적 요인이 복합
적으로 작용한 것으로 판단한 정부는 부동산 시장에 대한 근본적인 개혁을
통해 경제체질을 개선하고 지속가능한 경제성장의 기반 마련을 위한 부동산
시장 안정정책을 추진하였다. 이에 따라 토론회 및 여론조사 등을 통해 다양
한 국민의견을 수렴하여 투명하게 공개하고, 부동산 당정협의 등을 통해 서민
주거안정, 세제합리화, 주택 및 토지공급 확대, 주택공급제도 개선, 부동산거
래 투명화 등을 내용으로 하는 서민주거안정과 부동산투기 억제를 위한 부동
산제도개혁방안을 발표하였다. 주요 대책을 보면, 10.29 대책보다 강화된 1가
구 2주택 양도세 중과(50% 세율), 종합부동산세 과세기준 강화(9억원→6억원),
그리고 실거래가 신고 의무화 및 등기부 기재 등이다.

3.30 주택시장합리화 방안 | 8·31정책 발표 이후 부동산 시장은 전반적으
(2006) | 로 안정세를 유지하며 실수요자 중심으로 재편
되는 과정이었으나 2006년 들어 강남지역 재건축 아파트를 중심으로 국지적
인 불안 양상이 재연되었다. 막연한 규제완화 심리와 재건축 시장을 중심으로
주택가격이 상승하기 시작한 것이며, 이같은 시장 불안을 해소하기 위해서는
재건축 제도와 주택담보 대출방식의 변화가 필요하여 노무현 정부는 3·30대
책(8·31후속정책)을 마련했다.

8·31정책을 통해 부동산 시장 안정을 위한 제도적 기반이 마련된 만큼
3·30대책은 8·31정책의 틀 안에서 미진했던 내용을 보완하는데 초점이 맞
춰져, 8·31정책에서 제외됐던 재건축 분야와 금융권의 주택담보대출 부문을
보완하고 서민주거복지에 관한 내용도 포함시켰다.

재건축 제도는 투기의 수단이 아니라 주거환경 개선의 본래 취지대로 운
영될 수 있도록 관련 제도를 합리화했으며, 이를 위해 재건축 과정에서 발생
하는 초과이익을 환수하는 방안이 제시되었다. 그리고 과도한 주택담보대출로

인한 위험을 줄이기 위해 채무상환 능력을 종합적으로 평가할 수 있도록 대출제도를 변경하여 투기지역 내 6억 원을 초과한 아파트를 구입할 경우 기존 주택담보비율(LTV)과 함께 총부채상환비율(DTI)을 적용하기로 하였다.

11.15 부동산시장 안정화 방안 (2006)

정부는 2006년 하반기 집값상승 원인이 공급정책의 시차에 따른 수급 불균형과 고분양가 등으로 불안심리가 확산됨에 따른 것이라고 판단하였다. 이에 공급물량을 조기에 충분히 확대하고 분양가를 인하하여 주택가격 안정 기반을 공고히 확립할 필요성을 인식하게 되었다. 2003년 정부 출범 이후 강남권 등 수도권 버블세븐 지역의 주택가격 급등현상을 막기 위한 각종 수요억제 정책을 구사하던 정부가 수도권 공급부족 상황을 인정하고 정책방향을 공급확대 쪽으로 선회하였다는 점에서 이전의 정책과는 차별되었다. 검단, 양주, 동탄 등 3기 신도시 건설계획이 발표되었다.

1.11 부동산시장 안정화 방안 (2007)

2007년 1월 11일에는 11·15 시장 안정화 방안 발표 이후에도 공급확대가 단기간 내에 실현되기 어려워, 시장의 신뢰가 회복되기 어렵다고 판단하여 추가 대책을 발표하였다. 분양가가 실질적으로 인하되도록 민간택지에도 분양가 상한제 및 원가공개를 확대실시하고, 무주택 실수요자에게 유리한 방향으로 청약제도를 개편하였다. 한편, 기존의 투기억제 시책은 지속적으로 추진하고 시장불안 가능성에 선제적으로 대응하기 위한 유동성 관리방안도 추가하였다.

1.31 주거복지 향상 위한 공공부문 역할 강화(2007)

한편 2007년 1월 31일에는 주택시장 안정과 주거복지 향상을 위한 공공부문 역할강화 방안을 다시 발표하였다. 노무현 정부 들어 장기임대주택 공급계획 수립, 소득수준별 맞춤형 지원체계 도입 등 서민주거 안정을 위한 정책을 추진하였음에도 불구하고 2006년말 기준 장기 임대주택의 재고비율이 총 주택의 3.0%에 불과하여 저소득·서민층의 주거불안을 해소하기에는 크게 미흡한 수준이었다. 이에 따라 서민주거 안정을 도모하기 위해 민간재원 활용 필요성, 비축용 장기임대주택 50만호 건설, 국민임대주택 확대공급 등 장기임대주택의 비중을 선진국 수준으로 상향 조정하기 위한 주거복지 향상 방안을 발표한 것이었다.

3. 노무현 정부의 부동산정책 평가

**경기조절용
부동산정책 남발** │ 앞에서 살펴본 것처럼 노무현 정부는 10 · 29, 8 · 31, 1 · 31대책 등 크고 작은 수많은 부동산안정화대책을 발표하였다. 이 과정에서 종합부동산세, 실거래가 신고제, 총부채상환비율(DTI), 주택담보비율(LTV), 분양가상한제, 분양원가공개, 반값아파트, 임대주택펀드조성, 비축용 장기임대주택 공급 등 동원할 수 있는 거의 모든 제도와 수단을 총망라하였다.

그러나 노무현 정부의 정책도 과거 정부들의 부동산정책과 큰 차별성을 보이지 못하였다. 과거 우리나라 부동산정책은 고유의 목적보다는 주로 경기조절용으로 사용해 왔는데 노무현 정부도 마찬가지였다. 1992년까지 정부의 정책이 사실상 지가상승을 전제로 추진되어 오면서 부동산불패라는 부동산 신화를 만들어내고 말았다. 인플레이션이 상존하는 상황에서 물가상승을 헤지(hedge)하기 위해 자산보호본능이 발동하여 실물자산을 선호하였다. 대표주자가 부동산이었고 투기의 부산물로 세계유수의 복부인이 탄생하게 된 것이다. 사실상 투기수요가 주류를 이루었기에 정부당국은 투기와의 전쟁을 외치면서도 '가수요(투기수요)'의 퇴로를 열어줘야 하는 정책적 딜레마에 빠질 수밖에 없었다. 투기발생을 억제하기 위해 규제를 강화하였다가, 건설경기가 위축되면 다시 규제를 완화하여 건설경기를 활성화시켰고 이것이 다시 부동산 투기를 발생시키는 순서로 시장의 부침이 반복되었다. 노무현 정부의 정책들도 부동산 경기 불안정 문제나 서민주거복지 등의 근본문제를 극복하지 못하였을 뿐만 아니라 시장경제와 배치되는 정책들로 시장의 혼선과 문제를 초래한 부분이 많았다.

**헨리 조지의 토지사상
일부 수용** │ 노무현 정부는 100년 전 토지사상을 바탕으로 정책을 입안하고 실천하다보니 이론과 실제가 불일치하는 모습을 보였다. 노무현 정부의 부동산사상은 19세기 미국의 경제사상가 헨리 조지(Henry George)의 토지사상을 일부 수용했다고 볼 수 있으나 상충되는 면이 존재한다. 헨리 조지는 땅에서 발생하는 이익을 세금으로 거두는 대신 나머지 세금을 폐지하면 성장과 분배가 조화롭게 달성된다고 주장하였다. 노무현 정부에서 토지에 대한 보유세 강화와 나대지에 대한 과세를 강조한 부분은 헨리 조지의 주장과 일맥상통한 면이 있다. 그러나 핵심적인 부동산정책들은 헨리 조지의 이론과 역행하고 있어 부동산시장에 불안을 조성하였다. 즉 토지세는 무겁게 하되 건물에 대한 과세는 없애야 한다는 헨리 조지의 주장6)에는 역행하였다. 그런데 노무현 정부는 종합부동산세와 재산세뿐만 아니라 취득세와 등록세 같은 거래세의 실효세율을 올려 시장이 제대로 작동하지 못하게 하는 우를 범했다. 건물에 대한 중과세는 장기적으로 수급불균형을 심화시킬 가능성이 크다.

인기영합주의적 정치논리로 시장원리 위배 │ 서민의 주거안정을 위한다는 명분아래 부동산정책을 시장논리가 아닌 정치 논리와 표를 의식한 감상적 인기영합주의를 바탕으로 정책을 추진하려 하였다. 우리사회의 당면과제인 사회적 불평등과 갈등은 불로소득을 야기하는 부동산으로부터 발생한다는 인식에서 출발하다보니 개발이익과 불로소득을 환수하는 것이 부동산가격 안정과 사회정의를 실현하는 최선의 길이라고 생각한 셈이다. 강남, 다주택소유자, 부자를 겨냥한 정책을 입안하고 시행하였다는 비판을 받고 있다.

그런데 이러한 제도는 출발부터 자본주의 기본원칙에 위배되고 시장원리에도 부합되지 않는 제도라서 여론의 뒷받침이 있다손 치더라도 결국에는 실패하게 된다. 지나친 형평에 치중하는 경제목표설정은 효율과 생산성을 저해하는 잘못을 초래할 수도 있다. 그리고 강남지역의 아파트 가격급등을 막기 위해 세금을 징벌적으로 부과하는 것도 지나친 평등주의적 발상이었다. "하늘이 두 쪽 나도 부동산 잡겠다"는 단언이나 "결국 투기소득이 발붙이지 못하게 하는 것이 부동산대책의 핵심이다. 양도세와 보유세 때문에 부동산은 일반 금융투자보다 수익이 떨어지게 돼 있어 앞으로 부동산을 사는 사람은 절대 성공 못 한다"는 식의 사고는 시장원리에 부합하지 않는 시각이었다.

---

6) 토지는 공급을 맘대로 늘릴 수 없어 소유의 불평등을 야기하지만, 건물은 장기적으로 충분히 늘릴 수 있으므로 건물에는 무거운 세금을 매길 필요가 없다는 주장이었다.

동시다발적 개발정책으로
전국적 부동산투기 재현 | 소득의 증가, 저금리에 의한 가계대출의 확대 특히 전국토의 동시다발적인 개발에 의한 투기수요는 노무현 정부의 수많은 부동산안정대책을 무력하게 만든 핵심 요소였다.

소득증가에 따라 생활편의시설과 주거환경이 양호한 강남지역과 중대형 평형의 선호도가 증가하였다. 또한 다주택 소유자에 대한 중과세로 인해 다주택소유자들이 보유하고 있던 비인기지역의 소형 아파트를 우선 처분하는 대신 인기 지역의 중대형 아파트를 선택함으로써 강남 등 버블세븐 지역 아파트의 상대적 가치를 높여주어 이에 대한 수요를 증가시키는 결과를 초래하였다. 그리고 저금리와 풍부한 시중 유동자금이 마땅한 투자수단을 찾지 못해 부동산으로 자금이 몰려 투자수요를 자극하였다. 주식시장에 대한 실망으로 주식시장을 이탈해서 대기하고 있던 부동자금도 부동산시장으로 유입되었다. 한편 강남권 재건축 아파트에 대한 집중규제는 이 부동자금이 일반아파트 및 인근지역 아파트로 이동하는 풍선효과를 초래해 가격상승을 파급시켰다.

수요측면에서 가장 큰 문제는 노무현 정부 스스로가 출범당시부터 전국에 동시다발적으로 개발추진정책을 내놓아 투기적 수요를 가속화시킨 장본인이라는 점이다. 행정중심복합도시와 기업도시, 혁신도시 등 국토 균형개발과 지방 분권화 명목으로 추진된 대규모 도시개발계획으로 지급된 토지 보상금과 영종도와 오산 등 수도권에 풀린 토지보상금이 무려 100조원에 달하였고 이것이 토지가격과 부동산가격 급등을 부추기는 요인이 되었다. 이밖에 수도권의 미니 신도시개발 등으로 경기 일부 지역 토지가격이 급등하고 기업도시 및 혁신도시 계획 등 개발제한구역이 해제될 것이라는 기대감이 형성돼 전국적으로 토지가격은 빠른 상승세를 보였다.

지나친 수요 억제 | 정부는 부동산가격 상승의 요인을 수급요인보다는 투기적인 수요로 간주, 재건축규제와 보유세 강화 등 강남 집값 잡기에 총력을 기울였다. 개발가능지 고갈, 대체수요지 발굴에 걸리는 시간소요 등을 고려할 때, 강남 집값 해결책은 공급확대를 위한 재건축사업의 정상화였다. 그러나 가격급등을 우려한 나머지 공급이 수반되지 않은 수요억제 위주의 부동산대책을 내놓았고 결국 수요관리위주의 정책이 효과를 거두지 못하였다.

그리고 풍선효과를 통해 오히려 다른 지역으로 주택가격 상승세를 확산시
킴으로써 강남과 강북, 수도권과 지방간의 양극화 형상을 심화시키는 결과를
초래했다. 소득수준과 삶의 질의 향상에 따라 중대형 및 강남 아파트 재건축
에 대한 수요가 많음에도 불구하고 이를 도외시했다. 규제일변도의 시장 간섭
은 시장기능을 왜곡시키고 부작용을 초래함을 보여준 것이었다. 실수요위주의
정책은 이상론에 가깝고 투기수요를 감안하지 않은 정책은 실현성이 희박하
다는 것을 보여주었다.

그리고 다주택보유자에 대한 양도세 중과부분도 다주택보유자들이 현실적
으로 임대시장의 공급자 역할을 수행하는 것을 도외시한 부분이었다. 1가구 2
주택 이상을 세금으로 규제하면 그 여파는 세입자들에게 전가될 수도 있다.
다주택자들의 사회적 순기능을 인정할 필요가 절실하다.

**대규모 개발사업으로 인한
전국적 토지 및 주택가격 상승** | 전국적으로 총량적인 주택공급 감소 속에서
수도권지역의 공급이 급속히 감소하였다. 2002
년 이후 주택건설실적이 매년 감소하였다. 특히 2003년 「국토의 계획 및 이용
에 관한 법률」의 시행으로 수도권 준농림지 등에서의 주택공급이 격감하면서
2005년 수도권 주택건설 실적은 2002년에 비해 절반 수준으로 감소했고 서울
은 같은 기간 주택건설실적이 3분의 1수준으로 급감하였다.

한편 토지가격 상승에 의한 분양가 인상은 기존 주택가격을 상승시키고
이것이 다시 분양가를 상승시키는 악순환을 초래했다. 분양가에서 토지가격이
차지하는 비중이 2002년 25% 내외에서 2007년에는 40%에 달하였으며 서울과
수도권은 50% 내외를 차지할 정도로 높아졌다. 국가균형발전이라는 명분의
대규모 도시개발계획과 각종 재개발사업에 대한 기대 등으로 충남 및 수도권
중심의 토지가격이 급등했고 이들 지역의 분양가 상승을 촉발하였다. 2003년
3월부터 2006년 11월까지 기간 중에 전국의 토지가격은 18.3%, 서울 26.2%,
경기 22.8%, 충남은 32.8%의 상승률을 기록했다.

**부처간 정책조율 미흡으로
정책의 실효성 및 신뢰 약화** | 부적절한 정책 대응과 관련 부처 간의 정책조
율 미흡으로 정책에 대한 국민의 신뢰성을 잃
은 면도 있었다. 수십여 차례에 걸쳐 발표된 고강도 부동산정책은 오히려 시

장의 내성을 키웠고 대책발표 3-4개월 후에는 다시 가격이 상승하는 기현상을 초래했다. 부처 간의 정책 이견표출로 인해 주택공급 정책에 대한 신뢰가 약화됨으로써, 정부의 부동산정책은 실시되기 전부터 정책 실효성의 문제가 거론되는 등 부동산 정책에 대한 불신이 높았다.

부동산정책 주관부서와 책임소재의 불분명이 주된 원인이었다. 정권 초기에는 청와대 정책비서관실이 주관하다가 다음에는 당정이 합동으로 추진하였고 그 후에는 건설교통부와 재정경제부가 주도하였다. 이 과정에서 부서마다 인기 및 건수위주의 정책을 경쟁적으로 양산했다. 최종적으로 정책을 종합 통제하는 시스템이 작동하지 못해 책임주관부서가 불분명했고 결과에 대해 어느 부서도 책임지기 어려운 입장이었다.

한편 잘못된 통계를 바탕으로 수립한 주택정책도 문제였다. 2002년 주택보급률 100%를 달성했다는 통계를 바탕으로 정책을 입안하다보니, 주택이 남아돌아가는 상황에서 주택가격상승은 전적으로 투기적 수요 때문이라고 판단했다. 그러나 주택보급률이 갖는 태생적 한계로 1인 가구가 제외되어 실제보다 주택보급률이 높아 보이는 착시현상을 진실한 숫자로 확신하는 오류를 범한 것이다. 실제로 2005년 105.9% 보급률은 1인 가구와 멸실주택을 고려하면 82.7%에 불과하였다.

위헌소지 있는 무리한 재건축이익환수 및 종합부동산세

재건축 시기는 사유재산재가 보장하는 개인의 권리이자 소비자선택의 자유이기에 사회적으로 규제하는 것은 타당하지 않다. 임대주택의무비율제도 정책목표가 불분명하고 공공이 해야 할 임대주택 공급을 정부가 민간에게 책임을 떠넘기는 행위인 셈이다.[7] 소형주택의무비율제도도 일종의 재산권침해에 해당할 가능성이 많았다.

특히 종합부동산세의 경우, 2008년 11월 13일 헌법재판소 전원재판부가 종합부동산세에 대한 위헌 소송에서 종합부동산세를 개인별이 아닌 세대별로 부과하는 '세대별 합산과세 규정'에 대해 재판관 7대2 의견으로 '위헌' 결정을 내렸다. 그리고 주거 목적의 1주택 장기 보유자에게 종합부동산세를 부과하는

---

7) 2005년 개발이익환수차원에서 도입된 재건축 임대주택 의무비율은 4년간 시행된 이후, 2008년 11·3 대책에서 법안이 개정되어 2009년 4월 22일 자로 폐지되었다.

것도 헌법에 부합하지 않는다는 '헌법불합치' 결정을 내렸다.

공급 없는 수요억제 중심의 규제 정책의 한계 노정 | 노무현 정부의 부동산정책은 결론적으로 공급보다 수요억제위주의 정책, 경제논리보다 정치논리를 앞세운 정책으로 정책의 일관성이 결여되어 국민의 신뢰를 얻지 못하였다. 공급을 고려하지 않은 세제 강화 위주의 수요억제 중심의 규제일변도 정책은 성공할 수 없다는 사실을 증명해 준 셈이다.

시중의 부동자금이 성장잠재력 둔화, 경기불확실성, 저금리정책, 대북 안보 문제 등 국내외 정세의 불안으로 적당한 투자처를 찾지 못하고 있다가, 부동산으로 일시에 대거 유입되는 상황을 제대로 예상하여 대처하지 못하였다.

결국 노무현 정부의 부동산정책은 소비자가 원하는 강남 지역에 부족한 부동산공급을 제대로 하지 않고 인위적으로 수요를 억제시키려 했다가, 오히려 수요가 계속 증가하여 강남지역의 독점적 가격만 형성시켜 놓았다. 또한 강남의 가격급등 여파가 강북, 수도권으로 파급되어 전국적인 가격상승으로 이어지게 만들었다. 시장을 무시한 정부 정책이 시장의 역습을 받았다.

제4절   이명박 정부의 부동산 정책

1. 글로벌 금융위기와 이명박 정부 부동산정책

2008년 시장친화적 정부 출범 | 이명박 정부의 부동산정책은 노무현 정부의 반시장적인 규제에 대한 회의로 시장친화적인 기조를 표방하였다. 시장에 대한 간섭을 최소화하고 시장의 자율과 경쟁을 중시하는 사상적 기반을 갖고 있어 이전 노무현 정부와는 이념적으로나 정책수단에서 상당한 차이를 보인다. 공급정책 기조도 신도시보다는 도심의 개발을 적극 추진하고 있다. 지속가능성장 및 녹색성장에 기반을 두고서 도심내 뉴타운 개발과 도심 재생사업에 중점을 두고 있다.

수요정책에서도 수요가 있는 곳에 공급한다는 원칙을 갖고서, 수요에 부응하고 수요를 촉발하는 공급정책을 펼치고 있다. 그리고 사회적 주요 이슈인

분양가 상한제, 분양원가공개 등 반시장적인 정책들에 대해서도 매우 신중한 입장이다.

📡 표 11-11 　이명박 정부의 부동산정책 기조

구 분	노무현 정부	이명박 정부
부동산사상 및 시장에 대한 시각	시장에 대한 적극적 정부의 개입 시장통제가 가능하다고 생각	시장에 대한 간섭의 최소화 시장의 자율과 경쟁 중시 보이지 않는 손에 의한 작용
	토지관＝공유개념, 우리의 것	사유개념, 나의 것
	성장＜분배	성장＞분배
	능률성＜형평성	능률성＞형평성
공급정책 기조	도심개발 억제. 뉴타운, 신도시건설 위주의 공급(도심에는 소형평형, 임대주택건설, 변두리에는 뉴타운, 교외에는 신도시 건설)	신도시보다는 뉴타운과 도심개발 (취임 후 변화, 도심개발 신중, 임대주택확대)
수요정책 기조	부동산에 대한 수요를 대부분 투기수요로 간주	수요(살고 싶은 곳에)가 있는 곳에 공급
	수요억제중심의 정책	공급중심의 정책
주요 이슈에 대한 입장	분양가 상한제	상한제는 시장원리 위배, 해제
	민간택지 분양원가 공개	민간택지 분양원가 신중
	투기지역 및 투기과열지구 확대	강남3구 이외 지역 완화
	다주택자 양도세 강화	양도세 감면 및 한시적 면제
	종합부동산세 도입 및 강화	종합부동산세 완화

대통령직 인수위원회 시기와 출범 초기의 정책들을 보면, 민간부문의 시장 자율성을 보장해 부동산 시장질서를 재확립하겠다는 것이며, 친시장적인 정책으로 주택공급을 늘려 가면 부동산 가격은 안정될 것이라는 입장을 취했다. 대통령직 인수위원회에서 마련한 주요 부동산정책에는 양도소득세 2년 거주 규정 폐지, 양도세 장기보유 특별공제폭 확대, 취·등록세 완화, 신혼부부 주택 공급, 지분형 분양주택, 지방 투기 과열지구 및 투기지역 해제, 재건축 및 재개발 규제완화, 분양제도 개편 등이 포함되었다. 부동산정책 방향을 '공급기

반 강화'와 '거래활성화/수요 확대' 그리고 '조세체계 합리화'로 정하였다.

◐ 표 11-12 이명박 정부 출범 초기의 부동산 정책 방향

정 책	내 용	목 표
지분형 아파트	• 자금력이 약한 실수요자의 내집 마련 가능	공급기반 강화
도심재개발	• 노무현 정부의 신도시 개발 중심 정책에서 도심 재개발로 방향 전환	
재건축, 재개발 활성화	• 도심 주택공급 늘리기 위해 재개발, 재건축규제완 화 가능성	
신혼부부 주택공급 확대	• 무주택 신혼부부 주거안정 위해 매년 12만 가구 소형 주택 공급	
행정도시 계속 추진	• 노무현 정부가 추진하던 행정복합도시건설 지속	
한반도대운하 건설	• 경부, 호남, 금강 대운하 건설	
U자형 국토개발	• 서해안, 남해안, 동해안의 해안도시를 해양 도시 특구로 조성	
지방 민간주택건설 및 분양 활성화	• 지방 투기과열지구, 투기지역 해제 • 민간주택 분양가상한제 주택 전매규제 폐지	거래활성화/ 수요확대
농지, 산지, 그린 벨트 등 규제 해제	• 이용과 개발이 가능하도록 땅 규제 단계적 조정	
취득세 요율인하, 등록세 폐지	• 부동산 취득단계 세금 부담 감소	조세체계 합리화
종합부동산세 완화	• 장기 보유 1가구 1주택자, 고령자의 세부담 절감	
양도소득세 완화	• 장기 보유 1가구 1주택자 세금 감면 • 장기대출특별공제 혜택 확대, 고가주택기준 상향 조정	

자료: 닥터아파트.

글로벌 금융 위기의 확산 │ 2007년 하반기 미국의 서브프라임 모기지 사태에서 촉발된 금융위기가 실물경제 침체로 이어지면서 2008년 하반기에는 글로벌 금융위기가 초래되었다. 글로벌 금융위기의 단초는 금융파생상품이었지만 그 파생상품들은 부동산시장과 연결되어 있어, 주

택가격 하락을 초래했고 미국과 유럽 각국의 부동산 가격폭락사태와 자산디플레이션을 초래하기에 이르렀다.

한편 미국발 금융위기는 곧 전 세계로 확산되었고 2010년 이후에는 아일랜드, 그리스, 이탈리아, 포르투갈, 스페인으로 이어지는 유럽 재정위기가 가세하면서 전세계 경제는 더욱 위태로워졌다. 미국과 유럽 등의 소비가 급격히 줄면서, 중국, 일본, 싱가폴, 대만, 한국 등 주요 수출국의 경기까지 둔화시켜 전 세계적인 경기위축으로 확대되었다.[8] 한국도 예외는 아니어서, 2008년 등장한 이명박 정부는 임기내 주택 및 건설경기 위축으로 인해 초래된 국내 소비 및 실물경기 위축을 만회하기 위해 지속적인 관심과 노력을 보이지 않을 수 없었고, 이전 노무현 정부에서 지나치게 강화해 놓은 규제들을 완화하는 데 총력을 기울여 왔다.

위기극복 및 시장회복을 위한 정책으로 급선회 | 2008년 하반기부터는 미국발 글로벌 금융위기로 침체된 주택 및 건설경기 정상화를 위해, 가속도를 내었다. 양도소득세 완화에 이어 분양권 규제 완화 등의 수단까지 동원하였고 2008년 연말에는 노무현 정부에서 가장 공을 들였던 다주택자에 대한 양도세 중과와 종합부동산세 강화 부분까지도 지방의 미분양아파트 해소와 부동산 거래활성화 차원에서 상당부분 완화하였다. 특히 이명박 정부는 지방의 미분양아파트 적체 문제를 해소하기 위해 수차례의 지방 주택시장 활성화 방안을 발표하였다.

한편 건설경기를 회복시키기 위해 선거공약이었던 경부운하를 축소하여 4대강 준설 및 수중보 건설사업으로 전환하였다. 그리고 보금자리주택정책을 만들어 개발제한구역 주변을 해제하여 집 없는 서민들의 주택보유를 촉진하기 위한 획기적인 주택정책의 구체적인 실천방안으로 개발제한구역을 해제하여 주변 시세보다 저렴하게 공급하는 보금자리주택의 공급에 역점을 두고 있다. 뿐만 아니라 도시형생활주택 건설을 지원하여 도심 역세권 주변에 소형주택을 공급하여 도심에서의 직주근접형 주거생활을 지원하고자 하였다.

---

8) 2013년 하반기에 오면서 미국의 양적완화 움직임과 중국 경제의 성장률 둔화가 나타나면서 세계경제는 다시 요동하기 시작하였고, 2013년 말엽에는 아르헨티나를 비롯한 신흥국의 위기가 고조되는 상황이다. 2008년 글로벌 금융위기의 여파가 2014년에도 국내외 경제에 영향을 주고 있다.

가계부채 급증과 금융규제 | 한편 가계부채가 2008년에 808조원 수준이었으나 임기말인 2012년말에는 1,099조원으로 늘어났다. 불확실한 세계경제 여건에 대응하느라 금리인상 시기를 놓치고 장기간 저금리 상황이 지속되면서 가계부채는 급증하였다. 주택가격 하락과 거래부진 속에서 가계부채가 증가한 것은 주로 가계생활자금, 소상공인 운영자금 대출, 그리고 전세가 급등으로 인한 전세자금 대출이 늘어난 데 그 원인이 있다. 이제 하우스푸어 문제만이 아니라 렌트푸어 문제가 겹쳤고 주택담보비율 상승으로 금융권 부실도 우려하는 상황이 되었다.9)

가계부채의 증가가 지속되면서 완화하였던 총부채상환비율(DTI) 규제를 2011년 4월부터 다시 강화하고 가계부채의 건전성을 강조하였다. 금리인상을 단행하기가 쉽지 않은 대내외 여건이다보니 정부는 한때 금융기관에 대출증가율을 제한하는 가계대출 한도관리에 나서기도 하였다.

서민 주거안정과 전월세 대책 | 2007년 이후 주택 매매가격 상승률이 둔화되고 매매시장이 안정세를 유지하면서, 주택투자수익률이 낮아지고 주택을 구입하려는 의사도 감소하였다. 대신 주택임대수요는 꾸준히 증가하고 있다. 그 결과 전세가격은 매매가격의 안정과는 대조적으로 연간 10%가 넘는 가파른 상승세를 기록하였고 집 없는 서민들은 주거안정에 큰 위협을 받게 되었다. 전세가격이 가파른 상승세를 보이자, 기존 전세형 임대를 보증부월세형 임대로 전환하려는 움직임이 생기면서 임대차시장의 구성비에서도 전세비중이 낮아지고 보증부월세 포함 월세비중이 커지고 있다.

한편 정치권에서는 전세보증금의 급등을 막기 위한 명목으로 전세보증금 및 월세의 인상률 상한제 도입을 요구하였지만, 주무부처인 국토교통부와 학계에서는 임대료 상한제가 장기적으로 임대시장에 초래할 부작용과 폐해를 우려하여 정치권의 요구에 맞서고 있다. 그런데 정부가 전세가 급등에 대한 대응을 분명한 공급정책을 통해 내놓지 못한 채, 전세금대출 증가로 임기응변적인 조치만하다보니 가계부채의 급등을 초래하여 렌트푸어를 걱정해야 하는 상황이 되었다.

---

9) 국제 신용평가회사인 무디스가 한국의 은행산업을 위기에 빠뜨릴 수 있는 요인의 하나로 가계부채 증가를 거론하였다.

2. 이명박 정부의 주요 부동산정책

1.30 투기지역 및 투기 과열지구 해제(2008) | 이명박 정부는 '공급기반 강화와 거래활성화/수요확대 그리고 조세체계 합리화를 추진하였다.

📌 **표 11-13** 이명박 정부의 주요 부동산정책 일람

연도		주요 부동산 및 건설정책의 내용
2008	1.30	- 비수도권 투기지역 및 투기과열지구 전면 해제
	6.11	- 지방 미분양 LTV 60%→70% 완화, 1년간 취득세 50% 감면
	8.21	- 수도권 전매 제한 기간 완화 - 재건축 절차 규제 개선, 재건축 의무 후분양 폐지
	9.19	- 주거안정을 위한 도심공급 활성화 및 보금자리주택 건설방안
	11.3	- 강남 3구 제외한 투기지역·투기과열지구 해제 - 재건축 의무 후분양 폐지
2009	2.12	- 주택청약종합저축 신설
	7.6	- 수도권 지역의 주택담보비율(LTV) 50%로 하향 - 총부채상환비율(DTI) 수도권 제2금융권까지 확대
	8.27	- 수도권 입주 예정 단지 조기 입주 및 분양 물량 조기 공급 - 보금자리주택 공급확대
2010	4.23	- 주택 보증 환매 조건부 매입 확대
	8.29	- 무주택 및 1가구 주택자 대출에 한해 DTI 한시적 자율화 - 생애 최초 주택 구입 자금 재도입
2011	3.22	- 주택 거래 시 취득세 연말까지 50% 감면
	8.18	- 민간 임대사업 활성화 및 주거비 부담 완화
	12.7	- 지방 청약 가능 지역 확대, 투기과열지구 해제
2012	5.10	- 강남 3구 투기지역 해제, 분양권 전매 제한 기간 완화
	9.10	- 취득세 감면, 미분양 주택 양도세 면제

이명박 정부의 부동산 대책은 2008년 1월 30일에 발표된 비수도권 투기지역 및 투기과열지구의 전면 해제로부터 시작되었다. 이어 3월 21일에는 1가구 1주택 장기보유자에 대해 양도세 특별공제폭이 확대됐다. 1가구 1주택자가 20년 이상 장기 보유할 경우 특별공제율이 80%까지 대폭 확대됐다.

하지만 이후 6·11대책과 8·21대책 등이 발표될 때까지 후속 대책이 나오지 않았다. 당시 시장은 '경제 살리기'를 모토로 하는 새 정부의 등장에 기대감을 품고 기다렸으나 이명박 정부는 그 기대치를 충족시킬 대안을 제시하지 못하였다. 정부의 입장에서도 무책임한 활성화 대책으로 자칫 집값이 급등할 경우를 우려하지 않을 수 없는 상황이었기에, 결국 이명박 정부도 '시장안정'과 '경기부양'이라는 두 가지 목표를 동시에 추진할 수밖에 없었다.

6.11 지방 미분양 해소방안 등(2008)

정부는 6월 11일 지방 미분양주택 대책을 통해 지방 미분양 주택의 해소에 발 벗고 나섰다. 지방 미분양 주택담보비율(LTV)을 완화하고 지방 미분양주택 취득시 1년간 취득세를 50% 감면하고 양도세 면제도 2년 연장하였다. 그리고 매입임대주택 사업자에게도 의무임대기간을 단축하고, 면적요건도 전용 149m² 이하로 완화하였다.

이어 8·21 대책에서도 주택공급 기반강화 및 건설경기를 보완하는 데 주력하였다. 지방 미분양주택을 한국토지주택공사와 대한주택보증이 분양가의 70~75%에 매입해 주고, 지방광역시까지 1가구 2주택 양도세 중과면제를 확대하였다. 그리고 건설경기 보완을 위해 분양가 상한제 중 민간건설사의 택지비 산정시 가산비를 인정하고 주택재건축사업의 후분양 의무규정을 폐지하고 조합원 지위양도를 허용하였다. 후분양 민간아파트에 국민주택기금을 지원하며 인천검단신도시 2만6000가구, 오산세교신도시 2만3000가구 조성을 발표하였다. 한편 수요촉발을 위해 수도권 분양권 전매제한은 공공택지는 3~7년, 민간택지는 1~5년으로 완화하고 30년 장기보금자리론의 공급을 확대하였다.

9.19 보금자리주택건설 발표 등(2008)

9·19대책에는 국민 주거안정을 위한 도심공급 활성화 및 보금자리주택 건설방안을 담았다. 2018년까지 수도권 300만가구, 지방 200만가구 등 500만가구를 공급하는 계획이다. 그중 보금자리주택을 150만가구 공급할 예정이다. 보금자리주택은 집 없는 서민

들을 위한 획기적인 주택정책의 구체적인 실천방안으로 사전예약제를 적용하여 공급하기로 하였다.

그리고 10·21대책은 가계주거 부담완화 및 건설부문 유동성 지원·구조조정 방안을 담았다. 건설사 유동화 채권발행을 위해 공적보증기관이 신용보강을 하며 투기지역 내 준공 후 미분양주택의 담보대출을 허용하고 건설사가 보유한 공공분양택지를 3조원까지 정부가 매입하며 공영개발 공동택지의 제3자 전매도 허용하고 지방 미분양주택은 2조원까지 환매조건부로 매입하기로 하였다.

한편 11·3 경제위기종합대책에서는 강남3구 외 주택투기지역 및 투기과열지구를 전부 해제하고 주택재건축사업 소형평형의무비율을 '85m² 이하 60% 이상'으로 완화하며 재건축 용적률을 법적 상한(300%)까지 허용하기로 하였다. 1가구 2주택자가 지방 미분양주택을 매각할 경우, 양도세율을 일반세율로 2년간 적용하고 1가구 1주택자가 지방의 주택을 취득하면 1주택자로 계속 인정하는 등의 지방 주택시장 활성화 방안을 담았다.

2009년 규제완화에서 완화보류로 | 2009년 부동산 관련 정책동향은 크게 '거래활성화를 통한 부동산 시장 회복'과 '미분양 해소를 위한 추가 대책', '도심지를 중심으로 한 주택공급 확대'로 요약할 수 있다. 2008년 하반기의 전폭적인 미분양 해소 및 건설사 유동성 지원 대책에 이어 2009년에는 신축 주택구매에 따른 양도세 일시 감면, 미분양펀드 등에 대한 종합부동산세 및 법인세, 배당소득세 등의 면제, 한국주택금융공사의 미분양 펀드 원리금 상환 보장, 부도 건설사에 대한 대한주택보증의 분양보증 등 추가 지원 조치가 발표되었다.

2·12대책에서는 미분양 주택의 처분시 양도세를 한시적으로 감면하는데, 과밀억제권역이 아닌 지역은 5년간 전액 감면하고 서울시를 제외한 수도권 과밀억제권역에서는 5년간 50% 감면하였다. 그리고 주택청약종합저축을 신설하고 분양가상한제 적용주택의 재당첨 제한기간을 1~5년으로 단축하였다.

한편 공급부족에 따른 향후 수급불균형 해소를 위해 공급측면에서 문제점으로 지적되어 왔던 재건축 소형의무비율, 기반시설비용(뉴타운) 등이 부분적으로 개선되었다. 재건축 소형의무비율은 2009년 2월 국토해양부가 주택재건축사업 활성화를 위해 주택규모별 건설비율을 85m² 이하 비율만 60% 이상으로 고시하고 나머지 비율은 시·도 조례에 위임하였다. 서울시는 1~2인 가구 증가로 소형주택 수요가 급증하는 것을 반영하여, 60m² 이하 소형주택 비율 20% 이상으로 조례를 개정하였다.

그리고 7월 6일 정부는 전격적으로 수도권 지역의 주택담보비율(LTV)을 60%에서 50%로 낮추고 DTI규제를 수도권 제2금융권까지 확대하였다. 세계적인 금융위기 상황에 대처하기 위해 나온 저금리 정책이 주택시장을 자극하고 있다는 점을 간파하고서 주택금융시장을 통제하는 대책을 내놓았다. 저금리로 인해 주택시장이 경기상황과 관계없이 움직일 수 있다는 시장의 흐름을 고려한 선제적 대응 조치로 볼 수 있었다. 나아가 7월 20일 부동산시장점검회의를 열고 부동산투기 억제를 위해 주택거래신고지역을 투기지역과 분리해 운용하는 것을 골자로 하는 「주택법」 개정을 추진하였다. 현행 주택법은 투기지역 내에서만 주택거래신고지역을 지정할 수 있도록 규정되어 있지만, 법 개정이 이루어지면 주택투기지역이 아니더라도 부동산투기 조짐이 나타나는 지역에는 주택거래신고지역을 지정할 수 있게 된다.

8·27대책에서는 비상경제대책회의를 통해 서민 주거안정을 위한 보금자리주택 공급확대 및 공급체계 개편방안을 발표하였다. 2012년까지 수도권 그린벨트 내 보금자리주택을 32만가구 공급하고 보금자리주택지구를 5~6곳 지정하며 연2회 사전예약을 실시하기로 하였다. 그리고 위례신도시에 보금자리주택 22,000가구를 공급하는 방안도 담았으며 생애최초 주택청약제도 신설 및 특별공급 비율을 조정하여 신혼가구, 다자녀가구 등에 혜택을 주고자 하였다.

4.23 미분양해소 및 거래 활성화 방안(2010)

2010년 3월18일 당정협의에서는 지방의 미분양 주택 양도세 감면 및 미분양 취·등록세 감면을 1년 연장하고 지방 민간택지 주상복합아파트의 분양가상한제를 폐지하는 방안을 논의하였고, 4월 23일 주택 미분양 해소 및 거래 활성화 방안을 발표하였다. 대한주택보증이 환매조건부 미분양주택 매입 재원을 3조원까지 확대하여, 준공전 미분양주택을 2만 가구 매입하기로 하였다. 또한 미분양 리츠·펀드로 준공후 미분양 5,000가구를 매입하는 방안도 담았다. 그리고 주택금융공사에서도 1조원 규모의 신용보강으로 건설사의 회사채 유동화(P-CBO)를 활성화하고 한국토지주택공사에서 준공후 미분양주택을 1,000가구 추가 매입하였다.

8.29 실수요 주택거래 정상화와 주거안정 지원(2010) | 기존 주택이 처분되지 않아 고충을 겪는 신규 분양아파트 입주자들의 문제를 해결하고 주택거래를 활성화하기 위해, 3월 18일 당정협의에서는 강남3구를 제외한 6억원 이하 85m² 이하 기존 주택의 매매자에게는 2억원(연 5.2%)까지 융자하기로 하였다.

8·29 대책은 실수요자의 주택거래 정상화와 서민·중산층의 주거안정 지원방안을 추가하였다. 실수요자들에게 보다 많은 혜택을 주어 거래를 활성화하고자 무주택 및 1가구 1주택자 대출에 한해 DTI 적용을 한시적으로 자율화하고 생애최초 주택구입자금을 신설하여 2억원까지 국민주택기금에서 지원하였다. 또한 다주택자에 대한 양도세 중과 완화 기준을 2년 연장하고, 취득세 감면도 1년 연장하였다. 그리고 전세가격 상승으로 인해 어려움을 겪는 서민·중산층의 주거안정을 지원하기 위해 국민주택기금의 전세자금 대출한도를 4,900만원에서 5,600만원으로 높였다. 그리고 주택금융신용보증기금의 전세자금 및 전세금 반환자금 대출에 대한 보증 지원을 강화하였다.

또한 보금자리주택 공급을 확대하기 위하여 보금자리주택 사전예약 물량을 80%에서 50%로 축소하고 예약시기를 조절하였다. 또한 보금자리주택공급으로 인해 민간건설사의 공급이 축소되는 점을 보완하고자 민영 보금자리주택 공급비율(25%)을 상향조정하였다. 그밖에 건설사의 자금난을 해소하기 위해 3조원 규모의 유동화증권(P-CBO 및 CLO; Primary Collateralized Bond·Loan Obligations) 순차발행을 지원하며 환매조건부 매입대상 및 업체별 매입한도를 확대하고 미분양 리츠·펀드의 매입대상도 확대하였다.

1.13 및 2.11 전세자금 지원 강화(2011) | 2011년에도 주택경기의 침체와 전월세시장의 급등 상황이 지속되었다. 주택시장 종합대책은 거래활성화와 공급부문에 집중되어 '거래세 완화', '미분양 지원', '주택공급 확대', '전월세 지원', '민간임대사업 활성화' 등으로 요약할 수 있다. 한편 가계부채 연착륙 종합대책은 금리인상 카드가 세계경제의 불확실성이 커지면서 활용이 어렵다보니, 가계대출의 한도관리 등 직접적으로 가계부채 증가를 막는 방안 등

을 내놓았다.

먼저 1·13대책에서는 소형·임대주택 공급과 전세자금 지원 등을 주요 골자로 하는 대책을 발표하였다. 하지만 전세시장에 단기적·실질적 공급효과를 가져올 수 있는 소형·임대주택 공급은 약 4천호(판교순환용 주택과 공공보유 준공 후 미분양주택)에 불과하였다. 그리고 2·11대책에서도 전세자금 지원 확대와 부동산투자회사 등이 투자·운영하는 미분양주택을 활용한 임대주택 공급 등을 골자로 하고 있다. 그러나 공급대책은 단기적으로 효과를 나타내기 어렵고 전세시장의 유동성 공급도 전세가격 인상촉발, 전세대출 부실화 등의 부작용 논란이 존재한다.

3.22 주택 취득세 완화 등(2011)

3·22대책은 가계부채 문제 및 주택가격상승을 막기 위해 DTI 규제를 환원시켰고 이에 따른 거래위축을 보완하기 위해 취득세를 완화시켰다. 그런데 취득세 완화조치는 주택구매 시점을 취득세 적용 이후로 연기시켜 거래절벽 현상을 낳았다.

한편 5·1대책은 주택경기 침체로 인한 건설업체들의 위기극복 지원 차원에서 건설경기 및 주택경기 활성화를 도모하는 대책으로 구성되었다. 건설사 부동산개발PF에 대한 구조조정과 유동성 지원, 배드뱅크 설립 등을 주요 내용으로 하며, 주택거래 활성화를 위해 1주택 양도세 비과세 요건 중 '2년 거주' 요건도 완화하였다.

8.18 민간임대사업 활성화와 주거비 부담 완화(2011)

8·18대책은 전월세 대책으로 표방되며 민간 임대시장을 활성화하여 전월세 공급물량을 늘리고 주택 매수기반을 강화하겠다는 정책의지를 담고 있다. 수도권의 임대사업자 세금감면 요건을 현 '3가구 이상'에서 '1가구 이상'으로 대폭 완화하는 내용을 담았다. 신축 다세대주택 2만 가구를 전세물량으로 공급하고 주거용 오피스텔을 임대주택으로 등록할 수 있도록 허용하며 오피스텔 건설을 지원하는 등의 임대주택 공급확대 방안도 포함하였다.

그리고 세입자의 주거비 부담완화를 위해 전월세 소득공제 대상을 연소득 3,000만원 이하에서 5,000만원 이하까지 확대하며 소형 전세보증금은 소득세 과세 대상에서 한시적으로 배제하는 내용도 담았다. 이번 대책을 통해 정부는 민간 임대주택사업을 활성화하여 주택 수요기반을 확충함으로써 집값 회복심리를 확산시키고 나아가 전세수요의 매입수요 전환을 유도하고 거래증가 및 전세수요 감소라는 순환고리를 만들고자 하는 의지였지만, 전세난을 완화하기에는 한계가 있었다.

12.7 주택시장 정상화 및 서민주거안정지원(2011) | 12·7 대책은 대내외 경제 불확실성 등에 따른 주택시장의 어려움을 완화하고, 전월세 등 서민 주거안정을 도모하기 위해 마련되었다. 다주택자 양도세 중과제도를 폐지하고 재건축 초과이익 부담금을 2년간 부과 중지하며, 투기과열지구를 해제하는 등 과도한 시장규제를 철폐하는 것을 담았다. 그리고 대학생 전세임대 1만호, 저소득 세입자 전세임대 1.5만호 등 저소득·서민층을 위한 맞춤형 주거지원 확대하고 생애최초 구입자금 지원대상을 확대(연소득 4천만원→5천만원 이하)하며, 금리인하(4.7%→4.2%) 등으로 실수요자의 내집마련을 지원함으로써 전세수요도 완화하고자 하였다. 한편 지방 아파트 청약가능지역을 도단위(인접 광역시 포함)로 확대하고, 장기 미사용 공공시설용지를 실수요에 맞게 용도 변경하는 것을 담았다. 그리고 최저가낙찰제 확대시행을 2년간 유예하고 유동화증권(P-CBO) 추가발행을 지원하며 공모형PF의 정상화를 통해 건설업계 경영정상화 및 구조조정을 지원하고자 하였다.

5.10 주택거래 정상화 및 서민·중산층 주거안정지원(2012) | 5·10 대책은 주택거래 정상화 및 서민·중산층 주거안정 지원방안으로 2011년 12·7 대책의 후속 대책이었다. 우선 주택거래 활성화를 위해, 강남3구에만 적용되고 있던 주택투기지역과 주택거래신고지역을 전면 해제하고 수도권의 분양권 전매제한 기간을 완화하고, 민영주택에 대한 재당첨제한도 투기과열지구 외에는 폐지하였다. 또한 2년 미만 보유 후 집을 팔 경우의 양도세 중과세율도 완화하여, 1년 미만은 50%에서 40%로, 1~2년 미만은 40%였던 것을 폐지하는 것을 담았다. 그리고 다주택자 양도세 중과 폐지, 분양가상한제 폐지, 그리고 재건축 초과이익부담금 부과 중지도 포함되었다.

다음으로 실수요자의 내집마련 지원을 위해 주택금융공사의 금리우대 보금자리론 지원대상, 한도, 금액을 대폭 늘리고 생애최초 주택구입자금도 1조5

천억원으로 증액하며, 1가구 1주택자에 대한 양도세 비과세 요건을 2년 이상 보유로 완화하고, 일시적인 2주택자에 대한 종전주택 처분 기한도 3년으로 완화하였다.

한편 중소형 임대주택 공급 활성화를 지원하기 위해 2~3인용 도시형생활주택에 대한 국민주택기금의 지원을 늘리고, 2세대 이상이 거주할 수 있는 세대구분형 아파트에 대한 면적제한 규제도 완화했다. 또 1:1 재건축에 대한 주택규모 제한도 개선하고 용적률 인센티브 제도를 뉴타운에서 재건축사업까지 확대하였다. 아울러 뉴타운 기반시설비 국고지원도 늘리기로 했다.

그런데 시장에서 강하게 요구하는 DTI 완화, 취득세 감면 등의 대책은 빠져있어 소비자들의 구매심리가 얼마나 살아날 지는 미지수였다.

9.10 경기부양대책 (2012) | 9·10 대책도 주택시장 정상화와 서민주거안정 지원의 연장선에 있는 후속 대책으로 볼 수 있는데 기대하던 취득세 감면이 포함된 것이었다. 경기가 나아질 기미를 보이지 않자, 근로소득 원천징수를 줄이는 것부터, 개별소비세 인하, 양도세·취득세 감면 등을 망라하여 기획재정부가 경기부양에 나선 것이다.

부진한 주택거래를 늘리기 위해 양도세와 취득세를 추가 인하하였다. 2012년 말까지 미분양 주택을 취득하면 5년 동안 양도세를 100% 감면하고, 취득세는 50% 인하하기로 하였다. 현재 9억원 이하인 1세대 1주택의 경우 취득세율이 2%인데 1%로 낮추고, 1세대 1주택 9억원 초과 또는 2주택 이상 다주택자는 4%인데 2%로 인하하였다. 부동산 경기 부양책의 일환으로 강력한 부양대책을 발표한 것인데, 소급적용 등의 문제가 있었다. 국회 기획재정위원회 통과일 기준 미분양 아파트에 한하는 3개월간의 한시적 조치라서 부동산 경기 부양효과를 체감하기에는 다소 미흡하였다.

3. 이명박 정부의 부동산정책 평가

김대중 정부의 위기대응과 이명박 정부의 위기대응 차이 | 이명박 정부도 김대중 정부와 유사하게 경제위기가 발발한 상황에서 출범하였기에 주로 부동산 경기회복 및 부양에 초점을 맞추는 부동산정책이 나올 수밖에 없었다.

하지만 부동산 및 주택의 여건이 김대중 정부와는 크게 달랐기에 규제 완화 일변도로만 추진할 수 없었다. 김대중 정부와 노무현 정부 시절 10년간 급등한 부동산가격은 근본적으로 1998년 아시아 외환위기와는 전혀 다른 상황이었고 주택보급률이 이미 100%를 달성한 시장상황도 크게 달랐다. 그리고 혁신도시, 기업도시, 경제자유구역 등에서 전국에서 벌어지는 대규모 부동산개발은 경기부양책만을 구사하기에는 이미 포화상태에 달하여 구사할 개발정책도 많지 않았다. 더욱이 수도권과 지방의 부동산경기가 역전되어 있는 현상은 과거의 정부들의 시장상황과는 상이한 부분이었다. 노무현 정부시절에는 주로 지방의 미분양이 문제가 되었다면 이명박 정부시절에는 수도권의 미분양이 사회문제가 되었다. 가격도 수도권은 공급과잉으로 인하되는 반면, 지방은 부산과 대전 광역시 등을 중심으로 공급부족 현상과 함께 가격급등 현상이 나타났다.

이상과 같은 측면에서 이명박 정부의 부동산정책은 김대중 정부시절의 부동산정책들에 비해서는 다소 복잡하고 과감하기 어려웠다고 판단된다. 그리고 노무현 정부에서 다주택자 양도세 중과, 종합부동산세, 그리고 분양가 상한제 등의 주요 규제나 제도들을 정치 이슈화시키다보니 사회적 갈등이 심화된 부분이 존재하였다. 그래서 시장논리에 맞지 않는 지나친 규제나 조치들을 정상화하려는 조치나 논의마저도 계속 첨예한 대립 속에 있었고 쉽게 해결의 실마리를 찾지 못한 점도 간과할 수는 없을 것이다.

보금자리주택 득과 실 엄밀한 분석 필요 | 이명박 정부 주택정책의 핵심이라고 할 수 있는 보금자리주택은 도입 초기부터 끊임없는 논란의 정점에 있었다. 개발제한구역을 해제하는 것부터, 민간 분양주택과의 경합, 그로 인한 구축효과 및 민간주택시장 침체, 전세난의 주범 등 논란거리가 다양하고 많았다.

국토교통부는 보금자리주택 공급이 주택시장 침체의 원인을 제공했다는 논란에 대한 스스로 실증분석을 통해서 답을 구하는 시도를 하고 있다. 개발제한구역 해제 등을 통해 보금자리주택을 주변 시세보다 저렴하게 공급한 것이 주택가격 하락의 요인이 됐는지? 보금자리주택이 매매 수요 또는 시장 관망세에 영향을 미쳤는지? 검토 중이다. 실제로 건설업계와 정치권에서는 개발제한구역 해제를 통한 '반값 보금자리주택' 공급으로 인해 주택거래 대기수요를 양산하고 전세난을 가중시켰다는 지적을 계속 해오고 있다. 분석결과는 추후 지켜볼 일이다.

어찌되었든 이러한 논란으로 인해 보금자리주택정책도 적잖은 사업진행상의 차질을 경험하였다. 공급 속도조절, 임대비중 확대 등의 요구를 거세게 받아 계획한 만큼 진행하지 못하고 있다. 도입취지는 무주택서민의 주거안정과 내집마련 촉진을 위한 것으로 충분히 의미가 있었다고 판단된다. 전월세 임차형태의 임대주택 공급위주의 서민주거안정 정책을 보완하여 자가형태의 보금자리주택을 선택할 수 있는 기회를 부여한 것은 서민주거정책에서 진일보한 측면이 있었다. 그리고 3기 신도시와 같은 무분별한 수도권 교외확산을 막고 직장과 주거지와의 거리를 단축시키려는 의도도 옳았다.

제도의 취지를 살리고 보다 진보된 정책을 만드는 차원에서 실증분석에 보금자리주택 입주자를 분양·임대주택별로 상세히 조사해서 공공분양주택 공급이 거주형태와 규모 상향 등 주거이동에까지 어떠한 영향을 주었는지도 판단하여 시사점을 도출하고 활용할 수 있기를 기대한다.

도시형생활주택 급증의 후유증 | 국토교통부의 통계에 의하면, 2009년 1,688가구에 불과했던 도시형생활주택 인허가 실적은 2010년 2만529가구, 2011년 8만3,859가구, 2012년 12만3,949가구로 폭증했다.[10] 이후, 도시형생활주택 건축자금 금리가 5%로 환원되고 주차장 기준이 강화됨에 따라 2013년에는 다시 6만9,119가구로 감소했다.

한때 정부는 도시형생활주택의 원활한 공급을 위해 2010년 주차장 기준을 전용면적 60m² 당 1대로 완화해 운영했다. 그러나 주차문제가 심화되어 도시 내 난개발로 이어지는 문제가 생겼다. 그래서 2013년 4·1대책 후속조치로 시행된 '주택건설기준 등에 관한 규정' 개정안에 따라 30m² 미만인 원룸형 주택은 가구당 0.5대, 30~50m² 이하인 원룸형 주택은 가구당 0.6대의 주차장을 설치하도록 기준을 강화했다.

주차장 기준을 완화하는 등 규제를 완화한 것이 도시형생활주택의 과도한

10) 2013년 이후 변화가 커서 객관적인 평가를 위해 이명박 정부시절이 아닌 2013년과 2014년의 상황도 반영하였다.

증가를 초래했다. 특히 주거용 오피스텔과의 경합을 벌이는 원룸형 생활주택
은 공급과잉으로 인해 투자 수익률이 크게 저하되고 있어 투자자들의 출구전
략이 어렵게 되고 있다. 한편 양호한 주택지에서의 원룸형 도시형생활주택의
급증은 기존 단독주택과 3~4인 가구용 전세주택의 멸실을 가속시켰고 전세
공급물량 감소와 전세난의 한 원인으로 작용하기도 하였다.

제5절 박근혜 정부의 부동산정책

■■■ 1. 행복주거를 표방한 박근혜 정부 부동산정책

부동산분야 대선 공약 ┃ 박근혜 정부의 출범 초기 부동산정책은 대외적으로
'행복 주거' ┃ 2008년 글로벌 금융위기의 여파가 여전하고 부동산
시장 내부적으로도 침체가 장기화되고 있는 상황이라서, 근본적으로 부동산시
장을 정상화시키기 위한 정책기조는 이명박 정부와 크게 다르지 않았다.

먼저 대선공약 중 직접적인 부동산정책 분야의 키워드는 '행복 주거'였다.
슬로건은 "집주인도 세입자도 집 걱정, 대출상환 걱정 없는 세상이 옵니다."
였고, 국민들이 집 때문에 불안과 고통을 겪고 있고 임차인들도 급등하는 전
세가격 때문에 고통을 겪고 있는 현실을 핵심적인 사안으로 보았다.

과다한 대출로 인한 원리금상환으로 가계생활이 피폐해진 '하우스푸어'뿐
만 아니라 값싼 전세를 찾아 유랑하는 '렌트푸어'가 늘고 있는 현실 문제에
대응하려는 의지를 갖고서 공약집을 만들었다고 판단된다. 구체적으로 보유주
택 지분매각제도와 주택연금 사전가입제도를 도입해 하우스푸어의 위기에 대
처하고, 행복주택 프로젝트, 목돈 안드는 전세제도, 보편적 주거복지를 추진하
여 렌트푸어의 고통을 감소시키고자 한 것이다.

부동산정책에 직·간접적인 영향을 미치는 환경 및 국토관리 분야의 키워
드는 '지속가능 국가'였다. 슬로건은 "환경과 개발의 조화가 대한민국의 지속
발전 가능성을 높여줍니다."였고, 깨끗한 환경, 에너지 자립강화, 생태친화적
국토관리 등을 주요 내용으로 담았다.

삶의 질이 보장되는 쾌적한 환경을 위해 국토를 환경복지의 터전이 될 수

있도록 건강한 생태계로 복원하고, 이를 유지해서 미래세대도 함께 쾌적한 환경을 향유할 수 있도록 하겠다는 취지였다. 환경적으로 지속가능한 발전을 선진국 도약에 필수적인 주요 국가전략 과제로 정하고, 더 이상 '환경을 희생하는 성장'이 아닌 '환경과 성장이 조화를 이루는 성장'에 초점을 두었다.

또한 지속가능한 발전은 환경친화적 에너지안보 없이는 불가능하므로, 안심하고 경제활동이 이루어지도록 하기 위해 에너지 확보에도 만전을 기하고 신재생에너지와 같은 환경친화적 에너지 보급 확대도 힘쓰고자 하였다. 그리고 글로벌 시대에 기후변화와 같은 환경문제는 세계적 도전과제인 것을 직시하고 특히 녹색기후기금(GCF: Green Climate Fund)을 유치한 나라로서 지구촌 환경문제 해결에 중추적인 역할을 하고자 하는 의지를 표방하였다. 또한 지속가능한 발전에는 국제협력이 중요하다는 인식에서 지속가능 발전을 선도적으로 실천하는 정부를 만들어 국제환경 협력에 적극 임하고자 하였다.

2. 박근혜 정부의 주요 부동산정책

박근혜 정부는 출범 첫해부터 부동산정책의 핵심기조를 부동산거래 활성화를 통한 시장안정에 두었다. 장기간 급등세를 보이는 전세가격으로 인해 서민과 중산층의 주거 불안이 시급한 현안이라서, 무주택 임차인의 주거안정과 주택거래 정상화를 위한 정책이 주를 이루게 되었다.

4 · 1 서민주거안정을 위한 주택시장 정상화(2013)

박근혜 정부의 첫 부동산대책은 '서민 주거안정을 위한 주택시장 정상화 종합대책'이었다. 주택시장이 글로벌 금융위기 이후 침체국면을 벗어나지 못하고 있는 상황을 호전시켜 보려는 취지였다. 정부는 위기상황을 조기에 극복하고, 궁극적인 정책목표인 서민의 주거안정을 이루기 위해 세제·금융·공급·규제개선 분야를 망라한 주택시장 정상화 종합대책을 추진하였다.

주요 내용을 보면, 과도한 정부의 개입과 규제를 완화하여 수요와 공급 측면의 시장 자율조정 기능을 복원시키고 세제·금융지원을 확대하였다. 또한 부동산분야 대선공약의 주요 내용이었던 하우스푸어와 렌트푸어에 대한 실효성 있는 지원대책을 마련하고, 주거문제를 자기 능력만으로 해결하기 어려운 저소득 무주택가구를 위해서 맞춤형 주거지원서비스를 제공하는 '보편적 주거복지' 실현도 포함하였다.

표 11-14 박근혜 정부의 주요 부동산정책 일람

연도		주요 부동산 및 건설정책의 내용
2013	4.1	• 서민주거 안정을 위한 주택시장 정상화 방안(종합대책) • 하우스푸어 · 렌트푸어지원 보편적 주거복지 실현
	7.24	• 수도권 주택공급 조절방안
	8.28	• 전월세 시장안정을 위한 대응 방안(종합대책) • 전세수요의 매매전환 유도 • 전월세부담 완화
	12.3	• 정책모기지 통합과 공유형 모기지 실시 • 희망임대주택 리츠의 하우스푸어 주택 매입 확대 • 목돈 안드는 전세보완과 행복주택 활성화 방안
2014	2.26	• 서민 · 중산층 주거안정을 위한 임대차시장 선진화 방안
	4.4	• 2014년 주택종합계획 - 리츠 등 임대주택 공급방식 다양화, 주거급여 본격 시행 - 재건축 규제완화 등 주택시장 정상화 지속 추진
	9.1	• 주택시장 활력 회복 및 서민주거안정 강화방안
2015	5.8	• 2015년 주택종합계획
2016	4.28	• 맞춤형주거지원을 통한 주거비 경감방안
	6.1	• 2016년 주거종합계획 발표
	11.3	• 실수요 중심의 시장형성을 통한 주택시장의 안정적 관리방안

대선공약이었던 하우스푸어 · 렌트푸어에 대한 지원방안으로 과도한 대출원리금 상환부담으로 어려움을 겪는 하우스푸어 가구에 대해 채무조정, 보유주택 지분매각제도, 임대주택 리츠 매각 등 맞춤형 지원책을 마련하였다. 재정부담과 도덕적 해이를 최소화하도록 경제적 자활의지가 있는 하우스푸어를 선별하여 지원하고, 시장원리와 책임분담의 원칙에 맞도록 하였다. 그리고 '목돈 안드는 전세제도'를 통해 전세금 마련에 부담이 큰 렌트푸어 가구의 고충을 덜어 주고자, 신용대출 성격의 전세대출을 대체할 수 있는 담보력이 강화

된 새로운 대출구조를 마련하여 세입자의 금리부담을 줄이도록 하였다. 집주인과 세입자의 선택의 폭이 넓어지도록 집주인 담보대출 방식, 임차보증금 반환청구권 양도방식 등과 같은 다양한 방식을 제공하고, 주택기금을 통한 전세자금 지원도 확대하기로 하였다.

역시 대선공약이었던 '보편적 주거복지'를 실현하는 것을 담았다. 2017년까지는 소득 5분위 이하 무주택가구의 64%가, 2022년까지는 해당 수혜대상 가구 모두가 공공 주거지원 서비스를 제공받을 수 있도록 하겠다는 의지를 보였다. 이를 위해 매년 공공임대주택 11만호, 공공분양주택 2만호 등 총 13만호의 공공주택을 공급하고, 장기저리의 전세·구입 자금을 융자 지원하며, 2014년 하반기부터는 주택바우처 제도를 본격 도입하여 민간주택에 월세로 살고 있는 저소득가구에게 임대료를 지원할 계획이다. 특히, 공공임대주택은 도시외곽지역보다는 수요자의 직장과 학교에서 가까운 도심 내에 더 많이 공급하기 위해, 5년간 총 20만호의 행복주택을 도심 내 철도부지, 유휴 국·공유지에 건설하려는 계획을 발표하였다.11)

7·24 후속대책 (2013) │ 2013년 7월 24일 국토교통부는 4·1부동산대책의 실효성을 제고하기 위해 '수도권 주택공급 조절방안'을 발표하였다. 수도권의 공공분양주택 인허가 물량을 1만 가구로 줄이고, 지역별 수급 상황 등을 고려해 공공·민간분양주택의 사업승인을 연기하는 등 연차별 사업승인 시기를 조절하고 민간분양주택은 택지 공급시기도 연기하였다. 당초 4·1대책에서는 개발제한구역을 해제한 보금자리주택지구만 총 1.6만 가구를 8천 가구로 줄이기로 했는데, 7·24 후속방안에서는 신도시 및 택지지구 등으로 축소 범위를 확대한 것이 특징이다. 그리고 국민주택기금에서 지원하는 미분양주택 매입임대자금의 대출금리를 인하하고, 대출한도도 확대하였다. 이와 함께 분양가상한제, 수직증축 리모델링 허용, 다주택자 양도세중과 폐지 등 4·1대책 핵심법안과 취득세 개편방안을 추진하여 수도권 주택시장을 정상화시키고자 하였다.

---

11) 행복주택은 왕성한 사회활동을 하고 있는 사회초년생, 신혼부부, 대학생과 주거취약계층에게 부담 가능한 저렴한 임대료로 공급할 계획이며, 2013년 중에 6개 내지 8개 지구에서 1만호의 시범사업을 추진할 계획이었다.

8 · 28 전월세종합대책
(2013)

최장기간 지속되고 있는 전세가격 상승으로 인한 서민의 주거비 부담을 완화하기 위해, 8월 28일에 '전월세 시장안정을 위한 대응방안'을 발표하였다. 전세 수급불균형 등 임차시장의 구조 변화에 대응하기 위한 개선방안으로 ① 전세의 매매수요 전환을 위한 주택시장 정상화 대책 지속 추진, ② 전세수급 불안해소를 위한 임대주택 공급 확대, ③ 전세값 상승과 급격한 월세 전환으로 인한 임차인 부담완화 방안 등을 마련하였다.

첫째, 전세수요의 매매전환 유도방안으로 전세수요로 머물러있는 주택구입 가능계층의 주택구입을 촉진하기 위해 취득세 인하, 저리의 장기모기지 공급 확대 등을 추진하였다. 주택 구입자와 국민주택기금이 주택 구입에 따른 수익과 위험을 공유하는 조건으로 주택기금에서 1%대의 저리 자금을 지원하는 주택구입 지원제도를 도입하였는데, 수익공유형, 손익공유형 2가지 유형으로 구분된다(상세한 내용은 제2편 제9장 참조).

둘째, 전월세 수급불균형 완화를 위한 임대주택 공급을 확대하였다. LH가 보유중인 '준공 후 미분양주택' 약 2,000호를 임대주택으로 활용하고 단기적인 공급확대뿐만 아니라, 시장의 구조변화에 대응하여 중장기적인 공공임대주택 재고 확충을 지속적으로 추진하기로 하였다. 또 '전세보증금반환 보증' 및 '모기지 보증' 도입을 통해 준공 후 미분양의 임대활용을 유도하고, 건설사 부도로부터 전세금을 보호하기 위해 대한주택보증이 임차인의 보증금 반환을 보증하는 방안도 마련했다.

셋째, 서민 · 중산층의 전월세부담 완화 방안이다. 저소득층 월세부담 완화를 위한 주택바우처는 2013년 사업모델을 구축하고, 시범사업을 거쳐 2014년 10월부터 시행하였다. 저소득층 전세부담 완화를 위해서 주택기금에서 지원하는 저소득가구(최저생계비의 2배 이내) 전세자금 지원요건[12)도 완화하며, 임차보증금 미반환 불안으로부터 임차인을 보호하기 위한 방안도 강구되었다. 주택임대차보호법상 우선변제권 적용대상 보증금 가액기준과 우선변제액의 확대를 추진하여, 지역별 대상금액의 시행령을 개정하여 2014년 1월부터 시행하고 있다. 또한 계약 종료 후 임차보증금 미반환시, 임대인을 대신해 보증금을 상

---

12) 수도권 과밀억제권역의 경우 보증금한도를 기존 1억원에서 1.2억원까지, 대출한도는 5.6천만원에서 8.4천만원까지 늘어난다.

환하는 공적보증 프로그램을 신설(HUG, 구, 대한주택보증)하고, 민간보증(서울보증보험) 전세금보장보험의 가입대상을 확대하고 보험요율을 인하하였다.

| 12·3 후속대책 | 정부는 4·1대책과 8·28대책으로 시행한 취득세·양도 |
| (2013) | 세 감면 등 세제지원과 공유형 모기지·생애최초 구입자 |

금 지원 같은 금융지원 등이 어느 정도 시장회복 효과를 가져왔다고 판단했다. 그러나 거시경제 불확실성, 핵심법안의 국회통과 지연 등으로 전반적인 구매심리회복 확산에 한계가 있었고 본격적인 시장 활성화로는 연결되지 못하는 상황에서 후속대책이 나왔다.

첫째, 정책 모기지를 통합하고 2014년에 총 11조원을 지원하는 내용을 담았다. 전세수요의 매매전환 등 무주택 서민들의 주택구입을 지원하기 위해 주택구입자금 지원을 확대하며, 국민주택기금(생애최초주택구입자금대출, 근로자/서민주택구입자금대출)과 한국주택금융공사(우대형 보금자리론)로 이원화되어 있는 정책 모기지를 2014년 1월부터 통합 운영하였다(현재 운영 중에 있으며, 공식 명칭은 "내집마련 디딤돌대출"이다). 정책모기지 통합으로 국민주택기금 직접 융자분에서 발생하는 이차이익으로 주택금융공사 유동화 방식의 이차손실을 보전함으로써 지속적이고 안정적인 정책모기지 공급능력을 확보할 수 있게 되었다.13)

둘째, 국민주택기금이 위험을 공유하는 수익·손익공유형 모기지도 수요에 부응하여 지원물량을 확대하여 본 사업을 추진하였다. 시범사업에서는 총 2,276명이 대출약정을 체결하였는데, 본 사업은 물량을 대폭 확대하여 2조원(1.5만호) 범위 내에서 2012년 9일부터 예산 소진시까지 한시상품으로 운용하고, 공급대상(부부합산 연소득 7천만원 이하) 및 금리·대상지역(수도권 및 지방광역시)·대상주택(아파트로 한정) 등은 시범사업과 동일한 수준으로 시행하기로 하였다.

셋째, 하우스푸어 주택을 매입하여 임대하는 희망임대주택리츠는 2013년 중 두 차례에 걸쳐 주택 1,000호 매입을 추진하였다. 1차로 508호를 매입하여 임대주택으로 활용하고, 2차 사업(500호)은 신청자격을 완화하였다.14) 2014년

---

13) 이차이익 = 기금대출액 × (3%대 초반 정책금리 − 2%대 초반 기금 조성금리)
14) 자격완화: 1주택자 → 일시적 2주택자 포함, 300세대 이상 단지 → 150세대 이상 단지

에도 1,000호 매입을 추진하되 시장상황을 보아가며 추가 확대하고, 매입대상, 면적제한 등은 폐지하기로 하였다.

넷째, 렌트푸어 지원을 위해 국민주택기금의 전세자금 지원, 목돈 안드는 전세 도입, 전세금 반환보증 등 다양한 대책을 마련하여 2013년 중 약 11만 가구를 지원하였다.15) '목돈 안드는 전세'는 도입과정에서 시중 전세대출금리가 인하되고, 집주인 우위의 전세시장 심화로 집주인 담보대출 방식인 목돈 안드는 전세Ⅰ의 실적은 매우 저조하였다.16) 시장선호를 반영하여 목돈 안드는 전세Ⅱ(임차보증금 반환청구권 양도방식, 이하 목돈Ⅱ) 위주로 집중하고 목돈Ⅱ는 전세금 반환보증(HUG, 구, 대한주택보증)과 연계하여 이용활성화를 유도한다는 방침이다. 한편 목돈Ⅰ(집주인 담보대출 방식)은 집주인 우위 전세시장에서 이용활성화에 한계가 있는 만큼, 은행이 자율적으로 상품을 운영토록 하여 집주인 담보대출 방식을 원하는 사람들이 이용할 수 있도록 틈새상품화할 계획이었다.17)

다섯째, 행복주택과 주거 취약계층을 위한 국민임대주택 등을 균형 있게 공급하기 위해 공공임대주택 공급계획을 조정하였다. 2017년까지 공공임대주택 사업승인 물량 51만호는 유지하면서, 행복주택은 당초 20만호에서 14만호로 줄이고, 줄어든 6만호는 주거취약계층을 위한 국민임대주택 등으로 대체공급함으로 저소득층과 무주택 서민들의 주거복지 기회를 확대하기로 하였다. 행복주택 전체 공급물량은 줄어도 직주근접이 절실한 신혼부부, 사회 초년생, 대학생 등의 입주비율을 60%에서 80%로 상향 조정하여, 이들을 위한 물량은 유지한다는 계획이었다. 그리고 행복주택의 핵심 취지인 직주근접과 저렴한 임대료에 부합하도록, 철도부지, 공영주차장, 미활용 공공시설용지 등 공공용지를 활용하여 3.8만호를 공급할 계획을 세웠다. 도시 활력차원에서 도시주거지 재생(2.6만호)과 산업단지 주거지 개선(1만호)과 연계하여 행복주택 3.6만호를 공급할 계획이었다. 또 공기업(LH, SH 등)이 보유한 미활용 토지 중 역세권 또는 직주근접이 가능한 양호한 부지를 선별하여 활용할 계획이다. 주택건설사업 승인을 받고도 재무여건 등의 이유로 착공이 지연되고 있는 부지를

---

15) 국민주택기금지원: '13.11.27일 기준 10.6만가구, 전세금 반환보증: 9.23~11.26일간 1,137세대
16) 목돈 안드는 전세: '13.11.29일 기준 목돈Ⅱ 410건(256억원), 목돈Ⅰ 2건(1,400만원)
17) 국토교통부는 실적 2건 모두 자력으로 전세자금을 대출받기 어려운 70대 세입자를 위해 집주인이 대출을 받은 경우로, 틈새상품으로서 가치있다고 평가하였다.

활용하여 3.9만호를 공급하고, 공기업 토지 중 민간에게 매각할 부지에서도 2.7만호를 공급할 계획이었다.

⊙ 표 11-15 **행복주택 14만호 건설부지별 공급계획(안)**

구 분		물량(안)	내 용
공공 용지		3.8만호	• 철도부지, 역세권개발지, 역 근처 공영주차장, 유수지, 공공시설용지 등
도시재생용지 등		3.6만호	• 주거환경개선지역, 뉴타운 해제지역 등 노후불량 주거지, 노후 임대단지, 산업단지 등
공기업 보유 토지	공공건설용 택지	3.9만호	• 공기업(LH, SH 등) 보유 주택용지 중 역세권 및 직주근접 가능 용지를 전환·활용
	민간분양 예정지	2.7만호	• 공기업(LH, SH 등) 보유 민간분양 주택 예정용지 중 역세권·직주근접 가능 용지를 전환·활용

주: 유형별 물량은 전체물량 범위 내에서 상호 대체할 수 있음.
자료: 국토교통부(2013. 12. 3.).

한편, 지자체 협의, 주민설득 과정 등으로 지연되었던 7개 시범지구의 사업도 재추진할 계획을 세웠다. 목동, 송파, 잠실, 공릉, 고잔 등 5개 지구는 2013년 12월 19일 중앙도시계획위원회에서 지구지정(안)이 통과되었고,[18] 이미 지구지정된 오류·가좌지구는 지자체와의 협의를 마무리하고, 지구계획과 주택건설사업계획을 승인하였다. 사업비는 입지별 특성(인공데크, 소음·진동·

---

18) 국토교통부가 중앙도시계획위원회에 상정한 지구지정(안)에 따르면, 각 지구별 지정 면적은 공릉 1.7만m², 목동 10.5만m², 잠실 7.4만m², 송파 11만m², 고잔 4.8만m²이다. 특히 12월 11일 발표한 세대수 축소방안에 따라 교통·교육 등 주변 환경에 미치는 영향을 최소화하고, 지역 주민이 원하는 시설을 도입하여 각 지역별로 맞춤형으로 개발할 것이라고 위원회에 보고했다.
   지구별 개발 방향을 보면, 공릉 지구는 주민들의 높은 수요를 반영해 공원 조성과 복합문화시설 설치를 적극 추진하고, 주거동은 저층으로 건설해 인근 주거시설과 조화되도록 개발한다.
   목동 지구는 주민들이 우려하는 교통·교육환경에 대한 영향을 최소화하고 주차장 등 기존 시설의 기능은 유지·보강하면서, 문화시설·공공시설을 설치해 다기능 공간으로 조성해 나갈 계획이다.
   잠실·송파 지구는 기존 체육시설 등과 주거·문화 공간을 조화롭게 배치하여 스포츠와 공동체 문화가 살아있는 복합공간으로 탈바꿈하도록 하는 개발방향을 제시했다.
   고잔 지구는 신혼부부를 위한 육아·교육 등 맞춤형 시설을 도입하고 문화거리를 조성해 지역 명소로 꾸며, 젊은 계층의 유입과 도시 활성화를 도모할 계획이다.
   또한 유수지 안전성과 관련해서는 방재 기능 및 안전성을 철저히 검토할 필요가 있다는 지적이 있어, 국토교통부는 주민이 참여하는 '전문가 안전검증 협의체(가칭)'를 조속히 구성하기로 하였다. 중앙도시계획위원회 위원들은 행복주택 공급의 필요성을 인정하면서, 지역과 소통하는 가운데 주민의견이 최대한 반영되도록 사업계획을 수립할 것을 당부했다.

방재시설 등), 지역별 요구사항(문화·보육·주차시설 등)을 적절히 수용하면서, 주변 시세보다 저렴한 임대료로 공급되도록 전체적으로 기준 사업비(659만원/3.3m²) 수준에서 관리하였다.

부동산시장 정상화를 위해서는 단기적으로 전월세시장 안정화에 총력을 기울여서 중산층과 서민의 주거안정을 도모하고, 중장기적으로 저출산과 고령화 등의 인구구조의 변화, 수도권 공기업 및 정부기관의 지방이전 등에 따른 수급상황의 변화 등을 고려한 중장기 주택시장 구조변화에 대처하였다.

2·26 주택임대차시장 선진화방안(2014) 「경제혁신 3개년 계획」의 내수기반 확충분야 핵심과제의 일환으로, 「주택임대차시장 선진화 방안」을 발표하였다. 임대주택의 지속가능한 공급체계 구축을 위해 첫째, 주택기금과 민간의 여유자금이 투자하는 「공공임대리츠」를 통해 10년 공공임대주택 공급을 확대하기로 하였다. 임대기간(10년) 종료 후에는 일반에게 분양전환하고, 미분양시에는 LH가 분양당시의 감정가격으로 매입한다.

둘째, 민간주도의 임대주택리츠를 활성화하기 위해 주택기금과 기관투자자가 공동투자협약을 체결하고, 협약 범위 내에서 심사를 거쳐 단위 프로젝트(子리츠)에 대한 자금을 지원한다. 공공·민간기관의 매각자산, 재개발 임대주택 등 다양한 부지를 활용하여 도심내 임대주택으로 공급이 가능하다. 그리고 주택임대관리업에 대한 법인세 감면과 보증상품 출시로 주택임대관리업이 활성화될 경우, 임대관리 관련 전문성이 부족한 임대사업자의 임대관리 부담이 덜어질 전망이다.

셋째, 단기적인 임대주택 입주물량 확보도 추진한다. 주거환경개선사업구역 등의 노후주택을 재·개축할 경우, 주택사업계획승인기준을 현행 20세대에서 50세대로 완화하고, 주택기금에서 저리의 재·개축 자금을 지원한다. 판교 재개발 순환용 임대주택(1,722호)의 일반 국민임대주택 전환분과 저소득층 주거안정을 위한 기존주택 매입·전세임대주택(금년 총 3.7만호)도 최대한 입주시기를 앞당기기로 하였다.

9.1 주택시장활력회복 및 서민주거안정 강화방안(2014) 기획재정부의 경제대책과 한국은행 금리인하에 이은 규제합리화의 일환으로 주택시장 활

력 및 서민 주거안정 강화방안이 발표되었다.

주택시장활력회복을 위한 첫번째 내용은 재정비 규제 합리화이다. 과도한 개발이익 발생을 전제로 도입한 재정비 규제를 개혁하여, 입주민들의 주거불편을 해소하고 도심내 신규주택 공급도 확대하고자 하는 취지를 담았다.[19] 청약제도의 개편으로 복잡한 청약제도를 국민들이 알기 쉽게 단순화하고, 실수요자들의 신규주택 구매기회를 확대하였다.[20]

그리고 기부채납 등 국민 및 기업의 과도한 부담을 완화하고 주택 공급방식을 개편하였다. 공공이 주도하는 대규모 택지 공급시스템인 「택지개발촉진법」을 폐지하여 도시외곽지역의 신규 대규모 택지개발을 억제하며, 법 폐지시 「공공주택특별법」 및 「도시개발법」에 따라 중소규모의 택지를 개발할 계획이다.

서민주거안정 강화를 위해, 이사철 전세값 상승에 대비하여 즉시 입주가능한 임대주택을 확보하고, 구입자금 지원을 통해 전세의 매매 전환을 지원한다. 그리고 통계기반을 확충하여 규모별·금액별 전월세가격 모니터링을 강화하는데, 2015년부터 월세가격조사 표본수를 확대하며(시도→시군구), 전월세가격 통합지수를 발표하였다. 디딤돌대출, 근로자·서민 전세자금, 전세금반환보증(전세금안심대출) 등의 지원요건을 완화하여 시행하였다. '깡통전세'로부터 세입자를 안전하게 보호하는 전세금반환보증 대상주택도 확대하였다(전세금 수도권 3억원→4억원 이하, 기타 2억원→3억원 이하).

다가구주택에 대하여는 전용면적 85m²를 초과하는 경우에도 준공공임대주택으로 등록할 수 있게 하였다. 또한, 민간 임대사업자의 준공공임대주택 등록을 지원하기 위한 국민주택기금의 매입자금 융자한도를 실질적으로 확대하였다. 주택의 담보가치를 보수적인 복성식으로 평가하였던 것을 감정평가방식으로 전환하고(2014. 10. 13 시행), 신규분양주택 매입자금은 대형화·전문화를

---

19) 재건축 가능연한을 최장 30년으로 완화하고, 재건축 안전진단시 주거환경비중을 강화하며(15%→40%), 재건축시 85m² 이하 의무건설 비율을 완화하였다(연면적 기준 50% 폐지). 또 공공관리제를 개선하고(주민과반 찬성시, 사업인가 이전에 시공사 선정 허용), 재개발시 임대주택 의무건설 비율을 완화하며(세대수의 20%→15% 이하), 안전사고 우려주택의 관리를 강화하였다(재건축 10년이상 지연시 안전진단 재실시).

20) 가점제는 개선하고(소형저가주택 기준완화, 유주택자 중복차별 규정 폐지), 입주자 선정절차도 단순화하였다(국민주택 13→3단계, 민영주택 5→3단계). 그리고 청약예금 예치금 칸막이를 단순화하고(예치금 변경시 즉시 청약 허용 등), 국민주택 청약자격을 완화하며(세대주 요건 폐지, 1세대 1주택 청약허용), 청약통장 유형을 단순화하고(청약저축, 예금, 부금, 종합저축→청약종합저축) 청약대상 주택유형도 단순화하였다(민간건설국민주택 폐지, 국민·민영은 유지).

위해 10호분까지로 확대하였다(2014. 9. 26. 시행). 그리고 쪽방 등 비주택 거주 가구가 LH공사가 공급하는 매입임대주택 또는 전세임대주택의 입주보증금을 50만원으로 낮추었다.

9.1대책 후속조치 (2014~2015) │ 「도시 및 주거환경정비법 시행령」 개정안이 국무회의를 통과하여(2014. 9. 16.) 2015년 3월부터 재건축사업 소형주택 의무공급비율이 폐지되었다. 주택재건축사업에 대해 국민주택 규모 (85m² 이하) 건설비율(60% 이상) 등 최소 제한만 남기고 소형 평형(60m² 이하) 공급비율 등을 시·도조례에 위임하고 있는 규정을 폐지하였다. 그리고 도시 환경정비사업의 경우 "종전 소유자"의 의미가 토지 또는 건축물을 취득한 자의 직전 소유자로 해석될 우려가 있어 "정비구역 지정 당시의 소유자"임을 명확히 함으로써 해석 및 집행상의 혼란을 해소하였다.

「도시 및 주거환경정비법 시행령」 개정안이 국무회의를 통과하여(2015. 1. 20.), 2015년 5월부터 재건축 연한이 40년에서 30년으로 단축되고, 안전진단에 구조안전성 평가 외에 주거환경 중심 평가를 신설하며, 층간소음이나 에너지 효율, 노약자 편의성 및 어린이 생활환경 개선 등 주거환경 비중을 강화하였다. 그리고 주거환경이 열악한 지역의 재개발사업 활성화를 도모하기 위해 연면적 기준은 폐지하고, 세대수 기준 임대주택 의무건설비율은 5%p 완화하였다. 한편 가로주택정비사업에 대한 층수 제한은 원칙적으로 「국토계획법」에 따르도록 하되, 제2종일반주거지역에서는 15층 이하의 범위에서 해당 가로구역의 규모, 도로 너비 등을 고려하여 시·도 조례에서 층수제한과 산정방법을 정할 수 있도록 하였다.

2015년 주택종합계획 (2015. 5. 8.) │ 종합적인 주거지원계획을 살펴보면, 정부는 「주거기본법」 제정추진(4.30일, 상임위 의결, 5.6일 법사위 의결)에 맞추어, 주거지원 대상가구를 정책목표로 새롭게 제시하였으며, 2015년 최대 126만가구에게 공공임대주택 공급, 주택기금 지원, 주거급여 등 공적인 주거지원을 제공할 계획이다. 우선, 공공임대주택은 건설임대 7만호, 매입·전세임대 5만호 등 총 12만호로 가장 많은 물량을 공급할 계획이다. 또한 저리의 임차보증금·구입자금을 20.5만 가구에게 지원하고, 저소득 자가·임차가구(중위소득의 43% 미만)의 주거비 지원을 위해 주거급여를 확대하여 대상가구를 최대 97만가구로 확대한다.[21] 그리고 주택공급 계획은 예측가능성이 떨어지는 기존의 인허가물량 계획 대신, 관리 가능한 공공주택 중심의 준공물량 계획으로 전환한다.

2015년도 중점 추진과제를 보면 첫째 과제는 주택시장 정상화이다. 무주택가구의 내집마련 지원, 디딤돌 대출 및 공유형 모기지 등 주택기금을 통해 8.5만가구에 지원, 디딤돌 대출금리 0.3%p 인하 등 지원조건도 개선을 담았다. 그리고 수익공유형 은행대출 시범실시, 디딤돌 대출(주택기금 재원) 모기지 보증 도입, 유한책임대출제도(주택기금 대출) 도입 등을 통해 무주택 서민의 내집 마련을 지원한다. 시장과열기에 도입한 규제를 합리화하여 재개발·재건축 사업절차 간소화 등 재정비 사업 규제를 정상화하고, 주택 청약자격 중 무주택세대주 요건을 폐지하고, 입주자 선정절차를 간소화('15.3)하는 등 주택공급 제도도 개편하며, 과도한 기부채납을 방지하기 위한 기부채납 제한기준을 법으로 규정하였다.

두 번째 과제는 서민·중산층 주거안정이다. 공공임대주택 12만호를 공급하는데, 건설임대주택 7만호를 준공하고, 매입임대 1.5만호(기존주택 1.2만, 재건축등 0.3만), 전세임대 3.5만호 공급할 계획이다. 행복주택은 최초로 서울 도심 내 약 800호가 입주하며, 2014년보다 1.2만호 많은 3.8만호 사업승인 및 2만호 신규 착공을 시행한다. 그리고 기업형 임대주택 육성을 위해 「임대주택법」을 「민간임대주택에 관한 특별법」으로 전면개정을 추진한다(2015. 1. 29일, 김성태 의원 대표 발의). 아울러 LH 보유택지 1만호 공개 및 사업자 공모 진행하는데, 4월에는 동탄2, 위례, 김포한강 등 3,265세대를 대상으로 1차공모를 하고 인천 도화지구, 신당동 도로교통공단 이전부지 등 민간이 제안한 부지도 적극 추진한다. 2015년부터 주거급여를 본격 시행하는데, 총 97만 가구를 대상으로 주거급여 사업을 본격 시행하였다(중위소득의 33%(70만 가구) → 43%(97만 가구)로 확대, 평균 지급액은 월 9만원(2014년) → 월 11만원(2015년)).

「주거기본법」 제정으로 주거권 신설, 유도주거기준 설정, 주거복지센터 설치 추진 등을 본격화하며 '주택임대차 분쟁조정위원회' 설치를 추진하여 「주

---

21) 공공임대 중 전세임대 3.5만가구가 임차보증금 자금 지원액과 중복되어 총 지원가구는 126만가구 = 공공임대 12만 + 자금지원 20.5만 + 주거급여 97만 - 중복 3.5만

택임대법」상 월차임 전환율 상한을 점진적으로 인하하는 것을 검토하였다(기준금리 × 4배). 그리고 임차보증금 반환보증 지원을 강화하여 보증료를 인하하고, 임차보증금 반환보증 가입대상을 확대하였다. 그리고 월세 등 주택통계를 정비하였는데 주택통계 표본을 확대하고(매매·전세 2만, 월세 0.3만건 → 2.5만건), 월세통계 세분화(순수월세 → 보증금 비중에 따라 3~4단계로 구분)하며, 전월세 통합지수를 개발하였다.

셋째 과제는 주거환경 개선 및 유지관리 활성화이다. 주택품질 개선 및 공동주택 관리를 강화하였는데, 공동주택 관련 분쟁조정, 체계적 관리·지원 등을 위해 공동주택관리법 제정을 추진하고(2014. 7. 31, 김성태의원 대표발의), 공동주택관리 진단 매뉴얼을 보급하며 외부 회계감사 등 관리를 투명화하였다. 또 공동주택 배기설비 기준을 마련하고, 주택에너지 저감(제로에너지 주택 단지 착공 등)을 추진하며 장수명주택 인증제도를 정착시킨다. 그리고 노후·불량 주거지 주거환경을 개선하는데, 노후·공동주택 리모델링 활성화를 지원하고 주거환경 개선사업 방식을 다양화하며(LH 단독수행 → 공공 + 민간 공동시행 등), 기업형 임대주택과 연계하여 정비사업을 활성화한다.

4·28 맞춤형주거지원을 통한 주거비 경감방안(2016)

박근혜 정부에서는 행복주택 등 공공임대, 주거급여, 뉴스테이 등 주거지원을 강화하고 있으나, 주거취약계층을 중심으로 체감하는 주거비 부담이 가중되고 있다. 4·28 대책은 3년간 주거지원 정책의 성과와 보완점을 점검하고, 정책여건을 고려하여 서민·중산층을 위한 맞춤형 주거비 경감 방안을 담았다.

먼저 행복주택·뉴스테이 공급을 확대하여 2017년까지 총 30만호 공급할 계획이다. 행복주택(사업승인)을 1만호 추가하여 15만호로 공급을 확대하고, 행복주택리츠 도입, 공공시설과 복합개발, 매입방식 도입 등 공급방식을 다양화하며, 신혼부부·대학생 특화단지도 조성할 구상이다. 뉴스테이(부지확보)도 2만호 추가하여 15만호로 공급을 확대하며, 토지지원리츠 방식을 도입하고, 뉴스테이 규제 합리화도 담았다.

다음에는 공공임대주택 공급을 확대하고 임대주택 유형을 다양화하여 생애주기별로 특화된 임대주택을 공급하는 방안을 담았다. 생애주기상 주거불안 우려가 높은 대학생 등 청년층, 신혼부부, 노년층을 중심으로 생애주기별 특화형 임대주택을 공급한다. 공공임대리츠를 활성화하여 공공임대 공급에 민간 참여를 확대하였다. 또 집주인 리모델링 임대 사업방식을 매입임대로 확대하여 공공과 민간의 협력을 통한 저렴한 임대주택(공공지원임대) 공급을 활성화하고, 근로자 임대를 활성화하여 임대주택 공급에 기업의 참여를 유도하였다.

또한 전·월세 등 주거비 지원을 강화하였다. 주거비 마련에 어려움을 겪는 전월세 가구에 대해 기금융자 등을 확대하여 주거비 부담이 낮아질 수 있도록 지원한다. 생애최초주택구입자가 내집을 마련할 수 있도록 주택구입자금 지원을 강화하여 젊은층의 주거안정 및 임차수요 감소를 유도하였다. 그리고 주거지원 기준 합리화 및 전달체계 개선도 담았다. 주거지원 기준 합리화, 주거복지 전달체계 개선을 통해 최저소득계층의 주거지원 사각지대 해소 등 맞춤형 주거지원을 추진하고자 하였다. 2022년까지 소득 5분위이하 무주택 가구의 맞춤형 주거복지 실현을 위한 「공공주택 공급·관리 계획(2017~2022)」을 수립하였다. 한편 주택임대차 시장 인프라 개선 임대주택 및 월세 비중의 증가에 따라 임차인·임대인의 편의 증진과 임대차 계약의 신뢰성 확보 등에 관한 서비스 수요가 증가하고 다양화되고 있다. 이에 맞게 다양한 주거서비스 모델을 개발하고, 전문 임대관리업체를 육성하여 종합부동산 서비스를 제공할 수 있는 기반을 마련하였다.

2016년 주거종합계획 (2016. 6. 1.) ▏「주거기본법」이 「주택법」으로부터 분법·제정(2015. 12. 23 시행)됨에 따라, 기존 주택종합계획(2003~)을 주거종합계획으로 개편하였다(「주거기본법」 제5조). 주거종합계획 개편 취지에 맞추어 종합계획 내용을 주택 공급 계획 위주에서 임대주택 등 주거지원 계획 중심으로 변경하였다. 주택의 절대적 부족이 해소되었지만, 주거취약 계층 등을 중심으로 주거복지 수요가 증가하는 점을 반영한 것이다.

2016년 중점추진 과제는 4.28 대책에 담겨있던 내용을 더욱 공고히 한 것이다. 서민·중산층의 주거안정을 위해 임대주택 공급 확대를 지속적으로 추진한다. 무주택 서민을 위해 공공임대를 확대 공급하되, 재정 부담을 줄이면서도 임대주택을 확충할 수 있도록 민간참여도 확대한다. 또 저소득층, 대학생·취업준비생, 신혼부부, 노년층 등 주거취약계층 특화형 임대주택을 공급·확대한다. 행복주택과 뉴스테이를 각각 15만호로 공급을 확대하고, 공급

방식 다양화도 추진한다. 전월세 가구에 대해 기금융자 등을 확대하고, 생애 최초주택구입자에 대한 구입자금 지원 강화하며, 주거지원 기준 합리화, 주거복지 전달체계 개선 등 주거복지 지원체계를 정비하고, 주택임대차 제도·관행 및 통계 등 인프라도 개선한다.

11.3 실수요중심의 시장형성 통한 주택시장의 안정적 관리방안(2016) 저금리 기조가 지속되고 늘어난 유동성이 주택시장으로 유입되면서 일부 지역에서 국지적인 불안 양상이 나타나고 특히, 일부 재건축 예정 단지를 중심으로 집값이 단기간에 많이 오르고, 서울, 경기, 부산, 세종 등지의 일부 청약시장에서는 이상 과열 현상이 발생하였다. 단기 전매차익을 기대하는 투자수요가 과도하게 유입되면서 실수요자의 입지는 상대적으로 위축되는 문제가 발생하였다. 국지적이지만 이 같은 과열 현상이 더 심화되거나 다른 지역으로 확산될 경우 장래주택경기의 조정 과정에서 가계와 경제 전반에 부담이 커질 우려가 있음을 감안하여 대책이 마련되었다.

정부는 국지적 과열이 발생한 지역에 대한 선별적·단계적 대응을 통해 시장 질서를 실수요자 중심으로 강화함으로써 주택시장을 안정적으로 관리하기 위한 대책을 마련하게 되었다. 「주거기본법」이 「주택법」으로부터 분법·제정(2015. 12. 23 시행)됨에 따라, 기존 주택종합계획(2003~)을 주거종합계획으로 개편하였다(「주거기본법」 제5조). 종합계획 내용을 주택공급 계획 위주에서 임대주택 등 주거지원 계획 중심으로 변경하였다.

3. 박근혜 정부의 부동산정책 평가

전세수요의 매매수요로의 전환 추진 박근혜 정부의 부동산정책은 같은 보수성향의 이명박 정부의 정책을 대체로 유지하였다고 평가된다. 이명박 정부는 '주택거래 정상화 및 주거안정지원'을 표방하였는데, 박근혜 정부는 '주택시장 정상화'를 표방하였다. 2008년 글로벌 금융위기 이후 부동산경기 침체로 인해 주택매매수요가 위축되면서 전세수요가 늘어났고 전세가격이 상승하였다. 이에 따라 전세 임차가구의 부담이 늘면서 가구의 주거비부담 완화와 주거복지 정책에 초점을 두었다.

특히 전세가격 상승문제를 주택매매시장과 연계하여, 박근혜 정부는 경제침체로 인한 가구의 구매력 저하와 전세수요의 매매수요로의 전환을 위한 정책을 지속적으로 추진하였다. 취득세 인하와 생애최초 주택구입 가구에 대한 지원강화는 급격히 전환되고 있는 주택시장의 구조변화를 반영한 정책이었다. 대책 중에서 2014년 9월 1일 '규제합리화를 통한 주택시장 활력회복 및 서민주거안정 강화방안'은 재정비사업 규제의 합리화, 청약제도 개편, 주택공급방식 개편, 서민주거안정 강화(임대주택 단기공급확대, 무주택서민 주거비부담 완화 등) 등을 담았는데, 이는 박근혜 정부의 주택시장에 대한 인식과 종합적인 대응방안을 보여주는 정책이었다.

임대차시장 선진화와 서민주거비부담 완화 임대차 시장에 초점을 맞춘 일련의 정책을 추진한 점이 특징이었다. 임대차시장선진화, 일련의 서민주거비부담 완화 정책 등 임대차 시장에 초점을 맞추는 대안과 정책을 발표하였으며, 주거복지와 관련된 다양한 사업에 대한 필요성을 인식하였다.

서민·중산층 주거안정을 위한 임대차시장 선진화 방안으로 임대주택의 지속가능한 공급체계구축, 민간임대주택 공급활성화, 주택임대차시장 인프라구축 등을 추진하였다. 또 박근혜 정부가 추진한 세제 및 금융정책으로는 임대인에 대한 전월세 소득과세의 도입도 있었지만, 주택구입을 지원하는 공유형 모기지, 취득세 인하, 그리고 LTV, DTI 규제 완화 등이 있었다.

행복주택 표류 박근혜 정부의 대표적인 주거복지정책은 행복주택사업이었다. 행복주택은 사회초년생, 신혼부부, 대학생 등의 주거안정을 도모하기 위해 도심 주변에 공급하는 장기임대주택으로, 전용면적 46m^2 이하이며, 임대료는 주변 시세의 80% 이하로 공급한다.

당초 2017년까지 공공임대주택 20만가구 건설이 목표였으나, 중간에 14만 가구로 줄였다. 기존 계획대로는 목표 달성이 어렵다는 판단에 따른 것이었지만, 내부적으로는 행복주택사업 자체에 대한 주민반대가 거세고, 사업추진에 필요한 재원조달방식도 기존 국민주택기금 융자방식에서 벗어나지 못한 구조에서 비롯되었다.

사업시행자인 한국토지주택공사(LH)의 부채 증가에 대한 해결방안도 문제가 되었다. 행복주택 건설비의 30%만 정부재정으로 지원하며, 40%는 LH가 국민주택기금에서 저리로 빌려 조달하고, 20%는 임대보증금, 10%는 LH가 직접 부담한다. 국민임대주택을 짓는 방식과 같다보니, 원래부터 LH의 부담이 큰 사업이고, 또 정부가 제시한 3.3m²당 건축비 660만원을 초과할 경우에는 LH 부담 사업비는 더 늘어날 수 있다.

한편 경제적 타당성이 낮다는 점도 문제로 지적되었다. 국회예산정책처는 행복주택사업이 주택뿐만 아니라 사업시설도 함께 개발하는 복합사업이기 때문에 기획재정부의 예비타당성조사를 거칠 필요가 있다고 지적하였다. 그리고 행복주택의 재원 조달방식이 국민·영구임대주택과 같으므로 이를 바탕으로 행복주택의 경제적 타당성을 추론하면, B/C비율이 주택바우처(1.0)에 비해 낮고, 국민임대주택(0.37)·영구임대주택(0.46)보다도 낮다고 평가하였다.

주택시장 안정화와 규제 합리화 | 진보성향의 노무현 정부가 제도개선이나 투기억제 정책을 시행한 것에 비해, 이후 보수성향의 이명박 정부와 박근혜 정부는 매매수요 진작을 위한 세제 및 금융정책 완화와 시장 안정화에 초점을 맞춘 정책을 구사하였다. 2008년 글로벌 금융위기로 인한 시장침체를 극복하고자 하는 의도와 더불어, 주택시장에서 정부의 역할에 대한 인식 및 정책수단의 효과에 대한 판단이 크게 다른 데서 비롯되었다.

그리고 박근혜 정부는 개발위주의 시대에 정립되었던 각종 정책들을 개정하거나 폐지하였는데 대표적인 사례는 택지개발촉진법 폐지, 청약제도 개편 등이었다. 또 「재건축초과이익 환수에 관한 법률」 개정으로 재건축부담금 부과 유예기간을 3년 연장하는 등의 재건축규제의 합리화가 이루어졌다.

박근혜 정부의 부동산 및 주택정책은 부동산 거래의 활성화를 위한 규제 완화 및 합리화, 서민·중산층 주거안정대책 수립, 공급물량조절, 임대시장의 선진화 및 안정화 등으로 요약할 수 있으며, 종합적으로는 '주택시장 안정화'에 방점을 둔 것으로 평가할 수 있다.

제 12 장

최근의 부동산정책 방향과 과제

제 1 절 문재인 정부의 부동산정책

1. 도시재생 뉴딜사업과 문재인 정부 부동산정책

부동산분야 대선 공약
'공공 주거복지'

문재인 정부는 박근혜 정부의 탄핵사태로 인해 대통령직 인수위가 없이 출범하였다. 대선과정도 매우 짧았던 탓으로 부동산정책에 대한 구상도 상대적으로 적었다. 문재인 정부는 발전보다는 규제에 방점을 둔 부동산 정책을 대선 공약으로 내걸었고 적극적인 시장 개입을 통해 부동산 시장의 양극화 해소에 관심을 두었다. 대규모 개발보다는 서민주거 안정, 세입자 보호 등 주거복지에 초점을 둔다는 복안이고, 대출규제, 보유세 인상, 전월세상한제 등을 도입할 가능성도 커지고 있다. 예고된 미국 금리인상, 주택 공급과잉 등 외부적 불안요인이 커지고 있는 부동산시장 상황에서 정부의 부동산정책도 강한 시장압박 요인이 될 전망이다.

대선공약에 나타난 문재인 정부 부동산 정책은 크게 서민 중심 공공임대주택 공급 확대, 가계부채 총량관리제 도입을 통한 적극적 관리, 도시재생 뉴딜사업, 전월세상한제 인상 등으로 요약될 수 있다.

매년 장기공공임대주택 13만가구, 공공지원 임대주택 4만가구 등 공공임대주택 17만가구를 공급하는 공약이 있다. 5년 동안 총 85만가구의 공공임대주택이 공급되는 것으로 이명박 정부(45만5000가구), 박근혜 정부(55만1000가구)와 비교해 증가한 규모다. 박근혜 정부에서 도입한 뉴스테이(중산층을 위한 기업형 임대주택)는 유지하면서도 특혜성 택지공급 등은 제한하겠다고 밝혔고 부동산세제와 금융규제는 한층 강화될 전망이다. 특히 문재인 정부는 총부채상환비율(DTI)·주택담보인정비율(LTV) 대출 규제를 유지하고 박근혜 정부에서 2017년 7월 말까지 완화해놓은 DTI·LTV도 추가 연장 없이 원상복귀할 계획이다.

문재인 정부는 대선 과정에서 강조해온 부동산 보유세 인상에 대한 논의는 보다 장기적인 과제로 두고, 경기위축, 가계부채 부실 등의 추이를 보면서 시기를 조정하려는 움직임이다. 그리고 박근혜 정부에서 시장 부작용을 우려해 반대했던 전월세상한제와 계약갱신청구권은 단계적으로 도입할 가능성이 존재한다. 집권당인 더불어민주당은 이를 당론으로 정하여 「주택임대차보호법」개정안을 발의하였다.[1] 주무부처인 국토교통부는 전세시장이 안정되어 있고 입주물량이 많은 곳은 가격하락 조짐이 있어서 5% 인상률이 전세금 올리는 빌미가 될 수도 있다고 보았다.

도시재생 뉴딜사업 공약 | 부동산 및 건설 관련 개발사업으로 가장 기대가 큰 대선공약 중 하나는 막대한 공적재원이 투입되는 '도시재생 뉴딜사업'이다. 도시재생 뉴딜사업은 기존 재개발·재건축사업과 같은 대규모 개발이익을 기대하기는 어려울 전망이다. 다만 지역상권의 활성화나 노후된 집수리나 리모델링사업 등을 통해 건설관련 산업분야 일자리 창출 등의 기대효과를 예상하는 정도이다.

도시재생 뉴딜사업은 매년 10조원씩 총 50조원의 공적재원을 투입해 뉴타운·재개발 사업을 중단한 500여개 구도심과 노후 주거지를 살리는 재생사업으로 사업이 제대로 시행된다면 도심 노후주거지의 환경개선에 기여할 것이다. 다만 2014년에 시작된 도시재생 선도지역에서 보았던 것처럼 결과에 대한 성급한 기대나 무리한 사업추진은 지양할 필요가 있다. 그리고 도시재생특별법에 의한 도시재생 후보지역이 2015년 말 기준 2,241곳임을 감안할 때 그 중 500여 곳에서 사업이 일어난다고 가정하면, 전국적으로 단독이나 다세대.다가구주택의 경기과열을 낳을 우려도 있다. 또 50조원의 막대한 재원 마련은 숙제인데, 과도한 지원이나 공적자금 동원은 피해야 하며 일정부분 민간투자방식이나 다양한 주민참여 등이 고안될 필요가 있다.

---

1) 2017년 총선에서 다수 의석을 차지하면서 해당 법안을 포함한 임대차3법을 제·개정하였다.

표 12-1 문재인 정부의 부동산분야 대선공약

구분	세부 내용
공공임대주택포함 주택공급	• 공적임대주택 매년 17만가구 공급(13만가구는 공공기관 공급) • 월세 30만원 이하 쉐어하우스 청년주택 5만가구 공급 • 역세권 청년주택 20만가구 공급 • 대학기숙사 입주 인원 5만명 확대
서민주거 지원	• 신혼부부, 공공임대주택 중 30%(4만가구) 우선 공급 • 결혼 후 2년간 월 10만원 주거정착금 지원 • 출산후 임대기간 연장 • 영구임대, 매입임대주택 사회취약계층 우선공급 • 홀몸어르신 및 맞춤형 공동홈 매년 1만가구 공급
부동산세제	• 부동산보유세 GDP 대비 0.79%에서 1.0%로 상향(장기과제)
가계부채	• 가계부채 총량관리제 도입 • 총부채원리금 상환비율(DSR) 활용 • 주택안심전환대출 제2금융권 확대(단기 변동금리 일시상환→ 장기 고정금리 분할상환)
도시재생	• 공공재원 50조원 투입(매년 10조원, 총 500곳) • 소규모 정비사업 위주 노후주거지 개선
주택시장 선진화	• 전월세상한제 · 계약갱신청구권 단계적 도입

2. 문재인 정부의 주요 부동산정책

**노무현 정부의 정책기조 및
주택가격 급등 답습** 대선 공약에서 세운 공공 주거복지차원의 임대주택정책과 도시재생뉴딜사업을 집권 5년간 추진한 것이 주요 특징이다. 노무현 정부의 부동산 정책기조를 승계한 문재인 정부는 투기수요의 증가로 인한 주택시장의 불안이 사회경제적 부담으로 작용할 위험이 크다고 보기에, 수요를 억제하는 정책기조를 유지하였다. 주택시장을 보는 시각도 집이 절실히 필요한 실수요자의 내집 마련에 초점을 두고 있으며, 공급된 주택이 실수요자에게 우선 돌아가야 한다는 것을 원칙적으로 천명하였다.

그런데 노무현 정부 기간(2003~2007년)에 주택재건축 규제와 수요억제 위주의 정책으로 부동산가격 급등을 경험하였듯이, 문재인 정부 기간에도 도시 재생 위주의 주택정책으로 인해 신규 아파트공급이 부족해지면서 주택가격의 급등을 답습하였다.

⊙ 표 12-2 **문재인 정부의 주요 부동산정책 일람**

연도		주요 부동산 및 건설정책의 내용
2017	3.8	• 2017 주거종합계획: 맞춤형 주거지원방안 및 7대 중점과제
	6.19	• 주택시장의 안정적 관리를 위한 선별적 맞춤형 대응방안
	8.2	• 실수요 보호와 단기 투기수요 억제를 통한 주택시장 안정화 방안
	11.29	• 주거복지 로드맵
	12.14	• 도시재생 뉴딜시범사업
2018	6.28	• 2018년 주거종합계획: 제2차 장기 주거종합계획(2013~2022) 수정계획
	7.5	• 신혼부부·청년 주거지원 방안
	8.27	• 수도권 주택공급 확대 및 투기지역 지정 등을 통한 시장안정
	9.13	• 주택시장 안정대책
	12.19	• 2차 수도권 주택공급 계획 및 수도권 광역교통망 개선방안
2019	1.9	• 등록 임대주택 관리 강화방안
	4.23	• 2019년 주거종합계획
	10.1	• 부동산 시장점검 결과 및 보완방안(분양가상한제 시행령 개정안 보완방안)
	11.6	• 민간택지 분양가상한제 지정(8.12 제도개선 후속조치)
	12.16	• 주택시장 안정화 방안
2020	2.20	• 투기 수요 차단을 통한 주택시장 안정적 관리 기조 강화
	5.6	• 수도권 주택공급 기반 강화 방안
	5.20	• 2020년 주거종합계획
	6.17	• 주택시장 안정을 위한 관리방안(7.10 보완대책)
	7.30	• 「주택임대차보호법」 개정(계약갱신청구권, 전월세상한제 도입)
	8.4	• 서울권역 등 수도권 주택공급 확대방안
2021	2.4	• 공공주도 3080+, 대도시권 주택공급 획기적 확대방안
	7.28	• '부동산시장 안정을 위해 국민께 드리는 말씀'(대국민 담화문)
	9.15	• 주택공급 속도 제고 방안

초반부에 금융, 입법, 세제를 망라한 강한 규제수단을 동원하였지만 주택시장 불안을 키우고 가격상승을 촉발하였다가, 후반부에서는 공공정비사업 등의 주택공급확대로 방향을 선회했는데, 이 또한 노무현 정부와 닮은꼴이다. 문재인 정부에서 발표한 부동산대책은 상대적으로 많았는데, 지면의 제약으로 주요 대책 중심으로 정리하였다.

2017. 3. 8 대책
(2017년 주거종합계획) │ 주거종합계획은 2016년에 처음 발표되었고 2017년이 두 번째 발표이며, 「주거기본법」에 따라 10년 단위의 주거종합계획을 수립하고, 5년마다 계획의 타당성을 재검토한다. 2017년 주거지원계획과 중점추진 과제도 최근 주택정책이 초점이 주거취약 계층의 주거복지 증진에 맞춰지면서, 맞춤형 주거지원 강화방안을 핵심적으로 담고 있다. 기업형 임대주택을 활성화하는 동시에, 주거복지체계 구축 등을 주요 내용으로 하고 있다. 또한 전세임대 물건을 편리하게 찾을 수 있는 서비스 지원 신설, 버팀목 대출자의 임대주택 중도금대출 추가허용, 제2차 장기주거종합계획(2013~2022)의 보완계획 등의 신규내용도 담겨있다.

첫째 중점 과제는 공공임대주택 공급 확대 및 공급방식의 다양화이다. 공공임대주택 12만호 공급, 생애주기별 특화형 임대주택 공급을 확대하고, 행복주택 공급을 확대하고 방식도 재건축·재개발 매입방식, 대학협력형 공급방식 등으로 다양하게 도입한다. 둘째는 뉴스테이 활성화이다. 다양한 주택수요를 반영하여 토지지원형, 한옥형, 협동조합형 등의 뉴스테이를 공급하고, 맞춤형 주거서비스 시범단지도 공급하며 '허브리츠' 대국민 공모방안을 마련한다. 셋째는 전·월세 등 주거비 지원 강화이다. 버팀목 대출의 경우 신혼부부 우대금리 확대 및 대출한도 확대를 적용하며, 디딤돌 대출 후에 실제 거주확인을 통해 실수요자에 대한 지원 및 보호를 강화한다. 넷째는 주거복지의 공고한 체계를 구축하는 것이다. 주거지원 기준을 합리화하여, RIR 30% 이상 및 최저주거기준 미달가구에 대한 공공임대 우선공급 확대하고(매입 → 매입 + 전세임대), 재공급 물량에 대한 공급기준을 마련한다. 다섯째는 주택시장의 안정적 관리이다. 실수요자 중심의 주택시장 형성을 유도하기 위해 관계기관 상시점검팀을 지속 운영하여 투기 및 불법행위를 차단하고, 시장상황(과열, 위축 등)에 따라 청약제도, 지원제도 등을 탄력적으로 조정할 수 있도록 제도개선(안)

을 마련하여 「주택법」 등 개정을 추진한다. 여섯째는 주거환경 개선 및 유지관리 활성화이다. 공동주택의 경우, 인근단지와 공동관리 허용대상 확대 등을 담았고, 빈집 정비의 경우, 빈집 관리를 위한 실태조사 및 표준시스템 마련, 빈집을 활용하여 저렴한 임대주택을 공급하는 사업모델을 마련한다. 일곱째는 제2차 장기주거종합계획을 수정 보완하는 내용이다. 제2차 장기주거종합계획(2013~2022)의 전반기(~2017) 추진성과와 향후 개선사항을 발굴하여 후반기(~2022) 주거정책 추진방향을 수립하는 것을 담았다. 사회·경제 여건변화 및 정책환경 변화 반영, 주거복지 정책수요 분석 등을 통해 2022년까지의 주거정책 목표 및 추진방향을 수립한다.

6.19 대책(주택시장의 안정적 관리를 위한 선별적 맞춤형 대응방안)

부동산시장 심리가 호전되면서 집값 상승기대가 높은 지역에서 투자목적 등의 주택수요가 증가한 결과, 서울 등 일부 지역에서 주택가격이 빠르게 상승하는 등 국지적인 과열을 보였다. 과열현상이 확산될 것을 우려하여 지역별·주택유형별 시장분석을 토대로 지역적 범위를 진단하고 선별적·맞춤형 처방을 마련하였다. 또한 과도한 차입에 의한 투자목적의 주택구입수요를 관리하기 위하여 조정대상지역에 민간택지 전매제한기간을 1년6개월에서 소유권이전등기시까지로 강화하고, 규제지역내 최대3주택까지 가능했던 재건축 주택공급을 1주택(최대2주택)으로 축소하였다. 한편 조정 대상지역을 2016년에 선정된 37개 지역에 경기 광명, 부산 기장군 및 부산진구 등 3개 지역을 추가하여 40곳으로 확대하고 LTV와 DTI비율을 강화했다.

8.2 대책 (주택시장 안정화 방안)

실수요 보호와 단기 투기수요억제를 통한 주택시장 안정화 방안이 발표되었다. 6.19대책을 통해 1단계 대응을 하였으나, 이후에도 투기수요가 지속적으로 유입되고 있다는 판단에서 규제지역을 확대하고 기존 규제를 강화했다. 특히 재건축·재개발의 기대수익이 높은 수준으로 유지되면서 정비사업 예정지역을 중심으로 주택가격 상승폭이 확대되고 있는 상황과 저금리 및 대내외 경제여건 개선에 따른 수요 증가가 대책의 배경이었다.

서울 25개구와 과천시와 세종시가 투기과열지구 및 투기지역 등 규제지역으로 지정되었고, 양도소득세 강화와 다주택자의 금융규제 강화, LTV와 DTI 등 금융규제가 강화되었다. 재개발·재건축사업은 조합원 지위양도와 분양권 전매를 제한하였고 재개발 임대주택의무건설비율 상향과 규제지역 내 정비사업 분양권 재당첨이 금지되었다. 한편 서민 주거안정을 위해 도심 내 및 도심 인근에 청년, 신혼부부 등 실수요자를 위한 임대·분양주택 공급을 확대하고, 공급되는 주택이 실수요자에게 우선적으로 돌아갈 수 있도록 청약제도 등을 개편했다.

이후 시장안정화를 위해 8.2대책의 후속대책인 9.5대책에서는 투기과열지구가 추가 지정(성남시 분당구, 대구시 수성구)되고 민간택지 분양가상한제 적용기준을 적용하는 요건이 완화되었다. 그리고 10.24 가계부채 종합대책에서는 대출을 통한 수익형 부동산투자를 규제하는 방안이 발표되었으며 규제지역에 대한 신DTI와 DSR이 도입되어 대출상환능력 검증이 강화되었다. 12.13대책에서 임대주택등록활성화를 골자로 임대차시장 안정화 대책이 발표되었다. 지방세·양도소득세·종합부동산세 등 세금감면 혜택을 확대함으로써 임대인의 임대주택등록을 유도하고 임대차시장 데이터를 확보하며, 한편으로 전세금반환보증을 활성화하여 임차인의 권리를 보호하는 방안도 마련하였다.

11.29 대책
(주거복지 로드맵) │ 사회통합형 주거사다리 구축을 위한 주거복지로드맵이 발표되었다. 생애단계별·소득수준별 맞춤형 주거지원, 무주택서민·실수요자를 위한 공적주택 100만호 공급, 법·제도 정비 및 협력적 주거복지 거버넌스 구축을 위한 장기 로드맵이 마련된 것이다. 이미 정부의 주택부동산대책 및 2016년·2017년 주거종합계획 등에 담긴 내용들을 체계적으로 정리하여 사회통합형 주거복지로드맵을 구축하였다.

주거복지 로드맵의 기본방향은 '공급자 중심의 단편적·획일적 지원'에서 '수요자 중심의 종합적인 지원'과 '사회통합형 주거정책'으로 패러다임을 전환하는 것이다. 그리고 '사회통합형 주거사다리' 마련이라는 로드맵 목표를 실현하기 위해 '사각지대 없는 촘촘한 주거복지망'을 구축하는 것이다. 이를 위해 생애단계별·소득수준별 맞춤형 주거지원, 무주택서민·실수요자를 위한 공적주택 확대, 임대차시장의 투명성·안정성 강화를 주요 과제로 선정하였다.

첫째, 생애단계별·소득수준별로 맞춤형 주거지원을 한다. 청년의 경우 세

어형·창업지원형 등 맞춤형 청년주택을 30만실 공급하고 청년 우대형 청약 통장을 신설하며, 월세대출 한도를 확대하고 분할상환을 허용한다. 신혼의 경우 신혼특화형 공공임대를 공급하고 신혼희망타운(분양형)을 공급하며, 특별공급을 2배 확대하고, 전용 구입·전세자금대출을 도입한다. 고령의 경우 무장애 설계 적용·복지서비스 연계 등 맞춤형 공공임대를 공급하고, 연금형 매입임대(고령자 주택을 매입·리모델링하여 임대로 공급, 대금은 연금식 지급)를 도입하고 주택 개보수 지원을 위한 수선유지급여 지원을 확대한다. 그리고 취약계층의 경우 저소득층을 위한 공적 임대주택을 공급하고 주거급여 지원대상 및 지원금액을 확대하며, 긴급지원주택을 도입하고, 취약계층 주거지원사업을 활성화한다.

둘째, 무주택 서민·실수요자를 위한 공적 주택 100만호를 공급한다. 공공임대·공공지원주택 확대를 통해 공적임대주택 재고율을 2022년까지 OECD 평균(8%)을 상회하는 9%까지 달성하는 목표를 설정하였다(재고 200만호). 또 공공임대·공공지원·공공분양 등을 합한 공적 주택을 100만호 공급하는 것을 추진한다. 한편 민간분양의 경우, 분양가상한제가 적용되는 공공택지 공급을 확대하여 저렴한 민영주택의 공급을 확대 유도한다.

셋째, 법·제도 정비 및 협력적 주거복지 거버넌스 구축 과제를 보면, 법·제도의 경우, 「주택임대차보호법」을 법무부-국토부가 공동소관(주거·부동산 정책과 연계강화)으로 하고, 공공임대주택 유형의 통폐합 및 대기자 명부제도를 개선하며, 도심내 노후 영구임대단지 재건축을 통한 도심내 공급을 확대한다. 거버넌스의 경우, 지자체의 주거복지 조직 및 주거복지센터 전문인력을 확충하고, 지자체의 임대주택 입주자 선정권한 강화 및 투자규제를 합리화하고, 사회적 경제주체의 임대주택 공급 활성화를 위한 지원을 강화하기 위해 기금 융자, 보증, 택지지원, 사회주택 허브리츠 설립 등을 추진한다.

2017.12.14 사업지 선정
(도시재생 뉴딜시범사업)

2017년 12월 8일 도시재생특별법 개정안이 국회를 통과하였고, 문재인 정부 출범이후 9차례의 도시재생특별위원회의 논의를 거쳐 2017년 도시재생뉴딜사업의 시범사업지 68곳이 선정되었다. 광역지자체가 44곳을 선정하고, 중앙정부가 15곳, LH 등 공공기관 제안을 통해 9곳을 선정했다. 최종 선정된 68곳의 시범사업지는 16

개 광역지자체에 걸쳐 분포하고 있으며, 지역 간 형평성이 고려되었다. 사업 유형별로도 특정 유형에 편중되지 않게, 유사한 규모로 선정했으며, 경제기반 형은 폐조선소 부지를 활용하여 문화·관광·해양산업 거점으로 조성하는 경남 통영 1곳이 선정되었고 그 외 우리동네 살리기(17), 주거지 지원형(16), 일반 근린형(15), 중심 시가지형(19), 경제 기반형(1곳) 등이었다.

시범사업은 지역별 특색을 살린 사업들로 향후 사업 추진을 통해 우수사례로 발전시켜 지역주민이 성과를 체감하고 타 지역으로 확산시킬 계획으로 지역의 역사자원과 문화자산을 활용하여 지역 관광을 활성화하고, 문화재생으로 연계 가능한 사업을 다수 선정하였다. 한편 도시문제를 해결하기 위해 정보통신기술을 활용하는 스마트 시티형 도시재생 사업도 선정하여 추가 사업비 지원과 컨설팅 등을 통해 집중 지원할 계획이다. 또 노후 주거지를 정비하여 공공임대주택 공급과 생활환경을 개선하는 사업을 추진하고, 도심 내 융복합 혁신공간과 공공임대 상가를 조성하는 사업도 포함되었다. 이 외에도 주민 주도 거버넌스를 구축하여 주민참여형 사업을 추진하는 계획도 포함되었다.

선정된 사업에 대해서는 사업별 특성에 맞는 컨설팅을 제공하는 등 맞춤형 재생을 추진하고, 시범사업에 포함된 18개 부처의 118개 연계사업에 대해서도 범정부 협의체인 「부처 협업지원 TF(팀장: 국토부 1차관)」를 정례화하여 사업내용을 구체화하고 발전시켜 나갈 예정이다. 2018년 이후의 사업추진은 연도별 재생수요, 사업준비 상황 등을 감안해서 매년 90~100곳 내외의 사업을 지자체, 중앙정부, 공공기관 제안을 통해 선정하고 속도감 있게 추진하며, 중장기적으로는 사업선정과 관리권한을 지자체에 위임하여 지역이 주도하는 도시재생 추진 체계를 확립해 나갈 계획이다.

도시재생 뉴딜사업은 지역주민 등 다양한 주체가 참여하는 거버넌스를 구축하고, 지역 내 자발적인 상생협력을 유도해 도시재생의 이익을 지역사회가 함께 공유하는 선순환 구조를 만들어 나가는 방향으로 추진할 계획이다. 도시별 쇠퇴양상을 고려한 쇠퇴기준 개선, 주민·민간이 발굴하는 소규모 프로젝트(점 단위) 사업 제도화, 계획 간소화 등 변화된 환경과 새로운 정책목표를 감안한 「도시재생특별법」 개정 등 제도개선도 병행할 계획이다.

**6.28 대책
(2018년 주거종합계획)** | '2018년 주거종합계획'은 세 번째 발표되는 주거종합계획인데 동시에 2018년 첫 부동산대책이 되었다. 임대차시장의 투명성과 안정성을 높이고 임차인 권리보호 방안이 주요 골자이다(앞에서 자세히 기술한 '2017년 주거종합계획'의 연장선상에 있어서 부연하지 않기로 한다).

한편 추가되는 부동산대책으로는 재건축초과이익 환수제를 예정대로 시행하고 소규모 정비사업의 활발한 추진을 위해 주택도시기금(HUG)의 융자 및 통합지원센터 설치를 통한 행정지원을 강화하였다.

**7.5 대책(신혼부부 ·
청년 주거지원방안)** | 신혼부부와 청년의 주거지원 방안을 중심으로 하는 대책으로, 앞서 발표된 주거복지로드맵(2017.11.29.)에 있었던 신혼부부와 청년을 위한 주거지원 정책의 구체적인 구상이 담겼다.

향후 5년간 88만 쌍의 신혼부부와 6세 이하의 자녀를 둔 한부모가족 6만 가구에게 공동주택과 금융자금을 지원한다. 그리고 청년 75만 가구에는 임대주택과 맞춤형 금융을 지원하는 내용을 천명하였다.

**8.27 대책(수도권
주택공급확대 등)** | 수도권에 주택공급을 확대하고 투기지역 지정 등을 통한 시장안정 기조를 강화하려는 대책이다. 일부지역에서 지속적으로 부동산 과열현상이 발생하자, 규제지역(투기지역, 투기과열지구, 조정대상지역)을 조정하였다. 투기과열지구이던 서울시 4개구(종로구, 중구, 동대문구, 동작구)를 투기지역으로, 조정대상지역인 광명시와 하남시는 투기과열지구로 추가하였다. 또 구리시와 안양시 동안구 등은 조정대상지역으로 추가 지정되었으며 반면 안정세로 전환한 부산 기장군은 조정대상지역에서 해제하였다.

그간 수요 억제에 치중했던 부동산 정책 기조가 조금 변하여 수도권 주택공급확대 정책을 포함하였다. 안정적인 주택수급을 위해 30만호 이상의 주택공급이 가능하도록 수도권에 다양한 규모의 30여개 공공택지를 추가 개발하는 것을 발표하였다. 그러나 구체적인 공급 규모나 시기 등은 명시되지 않았고, 이후 9.21대책(수도권 주택공급 확대방안)과 12.19대책(2차 수도권 주택공급계획 및 수도권광역교통망 개선방안)에서 구체화되었다.

5년간 30만호의 주택을 공급하는 계획인데, 9.21대책에서 1차 공급은 3.5만호 규모로 계획하고, 나머지 26.5만호는 서울과 1기 신도시 사이에 위치한 대규모 택지개발을 통해 공급한다는 계획을 발표하였다. 한편 도심지 주택공급으로는 가로주택 등 소규모 정비사업을 통해 확보해갈 계획을 밝혔다.

9.13 대책 (주택시장 안정대책)

규제지역 추가 및 격상을 통해 규제를 강화하였음에도 불구하고 전세주택을 낀 갭투자가 늘어나면서 가격상승이 심화되었기에, 고가주택의 세율을 인상하여 주택시장을 안정화시키려는 의도를 담았다.

고가주택세율을 3억원 초과분부터 0.2~0.7%p 인상하고, 3주택 이상 보유자와 조정대상지역의 2주택이상 보유자는 0.1~0.2%p 추가 세율을 부과했다. 전년대비 세금 부담상한율도 150%에서 300%까지 상향시켰다. 또 2주택자의 규제지역 내의 주택구입이나 비거주 목적의 고가주택 매입의 경우에는 대출이 제한되었다. 그리고 조정대상지역의 일시적 2주택자의 중복보유 허용기간이 단축되었으며 양도세 비과세 기준도 강화되었다.

12.19 대책(2차 수도권 주택공급계획 등)

수도권 주택공급계획과 수도권 광역교통망 개선방안을 담은 대책이다. 9월 21일에 1차로 발표한 3.5만호 공급계획에 이어, 2차로 15.5만호 규모의 공급계획을 발표한 것이다.

남양주시·하남시·인천시계양구·과천시가 3기 신도시로 지정되었으며, 향후 폭발적인 인구증가에 따른 교통계획으로 '서울까지 30분내 출퇴근'이라는 광역교통망 계획도 발표되었다.

2019. 1. 9 대책(등록 임대주택관리 강화방안)

2017년 12월 13일에 발표된 임대주택등록 활성화 대책 이후, 추가적으로 전월세 임대차시장의 안정성을 확보하기 위해 등록된 임대주택의 관리를 보다 강화하는 대책이 마련되었다.

구체적으로 임대주택 관리시스템 구축과 세제감면 혜택에 따른 임대인의 의무조건을 제시하였는데, 제시된 의무조건은 임대료 증액제한과 등록임대주택 부기등기제 의무화 등이 있다.

**4.23 대책
(2019년 주거종합계획)** | 공적임대(17.6만호)와 주거급여(110만가구), 전월세자금(26만가구) 등의 지원으로 서민과 실수요자 중심의 주거안정성을 강화한다는 금융지원책이 발표되었다. 문재인 정부에서 나온 세 번째 주거종합계획으로 포용적 주거복지 성과를 확산시키기 위해 금융지원을 확대하고 생애주기별 맞춤형 지원을 고도화하고 빈집 정보은행 등 빈집 활용을 강화하며 공공임대주택 유형통합 모델 등이 마련되었다.

반면 실수요 중심의 안정적 주택시장 관리를 위해 주택재개발·재건축 등의 정비사업의 공공성과 투명성을 강화하는 조치를 담았다. 재개발 사업의 임대주택 부과비율을 상향하고, 추진위원회에서 선정한 정비업자의 업무 범위를 조합설립 준비로 한정하고 운영비 대여를 제한하며, 공사비검증 등을 통해 시공사와 조합에 대한 조합원의 견제와 감시를 강화하였다.

**10.1 대책(부동산시장
점검결과 및 보완방안)** | 세번째 수도권 주택공급계획(11만호)으로 고양창릉, 부천대장이 3기 신도시로 지정되었다(5.7대책). 그리고 민간택지 분양가상한제 적용기준을 투기과열지구로 확대하고, 분양가상한제 지정효력시점도 최초입주자모집승인 신청일로 앞당겼으며, 상한제 적용대상 주택의 전매제한 기한도 5~10년으로 확대하는 대책도 발표되었다(8.12 대책). 하지만 여전히 국지적인 집값 상승이 계속되어 부동산시장에 대한 점검과 보완방안 마련이 필요하여 규제를 다시 강화하는 대책이 나왔다.

투기지역·투기과열지구의 개인사업자(주택매매업자)에 대한 LTV 규제를 강화하고 법인에 대한 LTV 규제를 신설하였고, 1주택 보유자라도 고가주택이면 전세대출 공적보증이 제한되었다. 특히 민간택지 분양가상한제 적용검토기준을 일반분양 예정물량이 많거나 분양가 관리 회피를 위한 후분양 단지가 확인되는 지역까지 확대하여 정밀하게 구역지정을 검토하는 방안을 세웠다.

**11.6 대책(민간택지
분양가상한제 지정)** | 앞서 발표된 8.12대책과 10.1대책의 후속조치로 민간택지 분양가상한제 적용지역이 발표되었다. 대상지역으로는 강남4구(서초구, 강남구, 송파구, 강동구) 22개동과 마포구·용산구·성동구 4개동 그리고 영등포구 여의도동이 포함되었다. 주무부처는 이번이 분양가상한제 대상구역 1차 지정이었는데 주택가격이 계속 상승한다면 추가지정이

있을 것을 예고하였다.

12.16 대책(주택시장 안정화 방안) ┃ 역대 부동산시장 안정화 조치로 나온 대책 중 가장 강력한 종합규제대책으로 평가될만한 대책이 나왔는 데 대책에 포함된 규제가 총 30여개에 달할 정도로 종합적이었다.

투기지역·투기과열지구에서 주택담보대출시 9억원 초과분에 대해서는 LTV규제비율을 20%로 강화하고(기존 40% 일괄적용), 초고가 아파트(시가 15억원 초과) 구입시 주택담보대출을 금지하며, DSR의 한도를 하향조정하고, 투기지역·투기과열지구에서 1주택세대의 주택구입시 기존주택을 1년 내 처분 및 전입을 해야 하며, 무주택세대의 고가주택(시가 9억원 초과) 구입시 1년 내 전입하는 의무를 부여하였다. 그리고 사업자에 대한 주택담보대출 제한지역을 확대하고 사적보증 전세대출보증 규제도 강화하였다.

2020. 2.20 대책(투기수요차단 통한 주택시장 안정적 관리 기조 강화) ┃ 12.16대책을 보다 심화한 대책으로 특히 경기도 권역의 주택가격 상승세를 막고자 조정대상지역 내 LTV규제비율을 강화하였다. 주택가격 9억원까지는 50%를 적용하고, 9억원 초과분은 30%로 변경(기존 60% 일괄적용)하였다. 더불어 사업자의 주택담보대출 제한지역이 조정대상지역까지 확대되었다. 또한 1주택자의 주택담보대출 실수요 요건에 신규주택 전입의무 조건이 추가되었다.

5.6 대책(수도권 주택공급 기반강화) ┃ 앞서 3차에 걸쳐 총 30만호의 수도권 주택공급계획을 발표했는데, 2023년 이후의 수도권 주택공급 방안을 담았다. 지금까지 도시 외곽에 신도시를 만드는 방안만 발표했다면 이번에는 도심지내 정비사업을 활성화한다는 내용을 처음으로 발표했다.

공공이 주도적으로 재개발 사업을 추진하겠다는 대책을 내놓았다. 반면, 민간이 추진하는 정비사업에 대해서는 조합정관 투기방지조항 명시, 정비구역 지정에 따른 지가변동 모니터링 강화 등의 추가적인 규제를 발표하였다.

5.20 대책(2020년 주거종합계획) ┃ 주택시장에 대한 규제와 대규모 수도권 주택공급으로 시장안정화를 도모하겠다는 취지로 '2020년 주거종합계

획'을 발표하였다. 2023년부터 수도권에 연평균 25만호 이상의 주택을 공급하고, 앞서 발표된 3기 신도시 공급계획을 예정보다 조기에 추진하겠다는 의지를 천명하였다. 그리고 도심지에서의 주택공급 확대를 위해서도 공공이 사업에 참여하여 사업을 촉진하는 방식인 공공재개발을 도입하였다.

6.17 대책(주택시장안정을 위한 관리방안)

규제지역에서 멈추지 않고 비규제지역까지 주택가격이 상승하자 정부는 수도권·대전시·청주시 대부분의 지역을 조정대상지역·투기과열지구로 지정하였다. 또한 재건축사업에 대한 보다 강한 규제방안으로 조합원의 실거주 의무화, 안전진단 강화, 재건축 부담금의 현실화 등의 대책이 포함되었다.

　6.17 대책의 보완으로 7.10 대책이 발표되었는데, 주거복지로드맵, 수도권 30만호 공급계획 등에 포함된 수도권 공공택지에서 2025년까지 총 77만호를 계획대로 공급하기로 하였다. 이를 위해 관계부처 장관, 지자체가 참여하여 경제부총리 주재로 '주택공급확대 TF'를 운영하기로 했다. 또 청약제도를 개선하여 서민실수요자들의 내집 마련 기회를 넓히며, 청년들에 대한 전월세 자금지원은 확대하고 이자비용은 인하하여 주택임대비용을 줄여주는 방안을 발표하였다. 그리고 다주택자에 대한 종합부동산세 인상(최대6%), 양도소득세 및 취득세 중과 등이 담겼고 임대차3법(계약갱신청구권, 전월세상한제, 임대차신고제) 등이 언급되었다.

7.30 「주택임대차보호법」 개정 (계약갱신청구권, 전월세상한제 도입)

문재인 정부의 국정과제(서민이 안심하고 사는 주거환경조성)였던 '계약갱신청구권'과 '전월세상한제' 도입이 국회 본회의를 통과하였다.

　'계약갱신청구권'은 임차인이 희망하는 경우 1회 계약갱신을 청구할 수 있는 권리로, 임차인의 안심 거주기간이 2년에서 4년으로 늘어날 수 있다. 그리고 '전월세상한제' 도입으로 계약갱신시 임대료 상한이 5% 범위 내로 제한된다. 또한 임대차3법 중 하나인 '임대차신고제'도 2021년 6월에 시행할 예정인데, 임대차 실거래 정보를 취합하여 임차인에게 시의성 있는 시세 정보를 제공하는 제도이며, 임대차신고제는 「부동산거래신고법」에 속한다.

8.4 대책(서울권역 등 수도권 주택공급 확대방안) 서울 외곽에 신도시 건설을 추진하는 공급계획 일변도에서 서울 도심에도 대규모로 주택을 공급하는 계획이 마련되었다. 특히 서울시내 주택공급의 주축인 재건축사업에 공공성을 부여하여 '공공참여형 고밀재건축(공공재건축)'을 추진하는 방안이 제시되었다. 그리고 5·6대책으로 발표되었으나 시장에서 외면 받는 공공재개발사업의 활성화를 위해 수정·보완방안이 마련되었다. 이미 구역지정이 해제된 재개발구역도 공공재개발에 참여할 수 있도록 사업 참여대상의 폭을 넓히는 조치가 이루어졌다.

추가적인 주택공급확대방안으로 11.19 대책에서 임대주택공급 활성화 방안이 발표되었다. 전세안정화를 위해 2021년 상반기까지 전세형 주택으로 전국 4.9만호, 수도권 2.4만호 공급할 예정이며, 2022년까지는 전국 11.4만호의 주택을 공급하여 서민과 중산층 주거안정을 지원할 계획이다. 그리고 임대차신고제(일명, 전월세신고제)를 도입하여 임대차 거래시 30일 이내에 임차보증금과 월세 내역신고를 의무화하였다. 또한 조정대상지역으로 경기도 김포시와 부산 해운대구, 수영구, 동래구, 남구, 연제구, 그리고 대구 수성구 등 7개 지역이 추가되어 조정대상지역은 총 75개 지역으로 늘었다.

12.17 대책에서는 이전 6.17 대책이 수도권을 중심으로 규제를 강화했다면, 그 이후 풍선효과로 광역시 및 지방 중소도시까지 상승세가 번지자, 지방 중심으로 37곳이 규제지역에 추가되었고 실거래 조사와 현장단속도 강화하였다. 조정대상지역에 부산 9개 지역, 대구 7개 지역, 광구 5개 지역, 울산 2개 지역, 파주, 천안 2개 지역, 논산, 공주, 전주, 창원, 포항, 경산, 여수, 광양, 순천 등 36곳이 추가되었으며, 투기과열지구로는 창원 의창이 추가되었다. 한편 인천 중구, 양주, 안성 일부지역은 조정대상지역에서 해제되었다.

2021. 2.4 대책(공공주도 3080+, 대도시권 주택공급 획기적 확대방안) 공공성 및 공공기능을 정비사업에 접목시킨 '공공 직접시행 정비사업'을 추진하여 13만여가구 공급계획을 내놓았다. '공공 직접시행 정비사업'은 주민의 희망에 의해 한국토지주택공사(LH)·서울주택공사(SH) 등 공기업이 재개발·재건축사업을 직접시행하는데, 해당 공기업이 사업 및 분양계획을 수립하여 신속히 사업을 추진하는 방식이다.

또한 투기수요의 철저한 차단을 위해 우선공급권은 1세대 1주택 공급을 원칙으로 한다. 대책 발표일(2월 4일) 이후에 개발지역에서 부동산을 매입하거나 지분 쪼개기를 통해 지분수를 늘린 경우, 공공이 주도하는 정비사업 아파트의 우선공급권을 주지 않고 현금청산을 하게 된다.

| 7.28 대책(부동산시장 안정을 위해 국민께 드리는 말씀) | '부동산시장 안정을 위해 국민께 드리는 말씀' 이라는 대국민 담화문을 발표하였다. 수도권 |

주택가격 상승의 원인이 주택공급부족이라고 지적되는 것에 대해, 서울의 입주물량이 부족하지 않고 막연한 상승 기대심리와 투기수요, 불법·편법거래가 상승을 견인하고 있다고 진단하였다. 그러면서 집값이 큰 폭으로 떨어질 수 있음을 경고하고 시장교란행위는 엄단하겠다고 했다. 그리고 실수요와 무관한 부동산 관련 대출은 촘촘하게 점검·감독하고, 강화된 차주 단위 총부채원리금상환비율(DSR) 규제가 적용되지 않는 제2금융권 가계대출도 관리를 강화하는 방안을 담았다.

| 9.15 대책(도심 주택공급 확대 및 아파트 공급속도 제고 방안) | 도심 주택공급확대를 위해 국토교통부 주택정책과는 주거용 오피스텔 공급을 활성 |

화하고자, 바닥난방 허용면적을 85m²에서 120m²로 완화하는 방안을 발표하였다. 그런데 이는 국토교통부 공공택지관리과에서 3월에 발표한 공공주택지구 내 주거용 오피스텔을 40~85m² 이하로 제한하는 가이드라인과 상충되는 부분이다.

그리고 아파트 공급속도 제고를 위해 주택건설사업의 사업주체 선정시 원칙적으로 통합심의를 의무화하였으며, 주택도시보증공사(HUG)의 고분양가 심사기준도 인근시세 산정기준, 비교사업장 산정기준 등으로 합리성을 강화하고 세부 심사기준을 공개하기로 하였다. 또 분양가상한제 심의기준도 구체화하였다.

3. 문재인 정부의 부동산정책 평가

| 수도권 아파트 가격급등을 막기 위한 잇따른 대책들 | 문재인 정부는 대선 공약으로 도시재생 뉴딜사업을 내걸고 임기 5년 내내 강조점을 두고 추진 |

하였지만, 한편으로는 부동산 및 주택시장의 불안정을 경험하면서 28차례 대책을 발표하며 진화에 나서야 했다. 그럼에도 가장 뼈아픈 점은 20-30세대로 불리는 청년층들, 주로 사회초년생 또는 신혼부부에 해당하는 세대에게 주택시장에 대한 공포심리(FOMO: Fear Of Missing Out)를 불러 일으켜, 패닉 바잉(panic buying)에 나서게 여건을 만든 것이다. 미래주택시장에 대한 예측이 불가능할 정도로 수도권 아파트 매매가격이 급등하면서, 청년층이 '빚투'(빚내서 투자), '영끌'(영혼까지 끌어다)투자에 나선 결과, 가계부채가 급증하여 가계부채 2000조원이라는 경제위기를 불러 일으킬만한 큰 뇌관을 안게 되었다.

설상가상으로 2022년부터 미국의 금리인상 기조로 인해 우리나라도 금리를 7차례 연속 인상하게 되면서 이자부담이 크게 증가하게 되어 하우스푸어로 전락하게 되었고, 부동산 경기마저 하락하여 주택처분도 쉽지 않은 환경이 되었다. 개인 투자자도 큰 손실을 입게 되면서 이제는 '영털'(영혼 털림)이라는 신조어까지 등장하고 있다. 한편 자금시장의 경색으로 신규주택 분양시장도 위축되면서 건설업체와 부동산업계가 동시에 불황의 늪에 빠지고, 악순환 적으로 주택시장과 자금조달시장은 다시 경색되고 있어, 2008년 글로벌 금융위기 이후 겪었던 긴 침체의 터널을 우려하고 있다.

서울시 신규 아파트 공급부족으로 인한 수급불안정과 위기 초래

주택가격 급등·급락이라는 롤러코스터 시장의 배경에 코로나-19로 인한 전 세계적인 저금리 금융환경, 즉 대출이 매우 용이했던 여건이 있었음을 누구도 부인할 수 없다. 하지만 수도권 주택시장 수급의 경우, 근본적으로 특히 서울시내의 아파트 신규물량의 감소로 인한 수급의 불균형이 장기간 지속되어 온 점이 이러한 시장의 배경이 된 것 역시 인정할 수밖에 없다. 뉴타운 사업을 중단하고 도시재생사업에 치중한 박원순 시장 재임기간과 도시재생 뉴딜사업에 몰입하다시피 한 문재인 정부 재임기간을 포함하면, 서울시에서는 15년 가까이 신규 아파트 공급이 크게 줄었다. 2019~2021년 비이성적인 가격 급등은 서울시내 뉴타운 출구전략의 부작용과 도시재생 치중으로 인한 아파트 수급불안정이 불러온 예고된 사태였던 것이다.

신규로 공급할 택지가 부족한 서울시의 경우 도심지 내에서 대안을 찾을수밖에 없다. 신규 아파트공급은 주로 재개발, 재건축 등 정비사업을 통해 이루어짐에도, 문재인 정부는 서울, 특히 강남권 재건축을 타겟으로 강한 규제정책을 유지하였다. 그리고 도시재생사업으로 진행되는 주거환경관리사업이나 가로주택정비사업 등 소규모재건축사업에 더 치중하였다. 이는 노무현 정부의 계승을 표방한 문재인 정부의 태생적인 한계라고 볼 수 있는데, 부동산 및 주택정책의 기조와 반응방식도 노무현 정부를 거의 닮았다. 반복된 대책 발표와 도심 내 적절한 물량의 주택공급을 만들어내지 못한 실패를 답습하였다.

도시재생 뉴딜사업의 출구전략 고심 | 문재인 정부는 대선 공약으로 도시재생 뉴딜사업을 내걸고 5년 동안 총력을 다해 추진하였지만, 임기를 마치면서 추진동력이 줄었다. 그리고 많은 도시재생사업지역 및 도시재생지원센터의 인적·물적 자원을 활용하는 방안으로 고심하고 있다.

경제정의실천시민연합(2022)은 그간의 도시재생뉴딜사업을 평가하고 대안을 모색하는 토론회를 열어 도시재생사업 현장에서 활동가로 직접 참여한 사람들의 경험을 공유하고 대안을 모색하였다. 당시 232개의 사업을 추진 중인 서울시 도시재생지원센터는 발표를 통해 도시재생 뉴딜사업의 한계로, 도시재생 활성화지역의 범위에 대한 혼란, 주민·행정·전문가의 준비 부족, 양적으로만 확산하여 생긴 현장의 센터장이나 활동가의 번아웃(burn out) 상황, 지역의 다양성이 사라진 획일화된 사업, 그리고 주택공급 일변도로 변화되며 겪는 혼란 등을 지적하였다. 아울러 개선과제로 사업종료 후 지속적 계획과 실행, '면' 중심적 사업에서 '점' 단위 사업방식으로 전환, 현장 코디네이터의 인적자원 양성과 관리방안 마련, 그리고 민간참여 확대를 통한 기금 설치 및 융자와 보조 확대 등을 제시했다.

지방에서 도시재생사업에 참여한 활동가들의 토론에서는, 지방은 인력이나 여러 환경이 정상적인 추진이라고 볼 수 없으며, 통합적인 추진 체계와 표준안도 없고 국가 차원의 지원기구도 없고 부처별로 따로 놀고 있음을 지적하였다. 지역에 들어와 활동하는 중간조직의 역할과 지위가 명확하지 않은 부분을 개선해야 하고, 호칭부터 지위, 중간조직체들 간의 연대 등 현장의 상황을 다시 정리할 필요가 있음을 제안했다. 그리고 관주도로 진행하면서 민간의 참여를 끌어들이지 못한 부분이 문제점으로 지적되었고, 도시재생과 민간개발을 묶는 도시재생이 진행될 필요성과 금융상품을 만들기 위한 연구의 필요성도 언급되었다. 그밖에도 공무원의 사업에 대한 이해 부족과 성과위주 계획수립, 보신주의적 소극행정, 거버넌스의 탈을 쓴 관 주도 사업의 문제점 등이 지적되었으며, 사업을 지원하는 잣대와 평가하는 잣대가 천편일률적으로 동일한 잣대를 적용한 것도 개선할 부분이라고 지적되었다.

　선도사업부터 시작하여 지난 10년간 진행해 온 도시재생사업은 방향자체가 틀리지 않았으나 대선공약 이행이라는 명목으로 너무 급하게 진행되었고, 단기간에 성과를 얻으려는 접근방식이 잘못된 부분이었다는 평가가 중론이다. 도시재생의 가치를 살려가되, 도시재생 뉴딜사업이 계획대로 진행되고 있는지 중간에 철저히 모니터링하고 지연되는 사유를 면밀히 분석하여 해법을 찾는 시스템적인 접근과 대응이 요구된다.

**다주택자에 대한 과도한 규제의
정상화와 임대차3법의 보완 필요** | 문재인 정부의 주택정책의 기본적인 시각에 대한 비판이 많다. 이창무(2020)는 우리

나라 주택시장의 특징적인 기제인 유기적인 매매시장과 전월세시장의 관계에 대한 정부의 이해 부족을 지적하며, 본질적으로 모호할 수밖에 없고 원인이라기보다는 시장상황에 대한 반응에서 말미암은 투기적인 행태에 매몰되어 과도한 규제를 가한 점도 비평하였다. 특히, 1가구 1주택 소유라는 구호성 목표와 다주택자의 긍정적 측면을 무시한 징벌적인 조세정책 등을 문제시 하였다.

　개인 다주택자를 통한 사적임대가 80%에 달하고 전세형태의 임대가 주축을 이루는 우리나라 임대시장의 현실에서, 과도한 세금부담이나 임대차 관련 규제는 다주택자가 임대시장에서 보이는 순기능을 위축시키는 역효과를 불러올 수 있다. 2020년 7월 10일 대책에서 종합부동산세에는 최고세율 6%가 도입되고 취득세는 12%, 양도소득세는 75%까지 최고세율이 인상되었다. 이로인해 다주택자들의 주택보유나 처분, 임대사업의 확대도 어렵게 되었다. 다주택자에 대한 세제가 합리적인 과세로 자리매김하기 위해서는, 우선 종합부동산세가 임대소득세 과세의 역할을 할 정도로만 부과되어 임차인에 대한 조세전가가 심각해지지 않도록 해야 한다. 그리고 양도소득세 등에 대한 중과세부분도 징벌적인 성격을 탈피하여, 다주택자의 순기능을 살릴 수 있는 적정과세 수준으로 책정될 필요가 있다.

　한편으로 임대차3법(계약갱신청구권, 전월세상한제, 임대차신고제)으로 불리는

대책이 여당의 다수 의석의 힘으로 입법화되었고, 계약갱신청구권과 전월세상
한제가 2020년 7월부터 시행되었다. 그러나 순수월세가 아니라 보증부월세(또
는 준전세)나 순수전세가 주축이 된 우리나라 임대차시장에서, 계약기간이 2년
에서 4년으로 늘어나는 부분은 시장의 혼선을 야기하고 있다. 오랜 관습으로
정착되었던 2년 임대차계약기간이 4년이나 그 이상으로 늘어나는 변화에 적
응하느라 겪는 진통이라고 볼 수 있지만, 안착까지는 상당한 시간이 걸릴 전
망이다. 보완책으로 3년 임대차계약기간 등의 수정의견도 다수 제시되고 있는
상황이다. 다행히 계약갱신 시에 발생할 가능성이 있었던 전월세상한제의 문
제는 주택경기가 침체되면서 전월세가격도 하락하여 드러나지 않았다. 그러나
여전히 임대료상한제에 대하여는 예상되는 부작용이 크다는 이론적 근거와
다른 나라들의 경험이 있어서 좀 더 지켜볼 일이다.

제 2 절 윤석열 정부의 부동산정책

1. 윤석열 정부 부동산정책 기조

부동산분야 대선 공약
'주택공급 확대' │ 문재인 정부는 28회의 부동산 대책을 발표하였지만
서울을 비롯한 수도권의 주택가격 급등을 막지 못하
여 국민으로부터 좋은 평가를 받지 못하였고, 결국 5년 만에 정권이 교체되었
다. 도시재생사업에 치중하다보니, 도심지 주택공급 부족을 초래했고 이 가운
데 수요억제 위주의 정책을 초기에 구사하였다. 그 결과 주택가격 급등을 불
렀고 다급하게 시장 안정화를 위해 LTV 규제를 강화하고, 후기에는 주택공
급 방안도 내놓았지만 과열된 시장을 적절히 통제하지 못하였다. 윤석열 후보
의 대선공약을 보면, 주택공급을 우선으로 정하였는데 이 방향은 이재명 후보
와 비슷하였다. 여야를 막론하고 대선에서 득표를 위한 전략으로 문재인 정부
의 부동산정책이 실패했다는 공통적인 인식을 가졌다.

한편 대선토론 과정에서 부동산 관련 정책대결은 거의 실종되다시피 하였
다. 이는 두 후보의 정책방향이 유사한 점도 있었지만, 이재명 후보가 성남시
장 재임시절 진행한 대장동 사업의 인허가 문제와 개발이익 환수 등의 이슈

논쟁이 불거진 결과라고 할 것이다. 그밖에 가파르게 상승한 주택가격을 안정 화시키는 차원에서, LTV 규제완화, 임대차3법의 제도개선 등 문재인 정부의 정책실패를 반면교사 삼으면서 규제를 완화하여, 시장을 정상화시키는 방향으 로 큰 틀을 잡았다.

주택공급 확대방안으로 재임 5년간 250만호의 주택공급을 담았는데 이는 연간 50만호씩 공급하는 셈이며, 서울 50만호, 수도권 130~150만호를 계획하 였다. 그리고 재건축과 재개발 규제를 완화하여 도심지 주택공급을 확대하고 수도권 1기 신도시의 재정비를 위한 특별법을 제정하며, 또 재건축리모델링 사업시 세입자 재정착 지원사업과 공공택지 개발, 양질의 공공임대 주택 공급 을 포함하였다.

세금과 주택담보대출은 과도한 규제를 완화하여 세제와 금융규제를 정상 화시키는 것을 공약으로 내세웠다. 2022년 주택공시가격을 2020년 수준으로 환원하고, 종합부동산세와 재산세를 통합하여 이중과세 논란을 없애고 세부담 을 완화하며, 1주택자 중 일정소득이하의 장기보유자에 한해 연령에 관계없이 세율을 완화하고자 하였다. 그리고 다주택자의 매물이 시장에 나올 수 있도록 다주택자의 양도소득세 중과세율 적용을 최대 2년간 한시적으로 배제하며, 또 복잡해진 취득세율을 단일화하거나 세율적용 구간을 단순화하는 것과 단순누 진세율을 초과누진세율로 변경하고 생애최초 구입자에 대해 취득세 면제 또 는 1% 단일 적용하는 방안을 공약으로 내걸었다. 또한 LTV 규제에 있어서 는 대폭적인 완화방안을 제안하였는데, 무주택자의 주택담보대출시 LTV 80%를 적용하겠다고 공약하였다.

그리고 수도권 교통문제를 해결하고 과밀화 현상을 해소하기 위한 수도권 광역급행철도(GTX) 확대 공약을 윤석열 후보가 먼저 발표했다. 이후 이재명 후보도 GTX 노선을 연장·신설하여 6개로 늘린다고 하였다. 일부 노선의 시 종점이 차이가 있을 뿐, 서울 도심까지 '30분 출퇴근 생활권'으로 만들겠다는 공약의 얼개는 거의 동일하여 '공약 베끼기 논란'도 불거졌었다.

임대차3법 기본 골격 유지하되, 계약갱신청구권은 원상복귀 주장 | 두 후보간 가장 차이가 크게 나는 공약은 임대차3법(전월세신고제·계약갱신청구권·전월 세상한제)과 공공임대주택에 관한 접근법이었다.

　　윤석열 후보는 임대차3법의 개정을 주장했는데, 임대차3법의 기본 골격은 유지하되 계약갱신청구권 4년을 이전처럼 2년으로 줄이겠다는 공약이다. 그 대신 전세보증금을 인상하지 않는 임대인에게 세제혜택을 주고, 시장가격 이하로 나오는 민간임대주택 공급량을 늘리는 방안을 검토하였다. 고시원 등 일반적이지 않은 곳에 거주하는 사람은 임대보증금을 무이자로 빌려주는 정책도 제시했다.

　　반면 당시 이재명 후보는 임대차3법은 현행대로 유지하는 것이 좋다는 입장으로, 임대차법은 세입자 안정을 위해 필요하기 때문에 초기 혼란은 견뎌야 한다는 주장이었다. 현재 5% 수준인 장기 공공임대주택을 10%까지 늘리고, 협동조합형 사회주택·공유주택 등 다양한 유형의 임대주택을 늘려 현재 임대차법이 가져온 부작용은 최소화해야 한다고 주장했다.

국민이 기대하는 윤석열 정부의 부동산 정책 1순위 '가격안정' ｜ 집권당인 국민의 힘 소속의 김정재 국회의원이 설문조사(2023년 1월)를 통해 문재인 정부의 부동산정책을 평가하고 이를 바탕으로 윤석열 정부가 시급하게 펼칠 부동산정책을 제시하였다.

　　전국 성인남녀 2001명을 대상으로 '정부 부동산 정책'에 대한 여론조사를 실시하였는데, 응답자의 47.5%가 문재인 정부 5년간의 부동산 정책을 '실패'라고 응답하였으며, 가장 실패한 부동산 정책으로는 'LTV 규제'가 뽑혔다. 한편 윤석열 정부가 펼쳐야 할 부동산 정책으로는 응답자의 44.0%가 '가격 안정'을 1순위로 보았고, 가장 개선이 시급한 정책은 '대출규제완화'라고 답했다. 수요억제를 위해 강력하게 밀어붙인 대출규제가 오히려 역작용을 일으켜 시장에 혼란과 불만을 초래하였고, 이제는 이것을 해소하기 위한 금융규제완화가 시급한 과제가 되었다.

2. 윤석열 정부의 주요 부동산정책

2022. 6. 21 대책(임대차시장 안정방안 및 부동산 정상화 과제) ｜ 윤석열 정부가 2022년 5월 10일부터 출범하여 처음 발표한 대책이다. 그간 왜곡되었던 부동산 시장을 정상궤도로 돌리기 위한 규제 완화가 담겼다.

임대차3법의 문제는 임차인이 이익을 보는 만큼 임대인은 손해를 보는 데 있었다. 임대인이 2년+2년 계약에 5% 이내로 임대료를 올리면 상생임대인으로 인정, 보상해 주고 있는데, 이번 대책에서 상생임대인의 요건이 대폭 완화됐다. 공시가격 9억 원 이하의 금액 기준을 폐지하고 1주택자로 전환할 계획이 있는 다주택자, 등록임대사업자도 상생임대인으로 인정하기로 했다. 2024년 12월 31일 전에 계약갱신(혹은 신규계약)을 하면서 보증금을 5% 이내로 인상하면 상생임대인 혜택을 받게 된다. 상생임대인에게는 조정대상지역에서 1주택자 양도세 비과세 특례적용을 위한 2년 거주요건을 갖춘 것으로 인정한다.

공급 대책도 포함하여 재건축·재개발 정비사업의 분양가상한제를 개선하였다. 원자재값 급등을 반영해 기본형 건축비를 상향조정하고 가산비 인정항목도 늘려 분양가 현실화를 도모하였다. 윤석열 정부의 핵심 부동산 공약인 '250만 가구+α' 주택공급 로드맵이 나오면 본격적으로 공급계획이 추진될 것인데, 단순 물량확대가 아닌 시장수요 맞춤형으로 설계할 방침이다.

2023. 1. 3 신년 업무 보고 (부동산규제 완화 방안) | 문재인 정부가 박아 놓은 부동산 규제의 대못을 다 뽑는다는 취지로 대규모 완화대책을 발표하였다. 2022년 6차례의 금리인상 여파로 주택거래가 실종되고 주택가격이 급락하는 등 부동산 경기침체가 우려되자 대대적인 연착륙 방안을 내놓은 것이다.

청약수요자들에게 부담이 되었던 12억원 초과 아파트 중도금 대출규제는 3월 중 해제할 예정이며 HUG가 대출보증을 제공할 수 있게 하였다. 곧바로 규제지역에서 경기 4곳(과천, 광명, 성남, 하남)과 서울 21개 구를 해제하여 강남 3구와 용산구를 제외한 전국의 아파트 분양가상한제가 해제되고, 주택담보대출의 LTV가 70%까지 완화되며 다주택자의 세금부담도 줄어들었다.

그리고 수도권 분양가상한제 아파트의 전매제한 기간도 최장 10년(지방 4년)이던 것을 3월부터 최장 3년(지방 1년)으로 축소시키고, 분양가에 따라 부여된 2~5년의 실거주 의무도 법개정을 통해 폐지하기로 하였다. 또 신혼부부나 청년에 우선배정되는 특별공급 아파트에 대한 분양가규제(9억원)는 2월부터 폐지하고, 2018년 12월부터 청약에 당첨된 1주택자에게 적용된 기존주택 처분의무도 상반기 중 폐지할 계획이다.

1.3 대책은 과거 문재인 정부에서 도입한 과도한 규제를 바꾸어 시장을 정상화시키고 부동산 경기활성화에 매진하려는 의도를 담았다고 평가받는다. 부동산 경기의 과열도 문제가 되지만 경착륙 또한 심각한 문제를 초래할 수 있기에 어느 정도의 활성화를 유도하려고 한 것이다.

제 3 절   부동산정책의 방향성과 과제

1. 부동산정책의 방향성

세 가지 방향성 | 우리나라 부동산정책의 흐름을 분석해 보면, 정책 목표와 수단 측면에서 세 가지의 방향성을 갖고 있다.[2] 첫 번째 방향성으로는 정부의 시장개입 목적이 시장안정(가격안정)에서 시장실패의 보완으로 옮겨가고 있다는 점을 들 수 있다. 두 번째는 형평성, 그 중에서도 특히 주거형평성을 개선하는 방향으로 정부정책의 초점이 옮겨가고 있다는 점이다. 마지막으로 정부의 시장개입방식이 직접 개입에서 간접 개입방식으로 바뀌고 있다는 점을 들 수 있다. 부동산정책이 이런 방향성을 띠고 있는 것은 부동산시장이 양적 부족시대를 벗어나고 있기 때문에 나오는 결과인 것으로 판단된다. 앞으로 부동산시장은 수요안정과 지속적인 공급증대로 인해 가격이 안정될 것으로 보인다. 이에 따라 이런 세 가지 방향성은 계속 유지되리라 본다.

부동산정책 변화과정을 좀 더 단순화시켜보면, 정책의 목표와 수단 면에서 일정한 방향성을 갖고 있다. 우선 시장기능 보완을 위한 정책은 시장안정(가격안정)을 위한 개입에서 시장실패의 보완을 위한 개입으로 이동해 왔다. 주택의 양적 부족문제가 어느 정도 해결되면서 시장안정을 위한 정부개입의 필요성은 줄어드는 반면, 소비자들이 보다 쾌적한 삶을 원하면서 점차 외부효과 방지나 공공재 공급을 위한 정부개입의 필요성이 커지고 있기 때문이다.

다음으로는 형평성 증진을 위한 정부의 시장개입도 점차 확대되는 경향을

---

2) 이용만(2003), "참여정부가 풀어야 할 부동산정책의 과제−구조전환 후기의 정책과제" 내용을 요약하였다.

보여 왔다. 특히 주거형평성을 개선하기 위한 정부 개입의 필요성이 커지고 있다. 과거에는 주거형평성의 개선을 논의하기에는 재정규모가 열악하였고, 전체적인 주거공간 부족문제를 해결하는 것이 더 시급하였다. 그러나 지금은 이런 제약조건이 완화되면서 점차 주거형평성을 강화하는 방향으로 움직이고 있는 것이다.

그리고 정부의 시장개입 방법은 직접적 개입에서 점차 간접적 개입방식으로 바뀌어 왔다. 가격안정과 주택공급확대가 시급하였던 과거에는 직접적 개입이 효율적이었다. 직접 개입의 경우 여러 부작용이 있음에도 불구하고 당장 발등에 떨어진 불을 끄는 데는 즉효를 발휘하기 때문이다. 그러나 주택가격이

◎ 그림 12-1 부동산정책의 세 가지 방향성

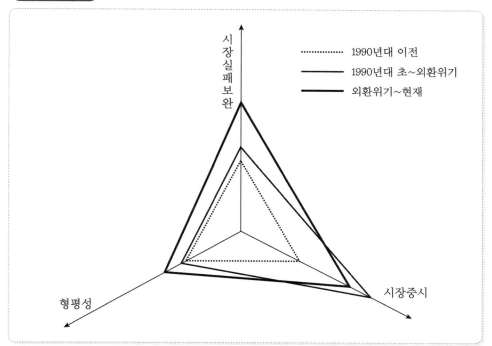

주: 1) 시장실패보완 축은 원점에 가까울수록 시장실패 보완보다는 가격안정을 우선시 한다는 의미임.
2) 형평성 축은 원점에 가까울수록 형평성 개선에 관심이 적은 것을 의미함.
3) 시장중시 축은 원점에 가까울수록 직접적인 시장개입 수단을 쓴다는 의미임.

안정을 찾고 주택의 공급부족 문제가 어느 정도 해결되면서 정부의 직접 개입은 비효율적인 정책수단이 되었다. 정부개입에 따른 편익보다 시장 왜곡에 따른 부작용을 더 키울 수 있기 때문이다. 이에 따라 정부의 시장개입방식은 간접적 개입 방식으로 바뀌어 왔다. 간접적 개입방식은 기본적으로 시장을 중시하는 개입방식이다. 시장의 가격기구가 제대로 작동되도록 하거나 가격기구를 이용하여 자원이 배분되도록 유도하는 방식인 것이다.

정리해 보면, 우리나라 부동산정책은 크게 세 가지의 방향성을 갖고 있다고 할 수 있다. 먼저 시장기능의 보완이라는 정책 목표 측면에서는 점차 시장실패 보완 쪽으로, 형평성 측면에서는 주거 형평성을 개선하는 방향으로, 정책수단 측면에서는 시장중시의 간접적 개입방식으로 움직여 왔던 것이다. 이를 도식화하면 [그림 12-1]과 같다.

**시장실패 보완과
형평성 증대** │ 앞으로도 이런 정부정책의 방향성은 유지될 것인가? 물론 정부정책의 방향은 정부의 철학이나 의지에 따라 바뀔 수 있다. 그러나 부동산정책이란 부동산시장의 변화에 따라가기 마련이다. 향후 부동산시장은 가구증가율 및 경제성장률의 하락, 그리고 지속적인 주택공급 등으로 인해 전반적으로 안정세를 유지할 것으로 보인다. 반면 주택의 양적 부족문제 해소와 함께 소득이 증가하면서 소비자들은 보다 쾌적한 삶을 추구할 것이고, 이것이 시장실패에 대한 정부의 시장개입 필요성을 확대시킬 것이다. 주거 형평성을 중시하는 경향 역시 바뀔 가능성이 높지 않다. 우리나라는 아직 시장소외계층의 주거 수준이 낮기 때문에 이 부분에 대한 정부개입의 확대는 불가피하다. 그리고 시장안정을 위한 정부개입의 필요성이 줄어들기 때문에 정부의 시장개입 방식은 시장기능의 활성화를 중시하는 경향을 유지할 것으로 보인다.

이런 점에서 향후 정부의 부동산정책은 시장실패의 보완과 형평성 증대, 그리고 시장 중시의 시장개입에 두어야 한다. 다만, 아직 구조적인 전환이 마무리되지 않아 지역적, 주택종류별 수급불균형이 존재하고 있으며, 이로 인해 주기적으로 특정 지역이나 특정 부동산시장에서 가격이 불안정하게 움직이는 현상이 나타나고 있다. 이런 시장의 불안정은 구조변환 후기로 올수록 작아지기는 하겠지만 그럼에도 불구하고 정부는 직접적으로 시장에 개입하고자 하는 유혹에 빠질 수도 있다. 이로부터 정책목표나 수단 간에 갈등이 존재할 것으로 보인다. 따라서 구조전환기에 있는 정부는 정책목표나 수단 간의 갈등요인들을 잘 조절하는 미세조정(fine tuning)정책을 구사해야 할 것이다.

🗗 그림 12-2) 환경변화에 따른 부동산시장의 변화와 정부정책의 방향

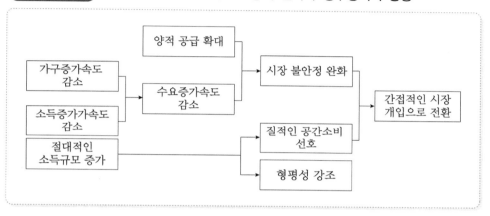

2. 부동산정책의 과제

현재 우리나라는 국토이용과 관련된 많은 과제를 안고 있다. 좁은 국토 안에 5,000만 명이나 되는 많은 인구가 살고 있고, 이들 중의 91.0%가 도시지역에 살고 있다.[3] 그러나 인구의 대부분이 거주하고 있는 대지·공장용지·공공용지 등 도시적 용지는 국토 면적의 7.0%에 불과하다.[4] 좁은 지역에 많은 사람들이 거주하다보니 택지부족에 따라 주택가격과 부동산 임대료가 상승하고 주거환경이 열악할 뿐만 아니라 교통난의 심화, 도시환경의 악화, 용수 부족, 높은 토지가격으로 인한 사회적 불평등의 심화 등과 같은 여러 가지 사회문제나 경제적 손실 등 부작용이 많다.

---

3) 도시지역 인구비율(도시화율)은 전국 인구에 대한 도시계획구역 내 거주 인구의 비율을 의미하며, 1970년 50.10%에서 1990년 81.95%, 2000년 88.35%, 2011년도 91.12%까지 지속적으로 증가하다가, 2012년 처음으로 0.08%p 감소(91.04%)하였다.

4) 2012년 말 지목이 등록된 전체 면적(100,188km²) 중 대지·공장용지·공공용지 등 도시적 용지가 7.0%(7,039km²), 기타(하천 등) 8.3%를 차지하고 있다. 도시적 용지는 매년 증가하고 있으며, 2011년(6,896km²)에 비해 143km²(2.1%) 늘어난 것이다.

그렇다고 다른 용도의 토지를 도시적 용도로 전용한다는 것 또한 쉬운 일이 아니다. 「국토의 계획 및 이용에 관한 법률」에 의한 용도지역을 변경하는 데 몇 년 이상 소요되는 경우도 비일비재하고, 용도변경에 따른 비용 때문에 기업들이 공장설립을 포기하는 경우도 적지 않다.

또한 남북 분단 상황도 국토를 효율적으로 이용하는 데 제약요인이 되고 있다. 휴전선 가까운 민통선 지역, 군부대의 주둔이나 군사 활동에 필요한 군사시설 보호구역이 상당한 면적에 달하고 있기 때문이다. 특히 인구의 50% 이상이 거주하고 있는 수도권 지역에 군사시설 보호구역이 많이 지정되어 있어 부족한 택지공급을 더욱 어렵게 만들고 있다.

게다가 이러한 상황에 덧붙여 비도시지역의 난개발 문제 또한 심각한 수준에 있다. 농지의 감소와 무계획적인 개발, 이로 인한 자연환경의 훼손 등 헤아릴 수가 없다. 결국 우리에게는 우리의 삶의 터전인 국토의 효율적인 활용과 지속 가능한 개발이라는 두 가지 과제가 던져져 있는 셈이다. 여기에서는 이러한 우리나라의 토지이용 및 주택정책과 관련된 문제점을 살펴보고 바람직한 부동산정책의 방향이 무엇인지 생각해 보기로 한다.

(1) 도시용 토지공급의 확대 및 다변화

도시용 토지공급의 절대부족 | 우리나라 토지이용의 근본적인 문제는 우선 토지공급이 부족하다는 점에 있다. 2012년 말 국토(남한)의 면적은 100,188km^{2}이다. 이는 10년 전(2003년 99,601km^2) 국토에 비해 여의도의 202.4배인 587km^{2}가 증가한 것이다. 산림지와 농경지가 각각 전 국토의 64.1%, 20.6%를 차지하고 있다. 따라서 산업화와 도시화에 필요한 가용토지는 겨우 국토 면적의 16.6%에 불과하다. 뿐만 아니라 도시용 토지에 해당하는 대지 공장용지 및 공공용지로 이용되고 있는 면적은 국토의 7.0%에 지나지 않는다.[5]

특히 대도시 지역에는 이미 가용토지가 한계에 달해 있기 때문에 앞으로도 지속적으로 도시지역 면적은 늘고 비도시지역은 감소하게 될 것이다. 서울시의 경우 약 341~365km^2 정도가 부족할 것으로 전망되고 있고, 이외 대부

---

5) 2012년말 기준으로 2013년 국토연차보고서(2013. 8. 31일자)에서 참조하였다.

분의 대도시 지역에서도 토지소요량을 충족시킬 수 없을 것으로 전망된다(고철, 1996).

토지소유의 편중 | 한편 우리나라는 토지소유가 매우 편중되어 있다. 토지소유 현황은 한 사회의 부의 불균형 정도를 판단하는 척도가 될 수 있다. 특히 우리나라처럼 토지가치가 경제규모에 비해 높은 경우에는 그럴 가능성이 더욱 높다.

우리나라 사유지의 경우 1988년 당시 기준으로 땅을 많이 가지고 있는 상위 5%에 해당하는 54만 명이 전체의 65.2%를 보유하고 있으며, 대지는 상위 5%가 전체의 59.7%를 소유하고 있는 것으로 나타나고 있었다.6)

🔹 표 12-3 **사유지의 토지편중도 추이(Gini 계수)**

구분	1991	1992	1993	1994	1995
면적1)	0.429	0.424	0.419	0.415	0.407
지가2)	0.733	0.726	0.730	0.746	0.749

주: 1) 종합토지세액 단계별 납세자수와 과세대상면적을 기준으로 계산한 것임.
　　2) 종합토지세액 당초 부과액을 기준으로 계산한 것임.
자료: 구 내무부 지방세제국 세정과.

토지공개념제도 도입 이후 사유지의 토지소유 편중도는 다소 낮아지고 있으나 지가를 간접적으로 나타내는 토지분 재산세 과세표준액 측면에서는 편중도가 약간 증가추세에 있다. 사실 토지소유의 편중은 그 자체로서는 큰 문제가 되지 않을 수도 있다. 그러나 토지소유의 과다한 편중으로 인해 발생하는 토지자본의 이득이 소수의 사람들에게 집중되어 소득과 부의 불균형을 더욱 악화시킬 수 있다. 예를 들면 1987년부터 1992년까지 5년 동안 지가상승으로 토지소유자들에게 약 900조원의 자본이득이 발생한 것으로 추정된다. 각종 세금이나 부담금으로 환수한 금액은 전체의 2.2%인 20조원에 불과하였다.

물론 IMF 외환위기 이후, 지가의 폭락으로 토지소유자들이 대규모의 자본

---

6) 2005년 행정자치부의 토지소유 현황을 보면, 면적기준으로 인구 상위 1%가 51.5%, 상위 5%가 82.7%의 토지를 소유하고, 금액기준으로는 상위 1%가 37.8%, 상위 5%가 67.9%를 차지하는 것으로 조사되었다.

손실을 기록하기는 했지만 여전히 토지는 가장 규모가 큰 자산이기 때문에 이의 불균형은 사회적으로 심각한 문제를 초래할 수 있다.

도시용 토지의 공급 다변화 │ 과거의 토지정책은 인구증가와 산업발전, 그리고 도시화의 급진전에도 불구하고 토지의 공급보다는 수요관리를 위한 규제 위주로 정책을 추진해 왔다. 이로 인해 토지의 만성적인 수급불균형 상태가 계속되었고, 기회만 있으면 지가가 급등하는 불안한 상황이 반복되었다.

토지공급을 위한 하나의 방안은 토지의 소유권과 이용권의 분리를 바탕으로 한 토지개발제도의 활성화를 들 수 있다. 따라서 토지임대차제도가 정착될 수 있도록 당사자간의 권리와 이익의 보장이 조화를 이룰 수 있는 방안이 모색되어야 하고, 토지신탁제도의 활성화를 위해서는 관련법제의 정비와 신탁대상 토지의 종류를 확대하는 방안도 검토될 수 있다. 이 외에도 국·공유지의 임대에 의한 토지공급의 탄력성을 높이기 위해 국·공유지 관리계획의 수립, 장기임대방식의 도입, 임차권에 대한 경쟁입찰제의 도입 등 제도개선이 필요하다.

토지의 공급을 확대하는 또 하나의 방안은 산지개발과 지하공간개발을 활성화하는 것이다. 그동안 해안매립을 활발히 전개해 왔으나 해안매립은 자연생태계의 변화를 초래하는 심각한 문제를 유발시켜 득보다는 실이 더 큰 것으로 평가되고 있다. 한편 건물의 지하부분은 주차장이나 상가 등으로 일부 이용되어 왔지만 대부분의 지하공간은 지금까지 공동구, 지하도, 지하철 등 일부 기반시설에 제한적으로 이용되었을 뿐 체계적 개발이나 이용이 이루어지지 못해 왔다. 국토공간이 협소하고, 다른 나라에 비해 좁은 도시지역에 많은 인구가 밀집해 있는 우리나라는 지하공간을 보다 효과적으로 활용하기 위한 노력이 필요하다. 지하공간은 토지의 평면적 확대 없이도 가용공간을 창출할 수 있고, 선진 각국에서도 지하공간을 활용하는 기술개발을 서두르고 있는 만큼 지하공간은 21세기에 부족한 토지공간을 창출해 주는 새로운 수단으로 각광을 받을 수 있게 될 것이다.

(2) 토지이용관리 및 부동산거래질서의 건전화

토지관리의 기본이 되는 토지정보는 정책수립뿐만 아니라 토지의 소유관계

미비된 토지관리제도 | 및 가격수준 등을 명시해 줌으로써 토지시장이 제
기능을 발휘하는 데 기여한다. 그럼에도 불구하고 토
지정보의 기초가 되는 토지관련 공부의 기재내용이 부실한 편이다. 또한 이원
화되어 있는 토지대장과 등기부의 내용이 서로 달라 토지에 관한 공시기능이
저하되고, 인접토지 소유자간에 분쟁이 자주 발생하고 있다. 그리고 토지정보
중 또 하나의 중요한 요소는 공적 지가정보이다. 그동안 이원화되어 있던 지
가를 공시지가 체계로 일원화하였으나 아직도 공시지가 제도는 표준지의 선
정, 감정평가사에 의한 지가산정의 적정성, 토지의 분할과 합병에 따른 공시
지가 산정의 어려움 등 개선해야 할 과제가 남아 있다.

한편, 토지관련 제도의 획일성과 경직성도 문제로 지적되고 있다. 국토의
이용을 규정하는 「국토의 계획 및 이용에 관한 법률」과 「수도권정비법」 등이
전국을 획일적인 기준 하에서 개발하도록 하고 있고, 절차의 복잡성과 경직성
으로 인해 지역특성에 따른 차별화된 개발이 어렵다. 「수도권정비계획법」은
매 10년 단위마다 실시하는 수도권정비계획을, 「국토의 계획 및 이용에 관한
법률」은 목표년도 20년의 도시기본계획을 수립하여 시행토록 하고 있는데 급
변하는 국내외적 여건변화 속에서 10~20년 단위의 장기계획으로는 여건변화
에 능동적으로 대응하기 어렵다.

정부와 토지시장의 | 우리나라의 부동산시장은 만성적인 초과수요와 이에
역할 재정립 | 따른 부동산가격의 지속적 상승으로 특징지어진다. 투
기열풍이 경제적·사회적 비효율을 양산하였기에 정부는 과도한 자산가격 상
승을 막기 위한 여러 가지 제도적 장치들을 마련해 왔다. 1989년 토지공개념
도입과 1997년의 외환위기 등으로 부동산시장의 거품이 제거된 듯하였으나,
노무현 정부에서 추진한 행정중심복합도시, 혁신도시, 기업도시 등의 전국에
걸친 대규모 개발계획으로 인해 토지가격이 다시 급등하게 되었다. 다행히도
과거와 같은 투기광풍으로까지 번지지는 않았으며 토지투자 수익률도 다른
자산 투자에서 얻는 수익률과 비슷한 수준에서 형성되고 있다.

한편 토지의 부동성은 부동산 증권화로 크게 완화되고 있다. 부동산의 매
매단위가 필지에서 증권으로 바뀌어 대중화되고 있고, 신탁개발제도의 발달로
토지를 분할하여 소유하거나 이를 소유자 이외의 다른 사람이 개발할 수 있

다. 즉, 토지의 분할성과 유동성이 확보되고 있다. 토지시장의 실패가 줄어들어 토지시장에서 가격이 결정되고 자원이 배분되어 토지가 효율적으로 이용되게 될 것이다. 따라서 앞으로 정부정책은 규제 위주에서 시장의 자율에 맡기는 방향으로 전환되어야 한다. 자산인플레이션 시대에 만들어진 규제들이 없어지고 정부는 시장을 감시하고 조절하며 계획기능을 강화하는 방향으로 정책을 펴나가야 한다.

수요관리 위주에서 수요·공급 동시관리정책으로의 전환 | 앞으로 정부는 미래세대를 포함한 모든 국민의 복리를 증진시킬 수 있도록 토지시장의 자율적 기능을 강화하며, 토지 소유이용계획, 개발, 거래, 보상, 평가, 조세제도 등을 합리적으로 정비하고, 정보화, 개방화, 통일 등 환경변화에도 능동적으로 대처해 나갈 수 있도록 해야 할 것이다. 지난날 우리의 토지정책은 수요관리측면에 치우친 경향이 강했다.[7] 산업화 초기와 성장위주의 경제정책시절에는 개발을 뒷받침하기 위해 공급촉진정책도 해왔지만 투기적 토지수요억제를 위한 수요관리정책이 일반적이었다. 이것은 그간 우리 경제의 고도성장과정에서 부동산시장에 초과수요가 상존하면서 투기적 가수요가 만연하였기 때문이다. 하지만, 지금은 지가급등현상을 기대하기 어려울 정도로 사회여건이 변화되고 있다. 따라서 토지정책의 접근방법도 근본적으로 변화해야 할 것이다. 다시 말해 종래의 수요관리위주 정책에서 탈피하여 시장상황에 따라 수요관리와 공급관리의 수단을 동시에 활용하는 탄력적 대응이 필요하다. 즉, 기존의 토지수요관리정책을 유효적절하게 활용하되, 공급과잉에 따른 시장불안기간에는 토지공급관리를 위한 정책수단이 적극 활용되어야 한다. 토지공급관리정책으로는 토지관리 및 지역균형개발특별회계와 한국토지주택공사의 토지비축기능을 강화하는 방안이 있다. 아울러 장기적인 토지수급 전망에 기초하여 토지이용계획을 탄력적으로 운용하는 방안도 중요하다.

토지관리정보체계 구축 통한 토지행정의 정보화 | 부동산의 효율적인 활용에 필수불가결한 요소 중의 하나는 부동산의 정보화이다. 지금까지 부동산 분야는 어떤 다른 분야 못지않게 정보화가 착실하게 진행되고 있다.

---

7) 이정식, "탄력적인 토지공급과 지가안정 유지," 「국토」, 국토개발연구원, 1996년 12월호, p. 41.

공공부문에서는 국가지리정보시스템을 구축하여 지형도, 지하시설물도 등의 전산화를 추진하고 있으며, 토지종합전산망, 토지거래전산망, 지가전산망 등을 통해 토지소유자, 거래내역 등 토지와 관련된 각종 정보가 이미 전산화되어 있고, 한국감정원의 부동산정보센터에서는 외국인에게 부동산매물, 취득절차 등 부동산과 관련된 각종 정보를 온라인으로 제공하고 있다.

이러한 토지관리정보체계는 국가적인 지리정보체계 구축이라는 커다란 사업의 한 부분으로서 진행되고 있다. 현재 우리나라는 국가공간정보 기반을 체계적이고 일관성 있게 구축해 토지와 자원, 환경 등에 관한 정보를 1995년부터 국토해양부와 국토지리원, 국토연구원 등 공공기관과 지자체를 중심으로 국가지리정보체계(NGIS: National Geographic Information System)사업을 진행 중이다. NGIS란 우리 국토와 관련된 각종 정보(토지, 도로, 상·하수도 등)를 전산화한 후, 이를 초고속망으로 상호 연결하여 언제 어디에서든지 원하는 정보를 빠르게 제공하는 국가 차원의 종합정보시스템이다. 지형도, 지적도, 도로망도, 상·하수도 관망도 등 우리 생활에서 흔히 사용되는 도면을 전산화하고 전산화된 자료를 누구나 쉽게 열람할 수 있도록 전국적인 보급망을 구축하며 이를 공공행정 및 일상생활에 활용할 수 있는 다양한 응용 프로그램을 개발하여 보급하고 있다. 하지만 이와 같은 노력에도 불구하고 아직까지 부동산의 정보화가 개별적으로 추진되어 연계성이 미흡하고 기초자료의 정확성이 부족하여 정보의 효율성이나 신뢰성에 한계가 있다. 따라서 앞으로는 각종 정보망 간의 연계성을 강화하고 입력자료의 정확성을 강화하여 시간과 비용의 중복을 줄이고 정보의 활용도를 제고하여야 할 것이다.

건전한 부동산거래질서 확립 | 부동산시장의 교란을 초래하는 요소 중의 하나는 부동산거래과정의 불법행위의 확산이다. 효율적인 시장이 확립되기 위해서는 부동산 현장점검을 통한 불법행위의 근절이 필요하다.

국토교통부는 부동산 거래질서 확립을 위해 국세청, 지자체 등 관계기관과 합동으로 「부동산 불법거래 합동점검반」을 가동하여 고강도 부동산 시장 현장점검을 실시하며, 현장점검을 통해 부동산 시장에서 불법행위의 근절을 달성하고자 한다. 집값이 급등한 지역에 대해 단속 공무원을 투입하여 상시적으

로 불시 단속을 실시하고, 특히, 불법거래가 의심되는 사안에 대해서는 국토
부·지자체의 특별사법경찰을 투입하여 강도 높은 점검을 진행한다. 주요 점
검대상은 분양권 불법전매, 청약통장 불법거래, 불법 중개, 업다운계약 등 부
동산 시장을 교란하는 불법행위이며, 집값을 인위적으로 올리기 위해 허위계
약서로 실거래 신고 후 계약파기하여 가격을 올리는 자전(自轉)거래도 집중
점검한다.

🔄 표 12-4 부동산 관련 주요 불법행위 및 제재

불법행위	상세내역	법조항	처벌사항
분양권 불법전매	전매제한 분양권 등 불법전매 및 알선자	주택법 제101조	3년 이하 징역 또는 3천만원 이하 벌금
주택 공급 질서 교란	위장전입, 저축통장 매매 등 공급질서 교란 행위자	주택법 제101조	3년 이하 징역 또는 3천만원 이하 벌금
미등기 전매	시세차익/조세회피 등을 위한 이전등기 미이행	부동산등기특별 조치법 제8조	3년 이하 징역이나 1억원 이하 벌금
실명제 위반	타인의 명의로 부동산을 취득하는 행위 등	부동산실명법 제7조	5년 이하 징역 또는 2억원 이하 벌금
중개사 불법중개	전매제한/미등기 전매 중개 등 투기조장 행위	공인중개사법 제48조	3년 이하 징역 또는 3천만원 이하 벌금
입주권 불법전매	입주권 불법전매 및 알선자	도시정비법 제84조의3	3년 이하 징역 또는 3천만원 이하 벌금
업다운계약	실제 거래금액보다 높거나 낮은 실거래 신고	부동산거래신고 법 제28조	취득가액 5/100 이하 과태료

(3) 주택공급의 질적 개선 및 주거복지 프로그램 개발

저소득층의 주거실태
열악 지속 ┃ 　전국 주택보급률은 1970년 78.2%에서 2012년 102.7%
로 상승하였으며, 수도권은 64.5%에서 99.0%로 상승
한 것으로 나타났다. 고질적인 주택의 양적 부족문제가 1980년부터 2007년까
지 1,248만여호의 주택을 공급하면서 거의 해소되었다고 평가할 수 있다.8) 그

---

8) 박신영 외(2009), 서민주거복지를 위한 주택트러스트 조성과 활용방안, 주택도시연구원, pp. 15~

리고 주택의 질적 측면에서도 많은 변화가 있었다. 주택당 보유방수, 1인당 주거면적, 1인당 사용방수에서 큰 개선이 이루어졌고 주택 내 온수목욕시설, 수세식 화장실 비율, 입식부엌 비율도 획기적으로 개선되었다.

한편 2013년 5월 14일 발표된 2012년 주거실태조사결과에 의하면, 2010년 대비 1인당 주거면적이 증가하고, 최저주거기준미달가구 감소 등 주거환경 전반이 나아진 것으로 나타났지만 서민주거불안은 더욱 가중되고 있는 것으로 나타났다. 최저주거기준 미달가구수가 대폭 축소되어 2010년 조사시 전체 가구의 10.6%인 184만 가구가 최저주거기준에 미달하였으나, 2012년에는 전체 가구의 7.2%인 128만 가구가 미달하여 총 56만 가구 감소하였다. 그러나 아직 최저주거기준에 미달한 가구의 주거문제가 남아 있는데, 이들의 소득수준을 살펴보면 저소득층에 해당하는 4분위 이하의 가구 비율이 높아 주거 문제와 소득 및 복지문제가 직결되어 있음을 보여준다. 하위소득계층이 일정한 수준이상의 주택에 주거할 수 있도록 하려면 아직도 공적지원이 더 많이 필요하다.

최저주거기준과는 별도로 주택의 질적 상태로 보아 열악한 주택에 거주하고 있는 가구도 아직 많이 남아있다. 지하에 거주하는 가구, 옥탑방에 거주하는 가구, 판잣집에 거주하는 가구 등이 전체 가구의 3% 내외를 차지하고 있다. 게다가 많은 저소득 가구가 저렴한 임대료로 거주할 수 있는 주택이 부족하여 고시원, 쪽방 등에서 생활하고 있고, 실업과 부도 등으로 거리에서 노숙하는 홈리스가 늘고 있음도 주목할 부분이다.

저소득층 주거지원 프로그램 개발 | 저소득층을 위한 주거지원 프로그램은 여러 가지 방식으로 분류된다. 공급자 지원정책과 수요자 지원정책으로 구분하기도 하고 저소득가구의 자가취득을 지원하는 정책과 임차가구의 주거안정을 도모하는 정책으로 구분할 수도 있다. 또한 저소득 가구의 주거수준향상에 초점을 맞춰 신규 공공주택(분양 및 임대)공급정책과 주택재개발정책으로 구분할 수 있다.

그런데 기존의 방식들은 주로 정부가 직접 공공임대주택을 건설하여 사회적 약자에게 저렴한 비용이나 무상으로 주거서비스를 제공하는 것에 초점을

---

17 참조.

두었다. 이러한 방식은 정부의 재정부담 증대와 정부부문의 비효율성 문제를 안고 있다. 선진국의 경험에 비추어 보면 우리나라에서도 주거 서비스 부문에 대한 재정부담과 공공임대주택의 비효율성 문제가 대두될 것으로 보인다.

따라서 정부의 재정부담을 확대시키지 않으면서 정부부문의 비효율성을 보완할 수 있는 제3의 접근방법으로 주택트러스트제도9)와 세액공제를 통한 민간의 저렴 주택공급 제도 등의 도입을 검토할 필요가 있다.

주택트러스트제도는 개인이나 기업들의 기부동기를 활용하여 정부의 재정부담 확대를 억제하고 민간 비영리단체의 지역사회 네트워크를 이용하여 주거서비스 지원을 필요로 하는 사람에게 주거서비스 지원이 적절히 제공되도록 하는 제도이다. 영국은 대처정권 이후 정부 보유의 공공임대주택을 민간에 불하하면서 주택트러스트와 같은 민간 비영리단체들에게 공공임대주택을 불하받도록 하여 사회적 약자들에게 저렴한 주거서비스를 제공하도록 한 바 있다. 미국도 지역중간소득의 50% 이하인 최하위 소득계층을 위한 저렴주택을 보전하고 확대하고자 하는 주택트러스트의 활동을 지원하고 있다. 사회적 약자를 위한 주거서비스 공급을 정부의 직접적인 공급방식도 아니고 시장기능 활용방식도 아닌 제3의 방식으로 모색하는 것이라 할 수 있다. 우리나라에 도입되려면 기부문화와 제도의 기반조성이 필요할 것이다. 개인이나 기업이 기부동기를 갖고 있어야 하며 이러한 기부동기가 주거서비스 분양에서도 발현될 수 있어야 한다. 개인이나 기업의 기부금에 의존하여 주택트러스트를 운영하고자 할 경우, 기금형태로 기부금을 모금해 주택트러스트를 별도로 운영하거나 지원하는 모델이 필요할 것이다.

한편 세액공제를 활용한 저렴 주택공급 방식으로 미국의 저소득층 임대주택 세액공제 프로그램(Low-Income Housing Tax Credit, 이하 LIHTC)이 있다. 정부의 직접 개입정책이 아닌 부동산 시장을 통해서 복지정책의 수혜대상인 저소득층의 주택문제를 해결하는 제도적 장치이다. 우선 이 프로그램은 정부가 저소득층을 위해 직접 주택개발을 하지 않고, 저렴 주택개발을 담당하는 민간 디벨로퍼(developer)에게 조세를 감면해줌으로써 대량의 장기임대주택이 공급되도록 하는 주택정책 수단이다. 정부의 조세정책을 통해 민간부문이 대량의 임대주택을 건설할 수 있도록 유도한다는 점에서 매우 흥미로운 제도라

---

9) 상게서 및 건설기술신문 참조.

고 할 수 있다. 저렴한 주택재고를 공공임대주택정책을 통해서만 확충해 온 우리나라 입장에서 보면, 미국의 LIHTC 프로그램은 새로운 임대주택정책의 수단으로서 참조할 만하다. 기본적으로 LIHTC 프로그램은 세액공제라는 조세정책 수단을 활용하여 민간부문이 저렴한 임대주택을 장기간 공급하도록 유도한다. 이를 통해 민간부문이 저렴 임대주택 공급에 참여하고 있으며 저소득층의 저렴 주택 재고확충에도 상당한 도움을 받고 있다.

한편 임대료 보조금을 바우처로 지급하는 주택바우처(housing voucher) 제도는 저소득 지원 프로그램으로서 일반화되어 있다. 우리나라도 도입하게 되는데 초기단계에서 잘 정착시키는 것이 필요하다.10) 물론 주택바우처 제도도 문제가 없는 것은 아니다. 바우처를 사고파는 암시장이 형성되기도 하고, 임대인과 임차인이 상호 담합을 하는 경우도 있다. 그러나 임대료 보조금 제도가 서구 국가에서 일반화될 수 있었던 것은 정부의 공공임대주택 공급정책이 드러낸 문제점보다는 문제가 덜하기 때문이라고 할 수 있다. 우리나라도 「주거급여법」이 2013년 12월에 국회를 통과하면서 2014년 10월부터 시행할 계획이다. 수급자의 임대료 지급액과 소득액에 따라 주거급여 지급액을 달리하는 임대료 보조금 제도를 차질없이 시행하기 위한 제도 및 통계의 정비 등이 충분히 뒷받침될 때 성공적으로 뿌리를 내릴 수 있을 것이다.

2017년에 주거복지 로드맵이 만들어졌고 주거종합계획이 매년 수립되고 있다. 주거복지 로드맵의 기본방향대로 '수요자 중심의 종합적인 지원'과 '사회통합형 주거정책'으로 패러다임 전환을 달성하는 것이 필요하다. 그리고 '사회통합형 주거사다리' 마련이라는 로드맵 목표를 실현하기 위해 '사각지대 없는 촘촘한 주거복지망'을 구축하며, 이를 위해 생애단계별·소득수준별 맞춤형 주거지원, 무주택서민·실수요자를 위한 공적주택 확대, 임대차시장의 투명성·안정성 등의 주요 과제를 효율적으로 실천해야 할 것이다.

(4) 주택정책의 세분화 및 차별화

차별화된 주택시장과 획일적인 주택정책 | 2002년 전국적으로 주택보급률이 100%를 넘어서면서 주택공급의 절대부족 상황은 벗어났으나, 수도권과 지

---

10) 주택바우처에 대한 보다 상세한 설명은 제2편 5장을 참조하기 바란다.

방간의 주택시장 차별화가 나타나기 시작하였다. 특히 2003년 10·29 대책과 2005년 8·31 대책 등 획일적인 주택수요 억제정책으로 인해 수도권과 지방 간의 주택분양 및 미분양 실적 양극화가 보다 심화되었다. 1가구 다주택 소유자에 대한 세제정책, 부동산투기지역, 투기과열지구 등의 지역지정에 관한 규제도 획일적인 기준을 적용하였고 이는 지방의 주택수요 위축에 중대한 영향을 미쳤다. 수요가 뒷받침되고 있던 수도권도 타격을 받았지만, 이미 공급이 포화된 지방에서는 외지인의 수요를 차단하는 결과를 초래해 지방주택시장의 침체가 가속되었다. 그 결과 지방시장을 중심으로 사업을 전개하던 중소 주택 건설업체들은 심각한 경영난에 빠지면서 부도업체가 속출하였다.

그런데 2008년 글로벌 금융 위기 이후에는 상황이 역전되었다. 지방시장은 부산, 대구 등을 중심으로 회복되고 가격 상승세를 보였지만, 수도권은 분양 가상한제를 피하기 위해 대량 공급된 수도권 외곽 택지지구의 미분양이 급증하면서 중견 건설사뿐만 아니라 대형 건설사들도 부도의 위기에 직면하는 상황이 전개되었다. 게다가 노무현 정부 시절에 도입된 다주택자 양도세 중과, 분양가상한제 등은 시장의 상황을 악화시키는 과도한 규제들임에도 불구하고 쉽게 해결할 수 없어, 이명박 정부 임기 전 기간과 박근혜 정부 1년까지 수도권 주택시장의 정상화를 가로막는 주요 요인이 되었다.

게다가 2012년 이후에는 행정복합도시나 혁신도시 등으로 수도권 소재 공기업과 정부기관이 이전하게 되면서 수도권과 지방의 시장상황은 전혀 다른 양상을 띠게 되었다. 지역의 특성을 무시한 획일적인 정책으로는 더 이상 시장에 도움을 주기 어렵고 자칫 시장실패보다 더 큰 정부실패를 부를 수 있는 가능성이 커지고 있다.

주택정책의 세분화 및 차별화 | 부동산시장에서 입지가 차지하는 비중은 매우 크다. 동일한 지리적 특성을 갖는 토지가 존재하지 않는다는 '위치의 고정성'으로 인해 토지는 위치에 따라 그 효용성이 크게 달라진다. 주택시장도 개별적인 입지특성에 따른 이질적인 수요와 공급요인에 의해 가격이 결정되는 시장이다. 우리나라의 경우 학원, 학군 등의 교육적인 요소도 주거선택에 지대한 영향을 주고 있다. 결국 주택시장은 경제적, 사회적 선택과 선호에 의해 형성되는 국지적 시장이라고 할 수 있다.

그런데 주택문제가 절대부족에서 상대부족 상황으로 바뀌면서 오히려 입지적 특성이 더 중대한 영향을 미치고 있다. 즉, 주택시장의 입지적 특성 및 지역적 희소성이 더욱 부각되면서 투자가치의 부익부 빈익빈 현상이 나타나고 있고 이로 인한 주택시장의 차별화도 더욱 심화되고 있다.

따라서 주택정책도 좀 더 세분화되고 차별적인 정책수단을 동원할 필요성이 커지고 있다. 세부 지역별로 수급특성에 맞도록 융통성 있게 운용하는 정책이 수립되어야 정책의 합리성을 확보할 수 있을 것이다. 우선 수도권과 지방간의 정책 차등화가 필요하다. 획일적인 기준의 적용으로 초래된 지방 주택시장의 침체를 완화하면서 향후 지방시장의 정상화를 유도할 차등화된 지원책이 필요하다. 그리고 주택재건축, 주택재개발 등 기존 주택시장에 미치는 영향이 큰 정책들은 보다 정교한 수단을 갖춰야 한다. 주변의 수급여건 등 주택시장의 특성에 맞게 용적률을 적용하고 개발이익을 적절히 통제하여 시장의 안정을 해치지 않도록 정교하고 미세한 정책 실행수단을 확보해야 할 것이다.

2003년 이후 장기주택담보대출(모기지)이 활성화되고 주택수요가 급증하면서 2008년까지 가계부채가 급속히 늘기 시작하였다. 2009년 이후에는 주택매매가격 안정으로 매매수요가 급격히 줄었지만 대신 전세값이 급등하면서 전세대출도 급증하였다. 글로벌 금융위기 이후 부동산경기 침체를 겪으면서 대출증가세가 둔화되었으나, 2019년 이후 주택가격이 다시 급등하면서 2030세대까지 포모(FOMO: Fear Of Missing Out) 증후군이라고 불리는 '영끌 투자'가 가세하면서 주택담보대출이 크게 늘어 가계부채 2,000조원 시대를 만들었다. 그 와중에 하우스푸어, 렌트푸어의 문제가 이슈화되고 이에 대한 대책도 다각적으로 강구되고 있다. 그런데 단순하고 획일적인 대책으로는 문제를 해결하기 어려운 구조이다. 주거수준에 다양하고 복잡한 스펙트럼이 존재하기 때문이다.

주택소유자 중에는 원리금상환이 부담이 안되는 계층이 있는 반면, 원리금 상환부담으로 가계생활이 피폐해진 계층이 있다. 또한 무주택자 중에도 전세금 인상액을 아무런 부담없이 마련할 수 있는 계층이 있는 반면, 전세금이 싼 지역으로 이주를 하거나 무리하여 빚을 내야 하는 계층이 있다. 예컨대, 3억원 미만의 자가를 보유한 사람이 있는 반면, 10억원 이상의 전세세입자가 공존한다. 그런데 단순히 주택의 소유 유무로 구분하여 재산세, 도시계획세 등의 세금을 부과하고 각종 정부지원이나 보조금, 자녀의 학자금혜택까지도 을 영향을 주고 있다. '소유'에서 '거주'로, '사는 것'에서 '사는 곳'으로 주거에 대한 인식이 급변하고 시장도 이에 발맞춰 빠르게 대응하고 있다. 하지만 아직 제도와 정책은 이러한 흐름과 변화에 뒤쳐져 있다. 소유기준이 아닌 실질적인 주거와 소득수준에 맞는 세분화된 정책 마련이 시급하다.

(5) 지속 가능한 국토이용 및 통일과 고령화시대 대비

지속가능한 국토이용 | 국토활용에 있어 환경의 질을 생각하는 지속 가능한 국토이용 역시 새로운 토지정책의 한 패러다임이라 할 수 있다. 우리는 현재 좁은 국토적 조건에서 농업적 생산활동, 공업적 토지의 활용, 도로·철도·항만 등 사회기반시설의 건설, 상업 활동공간, 주거공간 등으로 국토를 활용해야 하는 상황에 봉착해 있다. 따라서 삶의 조건을 형성, 유지, 발전시키기 위해서는 유한한 국토자원을 아끼고 보전하는 정책을 펼쳐나가야 할 것이다.

그러나 이것은 그리 간단한 문제가 아니다. 왜냐하면 보다 많은 편리성과 안락함을 추구하다보면 지속가능하지 않은 난개발을 초래할 가능성이 매우 크기 때문이다. 최근의 전 국토에서 벌어지고 있는 난개발의 양상이 이것을 여실히 보여주고 있다. 경제적 발전과 지속 가능한 개발이 같이 가기 위해서는 전 국토를 효율적으로 관리할 수 있는 하드웨어적 기술의 개발과 국토의 지속가능성을 지향하는 사회적 합의 형성이라는 소프트웨어적인 발전이 중요하다고 할 것이다. 과거 「도시계획법」 개정(2000년 7월 1일 시행)에 의해 지속가능성을 위한 건폐율과 용적률의 규제를 강화하는 정책은 이것을 반영하는 것이었다고 할 수 있다. 그러나 지속가능성이 '단순한 개발의 규제를 넘어서는 것'이 되기 위해서는 국토 공간의 이용과 활용에 대한 사고의 틀을 다시 짜는 노력이 필요하다.

통일에의 대비 | 통일 후 남북한을 통합 개발하기 위해서는 북한지역의 국토이용 상황에 대한 충분한 정보가 축적되어야 하지만 북한에 대한 정보의 획득이 어렵고 북한의 공식통계에 대한 신뢰성도 낮아 활용이 곤란한 실정이다. 따라서 북한지역에 대한 국토조사 사업을 우선적으로

실시하여야 한다. 이와 병행하여 남북한 간에 서로 이질적인 국토 및 도시개발제도의 통합이 시급히 이루어져야 하므로 통일 이전이라도 남북한의 관계(官界)나 학계 전문가들이 참여하는 「국토개발제도 통합위원회(가칭)」를 설치, 운영해 볼 만하다. 그리고 북한지역에 대한 무분별한 개발을 억제하고, 투자 및 개발을 효과적으로 추진하기 위해서는 북한지역에 대한 개발 우선순위, 개발방법 및 범위, 공공지원 등에 대한 가이드라인을 설정할 필요가 있다.

한편, 통일에 대비하여 가장 중요한 문제 중의 하나로 북한지역에 대한 토지정책을 어떻게 수립하는가 하는 것을 들 수 있다. 현재 북한의 토지는 사유화를 인정하지 않고 있어 북한 주민들은 토지를 기반으로 한 재산형성과 생활기반 조성이 어려운 실정이다. 통일 후 북한의 토지는 북한 주민들의 생존권을 보장해 줄 수 있는 유일한 수단이기 때문에 어느 정도의 사유화를 인정하지 않을 수 없을 것이다. 반면 북한 토지의 사유화는 북한을 개발하는 데 장애요인이 될 수 있으므로 주거 및 생계유지에 필요한 토지를 제한된 범위 안에서 사유지로 분배하고, 도로, 철도 등 기반시설과 도시건설, 공단조성 등 공공용 토지는 국유화하는 이원적 토지제도를 시행하여 북한 주민의 생활안정과 지역개발을 병행하여야 할 것이다. 그리고 북한 지역의 개발사업을 통해 얻은 이득은 북한 지역에 재투자하거나 북한 주민의 생활수준을 향상시키는 데 활용하여야 할 것이다.

이를 위해서는 북한 지역에 대하여 남한 지역과 연계된 장기 개발계획을 수립하고, 이를 바탕으로 공익용 토지와 사유화가 가능한 토지를 분류하는 토지분류사업을 실시하여야 한다. 그리고 북한 주민들에게 분배하여 사유화된 토지의 투기적 거래를 방지하기 위해서는 일정기간 동안 공공기관을 통해서만 거래할 수 있도록 규제하는 방안을 검토할 필요가 있다.

인구 고령화에 대한 대비 | 인구 고령화와 저출산의 영향으로 우리나라는 2020년대 후반이면 초고령사회에 도달할 전망이다. 우리나라 가계자산의 구성을 살펴보면, 금융자산의 비중이 낮고 부동산 비중이 70%대 이상을 차지할 정도로 부동산 자산에 치중된 편이다.

노후생활에 대한 준비가 부족한 우리나라 노인가구들이 보유 부동산을 어떤 방식으로 활용할지가 관심사다. 일본, 독일 등 인구 고령화를 앞서 경험하고 있는 나라들의 경험을 통해 기본적인 대비를 할 수 있다. 하지만, 다른 나라의 여건과 매우 상이한 우리나라 노인가구 및 베이비부머의 특성을 고려할 때, 우리나라 고유의 특성에 대한 심도있는 연구가 시급하다.

한편 노인가구의 주거생활이 불편하지 않도록 무장애시설과 개호시설을 갖춘 주택공급이 필요하다. 기존 주택의 개조 및 신축을 통해 미리 대비해야 할 부분이다. 또한 노인가구용 임대주택을 충분히 확보해야 한다. 그리고 임대인의 노인가구에 대한 임차 기피현상을 일본에서도 경험한 바, 이를 극복하기 위한 노인가구를 위한 임대차제도 등의 정책적 보완이 필요하다.

그리고 연령대별·세대별 차별화된 주거정책이 필요하다. 고령사회에 근접하면서 사회활동이 많은 연령대인 신혼부부나 젊은 직장인을 위한 주택공급과 사회활동이 적어지는 은퇴자와 고령자를 위한 주택공급으로 세분화할 필요가 있다. 인구구조 및 사회경제구조의 변화를 반영한 차별화된 주거정책이 요구되는데 이러한 노력으로 시도된 주택공급의 범주에 고령층을 위한 실버주택, 도심 젊은 근로자나 독신자를 위한 도시형생활주택, 행복주택 등을 포함할 수 있을 것이다. 그러나 지나치게 구분된 주택공급은 세대 간의 교류를 단절시키는 부작용도 있다. 연령대 특성에 맞게 공급하면서 한편으로는 연령대 혼합(age-mix)을 유도하는 주거단지 계획도 강구되어야 한다. 예를 들면, 세대구분형 공동주택은 부모와 자녀 세대가 함께 살 수도 있고, 은퇴 세대와 젊은 신혼부부나 독신자 등 1~2인 세대가 함께 살 수도 있어, 하나의 주택을 공유하여 살면서 자연스럽게 세대 간 혼합을 유도할 수 있다.

(6) 프롭테크와 부동산의 디지털자산화

제4차 산업혁명 시대와 프롭테크 | 스위스 다보스에서 열린 2016 세계경제포럼에서 본격적으로 4차 산업혁명에 대한 논의가 이루어지고 이후 각 나라마다 대비책 마련에 분주해졌다. 다양한 산업분야에서 대응하는 시도가 있었고 도시 및 부동산 분야에도 예외가 아니었다. 부동산은 은행, 소매 및 의료와 같은 다른 산업에 비해, 디지털화를 늦게 채택했으나 디지털 기술을 이용한 가상 투어, 자동 거래 및 맞춤형 서비스 등이 이루어지고 있고 특히 부동산 중개의 운영 효율성을 높이고 있다. 부동산(property)과 기술(technology) 두 단어를 합성한 프롭테크(Prop-tech)라는 용어로 부동산분야의

디지털화를 통상 부르고 있다.

프롭테크는 부동산산업 전반에 인공지능(AI), 빅데이터, 가상현실(VR) 등 첨단 정보기술(IT)을 접목하여, 단순 부동산중개 영역을 벗어나 온라인 임장, 전자계약, 인공지능 매물 추천·평가, 빅데이터 기반 자산관리, 인테리어 서비스, 블록체인 기반 부동산수익증권 등 서비스 영역에 응용할 수 있다. 코로나 19 영향으로 모델하우스, 리모델링 현장 방문이 어려워지자 VR·AR(가상현실·증강현실) 등을 통해 비대면 체험 기회가 증가하며 일반 소비자에게 친숙하게 다가가기 시작했다.

디지털 혁신은 특히 부동산 중개와 투자 등의 서비스분야에서 중요한 영향을 미치고 있다. 부동산 서비스에서 디지털 전환이 중요한 이유는 첫째, 소비자 행동 및 기대치의 변화이다. 재산에 대한 사람들의 태도가 바뀌고 있으며, 고객들이 부동산 중개인을 고용하는 대신 모바일 또는 웹 검색을 사용하고 있고, 점점 더 인터넷을 통해 중개인과 연락하고 거래를 성사시킨다. 강력한 온라인 소통수단이 없다면 잠재적인 구매자 및 판매자와 교류할 기회자체를 놓치는 것이 되고 만다. 둘째는 기술의 변화이다. 자동화와 같은 디지털 기술을 구현하여 부동산 중개 및 투자 서비스의 운영 효율성을 높일 수도 있기 때문이다.

향후 부동산의 디지털화 및 마케팅은 확장될 것으로 예상되므로 부동산 서비스 종사자들은 필연적으로 디지털 변환을 채택할 수밖에 없다. 인터넷 마케팅의 영향력이 점점 더 커지게 되어 구매자가 직접 방문보다 온라인으로 부동산을 구매할 가능성이 2.4배 더 높다는 조사결과도 보고된다. 이러한 변화는 부동산 업계에 양날의 검이다. 한편으로는 구매자가 부동산을 구매하기가 더 쉬워졌지만, 다른 한편으로는 판매자가 부동산을 판매하기가 더 어려워진 환경이다. 결과적으로 부동산 서비스 관련 종사자들은 디지털 전환에 대응하고 시장 지위를 유지하기 위해 새로운 전술을 구현하는 노력을 해야만 한다.

**부동산의
디지털자산화** ┃ '디지털자산'은 디지털 공간에서 생성, 양도, 현금화될 수 있는 디지털 코드화된 자산으로 정의되며, 넓게는 인터넷을 통해 거래하는 예금, 주식도 디지털자산으로 포함할 수 있다. 블록체인 기술의 등장과 비트코인 투자열풍으로 디지털자산에 대한 논의가 시작되고 관심도 높아졌는데, 블록체인 산업의 참가자들은 실물 자산의 디지털화에도 관심을 보이고 있다.

블록체인 기술은 비즈니스 네트워크 내에서 정보를 투명하게 공유할 수 있도록 하는 고급 데이터베이스 메커니즘이다. 블록체인 데이터베이스는 연쇄적으로 연결된 블록에 데이터를 저장하며, 네트워크의 합의 없이 체인을 삭제하거나 수정할 수 없으므로 이 데이터는 시간 순서대로 일관성이 있다. 그 결과 블록체인 기술을 사용하여 주문, 결제, 계정, 기타 트랜잭션을 기록하고 자산을 추적하며 신뢰를 구축하기 위해 불변 공유 원장을 생성할 수 있다.

대표적 실물자산인 부동산은 주식이나 채권처럼 가치변동이 있는 투자대상이지만, 다른 자산에 비해 거래 규모가 크고 가격도 높다보니 투자결정이 쉽지 않다. 그리고 좋은 물건에 관한 고급 정보도 소수 그룹에서만 공유되는 정보의 비대칭성이 존재하는 특성상, 투자에 있어 전문지식과 노하우, 그리고 경험이 요구된다. 그래서 거래가 용이하도록 자산을 분할하거나 거래비용을 낮추는 방법을 통해 투자자 저변을 확대할 수 있는데, 부동산펀드나 리츠 같은 간접투자상품을 통해 소규모 투자가 가능하게 되었다.

한편 블록체인 기술에 기초한 토큰경제는 온라인 네트워크 상에서 프로그램에 기반한 경제설계를 통해 서비스 구현부터 보상에 이르는 일련의 체계, 즉 토큰거래플랫폼을 구축할 수 있다. 토큰경제가 이상적으로 구현된다면 참여자들이 각자 자신의 이익 추구를 위해 진행하는 활동들이 전체 서비스를 지속·구현될 수 있도록 균형을 유지하게 된다. 예컨대 부동산 수익증권의 유통성을 확대하는 방안으로 블록체인 기술을 이용하여 증권형 토큰거래플랫폼을 구축할 수 있을 것이다.

블록체인의 해킹을 피하는 강력한 보안과 거래투명성을 살릴 수 있어, 등기와 같은 복잡한 절차 없이도 부동산을 안전하고 신속하게 거래할 수 있다. 그 결과 소액 투자자도 주식처럼 큰 부담없이 부동산에 투자할 수 있게 된다. 이상과 같이 블록체인을 이용해 부동산을 디지털자산화 함으로써 투자장벽과 거래비용을 낮출 수 있다.

블록체인 기술을 암호화폐 투자에만 한정지을 것이 아니다. 블록체인에서 토큰을 활용한다는 것은 단순히 새로운 자금조달의 방식이 등장한 것에 그치지 않고, 생태계를 구축하는 새로운 방안이라는 시각으로 접근할 필요가 있다. 어느 한 특정 부동산의 수익증권이 지분화되어 블록체인 토큰 형태로 발행되면 토큰거래플랫폼을 통해 해당 부동산을 누구든지 주식처럼 매매할 수 있게 되는 새로운 환경과 시대가 열린 것을 대비할 필요가 있다.

걸림돌이 되는 현행의 법이나 규제를 제거하여 부동산의 디지털자산화의 장점을 살릴 수 있도록 블록체인 스타트업들에 대한 적극적인 지원에 나서야 할 것이다. 2019년 국내에 도입된 규제 샌드박스[11) 제도를 충분히 활용하여 신산업의 성장이 규제로 인해 저해되지 않게 함으로써, 세계적인 선점 경쟁 속에서 살아남는 부동산영역의 디지털자산화 서비스가 우리나라에서도 출범할 수 있도록 적극 지원해야 한다.

---

11) 규제 샌드박스는 사업자가 신기술을 활용한 새로운 제품과 서비스를 일정 조건(기간·장소·규모 제한)하에서 시장에 우선 출시해 시험·검증할 수 있도록 현행 규제의 전부나 일부를 적용하지 않는 것을 말하며 그 과정에서 수집된 데이터를 토대로 합리적으로 규제를 개선하는 제도이다. 2016년 영국 정부가 처음으로 도입해 현재 우리나라를 비롯한 60여개 국에서 운영 중인 제도이다. 아이들이 모래놀이터(sandbox)에서 안전하게 뛰어놀 수 있는 것처럼 시장에서의 제한적 실증을 통해 신기술을 촉진하는 동시에 이 기술로 인한 안전성 문제 등을 미리 검증하는 것을 목적으로 한다.

〈국내 문헌〉

건설교통부, 「국토이용 계획체계의 개선방안에 관한 연구」, 2000.

건설교통부, "국토난개발종합대책", 2000년 5월.

건설교통부, "개발제한구역 개선방안", 1999년 7월.

경제정의실천시민연합, "도시재생뉴딜사업 평가 및 대안 모색", 2020.

계기석, "토지공개념 관련제도의 개선방안", 「국가경쟁력강화와 국토개발(Ⅱ)」, 국토개
　　　발연구원, 1997.

고윤철, "부동산시장의 안정대책", 「국토」, 국토개발연구원, 1996년 9월호.

곽윤직, 「부동산등기법」, 박영사, 1987.

곽태원, 「개발이익 환수수단으로서의 양도소득세 합리화 방안」, 한국조세연구원, 1993.

구동회, 「신토지조세론」, 한국세정신문사, 1993.

국토개발연구원, 「국토 50년: 21세기를 향한 회고와 전망」, 서울프레스, 1996a.

국토개발연구원, 「토지정책의 발전방향에 관한 연구」, 1996b.

국토개발연구원, 「지역지구제 합리화 방안에 관한 연구」, 1981a.

국토개발연구원, 「주택투기에 관한 연구」, 1981b.

국토개발연구원, 「개발이익환수의 제도적 기술적 장치와 영향에 관한 연구」, 1981c.

국토개발연구원, 「개발이익의 사회적 환수에 관한 연구」, 1980.

국토교통부, 「2013년도 국토의 계획 및 이용에 관한 연차보고서」, 2013.8.31.

국토연구원, 「21세기 국토이용체계 개편방안」, 2000.

국회 기획재정위원회, "역대정부 주택정책의 평가와 시사점", 2017.

국회예산정책처, "2014년도 정부 성과계획 평가[경제·산업부문]", pp. 39-62, 2013.

국회 의사국, "도심 복합개발 지원에 관한 법률안", 2022.

김경환, "주택 및 토지정책", 「국토」, 국토개발연구원, 1997년 12월호.

김병두, 「부동산조세법」, 부연사, 2000.

김성배·서순탁, "용도지역 변경에 따른 개발이익 환수방안」, 국토개발연구원, 1993.

김영진, 「부동산학총론」, 경영문화원, 1980.

김용창, "토지지대에 대한 정치경제학적 접근", 「감정평가연구」, 제8집, 한국감정평가
　　　업협회, 1998.

김의원, 「한국국토개발사 연구」, 대학도서, 1983.

김정호, 「토지세의 경제학」, 한국경제연구원, 1997.

김충극, 「증권투자론」, 일신사, 1972.

김행종, "한국토지관리 체계의 발전방향", 「토지연구」, 제1권 3호, 한국토지개발공사,
　　　1990.

김현수, "21세기와 통일을 대비한 토지정책", 「삼성경제」, 삼성경제연구소, 1997.

김현아, "기업형 민간 임대주택사업의 시장 여건 분석과 정책 과제-전환기적 특성을 감안한 건설기업의 참여 전략을 중심으로", 「건설이슈포커스」, 한국건설산업연구원, 2013.12.

김형복, "택지개발사업을 위한 토지정보체계 구축에 관한 연구-평택비전 택지개발 사업지구를 사례로", 서울대학교 환경대학원 석사학위논문, 1990.

나대식, "도시개발사업의 민간부문 참여가능성과 한계", 「국토」, 1999년 8월호.

나대식, "흔들리는 개발제한구역 정책과 국토위기", 「도시정보」, 1999년 5월호.

나대식, "개발이익환수에 관한 실증적 연구: 택지개발지구 주변지역을 중심으로", 단국대학교 박사학위논문, 1994.

대한국토·도시계획학회, 「토지이용계획론」, 보성각, 1998.

류해웅, 「토지법제론」, 부연사, 2000a, 2005, 2008.

류해웅, "택지개발제도의 변천과 도시개발법제의 영향에 관한 고찰", 「토지연구」, 제11권 2호, 2000b.

류해웅·성소미, 「개발이익환수제도의 재구성 방안」, 국토연구원, 1999.

류해웅 외, 「지방화시대의 토지행정 운용방안」, 국토개발연구원, 1995.

류해웅 외, 「토지정보관리의 체계화에 관한 연구: 토지등록제도의 정비를 중심으로」, 국토개발연구원, 1991.

민승현, 「부동산의 디지털 자산화」, 지디넷코리아, 2021.

민태욱, 「부동산조세법」, 제7판, 부연사, 2006.

박기혁, 「경제학사」, 법문사, 1988.

박병식 외, 「감정평가 및 공시지가제도의 개선방안에 관한 연구」, 한국감정평가협회, 1999.

박신영 외, 「서민 주거복지를 위한 주택 트러스트 조성과 활용방안」, 주택도시연구원, 2008.

박원석·박용규, 「REITs 도입의 영향과 정책과제」, 삼성경제연구소, 2000.

박환용, "도시근교 주거단지개발의 현황과 대안", 「국토계획」, 대한국토·도시계획학회지, 2000.

박헌주, "외국의 토지비축 및 운용제도", 「토지연구」, 제10권 1호, 1999.

박헌주·김근용, 「택지개발제도의 합리화 방안」, 국토개발연구원, 1993.

박헌주 외, 「토지정책의 전개와 발전방향」, 국토연구원, 1998.

배순석·박종탁, 「공영택지개발제도의 개선방안에 관한 연구」, 국토개발연구원, 1995.

서울특별시, 「북촌가꾸기 기본계획」, 2001.12.

손정목, 「일제강점기 도시계획연구」, 일지사, 1990.

손정목, 「한국도시 60년의 이야기 2」, 한울, 2005.

손재영 편, 「한국의 부동산금융」, 건국대학교출판부, 2008.

손지영, "토지자본이득 환수수단으로서 양도소득세제의 기능에 관한 연구", 서울대학

　　교 환경대학원 석사학위논문, 1997.

손진수, 「부동산 개발론」, 부동산 114, 2006.

송은하, "대안도시 이론과 도시평가 모형의 한계", 「도시연구」 제8호, 도시사학회, 2012.12.

안경태, "우리나라 토지관련세제의 특성과 구조-토지공개념 관련 세제를 중심으로", 「토
　　지연구」, 제2권 제1호, 1991.

안정근, 「현대부동산학」, 법문사, 1995.

양봉진·최흥식, 「자본시장의 투기적 환상」, 한국경제신문사, 1993.

여경수, "「공공주택 특별법」에서 행복주택에 관한 평가와 과제", 국회입법조사처,
　　2016.

오바타다쿠야 저·문길섭 옮김, 「부동산의 증권화: 자산담보부채권, 증권의 이론과 실
　　무」, 한국경제신문사, 1998.

오병호 외, 「IMF 이후 한국 부동산 전략 보고서」, 문화사랑, 1998.

오진모, "2000년 부동산산업의 구조변화와 향후 전망", 「부동산 Research」, 2000년
　　봄호.

오창준 편저, 「경제학 용어사전」, 법문사, 1983.

우동기, "인디언족의 토지관", 「도시문제」, 대한지방행정공제회, 1985년 3월호.

이규환, "제3섹터의 의의", 「지방행정」, 1994.

이기우·김상미, 「지방행정에 있어서 공사혼합기업에 관한 연구」, 한국지방행정연구
　　원, 1991.

이용만, "참여정부가 풀어야 할 부동산정책의 과제 – 구조전환후기의 정책과제", 「부
　　동산정책의 당면과제」, 한국감정평가연구원, 2003.

이정식, "탄력적인 토지공급과 지가안정유지", 「국토」, 국토개발연구원, 1996년 12월호.

이정식·김원희, 「토지정책의 발전방향에 관한 연구」, 국토개발연구원, 1996.

이정전, 「토지경제론」, 박영사, 1994.

이정전, "토지세의 경제적 효과", 「토지연구」, 제2권 제1호, 1991.

이정전, "고전학파 지대론의 전개과정과 Alfred Marshall의 지대론", 「경제논집」, 제26
　　집, 서울대학교 경제연구소, 1987a.

이정전, "토지세의 비중립성(Non-neutrality) 및 세입충분성", 「환경논총」, 서울대학교
　　환경대학원, 제21권, 1987b.

이정전, "토지세제에 대한 역사적 고찰", 「국토연구」, 제8권, 1987c.

이종화, "용도지역변경에 다른 토지이용행위 변화 분석: 서울시를 대상으로", 서울대학
　　교 박사학위논문, 1991.

이중엽, 「토큰경제와 블록체인의 미래」, 소프트웨어정책연구소, 2018.

이진순, "新경제와 토지세제의 개혁", 「주택금융」, 157호, 1993.

이창무, "문재인 정부 부동산정책의 비판적 평가", 「한국행정연구」, vol.29, no.4, 통권
　　63호 pp. 37-75, 2020.

이창석, 「부동산학개론」, 형설출판사, 1993.

이태교, 「토지정책론」, 법문사, 2006.

이태교, "한국의 토지투기에 관한 연구: 투기실태와 원인분석을 중심으로", 한양대학교 대학원 박사학위 논문, 1985.

이태일, 「국토이용계획제도의 개선방향」, 국토개발연구원, 1992.

이태일, "토지투기의 문제점과 그 대책", 「도시문제」, 1983년 6월호.

이태일, "우리 나라 토지정책의 사적 고찰", 「토지연구」, 제1권 2호, 1990.

일본 도시개발제도 비교연구회, 고준환·장철수 옮김, 「외국의 도시계획·개발제도」, 국토개발연구원, 1996.

장웅조, "지방정부 제3섹터 지방경영 수익사업에 관한 연구", 서울대학교 행정대학원 석사학위 논문, 1999.

조순·정운찬, 「경제학개론」, 법문사, 1990.

조주현, "토지정책수단으로서 토지세제의 역할", 「토지연구」, 제2권 제1호, 1991.

지대식·최혁재, 「개발부담금제도의 발전연구」, 국토개발연구원, 1992.

진미윤 외, 「주택바우처 제도 도입방안 연구 Ⅰ」, 건설교통부, 2007.

진미윤 외 4인, "성공적인 혁신도시 조성을 위한 과제와 정책방향", 「도시정보」 10월호, 2005. 10.

진정수, 「민간택지개발 활성화를 위한 제도개선 방안」, 국토개발연구원, 1996.

참여연대, "「도심 복합개발 지원에 관한 법률」 제정안에 대한 반대 입법의견서 제출", 2022.

채미옥, 「공시지가제도에 관한 연구」, 국토개발연구원, 1992.

채미옥·문경희, 「공시지가제도의 선진화 방향에 관한 연구」, 국토연구원, 1999.

최병두, "자본주의 사회와 토지·주택문제", 「경제와 사회」, 1990년 가을호.

최선주, "일본 토지정보 정비의 현황과 문제점", 「국토정보」, 1995.

최창식, "개발이익의 환수 및 사용을 위한 도시개발제도의 연구: 서울시 토지구획 정리사업과 개발을 중심으로", 서울대학교 환경대학원 석사학위논문, 1984.

최창조, 「땅의 논리·인간의 논리」, 민음사, 1992.

최창조, "풍수지리사상과 한국인의 토지관", 「토지연구」, 제1권 4호, 1990.

토지공개념연구위원회, 「토지공개념연구위원회 중간연구보고서」, 국토개발연구원, 1989.

한국개발연구원, 「21세기 경제·사회적 환경변화 분석을 통한 토지공사의 역할」, 2000.

한국도로공사, 「고속도로효과보고」, 1972.

한국지방행정연구원, 「토지정보체계의 개발」, 1990.

홍성웅 편저, 「자산 디플레이션과 부동산 증권화: 그 이론과 실제」, 한국건설산업연구원, 1998.

황명찬 편, 「토지정책론」, 경영문화원, 1989.

허재영, 「토지정책론」, 법문사, 1993.

〈신문 / 인터넷〉

건설교통부 http://www.mltm.go.kr.

국세청 http://www.nts.go.kr

국토교통부 http://www.molit.go.kr

법제처 http://www.moleg.go.kr

한국조세연구원 http://www.kipf.re.kr

매일경제, "수도권 준농림지 용적율 80%로", 2000. 6. 12.

매일경제, "낙후지역에 기업주도로 도시건설", 2005. 7. 9.

매일경제신문사, "쪽집게해설", 2005. 10.

인터넷중앙일보 htttp://www.joins.com, "준농림지제도 폐지로 주택·건설업체 큰 타
　　　격", 2000. 6. 1.

인터넷한겨레 http://www.hani.co.kr, "도시계획조례로 구 행정 차질: 서울시, 구청 갈
　　　등", 2000. 5. 15.

인터넷한겨레 http://www.hani.co.kr, "준농림지 없앤다. 준농림지 폐지로 70만ha 농림
　　　지 편입", 2000. 5. 31.

조선일보, "마구잡이 개발 – 용인: 계획없이 건설, 도시기능 제대로 못해", 2000. 1. 19.

조선일보, "마구잡이 개발 – 수도권: 우리 학교는 아직 공사 중", 2000. 1. 20.

중앙일보, "공룡 수도권", 2000. 3. 24.

중앙일보, "준농림지, 난개발 허가권 회수", 2000. 5. 2.

중앙일보, "60평이상 신·증축때 기반시설부담금 낸다", 2005. 10. 4.

〈외국 문헌〉

Alonso, W., *Location and Land Use*, East-West Center Press, 1966.

Ball, M., "The Urban Rent Question", *Environment and Planning A*, 1985.

Barlowe, Raleigh, *Land Resource Economics*, Prentice-Hall, 1978.

Bealey, Timothy, "The Role of Expectations and Promises in Land Use
　　　Decisionmaking", *Policy Science*, Vol. 22, 1989.

Beauregard, Robert A. "Public-Private Partnerships as Historical Chameleons : The
　　　Case of the United States", in Jon Pierre ed., *Partnership in Urban
　　　Governance: European and American Experience*, Macmillan Press Ltd., 1998.

Boleat, Mard and Adrian Coles, *The Mortgage Market : Theory and Practice of
　　　Housing Finance*, Allen & Unwin, 1987.

Blowers, A. ed., *Planning for a Sustainable Environment*, Earthscan, 1993.

Chapin, F. S. & E. J. Kaiser, *Urban Land Use Planning*(3rd ed.), University of
　　　Illinois Press, 1979.

Cooper, M. H. and D. C. stafford, "A Note on the Economic Implications of Fair Rents", *Social and Economic Administration*, Vol.9, No.1, 1975.

DiPasquale, D. and William C. Wheaton, *Urban Economics and Real Estate Markets*, Prentice–Hall, 1996

Dunn, E. Jr., *The Location of Agricultural Production*, Ganesville, 1954.

Edel, M., "Marx's Theory of Rent : Urban Applications", *Kapitalstate*, Vol.4–5, 1976

Feldstein, Martin, "The Surprising Incidence of a Tax on Pure Rent : A New Answer to an Old Question", *Journal of Political Economy*, Vol.85, No.2, 1977.

Foley, D. L., "British Town Planning : One Ideology or Three", *British Journal of Sociology*, Vol.11, 1960.

Galbraith, J. K., *A Short History of Financial Euphoria*, Penguin Books, 1990.

Garber, Peter M., *Famous First Bubbles*, the MIT Press, 2001.

Geltner, David and Norman G. Miller, *Commercial Real Estate Analysis and Investment*, South–Western, 2001.

George, Henry, *Progress and Poverty*, The Modern Library, 1879.

Gravatt, D. H., "The Impact of Digital Marketing Decisions on Market Outcomes in Residential Real Estate," *USF Tampa Graduate Theses and Dissertations,* 2018.

Haila, Anne, "The Theory of Land Rent at the Crossroad", *Environment and Planning D*, 1990.

Hagman, Donald G. & Dean J. Misczynskied, *Windfalls for Wipeout : Land Value Capture and Compensation*, American Society of Planning Officials, 1978.

Hardy, Jean, *Values in Social Policy : Nine Contradictions*, Routle & Kegan Paul, 1981.

Harvy, D., *The Limits to Capital*, Basil Blackwell, 1982.

Healey, P., *Local Plans in British Land Use Planning*, Pergamon Press, 1983.

Kau, James B. & C. F. Sirmans, *Real Estate*, McGraw–Hill, 1985.

Kratovil, Robert & Raymon J. Werner, *Real Estate Law* (9th., ed.), Prentice–Hall, 1988.

Lchfield, N. & H. Drain-Drabkin, *Land Policy and Urban Growth*, Pergamon Press, 1977.

Leone, Robert A., *Who Profits : Winners, Losers, and Government Regulation*, Basic Books, 1986.

Mankiw, N. Gregory, *Principles of Economics*, Dryden, 1997.

Marshall, Alfred, *Principles of Economics*, The Macmillan Press Ltd., 1959.

Markusen, J. R. & D. Scheffmann, *Speculation and Monopoly in Urban Development : Analytical Foundation with Evidence for Toronto*, University of Toronto Press, 1977.

Michelamn, F., "Property, Utility, and Fairness : Comments on the Ethical Foundation of Just Compensation Law", *Harvard Law Review*, Vol.80, 1967.

Mohamad Rabih Itani, "The Impact Of Digital Transformation On The Real Estate Sector," 2022.

Muth, Ricard F., *Urban Economic Problems*, Harper & Low, 1975.

Ricardo, D., *Principles of Political Economy and Taxation*, in Sraffa, P. ed., The Works and Correspondence of David Ricardo, Vol.1, The Cambridge University Press, 1951.

Sax, J., "Takings, Private Property and Public Rights", *Yale Law Journal*, Vol.81, 1971.

Sax, J., "Taking and Police Power", *Yale Law Journal*, Vol.74, 1964.

Shenkel, Wiliam M., *Modern Real Estate Principles*, Business Publications, 1983.

Sirota, David, *Essentials of Real Estate Finance* (7th ed.), Real Estate Education Co., 1994.

Whitehead, C. M. E., "The Rationale for Government Invention", in H. Dunderley ed., *Urban Land Policy : Issues and Opportunities*, Oxford University Press, 1983.

Wiemer, John, P., *Real Estate Investment* (2nd ed.), Reston Publishing Company Inc., 1975.

野村總合研究所, 「地價と土地システム」, 野村總合研究所 情報開發部, 1988.

찾아보기

부동산정책론 [제5판]

2009년 9월 30일 초판 발행
2012년 1월 20일 개정판 발행
2014년 3월 10일 제3판 발행
2021년 6월 10일 제4판 발행
2023년 3월 20일 제5판 1쇄 발행

저　자　이태교·이용만·백성준
발행인　배　　　효　　　선

발행처　도서
　　　　출판　　法　文　社

주　소　10881 경기도 파주시 회동길 37-29
등　록　1957년 12월 12일/제2-76호(윤)
전　화　(031)955-6500～6　FAX (031)955-6525
E-mail　(영업) bms@bobmunsa.co.kr
　　　　(편집) edit66@bobmunsa.co.kr
홈페이지　http://www.bobmunsa.co.kr

조　판　법　문　사　전　산　실

정가　34,000원　　ISBN 978-89-18-91402-2